U0455742

李朝實錄中的北京史料

楊宇
劉朝霞 主编

北京燕山出版社

上册

圖書在版編目(CIP)數據

李朝實録中的北京史料 / 楊宇，劉朝霞主編．—北京：北京燕山出版社，2019.12

ISBN 978-7-5402-5494-0

Ⅰ.①李… Ⅱ.①楊… ②劉… Ⅲ.①北京—地方史—史料—14世紀-20世紀 Ⅳ.①K291

中國版本圖書館CIP數據核字(2019)第278602號

李朝實録中的北京史料

編　　者　楊　宇　劉朝霞
責任編輯　劉占鳳　趙　瓊
整體設計　敬人工作室·黄曉飛
出版發行　北京燕山出版社有限公司
社　　址　北京市豐臺區東鐵匠營葦子坑138號
郵　　編　100079
電話傳真　010-65240430
印　　刷　小森印刷霸州有限公司
開　　本　880mm×1230mm　1/32

字　　數　610千
印　　張　40
版　　别　2021年1月第1版
印　　次　2021年1月第1次印刷
ISBN 978-7-5402-5494-0
定　　價　268.00元

本書為北京市優秀古籍整理出版扶持項目

出版前言

朝鮮王朝實錄，又稱李朝實錄，是朝鮮歷代王朝的漢文編年體史書，上世紀由日本學者整理，影印本一經引入，立即引起了國內明清史和中朝關係研究者的關注。上世紀八十年代吴晗先生整理了其中的中國史料，全十二册，學術界依托吴先生的奠基工作，有一些相關研究，但整體而言，對朝鮮李朝實錄中的中國史料的利用稍顯不足。

學術界近些年對朝鮮燕行文獻關注增多，已經有幾種整理研究成果面世出版，因元明清以來北京的政治地位，這些往來的使臣對北京的典章制度、歷史地理、掌故軼聞、名勝古迹、詩詞雜詠、物産風俗等多有記述，視角新穎，內容豐富，可補現有北京史料研究的不足，對其加以梳理編輯，考訂研究，十分重要。

基於以上原因，以吴晗先生所輯《朝鮮李朝實錄中的中國史料》為底本，楊宇先生對其中的北京史料做了新的整理歸納，并做了細緻的考訂工作，將李朝實録中的史料逐條與《明實録》《清實録》《清史稿》等史料做比較，列其異同，置諸眉批，既見學術功力，又有實用價值。在劉朝霞女士的協助下，楊宇先生將成果結集成書，取名《李朝實録中的北京史料》，由北京燕山出版社出版發行，希望能為北京史研究盡綿薄之力。

此次出版，依據吴晗先生《朝鮮李朝實録中的中國史料》文字表述，保留豎排繁體，以時間為序，將朝鮮王朝歷代國王和北京的交往分章整理，輯為三册。書後附中朝對照歷史年表和朝鮮王朝世系表。

書中對因避諱而缺失的朝鮮王室人名做了補正，并對原文個别錯别字稍作修改，此外均未做改動，如有訛誤，敬請指正。

目録

高麗史

恭愍王世家

恭愍仁文義武勇智明烈敬孝大王，諱顓，古諱祺，蒙古諱伯顔帖木兒，忠惠王母弟。忠肅王十七年庚午五月生，封江陵大君。忠惠王后二年五月，元順帝遣使召入朝宿衛，時稱大元子。忠穆王即位封爲江陵府院大君。忠穆薨，國人欲立王，元以忠定襲位，仍留王宿衛。初忠肅以王托尹澤，忠定元年澤與李承老獻書中書省請立王。是歲王尚魯國公主，三年十月元封爲國王。

上述文字據《高麗史》整理。——編者注

元順帝至正十四年，一三五四

元脱脱等受命自燕京南征張士誠。

柳濯率軍士及在燕京朝鮮人爲前鋒。

流放脱脱到淮安。

高麗恭愍王甲午三年（元順帝至正十四年，一三五四）

六月辛卯朔，平康府院君蔡河中還自元，傳丞相脱脱言曰：「吾受命南征，王宜遣勇鋭以助之。」

癸卯，元遣吏部郎中哈剌那海、崇文監少監伯顔帖木兒、利用監丞林蒙古不花召柳濯、廉悌臣、權謙、元顥、羅英傑、印璫、金鏞、李權、康允忠、鄭世雲、黄裳、崔瑩、崔雲起、李芳實、安祐等及西京水軍三百，且募驍勇，期以八月十日集燕京討張士誠。伯顔帖木兒，本國人康舜龍。

十一月丁亥，印安還自元，言：「太師脱脱領兵八百萬攻高郵城，柳濯等赴征軍士及國人在燕京者總二萬三千人，以爲前鋒。城將陷，韃靼知院老長忌我國人專其功，令曰：『今日暮矣，明日乃取之』，麾軍而退。其夜，賊堅壁設備，明日攻之不克拔。會有人譖脱脱，帝流於淮安。」

元順帝至正十五年，一三五五

策免脱脱。

乙未四年（元順帝至正十五年，一三五五）

春正月庚午，元誅妖賊韓山童、韓咬兒。策免丞相脱脱。遣直省舍人訥速兒來頒赦，王出迎於宣義門外。

五月，是月征南萬户權謙、元顥、印璫還自元，云：「南賊日盛，我軍陷六合城，又移防淮安路。」

庚子九年（元順帝至正二十年，一三六〇）

三月乙卯，斬黄志善。遣户部尚書朱思忠如元告平賊，至遼陽，道梗而還。

秋七月辛未，遣益山君李公遂、户部尚書朱思忠、宦者方都赤如元審賊勢，行至湯站，道梗，還渡鴨緑江。王大怒曰：「雖死不可還！」固遣之。至瀋陽數月，又不得達而還。

元順帝至正二十一年，一三六一

六

平紅巾，取玉璽。

辛丑十年（元順帝至正二十一年，一三六一）

九月癸酉，元以韓咬兒等搆亂，四方兵興，遣使來頒赦。

壬寅十一年（元順帝至正二十二年，一三六二）

六月丙申，遣典法判書李子松如元告平紅賊，獻所獲玉璽二、金寶一、金銀銅印二十餘及金銀牌。

八月乙未，元以滅紅賊之功，遣集賢院侍講學士忻都賜王衣酒，兼諭與高家奴挾攻蓋、海州紅賊餘黨。

癸卯十二年（元順帝至正二十三年，一三六三）

四月甲寅，遣密直商議洪淳、同知密直司事李壽林如元，呈百官耆老書于御史臺、詹事院。

戊申十七年（明太祖洪武元年，一三六八）

八月乙未，王聞大明兵圍皇城甚急。

明軍占京城。

九月乙卯，本國人金之秀自元來，言大明舟師萬餘艘泊通州，入京城。元帝與皇后奔上都。太子戰敗，又奔上都。

丁巳，令百官議通使大明。

明皇帝朱元璋即位，立國號。

己酉十八年（明太祖洪武二年，一三六九）

四月壬辰，大明皇帝遣符寶郎偰斯賜璽書及紗羅段匹總四十匹。王率百官出迎于崇仁門外。其書曰：「大明皇帝致書高麗國王：自有宋失馭，天絶其祀。元非我類，天命入主中國，百有餘年。天厭其昏淫，亦用隕絶其命。華夷擾亂，十有八年。當群雄初起時，朕爲淮右布衣，忽暴兵疾至，誤入其中，見其無成，憂懼不寧。荷天之靈，授以文武，東渡江左。習養民之道十有四年。其間西平漢主陳友諒，東縛吴王於姑蘇，南平閩越，勘定八蕃，北逐胡君，肅清華夏，復我中國之舊疆。今年正月，臣民推戴，即皇帝位，定有天下之號曰『大明』，建元『洪武』。惟四夷未報，故修書遣使涉海洋入高麗，報王知之。昔我中國之君與高麗壤地相接，其王或臣或賓，蓋慕中國之風，爲安生靈而已。天監其德，豈不永王高麗也哉！朕雖德不及中國之先哲王，使四夷懷之，然不可不使天下周知。」斯以去年十一月發金陵，海道艱關，至是乃來。斯即遜之弟也。

六月丙寅，皇帝遣宦者金麗淵致書曰：「去冬專使涉海，具述安定中國之由，諒達已久。繼又削平晉冀以及秦隴，生民庶有休息之期矣。比移幽燕之民南來就食，内有高麗民百六十五人，豈無鄉里骨肉之思，朕甚憫焉。即命有司具舟，欲遣使護送東歸。適内使監丞金麗淵在側。麗淵亦高麗人，嘗言家有老母，久不得見。朕念其情，就令其行，並遂省親之願。仍賫紗、羅各六匹侑緘，至可領也。」

恭讓王世家

恭讓王諱瑶，定原府院君鈞之子，神宗七世孫。辛昌元年十一月，諸大臣會興國寺，大陳兵衛，議曰：「禑、昌本非王氏，不可以奉宗祀。」乃奉恭愍王定妃教迎立。己卯，王即位于壽昌宫。

燕王朱棣答書。

庚午二年（明太祖洪武二十三年，一三九〇）

六月戊寅，遣同知密直司事安叔老聘於燕王。

十一月丙午，安叔老還自燕。燕王答書曰：「致意署高麗國事與國人、陪臣等：邇以禮物來，安敢易納！古人云，臣子無外交之理，却之必艱人意，故物留。使還，謹以狀聞於父皇，以通三韓之意，必命乃報，國人陪臣等審焉。」

朝鮮王朝實録

太祖實録

計十五卷，起太祖開國元年壬申(明太祖洪武二十五年，公元一三九二)七月，至七年戊寅(洪武三十一年，一三九八)十二月。永樂十一年癸巳三月河崙等撰，正統十二年戊辰六月鄭麟趾等增修。

太祖康獻至仁啓運聖文神武大王姓李氏，諱旦，字君晉，古諱成桂，號松軒，全州大姓也。

燕王親見朝鮮國王。

甲戌三年（明太祖洪武二十七年，一三九四）

殿下過燕府，燕王親見之，旁無衛士，唯一人侍立，温言禮接甚厚。因使侍立者饋酒食，極豐潔。殿下離燕，在道上，燕王乘安擧朝京師，驅馬疾行。殿下下馬見於路側。燕王停駕，亟手開轝帷，温言良久，乃過。行後，殿下見欽差内官黄儼，問：「昔見帝于燕府之日，侍立者爲誰？」儼曰：「慶大人，温良人也。帝最親信者。今已亡矣。」

朝鮮以「私交」燕王，通事等被流放。

乙亥四年（明太祖洪武二十八年，一三九五）

十一月丙寅，節日使金立堅回自京師，曰通事宋希靖、押馬權乙松等被流遐方。初，計禀使金乙祥道經燕邸，復於上曰：「燕王謂臣曰：『爾國王何不送馬於我？』」上信之。立堅去時，仍附鞍馬以送。燕王受之以聞。帝曰：「朝鮮王何得私交？」乃流希靖、乙松於金齒衛，再流騰衝府。

燕王擊敗蒙古軍。

戊寅七年（明太祖洪武三十一年，一三九八）

六月甲寅，遼東被擄人金松逃來，告曰：「蒙古軍向遼東，燕府王率師攻擊敗之。遼王引兵將行，予亦充軍而行，中路逃來。」賜衣食安業。

定宗實録

計六卷，起定宗元年己卯（明惠帝建文元年，一三九九）正月，至二年庚辰（建文二年，一四〇〇）十二月。尹淮、申檣等撰，宣德元年丙午八月進。

恭靖王諱芳果。及即位，更名曔。太祖之第二子。母神懿王后。仕高麗，累官至將相。常從太祖出征立功。歲戊寅秋八月，太祖不豫，受册封爲王世子。九月，受内禪即位。庚辰春二月，母弟靖安公受册封爲王世子，以無嗣也。其年冬，不豫，世子受禪即位，上號仁文恭睿上王。在位三年。居閑頤養二十年。壽六十三。

燕王起兵。

燕王乘勝南下。

己卯元年（明惠帝建文元年，一三九九）

三月，軍一人自遼東逃來，本國人也。屬東學衛。以遼東役煩逃還。言燕王欲祭太祖高皇帝，率師如京，新皇帝許令單騎入城。燕王乃還，興師，以盡逐君側之惡爲名。

庚辰二年（明惠帝建文二年，一四〇〇）

五月辛巳，御經筵。同知經筵事全伯英問於上曰：「今燕王舉兵而中國亂矣。設有定遼衛求降於我，則許之否乎？」上曰：「此正所深慮也。然不若不受之爲愈也。」知經筵事權近曰：「受定遼之降，有大不可者。若燕王定亂而有天下，則必問罪於我矣，其時何以對之！上言甚合於義。」上曰：「卿言是也。」

九月丁丑，定遼衛人十二名逃來。人乃言王室大亂，燕王乘勝長驅。

太宗實録

計三十六卷，起太宗元年辛巳（明惠帝建文三年，一四〇一）正月，至十八年戊戌（明成祖永樂十六年，一四一八）八月。孟思誠、尹淮、申檣等撰，宣德六年辛亥三月進。

太宗恭定聖德神功文武光孝大王諱芳遠，字遺德，太祖第五子，恭靖王之母弟也。妣神懿王后韓氏。以元至正二十七年（高麗恭愍王十六年）丁未五月十六日辛卯誕生於咸興府歸州私第。皇明洪武十五年壬戌，登高麗進士試；越明年癸亥，中丙科第七人及第。庚午，恭讓王進官密直司代言，常置近密。壬申秋七月，密與將相定策勸進開國。甲戌夏，高皇帝命親男入朝，太祖即遣太宗應命。臨別揮淚曰：「帝如有問，非汝不能對。」及其至也，敷奏稱旨，帝優禮遣還。恭靖王無嗣，以謂開國定社之策皆出於靖安君，遣都承旨李文和白太祖，册爲王世子。冬十一月，恭靖王素患風疾，退居别宫，禪位於太宗。太宗于永樂十六年戊戌禪位於世宗，優遊頤養；至於五年壬寅五月十日丙寅薨。享年五十六。在位十有九年。皇帝賜謚曰恭定，本國上謚曰聖德神功文武光孝大王，廟號太宗。

明惠帝建文三年，一四〇一

三

建文帝（惠帝朱允炆）與燕王戰，敗。

《朝鮮王朝實録》太宗實録

燕王軍以少勝多。

辛巳元年（明惠帝建文三年，一四〇一）

八月戊辰，遣參贊議政府事趙温如京師，賀聖節也。上以冕服率群臣拜表於太平館，送至宣義門。以司尹孔俯爲書狀官。初俯點進獻馬於義州豐海道，人以駑馬欲易良馬，俯利其餘價，許之。帝與燕王戰不勝，戰士奔北，步先騎後，以所獻馬駑下故也。

十二月癸亥，領議政府事李舒、總制安瑗等回自京師。舒等進大學衍義、通鑑集覽、事林廣記各一部，角弓二張，色絲二斤，且啓曰：「請皇明禮制於禮部，答曰：『中國禮制不可行於藩國。』請冕服，曰：『奏聞則當製送。』請改官制，曰：『奏聞則許之。』臣在京師，見帝親點軍士，人言將以伐燕也。」

壬午二年（明惠帝建文四年，一四〇二）

三月己丑，賀聖節使參贊議政府事崔有慶回自京師。有慶啓曰：「燕兵燕王勝，建文帝死。燕王即皇帝位（即明成祖朱棣）。

勢强，乘勝遠鬭，帝兵雖多，勢弱，戰則必敗。又有韃靼兵乘間侵掠燕遼之間，中國騷然。」

丙申，遣判内資寺事庾龜山于義州。遼東軍朱景等逃至義州，言二月十八日征燕軍馬逃散，不知其數，侵掠民居，故逃還本土。乃遣龜山探候事變。

丁酉，分置遼東逃來人等於江原道及東北面。初，遼東人男女九十名逃來義州，又民一百五十户乘桴越江到泥城，云燕軍大興，衛領軍楊大人棄城降於燕，故畏而逃來。

九月戊申，通事康邦祐來自遼東，至平壤，西北面都巡問使飛報：「邦祐言六月十三日燕王戰勝，建文皇帝命焚奉天殿而自縊於殿中。后妃宫女四十人自死。是月十七日，燕王即皇帝位，遣都察院僉都御史俞士吉、鴻臚寺少卿汪泰、内史温全、楊寧等賫詔書，已於今月十六日越江而來。力士二人、本國宦者三人隨來。」

十月壬子，令中外不用「建文」年號。

甲寅，以左政丞河崙爲賀登極使。

永樂皇帝致朝鮮詔書。

壬戌，朝廷使臣都察院僉都御史俞士吉、鴻臚寺少卿汪泰、内史温全、楊寧奉詔書至。結山棚備儺禮軍威，上具冕服率群臣迎於西郊，至闕宣詔：「奉天承運皇帝詔曰：『昔我父皇太祖高皇帝臨御天下垂四十年，薄海内外，皆爲臣妾。高皇帝棄群臣，建文嗣位，權歸奸慝，變亂憲章，戕害骨肉，禍幾及朕。於是欽承祖訓，不得已而起兵以清慝惡。賴天地祖宗之靈，將士之力，戰勝攻克。初不欲長驅，始觀兵於濟南，再逗留於河北，近駐淮泗，循至京畿，冀其去彼奸回，悔罪改過。不期建文爲權奸逼脅，闔宮自焚。諸王、大臣、百官、萬姓，以朕爲高皇帝正嫡，合辭勸進，纘承大統。朕以宗廟社稷之重，已於洪武三十五年六月十七日即皇帝位。大赦天下。改明年爲永樂元年。嘉與萬方，同臻至治。念爾朝鮮，高皇帝時常效職貢，故遣使詔諭，想宜知悉。』」

癸未三年（明成祖永樂元年，一四〇三）

四月戊申，賀登極使書狀官趙末生還，啓曰：「帝命左通政趙居任賫誥命，都指揮高得賫印章來，已至義州矣。」初，河崙、李詹、趙璞等至京師，帝召崙等曰：「汝等知朕即位之故乎？建文不顧高皇帝之意，乃放黜叔父周王，殘害骨肉，又欲害朕而起兵。朕亦畏死，不得已而起兵。然朕再欲和親而建文不聽，於是舉兵欲伐其謀事之臣。建文恥與相見，闔宮自焚。周王與大臣謂朕高皇帝嫡長，宜即帝位。不得已而即位，初豈有意於得位乎！」崙等請誥命、印章於禮部侍郎趙禮，禮曰：「呈報可矣。」乃即呈報。禮部奏聞，命錫之。

永樂皇帝敕諭。

六月，皇帝敕諭天下文武官員軍民人等：「高皇帝賓天，允炆矯遺詔嗣位，戕害諸王骨肉，懷釁之意已甚，疑朕之心實深。即位未幾，首遣奸臣圍逼，如釜魚置兔，決無生理。朕實不得已，起兵自救，初豈有心於天下哉！」

乙酉五年（明成祖永樂三年，一四〇五）

燕王有大志。

六月辛卯，領議政府事平壤府院君趙浚卒。浚，字明仲，號吁齋，平壤府人。登甲寅科。辛未六月以贊成事入賀聖節，道經北平府，太宗皇帝在燕邸，傾意待之。浚退語人曰：「王有大志，其殆不在外藩乎！」

戊子八年（明成祖永樂六年，一四〇八）

三月庚戌朔，世子於正月十六日發南京，二月十七日到北京，安穩回還。上喜甚，各賜鞍馬。

己丑九年（明成祖永樂七年，一四〇九）

二月辛丑，遣清平君李伯剛、左軍同知總制崔兢如京師，賀巡幸北京也。

三月己巳，賀正使金輅、副使柳沂回自京師，欽録詔敕二道而來。其一，詔明年二月巡幸北京。其一，詔營建北京，誡諭官吏。

永樂皇帝詔營建北京。

四月甲申，謝恩使李良祐、副使閔汝翼回自京師。良祐等言：「二月初九日帝幸北京。本國所進處女權氏被召先入，封顯仁妃。其兄永均除光祿

朝鮮進處女權氏。

寺卿，秩三品，賜綵段六十匹，綵絹三百匹，錦十匹，黄金二錠，白銀十錠，馬五匹，鞍二面，衣二襲，鈔三千張。餘皆封爵有差。以任添年爲鴻臚卿，李文命、吕貴真光禄少卿，秩皆四品。崔得霏鴻臚少卿，秩五品。各賜綵段、金銀、鞍馬衣鈔。」

五月甲戌，太監黄儼、監丞海壽、奉御尹鳳至，來賜禮物也。儼口宣聖旨：「去年你這裏進將去的女子每，胖的胖，麻的麻，矮的矮，都不甚好。只看你國王敬心重的上頭，封妃的封妃，封美人的封美人，封昭容的封昭容，都封了也。王如今有尋下的女子，多便兩個，小只一個，更將來。」置進獻色，禁中外處女婚嫁。

明太子喪。

八月丁未，賀千秋使沈龜齡回自京師。時太子在南京。龜齡至北京，帝曰：「太子喪未三年，不受賀禮，爾等其還。」

十月己未，内史黄儼舉敕書至，敕曰：「王處有馬，隨進多少，以資國用，當酬以直。王其欽承朕命。今賜王綺帛，至可領也。」王受賜訖，儼傳旨曰：「元帝子孫有順附者，有不順者。其不順者，朕欲平之。朝鮮之馬雖體小，可用也，王其送之。」

十一月甲戌，朝廷內史祁保至。其來爲促進獻馬而揚言求處女。時通事孔明義回自北京，言韃靼軍去京不遠，皇都危窘。

庚寅十年（明成祖永樂八年，一四一〇）

二月庚戌，柳廷顯、徐愈等回自京師。廷顯等至北京，帝聞本國進征馬萬匹，對之有加。又聞廷顯爲顯仁妃權氏之族，遣黃儼傳權氏命，別賜綵段二匹、絹十四、鈔五百張、鞍馬。及辭還，帝曰：「汝等還國報於國王，將易換馬不分星夜快攢的來。」廷顯啓於上曰：「帝欲以二月十五日親征韃靼，抄諸路軍諸路城子男無餘丁，老弱婦女亦不得出於城外。禁兵侍衛而立食，外卒牽車而轉輸。」

永樂皇帝欲親征韃靼。

五月乙未，奏聞使李玄、柳謙回自北京。時帝北征，深入虜地，皇孫監國，留都官不許赴行在，乃還。

永樂皇帝北征。

永樂皇帝還國。

明成祖永樂八年，一四一〇

七月丙子，遣平壤君趙大臨、參知議政府事尹思修如北京。韓尚敬到遼東，欽録五月二十日頒降平胡詔書以送，乃遣大臨等奉表箋進賀。

九月丁卯，韓尚敬回自北京，啓曰：「帝御奉天門早朝，宣問：『高麗北門上，不知甚麽人來搶人口？』尚敬等具奏其故。且奏本國差李玄、朴惇之二次來奏，適以大駕北巡，玄已還國。惇之欲啓於東宮，如南京。帝曰：『朕不曾見爾國文書。這兀良哈真個這般無禮，我調遼東軍馬去。你也調軍馬來，把這廝殺得乾浄了。』帝又謂通事元閔生曰：『這野人受朝廷重賞大職，賜以金帶銀帶招安，如此忘了我恩。打海青去底指揮，拿做奴婢使唤。又嘗一來擾我邊。有恩的尚或如是，你莫説了。料着你那裏十個人敵他一個人；要殺乾浄。』閔生奏曰：『未蒙明降，不敢下手。』帝曰：『這以後還這般無禮，不要饒了。再後不來打攪，兩個和親。』又帝御奉天門宣諭曰：『這野人貌雖似人，實懷熊狼虎豹之心，可着好軍馬一舉殺了。其中若有歸順朝廷的人，不要惹，他又來告，難決斷。』」

十月丙辰，趙大臨、尹思修回自京師。大臨等至北京，天子待之有加，例外特賜大臨鞍一面、馬三匹，思修馬一匹。户部尚書夏原吉謂大臨等曰：「帝覽爾國表箋，嘉歎不已。」

辛卯十一年（明成祖永樂九年，一四一一）

傳諭進處女、進紙。

八月甲辰，朝廷使臣宦官太監黄儼來賜藥材。儼傳諭曰：「帝更求有姿容處女。其得鄭允厚女不令朝官知，若托以答王求藥物也。今賜藥物，實報鄭氏之赴京也。」又賜祭光禄寺少卿呂貴真。又宣帝旨曰：「將寫佛經送於西域，宜進紙地。」上謂儼曰：「將進一萬張。」

壬辰十二年（明成祖永樂十年，一四一二）

燕都通漕運、營宮闕。

三月辛亥，鄭擢、安省回自京師。擢等啓曰：「皇帝於燕都新坑大河通漕運，又經營宮闕以備巡幸。」

癸巳十三年（明成祖永樂十一年，一四一三）

三月己亥，賀正使通事林密回自京師，啓曰：「帝將以二月十六日幸北京，三月二十日下輦。」

永樂皇帝幸北京。

六月己酉，崔迤回自京師，啓曰：「四月初一日皇帝下輦於北京。」

七月乙未，權跬、呂稱等回自北京，啓曰：「皇帝厚加宴賜。又聞闕内宦官之言曰：『帝將親征匈奴，發天下兵百萬餘人，已送上都。』又有遼東人奏於帝曰：『濟州馬匹，前元所放也。請移置於中國。』」成石璘啓曰：「權永均亦聞諸本朝宦官尹鳳曰：『造戰艦三千，將攻日本。』」

甲午十四年（明成祖永樂十二年，一四一四）

永樂皇帝北征。

五月乙未，柳廷顯回自北京，啓曰：「皇帝於三月二十七日領兵百萬北征，皇子皇孫皆扈從。東宮在南京。户部尚書夏原吉留守北京，兼總六部之永樂皇帝歸北京。

聖旨述後宮毒殺一案。

事。北方諸國皆遣使欽問起居。」

八月乙巳，光禄卿權永均、鴻臚卿任添年、少卿崔得霏、李茂昌赴京師，以帝北征欽問起居也，吕幹從之。

九月己丑，尹子當通事元閔生回自京師，啓曰：「六月初四日皇帝親征，平定北方，至八月初一日下輦於北京。布告天下。」仍進傳寫平胡詔書。閔生奉傳宣諭聖旨：「皇后没了之後，教權妃即顯仁妃管六宮的事來。這吕家即吕美人和權氏對面説道：『有子孫的皇后也死了，你管得幾個月，這般無禮。』我這里内官二個和你高麗内官金得、金良，他這四個做實弟兄，一個銀匠家裏借砒霜與這吕家。永樂八年間回南京去時，到良鄉，把那砒霜研造末子，胡桃茶裏頭下了，與權氏吃殺了。當初我不知道這個緣故。去年兩家奴婢肆罵時節，權妃奴婢和吕家奴婢根底説道：『你的使長藥殺我的妃子。』這般時纔知道了。問出來呵，果然。這幾個内官、銀匠都殺了。吕家便着烙鐵烙一個月殺了。你回到家裏，這個緣故備細説的知道。和權永均根底也説。吕家親的再後休着他來。」上即召議政府六曹議之，命囚吕氏之母與親族於永樂皇帝北征曾中埋伏。

義禁府。閔生又啓曰：「帝還京，將赴征時逃軍及從征軍士之妻妾奸他夫者，每日親決，斬首於闕門外，數至百餘。又遼東人皆云：『王師與北人交兵，北人伏奇兵，佯敗而走，王師深入，奇兵絶其後，圍數重，帝以火藥突圍而出，倍日而還。』」辛卯，尹子當回自京師。上御便殿引河崙、南在、李稷六曹判書及子當等，上曰：「近因元閔生之言囚呂氏親黨。然權氏爲妃而呂氏爲美人，雖有尊卑而非嫡妾之分，且其酖殺曖昧。而吾等遠體皇帝之怒，遽然族誅，予所不忍也。」在與稷曰：「姑囚繫以待權永均之還，知帝意旨決之，亦未晚也。」上然之。徧問諸相，右代言韓尚德曰：「權氏未爲皇后，豈可以弑論而夷三族乎！謀故殺人，律則輕矣。以謀反大逆論而孥其族，何如？」上曰：「帝謂元閔生曰：『吾以權氏管六宮之事』，尊則尊矣。」崙曰：「考諸律文，凡爭鬥於宮中者亦死。況肆行如此之謀，上致天子之怒，下貽本國之羞。其親戚雖不與謀，然生此尤物，自是家禍。臣謂聞如此之變，不可緩也，宜速正王誅，以答天意。」上意遂定曰：「雖誅止一人可也。」上曰：「呂氏之罪，考之於律，則大逆也。大逆之罪，不可誅及其母。以呂氏之母定爲官賤，皇帝處理後宮毒殺案。

餘皆釋之。」命義禁府鎮撫盧湘告於嵓等。嵓曰：「殿下之至仁甚善。然呂氏之罪，弒逆之大者。弒逆之罪，必及其父母。父既死矣，宜殺其母，以懲後人。且以是達於帝，則必曰：『體朕心而罪之。』不然，則其於天意之所向何如？」在與叔蕃等曰：「只以閔生之言，殺之未便。待永均之還，知帝之指意而後處之，何如？」湘具以啓。上不忍以律外之刑加之，釋呂氏親族，只留其母張氏。

丙申，釋呂氏之母張氏。

己亥，遣右議政李稷、藝文館提學李垠如京師，賀平定北方也。

十二月癸酉，權永均、任添年、李茂昌、崔得霏等回自北京，啓曰：「帝諭永均曰：『呂氏不義，與內史金得謀買砒霜，和藥飲之，再下麪茶，以致死了。朕盡殺呂氏宮中之人。』留臣等五十四日，賜宴優渥，待之不衰。仍賜白金、綵幣各有差。」永均祭顯仁妃於天壽山，在京北一百二十里。

辛卯，元閔生回自北京，啓曰：「臣奏已刑呂氏之母，帝然之。」

《朝鮮王朝實錄》太宗實錄

明成祖永樂十三年，一四一五

永樂皇帝命征韃靼，韃靼乞降。

乙未十五年（明成祖永樂十三年，一四一五）

十月丁亥，帝賜我銅人圖仰伏二軸。千秋使吴真回自京師。與啓曰：「韃靼等在開平府攔截野人朝獻之路，帝命征之。韃靼乞降，進馬三千以謝。又有外國進獅子，廷臣稱賀。」

丙申十六年（明成祖永樂十四年，一四一六）

九月丁未，權永均等四人回自北京。帝待永均等特厚，乃曰：「元閔生何不來？後須人來。」又黃儼傳旨曰：「玉燈大者十事，付後來使臣以獻。自今永均等待詔乃來見。」

《朝鮮王朝實録》太宗實録

禁婚嫁，選處女。

丁酉十七年（明成祖永樂十五年，一四一七）

四月庚申，禁中外婚嫁。賀正使通事元閔生回自京師，密啓帝求美女也。

甲子，設進獻色提調，遣人於各道選處女。

閏五月癸亥，節日使通事金乙玄回自北京，啓曰：「皇帝於二月十三日發南京，五月初一日下輦於北京。皇太子在南京。臣等向南京行至宿州，謁皇帝大駕。帝曰：『今來使臣，無乃諸妃之親乎？』臣奏使鄭矩，於鄭妃爲同姓之親。帝召内官狗兒曰：『朝鮮人不食豬肉，令光禄寺以牛、羊肉供給。』遂命隨駕。十日到北京。」

甲子，唐人押送官偰耐回自北京，啓曰：「帝見奏本，别無聖旨。」

六月丙午，奏聞使閔元生回自北京，啓曰：「皇帝問採女顔色之美，賞賜甚厚。乃使宦者黄儼、海壽等來逆女。」

七月丁巳，申槩回自北京，先遣通事來啓曰：「皇太子在南京。帝以南京路遠，且值夏雨，命禮部納箋文方物，遣還。」

永樂皇帝召見並賞賜。

己卯，通事崔雲回自北京，啓曰：「臣等到北京，帝御奉天門召曰：『王好在。』臣奏『好在。』帝問之再三。後禮部尚書奉傳聖旨曰：『國王差你厚意進獻，向國王喜甚喜甚。定例賞賜外，賜汝分外賞賜。』又會同館裏見千户金聲，告予曰：『白頭山下陳景、張内史修造寺社，捉貂皮、土豹、松骨鷹，進去說了。』金聲又曰：『如今奉敕書以逃軍招安事。後門外數多軍人率去，將有望賑濟，我到其處，則必使送一人於國王前，此意轉達。』又曰：『前此我以招安事後門外歸來，帝曰：『朝鮮國王不唯其土逃歸人，至於他處被擄逃來人，無一不送。國王至誠，其不善乎。』」

十二月丁亥，通事崔天老回自北京，啓曰：「帝愛重韓氏，遣内官善財賫賞賜到遼東。」

辛丑，盧龜山、元閔生等回自北京。元閔生啓曰：「去十月初八日黄氏、韓氏自通州先入，臣等以初九日入京，十日朝見。帝見臣，先笑宣諭曰：『汝等來矣，黄氏服藥乎？』閔生對曰：『路次疾病，至極憂患。』帝曰：『難得國王至誠，送來韓氏女兒好生聰俐，爾回還對國王根底說了。』以確爲永樂皇帝言日本國無禮。

光禄少卿，賜物甚厚。賜黄、韓兩女家金銀、綵帛等物。十二月初二日辭，帝謂善財曰：『路次不打人，知則不饒。國王根底休失禮。賞賜交割，留一、二日，鋪馬先來，他人隨後來。』謂閔生曰：『到國善財行禮時，使善財毋令失禮。汝不比他人。』帝又告以日本國無禮，遣行人吕淵宣諭事。賜諸佛如來、菩薩名稱歌曲一百本，神僧傳三百本，册曆一百本，臣等欽受。初二日發行回來。」庚戌，内史奉御善財奉敕書賞賜至。

辛亥，使臣善財賫來櫃十、書封一，輸於黄氏母家。

戊戌十八年（明成祖永樂十六年，一四一八）

正月丁丑，道參贊金漸如京師，賀聖節也。漸啓曰：「帝在金陵時，我國使臣前期三月而發行可也。今帝在北京，前期三月而行，則使臣往來前後相望，驛路不息，且預入帝所，曠日淹留，似乎不可。帝若永都北京，則自今但令及期而已。臣欲以此意達於禮部，何如？」教曰：「以吾國事大之誠心，卿皇后千秋。

永樂皇帝賜菩薩、如來歌曲。

言是也。然予恐其以我國窺皇帝之起居耳，即將此意議於政府以聞。」柳廷顯、朴訔等曰：「臣之意亦如上教。」韓尚敬曰：「以我國事大之誠心，何慮乎。」上命漸曰：「臨機施行。」

二月甲午，賀正使金萬壽回自北京。通事宋成立傳寫行在兵部爲禎祥事劄付以獻。

丙午，遣刑曹判書尹向、禮曹參判申商奉表如京師，賀禎祥。

四月乙未，延嗣宗、李愉回自北京，以易換段子與醫書、藥材等物獻。

己亥，遣藝文館提學尹思永如京師，賀千秋也。

五月戊午，申商回自北京，啓以尹向在途病革。又啓：「遼東人得小石於白頭山，常置囊中。其家屢有災禍，以石爲祟，還置古處。不數日往見之，比前差大；他日往見又差大。其石有穴，每日飲酒二鍾。遼東都司以聞。帝賜物得石之人，輸于京師。」

戊辰，金漸回自北京。通事金乙玄啓曰：「帝賜菩薩、如來歌曲三百本。禮部尚書執金漸手曰：『此歌曲不須於諸國，惟汝朝鮮禮義之邦，且敬愛殿朝鮮易世子，請封。

下，故特賜之。所謂千里送鵝毛，物輕人意重者也。』太監黄儼奏：『此宰相，朝鮮殿下之連姻者也，且權婆婆之族也。』皇帝特厚慰之。婆婆出奉天門引見漸曰：『皇帝向殿下，誠心、珍重。』且黄儼每奏殿下至誠，因賜六表裏，蓋自内出也。」

六月戊子，遣同知總制元閔生如京師，謝賜菩薩名稱歌曲也。兼賫請封世子奏本以行。其奏曰：「臣長子禔於永樂三年欽蒙奏准立爲世子，見今年既長成，而其所行多有不堪爲後者，不獲已出置於外。第二子補資質柔弱，難付重任。第三子祹作頗聰慧，孝悌好學，一國臣民，悉皆屬望，請立爲後。臣不敢擅便，爲此謹具奏聞。」

丙午，命王世子字曰「元正」，命隨御聽政。

世宗實録

計一百六十三卷，起太宗十八年戊戌（明成祖永樂十六年，一四一八）八月，至世宗三十二年庚午（明景帝景泰元年，一四五〇）二月，鄭麟趾等撰，景泰五年甲戌三月書成。

世宗莊憲英文睿武仁聖明孝大王諱祹，字元正，太宗恭定大王第三子也。母元敬王后閔氏。以太祖六年丁丑四月壬辰生於漢陽俊秀坊潛邸，實大明高皇帝洪武三十年也。太宗八年戊子二月封忠寧君。娶右副代言沈温之女，封敬淑翁主。十三年壬辰五月進封忠寧大君。｜八年戊戌六月壬午立爲王世子。

八月丁亥，即位於景福宫。尊上王爲老上王，父王爲上王，母后爲大妃。

皇帝敕書：准易世子。

皇帝親自詳審罪囚。

世宗即位年（明成祖永樂十六年，一四一八）

八月己亥，謝恩使元閔生賫奏准「許令擇賢」禮部咨文回自京師。

九月辛亥，欽差差宦官陸善財奉准「易世子」敕書及欽賜名稱歌曲一千本來。上王升殿受敕書，謂使臣曰：「吾素有疾，請以子裪爲嗣，遣元閔生聞奏。後疾轉劇，令裪權攝國務。」

十月戊戌，初，帝遣指揮伯顏伯花、千户李敏等率軍官五十四人，捕海青、土豹於三撤地面，自閭延郡小甫里口子乘桴渡江。

己亥元年（明成祖永樂十七年，一四一九）

正月丙辰，御便殿視事，參贊金漸進曰：「臣見皇帝親引罪囚，詳加審覈。臣見皇帝威斷莫測，有六部長官奏事失錯，即命錦衣衛官脱帽曳出。」

甲子，皇帝遣太監黃儼偕正使光禄少卿韓確、副使鴻臚寺丞劉泉持節奉朝鮮獻釋迦舍利并頂骨。

誥命來錫王命。上之與使臣行禮也，韓確辭不敢。上强之，乃就位。及宴，確不赴。確，本國人，其妹選入帝所，見寵。帝欲榮之，召赴京師，授誥遣還。

四月戊戌，李原、李叔畝等回自北京。啓：「皇帝以前日甲山等處到來千户李敏横行作弊，命囚之。」

六月己卯，李之崇回自北京。皇帝就賜上爲善陰隲書六百本，上王驢、騾各十頭。初，元閔生之赴京也，上王授馬六匹要貿驢、騾。帝知之，故有是賜。

七月乙卯，千秋使通事金聽回自北京，啓禮部禎祥咨呈。

己丑，使臣太監黄儼至，賜上王宴享及主上宴享。使臣謂上王曰：「皇帝命臣曰：『中國非無酒果也，但道路阻遠，乃以生絹三百匹、表裏三十匹、羊一千頭，以資酒果之債，王其輸之，以王府所有，充其宴享之費。』」

九月庚申，黄儼、王賢還，就獻印經紙一萬張。遣元閔生隨黄儼奉進舍利，奏曰：「欽奉聖旨，臣父、臣將先祖康獻王供養有的釋迦舍利并頂骨，及境内遍行迎取諸佛如來菩薩并名僧舍利總五百五十八尊顆，差陪臣元閔生麒麟、福禄。

賫擎奉進。」

十月己丑，進賀使通事林密回自京師，啓曰：「皇帝只賜使鈔五十張，從事官以下，鈔二十張耳。」

十一月丁卯冬至，謝恩使通事宣存義、閔光美等回自京師，啓皇帝待敬寧極厚之事。又啓：「中國有麒麟、獅子、福禄等異獸，帝命模畫，令洪汝芳留待畫畢賫去。」

十二月丁丑，敬寧君裶、贊成鄭易、刑曹參判洪汝芳等回自北京。皇帝就賜麒麟、獅子、福禄，隨現寺、寶塔寺祥瑞之圖五軸。福禄似驢而高大，頸長抗，白質黑文，人不能名，帝自名之曰「福禄」云。皇帝待裶甚厚，命禮部依照世子禔朝見時例接待。一日詔裶升殿上，帝降御座，臨立裶所跪處，一手脱帽，一手摩髻曰：「汝父、汝兄皆王，汝居無憂之地，平居不可無所用心，業學乎？業射乎？宜自謹慎讀書。」特賜御製序新修性理大全，四書五經大全，及黄金一百兩，白金五百兩，色段、羅、綵絹各五十匹，生絹五百匹，馬十二匹，羊五百頭，以寵異之。

《朝鮮王朝實録》世宗實録

永樂皇帝責奏本不填日字。

庚子二年（明成祖永樂十八年，一四二〇）

正月丙辰，元閔生回自北京，啓：「中國有甘露、瑞氣及空現文殊、普賢菩薩等禎祥。」

閏正月辛未，遣都總制供敷、副使總制朴光衍等奉賀禎祥表箋如京師。

三月丁亥，通事金仲諸還自北京，言河演進厚紙奏本不填日字，皇帝召韓確語曰：「汝老王事我至誠。小王不在心，不填日。朕欲下朝廷問之。朕待汝國甚厚，故不果耳。往説你國王。」

戊子，以奏本不填日字，下集賢殿直提學申檣等於義禁府，尋釋出，杖流有差。

五月己巳，進獻使通事金時遇、全義回自北京，言皇帝怒進紙奏不填日字，故不敢進請免金銀奏本。上王曰：「請免金銀，此其時矣。若此時請不得，後來必以此爲據。宜備細布因事進獻，須更請之。」癸酉，河演、韓確回自京師。確在京師，帝日召確，命黄儼對飯。

永樂皇帝定都北京。

辛丑三年（明成祖永樂十九年，一四二一）

二月癸卯，通事全義回自京師，言帝以江左太祖皇帝肇起之地，北京地勢雄壯，山川鞏固，並建兩都，置立郊社宗廟，創建宮室。以永樂十九年正月朔，御奉天殿受群臣朝，詔告天下，禮部録文與之。

甲辰，上王命兵曹曰：「今皇帝定都北京，禮當進賀。其令司僕寺及兵曹各擇進獻馬十匹預養。」

癸丑，正朝使曹備衡、曹致等回自京師，欽賜大統曆一百本。

丙辰，曹致啓曰：「臣至京師，告於禮部曰：『王大妃薨逝。我殿下從以日易月之制，已釋衰絰，越三月而葬。請具辭奏達賜謚。』再三告禮部而未蒙俞諾。」

戊午，進賀使清城府院君鄭擢、副使總制李中至，奉表如京師，賀建都北京及禎祥。上謂書狀官庾順道曰：「爾到京師，問於禮部曰：『表箋末書某日乎？』禮部曰：『然。』則復問曰：『始面既書欽遇某月某日聖節千秋，末又永樂皇帝風痺，久病不朝。

使臣名字避諱。

書某日，則無乃疊乎？』則禮部必分析言之，爾當詳問之。」

五月戊子，通事林密回自京師，言以三月二十八日至北京，帝以風痺不視事已久，太子受朝。四月初八日夜大雨震雹，至翌日曉，奉天、華蓋、謹身等殿災，須臾而盡，即日大赦。密又言還至山海衛，逢本國僧信乃等九人，問其所之，一僧云「向北京」，餘皆不答。

六月壬子，通事崔雲回自京師，啓：「表箋内畫日，問於禮部員外郎黄鍾。」

七月壬戌，曹崇德賫請還逃僧奏本如京師。光禄少卿鄭允厚之子仁貴從往朝見，以追謝皇帝賜祭之恩也。

八月己亥，通事宣存義回自京師，言「本國逃僧洪惠等，欽奉聖旨，前往南京住天界寺。又韃靼侵邊鄙，調發遼東軍守禦。」

九月辛巳，朝廷使臣海壽奉敕至。敕曰：「今遣少監海壽賫敕。敕至，王即選取馬一萬匹進來，以資國用。當酬以直。」賜太上王及上綵幣表裏。

十月甲午，吏曹啓：「千秋使書狀官曹崇德回自京師，言新避字樣『德』、『仁』、『燕』三字。自今赴京人名『德』字，皆代以『得』字。」從之。

永樂皇帝北征。

己酉，奏聞使曹崇德回自京師，啓「皇帝不允請還逃僧之奏。」

壬寅四年（明成祖永樂二十年，一四二二）

正月辛未，遣户曹參議許晐如京師進馬籍，奏告「易換馬一萬匹，已畢解送。」

二月庚子，正朝使通事葉孔蕡回自北京，言「達達侵擾邊鄙，道路不通。」

三月丙寅，都司咨文賫進官許晐遣人來報：「今三月十五日天下兵會於北京，將北征。」

四月癸卯，通事金時遇回自遼東，言「皇帝以達達寇邊，於今月二十一日上馬親征。」

五月丙寅，太上王薨於新宮，春秋五十六。

辛未，遣刑曹判書李潑、左軍同知總制李隨，奉表箋如京師，告訃請謚，仍賫大行王行狀以行。

辛巳，賀節日使吴陞、馬籍賫進官許晐等回自京師，言：「達達布滿遼東、廣寧、山海衛等處，掠奪不已，以故晝則登山四望，夜乃潛行。傳聞北京以北及西北甘肅等處，皆被其害。三月二十二日皇帝親率大軍北征，詔諸路益發軍馬會行在所。」

六月丙戌，遣判中軍都總制府事韓長壽爲欽問起居使，如北京。

永樂皇帝親征至漠北。

八月丁酉，告訃使李潑回自北京。潑等至北京，皇帝方北征，禮部以凶訃不可聞於行在，只受表文，使潑等還國。由是大行太上王行狀不呈於禮部而還。

九月癸亥，欽問起居使通事崔雲回自京師，言皇太子傳令旨云：「爾王至誠事大，以善馬禮物遠問起居，予甚喜之。還將此意啓爾王。汝宰相勞於遠道，勿以爲勞。」

乙亥，欽問起居使韓長壽回自京師，言「帝在漠北，禮部承皇太子令旨令還」，且言「聖駕從近還都」。

永樂皇帝還都。

十一月庚申，押解官高奇忠回自遼東，言「帝以九月初八日還都，以征阿魯台及兀良哈等虜克捷班師，詔誥天下。」

壬申，遣清平府院君李伯剛、户曹參判睦進恭如京師，賀平定北方。

癸卯五年（明成祖永樂二十一年，一四二三）

永樂皇帝欲親征。

二月戊辰，進賀使書狀官李世衡來自京師復命，啓曰：「北京西寢殿災。且達達數萬兵入寇中原，帝將欲親征。」

四月丙辰，使臣内官劉景、禮部郎中楊善，奉誥命祭文來。以鄉音宣讀皇帝祭文。賜謚曰「恭定」。

八月己酉朔，通事金彦容等三人回自京師，啓云：「使臣之來爲世子封崇事，且求馬一萬匹，將以征達達也。皇帝今夏四、五月未寧，六月望後平復。然視事則太子監之。」

丙寅，使臣内官海壽、禮常郎中陳敬來，奉敕封世子，并索馬一萬匹。頒白金綵幣。

乙亥，進表使長川府院君李從茂、進箋使府尹李種善等，賫謝恩及進馬

明成祖永樂二十二年，一四二四

永樂皇帝北征。

表箋如京師。

十月乙卯，通事金乙玄回自遼東，言七月二十四日皇帝親御六軍，北征達達。

十一月庚寅，遣進表使右軍都總制權希達、進箋使中軍總制鄭孝文如京師，賀平定北方。

乙未，差上護軍金時遇賫進獻馬匹了當奏本如京師。

甲辰六年（明成祖永樂二十二年，一四二四）

正月乙酉，奏聞使崔雲先遣通事金祉以書啓曰：「癸卯九月初一日，臣到北京進啓本，皇太子命進奏行在所，仍給上等馬，使兵部辦事官侯正伴送。初五日到行在所爛柴口子，皇帝命臣等進前來，距帝座前五、六尺進奏本。帝披覽未訖云：『説謊。』臣奏：『我國邊將啓童猛哥帖木兒奉聖旨，本年六月到阿木河。 殿下謂既奉聖旨來了，不敢聞奏。 又邊將啓楊木荅兀本年七永樂皇帝親征，達子逃隱。

月到猛哥帖木兒一處住了。殿下謂楊木荅兀不奉聖旨，擅自般移，未便。即差臣奏聞。』帝曰：『説謊。』微笑。又曰：『汝國見彼人，雖一、二人便殺，一、二百便殺，乃至千餘人，都殺了。』又問臣：『汝是崔雲？』臣對曰：『是。』『汝莫是崔得霏親眷？』臣對曰：『不是。』又問：『崔得霏、韓確好否？』臣對曰：『好。』帝呼内官尹鳳，命饋酒飯。禮部尚書呂震、刑部尚書李慶等謂臣等曰：『童猛哥帖木兒等新徙，必無糧料，汝國接濟否？』臣答云：『本國後門連歲不登，又野人三次于咸吉道、二次于平安道往來作耗，我民尚且飢困，何暇接濟！』兩尚書欣然相對，再三歎美云：『殿下知理，速奏甚善，不濟糧料亦是矣。』又説：『汝國可擒獲彼人否？』答云：『彼人見其不敵，逃隱于大山長谷，難以擒獲。』尚書云：『汝言亦是，今皇帝親征，達子逃隱不見，彼亦如此。』又指揮金聲與臣言：『皇帝命我賫敕往朝鮮，吾奏「我若往朝鮮，楊木荅兀必謂請兵討之，將敕書付朝鮮使臣回去甚當」，帝許之。』金聲又言：『來四月間往東良北，楊木荅兀等似前不服，當舉義征之。』」

甲午，崔雲奉敕書回自京師。其敕曰：「皇帝敕諭朝鮮國王李：『往者永樂皇帝敕諭。

朝鮮獻馬。

楊木荅兀違逆天道，屢嘗逃竄，朕體天地好生之心，特加寬宥，仍復任用，無有疑忌。不意其冥頑無知，負德辜恩，近又挈家逃竄，且又用言哄嚇良善，將歸順朝廷好人，一槩迫脅前去。既而又聞其詐傳朕命，來於王邊方居住，索糧接濟。若此所爲，豈罪可容！茲特以敕諭王，王即遣人前去，諭以朕意。如果楊木荅兀能敬順天道，改悔前非，輸誠來歸，朕悉宥其罪，仍復任用，令其與妻子團欒，於本地方居住，自在快活，享有富貴於悠久。如是執迷不改，王即擒拿來獻。若其中果有被迫脅前去，能順天道來歸者，亦悉宥其罪，令其各安生業，永享太平之福。若復怙惡不悛，盡數擒拿解京，明正國典，以謝天人之怒。王切不可循情容匿，以負納逋逃之咎。故茲敕諭，宜體至懷。』」

命遣前判司宰監事柳季聞、大護軍池舍，賫賜楊木荅兀教書及童猛哥帖木兒宣醞，往阿木河宣諭。

三月壬辰，遣户曹參議沈道源，賫馬籍奏本赴京師。

丁酉，司憲府啓：「前都總制權希達奉使上國，華夷共聚會同館中，揚言本國進獻別馬，比之載糞之馬。及入帝庭，千官及諸國使臣聚會之時，攘臂奮拳，走逐押馬官金申。復又於賜宴序坐之後，動身失容，厲聲罵詈。又以小忿鞭撻從事官，濫刑中國館夫諸罪。命希達杖一百，流三千里於珍島。」副使鄭孝文、謝恩使李從茂、副使李種善、正朝使朴實、副使邊頤，並以知情不舉，職牒收取，外方付處。書狀官趙玄璲，杖一百，徒三年。金鐙、姜涑各杖九十。餘勿論。

四月丙午朔，命奏聞使元閔生赴京求得一把連箭並學放射之法以來。

己酉，遣總制元閔生賫楊木荅兀聲息奏本如京師。

五月癸卯，聖節使通事閔光美回，言四月初四日皇帝動駕北征。

永樂皇帝親征。

六月丁卯，奏聞使總制元閔生馳書啓曰：「五月十六日臣及到開平迤北一百餘里行在所，皇帝引見，問奏本内楊木荅兀詞，因欲更授敕書。臣奏云：『本人驚怕，隱遁於山險地面，實難擒拿。』遂停敕書。賞銀二丁、六表裏、鈔五百張，命錦衣衛千户屠忠護送於燕都。」

七月辛巳，奏聞使元閔生、通事朴淑陽先來啓曰：「皇帝謂元閔生曰：『老王以至誠事我，至於乾魚，無不進獻。今小王不以至誠事我，前日求老王永樂皇帝北征賓天。

所使火者，乃别求他宦以送。朕老矣，食飲無味，若蘇魚、紫蝦醢、文魚，須將來進。權妃生時，凡進膳之物，惟意所適。死後，凡進膳、造酒若澣衣等事，皆不適意。』内官海壽立於帝傍，謂閔生曰：『將兩個好處女進獻。』帝欣然大笑曰：『并將二十以上，三十以下，工於造膳、造酒侍婢五、六選來。』賜閔生銀一丁、綵段三匹。」上曰：「前日火者事，予非不知皇帝之怒也。然今此言，欲得處女而發歟？」即召政府、六曹共議，命禁中外婚嫁，置進獻色。

九月癸酉，平安道監司金自知啓：「使臣支應差使員判三登縣事朴得年，回自遼東，賫謄寫皇太子令諭一本。其文曰：『皇太子令諭天下文武官員軍民等：仰惟大行皇帝爲天下生靈討賊胡寇，班師四至榆木川，不幸於七月十八日賓天，遺命中外臣民喪服禮儀，一遵太祖高皇帝遺制，布告天下，咸使聞知。』王賢與得年潛説：『皇帝與韃靼相遇交兵，阿録大戰死。』頭目李英云：「忠勇王自請招安韃靼，扈駕而行，未知去向。皇帝行在所雨冰如瓦，軍人或折臂或碎頭而死，馬亦多折項而死，皇帝以此勞心而崩。』」上爲大行皇帝率群臣舉哀如儀。

壬午，遣進香使判右軍都總制府事崔迤、陳慰使安純如京師。

辛卯，領議政李稷、總制李恪賫表如京師，賀登極。

乙未，欽問起居使通事史周京回自京師，啓「皇帝北征，班師至榆木川，七月十八日崩，八月十一日梓宮還京，十五日皇太子即皇帝位，大赦天下」，并傳寫北征詔書以來。

皇太子朱高炽即皇帝位，是爲明仁宗。

十月戊午，使臣言：「前後選獻韓氏等女，皆殉大行皇帝。」先是，賈人子吕氏入皇帝宫中，與本國吕氏以同姓欲結好，吕氏不從。賈吕畜憾。及權妃卒，誣告吕氏點毒藥於茶進之。帝怒，誅吕氏及宫人宦官數百餘人。後賈吕與宫人魚氏私宦者，帝頗覺，然寵二人不發。二人自懼縊死。帝怒事起賈吕，鞫賈吕侍婢，皆誣服，云欲行弑逆。凡連坐者二千八百人，皆親臨剐之。或有面詬帝曰：「自家衰陽，故私年少寺人，何咎之有！」後帝命畫工圖賈吕與小宦相抱之狀，欲令後世見之。然思魚氏不置，令藏於壽陵之側。及仁宗即位，掘棄之。亂之初起，本國任氏、鄭氏自經而死。黄氏、李氏被鞫處斬。黄氏援引他人甚多。李氏曰：「等死耳，何引他人爲！我當獨死。」終不誣一

永樂皇帝令剐二千八百人。

永樂皇帝怒進獻非處女。

人而死。於是本國諸女皆被誅。獨崔氏曾在南京，帝召宮女之在南京者，崔氏以病未至。及亂作，殺宮人殆盡，以後至獲免。韓氏當亂幽閉空室，不給飲食者累日，守門宦者哀之，或時置食於門内，故得不死。然其從婢皆逮死；乳媪金黑亦繫獄，事定乃特赦之。初，黄氏之未赴京也，兄夫金德章坐於所在房窗外，黄儼見之大怒，責之。及其入朝，在道得腹痛之疾，醫用諸藥皆無效，思食汁菹。儼問元閔生曰：「此何物耶？」閔生備言沉造之方。儼變色曰：「欲食人肉，吾可割股而進。如此草地，何得此物！」黄氏腹痛不已，每夜使從婢以手摩動其腹，到一夜小便時，陰出一物，大如茄子許，皮裹肉塊也，婢棄諸厠中。一行衆婢皆知而喧。又黄氏婢潛説，初出行也，德章贈一木梳，欽差皆不知之。帝以黄氏非處女，詰之。乃云：「曾與姊夫金德章隣人皂隸通焉。」帝怒，將責本國，敕已成。有宮人楊氏者方寵，知之，語韓氏其故。韓氏泣乞哀於帝曰：「黄氏在家私人，豈我王之所知也！」帝感悟。遂命韓氏罰之，韓氏乃批黄氏之頰。明年戊戌，欽差善才謂我太宗曰：「黄氏性險無温色，正類負債之女。」歲癸卯，欽差海壽謂上曰：「黄氏行路之時，

明成祖永樂二十二年，一四二四

宮人三十餘人殉葬。

韓氏之死。

雷擊奉天、華蓋、謹身三殿俱燼。

《朝鮮王朝實録》世宗實録

腹痛至甚，吾等見，則以鄉言。言腹痛，必慚而入内。」及帝之崩，宮人殉葬者三十餘人。當死之日，皆餉之於庭，餉輟，俱引升堂，哭聲震殿閣。堂上置木小床，使立其上，掛繩圍於其上，以頭納其中。遂去其床，皆雉經而死。韓氏臨死，顧謂金黑曰：「娘，吾去！娘，吾去！……」語未竟，旁有宦者去床，乃與崔氏俱死。諸死者之初升堂也，仁宗親入辭訣。韓氏泣謂仁宗曰：「吾母年老，願歸本國。」仁宗許之丁寧。及韓氏既死，仁宗欲送還金黑，宮中諸女秀才曰：「近日魚、吕之亂，曠古所無。朝鮮國大君賢，中國亞匹也。且古書有之，初佛之排布諸國也，朝鮮幾爲中華，以一小故不得爲中華。又遼東以東，前世屬朝鮮，今若得之，中國不得抗衡必矣。如此之亂，不可使知之。」仁宗召尹鳳問曰：「欲還金黑，恐洩近日事也，如何？」鳳曰：「人各有心，奴何敢知之。」遂不送金黑，特封爲恭人。初帝寵王氏，欲立以爲后。及王氏薨，帝甚痛悼，遂病風喪心。自後處事錯謬，用刑慘酷。魚、吕之亂方殷，雷震奉天、華蓋、謹身三殿俱燼。宮中皆喜，以爲帝必懼天變，止誅戮。帝不以爲戒，恣行誅戮，無異平日。後尹鳳奉使而來，粗傳梗概；金黑之還，乃得其詳。

明仁宗賞賜朝鮮王。

辛酉，四使回京。李琦、彭璟、陳善各曾受苧麻布、表紙、席子，石燈盞，臨行只持麻布十四、席子十二張，其餘并還授迎接都監。

乙丑，光禄寺少卿韓確赴京。

十一月乙酉，賀登極使李穊、李恪以書啓曰：「十一月初四日到遼東，經歷王章言：『十月初八日封皇后，十一日封太子，布告天下。』二月初七日是千秋節。欲謄詔書，遼東人以前日使臣怒其漏洩訃告等事，皆諱而不示。不得謄寫以進。」

十二月辛酉，崔迤、安純，賫大行皇帝謚號、千秋節二咨，來自京師。

丙寅，遣進賀使吴陞、成抑、朴礎，副使許權、柳思訥，奉上大行皇帝尊謚、賀立太子及皇后表箋方物，如京師。

乙巳七年（明仁宗洪熙元年，一四二五）

正月庚辰，賀登極使通事金乙賢回自京師，啓：「皇帝遣尚膳監左少監尹鳳、御馬監奉御卜石及頭目十八人，賫賞賜，偕李稷來。」

癸未，遣禮曹參議成槩，進獻純白厚紙二萬五千張、石燈盞二十事，就咨權永均之卒於禮部。

乙未，李稷回自京師，李恪留義州待使臣行。稷之在京也，帝優禮待之。

二月辛亥，使臣内官尹鳳、朴實入京。

丁巳，尹鳳謂總制元閔生曰：「總制年前赴行在，艱難而還？」閔生答曰：「皇帝特賜羊酒與料而送，何艱難之有！」鳳曰：「其時事，不可說，不可說！北京距榆木川不遠，自榆木川以北，奚止八九倍。鑾輿入幸，逐中山王阿禄，大王使人曰：『予自昔受賞與爵，不可以拒大軍。自東逐我，則我乃西走。自西逐我，則我乃東走。終不與戰。』不幸皇帝病亟，還至榆木川而崩。崩後大軍與三衛兀良哈再戰，我軍被虜，不知其幾千人也。」

六月甲寅，軍器注簿許晚石赴京。晚石，權永均女壻，爲謝賜祭賜賻也。

七月戊子，義州通事李成富，賫聖節使判府事孟思誠，在薊州謄送大行皇帝遺詔，回自遼東，并言六月十二日巳時皇太子登極，改元宣德。

宣德皇帝朱瞻基登極詔書。

仁宗皇帝崩。

仁宗皇帝葬天壽山。

閏七月己亥，義州通事金贇奇回自遼東，謄來新皇帝登極詔書。

癸卯，聖節使通事趙忠佐等，賫回禮部恭上仁宗尊謚咨一道，及上尊謚詔、尊皇太后詔抄白二道，回還復命。忠佐啓曰：「節日使未及到北京，聞大行皇帝崩逝，即服喪服哭臨三日。至帝都，進表於禮部。禮部聞奏，以表及方物獻於大行皇帝殯前。問崩逝之故於華人，或云天震之，或云病而崩，諱之也。其遺詔，皇后所爲也。」

丙辰，遣詔使內官齊賢、行人劉浩至。遣進香使知敦寧金謙、陳慰使禮曹判書李孟畇，奉表及祭文如京師。

乙丑，遣賀尊謚他都總制李順蒙、賀上皇太后尊號使户曹參判睦進恭、賀册封中宫使同知敦寧趙賫如京師。

十月乙酉，賀登極他通事金乙玄回自京師，啓曰：「大行皇帝梓宫九月初一日發引，初六日赴天壽山陵，初九日返虞。臣等承禮部發落，以白衣、白帽出會同館門外，待虞主至，俯伏叩頭。禮部儀制清吏司員外郎與臣及書狀李世衡傳尚書吕震之言曰：『朝鮮國表箋副本今後依他例。初面衣上著印，常行書「表副」、「箋副」二字，且書年月日，當於季後一面正中書之，用印。謹奉表稱賀以聞之「聞」字書於極行。』仍示遼王、楚王、寧化王、靖康王表副，皆長約八寸五分，廣約三寸五分，每行字數不等，或十八九或二十。稱賀以聞之『聞』字俱於極行書之。瞻天仰聖之『瞻』字不諱。年月日上用印半出『洪熙』之『熙』字。國銜下『臣、姓、諱』三字差細書之外初面。上端正中付黃籤，籤長約三寸五分，上端書『表副』二字，用印半出副字。中宮箋副同。」

壬辰，李原、文孝宗、金謙、李孟畇等回自京師，啓曰：「仁宗皇帝之葬，殉以後宮五人。又以滕懷王并葬之，仁宗第八子而先薨者也。」

甲午，通事許原祥、金湛等回自京師，啓曰：「聞有賜藥敕書來。」

十一月壬寅，李順蒙、睦進恭、趙賚等捧欽賜藥材敕書而回。爲龍腦、蘇合油、硃砂、麝香、膽礬、附子，蘆薈、川烏、鎖陽等藥。

戊申，遣謝恩使都總制李潑如京，謝賜藥物也。

丙午八年（明宣宗宣德元年，一四二六）

二月己卯，平安道監司馳報：「使臣尹鳳、內史白彥等，率京城頭日指揮張勇、鴻臚寺序班崔真等十八人，賫敕書及賞賜物件櫃子四十來。」

宣德皇帝諭旨選女。

三月丙午，使臣尹鳳、白彥來賜綵幣，尹鳳欽傳宣諭曰：「你去朝鮮國對王說，年少的女兒選下者，等明春著人去取。」又欽傳宣諭曰：「選揀會做茶飯的女僕進獻。」上即命京外禁婚，置進獻色。

壬子，遣宜山君南暉如京師謝恩。

七月壬辰，遣上護軍金時遇賫奏本三道如京師。一奉諭選送女兒五名，并開列生年月日及父職事姓名籍貫；二選送會做茶飯的婦女六名進獻；三進獻赤狐皮一千領。

宣德皇帝親征漢王。

十一月辛丑，正朝使韓尚德以書啓：「遼東鎮撫劉青言皇帝親征漢王，至魯安縣平之。漢府所轄民人五萬九千餘名徙于遼東。月初一日駕回北京。」

癸丑，進獻使僉總制金時遇奉賜書敕而回，計五經、四書及性理大全一部，共一百二十冊；通鑑綱目一部，計十四冊。時遇謄來平漢王詔敕。

十二月丙寅，遣謝恩及進賀使雲城君朴從愚、副使同知總制宋希美如京師，謝賜書籍及賀平定樂安州。

丁未九年（明宣宗宣德二年，一四二七）

二月丁丑，正朝使參判韓尚德回自京師。啓曰：「內官尹鳳傳聖旨：『馬五千匹今年八、九月，準到這里。』敕書從後到那里，先說知道。」

己卯，圖畫院摸畫各色鷹子分送於各道，使之依圖捕之，以備進獻。

三月辛亥，朴從愚回自北京。啓：「昌城、尹鳳、白彥三使來，四月初四日過江。」上曰：「初喪他人求處女，意實急急。然至今不率歸者，豈非中國待其終制也。」

四月己卯，使臣昌盛、尹鳳、白彥至，賫敕索馬五千匹，并賜白金綵幣。

癸未，請三使臣御便殿行茶禮，擇處女，取都總制成達生等之女七人，執饌婢子十人，十人痛哭不輟。

乙酉，謝恩使同知總制李皎如京師。

獻女韓氏。

五月戊子，處女韓氏，永矴之季女也。長女選入太宗皇帝宫，及帝崩，殉焉。昌盛、尹鳳又奏委女貌美，故來採之。及有疾，兄確饋藥，韓氏不服，曰：「賣一妹富貴已極，何用藥爲！」以刀裂其寢席，盡散藏獲家財於親戚。寢席，將嫁時所備也。

七月丙午，三使臣還，七處女自上林園入勤政殿，分入有屋轎子。成氏獨入一轎，其餘則二人共一轎，使臣親鎖鑰。執饌婢及從婢皆乘馬由建春門發行，其父母親戚闌街哭送，觀者亦皆流涕。遣中軍都總制安壽山，賫馬籍奏及進獻處女七人，執饌婢十名，女使十六名，火者十名奏如京師。

獻鷹。

八月戊午，傳旨各道都節制使曰：「進獻鴉骨、堆昆，捕獲者賞職，無職人初授八品，有職人超一等，賤人則給米五十石。」鷹子進獻使上護軍李伯寬，賫鴉鶻十連、黄鷹二十連、皂鷹六連，赴京師。

戊辰，進獻使安壽山以書啓：「御馬少監李信自北京到遼東，遣千户高黃儼死後被斬棺之罪。

通於義州，求鷹犬於尹太監。太監問皇帝南幸與否，通云：『皇帝移御東宮，始營奉天殿，且潛邸時所居之殿改蓋黃瓦。南幸之事，似乎停矣。』」

辛巳，安壽山馳書啓曰：「處女及使臣今月十七日到遼東，都指揮使王真、劉清等迎於柳河。以有屋車子八兩，分載女使、執饌婢入城，館於前衛。因處女結束留連。且尹太監言：『北方未平，停南幸。聖節日朝見爲可。』白彦月十九日騎雙馬先走北京。王真言：『以迎處女，内官三人到廣寧，二人到玉田縣留待。』」

十月庚午，進鷹使上護軍李思儉，賫海青一連、黃鷹五連，如京師。

己卯，范榮、劉楨至，其敕曰：「聞世子欲來朝覲，已見王父子忠敬之心。然世子今當勤力學問之年，況遠道跋涉非易，可免其來。如已啓行，亦令還國。故敕。」　甲申，上曰：「昨日頭目黃哲云黃儼死後，被斬棺之罪，妻與奴婢，没入爲公賤。曩尹鳳亦曰：『呂氏毒殺權氏而被凌遲之刑，然非其罪也，儼訴之也。』然則儼當太宗皇帝之時，專主宮壼，誣陷呂氏之失，灼灼明顯。呂氏之死，實本國之恥，而今稍雪矣。」

處女從北京齊化門入城。

十一月壬寅，進鷹使通事吴貞貴回自京師。工曹判書成達生以書啓：「處女到遼東，白彦先赴京奏達，八月二十九日回到十三山驛，言舊東宫繕脩未畢，處女無下處，宜留廣寧以待。臣竊疑皇帝終制未久，諸殿下皆未成婚，以無下處爲辭耳。昌盛、尹鳳有不豫之色。以已過廣寧，九月初一日入錦州衛留連。昌盛馳往更奏。初十日處女發程，二十六日到北京齊化門外，止留二更，只令處女入城，餘人二十七日入城，館於府軍前衛。昌盛、尹鳳令臣稱進馬使，鄭孝忠以下稱宰相傔從，待之禮與宰相無異。尹鳳養子尹順與臣言臣女及車氏以十月十八日擇吉於別殿梳粧，餘皆以幼弱，仍留於初下處。崔真言諸殿下皆於近日成婚。」

甲辰，進鷹使上護軍韓承舜，以鴉骨四連、海青三連赴京師。

戊申十年（明宣宗宣德三年，一四二八）

正月辛卯，咨文賫進官通事金陟回自遼東，啓皇帝以皇太子誕生，大赦宣德皇帝令獻海青等佳鷹。

天下。

癸卯，進賀使慎宜君仁、户曹參判趙賚，奉表如京師，賀誕生皇太子。

二月癸亥，工曹判書成達生在中朝報：「使臣白彦使執饌女造酒果、豆腐以進，帝甚嘉之，即除彦御用監少監，賜冠帶。」

戊辰，李思儉回自京師，啓：「臣詣帝庭，舉死海青，跪曰：『我殿下誠求海青以進，不幸中道病死。』帝曰：『死了何害。』又曰：『人能言語，又能服藥，病尚未愈，况禽獸乎！爾等勿憂。海青本難得，幸得則進之。其他佳鷹，亦隨得以獻。予欲以爲遊戲之翫。』」

三月戊申，安壽山奉敕以來。敕曰：「王前所遣上護軍韓承舜等歸途爲賊劫奪。即已獲賊，追得所奪物件。賊人皆置重法。所奪之物，就令人賚付韓承舜等收去，特諭王知之。」

四月庚申，使臣鴻臚寺少卿趙泉、兵部員外郎李約等，賚立皇太子詔而來。

甲子，判漢城府事李種善、同知總制金益生，奉賀册立皇太子表箋如京師。

七月癸丑，進賀使元閔生、曹致如京師，賀册封皇后。并賚請王世子冠

《朝鮮王朝實録》世宗實録

宣德皇帝斬御史。

明仁宗、宣宗皇帝好雜戲。

服奏啓本以去。

己巳，使臣昌盛、尹鳳、李相至。敕賜白素磁器十卓，白磁青花大盤五個，小盤五個。

乙亥，謝恩使漢原君趙瑨、同知總制成槩如京師。

九月丁巳，上曰：「遼東入歸通使馳報：『趙府殿下叛，稱皇帝，住南京。』以曩日盡抄遼東軍觀之，果然矣。然未可的知，不宜使尹鳳知之。故曾令代言等勿露此言。昔漢府殿下叛，潛師以伐，不如今日之急。趙府則賢名素聞，今若信叛，必不輕動矣。向者尹鳳告予曰：『歲丙午，帝使内史出獵，侵擾民間，御史入奏曰：『人主不食野獸，請毋使内史獵之，使其驕恣。』帝怒曰：「爾使我勿食野獸，是野獸便於汝也。」即投俾猛豹啞齕之，不死，更斬之。』鳳之意以爲帝非枉殺諫臣，御史自取之也。」上謂代言等曰：「尹鳳率爾告予曰：『洪熙皇帝及今皇帝皆好戲事。洪熙嘗聞安南叛，終夜不寐，甚無膽氣之主也。』」知申事鄭欽之對曰：「尹鳳謂予曰：『洪熙沉於酒色，聽政無時，百官莫知早暮。今皇帝燕於宮中，長作雜戲。永樂皇帝雖有失節之事，生送葬。

内官無禮。

然勤于聽政，有威可畏。』鳳常慕太宗皇帝，意以今皇帝爲不足矣。」

十月辛巳，火者金城人金儒，廣州人廉龍，信川人鄭同保，寧人朴根，先發行赴京，使臣所選也。

壬午，三使臣陪處女韓氏，率火者鄭善、金安命，賫海青一連、石燈盞石十個，回還。進獻使總制趙從生、韓氏親兄光禄寺少卿韓確偕行。都人士女望韓氏之行，歎息曰：「其兄韓氏爲永樂宫人，竟殉葬，已可惜也。今又往焉！」至有垂泣者。時人以爲生送葬。

乙酉，咸吉道監司進北青府所捕海青一連，命追付進獻使之行。

甲午，上曰：「昔黄儼陪處女而去，敬畏之至，如對皇后妃嬪。今昌盛、尹鳳、李相等甚怠慢不敬。處女中路遘疾，盛等或在馬上撫其轎子之窗，或對坐執手，或請處一房。彼雖内官，甚無禮也。」代言等對曰：「内官無禮者，莫甚於此輩。」

十一月壬子，平壤通事康智恂回自遼東，傳寫皇帝親率騎兵平胡詔書以來。

丙辰，節日使韓惠，賫進賀表箋并進獻乾年魚二千尾，大口魚一千尾，年魚子十瓶，大文魚三百首，以行。

十二月甲申，進賀使元閔生、副使曹致等，奉賜世子六梁冠勅書來。百官進賀。

戊戌，進賀使大提學柳思訥、副使同知敦寧閔審言，謝恩使都總制朴實、副使總制李叔畝等，如京師賀平胡及謝賜世子冠服。

癸卯，使臣尚寶監少卿金滿，賫賜少卿崔得霏祭文及祭物以來。

己酉十一年（明宣宗宣德四年，一四二九）

守齊化門者要賄賂。

正月癸亥，（許）稠曰：「李恪言中朝把齊化門者求賂於本國使臣，恪等不獲已，許笠帽乃入。」

四月丁亥，少卿韓確，賫火者白彥贈母段綃，及成、車、鄭、盧、安、吳、崔等七女所贈書信以來，皆以書及剪發藏之重囊。書中之辭，皆叙其艱辛過活之意。親及兄弟見之，涕泣曰：「平生相見者，惟此髮耳！」左右掩泣太息。

進獻物目。

《朝鮮王朝實録》世宗實録

五月丁未，使臣太監昌盛、尹鳳，内史李相來賜白金、綵幣、磁器。

戊申，昌盛書示進獻物目：小内史八名，會歌舞小女兒五名，會做甜食大女兒二十名；燒酒十壜，松子酒十五壜，黄酒十五壜，梨花酒十五壜；石燈盞十個；大狗五十隻，皂鷹六連，籠雅骨十連，兒子雅骨十連，雅骨十連，籠黄鷹三十連，兒子黄鷹三十連，羅黄鷹四十連；松子五十石；諸般海菜、海魚、魚醢。

七月庚申，尹鳳還。鳳求請之物二百餘櫃，每荷一櫃用八人，荷櫃軍自太平館至沙峴，絡繹不絶。使臣求索之多，未有甚於此時者也。

癸亥，進獻使仁順府尹權蹈，奉表箋如京，貢海味方物，兼賀瑞兔。又遵旨貢火者六名，會做茶飯的婦女一十二名，學樂的小妮子八名；花文木鞍橋子六副，石燈盞十事；雅鶻三十連，黄鷹十連，皂鷹四連，大狗四十隻。

乙丑，昌盛、李相還，小火者宋璟等六人、執饌女婢等十二人、唱歌女雪梅等八人隨使臣以行。

壬辰，計稟使恭寧君裀、副使右軍都總制元閔生，賫請免歲貢金銀表箋如京師。

十月乙亥，進鷹使洪師錫，賫海青一連、黄鷹十連以行。

十一月甲辰，使臣金滿來，敕曰：「惟王聰明特達，恭事朝廷，前遣人所進海青、鷹犬，足見王之至誠，朕深嘉悦。茲遣内官金滿賫敕諭王，特賜白磁器十五卓。王國中有好海青及籠黄鷹大犬，尋訪進來，尤見王之美意。」

進獻白黄鷹。

甲寅，謝恩使判府事李澄如京師。李澄並賫進獻白黄鷹一連、籠黄鷹七連以行。

庚午，進鷹使上護軍池有容，賫海青二連、堆昆一連，與頭目陳景赴京。

辛未，計禀使通事金乙賢等回啓：「所奏請免金銀歲貢之事，帝下六部議之。吏部尚書蹇義奏：『此乃高皇帝成法，不可改也。』帝御右順門諭義等曰：『朝鮮事大至誠，且遠人之情，不可不聽。朕已敕許蠲免，毋庸固執。』帝待恭寧君裀甚厚。」

宣德皇帝敕，免獻金銀。

十二月乙酉，恭寧君裀奉敕回自京師，敕曰：「金銀既非本國所産，自今貢獻，但以土物效誠。」又敕曰：「自今朝廷所遣内官、内史人等，至王國中，王但以禮待之，毋贈遺以物。朝廷凡取索物件，惟憑御寶敕書應付。若口傳朕之言語取索，及非理需求者，悉勿聽。王父子敬事朝廷，多歷年歲，愈久愈篤，朕所深知，非左右近習所能間也，王無慮焉。」

庚戌十二年（明宣宗宣德五年，一四三〇）

正月乙巳，進獻使大護軍尹須彌，賫大狗以行。

正朝獻方物目。

二月丁酉，禮曹議：「每年正朝、節日、千秋，進獻方物，金銀代用物件以啓。正朝：帝所黃苧布十匹，白苧布、麻布各二十匹，滿花席二十張，簾席二張，滿花方席、黃花席、綵花席各十張，人參五十觔，豹皮十張，今加馬三十匹，紬二十匹，麻布二十匹，滿花方席、黃花席、綵花席各十張； 皇太后紅苧布十匹，白苧布二十匹，滿花席八張，綵花席十張，螺甸梳函一事，今加麻布三十匹，紬十匹，滿花席二張，黃花席十張； 中宮紅苧布十匹，白苧布二十匹，滿花席八張，綵花席十張，螺甸梳函一事，今加麻布三十匹，紬十匹，滿花

明宣宗宣德五年，一四三〇

節日獻方物目。

千秋獻方物目。

進白角鷹。

席二張，黃花席十張；東宮白苧布、麻布各十五匹，滿花席二張，滿花方席五張，黃花席、綵花席各十張，人參二十觔，豹皮六張，今加馬四匹，紬十匹，滿花席八張，滿花方席五張，人參二十觔。節日：帝所黃苧布十匹，白苧布、麻布各二十匹，苧麻兼織布十匹，滿花方席、黃花席、綵花席各十張，簾席二張，人參五十觔，豹皮十張，獺皮二十張，今加馬四十匹，紬二十匹，麻布五十匹，滿花方席、黃花席、綵花席各十張；皇太后紅苧布十匹，白苧布二十匹，滿花席七張，綵花席、黃花席各十張，今加紬十匹，麻布四十匹，滿花席三張；中宮同。千秋：白苧布、麻布各十六匹，滿花席、滿花方席、綵花席各十張，人參二十觔，豹皮六張，獺皮十張，黃毛筆二十支，今加馬十匹，紬十匹，白苧布四匹，麻布四十四匹，滿花席、滿花方席、綵花席各五張，人參二十觔。」從之。

四月庚辰，通事裴蘊、趙忠佐、仇敬夫等，回自京師，啓「帝賜王世子朝服一副。」

庚寅，進鷹使通事回自京師，啓：「太監尹鳳傳聖旨云：『王至誠事大，無一事或違。今進白角鷹，前後所無。一出於宋徽宗時，而畫影一本流傳而内官勒索。

已。朕所常佩帶環，今特函賜。』」節日使押物盧重禮回還，啓：「臣等狀於禮部云：『小邦僻在海隅，本乏良醫，幸出幾般草藥，未知真假。今將賫到本國所産相似藥名問坐具呈，伏乞照詳，許令明醫辨驗真假。』禮部奏差太醫院醫士周永中、高文中等到館，辨驗得堪中藥材一十味：赤石脂、厚朴、獨活、百部、香薷、前胡、麝香、百花蛇、烏蛇、海馬；不識藥材一十味：王不留行、丹參、紫莞、枳殻、練子、覆盆子、食茱萸、景天、萆薢、安息香。」

辛卯，正朝使吴陞、副使李君實，賫敕書及朝服以來。

五月癸卯，謝恩使都總制文貴、副使同知總制金益精等，如京謝賜世子冠服及瑞原君案入朝蒙帝厚待。

六月癸巳，使臣遠接使鄭欽之馳報：「昌盛每事輒怒。問其宿所及入京之日，不答。問之再三，但云：『行則行，止則止。行盡之時，是入京之日。』意欲困我也。昌、尹兩人亦不相和。昌、尹皆請給養子靴，答云『曾有敕書，未可贈也』。後不更言。尹云：『山參、辛甘草、苗沉醬等物，宜預備之。』答云：『敕書所無。』尹作色叱之。」

明太祖至仁宗皇帝好佛事。

七月乙卯，使臣昌盛、尹鳳來，賜帝所御寶裝、絛環及刀、劍、銀幣諸物。又敕曰：「王國中所産諸品海味、嘉魚及豹、大犬、海青、好鷹、白黄鷹，可採取進來。」又敕曰：「近巡海將士送至王國中之人白龍等十七名，詢之，云『因市鹽，舟爲風所壞，漂至。』朕甚閔之。今遣本國，各令寧家。特諭王知之。」

庚申，謝恩使同知敦寧府事李皎、同知總制金乙辛如京師。

九月壬寅，千秋使工曹參判鄭淵如京師。

甲子，命上護軍金裀，賫進獻籠黄鷹三十連赴京。

十月甲午，遣判内贍寺事趙貫，管押種馬赴京。

十一月癸卯，通事艾儉等來報：「内官金滿到會同館，口傳聖旨云：『可速還國，多獲海青亟進。』命知中事皇甫仁告使臣。使臣沮不令進獻，蓋欲親賫，以邀寵於帝。且怒不與贈遺，故事事作梗也。」

戊申，謝恩使李皎、金乙辛，賫索進海青敕回自京師。

己酉，上謂左右曰：「尹鳳語崔濕曰：『本國信儒者之説，不好佛事。中國自太祖皇帝以來，皆好佛事。洪熙最好，親設水陸。』佛氏之來尚矣，中國豈無儒者。未知中國果好佛乎？」成達生、徐選、權軫、安純等啓曰：「臣等親見好佛之事。」純又啓曰：「中國好佛太甚，華人以爲國祚因此不長。」

閏十二月，癸亥，進獻使判軍器監事金因回自京師，啓：「太監昊成，賫別賜羊酒到會同館，傳聖旨曰：『朝鮮國王敬事朝廷，所進御膳甚精，鷹子皆善，朕甚嘉悅！』禮部尚書又傳聖旨曰：『朝鮮國王甚賢。太宗皇帝嘗曰：朝鮮國王頗有賢德。今來使臣亦體主意，又皆謹慎，所獻物件，路上完固來進，宜於常例倍加賞賜。』」

辛亥十三年（明宣宗宣德六年，一四三一）

二月癸卯，都總制成抑、參判李孟畛，如京師賀含譽星。

三月丁亥，進獻使通事俞宗秀回自京師，啓：「帝准遼東所奏，令就本國買牛一萬隻，每牛絹一匹、布四匹。」

四月辛酉，進賀使通事申孝敦回自京師，啓：「序班崔真言禮部尚書宣德皇帝敕取海青、土豹等物。

宣德皇帝好雜戲，後宫紊亂。

云：『朝鮮表箋何若是其好乎？』真答曰：『朝鮮朝士，皆勸於讀書故也。』」

八月辛亥，使臣昌盛、尹鳳等來，敕曰：「王國中所産海青、黄鷹、白鷹、土豹，敕至，王令人同差去官軍一同採取，就差的當人員，同差來内官昌盛、尹鳳、張童兒、張定安等進來。」又曰：「今遣内官昌盛、尹鳳、張童兒、張定安等率領官軍一百五十員名，往毛憐等衛採取海青，土豹等物。敕至，王即遣的當人護送，從朝鮮後門取路前去。所用糧食，煩王供給。如或天道寒冷，合用衣鞋之類，并所採海青、土豹等物回還，緣途合用肉食餵養，王亦從宜造辦與之。就令人護送出境。」

十二月丁酉，安崇善啓：「尹鳳與盧閈云：『帝欲换牛馬各一萬匹，翰林院奏云：「朝鮮小國，今海青、土豹捕捉事煩，不宜並换牛隻。」帝從之，不下敕書。吾還備奏牛隻不産之由，然於昌大人處力言之甚可。』」

癸卯，尹鳳賫土豹五隻，發向瑞興。上謂安崇善曰：「尹鳳云：『帝好遊戲，至一旬不謁皇太后。且後宫争妬，宫人所出潛相殺之。皇太子亦輕佻。』此而不諱，其意必怨也。」

朝鮮不産牛。

宣德皇帝敕書。

丙午，昌、張兩使還，右軍都總制柳殷之賫海青七連、白鷹一連、土豹五隻，跟同赴京進獻。

壬子十四年（明宣宗宣德七年，一四三二）

三月壬戌，正朝使通事宋成立，賫謄寫皇帝處罪太監袁琦敕諭來。

四月辛卯，尹鳳族人金雨霖回自京師云：「鳳屏人言兵部奏遼東牛隻請换事。鳳在帝傍曰：『朝鮮自來不産牛隻，且國王曾聞牛隻易换之語，深用憂慮。』帝曰：『勿聽遼東之奏。』鳳語雨霖云：『勿泄此言，密啓殿下。』」

五月丙戌，使臣昌盛、尹鳳、張定安賫敕來。敕曰：「近遼東都司奏屯軍缺牛耕種，已敕山東布政司運布絹詣遼東附近王國之處，收頓聽候。王可令國中人民，選堪用耕牛一萬隻，赴遼東市内貨賣，俱照永樂年間例給與布絹，庶幾官民兩便。」又敕曰：「今遣太監昌盛、尹鳳、監丞張定安前來，王可於國中量發人馬，委的當頭目管領，與之一同採捕海青、土豹，回日令人護送，毋致疏失。」又敕曰：「近遣内官張童兒率領官軍四百員名，往白山等處公幹，約用食糧四百八十石，欲于遼東運去，人力艱難。聞王國與白山等處相近，兹遣太監昌盛、尹鳳、監丞張定安賫敕諭王，王可如數差人輸運，同昌盛等送至東梁地面交付張童兒等收用。如昌盛等往來東梁地面公幹，王可分付守把人等放行。」又敕曰：「王恭事朝廷，自永樂至今前後一誠，可謂卓然賢王矣。肆朝廷待王亦前後一誠，所遣使臣，慮其中有小人任情輕率，不顧大體，妄有需求，凡其所言，非敕書所諭者，王勿信從。前命山東布政司運布絹于邊衛，與王國人民收買耕牛，給遼東屯軍。今得王奏，國中所産不多，朕已具悉，可隨見有者送來交易，餘即止之。但海青飛放所用，而産於王國中，若遣人來採捕，王可應付。」

十二月丁亥，幸慕華館餞尹鳳。鳳，本國火者也，初在瑞興，甚貧賤。永樂年間被選赴京，出入禁闥，于今三世。欺誑帝聰，以捕海青、土豹、黑狐等事連年來我，貪求無厭，恣行己慾。於瑞興起第，將爲退老之計，土田臧獲，靦面求請，以備家産。使弟重富位至中樞，至於族親靡不受職，其蒙國家之

尹鳳爲選入明宫之朝鮮人。

恩至矣。猶爲不足，鞍馬、布幣，亦區區請之，無耻甚矣。本國之人爲本國之害，使吾民奔走疲斃，其於昌盛、張定安何足責乎！自古天下國家之亂，由於宦寺。奉使而來者皆此輩也，則上國之政可知矣。

辛亥，進獻使上護軍金乙玄，賫土豹、海青、海魚等物赴京。

癸丑十五年（明宣宗宣德八年，一四三三）

正月丙子，遣大護軍李尚恒，進獻海青一連於京師。

三月乙亥，金乙玄捧敕回自京師。敕曰：「比聞本國後門被忽剌温地面野人頭目木荅兀、南不花、阿魯兀等搶去頭匹，經過建州左衛地方，爲都指揮僉事李滿住等奪下男女六十四名，拘留花衛，不曾發回。已敕李滿住等奪下前頭人口送回本國。及敕忽剌温地面野人頭目木荅兀等，如搶去人口頭畜見在，亦皆送還。仍戒木荅兀等自今務要敬順天道，恪遵朕命，各守方面，毋相侵犯。如或不悛，王宜相機處置，勿爲小人所侮。仍遵洪武、永樂年間，敕諭事理隄防，庶幾有備無患。」

四月乙酉，遣上護軍金乙玄捧奏本如京師。

聖旨令獻大狗。

六月戊戌，謝恩使金孟誠先使通事金汗啓曰：「太監尹鳳傳聖旨云：『極大狗兒五對，揀擇進獻。』」

九月壬午，千秋使工曹參判朴安臣奉賀箋如京師，仍奏請遣子弟入北京國子監或遼東鄉學。

十月壬戌，太監昌盛、内官李祥、張奉，奉敕來賜綵幣，并索能理辦膳事女子十數人及海青。

辛未，遣星原君李正寧、同知敦寧府事崔士儀如京師，謝賜綵帛。

進獻海青及執饌婢女。

十一月乙未，差中樞院副使李孟畛，同使臣將進獻海青五連、執饌婢子寶金等二十名，如京師。

十二月丁巳，李正寧等到遼東馳啓：「欽天監奏宣德八年閏八月初八日景星見於西北天門之上，又有海外諸國來貢麒麟、獅子、玄鹿、福禄，在京文武百官上表稱賀。」

進獻人參一千斤。

壬戌，千秋使朴安臣傳寫賫來敕書二道，先使通事金玉振馳啓。一曰：「得奏言已還所獲婆豬江人口、牛馬、銀帶、瓶盞、家財等物具悉，誥命敕諭及打圍馬匹既辨釋明白即已。蓋王敬天事大，樂善之心，出於至誠，朕所素知，非彼小人所能間也。所進鷹犬皆至，備見王之誠心。但犬未及前所進者尤佳。有如前者，更爲尋訪進來。國中産人參，亦可令人採取進來。」其二曰：「覽奏欲遣子弟詣北京國學或遼東鄉學讀書，具見務善求道之心，朕甚嘉之。但念山川脩遠，氣候不同，子弟之來，或不能久安客外，或父子恩憶之情，兩不能已，不若就本國中務學之便也。今錫王五經、四書大全一部，性理大全一部，通鑑綱目二部，以爲教子弟之用。」

甲寅十六年（明宣宗宣德九年，一四三四）

正月辛丑，僉知中樞院事李伯寬，賫進獻大犬二十隻、人參一千斤，如京師。

三月戊寅，命都承旨安崇善曰：「海青其品至貴。中國以海青爲第一中國炙熱，海青難養。

賓，以金線豹爲第二賓。見得海青四連，其才良者二連，其速備進獻諸事。」

庚辰，進獻使上護軍李士信，賫海青二連如京師。

十一月己丑，聖節使禮曹參判金益精奉表如京師，并進海味及海青。

十二月辛亥，千秋使通事金自安回自京師曰：「朴信生賫捧敕書三道而來，其一求辦膳兒女，其二求海青，其三黑龍江野人侵犯國境事也。」

丁卯，朴信生賫敕書三道回自京師。其一曰：「今得木蘭河等衛野人指揮兀苦里等奏，近到剌里地面，聞黑龍江七姓野人過松花江，欲去侵犯朝鮮國。朕以此賊譎詐，未知虛實如何。兹因王差來使臣回，特諭王知。王可戒飾守邊官員，晝夜用心隄備，毋致疏虞，庶副朕意。」其二曰：「王先次所遣來製造膳羞婦女，皆調和精美，造辦便捷，而作豆腐尤精妙。後次所遣來者雖佳，然均不及前者。敕至，王可更選巧慧婦女十數人，令巧習製作饌羞及造豆腐之類，悉皆精熟如前次所遣者，待後遣中官到國中就帶來京。」其三曰：「中國地面炙熱，雖有海青，難以喂養。王國中有海青，可尋取差的當人進來，以資朕暇時飛放之用。仍令來人緣途好生照顧喂養，毋致疏失。」

宣德皇帝訃音、遺詔。

皇太子即位（即英宗朱祁鎮）。

庚午，進獻使李叔畝賫海青二連如京師，仍賫奏本三件，皆欽依朴信生賫來敕諭事也。

乙卯十七年（明宣宗宣德十年，一四三五）

正月辛丑，進獻使李叔畝到遼東，馳報皇帝訃音，謄送遺詔。上率群臣舉哀如儀。命放教習膳羞婢子。

二月庚戌，管押使通事回，言皇太子正月初十日即位，大赦，改元「正統」。進香使文貴、陳慰使李中至如京師。

癸丑，遣右議政盧閈、同知中樞院事閔義生如京師，賀登極。

三月庚寅，使臣禮部郎中李約、兵部員外郎李儀，賫登極改元詔及綵幣來。敕曰：「朕初嗣大寶，嘉與天下，安於清静。王國朝貢，一循常例。凡前敕旨所需人口及一應之物，悉皆停罷。」

丁酉，遣户曹參判沈道源賀上大行皇帝尊謚，同知中樞院事尹得洪賀册正統皇帝敕朝鮮處女等還鄉。

太皇太后及皇太后，花川君權近謝賜綵幣，如京師。

己亥，進獻使通事高用智回自北京，言本國入朝宦者李忠、金復、金角等，領處女從婢及執饌婢出來。

四月丁亥，使臣李忠、金角、金福等，奉敕率處女、從婢九名、唱歌婢七名、執饌婢三十七名來，敕曰：「婦女金黑等五十三名，久留京師，朕閔其有鄉土之思，亦有父母兄弟之望，今遣内官李忠、内史金角、金福送回，王可悉訪其家歸之，勿令失所。李忠等就令展省畢即回京。故敕。」李忠，永樂六年隨權氏入朝。金角，玉果人；金福，平壤人，並永樂元年入朝。金黑言：「韓氏卒後，日侍太皇太后，待遇甚厚，賜與無數。一日，白太皇太后曰：『年老蒙恩甚厚，但欲還鄉。』太后許諾命還。仍請並還執饌、唱歌婢，后曰：『初不知來在也。』仍命並還。拜辭日，后執金黑手泣别。」

七月庚午，謝恩使通事辛伯温、進獻使通事許元祥、偰振等回自京師，賜衣有差，以貿得胡三省資治通鑑也。

丙子，權恭回自京師。恭之將還，帝特命召，親御左順門，進恭近前，面慰曰：「爾國王至誠事大，爾亦遠路勞瘁。」賜衣一襲，各色段子羅、絲絹各五匹，銀五十兩，鈒花純金帶一腰，紗帽、靴一，鈔十塊。

十二月庚戌，聖節使通事金漢、全義等，賫事目先來，曰：「書狀鄭而漢問禮部員外郎肅儀曰：『朝廷新撰諸史諸書若何？』儀答曰：『太宗皇帝命集儒臣，博采古今諸史諸書，撰述成書，名之曰「永樂大傳」。假如「天」字，則聚古今所訓「天」字之義，「地」字則聚古今所訓「地」字之義。至於諸字之義，莫不皆然。天下事物之理，都在「大傳」，簡袠浩繁，藏在御府滿十餘間，時未刊行。』又問：『大全刊在何處？』儀答曰：『板在南京。』又問曰：『字樣以銅個個鑄之，隨書排字而印出乎？』儀答：『不是。昔者或以銅鑄之，字與板相付，制度與木版一般，功費甚鉅。近來皆用木板。』又問：『「大傳」外又無新撰諸書乎？』儀曰：『宣宗皇帝時，令儒臣上自唐、虞，下至宋季，類聚人臣事蹟，某也忠而澤及後嗣，某也詐而殃及其身，撰成新書，名之曰「歷代臣鑑」，此亦藏之御府，今未刊行。』」

戊午，聖節使南智賫敕回自京師。敕曰：「王奏請書籍，今發去音註『資

永樂大傳（即永樂大典）。

歷代臣鑑。

《朝鮮王朝實録》世宗實録

正統皇帝敕賜音註資治通鑑。

遠遊冠服制度。

治通鑑』一部。其餘書板損缺，待刊補完備頒賜，王其知之。」

丙辰十八年（明英宗正統元年，一四三六）

二月癸丑，正朝使李思儉賫敕回自京師。敕曰：「所奏建州衛都指揮使李滿住等稔惡不悛，屢誘忽剌温野人前來本國邊境劫殺等事，具悉。蓋此寇禽獸之性，非可以德化者，須震之以威。敕至，王可嚴敕兵備，如其再犯，即勦滅之，庶幾邊民獲安。」

丁巳十九年（明英宗正統二年，一四三七）

十二月辛巳，聖節使李宣、通事高用智回自京師，進聞見事件及傳録敕書：用智等詣禮部問遠遊冠服制度，答曰：「遠遊冠服，吾等所未詳也。於國初洪武年間，禮制未定時，因漢、唐之制，用此冠服。今則親王皆服皮弁。

若殿下奏請遠遊冠，則必賜皮弁矣。」

戊午二十年（明英宗正統三年，一四三八）

正月辛卯，聖節使李宣捧敕回自京師，敕曰：「今得建州左衛都督童猛哥帖木兒、童倉等〔奏〕，比先其兄阿古與七姓野人讎殺，被野人將其父兄一家都殺了。童倉等建連信都被搶去，後得毛憐衛指揮哈兒禿等贖回。今要將帶都督凡察等，及童倉家小，與所管五百户並百户高早化等五十家，俱來遼東，與都指揮李滿住一處住坐。緣本地方切近王國，祗慮王不肯放，兹因王使臣回，特以敕諭王：『如果都督凡察等及童倉家小，與所管五百户並百户高早化等五十家見在，即令人護送出境，交與毛憐衛頭目都指揮同知郎卜兒罕，轉送出來，與之完聚。不惟見王之美意，尤足以副朝廷同仁一視之心。』」

五月丙申，計稟使通事全義等賫捧謄寫敕書二道、兵部移左軍都督府咨呈一道來。其敕曰：「今得王奏，李滿住等讎嫌未解，若令聚處，將來同心作欽賜遠遊冠服。

賊，邊患益滋。王所計慮亦當。其童倉、凡察等聽令仍在鏡城地面居住，不必搬移。此輩皆朝廷赤子，在彼在此一也。王惟善加撫卹，使之安生樂業，各得其所，庶副一視同仁之意。」又敕曰：「奏請遠遊冠、絳紗袍及常時視事冠服，事下禮部。今本部奏，遠遊冠服已行南京，查永樂中如果未頒，即製頒賜。其常時視事冠服，王自祖宗以來，本國必有冠服，王宜遵先王之制勿違，庶幾協禮之正。」咨曰：「正統三年三月十五日行在禮部尚書胡等于奉天門外欽奉聖旨：『禮部、兵部計議停當來說。』查得剌榆寨一路，遼東都司雖經差官蹈勘，不見聲説計議，改行前路，有無便利違礙，難便定奪，欲行該府轉行遼東。」

十月乙卯，藝文大提學洪汝方，賫敕及欽賜遠遊冠服回自京師。

戊辰，遣户曹參議高得宗進貢種馬五十匹。又遣海平君尹延命謝賜冠服。

己未二十一年（明英宗正統四年，一四三九）

正月壬午，遣仁壽府尹崔士儀如京師，賀麟見。

賜朝鮮書册、寶帖等。

二月甲子，謝恩使從事官金何回自京師，進珊瑚、綵帛、書册、寶貼等物。

三月壬子，進賀使通事僉知司譯院事辛伯温，賫奉敕書先來。其敕曰：「今得建州等衛都指揮李滿住奏：『都督凡察、指揮童山，自永樂年間歸順朝廷，開設衙門，降給印信，屢蒙恩賞，陞授重職，聽令管領部屬在邊自在居住，已有年矣。今凡察等不思出力效報，背國負恩，聽朝鮮國王招引去見，受其鞍馬衣服等物，就於本國鄰近地方，相參住坐。又令毛憐衛都指揮郎不兒罕及凡察男阿哈荅等來詐誘李滿住等前去朝鮮國，一同居住。并本國收留逃叛楊木荅兀下人口。』然此事未知虚實，俱置不問。已遣人賫敕往諭凡察等，即將帶原管人民及挾同都指揮李張家、指揮佟火爾赤等家屬，并各人部下大小人口，與收逃叛楊木荅兀下人户，俱來遼東附近渾河頭，與李滿住一處完聚。敕諭至日，王宜嚴禁彼處軍民人等不許阻當，仍差人讓送出境，聽其搬移前來。不唯見王之永篤忠誠，而且彼此相安，不招外人非議，豈不美哉。」

甲寅，遣計稟使工曹參判崔致雲如京師。其賫去奏本略云：「正統四年三月初四日，陪臣崔士儀賫捧敕諭，欽此。臣不勝兢惶。欽檢到累朝頒降處賜遠遊冠、絳紗袍、衡天冠、翼善冠。

置野人敕諭事理及今李滿住等虚捏奏達事因，逐一開坐。伏望聖慈，令凡察、童山等仍舊安業，以安邊民，小國幸甚。爲此謹具奏聞。乞依累朝頒降聖旨事理，勿許搬移。」

五月戊午，計禀使書狀官金何回自京師，進遠遊冠、絳紗袍及衡天冠、翼善冠質正事目。

庚申，計禀使崔致雲賫敕還，其敕諭曰：「得奏建州等衛都指揮李滿住等虚捏奏請，及曾有敕諭聽令童倉、凡察等既在彼安生樂業，仍聽其在彼居住，不必搬移。王更宜戒敕其安分守法，勿作非爲，以累王之令德。」

丙寅，遣禮曹判書閔義生，如京師謝恩。

九月壬申，咸吉道都節制使金宗瑞奉書于承政院曰：「今九月十五日，吾弄草住吾都里毛多赤來告曰：『忽刺温亐知介、愁乙同巨等二人，因買賣到愁州。』我往見，仍問聲息，答云：『吾部落人前赴京師，聞凡察等奏請移居婆豬江，帝覽奏大怒，令考其前此開陽等處虜掠事跡，叱之。遂不准所奏。』聞此而還。」

玉燈。

大明集禮。

麻布。

庚申二十二年（明英宗正統五年，一四四〇）

正月庚戌，節日使李思儉回自京師，啓曰：「遼東鄒大人謂臣曰：『須啓殿下贈送玉燈三、四事。』又使鎮撫王永謂臣曰：『玉燈事毋忘以啓。』」

二月丁酉，前正郎金何命就求去年在北京禮部所見大明集禮。如已頒降，即設法得來。若未得本文，傳寫而來。

五月壬戌，上謂承政院曰：「我國進獻細麻布，朝廷珍寶之。昔太宗文皇帝嘗御麻布衣，甚愛惜，藏諸內帑。麻布，我國方物之大者也。今濟用監預先織造，陳陳相仍，予慮久則或致損弊。」右承旨趙瑞康啓：「瀚濯去糊藏之，則雖久無弊。」上曰：「然。」

九月癸卯，議政府據禮曹呈啓：「前此因事奏請，不進禮物，誠爲未便。且册封太皇太后、皇太后及中宮，乃朝廷盛禮也。於皇帝前不進方物，似乖於禮，亦爲未便。自今如有册封事，乃於帝所並進禮物，凡諸奏請事亦獻禮物，永以爲式。若非特遣使奏請大事，則勿進禮物。」從之。

捕捉松鶻。

癸亥，傳旨咸吉、平安道各官守令曰：「朝廷進獻松鶻捕捉事，去丙午年傳教行移。臣民等不體予意，或懷奸詐，或不用心，所捕獲松鶻罕少。皇帝知其事由，差内史率領採捕軍人，所捕頗多。予甚恥焉。且本國受弊不可勝言。今上皇帝曾不差人捕捉，只令本國採捕進獻，誠本國之幸也。如或似前不捉，前日之弊，必復作矣。其體予至懷，盡心布置，多方捕捉，不吝重賞。」

十月乙酉，遣刑曹判書鄭麟趾如京師謝恩，貢方物并獻海青六連。

十二月己丑，節日使通事李裕德賫謄寫敕書及宣諭聖旨各一道回自京師。

辛酉二十三年（明英宗正統六年，一四四一）

正月己亥，節日使尹炯賫敕書來……其欽傳宣諭聖旨：「恁遞年來進獻朝貢，我見恁誠心。如今天下太平，人受其禄，敬順天道，百姓快活。説與恁王知道，説與衆頭目知道。」

二月己丑，遣工曹參判李宣如京師，謝允發官軍護送使臣回還。

三年一朝進獻良馬。

貢獻良馬之目。

三月甲寅，承文院啓：「洪武十九年四月二十五日禮部咨，欽本聖旨節該：『三年一朝，貢良騎五十匹。諭令歲歲終以此約爲驗。』後至洪武二十四年正朝，方進如始。欽此，本朝自洪武二十年丁卯正朝爲始，每當亥、卯、未年，備辦到種馬五十匹，内原定毛色馬匹若缺少，將別色堪中馬匹充數進貢，已有年矣。查得曩者有司失於檢舉，或先或後，違期進貢，致誤事大之禮，今特設法申明條例，如或有違，所司依律論罪。」從之。其種馬則烏觜烏臀烏蹄潔白牡馬五匹，烏觜烏眼潔白牝馬十匹；鐵青牡馬五匹，牝馬十匹；黑鬃黑尾黄牡馬二匹，牝馬五匹；黑五明牡馬二匹，牝馬四匹；棗騮牡馬三匹，牝馬四匹：凡五十匹。

戊午，平壤少尹宋儲傳受遼東差東寧衛千户金寶賫來敕書到行宮。

丙寅，伐引任（疑當作住）。野人加乙吐賫皇帝敕諭二道而還，咸吉都觀察使韓確謄寫馳報。

四月乙酉，謝恩使金乙玄賫敕還自京師，敕曰：「朝鮮自王之祖考事我祖宗，以至于今，數十年間，恭敬之誠，久而益篤。肆朝廷禮待，素加常等。

正統皇帝建奉天殿大赦天下。

彼凡察、李滿住輩，朝廷不過異類畜之。飢窮來歸，則矜閔而蒭豢之。所不絶之者，亦意彼得所止，則或者不肆鼠竊於王之境，非有厚彼之施也。彼之負王煦育之德，朕既屢敕諭之。其獸心確焉不移。蓋其志已離，勢難復合。强之復合，終不爲用，不若姑聽之耳。其所諭人口在王國者，王加厚撫卹，勿致失所。彼如威德，自無異志。比聞凡察有侵軼王邊之誅，朕已遣敕嚴戒之，及戒李滿住、乃胯等皆不許作過。猶慮獸心未可必也，故亦有敕諭王備之。自今王惟加謹邊防；其還與否，不必計也。」

丙戌，遣户曹參判柳季聞如京師謝恩。

閏十一月癸未，以皇帝建奉天殿大赦天下，承詔赦宥境内。節日使高得宗在京師語禮部尚書胡濙曰：「我殿下近因北虜侵擾邊鄙，夙夜憂慮，得消渴，又患眼疾，欲達朝廷問醫藥，第緣煩瀆宸聽未敢耳。」濙曰：「歸報殿下，寬心寬心。野人作亂，自有朝廷大法矣。」得宗又以野人入寇投書於濙，請爲奏聞，明降處置李滿住、凡察等。時朝廷又聽滿住、凡察等奏，遣指揮吴良敕還滿住等管下人口。得宗聞之，又謂濙曰：「滿住管下人無一人生擒見存者。」

新建奉天、謹身、華蓋三殿。

又請還滿住虜去人口。此皆非國家之命，得宗擅自請之。帝特賜藥材，就付得宗。書狀官金淡，押物李純之，押馬金智，通事金汗、金辛，亦與其事。遂下得宗、淡、純之、智、汗、辛于義禁府鞫之。時得宗等未還，命義禁府逮捕以來。

十二月戊戌，護軍高用智賫所賜藥材，來自京師。

己酉，遣刑曹參判李季疄如京師，賀新建奉天、謹身、華蓋三殿，仍謝藥材。

壬戌二十四年（明英宗正統七年，一四四二）

二月戊申，正朝使成念祖賫敕回自京師，其敕曰：「王奏欲留鐵嶺衛軍李相，已悉。王謹於事大，誠心可嘉，特允所請，諭王知之。」

四月庚子，進賀使押馬官金何賫敕書來自京師，其敕曰：「得奏，言凡察、李滿住屢結黨類，肆爲侵掠，構禍未已。朕已遣敕戒諭，仍令李滿住挨究前虜芮口擄去婦女，如其見在，即令遣還。此輩本無恒性，王惟飭兵以備之，推誠以待之。蓋天道福善禍淫，必不爽也。」金何又謄寫諭滿住之敕以來。

達達稱蒙古皇帝即位。

五月戊辰，奏聞使李邊如京師，其奏本曰：「議政府狀啓，據咸吉道都節制使李世衡備，本道會寧鎮節制使洪師錫呈該：『正統七年四月十八日，木里安住人吾良哈所衆哥告稱：「達達篤吐兀王等四名及忽剌温波伊叱間等十二名，於本月十六日前來阿赤郎爾地面説道：『蒙古皇帝即位，今已累年，俺每賫敕委來報知高麗。即日野人等軍馬聚會迎接後，使我來告本意。』」聽此，隨差高嶺把截權管裴崇禮，吾郡里馬古因八等，前去本人等下處，取問根脚。假如所衆哥所告是實，爾每對本人等説道：「天無二日，民無二王，如今大明皇帝統一天下，汝何發如此不道之言乎？必無待汝之理。」古因八等聽此，與本人等盤問來歷。篤吐兀王言：「我是海西西北朶顔衛達達人。」波伊叱間、伐於節等言：「俺每俱係忽剌温人。」仍言：「我蒙古皇帝見住照兀足所地面。前年時分，皇帝招諭忽剌温頭目六人等敕書及諭高麗敕書授高吐照王出送忽剌温地面。緣未知高麗道路，回還。俺每隨同本人，去年十二月内進見皇帝於帳幕裏，設宴賜馬，至今年二月初五日封篤吐兀爲王，授波伊叱間豆麻豆，授伐於節達魯花赤，仍令賫敕不分星夜出送來了。」古因八等依蒙古敕書。

卑職上項指示詞因，舉義開説，本人等答曰：「古因八亦是胡種，如此蔑見，於理未便。後日授汝蒙古職事，宣命賫來，則汝擅自不受歟？」古因八答説：「我受朝廷指揮職事，帶金已足。」本人等聽此，開示蒙古字敕書，古因八略記回説：「『太祖成吉思皇帝統御八方。祖薛禪皇帝即位時分，天下莫不順命。内中高麗國交好倍於他國，親若兄弟。世衰遭亂，棄城依北已累年矣。今我承祖宗之運，即位今已十年，若不使人交通，是忘祖宗之信意也。今後若送海青及賀表，則朕厚賞厚待。』季後年號則未得理會，年月日則十年二月初五日，紙則黄色薄紙，印信則不是大印，其方周尺五分許。我默識，陽言俺本不識蒙古字樣。」本人等答言：「將俺每不許入境，大不可也。用人力築城即位大明皇帝則歸順，天賜王印蒙古皇帝則蔑見，如後日玉印敕書一送大都，一送高麗，萬數成群出來時，汝亦阻當乎？」雖大雪如山，大風拔樹，儞邊將毋動待候。又我皇帝於忽剌温地面出來建都一定，儻若出來，道路尤爲不遠。俺每今賫蒙古皇帝敕書出來，既不使親詣王國，又不受邊將明文回去，誠恐譴責。」含淚回還去了。』得此具啓，臣據此參詳，上項不道之言，雖不正統皇帝敕書。

進獻種馬。

進獻海青。

足信，干係非輕。臣心驚駭，備開奏達。」

辛巳，謝恩使通事李興德先來啓：帝以李相不足信用，降敕就付淵以送。

六月己亥，謝恩兼奏聞使鄭淵賫敕二道回自京師。

戊午，遣全義君李梡如京師，賀册封皇后。

八月己亥，奏聞使李邊賫敕二道回自京師。其敕曰：「得奏知力拒達達事，良用嘉悦。王之忠誠，朕所素知，初非待今之奏也。蓋迤北達達名脱脱不花者，權臣脱歡立之爲主，雖假之虚名，實專其權。前歲脱歡已死，其子也先繼其衆，擅權如故。每歲脱脱不花及脱歡父子皆遣人來朝貢馬，朝廷亦嘗遣使往彼答賜禮物，與之通好。實則謹敕邊備，防之甚嚴。王之所言，必是此種部落。今後如彼再有人來，但堅此誠。若其虚張大言，只應嚴固邊備。亦慮野人女真中或有小人因此爲鼠竊者，不可不戒也。使回，特賜王綺幣表裏，至可領也。」

九月丁亥，遣禮曹參議任種善如京師，獻種馬五十匹。

十月甲午，遣户曹參判趙惠如京師賀明年正，仍獻海青三連。

正統皇帝敕書。

十一月癸酉，正朝使趙惠到遼東，馳啓去十月十八日太皇太后崩。

甲戌，上以不豫，令百官舉哀於昌德宮，凡三日。

甲申，陳慰使慶昌府尹李孟畛、進香使漢城府尹金世敏如京師。

十二月辛亥，謝恩使崔士康賫敕回自京師。

癸亥二十五年（明英宗正統八年，一四四三）

二月癸丑，遣東曹參判權孟孫如京師，謝遣還被擄婦女，仍進海青一連、白黄鷹一連。

四月庚子，謝恩使金乙玄回自京師。乙玄及書狀官司憲監察李甫欽、押物承文院校理趙由信、押解官知承文院事卞孝敬，誤書方物數目，投遼東都司，且錯付解送唐人朴表隆咨文。各處罪有差。

七月壬申，義州判官洪有江賫皇帝敕諭而來，敕曰：「近浙江都司海門衛擒獲倭寇七名解京，内一名在途病故。審得江官土係爾國臘州官莫連公正統皇帝敕書。

木判官下百户。今年三月初四日，莫連公差同軍人門阿尼弟，從人門帖麻尼退間，趙參判官家人趙郭失里及本州屯所烟户軍金賽松義、吴真莫弟，金阿那吉，與已故江訥得，駕船下海捕魚。五月初三日遇大風陰雨，漂船至海門桃渚千户所長跳沙灣地方，被官軍連船擒獲。所言如此，但慮各人飾辭脱免。然風濤之患，理或有之。已令所司給與口糧，羈管聽候。敕至，王即查勘是否國中之人，明白奏來區處。」

壬午，平安道教諭俞信，賫捧敕諭而來，敕曰：「今得遼東總兵鎮守官奏，王遣人送被虜男子戴弗名等六名至京，審係浙江昌國衛旗軍，守備爵溪，正統七年五月二十二日被倭賊虜去，小倭山住過。聞賊稱説，永樂年間被遼東官軍擒殺盡絶，今其子孫長盛，復出搶劫。又説，小倭山離大倭山七程，賊首常出批帖爲憑照，遣其徒將魚鹽至王守海寨内易换米糧。今見各賊出海搶劫，乘間逃至王境。王給與口糧衣服，送回遼東，具見王忠敬之心。朕惟王國爲朝廷東藩，世守禮義，用保長久。國家除殘去暴，以安良善，是乃天道。倭賊譎詐，以劫掠爲生，弱則馴服，强則跳梁，此其常性。切慮王守邊頭目，徼其微利，往來交易，資養其力。久之，非但爲朝廷邊患，而王國虚實，彼得窺覘，亦未必不爲害也。自今王宜戒飭守邊頭目，嚴禁關防。遇有緊急聲息，差人飛報遼東總兵等官，預爲提備。其賊道或近王國，王宜乘其出没之時，遣兵截殺，翦除黨類。或搗其巢穴，永絶邊患，尤見王順天體國之意。王其欽承之！故諭。」

朝鮮遣員協查漂至中國者。

八月庚寅，遣奏聞使工曹參判鄭苯如京師。奏曰：「欽奉陪臣義州判官洪有江轉賫到遼東千户赫連降到敕諭。欽此。臣竊照本國三面濱海，所有邊民，爲因煎鹽、捕魚、打柴等事，架船下海，爲風所漂，不知去向者，比比有之。臣今欽見奉查得『臘州官莫連公木判官』、『江官土』、『門阿尼弟』等項字樣，與本國官號人名音韻不同，未易查勘。爲此差陪臣工曹參判鄭苯赴京奏達，伏惟聖慈，許令陪臣鄭苯與前項江官土等面認審問，聖慈施行。爲此謹具奏聞。」又奏曰：「欽奉陪臣平壤府儒學教授官俞信轉賫到遼東東寧衛指揮王昇降到敕諭。欽此。臣切照倭山對馬島、一岐島、花加島等地，海山險阻，種類甚繁，千萬爲群，專以盜賊爲生。小邦三面濱海，恒被其患，新羅、百永樂皇帝諭旨詢倭寇侵擾事。

濟至質子以求和。高麗之季，倭寇益熾，屠燒郡邑，殺虜人口，搶奪財物，雞犬不遺，沿海數千里之地，絶無人烟，棄爲賊藪，以至侵及王京。欽惟太祖高皇帝灼知小邦之患，洪武二年十月間賜書節該：『近者使歸，言經由海濱去海五十里或三、四十里，民方有寧居者。朕詢其故，言爲倭奴所擾。欽此。』洪武六年十月間，爲緣倭賊作耗，陳請捕倭船隻合用火藥。洪武七年五月間，頒降造成火筒、火砲合用物料則例。欽此。逮臣祖先臣康獻王受命開國以來，倭賊不得大肆兇殘，沿海之地，民得復業。然乘間剽竊者猶未絶焉。而或將魚鹽等物，來到邊境，貿易衣糧，如其拒絶，邊患益滋，不得已定其來所，憑照文引，方許貿易。尚有或來剽竊，或無文引而來非定所，爲邊將所殺獲者亦多。永樂十五年十月間，陪臣元閔生赴京時分，本月二十七日，奉天門裏宣諭曰：『爾知道這日本家無禮的勾當？』閔生回奏：『臣呵，日本國的勾當不知道。只小島裏的倭賊勾當，知道些個。這個賊自做路引，到朝鮮海邊上，有人處，便做買賣來的名頭，换些米糧東西；人少處，便做賊殺人，擄好人拿將去使唤。』宣翰林院錦衣衛官曰：『這個倭賊朝鮮地面也去，和我這南北兩賊兇頑。

裏一般打攪。』欽此。又上國軍民爲倭所虜，隨商船來到小邦海岸者，或奪或買，具其附趁商船來到緣由，轉解遼東，非止一次。其倭奴通商小邦，爲日既久，竊意朝廷已曾照悉。至如緊急聲息，若倭賊直由遠海，則臣無由而知；若近小邦之境，臣及知之，則何敢不奏？故于永樂十七年間，倭賊經過小邦忠清道地面，指向遼東，臣令陪臣房九達具告遼東。自後因被虜上國軍民，得聞聲息，不分星夜，累次馳報遼東。今欽見奉，即令邊將遇有商船，探聽聲息，隨即來告。臣雖未詳虛實，即當飛報，益虔無替。臣竊念小邦北連野人，南隣島倭。兩賊兇頑，侵軼邊陲，擄掠人物，固無異焉。所不能絶之者，庶其自戢以除民患而已。況倭奴便習舟楫，往來慓疾，賊害尤劇，又其窟穴險阻，風濤洶湧，未易勦絶。敢陳事由，倍增惶懼。伏惟聖鑑。」

十一月丙寅，奏聞使鄭苯賫敕回自京師，敕曰：「得王奏：遵依令邊將嚴謹巡守，遇有倭寇聲息，即當飛報。具見王之忠誠。及奏令陪臣鄭苯識認漂海遭風人趙郭失里等六名，今認係王國人，俱與脚力口糧，付苯帶回。其防禦倭寇，必有其道，王宜審處，以圖長久。必使彼知所畏懼，不敢放肆，庶無邊患。」

甲子二十六年（明英宗正統九年，一四四四）

二月壬午，遣奏聞使兵曹參判辛引孫如京師。

三月丁巳，謝恩使柳守剛使通事智仁根先啓曰：「皇帝特賜冕服及常服三襲。」又曰：「童者音波至京師，謂女真通事黄鳳曰：『我輩輕棄舊居，搬移他處，心實悔恨。我欲與同類十餘人挈家侍衛，第恐未及上京，而邊將以爲盜賊，盡行誅殺也。爾其回啓殿下，勿令邊將加害。』仍涕泣叩頭。」

丙子，謝恩使柳守剛賫賜冠服敕書回自京師。

五月壬子，遣僉知中樞院事辛處康如京師，獻賊倭皮古失刺、揪古羅等二名。

丙辰，通事金辛回自京師。上召廷臣以示勅書，仍謂曰：「今聞朝廷擒獲三衛韃子三百餘人，死者無算。所獲畜産甚多。朝廷相慶，云前世有平定

正統皇帝特賜冕服、常服。

獻倭賊二名。

安南與北方，皆虛張其數耳，未有如今日者也。今乃謝恩之行，兼賀討平韃靼如何？」

戊辰，奏聞使辛引孫，賫褒奬敕書及賞賜回自京師。

丁丑，遣同知中樞院事楊厚如京師，謝恩兼賀討平北虜。

乙丑二十七年（明英宗正統十年，一四四五）

正月己亥，遣知司譯院事唐夢賢，押賊倭一人如京師，曾犯上國之境者也。

五月甲戌，唐夢賢賫朝廷褒美敕書，回自京師。

八月壬戌，遣同知中樞院事朴堧如京師賀聖節。上謂堧曰：「今擇年十餘歲者以爲舞童，纔習歌舞，壯輒不用。恐將難繼。卿其赴京宴享之樂參用少壯工人及雜戲並陳與否聞見以來。」

朝鮮音樂。

九月癸未，傳旨承政院：「我國音樂與中國不同。昔唐賜以樂器，厥後世遠樂壞。至高麗恭愍王時奏請樂師，未蒙俞允。在今宣德年間，選揀本國正統皇帝嘉賜朝鮮使臣。

唱歌婢入朝，經六、七年，太皇太后放還之，諭曰：『在國中任意使之。』然予以嘗入朝近侍者，放役有年。今者以龍飛詩欲被管絃，使唱歌婢協之唐樂，或有忘其音律者，或有不忘者。然絃歌之聲，不合於本國之樂，但舞蹈之容，爲可觀也。本國之音，合之唐律，習其客聲，以爲後人之觀聽可矣。」

十月癸卯，遣知中樞院事洪師錫如京師，賀明年正。兼獻海青一連。

丙寅二十八年（明英宗正統十一年，一四四六）

八月壬戌，遣判漢城府事李堅基如京師賀聖節，同知中樞院事金何請世子冕服。何通曉漢語，上以可任專對之責，故遣之。

甲子，知中樞院事李思儉卒。思儉，陽城人。乙酉中武科。戊子從讓寧大君禔赴京師。丁未以進獻海青到遼東，鷹死，思儉將死鷹至京，拜泣闕下。帝曰：「人之將死，猶不能醫，况禽獸乎！朕不咎汝。毋恐。」思儉對曰：「臣之泣非有他也，但恨未能全我王之忠誠耳。」帝嘉之，賜將軍帽。

古昔中國所賜編鐘、編磬。

丁卯二十九年（明英宗正統十二年，一四四七）

正月壬申，聖節使李堅基、奏聞使金何，奉敕回自京師。

閏四月丙子，謝恩使李穰回自京師，言「遼東總兵官曹義言：今夏深處，達達討平三衛達子，欲攻海西野人，恐將深入後門。須啓殿下謹慎備邊。」

六月癸亥，命奉常寺收藏古昔中朝所賜編鐘、編磬、琴瑟等樂器，毋得常用。其琴瑟有宋帝手書讚文。

十月丁卯，遣漢城府尹金銚如京師賀正，仍獻海青二連。

十二月丙戌，聖節使成勝還自京師，帝還我漂風金元等十三人。

戊辰三十年（明英宗正統十三年，一四四八）

正月丁酉，遣工曹參判李思仁如京師，謝發還漂風人。

三月戊子，正朝使金銚奉敕回自京師。敕曰：「王世居東藩，敬天事大，賣青花磁器至死罪。

克修職貢，愈久愈虔。兹以海青來進，尤見謹誠。特賜王綵幣表裏，用答至意。」傳旨禮曹：「聞中朝禁青花磁器賣與外國使臣，罪至于死。今後赴京及遼東之行，貿易磁器一皆禁斷。」

丁酉，遣同知敦寧府事安進如京師，謝賜綵幣。

九月甲申，遣吏曹參判李邊如京師，賀聖節。

己巳三十一年（明英宗正統十四年，一四四九）

二月壬申，正朝使李先齊賫敕還自京師。

正統皇帝親征。

八月乙丑，通事姜文寶還自遼東，啓曰：「臣見鎮撫王璜，問之，答曰：『廣寧、遼東間站路皆爲達達所掠，殺虜人畜數萬。時未知達達去處。』指揮吴良會入達達地面，被留，密使人奏秋初達達將犯中國。七月十七日，皇帝領兵八萬親征，出居庸關，行至長安嶺，都督楊弘三父子伏兵山間擊賊，擒殺四萬餘級。但傳聞此事而時未有文移可考。遼東等處，宴然無事。」

正統皇帝被俘。朱祁鈺（景泰帝）即位。

也先送還正統皇帝。

甲戌，遣慶昌府尹鄭除如京師賀聖節。

九月己卯，通事金辛馳報，臣八月十七日到青石嶺，見遼東指揮王武賫敕書出來。武曰：「越江第五日，欲入王京。」不言敕旨辭因。且曰：「皇帝七月十七日親御六軍出居庸關，至大同城。達達敗走，帝亦不窮追，八月十八日回駕。」

丙午，節日使鄭陟在遼東馳報：「皇帝親征達達，誤陷虜庭。皇太后封正統庶子見深爲皇太子，皇弟郕王祈（祁）鈺即位，改元景泰，遥尊正統爲太上皇帝。」

十月甲寅，通事金精秀回自遼東，抄録皇太后詔及新皇帝登極詔以來。郕王于九月初六日奉皇太后命即位。

庚申，遣知中樞院事李明晨如京師，進慰表。

癸亥，遣右議政南智、中樞院副使趙遂良如京師，賀登極；同知中樞院事權孟慶、慶昌府尹馬勝賀正朝，兼賀册封皇太子。

乙丑，謝恩使金何馳報：「遼東人言也先以兵三千送還正統皇帝。」上召正統皇帝未還。景泰皇帝克捷。

廷臣謂曰：「中國之變，千古所無。送還皇帝，亦是意外之事也。也先之意以謂一則正統還入，則與景泰必有猜疑，以成內亂，如此而徐觀其勢，欲施其策；一則聞中國立正統之弟爲皇帝，雖使拘留不還，終爲無益耳。意不出此二者。因此而料之，則中國以皇太后之命復立正統，亦或有之矣。若然，則正朝表箋以景泰紀年，甚爲不切，處之何如？」何演等曰：「進慰、登極、正朝使姑留義州，先令通事往遼東詷之。若果正統復位，則停進慰、登極使，正朝表箋，改以正統紀年。」鄭麟趾獨曰：「景泰今已即位，布告天下。我國以正統紀年，於義不可。似若不知而入朝可也。」於是遣通事金有禮于遼東。正統皇帝實未還也。

十二月己酉，正朝使權孟慶報：「皇帝克捷達達，頒詔海內。」

戊辰，通事高用智自京師來，言謝恩使金何賚免調兵及進馬二、三萬匹敕書還來。又言使臣倪謙、司馬恂奉登極詔來。

庚午三十二年（明景帝景泰元年，一四五〇）

正月辛巳，謝恩使金何賫敕回自京師。

丁酉，遣工曹參議南祐良如京師，獻馬五百匹，且奏未堪依數充辦，欲措辦五千匹以進。

閏正月丙午，翰林院侍講倪謙、刑科給事中司馬恂，賫登極詔來，頒賜禮物。倪謙曰：「太上皇帝日御經筵，臨朝視事，雖堯舜之君不能過此。頃因胡虜犯邊，爲宗社親征，大小臣僚力諫止之。奸臣宦者王振，蒙蔽聖聰，矯制不從。至居庸關外，兵部鄺尚書、翰林曹學士懇請回輦，振亦遮蔽不奏。時我軍皆欲盡力攻討，振戒勿與戰。賊撓絶我軍，前不得進，後不得退，遂令車駕誤陷，皆振所爲也。朝廷赤振族，盡逐胡虜，抽四方精兵于京師，以備不虞。」

土木之變。

戊申，進慰使李明晨回自京師，抄録册皇帝生母爲皇太后、皇太子母爲貴妃、立妃汪氏爲皇后詔書以進。

壬子，遣兵曹參判趙瑞安、刑曹參判安完慶如京師，謝賜綵帛，兼賀册封

明景帝景泰元年，一四五〇

日影占測。

上聖皇太后、皇太后、皇后。又請世子冕服。鄭麟趾問使臣中國日影昔在洛陽推測，以洛陽居天下之中故也。今定都北京，當何處推測乎？」使臣曰：「北京。」因問「朝鮮亦有占測乎？」答曰：「有之。東國北極出地上三十八度。」使臣曰：「北京北極出地上四十度，差二度也。」

二月壬辰，上薨。享年五十四。

丁酉，遣知中樞院事李渲等如京師告訃請謚，議政府撰行實申禮部。

文宗實録

計十三卷。起世宗三十二年庚午(明景帝景泰元年,公元一四五〇年)三月,迄文宗二年壬申(明景泰三年,公元一四五二年)四月。鄭麟趾、李季甸等撰,景泰六年書成。

文宗恭順欽明仁肅光文聖孝大王諱珦,字輝之,世宗莊憲王之長子。母曰昭憲王后沈氏。永樂十二年甲午十月初三日癸酉,誕于漢陽邸。歲辛丑,世宗請爲國儲,明年秋,太宗文皇帝遣使封爲朝鮮國王世子。正統十年乙丑,世宗以疾不能視事,乃命王世子參决庶務。景泰元年庚午二月壬辰,世宗薨。丁酉,上以冕服受命于柩前,出御殯殿門外帳殿,行即位禮如儀。

册封王世子。

文宗即位年（明景帝景泰元年，一四五〇）

四月壬辰，奏聞使南佑良賫敕書賞賜而還。

壬寅，二運押馬五百匹判司譯院事李舍，賫敕及賞賜回自京師。

五月庚戌，遣中樞院副使延慶、工曹參判朴以寧奉表箋如京師謝恩。

庚申，謝恩使趙瑞安、安完慶等賫欽賜世子七章冕服及敕，回自京師。

辛未，遣吏曹判書李堅基、中樞院副使趙貫如京師，謝賜世子冕服。

七月辛酉，四運管押官唐夢賢、五運管押官方致知等，賫敕書及賞賜而來，第三、四、五運馬共一千四百七十七匹。

壬戌，册王世孫弘暐爲王世子。

八月甲戌，使臣太監尹鳳、奉御鄭善賫襲封誥命、冕服及王妃冠服、綵幣等物來。

乙亥，尹鳳曰：「東八站聲息最緊。當此時，奏請新路可也。大抵因風吹火，爲力甚易，若據聲息奏請，可得矣。」又言：「吾輩辭日，皇帝面諭求海朝鮮欲請賜水牛。

青及海物以獻。」前此上聞之，已令諸道捕海青，辦海物。政府啓：「皇帝頒詔，一款勿進鷹犬。今無敕書，安知非皇帝之意而鳳等矯旨耶？請勿進。」上不允。

丙子，鄭善詣闕啓曰：「前日進易換馬，皇帝喜甚。又倪謙、司馬恂賫安平手書以獻，皇帝曰：『甚善。正是趙子昂體也。』稱贊不置。我輩來時，帝曰：『爾等到朝鮮，求中國所無之物以來。』」上爲世子時，善嘗給事于東宮，故上待善恩禮有加。鳳、善性皆貪婪，求索無厭，諷館伴請奴婢家舍。上議於大臣，僉議曰：「今若一開其端，後日本國入朝宦官奉使而來，援例請之，則其弊不小。宜勿許。」上不聽，皆賜奴婢家舍。上優待兩使臣，每有需索，皆屈意從之，故鳳、善小不如意，輒怒形於色。

壬午，命都承旨李季甸問安于使臣，仍告曰：「本國防禦最緊，須以水牛角造弓，每使通事求買，未易多得。願奏請水牛雌雄二十頭，放養海島，以資造弓，只在大人指揮。」使臣曰：「吾等回還奏聞，可得蒙允。」使臣與館伴閑話，尹鳳以手量之曰：「皇太子身長如此，但未知其終如何。然已詔誥天下。」仍言宋太祖之事，引而不發。館伴李孟畛曰：「今上皇帝亦有子乎？」

皇帝（永樂等五朝）飲酒事。

答曰：「有，與皇太子年齒身體等矣。」尹鳳請復入朝火者崔存者、姜玉、金得、朴根户及趙良弟、趙貴守户，從之。

癸未，謝恩使工曹參判李師純、副使仁順府尹金倪之如京師。

庚寅，謝恩使左議政皇甫仁、副使知中樞院使金孝誠如京師，謝賜敕命及賜謚、賜賻，又奏請立王世子及請開通刺榆寨一路，以便往來。

九月壬子，聖節使通事孫壽山賫欽録詔書以來，乃正統皇帝回自虜中赦宥天下之詔也。

丙辰，左承旨鄭而漢問安於使臣，因飲酒談話。鳳曰：「太宗、正統、今上皇帝，皆不能飲。洪熙、宣德皇帝皆能飲。宣德酒半酣輒使酒，沉醉則和氣滿面，親若兄弟。正統皇帝年少時，予進一杯，面紅昏醉，心實惶恐。及即位，不聽老奴之言，遂至于此。」

庚申，尹鳳謂館伴曰：「康文寶以何事赴京乎？」館伴曰：「本國遣使賀太上皇帝回駕而文寶隨之也。」又問：「太上皇帝聖節亦有進賀乎？」館伴曰：「然。」「進獻方物有馬乎？」曰：「有之。」鳳曰：「本國在太宗皇帝朝進

明景帝景泰二年，一四五一	賀太上皇帝聖節進獻種馬。

貢金銀，厥後金銀殆盡，請代以馬。以太上還駕而進賀，則禮當然也。豈有二皇帝節日進賀之理乎？我雖無預于此，將恐貢獻之難繼也。太上之前進獻方物，始于今日，則勢難中止。安知今日之貢馬，不如前日之金銀乎？予雖不干國事，太上節日進賀之事，予甚慮焉。但進土物表誠耳，何用獻馬！」

壬戌，遣日城尉鄭孝全、工曹參判朴好問、知中樞院事金自雍等，賀太上皇帝回駕及太上皇帝聖節。

十月丙子，僉知中樞院事李純之管押種馬如京師。

辛未元年（明景帝景泰二年，一四五一）

正月甲子，謝恩使皇甫仁、金孝誠奉封王誥命、封王妃制書及册世子敕回自京師。

二月乙亥，遣判中樞院事韓確、同知中樞院事金銚如京師，謝賜誥命及册封世子。

景泰皇帝即位詔：獻珍禽者治罪。

九月丁酉，司憲府啓曰：「今聞使臣之還，欲進海青。臣等伏覩皇帝即位詔節該：『珍禽奇獸，自今勿獻。敢有來獻者，悉治以罪。』詔書如此其嚴，雖以海青付使臣而進，皇帝之旨尚未可知也。」

壬申二年（明景帝景泰三年，一四五二）

景泰皇帝敕朝鮮驅逐女真。

三月戊午，使臣金寶賫敕至。敕曰：「近得遼東邊將奏報『建州三衛女直野人先因北虜逼脅，來犯我邊，搶去人口。後聞朝廷欲行調兵征勦，始各畏懼，將其所搶人口送回，赴京服罪。然聞其中多有怙終之徒，潛帶所搶人口，逃往王國後門，於斡木河一帶藏躲』等因。朕念此徒狼子野心，容留久住，必生後患，爲王國害匪細，不可不早祛除。敕至，王即嚴戒守邊頭目，速將前項躲住女直野人盡數趕出境去。不然，必致引惹外寇生事，治之晚矣。如有重情，可即差人擒拿，解赴遼東邊將處定奪，毋或稽違。故敕。」

景泰皇帝敕書。

五月乙未，奏聞使安元慶奉敕書及賞賜八表裏回自京師。敕曰：「得累將漢人男婦李山、王呵呵等給與衣糧脚力，差人送赴遼東都司，具悉王之誠意，今特頒去綵段表裏，用答忠勤。至可領之。前敕所言拒絶野人女真不許容留一節，尤須謹守。今後如有被擄去漢人在王國邊境者，仍須差人管送前來，又見王忠誠。王其如敕奉行。」

乙巳，酉時，上薨于康寧殿，春秋三十九。

癸丑，遣知中樞院事金世敏、慶昌府尹柳守剛等如京師告訃請謚。

端宗實録

此録原稱「魯山君日記」，後追改稱實録。計十四卷。起文宗二年壬申（明景帝景泰三年，公元一四五二年）五月，至端宗三年乙亥（景泰六年，公元一四五五年）閏六月。

魯山君諱弘暐，文宗恭順王一子，母權氏。正統六年辛酉七月丁巳生。戊辰四月戊午，世宗封王世孫。景泰元年庚午八月，文宗遺領議政皇甫仁請爲國儲。辛未正月，皇帝敕封爲王世子。

〔景泰〕三年壬申五月丙午，文宗薨，議政府奉魯山君入處含元殿。庚戌，魯山君即位于勤政門。

景泰皇帝廢英宗太子。

朝鮮獻海青，景泰皇帝嘉賞。

壬申二年（明景帝景泰三年，一四五二）

五月甲寅，遣同知中樞院事成得識、工曹參判朴仲林奉表如大明賀聖節，謝賜綵段表裏。

丙辰，行司直唐夢璋回自遼東，言五月初二日，皇帝立長子爲皇太子，廢正統太子爲沂王。

六月丙子，遣知中樞院事李澄石、大司憲成奉祖奉表如大明，賀册封中宮皇太子。

八月庚午，奏聞使吏曹參議李蓄賫奉敕書來。敕曰：「爾能從尊事朝廷，遣陪臣李蓄以海青來進，具見忠敬之意。兹李蓄等回，特賜王綵幣表裏，用答爾誠，至可領之。故敕。」又敕曰：「得奏，具見王忠敬朝廷之意。但念虜人之性，譎詐不常，假息偷生，無所不至。況有險阻可恃，一時難于搜尋。其所搶去人口，居止無定，亦難必其無有，不可以一時所見，便謂其不來近邊。王自今尤當嚴戒守邊頭目，但係野人女直比先交通北虜犯邊後，帶所搶景泰皇帝敕書。

人口逃在王國後門斡木河一帶地方藏躲，務須盡數搜尋，或設法趕逐，或連被搶中國人口一體送赴遼東總兵官處交割。毋令因循潛住，爲彼此邊患，有誤事機，王其省之。」

壬子，明使吏部郎中陳鈍、行人司司正李寬至，頒册立皇太子詔。

九月甲寅，謝恩使朴仲林賫奉敕書回自京師。敕曰：「得奏具悉。朕以爾朝鮮國世守禮義，爾祖父皆能恪秉忠貞，欽遵朝命，故凡優待之禮特厚。今爾又能繼承先志，保守邊方，效順中國，不與外夷交通，歸我被虜之人，忠誠可嘉，特用降敕褒美。爾自今宜益修臣節，謹守封疆，凡諸外夷部落，永勿與之接納。及有如前被虜逃來人口，不分多寡，即便送還遼東都司，以答朝廷禮遇之隆，以繼承爾先王臣順之道。庶幾永享太平之福於無窮。」

丙辰，大明使太監金宥、金興到義州。

閏九月，皇帝遣尚膳監左監丞金宥、右監丞金興賜祭，賜謚曰「恭順」。

閏九月壬申，大明使頭目張源等八人，賫賜賻櫃及香筒先到太平館。

丙子，大明使金宥、金興等賫敕封詔諭冕服來。

皇太子千秋令節事。

十月庚子，世祖奉表如大明。

癸酉元年（明景帝景泰四年，一四五三）

二月癸丑，世祖與副使李思哲賫禮部咨文來復命。其禮部咨曰：「本部題景泰四年二月二十日皇太子殿下千秋令節，已行天下文武衙門依期進箋慶賀外，欲咨朝鮮知會，未敢擅便題奏。奉聖旨：『是。欽此。』就付差來陪臣首陽君瑈賫捧回國，欽遵知會，候節氣至日，差人進箋慶賀施行。」世祖至京師，進表箋方物，世祖初入六部尚書之間，一拜扣頭；更進帝前，五拜扣頭。在庭者皆曰：「朝鮮王子本是貴骨子孫，賢德有異于常人。今木方國王之弟亦來，而無異于常也。」在會同館，令從官不得交易。又令出入必有領者。

九月甲戌，聖節使慶昌府尹李仁孫賫敕回還。其敕曰：「近得浙江邊將奏稱于東海邊擒獲男子五人，繫送京師。詢知其爲王國漁户文呑只等，因于景泰三年十二月間同往南海打魚，被風壞船，漂流海島，以此被獲。朕以其李福惠稱帝，被擒。

爲王國之人，且非寇盜，特命給與口糧養贍，順付王所差來陪臣慶昌府尹李仁孫等收領還國，慰其父母妻子之望。特諭王知。」其聞見事目：一，六月十五日到牛家莊驛，百户鄒勝言旋峯塘賊李福惠者，自謂唐太宗後，稱帝，年號「大定」，大平都指揮周英領軍擒獲，送京師。一，太監尹鳳宴仁孫等于其家，因曰：「曩者首陽君到京時，禮部與司禮監不考本國王子待遇舊例，不行奏達，緣此待遇不厚，私自嫌焉。一日皇帝謂鳳曰：『爾國王子之來，何不言舊例？』對曰：『惶悚不敢奏達。』帝曰：『予不知舊例，失其待遇之禮。』」

十月辛卯，遣知中樞院事金允壽如大明賀正，并謝發還漂風人。

甲戌二年（明景帝景泰五年，一四五四）

皇太子逝。

正月己卯，金有禮回自遼東，啓前年十一月二十日皇太子薨逝。

二月己丑，遣中樞院副使柳江，奉表如大明陳慰。

也先自稱皇帝。

庚寅，正朝使金允壽先遣通事全思立將聞見事件啓曰：「也先弑達達皇景泰皇帝敕賜宋史。

進獻海青，皇帝敕賞。

《朝鮮王朝實錄》端宗實錄

帝，自稱皇帝，建元『天成』，使千餘人到燕京。請遣使陳賀。又禮部郎中孫茂稱聖旨云勿進香于皇太子。」

九月戊午，聖節使中樞院使黃致身先遣通事朴枝賫聞見事件以啓。賜枝衣一襲，以帝賜宋史也。

己未，百官賀敕賜宋史。蓋我國書籍欠宋史，世宗每令赴京者購而未得。又嘗奏請，朝廷亦以爲翰林院所無，將刊印而賜。至是更請，乃賜。

十月戊子，遣坡平尉尹巖奉表如大明謝恩，兼請王妃宋氏誥命、冠服；中樞院使申自守賀正朝；僉知中樞院事任孝仁進貢馬。

乙亥三年（明景帝景泰六年，一四五五）

三月甲子，謝恩使尹巖賫敕來復命。敕曰：「王嗣守東藩，克承先志，忠敬之心，不懈益虔。茲遣陪臣以海青來進，誠意可嘉。使回，特賜綵幣表裏，用答至意，王其領之。」

明景帝景泰六年，一四五五

賜朝鮮王妃誥命。

癸酉，遣漢城府尹李鳴謙賫捧謝恩表及海青一連如大明。

四月丁酉，明使内官高黼、内史鄭通賫賜王妃誥命、冠服、綵幣來。二使皆本國人。

五月乙巳，遣花川尉權恭奉表如大明，謝賜王妃誥命、冠服、綵幣。

世祖實録

計四十七卷。起端宗三年（明景帝景泰六年，公元一四五五年），即世祖元年乙亥六月，迄世祖十四年戊子（明憲宗成化四年，公元一四六六年）九月。申叔舟、韓明澮等撰。成化七年十二月書成。

世祖惠莊承天體道烈文英武至德隆功聖神明睿欽肅仁孝大王，諱瑈，字粹之，世宗莊憲大王第二子。母昭憲王后沈氏。以永樂丁酉誕于本宫。宣德戊申六月丁酉，初封晉平大君，後改封咸平，又改晉陽，又改首陽。世宗奇愛之，待遇異於諸子。

明景帝景泰六年，一四五五

李弘暐奏書請辭王位，李瑈承襲。

乙亥元年（明景帝景泰六年，一四五五）

閏六月辛未，謝恩使李鳴謙賫嘉奬進海青敕書賞賜，回自大明。

癸酉，遣禮曹判書金何、刑曹參判禹孝剛如大明，蓋請辭位、承襲幷謝恩也。辭位奏曰：「臣竊念自童稚得疾，氣常不順。臣父先臣恭順王珦於景泰三年薨逝，臣年甫十二，承襲，罔知攸爲，凡百庶務，委諸臣寮。至景泰四年，奸臣謀逆，禍機斯迫。叔父陪臣首陽君瑈奔告于臣，旋即戡定。然猶兇徒未殄，變故相仍，人心未安，念臣孱資，難以鎮定。社稷安危，所繫甚重。瑈，先臣母弟，學通今古，有功有德，允孚輿望，已於景泰六年閏六月十一日令權襲軍國勾當。伏望聖鑑洞察，特降明允。」承襲奏曰：「國王臣弘暐自幼有疾，又當弱齡承襲，國内多難，以社稷之故，委臣瑈權襲。臣自念庸愚，不敢承當，固讓再三，竟不得辭，已于景泰六年閏六月十一日權襲勾當，兢惶罔措。」

十月乙卯，奏聞使金何奉敕回自大明。其敕曰：「得奏具悉。朕念爲政奏言李瑈承襲之因。

在人，得人而後國安。王既難理國事，使讓或未得人，則爲王國之累非細。今姑允王讓叔李瑈權署國事。復敕諭王，王須審察瑈果平日爲人行事合宜，國人所信服是實，即馳奏來，朕更爲王處置。毋受惑于奸諛，墮其詐計，致有不靖。王其慎之。王其慎之。」

丙寅，藝文大提學申叔舟奉魯山謝恩表及奏本，吏曹參判權擥奉上謝恩表如大明。奏曰：「景泰六年十月十三日，陪臣金何賫捧到敕諭，欽此。臣今蒙准請，兼示訓誡，諄復切至，有逾怙恃。臣非木石，豈不知感。臣不幸，先臣祖莊憲王裪、父恭順王珦相繼薨逝。臣年七歲時，患瘡疹，瀕死而生，因成氣疾。自承襲以來，未能應斷事務，軍國庶政，悉委臣寮。奸臣金宗瑞等蔑臣稚騃有疾，潛結宗親，外連邊鎮，廣植黨與，盤據中外，圖爲不軌，禍在朝夕。叔父首陽君瑈告臣戡定，宗社賴以不墮。臣深加倚重，俾之輔政。又有餘黨趙由禮等繼踵謀亂，雖已伏辜，人心浮動。諒由臣孱疾所致。屬兹大艱，非叔父瑈無以鎮定邦國，持守社稷。且臣無他兄弟，惟瑈先父母弟，年紀最長，天性忠孝，資兼文武，有大功于國，國人素所信服，堪托重任，效力東藩。臣深惟社稷大計，委管國務。即遣陪臣金何具由馳奏，特蒙聖許，得遂臣願，不勝感激。臣竊惟土地人民，上受天子，下傳祖先，安敢不審擇其人，輕有付與，以欺天聽哉！瑈今既權署國事，措置得宜，國内寧靖，果合人心。惟名分不可一日不定，伏望早錫册命，以正名號，以定民志，一國幸甚。」

丙子二年（明景帝景泰七年，一四五六）

四月辛丑，遣中樞院使李昇平赴大明陳慰，中樞院副使安崇孝進香。

司譯院增習諺文、洪武正韻。

戊申，禮曹啓：「譯語事大先務，關係非輕。歲癸丑，世宗大王請遣子弟入學，未蒙准請。以所選入學文臣并衣冠子弟三十人爲講肄官，聚司譯院習漢語，至今二十餘年，譯語精通者頗有之。……所習漢音字樣，請以增入諺文、洪武正韻爲宗肄習。」從之。

己未，使臣内官尹鳳、金興來頒詔敕、誥命、冕服及王妃冠服。

奉聖旨因天寒朝鮮世子免于來京。

丙寅，遣左議政韓確、刑曹判書權蹲奉表如大明，謝欽賜誥命、冠服、綵段，兼奏請封世子。

八月癸丑，遣判司譯院事李含如大明，進火者金上佐、林三淳、姜習、尹長守、白達同、林守、徐福山、李今同、朴福貞等九人，兼獻海青。

十月丁未，謝恩使權蹲賫封王世子敕回自大明。

乙卯，遣慶昌府尹閔騫奉表如大明謝恩。

十二月庚戌，遼東都指揮使司准禮部咨移咨曰：「禮部尚書欽奉聖旨，計議得朝鮮國王要遣世子來朝，乃古者列國世子受命于朝之禮，亦人臣敬上之所當然。緣即今天寒時月，跋踄艱難，念彼國本所繫，未可輕出。朝廷體至仁以柔遠，不必責常禮以忘危。合無鋪馬裏差人賫文前去遼東都司知會，如是世子已到關上，即便嚴加護送，容令入朝，以盡彼來王之誠。如未到關，即令人往報彼國，不必來朝，免其勤勞之患。如此則下不失尊敬之禮，上不失懷綏之策。奉聖旨『是』。煩請遵奉，免其來朝。」

英宗復位。

丁丑三年（明景帝景泰八年，英宗天順元年，一四五七）

正月丙子，進鷹使李含賫欽賜綵段一表裏，回自大明。

丙戌，遣中樞院副使權聰奉表如大明，謝賜綵段表裏。

二月壬寅，英宗復位。正朝使先來通事陳欽啓曰：「景泰皇帝病劇，四日不視朝。正統皇帝以皇太后命，于正月十七日復位。」

己未，始用天順年號。

癸亥，遣右議政姜孟卿、德寧府尹元孝然奉表如大明，賀登極。

四月乙巳，進鷹使孫蕃先來通事唐夢璋啓曰：「明使翰林院修撰陳鑑、太常寺博士高閏，去三月晦時發北京。」

丙午，進賀使左參贊黄守身、禮曹參判閔瑗奉表箋如大明，賀皇太后、中宮正位宮壼，皇太子復位。

五月庚午，進鷹使孫蕃賫欽賜三表裏回自大明。

六月乙未，明使翰林院修撰陳鑑、太常寺博士高閏，賫復位立儲詔及頒

明景帝景泰八年，英宗天順元年，一四五七

英宗復位詔書。

賜綵幣至。其復位詔曰：「朕昔恭膺天命，嗣承大統，十有五年，民物康阜。不虞北虜之變，惟以宗社生民之故，親率六師禦之，而以庶弟郕王監國。不意兵律失御，乘輿被遮。時文武群臣既立皇太子而奉之。豈期監國之人，遽攘當宁之位。既而皇天悔禍，虜酋格心，奉朕南還。既無復辟之誠，反爲幽閉之計。旋易皇儲而立己子，惟天不祐，未久而亡。杜絶諫諍，愈益執迷。矧失德之良多，致沉疾之難療，朝政不臨，人心斯憤。迺今年正月十七日朕爲公侯駙馬伯及文武群臣六軍萬姓之所擁戴，遂請命于聖母皇太后，祗告天地社稷宗廟，復即皇帝位。躬理幾務，保固邦家。其改景泰八年爲天順元年，大赦天下，咸與惟新。於戲！多難興邦，高祖脱平城而肇漢；殷憂啓聖，文王出羑里以開周。天位既復于其正，人心由是以咸安。咨爾萬邦臣民，同秉忠誠，會歸皇極，弼予政理，永享太平。布告天下，咸使聞知。」

癸卯，遣工曹判書成奉祖、中樞院事奇虔奉謝恩表箋如大明。

十月辛丑，遣吏曹參判金連枝、中樞院副使金守温，奉表箋如大明賀正，兼獻白、黄鷹，鴉鶻。

《朝鮮王朝實録》世祖實録

朝鮮奏書請封世子。

聖旨促獻文魚。

十一月庚午，遣吏曹判書韓明澮、禮曹參判具致寬如大明請封世子，兼獻海青、兔鶻。奏本曰：「臣世子暲於天順元年九月初二日患病身故。第二子晄係暲母弟，見年九歲，國人請爲世子。臣未敢擅便，爲此謹具奏聞。」

十二月甲午，遣上護軍李澄珪如大明，進松鶻二連。

乙巳，册王子晄爲世子。

戊寅四年（明英宗天順二年，一四五八）

二月庚子，正朝使金連枝先遣通事陳欽啓曰：「本年正月十五日皇帝有事于南郊，二十日加上皇太后尊號曰聖烈慈壽。」

閏二月乙丑，奏聞使韓明澮、具致寬賫封王世子敕回自大明。遣同知中樞院事李允孫、刑曹參判宋處寬奉表如大明，賀上皇太后尊號，進方物及松鶻一連、純黃犬四、純白犬八、純黑犬二。

戊辰，進鷹使李澄珪先送事目曰：「尹鳳傳聖旨云：『好大文魚須速進獻。』」

《朝鮮王朝實録》世祖實録

日本遣使稱欲進貢朝廷。

丙子，遣中樞院事金世敏、中樞院副使金漑奉表如大明，謝封王世子并謝賜綵段表裏。

三月庚子，遣工曹參判李純之、慶昌府尹金新民奉表如大明，謝賜綵段表裏，并進文魚四百尾。

八月壬午，遣工曹參判柳洙、中樞院副使康衮奉表箋如大明，賀聖節及千秋節，並獻黃鷹二十五連、籠鴉鶻六連、鴉鶻十四連、純黃犬六隻、純白犬十一隻、純黑犬三隻及帶殼松子二千六百八十個。

十月戊寅，遣禮曹參判曹孝門、中樞院副使尹吉生如大明賀正，并進文魚、大口魚、鹿脯、松鶻、黑犬、白犬諸物。

己卯五年（明英宗天順三年，一四五九）

正月丁亥，遣行僉知司譯院事金有禮，賫漂流唐人鎖慶等奏本并倭人聲息咨，如大明。咨曰：「議政府狀啓：『據禮曹呈該：「有日本國差來盧圓敕諭都督私詣朝鮮國王事。

等，傳國王源義政言語説稱：『在先遣使進貢朝廷，使人失禮，欽蒙聖恩，寬饒回還。即將本人科罪外，欲要差人謝罪。却緣邊島海寇曾往上國沿海地方作耗，慮恐把海官軍意謂賊船，阻礙不便。差令盧圓等具陳事由，預先轉報朝廷。』得此，具呈。」得此，狀啓。』據此參詳，上項所告，係是外國朝貢聲息，理宜轉奏。」

三月己亥，遣行僉知中樞院事康純、行上護軍李石亨如大明謝恩。

四月己未，明使陳嘉猷、王軏賫敕至。敕曰：「近者邊將奏報，聞有建州三衛都督古納哈、童山等私詣王國，俱得賞賜而回。此雖傳聞之言，必有形迹可疑。且王國爲朝廷東藩，而王之先代以來，世篤忠貞，恪秉禮義，未嘗私與外人交通，何至于王乃有此事？今特遣人賫敕諭王，王宜自省。如無此事則已。果有此事，王速改之。如彼自來，亦當拒絶，諭以各安本分，各守境土，毋或自作不靖，以貽後悔。在王尤當秉禮守法，遠絶嫌疑，繼承前烈，以全令名。王其慎之。」嘉猷令軏傳語云：「朝廷非有他意，蓋因野人報邊將，邊將差人覆審乃奏，故有是敕也。貴國世守禮義，殿下賢明，天下共知。近敕言日本朝貢未必可信。

又搬運漂海錢糧，解送人口。日本朝見亦并奏達。朝廷深嘉殿下忠誠。今聞古納哈、童倉及諸野人受職，又受弓劍鞍馬，以此爲訝耳。」

辛酉，行知司譯院事金有禮奉敕回自大明。敕曰：「得奏送還漂風軍丁及布、花、鈔錠，具見王忠敬朝廷之意，良足嘉尚。今使臣回，特頒敕奬諭，王其體朕至懷。」又敕曰：「日本朝貢事，其情真僞，難以遥度。必得其實，然後可信。敕至，王即拘集本國來人盧圓等詳審前項傳説事情。如果真實無僞，轉行源義政知會：『朝廷以爾既能悔過自新，恭修職貢，准令擇謹厚老成、識達大體者爲使來朝。其通事亦須選委謹慎知禮人員。伴送尤須嚴加戒約，往來中途，不許生事擾人。若或似前犯法無禮，搶掠財物，欺陵官府罪必不宥。』王其仔細審實停當而行，毋得忽略。」壬戌，命示奏草於明使。陳嘉猷讀了，改數字云：「朝廷一體，不敢不爾。」朴元亨、金何問曰：「本國事大文書字體，自古用毛晃韻，今欲用洪武正韻，難可遽改。」嘉猷云：「洪武正韻，時皆通用。字畫楷正，則雖非正韻亦無妨。」

丁卯，遣吏曹參判曹錫文、仁順府尹權擥奉奏本如大明。奏曰：「天順朝鮮奏言都督等來朝始末。

三年四月初八日欽差刑科給事中陳嘉猷賫捧到敕諭，欽此，臣不勝兢惶。欽檢到歷朝責令輯和撫恤野人敕諭，欽此。竊照董山親父猛哥帖木兒率領伊弟凡察及管下人民，世居本國鏡城阿木河地面。臣先祖臣康獻王成桂時，授鏡城等處萬户職事。臣祖臣恭定王芳遠時，授上將軍職事，附籍當差。至臣父臣莊憲王裪時，授董山上護軍職事。其餘散處野人等前來和順者，或給米、布、鹽、醬，或與衣服、鞍馬等物。願受職者或都萬户或副萬户，分等除授。厥數甚多，其來已久。又李滿住原住婆豬江時分，常川往來本國邊境，討索衣糧，隨請隨給。自構釁以來，懷忿既深，欲要報復，誘引凡察、董山等搬移遠地，聚居一處，同心作賊，不與本國相通。所有建州三衛：古納哈，天順二年八月初一日到本國，本月二十日回還。董山，天順二年九月二十三日到本國，至十月二十三日回還。不止此輩，都希，景泰六年六月三十日到本國，至閏二月二十七日回還；景泰七年二月初一日到本國，本月二十五日回還；天順二年四月二十六日到本國，至五月十七日回還；又今年正月二十三日到本國言說，欲要帶領妻子留住都城，臣不許，於二月十四日送還。真羊，景泰七年二月初八日到本國，本月二十六日回還。額里忒木，天順元年二月初八日到本國，至三月初八日回還；天順二年正月二十五日到本國，至二月十八日回還。阿具，景泰七年二月初一日到本國，本月二十五日回還；天順二年七月二十八日到本國，至八月二十日回還。伊澄巨，天順二年六月二十三日到本國，至七月二十日回還；今年三月初四日到本國，本月十八日回還。毛只乃，天順二年十二月十五日到本國，至今年二月初一日回還。前項各人等初到本國境界，告説邊將：『我等還到婆豬江舊居住處，改心革非』，俱欲親往，以謝前罪，懇請不已。臣竊意拒而不納，邊患復生，又蒙屢降敕諭内『輯和鄰境，棄其前過。』臣欽遵敕旨事理，許其來往。且依本國故事，衣服、鞍馬等物，隨其所索，量宜給與。其有懇請受職者，亦許除授，以塞無厭之欲，以解舊怨，以除邊患。非至臣身，始有此事。自臣先祖，來則待之，去則勿追，自成故事。臣又念本國北連野人，東濱島倭，皆是受敵之處，常伺虛實，無時攙擾，須要輯和，以保邊境。矧是滿住、董山等皆與本國素結讎嫌。今其悔過自來，勢難拒絶。臣事不得已，北和東交耳，豈敢欺朝廷。此朝鮮奉敕諭奏報日本使臣事。

敕令杜絶私交。

輩猷心，其於往來，徒爲煩費，臣有何利益，敢爾區區和惠乎！小邦世蒙列聖厚恩，思欲報效，夙夜祇懼，又安敢私與外人交通，以負朝廷？緣臣祖父時往來有素，因仍至今。今承敕諭，倍增惶悚，措躬無地！在後彼雖懇求欲來，臣當諭以敕旨，拒而不納。仰副明降。」

戊申，遣上護軍具信忠奉奏本如大明。奏曰：「天順三年四月初十日陪臣金有禮賫捧到敕諭，欽此。拘集盧圓等備説敕諭事意，具問情僞。本人答言即與前説無異。得此，轉令源義政知會。」

七月丙申，謝恩使康純、李石亨等來自大明。石亨言中國唯城郭高壯而已，其餘文物皆無足貴。聞者譏之。

戊戌，奏聞使曹錫文、權擥等賫敕回自大明。敕曰：「先因邊將奏報，王與建州三衛頭目交通。朝廷以傳聞之言，未可遽信，因此遣使賫敕諭王。今得王回奏，交通情事具悉。察王所言，似爲當然，不以爲己過。故特再敕諭王，王其明聽朕言，毋忽。王以爲欽遵敕旨事理，許其往來，但宣德、正統年間，以王國與彼互相侵犯，所降敕諭，欲令釋怨息兵，各保境土，未嘗許其往朝賀時皇帝及群臣服色。

來交通，除授官職。且彼既受朝廷官職，王又加之，是與朝廷抗衡矣。王以爲除官給賞，依本國故事。此事有無，朕不得知。縱使有之，亦爲非義。王因仍不改，是不能蓋前人之愆之。王欲和鄰保境，理固宜然。然而除官給賞，事實未當。王之明達，豈不自知。且童山等，王以爲有獸心者，今彼乃能自知其非，俱來輸情服罪，而王素秉禮義，何爲文過飾非如此？然春秋責備賢者，况朕以至誠御天下，豈可外王而不言。但事在已往，朕不深咎。自今以後，王宜謹守法度，以絶私交。恪秉忠誠，以全令譽。庶副朕訓告之意。欽哉！」

丙午，遣刑曹判書朴元亨、户曹參議李承召如大明謝恩。

八月己未，奏聞使先來通事孫壽山上聞見事目曰：「詣陳嘉猷第，問朝賀時服色。嘉猷曰：『皇帝皮弁皂袍，皇太子翼善冠紅袍，群臣公服。汝殿下具遠遊冠絳紗袍，世子翼善冠，群臣公服可也。』」

十月癸酉，遣中樞院副使咸禹治、工曹參判權攀奉表如大明賀正，兼進松鶻二連。

十一月己卯，謝恩使朴元亨、李承召來復命，啓：「通事張有誠、金繼朴敕促進獻海青。

等詣禮部，郎中孫茂語之曰：『裏頭官皆稱今來表箋甚好，近來所無。』學士倪謙見孫壽山亦曰：『吾見禮科稱，今來表箋詞旨甚順，下字極工。』後有誠等又詣禮部，茂語之曰：『皇帝取汝國所進表文，詳覽再三，歎曰：「詞意順，作文甚好，朝鮮有文人矣。近日交趾國上表甚好。今來表箋尤好。說與宰相知道。」』

戊子，遣上護軍魯參如大明，進松鶻三連。

庚辰六年（明英宗天順四年，一四六〇）

正月壬午，聖節使李克培、千秋使郭連城等回自大明，敕曰：「昔爾先王，克篤忠愛，敬事朝廷，每歲於常貢之外，又以海青來進。自王紹位以來，脩貢雖勤而海青未嘗一進，豈以此鳥爲微物而不足貢乎？抑以爲非中國所需不之貢乎？大抵此物乃鳥之猛鷙者，力能搏擊，講武蒐獮之際，時或用之。王自今以後，仍照爾先王時例，每歲或貢三、五、七連以備應用。朕待王國有同親藩，特茲諭知。王其體朕此意，毋忽。」

己丑，遣户曹參議李孝長如大明，進海青二連。

二月丁巳，遣僉知中樞院事李興德如大明，奏曰：「野人浪孛兒罕世居本國咸吉道會寧地面，其子亦升哥來住國都。不意孛兒罕父子潛謀反逆，内外相應，誑誘同類，遞相連結，謀構邊患。當職差人拿問情由，依法科罪去後，議政府狀啓：『據咸吉道都節制使楊汀呈節該：「浪孛兒罕親男阿比車誘引諸種野人約數千餘名，於天順四年正月二十日侵犯本道會寧鎮。卑職帶領軍馬廝殺趕逐，猶且處處屯結，頑謀難測。」得此具啓。』臣據此參詳，上項事理係干邊境聲息，爲此謹具奏聞。」

進獻海青獲回賜。

甲子，賀正使咸禹治、權攀回自大明，賫禮部咨文一通，並書聞見事目以啓。其咨：「朝鮮國差陪臣中樞院副使咸禹治等，管送海青四連，赴京進獻。每連合無回賜綵段一表裏，未敢擅便具題。天順三年十二月二十五日，本部左侍郎鄒幹等于奉天門奏奉聖旨：『是。欽此。』欽遵，除將綵段表裏關付陪臣咸禹治等賫領回還，計開素青紵絲二匹，素緑紵絲二匹，熟紅絹二匹，熟藍敕詢誘殺事。

絹二匹。」

三月己卯，欽差正使禮科給事中張寧、副使錦衣衛都指揮武忠賫敕諭至。其敕曰：「今得建州右衛都指揮佟火你赤、毛憐衛都指揮散冬哈等奏，有毛憐衛都督僉事浪孛兒罕等十六人，被王誘去陞賞，盡行殺死，本衛人民不忍，要選人馬報讎。朕以此事中間必有別故，已敕各衛不許驚動人馬，構怨讎殺，諭以問王回奏至日處置。今特問王：『曾無差人誘引浪孛兒罕前去？因何將彼十六人殺死？』王宜從實開奏，要見是非明白，毋或隱情掩飾，庶各開示各衛，使彼心服。不然，兵連禍結，自取不靖，非保境睦鄰之道也。王宜體朕此意。」

丁亥，明使張寧、武忠還。寧不受贈物，爲韓人所稱。遣户曹參判金淳、慶昌府尹梁誠之如大明回奏，兼謝欽賜表裏，仍進白雉。

四月辛未，奏聞使李興德賫敕而還。

五月戊寅，回奏使李孝長來復命，帝以進海青，回賜綵段四表裏。

丙戌，遣仁順府尹金禮蒙、同知中樞院事洪益誠等奉表如大明，謝賜綵敕責誘殺事。

段，并回奏李興德賫來敕旨，又奏請遣子弟入學。

六月甲寅，謝恩使金淳、梁誠之賫敕而還。帝以進白雉，回賜綵段四表裏。其敕曰：「今得王回奏殺死浪孛兒罕實情，盡因其通謀煽亂，依法置罪，委無誘引緣由等，具悉。且王之依法置罪，止可行于王國，不可行于鄰境。今以王國之法罪鄰境之人，欲其不生邊釁，得乎？若浪孛兒罕父子通謀扇亂，既已監候，宜奏聞朝廷，暴白其罪，令三衛頭目曉然知之，然後付彼領去，遂與相絶。彼亦自知其非，雖欲擾邊，無辭動人，庶獲安静。今王輒將伊父子九人殺死，其族類聞之，得不忿然以復讎爲事乎！無怪其子阿比車之不靖也。是王依法置罪之計失矣。但將來之患，王可自圖。朕爲王慮，或可釋怨，以其猶有五人存焉，而一阿比車之母。敕至，王宜將此五人差人照管，送至遼東都司交割。朝廷令阿比車收領完〔聚〕，俾母子得會，庶可諭以解仇釋兵。如或不然，兵連禍結，王雖自恃國富兵强，恐亦不能當其不時之擾害也。且王國素爲禮義之邦，尊敬朝廷，故爲王慮如此，無非欲其境土寧静，安享太平之福也。王其毋忽朕命。」

敕防朝貢被劫事。

甲子，以吏曹參判金脩爲謝恩使，中樞院副使徐居正爲副，并賫敕諭回奏如大明。

八月己巳，謝恩使金禮蒙賫敕回自大明。敕曰：「前者王奏『阿比車以父讎未復，欲於東八站山路藏候朝貢人馬邀截搶劫，要開通刺榆寨一路往來』等因，特下遼東鎮守總兵等官勘議可否。茲得回奏，刺榆寨地方山險樹密，居民稀少，不堪來往。其東八站地方路坦行熟，兼與毛憐衛等處隔遠，往來無礙。但看得連山關外來鳳分中去處，宜築城堡一座，若發軍官守把，防送往來使臣。已令遼東都司相度築立。王之使臣往來有人防護，可無患矣。況阿比車蓋因復讎未遂，故發爲是言以摇撼之，然未必能遠離巢穴，久候於此。若輒信其言，改易道路，則是自示怯弱，寧不爲彼類之所輕哉！王其仍遵舊規，毋或過爲疑慮，致乖事體。欽哉。」又敕曰：「今得王奏稱『欲照歷代舊例遣子弟入學』等因，具悉。且前代之制，或命八才子往教，或許遣子弟入學，他如王彬等擢科遣還，韓昉輩因使暫留之類，蓋由當時彼處文學未盛，又中國好大之君，取爲美觀而已。我朝祖宗以來，不行此制。矧今連續進獻海青。

王國詩書禮義之教，傳習有素，表箋章奏與夫行移吏文，悉遵禮式。雖未能盡通漢音，而通事傳譯未常（嘗）不諭，又何必子弟來學，然後爲無誤哉！朕遵祖宗之制，不欲冒襲虛美。王亦當恪守舊規，率勵國中子弟，篤志經籍，則自有餘師，人才不患其難成，而事大不患其有礙也。用玆諭王，其體朕此意毋忽。」

十月乙丑，遣僉知中樞院事柳泗如大明，獻海青一連。

十一月甲午，遣僉知中樞院事趙之唐如大明，進海青四連。

閏十一月戊午，奏聞使尹子雲賫敕回自大明。

十二月戊寅，遣工曹參判宋處寬奉表如大明，謝特准所奏，發還本國被擄人口。

辛巳七年（明英宗天順五年，一四六一）

二月丙申，進鷹使柳泗賫欽賜綵段二表裏，回自大明。

明英宗天順五年，一四六一

太監曹吉祥領兵叛亂被誅殺。

四月辛未，謝恩使宋處寬回自大明。帝以進海青，回賜綵段四表裏。丙子，遣禮曹參判金處禮、中樞院副使李士平奉表如大明謝恩，兼進白雉。又移咨禮部請書册。其咨曰：「照得本國僻在遐陬，字樣偏旁點畫，未能分曉。間有所得洪武正韻，書肆印本，不免差訛。遇有奏啓文書，恐致舛誤。楷正官本一件，煩爲聞奏，頒降施行。」

八月癸巳，唐人押解官崔有江先送聞見事目以啓：「太監曹吉祥與姪曹欽素挾不軌之心，常養向化達子八千餘人，陰結勇士，詐傳聖旨，以爲北有達子聲息，密點軍馬，於七月初二日早，領兵突入闕門，焚燬宮室，殺害朝官。其最先殺者，錦衣衛都指揮律高、都察院都御史寇深也。皇帝即登皇城告于皇天，以内兵誅吉祥等數千人，夷吉祥三族。其黨公、侯、伯、都督、宦官等淩遲者八百餘人，相殺死者數萬計。已而大雨三日，水和血漲溢禁廷。皇帝以除逆黨，頒詔天下。」

乙未，謝恩使金處禮回自大明，以進白雉，回賜綵段四表裏。禮部移咨曰：「看得朝鮮國逓年所晋表箋章奏，中間字樣別無錯訛。今乞詩洪武正韻朝鮮表賀誅除叛逆。

一節，查得印板原在南京國子監收貯，即今不曾印有，見在無從給與。」

九月癸卯，遣中樞院副使金有禮、仁順府尹柳苪，奉表箋如大明，謝欽賜綵段表裏，并賀誅除反逆。

十月丙子，遣同知中樞院事梅佑如大明奏邊警。

十一月丙辰，遣僉知中樞院事朴大孫如大明，進海青一連、文魚一千尾。

壬午八年（明英宗天順六年，一四六二）

三月乙丑，進鷹使朴大孫等回自大明，帝以進海青，回賜綵段二表裏。

四月己卯，花川君權恭卒。恭字敬夫，尚太宗女淑謹翁主。

乙卯，以謝恩使如大明，竣事還至通州，帝知爲駙馬，召還賜見，賜冠帶及衣一襲、白銀、綵段、寶鈔遣之。

六月丙子，奏聞使趙得仁書狀官辛義卿賫進鷹回賜表裏來復命。

庚寅，遣同知中樞院事盧叔仝、中樞院副使洪益生奉表如大明，謝賜綵段。

《朝鮮王朝實録》世祖實録

十月辛未，遣僉知中樞院事李甲中如大明，進貢種馬五十匹。

癸未九年（明英宗天順七年，一四六三）

正月甲寅，千秋使朴大生帶領漂流人口，回自大明。

戊午，講肄官魯參進中國鹹地所耕稻種。承政院奉旨馳書于京畿都觀察使曰：「今送唐稻種於沿海諸邑有鹹氣海澤耕種。待秋乃啓。」

中國海水稻種輸入朝鮮。

二月壬戌，遣同知中樞院事梅佑、中樞院副使李誠長如大明，謝發回漂流人口。

戊寅，正朝使柳守剛先送通事來言皇帝求白厚楮紙。命送造紙所辦之。

八月戊申，遣仁順府尹安慶孫、中樞院副使姜希孟如大明，進白雉、白鹿。

壬午，遣上護軍魯參如大明進海青。

十一月辛未，遣判司譯院事孫壽山如大明，進海青二連。

皇帝（英宗）崩，皇太子朱見深即位。

甲申十年（明英宗天順八年，一四六四）

二月乙酉，進鷹使通事石蟾賫欽賜綵段二表裏，回自大明。

壬辰，遣中樞院使趙邦霖如大明，謝賜綵段表裏、發還被虜入口。

甲辰，正朝使通事金繼朴回自大明，啓：「正月十七日皇帝崩。越四日，皇太子即位，年十八。」

三月丙寅，遣户曹參判慎後甲、同知中樞院事崔漢卿如大明，陳慰，進香。

庚午，遣右議政黄守身奉表如大明，賀登極。

四月庚子，遠接使朴元亨，遣禮曹知印朴彬，賫賀登極使黄守身所送封皇太后詔及聞見事目以啓曰：「自伯顔洞至通遠堡列置候望。臣到通遠堡，見指揮劉英問之。答曰：『候望則居民布散，晝則候望，有變則放砲。』英又曰：『皇帝聖旨，進獻馬許於廣寧受之。今貴國進獻馬置廣寧，但奏咨文耳。』臣到遼東問之。曰：『此指外夷也。朝鮮馬則直至京師也。』」彬又以元亨言告於承政院曰：「今聞遼東人言，北京有變。若然，則天使之來，遲速不皇帝（憲宗）冊封吴皇后。

可必。請以火者親喪移咨遼東，因以偵其聲息。」

五月乙卯，遠接使朴元亨馳啓：「今四月三十日明使太僕寺丞金湜、中書舍人張珹奉詔敕渡江，問殿下起居。又問大行皇帝行喪節次。臣答曰：『用易月之制。』曰：『是。』及慰宴聽樂呈人情禮物，辭曰：『吾等離家不久，何用此爲。』更請之，湜等曰：『殿下厚意不可不受。』受而謝之。」進鷹使孫壽山賫欽賜絲段四表裏，回自大明。

辛酉，朴元亨馳啓：「明使金湜言：『詔書於王府開讀，敕則我當親授殿下。』」

戊辰，遣吏曹參判權技如大明，賀上大行皇帝尊謚，并謝賜綵段表裏。

庚午，明使金湜、張珹來頒登極詔及敕諭，並賜幣帛文錦。

己卯，遣禮曹參判李夏成如大明，謝賜表裏，兼賀上慈懿皇太后尊號。

九月癸亥，謝恩使權技先遣通事張自學賫聞見事目以啓曰：「一、皇帝於七月日冊封指揮使吴浚女爲皇后。一、三衛達子入寇開原，掠五人而去，遼東以兵千人防戍于通遠堡。」

十月乙酉，進賀促權技賫冊立皇后詔回自大明。

憲宗七月立吴皇后，十月廢，改立王皇后。

辛卯，遣中樞院副使崔有臨如大明，賀册立中宫，并謝發還人口。

乙未，遣仁順府尹李義堅如大明，賀正，進海青一連。

十一月癸亥，遣僉知中樞院事趙宗智如大明，進海青一連、文魚六百尾。

十二月丙申，正朝使李義堅、進賀使崔有臨到遼東，以皇帝廢吴氏，改册封王氏爲皇后詔，來啓。王氏，南京千户王鎮之女，初太監裴當簡選而來，待年別宫。及册封之日，太監牛玉與吴氏之父吴俊交通受賄，托以王氏身有瘢痕，冒奏册立吴氏。一日遊後宫，見王氏德容，疑之。赤身視之，身果無咎，始知牛玉之詐。遂廢黜吴氏，改封王氏爲后。籍牛玉、吴俊等財産，牛玉定爲南京菜園軍，吴俊山東沿海衛充軍。王鎮授左軍都督府都督，遂給牛玉、吴俊等財産家舍。

乙酉十一年（明憲宗成化元年，一四六五）

正月乙卯，遣工曹參判李仲英如大明，賀册立皇后。

赴明使臣往返平安道受弊事。

三月戊午，進賀使崔有臨奉敕回自大明。

庚午，進鷹使趙宗智賫欽賜八表裏，回自大明。

癸酉，遣工曹參判李堣如大明，回奏敕諭，謝賜表裏。其奏本曰：「『陪臣崔有臨等賫回敕諭，欽此。』今蒙聖訓切至，當職不勝感激。謹當欽依明降。爲此謹具奏聞。」

八月庚寅，中樞院副使李邊上書曰：「臣以赴明使臣往還平安道人馬受弊事略陳之。一、在前自洪武至永樂年間，赴明使臣大小人數八、九；逮洪熙、宣德年間，其數多不過十五人。今通事、押馬、押物、打角皆加定講肄漢學官等，雖職微者，各率自己奴子。且方物雖少，其押物或多至十人，其人數視古倍多。來往煩擾，請量減人數。一、在前藥價不過五、六匹也。今内藥房、議政府、六曹、典醫監、惠民局、生藥鋪、忠勳府、開城府并藥價布子六、七十匹，而其所掌醫員通事等，到彼多買價歇麤重，如甘草、厚樸、陳皮、乾薑、麻黄等物載持，迎來馬只二、三，而藥馱多至三、四十隻也。請量減藥價。」

連續進獻海青。

九月丙午，謝恩使李堣賫敕并帶漂流人濟州金迴豆等十四名，回自大明。

十月庚寅，遣中樞院副使李文炯如大明，謝發還漂流人口，並回奏敕諭事。

甲午，遣中樞院副使沈濬如大明，賀正，進文魚四百尾。

十一月丁巳，遣僉知中樞院事李孟孫如大明，進海青。

十二月庚子，遣僉知中樞院事裴孟達如大明，進海青一連。

丙戌十二年（明憲宗成化二年，一四六六）

正月丙午，遣中樞院副使金乙孫如大明，獻海青一連。

二月庚辰，進鷹使裴孟達馳啓：「謝恩使李文炯到通州，暴卒，禮部奏賜綵段四表裏以慰其家。」

四月癸卯，遣中樞府同知事尹吉生如大明，謝發回本國被擄人口。吉生，太監尹鳳弟重富之子，爲後於鳳。鳳欲見之，每因入朝使臣請之，以遭母喪不得遣。至是起復，遣之。

劉通稱帝被車裂。

庚戌，進鷹使李孟孫賫欽賜綵段，回自大明。

丁巳，進鷹使裴孟達賫欽賜綵段，回自大明。

庚申，進鷹使金乙孫賫欽賜綵段，回自大明。

八月戊午，遣户曹參議金永濡如大明，賀聖節兼獻白鵲。

九月丁丑，謝恩使鄭自源來復命。其聞見事目云：「序班陳智等云：『去五月有聖旨敕禮部，云朝鮮禮義之邦，其待使臣之禮，優於他國。』又言：『前年九月湖廣人劉通力能舉千斤，自號「千斤」，稱爲漢劉氏之後，聚兵五萬餘人，稱帝於水連洞，殺掠州郡。今年二月，朝廷遣總兵官撫寧伯率禁兵一萬及湖廣等處土兵六萬往討，拿通及僞總兵、僞指揮等七十餘人，付于鴻臚寺，皆面縛。帝命錦衣衛、大理寺、都察院於午門外雜治之。後五日，轘通於西門外，童男皆宮刑。』」

十月丙午，遣禮曹參議趙瑾如大明，賀正，并獻海青。

十一月己巳，遣中樞府僉知事崔景禮如大明，獻海青、文魚。

成化皇帝敕勿進獻白鵲、海青等。

丁亥十三年（明憲宗成化三年，一四六七）

正月丁丑，金純福、鄭希等進鈒玉帶及珊瑚樹。

三月己巳，時帝患野人作耗邊境，使武忠賫敕到毛憐衛諭令和解。

乙亥，正朝使趙瑾、管押使朴璘賫敕復命。敕曰：「去年十月王遣金永濡進白鵲一隻。十二月遣趙瑾進海青二連，又遣崔敬禮進海青一連。三閱月之間，三次進貢，王之勤誠，固爲可見。然朕即位之初，已詔各處不許進貢花木鳥獸，况白鵲瑞異之物，海青羽獵之用。朕以稽古圖治爲用，得賢安民爲瑞，於瑞物、羽獵澹然無所好焉。今於王所獻，置諸閑處而已。勞王誠懇，良非敬上之所宜，今後勿復爾也。只宜遵守常禮進貢。况王羅致此物，豈不勞民，取其嘆怨，亦非恤下之所宜矣。昔者周武王慎其德而四夷咸賓，無有遠邇，畢獻方物。然惟受其服食器用，於旅獒則却之，朕所法也。王詩書禮義之國，豈其未嘗知此古訓乎？王其忱念之。」

四月癸卯，金謙光馳啓：「野人李豆里與其子胡赤爲唐人汪仲武所殺。

朝鮮謝禁獻海青等事。

仲武常從正統皇帝征虜。皇帝陷虜廷，仲武被擄，轉賣爲豆里家奴，改名斜往。與被擄漢女三姐夤夜逃來，至高沙里堡。豆里父子尋得之以歸。未至家，宿草野。仲武伺豆里等熟睡，以斧並擊殺之。遂與三姐還至渭原郡。」

八月庚戌，進鷹使成允文賫遼東都司征勦夷寇及解送人口咨文二通，回自大明復命。

辛酉，遣工曹參判南倫如大明，謝賜綵段表裏，兼謝勿進海青。又遣中樞府同知事鄭文炯賀聖節。

九月丙子，遼東百户白顒，賫敕書及遼東都司咨文一通來。其敕曰：「建州三衛童山等本以藩臣，世受朝恩。近者陽爲朝貢之名，陰行盜邊之計，朕宥之而愈肆，不得已用兵致討。惟爾朝鮮國王世守禮義，忠於我國家，有加無替，朕甚嘉焉。若我兵加於彼逆虜，王宜閉絶關隘，使彼奔迸無所入，以就擒殄。若王能遣偏師，與我軍遥相應，伺便而蹙之，則彼之授首尤易，而王之功愈茂，忠愈昌矣。朕豈無以報王哉！勉樹勳名，時不可失。」

壬辰，誠寧君裀卒。裀字整卿，太宗庶子。己酉，世宗欲請免金銀歲貢，敕書頒賞。

難其使，以裲充計禀使。帝待之厚，特允其請，賚與甚隆，賜犀帶一腰。先是，朝廷使臣到本國，雖王子不得帶犀以見之，帶犀自裲始。

十月甲午，大明廣寧百户任興、遼東舍人黄哲，賚敕書表裏及遼東都司咨文來。其敕曰：「得遼東邊臣奏：王遣團鍊使俞山寶等領人馬來邊，迎接前所遣赴京回還陪臣成允文等；又遣陪臣朴枝，管送東寧衛男婦逃至王國者裴松等十三名口來還。朕覽奏，知王輸誠本朝，冒危歷險，不以小醜阻隔貳其意。惆恤我人遭患失所，務俾歸安其生，不以遠道護送爲難。王之忠誠，鮮與儷矣。今特賜王大紅織錦麒麟素柏枝緑紵絲紅藍綃各一匹，至可領也。其或續有境外之務，王可効力者，尤當勿怠初心，以大後績。特玆獎諭，想宜知悉。欽哉。」

己酉，遣禮曹參判趙瑾奉表如大明，謝賜綵段表裏。

癸丑，遣行副護軍高台弼如大明，奏捷獻馘。

十二月己酉，謝恩使先來通事啓曰：「使南倫十月三十日以疾卒于會同館，皇帝遣禮部主事李來致祭。」

朝鮮討平建州，敕書賞賜。

戊子十四年（明憲宗成化四年，一四六八）

四月戊戌，姜玉、金輔等捧敕入京。其敕曰：「嚮者朕命將率師致討建州逆虜，俾王協助天兵。今得王奏，知遣陪臣中樞府官康純等統衆萬餘渡鴨緑、潑豬二江，攻破兀彌府諸寨，殺逆虜李滿住、古納哈父子等，斬獲其部屬頭畜，焚其廬舍積聚，得其所掠我東寧衛人口，遣陪臣吏曹參判高台弼獻俘。已將王所獻賊屬依例處置，人口給親完聚，牛畜給軍屯種。良由王世篤忠貞，故朕以尺札命王而王國之衆響應于海東。朕之將士雷厲風驅，内外合勢，逆虜瓦解。王可謂無負朕所命矣。朕與王君臣同心，豈不美哉！今遣内官姜玉、金輔至王國，賜王綵段白金紋錦西洋布；其康純、高台弼等亦各有賜，以旌其勞。王其欽承之。」先是金輔到義興館，謂通事金由敬曰：「金剛山距王城幾日程?皇帝令臣等挂幡，雖遠當往。」至是命先遣人措置諸事。

甲辰，姜玉曰：「入朝宮人佛氏、成氏、車氏、吴氏、安氏、崔氏與故鄭氏婢李七寶書契及物，啓殿下分付族親。且皇帝令我親見族親等活計回奏。」

正統皇帝命工部、禮部備禮葬太監。

不可更獻敕書已禁之珍禽異獸。

上令居京者先謁，居外者招來。

丙午，姜玉請土豹、黃鷹、黃狗、海菜、海帶、卵醢、松菌，將欲進獻于皇帝。上遣衛將具謙于咸吉道捕土豹，令承文院馳書於八道預備鷹、狗等物。

丁未，頭目鄭賢、鄭海往廣州鄭善墓燒黃白紙錢。海語監役官趙元祉曰：「中朝太監雖多，吾父鄭善太監中之第三，且總兵權，三世有勳。及死，皇帝命工部、禮部備禮以葬。已而皇帝又命禮部曰：『鄭善之弟來自朝鮮，將尸歸葬於本土。』禮部奏曰：『太監鄭善雖於我朝三世有勳，於朝鮮蹔無功德，不可歸葬朝鮮，勞其人民，且古無此例。』皇帝下旨曰：『禮部之奏甚可。其賜鄭善弟銀二錠，鈔一萬張，表裏十件，毋勞本國，私備以葬。』我等今者來觀之，殿下差人厚葬。殿下之恩，碎骨難報。請圖山形向背水入處，予將奉上申太監奏聞。」

辛亥，遣都承旨權瑊問安於姜玉等。玉醉臥，瑊就金輔問安。輔密語曰：「上使來時啓皇帝曰：『海青、土豹等物，我國所産，當賫來以獻。』初非帝命也。前日獻白雉，國家至誠也，而前降敕書辭甚嚴切。今不可又進珍禽皇太后崩。

異獸也。若又進，即中國恐賤我國也。」

乙卯，兩使率頭目三十人發向金剛山。遣中樞府同知事金良璥奉表如大明，謝恩。

八月甲辰，謝恩使金良璥先道通事啓曰：「六月二十六日慈懿皇太后錢氏崩。」

睿宗實録

計八卷。起世祖十四年戊子（明憲宗成化四年，公元一四六八年）九月，至睿宗元年己丑（明成化五年，公元一四六九年）十一月。申叔舟、韓明澮等撰，成化八年書成。

睿宗襄悼欽文聖武懿仁昭孝大王諱晄，字平甫，世祖惠莊大王第二子，母太妃尹氏。以景泰元年庚午春正月丁丑誕於邸。初封海陽大君。天順元年九月王世子卒，世祖請立爲世子。帝遣使封朝鮮國王世子。成化三年丁亥春，世祖不豫，使參決庶務。

成化四年九月癸亥，世祖疾大漸，奉命嗣位。

成化皇帝命獻海味。

睿宗即位年（明憲宗成化四年，一四六八）

九月乙亥，以大明慈懿皇太后薨，遣行上護軍卞袍奉表陳慰，行大護軍安克思進香。

十二月乙卯，告訃請謚使通事黄中、金繼朴等回自大明，因啓曰：「明使太監崔安、鄭同、沈澮於本月初九日起程，計正月當到京。」

己丑元年（明憲宗成化五年，一四六九）

正月己巳，告訃請謚使李石亨、請承襲使李坡回自大明。

二月己酉，尹子雲馳啓：「沈太監語臣云：『去年姜太監所進海味，帝嘉之。今吾等來時又命曰：「汝往本國，所有水陸異味，要須將來。」』」

閏二月己未，欽差太監崔安、鄭同、沈澮等賫准承襲及册封王妃詔敕而來。并頒賜王及妃誥命、冕服、冠服、綵幣。

朝鮮國王㒞。

壬戌，崔安、鄭同、沈澮等將皇帝別賜五倫書、五經大全、性理大全、四書，白玉玲瓏、天鹿帶黑白玉玲瓏、架上鷹、鬧粧各樣閃色蟒龍紵絲熟絹、象牙等物，詣闕。

丙子，遣左議政洪允成、牙城君魚世恭奉表如大明，謝賜謚賜祭賜賻、承襲誥命。

六月己卯，謝恩使洪允成等來復命。前此使臣之赴大明也，凡錦段珍玩之物無所不求，有甚商賈，恬不知愧。允成非書畫酒器不求。所與同行者皆畏憚，莫敢放手。

八月丙子，遣行上護軍尹岑奉表如大明，賀聖節，獻方物，并進金剛山圖。太監等以聖旨請之故也。

十一月戊申，上薨於紫薇堂，年二十。

十二月庚申，遣户曹參判宋文琳如大明，告訃請謚。

成宗實録

計二百九十七卷。起睿宗元年己丑（明憲宗成化五年，公元一四六九年）十一月，至成宗二十五年甲寅（明孝宗弘治七年，公元一四九四年）十二月。慎承善、表沿洙等撰，弘治十二年書成。

成宗康靖仁文憲武欽聖恭孝大王諱娎，德宗按即世祖長子暲。第二子也。母仁粹大王大妃韓氏，左議政西原府院君確之女。天順元年丁丑七月三十日辛卯誕王於東邸。是年九月德宗薨，世祖育王於宫中。辛巳正月封者山君。

己丑（大明成化五年，一四六九），十一月二十八日戊申，王即位於景福宫。奉慈聖太王太妃聽政。

詔封朝鮮國王。

成宗即位年（明憲宗成化五年，一四六九）

十二月庚申，請承襲使權瑊、告訃請謚使宋文琳等如京師。其請承襲奏曰：「臣叔父王臣晄病革，以嗣子年幼且病，令臣娎爲後，權襲軍國勾當。乃於成化五年十一月二十八日薨逝。陪臣等願依先臣遺囑。臣娎不獲已，權守東藩，兢惶罔措。」

庚寅元年（明憲宗成化六年，一四七〇）

五月戊寅，使臣太監金興、行人姜浩至，詔封娎爲朝鮮國王，妻韓氏爲朝鮮國王妃，賜誥命、冕服、綵幣。又敕曰：「先因建州三衛都督董山、李滿住等逆天背恩，累犯邊境，朝廷命將出師，往彼征勦。慮其逃遁，特敕爾國令發兵截其後路。爾先王乃能仰遵敕旨，令人直抵巢穴，擒斬逆賊李滿住等，遣使告捷，具見忠順之誠。今三衛殘虜，輸情服罪，照舊朝貢，乃敢聲言要往爾國報復前讎。已令通事折以大義，謂『朝鮮助順討逆，乃敬天事大，職分當然。爾等不思自咎，欲修怨啓釁，鬼神必不爾祐。其滅亡可待。』此虜雖已聽命而去，然狼子野心，反覆不常，不可不預爲隄備。特敕諭王，令知此意。王其慎之慎之。」

己亥，遣議政府左議政金國光、中樞府同知事鄭蘭宗奉表如京師，謝賜祭、承襲。

辛卯二年（明憲宗成化七年，一四七一）

朝鮮國王請追封親父。

正月庚辰，聖節使韓致義來復命。仍啓曰：「太監金輔以韓氏之言語臣曰：『殿下何不請追封親父乎？』臣答曰：『無例不敢請耳。』輔曰：『雖無例，奏曹必蒙准矣。』」

五月丙申，謝恩使李壽男來復命。啓曰：「臣在燕都，太監金興等謂臣曰：『懿敬王禮當追崇，何不奏請乎？』」

太監權重。

九月甲申，遣議政府左參贊李克培奉表如京師，賀聖節。

十月辛未，遣知中樞府事韓致仁奉表如京師，賀正。

壬辰三年（明憲宗成化八年，一四七二）

正月庚戌，工曹判書成任、户曹參判朴楗奉表如京師，賀册封皇太子。

三月辛丑，正朝使韓致仁回自京師。進韓氏、車氏所送物件。

四月壬午，遣僉知中樞院事李元孝奉表如京師，陳慰。

甲午五年（明憲宗成化十年，一四七四）

八月癸卯，奏聞使金礩啓曰：「今請封王，古無其例，不可保其必成也。臣聞中朝太監權重，禮部、翰林院皆從其言。若與太監族親俱往，因緣開説，事或可成。」

欽賜追封誥命。

九月丁卯，奏聞使右議政金礩、副使李繼孫等奉奏本如京師。奏曰：「朝鮮國王臣娎謹奏：臣以庸愚，特蒙聖恩，得守先業有年。顧惟所生父臣暲，先祖惠莊王臣瑈嫡子，受命爲世子，不幸早逝。今臣既受王爵，妻亦爲妃，所生父稱世子，母無名號，一國臣民，稱説不順。於人子之心，誠有未安。然臣既爲先臣襄悼王晄之後，養不可顧私親；且懼天威，囁嚅至今。竊念天性之親，恩義亦重，顯揚之懷，不能自已。敢昧死塵瀆，伏望聖慈，賜爵賜謚，俾伸微誠，以廣孝理，不勝至願。」

十月甲申，遣管押使張有誠如京師，進種馬。

十二月壬辰，奏聞使先來通事張自孝、金清海復命。啓曰：「去十一月初二日到北京，初三日呈奏本于鴻臚寺，初四日朝見，次詣禮部，謁郎中樂璋、彭彦克，次謁尚書鄒幹等。初十日禮部具奏追封之事，十二日奏蒙准，十九日欽賜誥命，令金礩賫還，二十四日離發。」

來北京學造紙。

乙未六年（明憲宗成化十一年，一四七五）

正月己巳，紙匠朴非曾從謝恩使如京學造紙法。其一，北京哈大門外二十五里地，有造紙處，皆常用麻紙也。其造法：用生麻細截，漬水和石灰爛蒸，盛於袋，翻擱洗浄去灰，以石磓細磨後，盛於比密竹筐子，更洗浄撈出，置於木桶和清水造之，不用膠。問造奏本紙法，答曰：「南方人待竹筍如牛角，刈取連皮寸寸截之洒水和石灰納桶中，經五、六日後煮熟，盛於筐子，洗浄去灰，爛搗，盛細布袋，復洗後和滑條水造之。滑條，草名，用根幹椎碎沉水，以其水爲膠。」問造册紙法，答曰：「亦如右。但雜稻稭造之，其熟正如常。」一、正陽門外二十里許有造紙處，用生麻細截，洒水和石灰熟蒸，盛於竹筐子，洗浄去皮，以石磓細磨，復盛於密比竹筐子，洗浄撈出造之。問造册紙，則竹筍如牛角時刈取，連皮寸寸截之，稻稭亦如右截之，相雜洒水和石灰，置水桶經五、六日，熟蒸，盛布袋洗浄，淘去灰，爛搗，復盛布袋，更洗浄撈出，和清水造之。問造奏本紙，則稻稭少許雜之，約一千丈，用粉一斤和造，則色白

《朝鮮王朝實錄》成宗實錄

追封敕文。

而好。一、遼東東門外太子河邊有造紙處，用生麻及桑皮、真木灰水、石灰交雜熟蒸，曬乾，以木椎打去麤皮及石灰，細截，盛竹筐子洗浄，細磨，又洗浄，和滑條水造之，此則常用册紙也。

己卯，奏聞使金礩、副使李繼孫回自京師，其敕曰：「得奏『王所生父暲先封世子，早逝，及所生母韓氏見在，俱未有名號。爲人後者，義不可顧私親，然顯揚之懷，不能自已』等因，具悉王之孝忱。茲特追封故世子暲爲朝鮮國王，謚『懷簡』，封韓氏爲懷簡王妃，以遂顯親之志。及頒給誥命并妃冠服，至可欽念。」奏聞使書狀官上聞見事件。姜浩進文章類選一部及蘭亭法帖五本。

二月丁亥，遣左議政韓明澮、同知中樞府事李克均奉表如京師，謝恩。

三月己巳，正朝使金之慶回自京師復命。

六月辛巳，謝恩使韓明澮、副使李克均捧敕回自京師。其敕曰：「得奏『建州衛野人約四千餘騎，自成化十年十二月至十一年正月，突至本國理山等鎮、昌洲等口子侵擾邊境，搶擄人畜，糾合黨類，屯結不散』等因。朝廷二降敕書，命遼東鎮守總兵等官差人賫往彼處，省諭大小頭目人等，令即改悔，成化皇帝勤於聽政。

將搶擄人畜，追還本國，安居守分，毋蹈前非。但此夷狼子野心，不知禮義。王宜益固封守，謹慎隄備，毋或墜其奸計。」上引見明澮等，謂曰：「中國有何事？」明澮對曰：「皇帝勤於聽政，天下太平，民物富庶。臣賫進請討建州衛奏本呈於兵部，兵部即申奏，一以敕建州，一以敕遼東，使括還被擄人畜。」又啓曰：「中國弓角禁令甚峻。前此賣角者處處有之，近坐犯此禁盡徙遠徼，今只有一家。故臣等之行，未得買來。臣於閒話謂守關人曰：『我國遇中國有事則必扞衛之，不可以夷虜待之。弓角并禁我國，得無過乎！』有一人曰：『前日汝國通事往來金輔家，事覺，有司論請。皇帝特原之，仍命朝鮮人勿禁出入。汝等何不援此例奏請乎！』又太監鄭同謂通事金継朴曰：『聖旨云：「今來韓宰相既是族親，將何禮物孝順我乎？」』臣等不得已，略以食物進焉。又翌日，韓氏送小簡致謝，賜臣銀十兩及綵段衣物，又賜副使、書狀、通事紗羅有差。」史臣曰：「明澮性浮夸貪饕，初赴京時請於朝，多賫人情物，又索於州郡重載而去。及入朝，因金輔、鄭同達於韓氏，稱爲近族，多獲賜物。華人皆言皇親老韓，屢入東華門聽命。其所得羅段及私貨器玩，不可勝避諱字樣。

數。」韓明澮進新增綱目、通鑑、名臣言行録，新增本草、遼史、金史、劉向説苑、歐陽文忠公集各一帙。

丁亥，謝恩使書狀官李瓊仝上聞見事件曰：「禮部榜云：『科場生員所作文字除二名不偏諱。今開合當回避字樣于後：仁祖諱世珍；太祖諱元璋，字國瑞；太宗諱棣；仁宗諱高熾；宣宗諱瞻基；英宗諱祁鎮；上位御諱見濡（深）。』」命下承文院。

八月戊寅，行副司直鄭陟卒。陟字明之，號整庵，晉州人。永樂甲午中文科。正統己巳充聖節使，時達子也先犯邊，皇帝陷虜廷，陟至薊州，聞賊圍京城，留數日，待虜退入京，新皇帝已即位，陟隨班遥行聖節賀禮。

丙申七年（明憲宗成化十二年，一四七六）

正月甲子，遣吏曹判書鄭孝常、工曹參判朴良信奉表箋如京師，賀册封皇太子。

諭旨復號郕王爲皇帝。

二月甲午，使臣户部郎中祈順、副使行人司左司副張瑾賫立皇太子詔敕及綵幣文錦至。

三月乙巳，遣平陽君朴仲善、同知中樞府事金永濡等奉表如京師，謝恩。

甲寅，正朝使書狀官朴安阜上聞見事件曰：「去十二月二十五日序班陳智到臣等所寓館云：『昨日皇帝追謚郕王爲恭仁康定皇帝。』又言：『前此郕王陵寢蓋以青瓦，今改以黄瓦。』乃令通事金渚就禮部問主客司郎中康价、主事黄京恭曰：『玆者皇帝諭旨復號郕王爲皇帝，未知將入太廟乎？亦號妃爲皇后乎？朝廷又有進香、進賀等事乎？』康价等答云：『郕王既號爲皇帝，當入太廟，亦當封妃爲皇后。但無聖旨。姑俟後日汝國來使，當悉知而還矣。』」

五月乙卯，謝恩使鄭孝常、朴良信回自京師復命。傳曰：「中朝事如何？且景泰追封後得無布告天下乎？」孝常對曰：「無關。」仍進朱子語類大全二十卷曰：「此書近來所撰，故進之。」

八月壬辰，遣議政府左議政沈澮、禮曹參判李克墩賫奏本如京師。其奏曰：「臣竊照成化六年二月二十二日欽賜臣及妻韓氏誥命、冠服，恩榮無比，

明憲宗成化十二年，一四七六

韓氏病逝。

中朝法峻，不可交通宮掖。

不幸韓氏於成化十年四月十五日病逝。今臣祖母尹氏謂臣奉承宗祀，內助不可久缺，且無嗣子，納尹氏爲妻。臣竊念既娶配耦，理宜陳奏，敢具由以聞。伏望聖慈，特賜誥命、冠服，不勝至願。」

十二月戊寅，奏聞使通事崔有江來啓曰：「沈澮等去十月十四日到北京，請誥命，已蒙准。因冠服未製，未得回程。臣於十一月二十一日發北京。」

辛巳，御宣政殿西廡引見譯官張有誠、黃中、李春景，令以漢語相問答，復以鄉語解之。

乙酉，承政院書甲午年韓致仁赴京時人情物件以啓曰：「今聞中朝法峻。交通宮掖，恐爲國累。」傳曰：「其示使、副使議啓。」尹子雲啓曰：「今果法峻，人情不可依此。食物賫去，觀勢進之何如？以外國交通宮掖，可畏也。前日韓氏有請，今則不然。仁粹王妃通信於韓氏，亦似不可。世宗朝韓確入朝，猶不得通信於韓氏，今不可輕易爲也。」傳曰：「卿言是。若皇帝責之曰：『以外夷交通宮掖，欲何所爲！』則將何辭以對？但韓氏今亦有請，且安氏、車氏前日有贈送物件，今行回奉何如？」子雲對曰：「臣聞車氏已死；安成化帝敕書。

氏回奉亦不必爲也。但韓氏所求則可以賫去。食物亦依右例增減賫去何如？」傳曰：「可。」

丁酉八年（明憲宗成化十三年，一四七七）

正月丙辰，聖節使書狀官韓萬齡進聞見事件：「還到公樂驛，伴送金智從後來言曰：『因見親，故落後。路逢校尉捕載弓角人而去，謂伴送必知情，並執我，囚錦衣衛。翌日奏之。聖旨云：朝鮮禮義之邦猶可矣。無乃有與野人、㺚子相買賣者乎？當鞫之。朝鮮已登途，可放伴送人護送。』」

癸亥，奏聞使沈澮等謄寫敕書及誥命，并聞見事件以啓。其聞見事件曰：「一日，錦衣衛千户一人，校尉一人，來謂曰：『太監鄭同承聖旨，叫宰相及書狀官、通事等來使以下，即詣鄭同第。』同曰：『聖旨問韓氏族親何爲久不來。前者本國使臣之來，屢囑入送，無乃不啓乎？啓之而韓族有故乎？』答曰：『我等未知不來之故。』同再三問之，且曰：『我悉本國之事，凡事無不貿易牛角律杖一百贖。

關涉政府，豈有不知。當書於紙曰：「韓氏族親宰相，後次謝恩之行，不違入送。」我當將書以奏。』答曰：『事在殿下，非我等所敢擅書。但回還當仔細啓達耳。』同又曰：『韓氏、軍氏、崔氏、安氏同在一宮。韓族來時，三氏家人並令入送。』答曰：『亦當啓達。』又一日，百户一人，校尉二人，來言曰：『鄭太監承聖旨，叫宰相等使以下詣同第。』同付韓氏封書一通曰：『聖旨付宰相傳送。』仍曰：『余初承封書，奏曰「當叫書狀官通事付送。」聖旨須招宰相面囑。余再承旨至此。儻或遲違，余何以立於朝！』又招通事金繼朴授單子曰：『此亦韓氏單子，並須啓達。』」傳曰：「安氏、崔氏、車氏家有可遣人則遣之。」

二月壬申，義禁府啓：「通事芮亨昌赴京公貿易牛角，不慎密犯禁，律該杖一百贖。」命贖笞四十。

癸酉，奏聞使沈澮、副使李克墩賫王妃尹氏誥命、敕書、冠服，回自京師。上問弓角犯禁之由，澮對曰：「近帝命太監二、校尉十六察玉河館內事，通事芮亨昌潛買牛角，令牙子分載四車，期會通州。校尉知之，告太監以奏。没入牛角，並牧其直。牙子充軍。臣等聞與牙子争利者陰囑太監，以致生事。

皇帝命毁闕内道觀。

上曰：「中期法嚴，今後必不得買矣。」克墩曰：「中朝待我國甚厚，高皇帝嘗賜火炮。鄭同亦曰若奏讀貿角，意必蒙准。」又啓曰：「中朝有怪事。皇帝闕内設道觀，崇奉道教甚至。有怪獸狀如黑狗，夜則見，多害人，欲搏之，便開口噓氣，人輒腫。有以此奏者，帝不信。一日，帝御早朝，獸乃見。給事中及諸大臣極論奉道之非，帝即命壞觀。人言黑屬北，其狀如犬，恐有犬戎之禍。」

己卯，遣右議政尹子雲、西陵君韓致禮奉表如京師，謝賜中宫誥命。

閏二月甲辰，正朝使尹壕、副使洪利老回自京師復命。其聞見事件曰：「一、太監鄭同送家人傳韓氏語曰：『韓氏族親今亦不來乎？韓致仁患風疾，弟致禮何不來？』答曰：『致仁病向愈，致禮則宰相中循環差送，故不敢僭前來。』一、會同館張榜，凡朝貢夷人不許出入市肆，與人交通，透漏事情。本國人亦依是例。錦衣衛把門阻當，不得任情出入。太監鄭同據前傳奉聖旨内『朝鮮使臣照舊買賣』，令序班陳智開書，告示于該管太監後，方許本國人出入。一、聖節使李封赴京時，牛角買賣事發，拿致科罪。館牌馮全、劉寬及角主吴宜等三人，皆坐杖一百，邊遠衛分充軍。角與價拘收入官。一、親王世親王世子節日冠服。

子冠服，問諸禮部，皆不言。於會同館問西藩王使臣，湖廣則云：『嗣子年十五歲受玉圭，朔望及正至、聖節，凡賀禮時皆穿圭服。』汴梁殿下使臣云：『世子朔望則穿時服，聖節正至生辰，凡賀禮時則穿圭服。』」

五月戊辰，謝恩使尹子雲謄寫敕書，先遣通事張自孝以進。敕書有「服食器用，差人進來」之語，自孝啓曰：「鄭同謂謝恩使曰：『本國若欲奏請弓角，須令韓致禮賫進獻土物及韓氏所求之物而來。』」

戊子，謝恩使尹子雲、副使韓致禮奉敕回自京師。敕曰：「王夙秉忠誠，恪修職貢，久而不懈，朕心嘉貺。但歲貢之外，或國中産有其他物貨堪備服食器用之需者，另行採取差人進來。王其體朕之意。」

辛卯，尹子雲啓曰：「弓角奏請事，鄭同言之。同必揣知帝意而言也。臣意以爲若奏請則可得也。」上曰：「以事勢觀之，奏請則必蒙准矣。」子雲曰：「自弓角設禁後，我國使臣出關時，總兵官搜橐無遺，與野人、達子無異，良可羞辱。臣行，總兵官謂臣曰：『汝國何不奏請？』且鄭同傳聖旨云：『汝國在宣德年間别進土産，今何無也？』臣等對曰：『宣德年間進土産，承朝廷朝鮮急需弓角。

之命耳。』同曰：『我亦奏云，自停進鷹後，物膳亦不進。』同又傳聖旨云：『海內諸國所奏，朕或不准；汝國所奏一從之。弓角何不止用於汝國，而轉賣於海西達子？』臣等對曰：『弓角惟上國是資，國用尚且不敷，况海西達子地隔毛憐、建州衛，豈有越敵境而轉賣乎！萬萬無是理。』同曰：『宰相勿言，我當詳奏。今設禁專因侍郎馬文升所奏耳。帝安知本國與海西達子遼隔乎？若本國將此意及洪武年間賜火炮，丁亥年徵兵之事奏請，則可得蒙准矣。』翌日，召謂通事張自孝曰：『我以宰相所對詳奏，因以己意奏洪武火炮之賜，丁亥建州之捷。帝默然良久曰：「今不可無因而變舊法，示私恩也。汝宰相具此奏陳則可矣。」』然臣等不敢擅奏。臣意弓角我國所須甚緊，當及此時奏請可矣。」上曰：「然。」子雲又啓曰：「鄭同言韓宰相皇親，宜進土産。臣等答曰：『外國陪臣，安敢進獻！且所賫缺少。』同曰：『朝廷寬大，勿拘多少，進之可也。』再三强之。故不得已，量出韓致禮私賫，去韓氏處人情進獻。」上曰：「敕書所云『服食器用』，何物也？」子雲曰：「敕書雖云『服食器用』，以鄭同所言觀之，其意專在於食物也。同言此非成例事也，進獻多之爲貴。本進獻直進東華門。

敕書出自東華門。

國承政院、議政府議事，每以成例爲懼，若委遣太監，則本國無如之何矣。」上曰：「雖然，當爲可繼之道也。且不由禮部，直進於東華門，於事體何如？」子雲對曰：「宣德年間聖旨所求，亦進於東華門。」上曰：「敕書出于何處？」子雲曰：「自東華門出，付臣等。然觀其文，必翰林院所撰也。」上謂承旨曰：「更與政丞議食物。」子雲曰：「韓氏屢傳言何不送回蛤斑蛤。且傳聖旨云：『何不副韓氏所求乎？』言者又曰：『韓氏與太后同處，意其易得進言於帝矣。』鄭同密言，今進大口魚，帝好之。」仍以韓氏書契進焉。韓致禮啓曰：「韓氏謂臣曰：『本國佩玩如斑蛤、獐牙、虎牙，無貴賤皆佩，汝何不收汝家人所佩以饋我乎？須告韓妃，多般備來。否則汝宜以吾所與紵絲貿來。』」

六月丁酉，謝恩使書狀官朴孝元進聞見事件。其略曰：「一、太監鄭同招兩使至其家，授欽賜表裏各紵絲羅紗綃各三匹，仍傳聖旨曰：『今賜表裏，非特慰汝等辛苦而來，愛汝殿下敬順朝廷耳。』遂付敕書一道曰：『自今土豹皮、石燈盞外，土産物膳，隨宜進獻。且兩宰相勿謝恩於外庭。』同又謂使曰：『本國若欲奏請弓角，須令韓宰相賚進獻土物及韓氏所求之物而來。若韓氏信簡。

他宰相來，則我相見無由，措辭亦難。』一、太監金興招通事張自孝傳韓氏片簡，其文曰：『韓氏多多上覆尹宰相、姪男韓致禮前。回家啓過韓妃，我要這幾樣家鄉的物件。每日思想家鄉，不能得見，見家鄉的土物，便見家鄉一般。可到家裏千萬討帶來與我。計開：各色綿紬囊兒、虎牙兒、獐牙兒、青爪兒、針家兒、葫蘆兒、回蛤、細蛤、斑蛤、中三刀子、竹梳、木梳、猪毛刷子、頭髮細竹扇、小竹扇。一、鄭同使人招兩使及書狀官、通事張自孝於其第，傳付金廂帽頂一座，珊瑚間子玉帽珠、金珀帽珠各一串，白玉玲瓏鬧粧一條，入榼一，大紅織金紵絲羅紗各一匹。曰：『聖上見韓氏送本國物件數目，謂韓氏曰：「朕亦有所賜于殿下。」還出上項物件授韓氏云：『朕直賜無名，汝可以此送於殿下。』朝廷莫大之恩如是，是意宰相知道。』又令使、副使及書狀官就正廳傳聖旨云：『汝國諸般土産之物，須見敕書以獻，朕當知之。且今年聖節使須差韓致禮，備韓氏所求之物更入來。』兩使問曰：『本國若進土物，則於禮部移咨乎？』答曰：『開寫單本，安殿下寶，直進於東華門，勿於禮部進之。』又曰：『我已奏於聖上曰：「尹宰相等回到王京，當在來六月二十日間。時朝陽門外接客寺。

當炎熱，進奉土物，營備爲難。必秋後備進。」聖上曰：「宰相等須知此意，多備進奉之物與韓氏處人情，於聖節韓宰相賫來甚可。」』一、詣闕拜辭，鄭同承聖旨出餞於朝陽門外二十里地接客寺。同又先到通州待候，夕與通州總兵官在潞河樓船邀兩使及書狀官飲歡，夜分乃罷。臨別，同引使步至驛門，密語曰：『本國若欲奏請弓角事，進奉土物、韓氏所求物件當優備，一時進奉，不可居後。』」

八月辛亥，遣西陵君韓致禮如京師，賀聖節。賫去別進獻物色紫綿紬、緑綿紬、黄柳青綿紬、大脯、片脯、文魚、香蕈、昆布、石茵、塔士麻、各種魚類、單刀子、三并刀子、細竹扇、小竹扇等，及韓氏處人情，崔氏、車氏、安氏處回奉布子。

朝鮮不産牛角。

庚申，遣議政府左贊成尹弼商、同知中樞府事柳輊如京師，奏請收買弓角。其奏曰：「竊惟小邦北連野人，南隣島倭，隄備小疏，輒肆兇獷。凡干兵械，務要精備。況又五兵之用，長兵爲最。然而弓材所需牛角，自來本國不産，專仰上國。目今例比達子、女真，嚴加禁約，不許收買。臣竊念小邦遭遇聖朝以來，累蒙高皇帝詔旨『一視同仁，不分化外』，欽此。洪武六年十月間陳請捕倭船隻合用火藥，洪武七年五月間頒降成造火筒、火炮合用物料則例。且凡朝貢諸夷到關，逐一搜檢，不得操寸刃，至於小邦小禁。又如回還東八站一路，特撥官軍護送，其待遇異於諸藩。臣常懷感激，復有何望，更希聖恩。但念小邦世作東藩，捍衛天朝。弓角一事，軍需所繫至重。不獲已，敢此籲呼。伏望聖慈，特許收買弓角，不勝至願。」

戊戌九年（明憲宗成化十四年，一四七八）

成化皇帝求進物產。

正月癸酉，聖節使韓致禮回自京師，復命，仍進欽賜物件。又啓皇帝所求物件曰：「各樣巧卓，各樣筆，各樣硯瓦，各樣墨，各樣草席，三事、五事大、小單刀子，各樣葫蘆，各樣虎牙、鹿獐牙，大小海螺，細巧小文蛤、回蛤、斑蛤、繡囊兒、針家兒、青芃兒，各樣器物，茶褐色綿紬，各樣海鮮，……但是地方所產并海內出的，應有諸般物件，俱要進。」

劫匪横行，朝廷難治。

甲戌，奏請使尹弼商、副使柳輊回自京師，復命。上問曰：「遼東聲息今何如？」弼商對曰：「臣赴京時，聞三衛達子作耗，遼東指揮大人領兵與戰而敗，死者八千餘人。弼商又啓曰：「臣等回來時，至榛子嶺，遇草賊見劫。」上曰：「聞賊弓力不强，其不可敵乎？」弼商曰：「臣等伴從皆騎驢困頓，身不帶寸兵。猝遇賊十餘騎，皆持弓劍劫之。臣等無如之何，解所佩刀子、囊子，又脱裘與之。賊受之，還給毛衣而去。至暮，抵一驛，見一官人備節鉞，坐廳事。問之，則刑部主事也。臣等泣告遇賊之狀，荅曰：『此非我所管。』且賊黨朝廷亦不能制之。』臣等又見路人痛哭者，問之，則曰：『路遇賊，盡掠我衣裝。吾一行人爲賊所殺，故哭之。』白晝大路中，賊肆行劫掠如此而無追捕者，朝廷法禁似解弛也。」上曰：「請弓角今得蒙准，不勝喜幸。」弼商曰：「皇帝雖許收買而朝廷皆非之。今若數外買濫而敗露，則必復禁之矣。請更申嚴私買之禁。」上曰：「中朝宦官權勢何如？」弼商曰：「臣等未得詳知。但聞有汪直者，最有寵。皇帝使之微服伺察百司得失，人皆畏之。」上曰：「此非美事也。」

太監掌天下之兵。

戊子，遣知中樞府事玄碩圭、同知中樞府事朴星孫奉表箋如京師，謝許收買弓角。

八月丙申，韓明澮啓曰：「今太監汪直掌天下之兵，威震海内，天子倚以爲重者，而與兵部侍郎馬文升等各領兵來鎭遼陽，此中國大舉也。」

壬寅，遣知中樞府事韓致亨奉表如京師，賀聖節。……韓致亨賫去別進獻多種器服食物，因皇帝之敕也。

十月丁未，遣僉知中樞府事曹□管押種馬五十匹如京師。

壬子，遣知中樞府事李坡、同知中樞府事金純福等奉表如京師，賀正。

十二月甲辰，上謂韓明澮曰：「政丞見韓致亨所啓事目乎？皇帝又索土物矣。」對曰：「臣聞之。所求物件甚夥，雖針之微，亦在所求。」上曰：「皇帝之命，不可違也。但恐後將難支。予意以謂皇帝求索，安有如此之煩乎？疑是中間托稱聖旨。」明澮曰：「帝命固不可違，雖責納金銀，安可辭乎！但當隨土産備獻耳。」上曰：「平安道輸轉之弊不貲奈何？」明澮曰：「皇帝待韓致亨異於常例，至賜金銀。且韓氏年歲七十，若無韓氏，此請亦除矣。」

明憲宗成化十四年，一四七八年

成化皇帝尊奉道、佛。

成化皇帝好佛，疏於政事。

戊申，聖節使韓致亨回自京師。致亨啓：「今皇帝尊奉道、佛甚勤。臣始入帝都，皇帝方有齋戒。」上曰：「卿所賫别獻之物，朝廷知乎？」致亨曰：「進獻時校尉四百餘人，辟除左右，充塞街路。以此觀之，朝廷想必知之。且遼東俱録物名送鴻臚寺，鴻臚寺送禮部，禮部郎見而相謂曰：『今韓氏尚在，來使亦韓氏之族屬，故來獻土産也。』鄭同有養子六人，其人相語曰：『皇帝喜朝鮮獻物，親執翫賞，凡可佩之物，或懸於帶上。』」上曰：「今稱聖旨，其實然歟？」致亨曰：「臣一日往鄭同第，有二人對舉裹黄袱之物而與臣。臣跪而受之曰：『此何物歟？』鄭同曰：『予亦未知何物也。』皇帝命付宰相，必是所求物目也。」上曰：「皇帝好佛如是其勤，則安能致力於政事哉！」致亨曰：「臣回還日，鄭同餞臣於通州，謂曰：『殿下常服何服？』臣對曰：『常服絳色衮龍袍。』鄭同曰：『皇帝欲觀殿下與王妃、先王妃常服衣服，如柳青、紫的、草緑諸色衣服，各製三、四件入送爲可。』臣對曰：『黄色、紫的乃天子、后妃之禮服，故我國常不服。』鄭同曰：『宰相之言是矣。』然皇帝欲觀殿下、王妃之服，其於進獻物目單子宜書曰『黄色、紫的雖我國之所不服，有命故製送耳。』諸般物件內非土産者，則亦宜書云「非土産，故未得依命。」』」

甲寅，聖節使書狀官金永貞啓聞見事件：「鄭同招使、書狀、通事于其家，奉表裏、御製詩簇子聖旨一封付之云：『皇帝賜殿下八表裏、銀一百兩，懷簡王妃六表裏、銀六十兩。』且云：『皇上深嘉殿下至誠事大，故特賜御製詩。』」

己亥十年（明憲宗成化十五年，一四七九）

正月辛酉，上問韓明澮曰：「鄭同典兵已久，朝廷事多在掌握，大臣必皆嚴憚矣。我若致賂於同而朝廷知之，則必鄙我。於大體何如？」明澮對曰：「臣意亦如此，但勢不獲已耳。今皇帝所求，正如兒戲，是必欲分賜宮妾耳。然如硨磲、針、牙、剪刀之類，豈皆出於聖旨？必是鄭同之言。今同所求皆細瑣之物，若不應之，小人心術亦不可測。」

三月壬戌，正朝使李坡等回自京師。上問曰：「中朝用事者誰也？」坡

聖旨所求皆細瑣之物。

韓氏一族坐取富貴。

對曰：「萬安爲翰林院大學士兼太子太傅，王越爲都御史兼兵部尚書，時方用事。又太監傅恭、劉恒、汪直、金輔、鄭同亦得權幸，而汪直年少聰慧，帝尤眷愛。」上曰：「王越之年幾何？」對曰：「年可六十，不厲而威，真君子人也。」

己巳，户曹啓：「正朝使貿來唐稻二十斗，請令京畿沿海諸邑趁時耕種，審其耕稼之宜，移種他道。」

七月戊午，西陵君韓致禮以病請辭聖節使，不許。致禮，確之子。確妹選入朝，爲宣宗皇帝後宫，以阿保功，有寵於成化皇帝。與宦官鄭同相結，勸帝屢使鄭同於本國，敕進服玩飲食之物，備盡細碎，誅求無厭，爲生民巨病。又敕令韓氏之族每歲充聖節使入朝。致禮及其兄致仁、致義，群從致亨、忠仁，姪子倜、儹、健迭相赴京，帶金帶犀皆出帝敕，金銀綵段賞賜無極。韓氏一族因鄭同坐取富貴，而貽害於國不可勝言矣。

九月甲戌，遣户曹判書韓致禮奉表如京師，賀聖節。其致韓氏書契曰：「姪女懷簡王妃韓氏奉復尊姑韓氏侍下：去冬韓致亨回自京師，欽聞皇帝陛下茂膺景福，從審尊姑寵承皇恩，十分康寧，不勝喜懽。姪女與大小親戚平敕書令合擊建州女真。

安過活，都是恩眷所及，伏惟尊鑑。內中所惠多般珍貺與各祗受，感戴罔極！但本國西界凋殘，艱於遠輸，凡干土宜，謹略備禮具録別幅，伏乞恕鑑。仍祝聖壽無疆，兼冀尊姑永享多福。謹此拜復。」

閏十月癸亥，遼東指揮高清賫敕至，其敕曰：「朕誕膺天命，君主華夷。施惠行仁，乃朕素志；興兵動衆，豈所願爲！夫何建州女直，逆天背恩，累寇邊陲。守臣交請剪滅。朕念戈鋋所至，玉石不分。彼中寧無向化爲善〔者〕乎？爰遣大臣撫諭再三，貸其反側之愆，聽其來京謝罪，悉越常例，陞賞宴待而歸。曾未期歲，賊首伏當加等復糾醜類，侵犯我邊。雖被官軍驅逐出境，但未大遭剉衂。守臣復請加兵。廷議皆謂此賊冥頑不悛，罪在不宥。已令監督、總兵等官選領精兵，往彼會合鎮守都御史，刻期搗巢征勦。惟爾國王，紹胙東藩，輸忠於我國家，有隆無替，朕甚嘉悦。顧王國素稱禮義之邦，接鄰腥膻之域，亦有以敵之乎？我兵壓境，賊有奔竄國境，諒必擒而俘獻之。王如申遣偏師，遙相應接，大奮貔貅之威，同殲犬羊之孽，逆虜既除，則王敵愾功勳愈茂，而聲名豈不有以享於無窮哉！報酬之典，朕必不緩。故敕。」

朝鮮國王奏本。

庚子十一年（明憲宗成化十六年，一四八〇）

正月乙酉，聖節使韓致禮回自京師，復命。啓曰：「鄭同謂臣曰：『明年何宰相來乎？若非韓氏族親，難以別獻。』臣答曰：『往年大人謂我曰非是常貢。若年年而進，何異常貢？』仍陳轉輸之弊。同曰：『宰相之言是。然今年進獻，皇帝喜悅，不亦佳乎！』」

丁亥，遣吏曹參判魚世謙如京師，獻捷。其奏本云：「朝鮮國王臣李娎爲勦殺虜寇事：成化十五年閏十月十一日，指揮高清賫捧到敕諭，欽此。臣欽遵敕諭内事理，即令陪臣議政府右贊成魚有沼等領兵一萬入攻去後，議政府狀啓：『據魚有沼呈該：「卑職蒙差於成化十五年閏十月十二日發兵，二十八日前到滿浦鎮江上，自本鎮至理山鎮沿江上下巡審，江水冰合旋解，難以渡師。留駐旬日，人馬俱困。不獲已罷兵回還。呈乞照詳施行。」得此具啓。』據此，將有沼不及軍期，除已治罪外，又於本年十一月十九日，差陪臣議政府左議政尹弼商、平安道節度使金嶠等領兵四千入攻去後，議政府狀啓：

成化皇帝録東征功。

『據尹弼商呈該：「卑職蒙差與同金嶠等於十二月初九日渡江，前赴賊穴攻勦，斬首一十六級，生擒男婦共一十五名，獲馬二匹、牛一十四頭，射殺頭畜，焚燒廬舍，收其家產，并獲曾被虜遼東東寧衛婦女七口，本月十六日回還。呈乞照詳施行。」得此具啓。』據經，差陪臣吏曹參判魚世謙賫捧實封奏本，并將俘獲家產物件并被擄人口管押前赴朝廷外，今將各人花名數目，逐一開坐，合行移咨。」

三月丁亥，正朝使金永濡、副使李克基回自京師，復命。永濡啓曰：「序班李祥言：皇帝録東征功，陞撫寧侯朱庸爲公，太監汪直爲都太監，參將周俊、白玉、總兵官馬儀陞都督，其餘將士，并陞秩有差。」

戊申，奏聞使通事李義來進聞見事件：「一、司禮監太監承聖旨，招使以下入至左順門，宣問入攻部落所見賊數。使對曰：『我軍入征兀剌山城等處，即建州部落也。賊人出没林莽間，未可的知其數。所獲首級，皆賊魁也。恃其驁勇，直犯我陣，軍士迎擊斬之。其餘中矢死者，不知其數。』又問魚有沼斷以何罪，對曰：『收職牒，放於江原道楊根郡。』太監曰：『江冰未合，不能渡師，則有沼何罪！』對曰：『殿下以皇帝有命不能奉行，直以大義罪之耳。』太監曰：『有沼之罪，當恕而未減矣。』」

四月壬戌，奏聞使魚世謙回自京師。進文翰類選、五倫書、律條疏議、國子通志、趙孟頫書簇四軸。

五月庚辰，太監鄭同、姜玉賫敕至。敕曰：「皇帝敕朝鮮國王李娎：往年建賊背逆，朕嘗出師致討，而爾先王瑈發兵來助，用能克捷矣。茲者賊猶稔惡不悛，從廷議仍出師討之。王已發兵來助。雖前因江冰凍解難濟，不獲與我師合勢，同成厥功，而後兵亦抵巢攻勦，擒斬其部屬，焚毁其廬舍蓄峙，得其所掠我邊衛人口，又遣陪臣押赴來獻。王之忠誠，於先世可謂能繼，於朕命可謂無負矣。今聞寧有窮已耶！今遣內官鄭同、姜玉至王國，賜王綵段、白金、文錦、西洋布。其領兵官左議政尹弼商、節度使金嶠亦各如例有賜，以旌勞勩。王其欽承之。」

丁亥，遣工曹判書韓致亨、同知中樞府事鄭有智奉表如京師，謝恩，并賫進獻方物及別獻方物以行。仁粹王大妃別獻韓氏方物，亦同賫去。

朝鮮弓勁，中國弓軟。

成化皇帝不許德王入京朝覲。

六月戊辰，幸景福宮宴姜玉。旨：「我國進獻弓子，皇帝以謂何如？」又問：「皇帝亦射侯乎？」答曰：「有之。」上問張侯遠近，對曰：「百步，或八十步，或五十步。本國弓勁，能射二百步，中國弓力輭，只及百步、五十步而已。」上問皇帝受朝時侍衛太監幾人，答曰：「數至三百，而尤近侍者百人。」上曰：「我國入朝太監幾人近侍？」對曰：「宣德二年昌天使、白天使出來，俺年十三，與鄭同隨之赴京。朴珍、李今同、金輔等八人同時赴京，今存者只四人。李今同改名珍，乃我養子。朴珍則皇帝親弟德王出藩山東，曾隨去矣。」上問：「德王來朝見歟？」答曰：「有命則來朝。若無命，雖曠年不得朝矣。德王將居活艱窘事由再三陳請，然後只遣內侍賜表裏。然不許時時來朝矣。」

庚午，姜玉進太平簫一雙。初，我國人傳習中朝簫譜，副天使曰：「與上國言語不同，簫形亦異。故傳之爲難耳。」因進新造簫一雙。

八月甲子，謝恩使韓致亨回自京師。致亨啓曰：「臣六月十九日到北京。二十一日，鄭同養子內官新住率校尉而來，點檢別獻物件，令臣等領進，由東華門而入，曰：『宰相第歸太監金興家待之，我當進獻而來。』仍令家人引臣往興家，興迎入，饋之。俄而新住來，謂曰：『已進之。但贈遺韓氏之物，須明朝領到鄭太監内第以待。且宰相不可無私獻。』臣答曰：『陪臣安敢有私獻！』二十二日，新住與同之養子谷清等督進贈遺韓氏之物，臣領大小書契付物，韓氏、車氏、安氏族親回奉等物，由西華門而入，進鄭同内第。新住等曰：『私獻已有舊例，不可廢也。』答曰：『陪臣安敢私獻！雖有舊例，不可爲也。』谷清等曰：『在他人則雖不進可也。宰相乃韓氏族親，禮當私獻。况姑娘有言，爾等説與姪男，須令私獻。如無所賚，則贈我之物分半以進可也。』臣不獲已，分贈遺韓氏之物進之。谷清、新住等一一點視，只留小書契付物件於其第，餘皆領入于内。俄而出曰：『已進御前矣。皇上命招韓氏等，親分與之。』二十三日，韓氏使太監金興招臣于其家，贈臣四表裏、銀五十兩、食物十缸。七月初九日，金興與新住、谷清奉聖旨招臣及書狀、通事等於興家，以韓氏所送表裏、首飾等物授之，曰：『此皆欽賜韓氏命送本國之物也，宰相領歸可也。』且曰：『明年宰相復來事有聖旨。』十四日，臣詣闕辭還，到通州，金興、谷清、新住等奉聖旨設宴餞之，仍語臣曰：『皇上特命韓氏曰：「汝國所獻黑麻布，須説與姪男，淡黃稍紅入染可也。」姑娘承命，令我等説與宰相。』臣問谷清等曰：『進獻布子色黃，無乃可乎？』清答曰：『賜與宮人，以其色黃不敢穿着，故有是命。』是日夕，谷清、新住等更設宴于静嘉寺以餞之。」

獻布色黃不敢穿。

丙寅，遣同知中樞府事韓僩奉表如京師，賀聖節，并賫去別進獻方物，比韓致禮之行乃三分之一。

十二月甲寅，遣上黨府院君韓明澮、同知中樞府事李季仝賫奏本如京師：「臣竊照成化十三年二月初四日，欽蒙聖恩，封臣妻尹氏爲繼妃，賜誥命、冠服。臣不勝感激，庶資内助，共修藩職。不意尹氏性度違戾，不克欽承寵命，失德滋甚，大失臣民之望。不獲已於成化十五年六月初二日，承臣祖母尹氏、臣母韓氏之教，廢置外第。顧惟配偶係是奉承宗祀，不可久缺，乃以副室尹氏爲妻。理宜陳奏，敢具由以聞。伏望聖慈，特賜誥命、冠服。」

朝鮮王廢妃立副室并請賜誥命。

敕賞領軍頭目。

辛丑十二年（明憲宗成化十七年，一四八一）

三月乙酉，正朝使孫舜孝賫敕回自京師。其敕曰：「朕覽奏，此賊逆天悖理，兇獷已甚，當即出師往征其國，但聞自去歲征勦之後，賊首只有伏當加等數人，俱投往海西、毛憐居住。其餘黨散處巢穴，善惡不一。若遽加兵，非惟首惡未得，抑恐鋒刃之下，徒殺無辜。且王秉禮之國，欲與彼犬羊群醜較其勝負，必須萬全是圖，庶無悔吝。朕已令邊將選差諳曉夷情通事，多方挨究搶去人畜。王可鍊兵秣馬，保境卹民，俟探前賊復回故處，必欲進攻，先爲馳奏來聞，用敕沿邊將士併力截殺。重念王敬事朝廷，差人護送朝使，經此危迫，其領軍頭目許熙特賞綵段二表裏、銀二十兩，付今來使臣孫舜孝賫回賜給，以慰勤勞。其被搶三十人，王宜優贍其家，蓋使下之道當然。」

四月癸亥，奏聞使韓明澮、副使李承召復命。上問曰：「奏請事，聞郎中趙縉言不可。趙縉，有學識者也，何以如此乎？果然否？」對曰：「臣亦聞趙縉云不可。帝使鄭同問於臣曰：『廢妃有子乎？何故廢之？』臣對曰：『有

明憲宗成化十七年，一四八一

朝鮮欲請開朝貢新路。

《朝鮮王朝實録》成宗實録

子之妃廢之者，不得已也。』」 奏聞使書狀官權健進聞見事件：「一、臣等到玉河館，鄭同即自禁内馳到，先問殿下安否，次問別獻之物幾何。使答曰：『無。』同艴然變色曰：『我前到本國，與殿下及宰相面約，何負諾耶？』答曰：『頃者大人之還及聖節使韓僩之行，土産耍子之物，俱依聖旨備獻，更無異物。且未知聖鑑何如，未敢爾。』同曰：『雖無他物，何妨再獻乎？大抵人子之孝其親，自當盡心焉耳。安問其親之喜不喜乎？帝之重本國所獻，非重其物也，乃所以重本國也。本國之事帝，殊異乎帝之待本國之意。然此非殿下之過也，必議政府諸相論議藉藉，恐以此成例耳。本國於先年每進海青賜一表裏，又即謝恩，較其勞費，與今相去幾何？今者本國事帝之禮如此其薄，爲來事將何面目奏於帝乎！事之成否不干于我，兩老宰相間關遠來，豈不欲成事而歸乎？』使曰：『業已錯料，悔之無及。今若蒙准而還，當有謝恩矣。』同曰：『然則我當奏之曰，朝鮮之使，緣東八站有聲息，恐被搶擄，簡其駄載，故別獻之物不得賫來云，則帝必信之。』使曰：『此言甚佳。俺等爲來事，非徒誥命、角弓也，東八站一路與賊境甚近，屢被邀截，有礙朝貢，故欲請開新帝見獻物頗喜。

路。』同曰：『迤南果有他路。然朝廷議建新鎮于鳳凰山，新路之請，不甚緊要。但請封世子，事之大者，何緩也？』使曰：『今請王妃誥命，故不可兼請爾。』同曰：『然。』使曰：『昔年赴京時令我私獻，今將若何？』同曰：『今不可廢也，當依舊例。其書所獻物目來。』使即書物目示之，同怒稍弛，和顏以言曰：『定其數以來。不足者，將以吾所有充之。』詣闕肅拜，使、副使賫獻物詣東華門上進，同自内而來，謂曰：『帝見獻物，頗有喜色。』同又謂使曰：『聖旨私問宰相曰：「王妃既生子，有何過失而廢之乎？」』使答曰：『廢妃失德頗多，不得已廢之。』同曰：『我當入奏。』即入内。少間還出曰：『已奏矣。』同又言曰：『帝問弓角事。我對曰：「弓角非本國土産，故前此不拘多少，任其收買。近來只許每年一次收買，不過五十副，不裕于用，故今復奏請耳。」』一、使於韓氏前呈書契請爲敷奏請中宫誥命及買弓角事。一、二月二十四日太監姜玉到館，就使房内付蘇合油一斤、龍腦一斤，皆用御封印題，謂曰：『我奏於帝曰：「本國欲覓蘇合油、龍腦等藥，求之未得其真，今來宰相依臣懇求。」帝曰：「當與之。」因出内帑所藏，曰：「可付韓明澮。仍宴慰賜王妃誥命、冠服。

太監汪直十五岁管軍。

之。」我爲此而來。』」

五月庚寅，太監鄭同、金興賫王妃誥命、冠服至。

己亥，遣左議政尹弼商、同知中樞府事韓僩，奉表箋如京師，謝恩。

八月丙午，遣户曹判書韓致亨奉表如京師，賀聖節。

九月癸酉，千秋使書狀官申從濩回自京師，上聞見事件使洪貴達奔母喪先還：「一、一日，會同館大事，領役徒到玉河館，親自洒掃庭宇，又別設幄帳更衣之所，錦繡交錯。令通事問之，答曰：『明日上馬宴，汪太監直來押宴矣。』因言曰直年十五始管軍，今年約二十七八，貌雖不揚，有將材，屢立邊功。皇上言聽計從，殺活與奪，皆在其手云。及輿馬僕從填街，一有顧眄，左右皆股栗脅息，莫敢仰視。一、自六月望後霖雨不止，洪貴達與臣呈文于禮部尚書周洪謨曰：『欽惟皇明仁覆天下，薄海内外罔不梯航。我朝鮮述職惟舊，世篤忠貞，皇恩之被，視諸藩有加。每於朝聘往還，道途館穀之勤，愈久不替，曷勝荷戴。臣等蒙差千秋節進賀使前赴朝廷，沿路車馬飲食，無不如意，兼無雨水阻礙之患，故行李未嘗少滯，在途五十日得達。於京師留四十餘日，太監汪直事多僭越。

又蒙皇恩稠疊，每飲食安眠，曾不知羈旅之艱難。遠臣之未嘗履天子之庭者，又安知皇恩之至於此哉！第聞我國前此來朝者有曰「沿路館驛待往還使者，除一朝夕供給外，或患病，或阻雨水留滯者，雖旬月之久，斷不饋餉，使者不勝飢羸，盡賣衣服以救其急，終至赤身而立」，是豈朝廷之本意然哉！意必外吏失於奉行之致耳。臣等之還，若如來時則善矣。七八月之間恒多霪雨，脱有此患，則臣等必復蹈前轍矣。豈不有違於皇朝柔遠厚往之本意歟！乞將卑懇聞奏施行。』尚書答曰：『此非細事，當立改。然非禮部所能獨斷，即當移文于兵部，共議便否。你等之還，必無此弊矣。』」

十月戊申，謝恩副使韓僩回自京師。啓曰：「臣回還時，路逢鄭同。同語臣等曰：『賫皇帝敕旨來乎？凡進獻之物，汝國托以無敕旨阻當，降敕何難！』語甚不平。且臣等到京，即日李珍等促令進獻。」上曰：「汪直信威震天下乎？」僩曰：「果然矣。去年臣到京時，汪直押宴，常以指揮數十人環侍左右。事多僭擬，慮有後日之患。」

辛酉，遣工曹參判李克基、行副護軍韓忠仁如京師，賀正。

明憲宗成化十七年，一四八一

敕列貢物細目。

强弓、中弓、弱弓。

《朝鮮王朝實録》成宗實録

十二月壬戌，聖節使韓致亨奉敕來自京師。其敕曰：「朕惟爾世守東藩，恪守職貢，顧忠誠之有加，肆待遇之不替，彼此相孚，古今罕比。兹後但值朕誕辰，可遣韓族輪流一人賫方物來賀。致亨往來勤勞，王宜進秩以酬之。仍録用其家子弟之賢者一、二人。王國中所製所産器物可進御者，著爲例，每歲貢獻于廷，用表王事上至意。各様雕刻象牙等物件，務要加意造作，細膩小巧如法，毋得粗糲。紫綿紬三十匹，緑綿紬三十匹，大紅綿紬二十匹，黄綿紬二十匹，茶褐綿紬二十五匹，柳青綿紬二十五匹，草緑綿紬二十匹，水緑綿布一十匹，白細苧布三十匹，苧絲兼織布一十匹，紫綿布二十匹，緑綿布二十匹，大紅綿布二十匹，黄綿布二十匹，茶褐綿布二十匹，柳青緜布二十匹，草緑綿布二十匹。白苧布衫兒三十件，黑麻布衫兒五十件。上品白厚紙五件，中品白厚紙五件。中様硯石五事，匣具小様硯石二十事，匣具龍香圓墨一百笏，龍香長墨一百笏。强弓十五張，中弓十五張，弱弓二十張。臺古都里二十枚，豆乙彦古都里一百枚，小古都里六十枚。居里箭六十枚，西甫子六十枚。牛骨葫蘆一百流，黄楊木葫蘆一百流，真胡蘆小的三十流。真葫象牙雕刻多種。

蘆瓢兒一百個。虎牙兒刻龍頭一百流，獐牙兒刻龍頭一百流，山羊角刻龍頭一百流。各樣繡囊兒二十個。觀音臍五百流，細巧文蛤五百流，回蛤五百流，斑蛤五百流，細巧文蛤觀音臍共一掛一百流，茄袋兒二十流。各樣皷囊兒二十個，各樣貼囊兒二十個。葫蘆針家兒一十個，針家一百個。青爪兒三百流，青鳩兒五十流，緑鴨兒五十流，菱角兒二十流，蓮花兒二十流，鼓兒五十流，茄兒五十流。髢篦五百把。畫面扇三百把，圓靶各樣畫面扇一百把。三事刀五十部，五事刀五十部，大樣單刀一百把，中樣軍刀二百把。貂鼠皮五百張，土豹皮三十張。象牙靶鑽花綵粧單刀三十把：内大樣十把、中樣十把、小樣十把。象牙雕刻綵粧獅子筆架三座，象牙雕刻綵粧『巴山出水』龍筆架三座。象牙雕刻綵粧各樣人物鳥獸花果盒兒、春盛，每樣四個：三層四季果盒兒，四層龍盒兒，海棠花盒兒，花果盒兒，七層花果翎毛春盛，水草金魚銀錠盒兒，枯荷螃蠏腰子盒兒，禽鳥花果盒兒，牧（牡）丹花盒兒，花果腰子盒兒，花果翎毛盒兒，人物故事方勝盒兒，花果翎毛八角盒兒，雲龍犀牛角盒兒，花匾盒兒，草獸厢兒花果盒兒，寶相花回文鎖口盒兒。象牙雕刻綵粧各鐵鐗金多種。

樣玩戲兒，每樣五件：睡娃娃，耍娃娃，進寶波澌，回回，判鬼，仙人，笑和尚，香重波澌，跌交娃娃，兔兒，壽酒瓶波澌，麒麟，招財回回，麒麟，獅子，獬豸，刷毛獅子，鹿，龍，金蟾，人猿意馬香爐。象牙雕刻綵粧各樣人物鳥獸、八寶花草吊掛，每樣七流：龜鶴慶壽，花盒獅象，百花，人馬平安，百事大吉，散仙捧壽，波澌捧珠，八寶人物，捧壽星人物，鮑老人物，八寶人物。海堂（棠）花各樣耍戲人物、八寶人物。五色絨纏各樣花草春盆，每樣四盆：寶鴨牡丹花，荷花金魚，荷花交草，靈芝草獸，荷花鸂鶒。鐵鐗金各樣環提攜，每樣五副：水草魚條環提攜，牡丹花條環提攜，獅龍條環提攜，花果條環提攜，馬條環提攜。鐵鐗金各樣鈞（鉤）子，每樣五把：番身獸鉤子，草獸鉤子，天鹿長春花鉤子，荷花鸂鶒鉤子，杏花鵝鉤子。各樣黑漆螺甸大小盒兒三十個。燈蓋十一掛。觀音臍文蛤、斑蛤、回蛤、散的每樣一斗。大鹿脯一十五束，鹿片脯二百個。乾文魚二百尾，乾大口魚三百尾，乾全鰒魚二百束，乾烏賊魚八百尾，乾廣魚二百尾，乾秀魚二百尾，昆布二百斤，塔士麻二百斤，海衣一百斤，海菜茸一百斤，香蕈一百斤。紅燒酒十瓶，白燒酒十瓶。松子二百斤。

汪直號「小皇帝」。

人參五十斤。」上問曰：「聞汪直威振天下，信乎？」致亨曰：「以達子防禦領軍出歸。汪直本在南方一萬里之地。其父能舉千斤，故名曰千斤。嘗叛焉，中朝討平而宮汪直。皇帝甚寵待，使之總兵。然能進退人物，號曰『小皇帝』。人稱直之爲人不輕言，體弱而善射。」

壬寅十三年（明憲宗成化十八年，一四八二）

三月丙子，正朝使李克基、韓忠仁來復命。仍進清華集，劉向新語，說苑，朱子語類，分類杜詩及羊角書版。書狀官丁壽崗上順天府奉旨准朝鮮國再買弓角一百五十副告示。

十二月戊子，聖節使韓倜奉敕回自京師。其敕曰：「皇帝若曰：朕惟王紹服藩邦，向慕聲教，頻歲以來，輸誠罔替。茲值朕誕辰，又遣使賫方物來賀，誠意可嘉。使回，有言致意于王：向曾敕王於韓族中子弟之賢者可録用一、二人，已聞遵行之矣。及聞有致禮者，係王先懷簡王妃弟，才亦可用，王成化皇帝酷好道佛。

成化皇帝建道觀。

宜量授以職，以示顯庸，其祇承無違。」上問中國有何事，倜啓曰：「皇帝酷好道佛，大内設法會則著僧衣，設道場則著道衣，或浹旬不罷。」上曰：「朝廷無人乎？」對曰：「聞在廷大臣有以諫諍而竄逐者矣。且鄭同常在帝左右用事，無所不爲。」上曰：「如此，則國事非矣。」仍問曰：「奏請事何以爲之？」對曰：「鄭同常在内，見之爲難。臣幸見之，請減象牙等物，答曰：『甚難。然吾當力圖之。』」

己丑，命加韓致禮崇政。仍賜犀帶一腰，乃皇帝欽賜也。

癸卯十四年（明憲宗成化十九年，一四八三）

二月甲戌，遣上黨府附君韓明澮、知中樞府事鄭蘭宗如京師，請封世子㦕。

三月乙未，正朝使李克增等回自京師。上問曰：「皇帝好佛，信乎？」對曰：「臣未之聞也。但盡撤舊所見閭閻，建一大屋，問之，則曰道觀也。」上又太監鄭同貪財。

問「見太監鄭同乎？」對曰：「未見也。但同每遣家人問韓宰相明澮何日到京，又言到京則吾當奉命往本國矣。」上又問：「建州衛野人有久朝者乎？相見何以待之？」對曰：「臣等到通州，適值建州衛野人百餘人來寓，同宿。與之語，略無悍辭，乃曰：『公等安心以行。吾黨約與朝鮮和解，已遣李巨右等通好矣。』」

四月甲戌，遣同知中樞府事朴楗如京師，賀千秋節。

五月壬寅，奏聞使先來通事金渚還自京師。啓曰：「上天使鄭同率頭目二十人，副天使金興率頭目十九人，今月十一日發北京。」仍進鄭同小簡，求請之物甚多。

六月壬戌，奏聞使韓明澮、副使鄭蘭宗來復命。傳曰：「中國有何事歟？」明澮對曰：「鄭同寵幸，勢焰方熾。中官輩皆言於臣曰：『鄭太監出使本國，當厚贈遺，不須宴慰。』蓋言其貪財也。」

庚辰，遠接使魚世謙啓曰：「上天使言：『我今冒熱而來，臘月當還。行役甚苦，爲來事極多，何以能辦！』問所做何事，答曰：『朝廷使爲之，我何得

明憲宗成化十九年，一四八三

敕書四道。

《朝鮮王朝實録》成宗實録

封王世子。

知。』又言：『敕書有四道：一欽賜王母、王妃、世子，一欽賜殿下，一封世子，一擇小宦也。王母、王妃各賜純金寶石頭面一副。寶石之貴，其直無比。且欽賜殿下蟒龍一匹，其直至銀三、四十兩，汝國惟知色美，不知其直。往古來今，本國蒙皇恩無有如此時者。我爲本國用心至矣。而前者奉使，殿下意我爲求索而來，凡我所言，皆不之信，待之甚薄。我不忍含蓄，親啓殿下曰：「毋貽後悔！」殿下曰：「吾何後悔。」皇恩優厚，我輩有何不足，乃爲求索而來也。汝國之人帶燈心不知輕，帶磨石不知重；必驚天動地，然後乃知。今亦不信我言，必有大事。今我一無所言，但投敕書，隨殿下答應而去。且我此行，例不過賫敕一道而已，然世子冠服奏請蒙准，特賜十二表裏。我臨行又扣頭奏請曰：「朝鮮禮義之邦，敬順朝廷，願更可憐。」皇帝曰：「該司據禮阻當，奈何！」我更扣頭曰：「若令本國自織，則與欽賜無異。」即又蒙准。自今以後，十二表裏本國自織等事，萬世流傳矣。我之爲本國用心，殿下豈知之！天獨知之耳。』」

七月壬辰，使臣太監鄭同、金興奉敕至，封王子㦕爲王世子。

太監鄭同死。

癸巳，使臣至景福宮頒敕及賜物。敕曰：「玆遣太監鄭同等往王國封立世子，以從王請，以慰國人之望。同等事竣而回，王於本國小火者中揀選資質清秀易於使令者數人，付同等帶來，足見王忠誠事朕之意。」

戊戌，遣彥陽君金瓘、綾山君具謙如京，謝恩。

八月戊寅，遣同知中樞府事韓儹奉表如京師，賀聖節。賫別進獻物件以行。

壬午，千秋使朴楗回自京師，李暹從之來復命。

戊子，遣坡陵君尹甫、同知中樞府事朴壅奉表如京師，謝恩。

己酉，上使鄭同病革，遣通事崔潑報告遼東。

十月辛酉，兩使還。小宦林璉、金侗、沈遜、金瑢、李弘、金重、卜亨、朴殷、李清、申嵩、金經、金山、韓錫、宋沖、金義、金玉、陳浩、張欽、李福十九人，隨天使赴京。

己巳，上使鄭同到生陽館而死，頭目等秘不發喪。

乙亥，正朝使知中樞府事李繼孫、副使同知中樞府事張有誠辭。上引見，語之曰：「今韓氏已逝，鄭同亦死，私進獻之物由東華門出入爲難。請減厚葬韓氏。

別獻事，言於姜玉、金興可也。」

甲辰十五年（明憲宗成化二十年，一四八四）

正月壬辰，聖節使韓僩奉敕回自京師。敕曰：「宣德間王國有女韓氏進入宮闈，供事恪勤，積有年紀。邇因疾故，命所司營葬，內出文祭之，謚曰『恭慎』，錫以誥命，用酬往勞。王亦體朕之懷，厚恤其家。每進貢仍遣其族一人來，今將祭誥文並墓誌表付差來人賫回，王觀訖，仍付其族屬，以示光榮于永永。」韓氏名桂蘭，永樂庚寅生。宣德丁酉（按宣德二年丁未，韓氏選送入中國）選入內庭，歷事四朝，凡五十七載。嬪御以下咸擬曰女師，稱老老而不名。成化癸卯五月十八日卒，年七十四。葬都城西香山之原。吏部尚書萬安撰墓表，户部尚書劉珝撰墓誌銘。聖節使書狀官孫元老啓曰：「前年十二月初一日帝都地震，有聲如雷，城垣朵口搖倒，平地拆裂，沙水湧出，良久乃息。四門城陷七十餘丈，屋宇頹毀，被傷者千餘人。」又啓曰：「太監尚明犯贓捕鞫，杖流所進物目，非關敕書。

南方。有司籍其家，銀四萬餘兩、金四塼、黑麻布百匹、金銀器不可勝數。帝以多行不義，令追捕拿問。尋命止之，重貶充軍。」

二月辛巳，正朝使朱來通事啓聞見事目：「金興使家人葉茂送下程，因傳興語曰：『我與諸太監同議，皆曰：「別獻乃內間不打緊之事，非朝廷所管也。況今韓氏已逝，鄭太監亦没，雖不進，誰將問之！且所進物目，非關由敕書，乃鄭太監所爲，不必一一備送。」』谷清來言曰：『前日韓僨賫來玩好之物，皇帝見而悦之曰：「所進物至爲精巧。朝鮮有此巧匠。可尚更賜銀五百兩，如前製造以進。」』」命示政丞，尹弼商、洪應啓曰：「此事臣等前日頗疑之。今見事目，知我國之弊，皆鄭同所爲也。不勝痛心。鄭同族親已前所蒙恩數，減黜何如？」鄭昌孫啓曰：「不可遽爾減黜，以漸除之爲便。」

三月壬辰，正朝使李繼孫、副使張有誠等回自京師。啓曰：「太監谷清云：『韓僨所進虎牙減於前數，而朝廷不責之。本國不産難備之物，雖不進何妨。』太監金輔云：『因老金太監知本國進獻難繼之由，本國所産器物，雖不一一製進猶可。且非土物亦不進，無妨。其以此啓殿下。』」

聖旨：不進不産之物。

聖旨：內進方物，可任意來貢。

八月戊寅，遣清城君韓致亨奉表如京師，賀聖節。傳於致亨曰：「韓氏墳致奠及私進獻，舉朝以爲不可，然不獲已備去。雖谷清輩强使進之，姑宜遷延觀勢。若有帝命而事出於不得已，則卿隨宜善處。」

十二月丙辰，聖節使韓致亨先來通事啓聞見事目。略曰：「本年十月十三日早朝，校尉二人持簡曰：『朝鮮使臣於鄭太監外第來赴。』使即赴之。太監谷清迎入言曰：『昨日曲奏，帝曰：「不産的罷。難備的隨王所進。」我承此聖旨，私喜萬萬，宰相意何如？』使就前致謝曰：『殿下聞之，喜感何量！』使就前請曰：『雖我國易備之物，這裏不打緊之物，深望大人指揮。』令金渚示別獻物目。清曰：『不産金、象牙、貂鼠皮、土豹皮、絨纏花草等物，可勿進也。其中貂鼠、土豹，布不可謂不産，然我力奏，亦免。餘物有可全減者，有可減半者，漸次進減可也。』使曰：『願受聖旨。』十四日，校尉二人來曰：『谷太監承聖旨，招使書狀于外第。』使即馳往。清曰：『有聖旨。』使即跪，清取聖旨於桌上授之。聖旨曰：『説與朝鮮國差來陪臣韓致亨等知道，回還傳與國王：內進方物，不係本國所出，艱於措置者，罷。但係本國所産所製，不拘前數，任意造辦來貢。』」

乙巳十六年（明憲宗成化二十一年，一四八五）

二月庚辰，正朝使李克墩、金伯謙來復命。啓曰：「十二月二十五日夜有聲如雷，疑其地震，乃星隕也。雖不如震雷，然其聲甚大。正月初一日晡時，有星隕於西方，白氣如練而下，茫無畔涯。其氣或有還騰之者，未至地四、五尺，有聲如霆。是夕聞六部尚書諸大臣奔走詣闕，臣問曰：『何以如此？』人皆曰：『災異至此，朝夕必有大事。』喜爲妖言，略不隱諱。」上曰：「所『聲息何如？」對曰：「聞達子進兵大同口子，小王子不戰退去。」上曰：「所謂小王子者真耶？」對曰：「朝廷雖不謂之真，人或謂其爲真也。且云小王子爲人賢智卓越。」上曰：「皇太子嘉禮何如？前聞採女之奇，已令禁婚乎？」對曰：「如此之奇無聞焉。凡到館市物者，皆太監家人。若有如此之奇，豈不騰喧。且天使出來時，伴從人必先期一、二朔，求請者甚多。」上曰：

侯門好道佛。

僧人入朝班。

皇帝視朝太晚。

「皇太子年幾歲乎？」對曰：「人云今年十四歲。」上曰：「所見太監幾人？」對曰：「臣見谷清爲人稍解文字，但輕薄難信之人也。」上曰：「年歲幾許？」對曰：「年可二十四、五歲。姜玉則衰老，但受月俸而已。且金輔於曩者本國使臣之行，略不來見，自鄭同之死，數來見訪。」上曰：「皇帝好道佛，然乎？」對曰：「未知。但侯門年少之輩，酷好其術，著道士服者多。疑是上有好而然耳。」上曰：「其服何如？」曰：「道士之服，如長衫不束帶，又有如袈裟之物横掛焉。」上曰：「諸國之人來朝者幾何？」對曰：「建州衛野人及倭人皆入朝。倭人則幾至千人，持金銀貿販，其他寶物及戲玩之具，亦多賫來，拒門使外人不得私貿。其寶物及戲玩之物，太監等來貿押去，絡繹不絶。有一箱制如狗形，其箱所盛，皆像狗雛而造者也，如此之物，皆購之入内。」上曰：「僧人入朝班，然乎？」對曰：「自前而然。」上曰：「視朝早晚如何？」對曰：「不夙則太晚。」上曰：「皇子、女幾何？」對曰：「太子外有二子五女。」上曰：「今天下太平乎？」對曰：「雖似昇平，然有星變，有識之人皆有憂懼之心。」上曰：「北京雨雪幾何？」對曰：「自京至東八站略無雨雪，旱徵太萬氏受寵。

甚。」又曰：「萬氏之寵如舊。」上曰：「以此之故，有累于皇帝乎？」對曰：「未敢知耳，然人多以此爲言。」

八月乙酉，遣同知中樞府事韓僨如京師，賀聖節。

十二月壬寅，聖節使韓僨來復命。

癸卯，韓僨啓曰：「谷清出一單本以示臣曰：『明年别獻可依此數。』臣見訖，答曰：『其中鐵錭金虎牙之類措辦尤難。金非本土之産，亦大人之所知也。曾因大人敷奏，獲蒙許免，今後如是，恐未（能）依數以進。』清曰：『吾亦深知其弊。然出自聖旨，奈如之何？』臣從容極陳難備之狀，清屏人與臣言曰：『朝廷之事，傳説宰相，固不可也。然不忘先人之志，故言之耳。清乃鄭同養子也。前件等物果若難辦，不須輳數。其他加數物件，如不得盡辦，亦不必拘數。』」

丙午十七年（明憲宗成化二十二年，一四八六）

三月丁未，正朝使李世佐、副使金自貞回自京師。啓曰：「禮部尚書周洪謨、左侍郎徐傅、右侍郎謝一夔等求請白厚紙。」

八月乙酉，遣西原君韓僩如京師，賀聖節。

十二月戊戌，聖節使韓僩來復命。啓曰：「太監谷清來見臣曰：『聖旨内別進獻之物其賫來耶？』臣答曰：『略備而來。且別獻，韓氏生存時可因緣得獻，今韓氏既没，恐無因可獻，故不備來。』清曰：『別獻物在聖旨中，則其將何以哉！』」上曰：「先來通事言谷清怒其無別獻，禁人出入於館，然乎？」僩曰：「清使驍衛守館門，禁不得貿賣，良久而乃罷。然清餞臣於通州，待之甚款。金興、姜玉等皆餉臣於其第，且曰：『殿下事大至誠，故皇帝將有賜冠服之命。若然，則清當往。』」上曰：「此言難信也。」

己亥，聖節使質正官李昌臣來啓曰：「臣赴京之時，命市蘇文忠公集，臣求諸北京，未得，乃還到遼東，偶逢進士前知縣邵奎，與之語，因求蘇集。奎即迎入藏書閣以示，仍贈之。臣欲償之，奎却之曰：『何用價爲。所以贈之者，以爲他日不忘之資耳。』仍贈詩并序。」傳曰：「得好書而來，善矣。但爾與邵奎相接，以言往復乎？抑以文字唱和乎？」昌臣啓曰：「飲酒之際，但以

在北京未買到蘇文忠公集。

皇帝升遐，人着白笠。

絶句四韻相唱和耳。」仍進邵奎詩。

丁未十八年（明憲宗成化二十三年，一四八七）

正月戊申，聖節使韓倜受遼東太監弓角二事而來，命造弓以送。

八月甲申，遣同知中樞府事韓儹如京師，賀聖節。

九月癸亥，聖節使韓儹到遼東，馳啓曰：「去八月二十二日皇帝升遐，太子即位，遼東人皆着白笠。且聞新皇帝法令嚴明，臣所賫來別進獻必不得獻矣。」檢察官李自健以遺詔上聞。

十月丙子，遣户曹判書李封、同知中樞府事卞宗仁奉表如京師，陳慰進香。

壬午，遣右議政盧思慎、武靈君柳子光奉表如京師，賀登極。

十一月庚戌，進香使李封，在北京謄寫皇帝册封太皇太后、皇太后、皇后詔書以啓。

十二月戊辰，登極使盧思慎等馳啓：「臣到遼東，聞新皇帝政令嚴峻，老

明憲宗成化二十三年，一四八七

新皇帝（孝宗朱祐樘）不喜寶玩之物。

中止別獻。

《朝鮮王朝實録》成宗實録

宦不法者七八人移置南京，籍没家産。大行皇帝將以十二月初八日赴山陵，使臣則朝官二人當出來矣。」 聖節使韓儹馳啓：「太監谷清遣家人李懈語臣曰：『前者雲南人獻玉於先皇帝，因賜銀若干兩。今皇帝即位，令因鞫其人曰：「汝何以戲玩之物冒獻先帝，多取御用監銀也。」其不喜寶玩類此。今賫來別獻之物，朝廷所不知。先皇帝使我掌其出入，今已崩逝；我亦將往陵所，業已陛辭。難以奉進，宜還賫去。但銀與象牙先帝欽賜，不可任置，當於後行別寫單本以進。』臣答曰：『太監往陵所，則將誰因奉進？』居五日，谷清遣家人語臣曰：『我今到東安門内，別獻單本可速送來。』臣答曰：『前此別獻之物，太監親來點檢，單本亦自賫去。今不可聽汝浪説而送之。』清以柬示臣，督之。即授單本及別獻雜物以送。俄而李懈以清之言來語曰：『皇帝見單本物目，曰：「單本所載白厚紙十卷，内六卷何不進也？」』臣答曰：『四包厚紙合二百張，本國以二十張爲一卷。』清又使人言曰：『皇帝即位之初，法令一新。別獻之物，無由奉進。頃者衆口喧騰，別獻之物谷太監中止之。俺聞此言，焦思深慮，寢食不安。反覆籌之，宰相雖還賫去，事必後發，罪當我躬。故不獲已奉進。皇帝命内侍李銘等領入，親自點視，分付諸監。彼此無事，歡謝罔極。自今永無別獻矣，此意轉告殿下。』臣答曰：『大人雖云永無別獻，本國何所據而信之乎？若降聖旨，則可無疑矣。』清曰：『前日欽賜金銀象牙，故有此別獻。今無欽賜，則可知矣。若請聖旨而許勿進，則已矣；萬一因此定爲恒貢，則其弊不貲。勿以無聖旨爲慮也。』」

甲申，遣同知中樞府事李世弼如京師，賀上謚册。

戊申十九年（明孝宗弘治元年，一四八八）

正月丙辰，遣吏曹參判安處良奉表如京師，賀册封中宮。

閏正月庚辰，登極使盧思慎、副使柳子光、正朝使李崇元等還至遼東，馳啓曰：「臣等在北京，正月十九日通事朴孝順到禮部，適見翰林院外郎馬泰曰：『我是侍讀董越陪吏。今以頒詔正使差往汝國，欲見汝國人審問道路遠近，汝宜往見。』翌日臣等令孝順往見，語之曰：『本國宰相以賀登極入朝，明

董越將使朝鮮。

日當還。聞大人奉詔使本國，敢問起程日時。』董越答曰：『閏正月十一日、十九日中發程，但遼塞寒甚，欲待天氣向緩（暖）發行。』仍問殿下春秋幾何，孝順答曰：『吾是微臣，未敢知道。』且問道路遠近，答曰：『自遼東至義州八站，自義州至王城二十八站。』且問：『汝國站馬良否？轎子有無？』答曰：『本國站路一如中朝，乘馬乘轎，惟大人所便。』董越曰：『我是今皇帝在東宮時侍講。前此你國使臣，皆以行人司員差之，未有堂上員差往者。今朝廷以你國事大至誠，特以如吾年老之人充使。此意傳説宰相。』有稱編修官者在坐，曰：『主人以東宮舊侍陞爲堂上，汝國當尊敬之。』」

戊子，進香使李封、陳慰使卞宗仁來復命，李封啓曰：「臣將還，因序班李翔問天使出來日時，副使王敞答曰：『聞東八站間寒甚，欲於閏正月十一日、十九日間發行。』人言董越等皆能文者也。大行皇帝去十一月赴山陵，其葬儀略如我朝，但假馬、假騾、假橐駝之類甚多。」又言：「赴山陵之時，以一大組繫於大轝之後，新皇帝哀號攀挽以行。內官斷其組，扶止皇帝使不得從行。此疑是中朝故事也。其喪制則千官二十七日而除從吉，皇帝則不除。

憲宗皇帝葬儀。

至赴山陵時，皆扶杖著衰，號哭從行。臣等進香日，傳言皇帝親臨，其詳未能的知也。然臣等在外庭，而中門之內有傳唱指揮者，其拜跪與哭，臣等一從指揮。臣令一行從者皆令哭盡哀。」上問新皇帝政治何如，李封對曰：「政治嚴明，內外清肅。故有上書言欲誅萬氏族親者，又有言當朝大臣過失者。彼萬氏見寵於大行皇帝，晚年色衰寵弛，私取遠方美女進之，以悅其心，以固其寵。新皇帝在東宮，又欲求寵，養得老鸚鵡一雙，教之曰『皇太子享千萬歲』，以送於太子。太子聞其語，怒曰：『此是妖物也。』即欲以刀斷其項。萬氏聞之，自知其不見寵而反取怒也，自縊而死。然未知其詳。」

萬氏自縊。

癸巳，賀登極使盧思慎、副使柳子光、正朝使李崇元來復命。上問中朝事，思慎對曰：「朝廷安靜，民庶殷富，皇帝嚴明，群臣祇懼。臣前爲書狀官赴京時，關外民居鮮少，今則閭井稠密。臣且聞今來上使長於詩，副使精於經學，十一日、十九日間當發程矣。」上曰：「其行止遲速可以任意歟？」思慎曰：「似不刻日督行也。」上曰：「聞皇帝多罪宦官及萬氏族親，此因人請罪而然乎？」思慎曰：「聞有人上疏，故罪之耳。臣等發還時，亦見有萬氏族親

弘治皇帝罪宦官及萬氏。

弘治皇帝除弊政。

者以罪就獄矣。」上曰：「聞皇帝法令嚴明，信乎？」思慎曰：「然。皇帝在東宮時，常曰：『僧人是何物也！』人皆曰：『太子即皇帝位，則僧人必不得志也。』僧人及道士除職者果皆罷矣。先皇帝或於用人間以私意，今皇帝則銓注登庸一出於正。又性不喜寶玩之物，雖風雪不廢朝會，臨群臣皆以喪服，惟祀天祭用黃袍。臣等慰宴時不奏樂，不設雜戲，勸花置於床上而不簪。大抵先皇帝弊政一切更張矣。」上曰：「有邊警乎？」思慎曰：「無矣。但臣路逢建州左衛人等入朝，問其近日不朝我國之故，答云：『本衛人犯大國之境，我輩窮詰而不得罪人。若得，則可以進貢矣。不得，則何顔出去。』且云：『比聞朝鮮與上國欲攻我境，故尤懼而不敢往矣。』臣見中朝待外國甚嚴，而待我國則甚親厚。但臣之行，有司憲府書吏與遼東伴送相鬥于殿庭班列中，欲手毆之，多方以解之。罷朝後，至館門又毆，面有傷。序班怒甚，欲言于禮部。臣等僉議即拿致書吏決笞五十，序班怒始釋。今後幸有如此之事，重論爲使。且中朝沿路各驛掛榜云：『凡站路館舍毋得題詠雜書，恐啓外國人輕中國之心。』本朝使臣行次入歸人等，於中朝館宇或題詩，或題名，污褻莫甚。

《朝鮮王朝實録》成宗實録

在北京購法帖。

皇帝詔書可依請留朝鮮。

今後令入朝者毋得題詠及雜書。」

甲午，武靈君柳子光進歷代名臣法帖，赴京時所購也。

三月己巳，遠接使許琮馳啓天使動止，且曰：「天使渡博川江時，臣從容談話，因語之曰：『吾見大明一統志書我國風俗，或云父子同川而浴，或云男女相悦爲婚。是皆古史之言，今我國絶無此風。一統志因古史書之，無乃不可乎？』副使曰：『老董先生當修先帝實録，如此事改之何難。』正使曰：『當書本國今時風俗。而仍載古史之言，不可。本國美風俗盡録與我，則修實録時當奏達載之。』」

甲戌，遠接使許琮馳啓曰：「天使語臣曰：『朝廷以本國至誠事大，故寫詔龍牋用十品，非賜他國之比。吾等拜辭日題奏曰：「賫去詔書，何以處置？」皇帝命曰：「朝鮮臣民若請留之，則可留與而來。」真殊恩也。今次謝恩表文内當并載此意。』」

丁丑，使臣奉新皇帝即位詔敕至。

壬午，使臣還，所贈人情物件皆拒不受。

四月戊申，賀册封使安處良還到遼東，先遣通事馳啓曰：「臣在北京，去三月十六日上馬宴後，二十日令通事卓賢孫呈辭單於禮部主客司，員外郎語賢孫曰：『汝國人崔溥等漂流到浙江地面，浙江總兵官等奏本下本部。崔溥信汝國人乎？』賢孫請見奏本，則乃濟州敬差官崔溥與其同舟四十三名漂流到泊浙江事也。員外郎言曰：『崔溥出送節次，俟溥到京當奏達擬議施行，汝等可先去。』賢孫仍請謄寫奏本以來，今同封以聞。」

戊午，伴送使許琮來復命，仍啓曰：「天使入遼東，語指揮使曰：『國王賢明，在廷臣僚皆秉禮，謹恪與中國無異。但女人衣服首飾與中國頓異耳。』」

六月丙午，前校理崔溥還自京師，命撰進日記。

丙辰，下書全羅道觀察使李諿曰：「聞崔溥到中國，得見水軍制度而來。其令巧性木工聽溥指揮造作上送。」

七月壬戌，遣同知中樞府事成俔奉表如京師，謝恩，以發還漂流人崔溥等四十三名也。

八月丁未，聖節使蔡壽先遣通事馳啓曰：「臣等在北京，通事李郁、皇帝許朝鮮人買弓角。

庚思達買弓角以來。唐人見之，告於校尉。序班謝紳使羅將直入李郁等房搜探，得弓角五十對而去。即逮捕角主，囚禁錦衣衛，并推館夫把門人等奏于皇帝。其後錦衣衛鴻臚寺堂上五人在東長安門外朝房召臣及書狀官傳聖旨曰：『朝鮮禮義之邦，事同一家。彼此細人潛相買賣，非宰相所知。且朝鮮人一年一度許貿弓角有例。並赦勿治。可召朝鮮宰相言之。宰相其知之。』且言曰：『皇帝既赦賣角人之罪，其收買通事不宜治罪，宰相慎勿告殿下。』」

弘治皇帝容儀端莊。

乙卯，聖節使蔡壽還自京師，啓曰：「皇帝法令嚴明，中朝人皆稱聖明。以先朝老宦皆移置於先皇陵側。朝廷庶務皆委於賢士大夫。」上曰：「聞皇帝悉欲罷去僧人、道士有職者，因皇太后之教而停之，然乎？」壽曰：「臣未之聞。日者，董越、王敞還朝，盛稱殿下爲賢主，且稱許琮爲賢宰相。」上曰：「皇帝容儀何如？」壽曰：「容儀甚端。」仍袖出聞見事件以進：「一、也先遺種小皇(王)子等聲言入朝，於大同城外五十里之地屯住。中朝震恐，使太監金輔領兵，且燕京火炮軍器皆輸去。皇帝令軍人皆持白挺以備不虞，而只令朝鮮謝赦買弓角罪。

一千人朝貢。且玉河、會同館皆修理浄潔，衾枕皆新製以待之。一、臣觀東八站之地大於我國平安道，土地沃饒萬萬於平安道。在前空曠無人居者，以與女真相接，無大關防，每每寇竊搶殺，故中國人畏而不居，我國人亦畏而不潛投。臣赴京時，遼東人絡繹而來，云城鳳山之東。及其回還，人言已畢城，以一千人戍之。且今年内以金州、蓋州、東寧等衛四千户移居之。鳳凰山距義州纔一日程而居要害，自今永無女真之患，則中國人皆樂移居，我國人亦必有潛投之者，甚非細故也。且臣觀東八站人皆解我國語，與平安道人無異，問其來派，則皆云平安道人。一、我國人不解漢語吏文，故每行見質正官以質可疑。而質正官等閉於玉河館，所與接談者皆市井之人，無所質問，徒爲往來煩擾而已。今遼東有邵奎者，進士出身，曾爲真定知縣，棄官閒居，才德甚高，遼東大人等皆尊敬之。臣入歸時曾與之談話，無所不通。臣意質正官不送中朝，依申叔舟例，使學于邵奎可矣。」

　　十月己酉，遣同知中樞府事辛鑄奉表如京師，賀正，兼謝赦李郁等買弓角罪。

己酉二十年（明孝宗弘治二年，一四八九）

三月庚申，正朝使辛鑄回自京師。傳曰：「中朝有何事歟？」鑄啓曰：「皇帝嚴明，臣僚恪謹，别無可言之事矣。」

四月丁酉，遣户曹參判趙益貞奉表如京師，賀聖節。

八月甲辰，聖節使趙益貞先來通事啓曰：「臣到北京，探問序班護送之由，云去辛丑年韓致亨赴京，行到陽樊驛，口糧脚力既不得受，反被驛丞館夫欺駡，禮部因此奏准節該：『據此先該本國陪臣尹弼商等路途被賊搶劫，合無序班一人送至遼東交割，打撥軍馬護送出境。』」

九月乙丑，聖節使醫員李孟孫獻生蝎百枚。孟孫在燕京，獲蝎，納之櫃中，以泥土塗其外，土乾則洒以水，又投食于其中，其鐵網籠其外，以防逸出。故得生全而來。傳曰：「全蝎入藥劑。〔不〕幸中原路梗，則不可得矣。其以四十枚分養于内醫院，六十枚置大内孳養。」仍傳于孟孫曰：「生蝎所養何物，所處何地，何以則能使生息？」孟孫啓曰：「所食濕土及階間石灰耳。」

醫養生蝎。

使臣在北京購書帖。

庚戌二十一年（明孝宗弘治三年，一四九〇）

三月丙辰，正朝使尹孝孫來復命。孝孫啓曰：「臣在帝都，都中閭閻皆設火炮，聲雖大而不甚震動。牙子王凌語臣曰：『予曩者偶得汝國厚紙作炮放火，聲甚壯。皇帝驚問，令都中大索放火者，予逃竄得免。』以此言觀之，厚紙不可輕予上國之人。今後雖有請者，以不厚紙與之何如？」王曰：「然。」尹孝孫進中朝，購得治民大略、續資治通鑑綱目、趙孟頫書簇二雙。

九月乙卯，聖節使成俊等回自京師。傳曰：「世子伯、叔事質問乎？」俊啓曰：「臣見禮部郎中程愈，問曰：『凡稱伯、叔者，只言父之兄弟，而祖之兄弟者不與乎？通稱之辭乎？』程愈曰：『伯、叔者指父之兄弟，而祖之兄弟不與焉。祖之兄弟當于伯、叔下加一「祖」字，稱「伯祖父」、「叔祖父」云爾。』」啓下禮曹，本曹啓云：「如程愈之言，則五禮儀内伯、叔乃三寸叔也。王世子禮會時，降階迎送，何如？」從之。

《朝鮮王朝實録》成宗實録

弘治皇帝勤於政治。

辛亥二十二年（明孝宗弘治四年，一四九一）

三月庚辰，正朝使李陸、管押使安瑚來復命。

九月丁丑，聖節使朴崇質來復命。仍啓曰：「臣嘗赴京，聞士庶人尚議天子是非。今則無異議，皆謂明天子在上而勤於政治。」

壬子二十三年（明孝宗弘治五年，一四九二）

正月乙酉，上引見崔溥，問漂流時事，又問民居城郭男女衣服。溥曰：「大江以南，蘇杭之間，巨家大屋連墻櫛比。大江以北至帝都，人烟不甚繁盛，間有草廬。官府之城亦皆高築，城門之樓或有二層、三層者，門外皆有擁城，擁城之外又有粉墻凡三重。男女衣服，江南人皆穿寬大黑襦袴，女皆左衽。寧波府以南，婦人首飾圓而長；寧波府以北，圓而鋭。」

三月庚辰，正朝使金自貞回自京師。上問曰：「中國有何事？」自貞對弘治皇帝殊瘦。

曰：「南方有苗賊起，朝廷方議討之。且漁陽萬里長城外，㺚子或十餘騎或二十餘騎出没。」上曰：「常慮建州野人邀截於中路，今卿好還，甚可喜也。中國太平乎？」自貞曰：「太平。但聞皇帝不豫，朝會望見天顔殊瘦。皇帝初即位，皆稱明斷，今紀綱不嚴，雨暘不若，年穀不登，民甚困窮。向者朝會，朝臣各以位次序立，莫敢私語，今則或聚立私語。以此知紀綱不嚴也。」傳曰：「今聞皇帝天顔殊瘦，其問近日赴京宰相。」知中樞府事柳子光、右尹朴崇質、行護軍蔡壽、李陸來啓曰：「皇帝素瘦，非有疾也。」

四月壬戌，遣知中樞府事鄭佸、坡平君尹甫如京師，賀册封皇太子。

五月丁酉，使臣兵部郎中艾璞、行人司行人高胤，賫册立皇太子詔敕、賞賜至。

戊戌，使臣還。贈遺皆不受。

六月壬寅，遣清平君韓堰、同知中樞府事李季男奉表如京師謝恩。

皇帝視朝無常。

九月甲戌，進賀使鄭佸、副使尹甫、聖節使呂自新回自京師。上引見，問皇帝起居，佸對曰：「天顔瘦甚，視朝無常，或以日出，或以昧爽矣。」仍啓曰：「有一儒生道遇通事，問曰：『艾璞留爾國幾日乎？』通事答曰：『留一日。』生笑曰：『汝知所以速還之意歟？我與璞同居大學，璞短於詞章者也。爾國文翰之地，彼恐久留爲爾國文士要與唱和也。』中朝人多言璞愎人也。」

甲申，傳曰：「禮部郎中李雲求請厚紙，其付正朝使以送。」

十月丁未，謝恩使清平君韓堰卒于京師。

癸亥，謝恩副使李季男來復命。上問皇帝起居，季男曰：「康寧矣。」

癸丑二十四年（明孝宗弘治六年，一四九三）

二月壬戌，正朝使金克儉、副使金悌臣還到遼東，馳啓曰：「所賞方物，到玉河館檢點，御前進獻。白細棉紬二十匹封裹外面一隅隱有刀割痕，可容手掌。開封計數，只有五匹，必是沿路車夫乘昧所竊。即便奔告禮部。禮部具由奏達，奉聖旨移咨。」并抄呈禮部移咨都察院轉行北直隸并山東巡按監察御史將通州以東、遼東都司以西一帶所在官司站遞衙門檢究公文一通。

貢物途中失盜。

三月乙酉，以進獻方物失竊，命正朝使金克儉、副使金悌臣罷職，書狀官權受益贖杖六十，盡奪告身。尋命付處外方。

閏五月己酉，遼東都指揮使司移咨，告捕獲偷盜進貢綿紬犯人王宣等，追出原盜綿紬一十五匹事。

八月癸未，聖節使先來通事，賫中朝咨文以來，其略曰：「外國陪臣一承使命赴京，皆自以爲得覩天朝之光華，爲彼生平之榮華。今乃因在邊車夫之爲盜而累彼國陪臣之受譴，將使向後陪臣皆以奉使赴京爲憚，似非所以柔遠人也。」傳曰：「速宥金克儉、金悌臣、權受益、尹偉等。」

弘治皇帝誕節不受珊瑚樹等寶物。

庚寅，聖節使李誼來復命，仍啓曰：「中朝人云成化皇帝時誕節獻珊瑚樹，今皇帝則不受，又不受㺚子所獻真珠。」

九月壬寅，兵曹啓：「開城府居學生明貴石上言：『臣高祖欽文昭武皇帝明玉珍於元末自稱大夏皇帝。其子明昇與母彭氏爲虜于大明。太祖高皇帝仍命居朝鮮，其詔敕云：『不做軍，不做民』，而今以臣編軍伍，不勝冤悶。』」命議於領敦寧以上及議政府。尹弼商議：「洪武五年，中書省啓欽奉聖旨：

『就將陳皇帝老少、夏皇帝老少去王京，不做軍，不做民，閑住著，他自過活。』此則明有聖旨。但不知子孫在我國何以處之乃合大體。令禮曹廣考古制啓聞後更議。」從之。

十二月癸亥，千秋使安琛來復命，仍啓曰：「臣到京後，禮部掛榜云限五日開市，及下馬宴，尚書來見榜文，曰朝鮮人不可待之如他國，限其歸，許令互市。禮部郎中召我通事言曰：『爾等何不早告於我，使我得責於尚書如是耶！』臣意尚書重待我國而然也。」

甲寅二十五年（明孝宗弘治七年，一四九四）

正月丁酉，安琛獻赴京所得大學衍義補，命印頒。

八月乙亥，遣高陽君申浚、僉知中樞府事王宗信奉表箋如京師，謝恩，以帝還本國漂流人故也。

九月丁酉，聖節使質正官成希顔回自京師。

明孝宗弘治八年，一四九五	弘治皇帝如病貌，朝班無序。	朝鮮王薨。

《朝鮮王朝實錄》成宗實錄

庚子，聖節使河叔溥回自京師，啓曰：「臣聞皇帝有病，又見龍顏不潤澤，常晏起視朝，或至日高三四竿。聖節賀日，朝班無序，儒生或歷士大夫之列，贊唱而或有不拜者，我國人蹴而使拜，然後乃拜。又人言皇帝寵待后戚，多出内藏珍寶月給三四度。」

十二月丙辰，千秋使許琛來復命。

乙卯年（明孝宗弘治八年，一四九五）

正月丙戌，遣知中樞府事李季仝、刑曹參判李陸如京師，告訃，請謚，請承襲。

己卯，上薨于大造殿，春秋三十八。

燕山君日記

李㦕繼成宗爲王，後被廢爲燕山君，其史不以實録稱，稱燕山君日記。起乙卯元年（明孝宗弘治八年，公元一四九五年）正月，至丙寅十二年（明武宗正德元年，公元一五〇六年）九月。金勘等撰。

燕山君諱㦕，成宗康靖大王長子，母廢妃尹氏。以成化丙申十一月初七日丁未生，癸卯二月己巳册封世子，遣領中樞韓明澮等請命于京師。五月丁酉，帝遣太監鄭同等賜敕封。少時不好學，東宫僚屬有勸戒者，深銜之。及即位，宫中所行多不善，外庭猶未之知。晚年荒悖淫縱，大肆虐政，誅殺大臣台諫侍從殆盡，至有炮烙、斮胸、寸斬、碎骨、飄風之刑，遂廢徙喬桐，封燕山君。居數月，以疾終，年三十一。在位十二年。

尚書奏事皆長跪。

乙卯元年（明孝宗弘治八年，一四九五）

三月丙申，管押使朴處綸還自京師。王問曰：「皇帝視朝有早晚乎？」處綸啓：「皇帝視朝或平明，或日高，早晚無節。中朝人有云昵愛皇后，視朝常晏。」又啓：「回回等構亂西方，拔取三城，總兵官三人戰死，故會禮宴亦停之。」傳曰：「六部尚書奏事之時，亦有伏地之禮乎？」啓曰：「凡奏事之人皆長跪，而無伏地之禮。」

四月壬午，訃告使李季仝、李陸還自京師。季仝等啓：「中朝角弓貿易之禁甚嚴，貿給野人者斷以死律；貿給我國者杖一百，充軍。」

六月甲寅，使臣王獻臣、太監金輔等來，頒詔敕誥命及賻物。

辛未，誥命謝恩使右議政鄭佸、副使知敦寧府事具壽永、書狀官司成、李承健奉表如京師。

朝廷仍鞫查私貿弓角事。

丙辰二年（明孝宗弘治九年，一四九六）

三月庚寅，正朝使鄭崇祖、金自貞回自京師，啓：「序班李翔語臣等曰：『乙卯年正朝使一行人私貿弓角事覺，朝廷推鞫。其犯禁者後勿復遺。』」

十一月癸酉，正言南袞，以質正官還自京師，啓：「胡椒利於貿易，故赴京之人必多賫去。又便於挾持，故書狀官亦未及檢察。胡椒非我國之産，請痛禁毋使賫去。」

丁巳三年（明孝宗弘治十年，一四九七）

三月甲寅，正朝使金諶還自京師。

乙卯，啓：「金輔語臣等云：『俺到本國時，姪獻文等除職事啓殿下，已蒙允可，今授何職？且陞職事須爲俺往啓。通事徐鈞亦須啓達入送。』臣答曰：『徐鈞今爲堂上，不可以通事入來，亦不可以使臣赴京，然將大人之意啓出使應派文臣。

於殿下。且弓角自乙卯年正朝赴京人犯禁後，朝廷法禁峻嚴，兵部尚書馬文昇嚴治兵政，其時賣弓角牙子等盡徙於邊。今後赴京之人若更犯禁，非徒不能私相買賣，恐國家亦不能收買矣。限朝廷法禁稍弛，姑堅禁使勿私貿。』」

九月壬子，千秋使丘致崑復命，仍啓：「禮部尚書程愈問臣職銜於通事，答曰：『同知中樞。』曰：『然則是西班也。爾國事大以誠，而以武臣差遣，何耶？』曰：『我國則雖文臣亦有帶西班職者。』曰：『然則與上國官制不同，上國率以文臣爲東班，武臣爲西班矣。』臣意以爲雖武臣，假銜以遣何如？」

丁卯，傳曰：「今後赴京使之行，多貿龍眼茘枝。」

戊午四年（明孝宗弘治十一年，一四九八）

六月丙子，王令赴京使多貿唐物，其賈（價）至於緜布四萬三千餘匹。議政府啓：「真珠等物本是戲玩之具，而求買於中朝，其於華人見聞何！況今當禁斷奢侈之時，此等物斷不可貿。」

弘治皇帝天天視朝。

弘治皇帝敕書。

己未五年（明孝宗弘治十二年，一四九九）

三月辛巳，正朝使李仁亨等還自京師。王問中朝事，仁亨等啓：「皇帝無日不視朝，雖齋戒日亦視朝，但不聽事耳。」

九月辛酉，禮曹參判金壽童還自京師，獻聖學心法四卷，曰：「此永樂皇帝所編，而訓戒子孫者，誠人君所當垂覽。」

庚申六年（明孝宗弘治十三年，一五〇〇）

四月丙戌，正朝使金永貞、副使安處良賫皇帝敕書而來。其敕云：「敕朝鮮國王李㦕得奏，累有下海人至海浪島，見島内居人多係本國州縣名籍，逃移至彼，蓋造房室，生長男女，捕養生畜，積有歲年，誘引軍民，漸加滋蔓，恐累邊境，欲差人刷還。及慮有中國民人，亦請遣官司搜發。足見事大之誠。近該山東守官并備倭官奏，節據登州府解户於海中遇駕船人稱：朝鮮弘治皇帝祈雪齋戒饋使臣素果。

皇帝眉上高凸。

國採打鹿隻。及見島内火明，遺有銅匙等物，恐係本國前項逃移之人，抑或中國近海軍民，在彼潛住。若不早爲逐散，則生聚愈衆，致生他變，誠有如王所奏者。惟我國家，天下一統，罔限華夷，胙土分邦，自有疆界。前項海島，未知何處所屬地方。今不别遣使，敕至，王可差人前往彼處，將海島逃民盡數搜刷，招還本國。仍戒令慎重，毋令殺戮，延及無辜。如審係中國之人，或被搶掠漂泊等項，即差人送其遼東守臣處交割，別行管送赴京容奪。仍將刷過姓名數目具奏來聞，王其如敕奉行，故敕。」王問曰：「其見皇太子乎？皇帝螽斯幾何耶？其往返聞見事，無遺啓之。」永貞等啓曰：「皇太子則朝會時見之。皇子女則未及聞之。前此使臣入歸之日，例賜酒肉以慰之。今臣等始至京師，適以祈雪齋戒，只饋素果而已。」傳曰：「皇帝之貌何如？且中國亦設臺諫，遇事論奏如我國乎？」永貞等啓曰：「臣等與安南國使臣三人，班列殿上，望見皇座駙馬二人，皇后之男三人，皆着玉帶入侍。皇帝之貌，則眉上高凸，容貌瘦勁，面色如鐵。且中朝有都察使，又有監察御史。御史分授諸道，道内有事，則其所掌御史案而鞫之，此則臺諫也。所奏之事，則無由得聞。」

外國人防禁出入。

十二月癸巳，千秋使曹椒沂還自京師，啓：「進方物時，禮部郎中南鏜等見箋筒精飾，且見箋文，以雪緜重襲，稱嘆良久，曰：『海外之國，事大之誠，天下無有如朝鮮者。』」

辛酉七年（明孝宗弘治十四年，一五〇一）

三月丙子，正朝使韓斯文、金珷還自京師，啓：「提督會同館禮部主事劉綱上書云：『外國人防禁出入，夷情憤怨，慮恐生事。請依前例，諸國夷人，則五日一次許出買賣。朝鮮、琉球二國，頗知禮義，自行買賣，允爲便益。』」朝廷許之。

壬戌八年（明孝宗弘治十五年，一五〇二）

正月乙酉，傳曰：「赴京之行，令綾羅匠隨去，如大紅、草緑諸色紵絲習此行使臣進士出身。

染習織，各將四、五尺而來。」

壬辰，命召户曹參判宋軼問赴京時見皇太子否，中朝名政院何官。軼啓：「皇帝受賀之日，臣之所立處，在千官之後，望見太子服色而已，未能詳也。中朝之通政司，如我朝承政院，但有左右參議二員，凡公事皆由是司附長隨内官轉奏，下六科給事中。給事中裁決可否，其可者下六部侍郎。侍郎親受直奏。」

三月丙申，正朝使李秉正、李昌臣來復命。傳曰：「其問中朝事。」秉正等啓：「臣等赴京，初肅拜也，華人指云：『此行上、副使何如人也？其衣寇(冠)甚整飭。』序班崔榮答云：『皆是進士出身者也。』太監金輔聞而使人來賀，仍語曰：『宰相衣服制度不寬偉，宜遵中朝制度。』即送鴉青紵絲一匹，令針工一日内造給，使及明日朝衙服之耳。掩靴等物亦皆備送。臣等每朝服之，今皆賫來。且金輔云：『老來既無子息，又無親戚。身雖在此，生長東國。今見宰相，若見殿下。予昔年奉使時，啓殿下曰：「吾還中朝，無以報殿下之恩，但當厚待本國之使。」而今未能如是。若不日三遣人，則如不使然。』

弘治皇帝臨朝少間斷。

凡餽遺酒肉，殆無虛日。且本國小宦等共備價物，買綃四端，遺臣等曰：『以此相贈，請達余等意於殿下。』臣等却之曰：『金太監則曾奉使我國，我殿下亦已知之，故受其所遺。公等所遺不可受。』小宦等傳請太監，太監使人來曰：『小宦等非見宰相而如是，亦不能忘殿下也。幸勿却！』臣等受來。且臣等出山海衛，聞㺚子入衛内，夜燒人屋，射殺人口，行人頓絶。唯臣等不得已，行到高嶺驛。指揮張天祥領騎百餘，追斬㺚子二級而來，所射矢鏃，腥血未乾。又到曹家莊，㺚子等來鬬，放炮之聲動地。以此諸站早閉晏開，臣等不能夜行，兹未速來。皇帝日日臨朝，無少間斷，且朝中儀物焕然一新，班行整肅，步趨中節。皇帝祀天祭後，行慶成宴。侍宴宰相凡七行，臣等居第七行，王敞、董越坐前行。雖以皇帝前不敢私款，顧見臣等頗有殷勤之意。他日趨衙時，王獻臣、艾璞亦見臣等，問殿下安否，且問奉使時所見宰相如洪貴達輩至今何官。且皇帝不寶珠玉，御府珠玉一空，以此市上亦無買賣者。」昌臣又以青囊雜纂、玉音韻海、切韻指南等册獻之。傳曰：「輔造給衣靴等物，入内觀其體制。輔所送書册，並入内。」秉正等即進之。傳曰：「青囊雜纂屬於醫家，當下内醫院。衣靴等物還下。」仍問曰：「卿等見皇太子乎？」秉正等啓：「臣等參賀於太子宮，但今年八方郡縣述職之年，以此萬官合還，雖開殿門，徒望殿角而已，未見太子。皇帝則受賀日，禮部尚書奏事後，臣等進跪，昭昭仰見。」傳曰：「皇帝容貌何如？」啓曰：「鬚而瘦，顔色白。」傳曰：「聞中朝不諱屬上言，皇帝子孫蕃盛乎？皇太子兄弟幾何？」啓曰：「皇帝不御後宮，子孫不蕃衍。」

皇帝鬚而瘦。

四月甲寅，傳曰：「各色羅，令赴京每行貿來。尚衣院亦歲織三匹。」

九月丙戌，遣晉原君姜龜孫、禮曹參判金葑如京師，請封世子。

乙未，禮曹判書李世佐、參議崔璡啓：「前者天使鄭同之來，臣爲都承旨，以問安詣館所，有頭目一人善吹喇叭，臣問其曲名，則曰交趾所用，海青拏天鵝之曲也。臣即啓令本國人傳習。我國舊無石磬，以瓦磚爲之。至世宗朝，産秬黍於海州，出磬石於南陽，始爲黃鐘之律而用之。後世宗問朴堧曰：『中朝之樂，與本國欽賜之樂同歟？』堧曰：『不同也。』然則中朝人以我國爲海外之國，必不能曉解音律，以不成之器欽賜本朝，以故音律不同也。

越南有海青拏天鵝之曲。

臣每慮此事，欲使解音伶人赴京傳習，欲啓而未果也。況我國人朝京師，凡朝會賜宴所用之樂，曹不知爲何曲也。今因奏聞、正朝等使之行，語太監金輔以傳習唐樂之事。則輔待我國厚，明年奉使出來之時，必帶善音伶人而來，使我國人傳習，則不亦便乎？」傳曰：「依所啓。」

朝鮮獻種馬。

十月朔庚子，遣同知中樞府事金悰如京師，獻種馬五十匹。

癸亥九年（明孝宗弘治十六年，一五〇三）

四月癸丑，太監金輔、李珍奉封世子敕至京。

戊午，兩天使往金剛山，以奉皇帝、皇后祝帖往供佛禱恩也。

壬戌，〔爲謝封王世子〕，遣工曹參判鄭叔墀、同知中樞府事成希顔如京師。

七月庚午，上使金輔卒。左議政李克均啓：「請令政丞一員護喪。」傳曰：「其遣右議政柳洵。」

辛未，遣司譯院判官金敦于遼東，訃告金輔喪。

壬午，上天使金輔之柩，由崇禮門發向北京。

甲子十年（明孝宗弘治十七年，一五〇四）

七月辛亥，聖節使申用漑在北京，將聞見事并禮部咨文馳啓曰：「太皇太后崩逝，發引前皇帝素冠服坐西角門受朝參，發引後服黑袍受朝。朔望大朝會亦不陞殿，坐奉天門，不奏鼓吹。百官並烏紗帽黑團領品帶。禮部奏依前降聖旨免行聖節千秋慶賀禮。」

太皇太后葬儀。

乙丑十一年（明孝宗弘治十八年，一五〇五）

四月甲戌，正朝使閔孝曾、金永貞來復命，進所貿紵絲二百匹。

六月乙卯，奏請使安琛、李忠純在遼東馳啓皇帝訃音，依丁未年例停舉

弘治皇帝崩。

大行皇帝喪制。

武宗皇帝朱厚照登極詔敕。

哀成服。

七月辛卯，遣右議政姜龜孫、知中樞府事尹金孫如京師，賀登極。

十月癸丑，命貿孔雀羽三百個于燕京。

丙寅，奏聞使安琛、李忠純還自京師，王問大行皇帝喪制。琛等啓：「新皇帝以素冠、素衣、白帶受朝，千官亦烏帽、烏帶、白衣從事。」傳曰：「奏聞使貿來驢十二頭，養於麒廄。」

戊辰，傳曰：「大紅紵絲及紗羅各三十匹，青柳青、草綠、鴉青、藍柳青紵絲及紗羅各二十匹，於正朝使之行貿來。」

己巳，傳曰：「驢子，令赴京人每行貿來，使之蕃盛。」

丙寅十二年（明武宗正德元年，一五〇六）

三月庚子，翰林侍讀徐穆、吏科給事中吉時，奉帝命來頒登極詔敕，并敕賜王及妃幣帛文錦。

丁巳，遣同知中樞府事李繼福如京師謝恩。

四月壬戌，傳曰：「翦燈新話、翦燈餘話、效顰集、嬌紅記、西廂記等，令謝恩使貿來。」傳曰：「荔枝甘如蜜煮者令貿于燕京。」

中宗實録

李芑、尹溉、沈通源等撰。計一百零五卷。起中宗元年(明武宗正德元年,公元一五〇六年)九月,至三十九年(明世宗嘉靖二十三年,公元一五四四年)十二月。嘉靖二十九年書成。

中宗恭僖徽文昭武欽仁誠孝大王諱懌,字樂天,成宗大王第二子。母妃貞顯王后尹氏。燕山昏虐,宗社將危,衆議推戴。性仁孝勤儉,善於聽斷,謹祀恤民,恭以接下,優納諫諍,誠心事大,終始不替。不崇信異端,不好遊畋。聲色玩戲奢靡之事,亦不留心。中年好學樂善,鋭意古治,而專任新進,事多過激,志未克就。厥後雖屢爲姦人所誤,能復開悟,賴有學力也。在位三十九年,壽五十七。

正德皇帝冊封皇后。

丙寅元年（明武宗正德元年，一五〇六）

十月戊申，遣管押使僉知中樞府事朴仲幹如京。

己卯，遣進賀使邊修，賀冊封皇后。

丁卯二年（明武宗正德二年，一五〇七）

二月己丑，辭位使金應箕、承襲使任由謙還自京，啓曰：「臣等在北京時，凡奇已於先來通事之行具録以啓矣。但臣等臨行，序班崔榮語質正官崔世珍，曰『爾國之事，吾意以爲雖再來奏請，不過准其權署而已，前王薨逝後，必許承襲』云。榮言未可的知，臣等有聞，不敢不啓。」傳曰：「明日議之。」應箕、由謙又啓曰：「遼東總兵官郭振者，臣等往來，多致食物，以示誠款。前此赴京之行，亦皆厚待。其所求良弓二張，請於後行入送，何如？且本朝宦者金義、卜享、陳浩，今皆爲太監，著蟒龍玉帶，昵侍皇帝，榮寵極矣。且宦官朝鮮國王讓位於弟事。

質詢國王讓位疑點。

張欽，其職次不及三人，而亦昵侍承寵。皆欲因事出來。其父母及族親，書契修送何如？」傳曰：「可。」應箕等之在北京也，禮部祠祭司郎中許淳問通事田命淳曰：「汝國王年幾歲？有何病？」命淳依事目答之。又問：「毋乃有謀作之事乎？」答曰：「我國禮義之邦，豈有如此等事！前王病篤，久曠聽政，故不得已博採群議，讓位於弟矣。」又問：「權署春秋幾何？曾於何處封君？」春秋，則答之以實；封君，則「非上國封王例也，王子常居私第，只備朝見，而無權柄之任。」淳曰：「然則少年！少年！」又問曰：「前王親弟乎？」答曰：「是。」淳仍曰：「此非世子承襲之例，必議諸堂上，與三閣老處之。」儀制司郎中張琮問命淳爲來事，一一答之。琮曰：「事非凡常，不可輕易處置。若前王病愈，置之何地？如有争競之端，將若之何？此非小事，當議諸僉位爲之。」序班李翔來言：「昨謁張尚書昇。昇曰：『朝鮮國承襲事，俺私議於諸尚書。刑部閔珪、工部曾鑑等云：「朝鮮國王敬事朝廷甚篤，今遘疾患，宜加矜恤。遣御醫賫藥救療，驗其病之輕重，可也。」諸尚書皆云：「朝鮮禮義之邦，然亦是外國，不須遣醫也。」』」張郎中又語命淳曰：「前王若病重，則辭位承襲事，國人合詞奏請可也。何無國人之奏而前王有請耶？新王又何自行陳請乎？」命淳答曰：「王不讓而薨逝，則議政府申請，例也。今則前王稟於母妃，議於臣民，親自讓位。新王辭不獲已，乃權署國事。臣民何敢越分奏請乎？」郎中又曰：「然則康靖王妃何不獨奏，而病王乃反有請耶？」命淳答曰：「王妃婦人，無奏達之例。」李翔傳張尚書之言曰：「承襲事吾則勉圖，但左侍郎王華堅執異議，必欲遣人審覈後准封。然當更議措置。」李翔又傳張尚書之言曰：「兩侍郎皆云：『待國王薨逝後許封。』吾答曰：『外國事不可如此，移咨回奏後許封可也。』以是復奏云。」其移咨云：「大明禮部爲請辭位事云云，竊照朝鮮古稱禮義之邦，恭順朝廷甚篤。今其國王既患前疾，不能裁決國務，固當矜恤議處。但權襲國務，事體甚大，必須通國臣民合謀同辭，確然以朝鮮國王李㦕病勢危篤，難於復起，其弟李懌既長且賢，允應權襲，群然協請，別無異議，庶名正言順，合衆論之公。今國王以風眩昏病之餘，自請辭位。其疾或有平愈之時。其弟李懌隨稱母命權襲國事，自行乞請。其間豈得無嫌疑之弊？況其山川懸隔，勢難遥度，合無本部移咨彼國查

朝鮮三公等申狀。

勘朝鮮國王李㦕，見患風眩，果否已成痼疾；其弟李懌，應否權襲國事。若果所奏的實，別無纖芥違礙，明白令彼國宗戚臣民，合辭奏請，庶於嫌疑可釋，而群情允協矣。」

庚寅，三公及禮曹堂上會賓廳勘校奏聞使賫去申狀，又別人情雜物加磨鍊以啓。其申狀曰：「竊惟本國世守東藩，恪謹侯度，靡有愆替。不幸國王舊患風眩，又因世子顛夭亡，過於傷慟，轉成沉痼，痊愈無期，無他子姓以代監撫。惟兹藩垣重寄，無所托付，以親弟晉城君懌孝悌好學，夙有令望，地復居長，堪承先緒。且有宗戚大臣，下至群民耆老，同然一辭，咸謂父子世襲，古今常典，若無親嗣，則以弟繼兄，亦是通義。晉城君懌，王之親弟，長而且賢，理宜繼序。遂禀於康靖王妃，令權襲軍國勾當，伏候皇朝降命。實是名正言順，非有纖芥嫌疑。今准前因，舉國恇惑。目今國王沉綿積滯，精神昏憒，尋常事理，併無記省，今此移咨，亦未能自行呈徼，病勢日劇，終難復起。王位至重，不可久曠。爲此卑府將一國公議並原初合議臣人姓名開坐，合行申達。」云云。

朝鮮國王承襲事缺母妃上奏。

壬寅，遣右贊成盧公弼、知中樞府事尹珣如京師，奏請承襲也。

三月己巳，正朝使書狀官朴兼仁回自中朝，啓曰：「中朝人崔榮語通事李仁禮曰：『我見禮部郎中張宗，問曰：「朝鮮事其將何爲？」宗曰：「民無二主，爾亦不知乎？若前王病愈，則置之何處？」榮曰：「子前語外人曰：『宗戚大臣同辭啓請，則乃可得已。』今若子言，是給外人也。」宗曰：「外人不可久留，故如是言之。若前王薨逝，則可得矣。否則不其難乎？」』」傳曰：「將此意言於三公。」

七月癸亥，以大提學申用漑爲奏請上使，以同知事安潤孫爲副使，以弘文應教李荇爲書狀官，以花川君沈貞爲謝恩使。朴元宗啓曰：「奏請使之任至重，不可以秩卑者差遣。請以申用漑爲副使，上使則差以一品。」命遣成希顔。因傳曰：「遠遣千里，予心未安，然卿合任大事，故特遣之。」盧公弼以嗣位誥命奏請，只許權署國事。且曰：「汝國奏請，雖擧國人員列名保奏，然無母妃之奏，難准其請。姑待母妃上請，則准册封」云。故議遣之。

八月癸巳，奏聞使盧公弼、尹珣等受權署國事敕命來。禮部移咨略曰：

《朝鮮王朝實録》中宗實録

「李懽病已昏憒，則舉國之人，惟李懌所制，其同辭合請，無足訝者。其母妃見存，倫理攸屬，家事任長，豈容默默！臣等意謂制國人者在李懌，制李懌者在其母。今者使臣之歸，只宜欽奉敕諭，以畀李懌，恭承恩旨，署理國事。待其母妃上請，然後定其襲封，則天命民心，國體事勢，可以永全而無隙矣。」盧公弼、尹珣啓曰：「太監李珍及序班崔瑛、李相等，我國凡事極力圖之。苟非此人，則難以成事矣。其贈遺之物，不可無也。」

九月癸卯，遣知中樞府事沈貞如京師，謝賜表裏敕及漂流人李福大等刷還。

丁未，遣左贊成成希顏、工曹判書申用溉如京師，請承襲。

戊辰三年（明武宗正德三年，一五〇八）

朝鮮王妃奏請承襲事。

正月癸卯，奏聞使通事李和宗賫來襲封文書，內禮部尚書劉機等謹題：「爲請承襲事，儀制司案呈，奉本部送禮科抄出云云。看得朝鮮國康靖王妃聖旨：准朝鮮國王承襲。

奏稱伊男國王李㦕無嗣，病已沉痼，不可復起，乞將嫡次男李懌襲封國王一節。照得李㦕既以痼疾而辭位，其弟晉城君懌以親弟而承托，受命母妃，請命天子，授受既明，女愛不失。況通國臣民，舉無異辭，母妃奏疏，尤爲懇切。合無俯順其情，使外藩之付托有歸，李懌之承受名正，於以慰彼群望。但事體重大，本部未敢擅便，伏乞聖明裁處。緣奉欽依『禮部看了來説』事理，謹題請旨。」本月初七日具題，初九日奉聖旨：「是，李懌准襲封朝鮮國王，又封王妃。」禮部尚書臣劉機等謹題：「爲請承襲事，先該本府題，儀制司案呈，奉本部送禮科抄出：『朝鮮國康靖王妃尹氏奏稱伊男國王李㦕無嗣，病已沉痼，不可復起，乞將嫡次男李懌襲封國王等因。該本府備查彼國并議政府先後奏申及本部節次議題事理覆奏，奉聖旨：「是，李懌准襲封朝鮮國王，欽此欽遵。」續據陪臣成希顔告稱：「晉城君李懌，伊妻尹氏，亦合受封。」及查得朝鮮新封國王並妃各賜紵絲四匹，羅四匹，西洋布十匹。又查得弘治八年三月内封李㦕爲朝鮮國王。該本部題准，差太監金輔、李珍賫敕並紵絲紗羅等件前去行禮，案呈到部。』看得李懌既奉欽依准襲封朝鮮國王，其妻尹氏亦合所獻海青等已調熟。

封爲王妃。欲照例請頒詔敕並紵絲等件，差內臣賫捧前去本國，封李懌爲朝鮮國王，尹氏爲王妃。該服用冕冠服誥命紵絲等件及合用裝盛木櫃杠鎖鑰，沿途杠臺人夫、護送軍夫，通行各該衙門撰造關領應付。未敢擅便，謹題請旨。」本月二十一日奉聖旨：「是。着司設監太監李珍、御馬監太監陳浩去，寫敕與他。」太監李珍使人言曰「海青、鴨虎，預先多數坐養調熟。或捉兔，或捉禽，隨才放試以待。若不預先調馴試才，而進獻後或颺去，或不能捉禽兔，則皇帝必不喜懽。此意預知」云。又曰「前此到本國留館時，弓人工作處，或於南大門，上使不得親監；或造草家，慮有火災。今宜館裏作廳蓋瓦」云。又曰「弓子當多造賫還。弓弰弓槊，預先多備削正，勿令工造稽緩」云。又曰「多日留館，無以遣懷。館後人家園中開射的之所爲可。此吾曾所親見之地，暫設射所，還即仍舊，甚無妨」云。李珍送水茄種，曰「此種須於種茄時種於館中隙地以待。吾當移種獻於殿下」云。傳曰：「通事賫來物目，皆可爲之事歟？」柳洵啓曰：「如此之物，景泰皇帝時求之，然未聞『鴨虎』之名也。海東青雖調習使捉禽兔，不得使爲常性。或颺去，或不捉禽，理之常也。且鴨虎未知何物。

令再獻海東青。

此物下三道本無，咸鏡道則或有之，觀察使及兵使處下諭甚當。且鴨虎則未知何物，必是羅進也。然則雖不得調習，可充數以送矣。如此等事，雖未遽辦，國家當盡力爲之矣。」柳順汀啓曰：「世祖朝，海青於慈山官得之，平安道亦行移可也。如有得者重賞事知諭，甚當。」傳曰：「可。」

丙午，執義慶世昌啓：「天使〔來〕時，緩慢官吏勿論公私罪，笞五十以上皆令罷職。法不可動摇，莫如觀其情實，依律論罪。」上曰：「此言然矣。予意以爲前者金輔、王獻臣之來，凡事不稱意，慮有此患，故姑立此法耳。」世昌又曰：「我國禮貌過恭，天使王敞、董越等曰：『東方禮數，皆秦法也。秦之斯、高欲售其術，以尊君抑臣爲名，而實欺其君也。』請於天使來時，依中朝之制行禮。臣嘗見嬴蟲録，唯我朝有笠纓，笠纓非中朝制也。華人譏其頷下垂珠。中原人造笠纓，爲我國也。廢主法制雖無常，而唯此事爲便。以無用之物而濫施高價，請廢其制。」上曰：「禮度則已成風俗，天使曾見之，今不可改也。笠纓雖非華制，我朝不遵華制者頗多，不必盡改也。」傳曰：「天使回還間，凡榮親榮墳焚黄掃墳沐浴等事，皆勿許。」臺諫合司啓曰：「海東青，我朝明廷老臣多辭，閣老惟餘李東陽。

曾已進獻，請免金銀時並免之。今更獻，則永爲恒式，必爲後世之弊。請考之於前，又與大臣更議。今雖被責於天使，此則一時小事。後日之患，不可慮乎？」傳曰：「與大臣議之。」領議政柳洵等議啓曰：「上國之命，不可拒也。且皇帝一時好尚不同，不應爲萬世之害。且此物産於遼海東北，考之於史：遼主求海青於女直，我世祖朝遣採訪使求之。天使李珍亦知此物産於我國。今上國求之雖不當，而我國則不可不獻。雖不可多得，只得一二進獻可也。」傳曰：「知道。」

辛亥，傳於政院曰：「天使時一應用度雜物，以内帑所有推用。以内帑所無之物行移外方可也。」蓋不欲煩民之意也。

丙辰，命召三公議曰：「天使若問前王所在，何以對之？其對以在昌德宮何如？」回啓曰：「然天使若聞在昌德宮，必欲親見此宮，則乃大妃殿及中宮諸嬪所在。若言在此宮大内後殿，則天使必以近大内，不强請見。」

二月辛未，奏聞使成希顔、申用溉還自京師，啓曰：「臣三度赴京。向者見老成人滿朝，今則皆辭職引去，只有三閣老李東陽耳。此無他，幼少之君，皇帝稚氣。宦官得寵。

不樂聞善言，故善類皆引去耳。諫官多有被罪者，是必因言事而貶也。然百姓愁嘆之聲，未之聞也。視朝不早，或至日昃，朝臣至有凍足蹴地者。六部公事，一從所奏，不加可否。宮中多作兒戲之事。聞回回人不食他人所殺之肉，必手宰乃食，且有善心讀經等事，迎入闕内師事之。臣等常時朝會，不得見皇帝之容，只於祀天祭省牲時仰視之，則皇帝尚有兒氣。崇寵宦官。宦官所言，朝臣莫不順從。請托公行。臣等奏請之事，李珍請於劉歆，俾之傳請於禮部，乃得成事。朝臣有論朝廷得失者，指以爲奸臣而罪之。以此曉諭百官，誰肯有言事者乎？然時無暴虐之政矣。且於宮中開市肆，以内帑金銀雜物設爲交易之事，令人貿賣而觀之。」

丙戌，正德二年十二月十六日禮部爲請承襲事奏：「本部連送先該本部題，本司案呈，奉本部送禮科抄出：『朝鮮國康靖王李娎妃尹氏奏稱伊男國王㦕無嗣，病已沉痼，不可復起，乞將嫡次男李懌襲封國王等因。該本部備查彼國並議政府先後奏申，及本部節次議題事理覆題。』奉聖旨：『是。李懌准襲封朝鮮國王，欽此欽遵。』續據陪臣成希顔告稱：『李懌妃尹氏亦合受聖旨：賞賜讓位國王。

不欲使明使臣見前王。

封。』及查得朝鮮國新封國王並妃各賜紵絲四匹，羅四匹，西洋布十匹。」正德三年正月初五日司設監太監李珍等謹題：「爲乞恩賞賜朝鮮國王事，臣等欽承敕命，差往朝鮮國封王公幹。除欽遵外，所有彼國患病讓位國王㦕，雖病，即今見在。伏望皇上憫念㦕先年未病治國之時，曾效微勞。乞降綸音，量加賞賜，庶使㦕與今封國王李懌，得以均霑天恩。不勝感戴之至，臣等爲此謹題請旨。」本年正月初六日禮部尚書劉機等，於奉天門奉聖旨：「准他賞賜紵絲紗羅各四表裏，銀一百兩，寫敕與他，該衙門知道。」正朝使李云秬謄書先送。諭遠接使曰：「天使若言及前王賜物賜敕事，則稱説皇恩罔極，因語之曰：『上王病成沉痼，委身床笫，尋常事理都不記省。其賜物賜敕，殿下當代受。』天使若曰：『前王病，不能親授，我當就其所在處傳命。』則語之曰：『卜王凡起居飲食大小便，皆須人爲之。聞人足音亦驚悸。其所在處又與母妃所居至近，是褻居之地，不可頒帝命於此。』大槩以此意反覆開陳。天使若不言及其事，因語次俱此意開陳其傳敕節次。」

三月戊申，政丞等啓曰：「天使時，道路修治太過，傷民田穀甚多。請馳

明武宗正德三年，一五〇八

太監令納數外人參。

寫「篡」字示朝鮮使臣。

書於其道觀察使勿令太廣，僅使通輸。」傳曰：「依所啓。」

辛亥，正朝使李云耜復命曰：「臣赴京獻方物時，太監等督納數外人參五斤曰：『聖節使亦納三斤。』臣不得已納之。又曰：『自此永爲恒規。』」傳曰：「李云耜、曹繼商等以陪臣擅便私納，以成後例，其推之。」

四月己卯，上幸慕華館迎詔敕。還宮，兩使奉詔敕陞陛，上行禮如儀。

庚辰，上幸太平館，以天使翌日宴也。上使李珍曰：「今見殿下德容至美，萬民欣戴之心，曷有窮已。俺雖年老，若生元子，當奉命再來。」

丙戌，遣左議政朴元宗、刑曹判書李坫如京師，謝封王詔敕也。

六月戊辰，遣左承旨黃孟獻問安於兩天使。副使陳浩曰：「上使若求海東青，則慎勿與之。方今天子年少，恐啓貢獻之弊。」

九月乙巳，左議政朴元宗、左尹李坫還自京師。仍啓曰：「序班崔榮語臣曰：『成希顏之來，我功居多。本國當贈我買家之物。須將此意道達殿下。』且書『篡』字以示曰：『爾知此字耶？』中朝人多以此字疑爾殿下，我力辨其不然。』榮於我國事盡心奔走者，宜少贈送以答其意。」

正德皇帝爲政荒怠。

己巳四年（明武宗正德四年，一五〇九）

四月乙丑，進賀正朝使韓亨允還自京師。下（上）問中朝事，亨允書啓曰：「今皇帝荒怠日深，一朔不過一二日視朝，而或午或暮。古例正月十三日行祀天祭，十四日行慶成宴，此一年爲政之始，而其日不出，至二十五日而後行之。臣與漢人語，因問時事，則掩口而走。」

十一月辛未，聖節使金俊孫復命，賫來總兵官韓璽、遼東大人盧勳等求請單子及太監李珍寄殷善書契以啓。

丙子，聖節使書狀官李希雍上聞見事件，有曰：「㺚子通事王榮率太監劉瑾、谷大用家人來玉河館，稱聖旨，搜取白苧布三十匹、黑麻布三十匹及魚肉雜物而去。禮部郎中張灊問於通事李和宗曰：『通事王榮到爾等所寓之館，搜取布子食物而去，果然否？』答曰：『是。』『若然，則爾等何不奏達？』答曰：『外國陪臣所不敢。』序班李欽言曰：『王榮昵侍皇帝左右，日以雜戲爲事。帝取㺚子所着毛帽皮裘裙襪入內，令宮人依樣製之。帝與王榮及侍太監劉瑾攝行皇帝事。

御太監皆自着，相稱爲㺚子。遊戲無度，日夕各乘馬奔馳，終夜不返。王榮之得寵蓋以此也。』序班崔瀛言曰：『太監王岳極諫皇帝失德。帝曰：「汝性忠直，宜可往莅南京。」中路遣人殺之。自是無復有進言者。』又聞之路人：皇帝不出，太監劉瑾攝行皇帝事云。」

庚午五年（明武宗正德五年，一五一〇）

三月庚午，遣同知中樞府事尹喜孫奉表如京師，謝發回漂流人口也。

癸酉，正朝使安瑭還自京師，啓曰：「臣留皇都五十二日，皇帝只二日視朝。常不御經筵，諫諍路絕。好馳騁遊戲。選外方才人三百人，入闕內，同日割勢，死者只三人。其中姓童者，容貌秀美，賜姓朱，稱爲閣老，日與同處，不接後宮。太監劉鏞（瑾）、谷大用居中用事，家舍寺刹，争相起構。稱鏞（瑾）爲劉皇帝。陝西監生劉烈稱劉備後裔，擁衆數萬以叛云。」

稱劉瑾「劉皇帝」。

十月庚子，遣吏曹參判邊脩如京師賀正。脩，武人，借銜以遣。

《朝鮮王朝實錄》中宗實錄

高皇帝朱元璋遺令：宗戚毋擅殺。

十一月戊寅，聖節使李繼孟來復命。上問曰：「中朝奇別，前日書狀官雖備録，卿有所聞，其啓之。」繼孟啓曰：「臣等問諸士大夫有識之輩，皆諱而不言。往往聞於序班。皇帝不爲遊畋聲色之樂，而常於宮中好作㺚子之嬉。又不喜視朝。臣等留三十七日，皇帝視朝僅一二日。而至有日午不出，午後方出視朝。臣問曰：『諫官及在朝大臣不規諫乎？』答曰：『豈不規諫，皇帝只答曰知道。』又問曰：『太皇太后不導誨乎？』答曰：『雖諄諄導誨，亦曰知道而已，專不悛改』云。安夏王致繁按應作安化王寘鐇。兵敗被擒，檻車捕來。朝廷訊之，答云：『吾爲宗戚，不忍視劉瑾擅恣。疏奏三十餘度，輒爲瑾所沮抑而不得上徹宸聽，故起兵開端。待朝廷訊問，欲直達情實。』然此實飾詐。其叛狀已露，支黨皆被誅，獨安夏王不誅，收議於侯王藩鎮，方始定罪云。蓋高皇帝遺令，宗戚毋得擅殺故也。以臣意觀之，雖關叛逆，不忍即加誅戮，待宗戚之道至矣。」

正德皇帝視朝每月二次。

安化王廢爲農夫。

辛未六年（明武宗正德六年，一五一一）

三月戊午，先來通事朴榮還自中朝，啓曰：「中朝宦者劉瑾之黨吏部尚書張綵，獄中飲藥而死，其死屍陵遲於市。又前年十二月間，叛賊劉烈復起兵反，割據泗川道，陷三邑，盡殺長吏。刑部尚書洪鍾往討之，尚未知破賊否也。又尊太皇太后曰慈聖康壽太皇太后，尊皇太后曰慈壽皇太后。又闕外有西湖，皇帝日事遊衍。每車駕出，盡閉宮門，或三四日，或五六日，如是者殆無虛月。又皇帝視朝，月不過二度。本國使留皇都五十日，皇帝視朝只正朝及慶成宴日而已。」傳曰：「安化王何以處之乎？」朴榮啓曰：「當時不論其罪，而仍囚矣。」傳曰：「知道。」

辛未，正朝使邊脩來自中朝，啓曰：「皇帝視朝甚稀，百事陵夷。安化王夫妻廢爲農夫，圍内安置。且劉瑾定罪，傳諭榜入梓流布。臣亦得一件而來，敢獻。」

七月庚申，聖節兼發回漂流人安孫等謝恩使工曹參判閔祥安奉表如京師。

十二月甲申，聖節使閔祥安自京師還，求得講榻儀注於國子監以獻。

壬申七年（明武宗正德七年，一五一二）

三月辛亥，正朝使李允儉、書狀官徐厚馳書以啓曰：「中原聲息……軍官多敗，賊勢益熾。又以遼東總〔兵〕官領開元兵一千、廣寧兵一千、遼東兵一千到帝都，命太監張永犒師於哈達門外，給銀兩，正月十七日發送。」

六月丙午，聖節使宋千喜啓曰：「北京一路有賊變，路塞。而若到遼東、廣寧等處，則當告大人移咨本國，取禀進退矣。萬一入關內，卒遇事變，雖告所在之官，勢不得轉通遼東等處。臣等進退及表文方物，處置亦難，令該曹節目磨鍊。內醫院不得已貿易藥材外，盡除各處藥材，及尚衣院濟用監一應各司貿易。通事田命淳各别帶行路次人情布子加數笠帽扇子，並令禮曹磨鍊等事，具録單字以啓。」

十月庚戌，聖節使宋千喜書狀云：「濟州正兵金一山等九人，漂海投泊南京地方海盂縣，按：疑是江蘇海門縣。所在官轉送於北京，禮部付臣解送，故

明武宗正德八年，一五一三

正德皇帝視政更怠。

率還耳。」且云皇帝怠於視政，比前尤甚。

癸酉八年（明武宗正德八年，一五一三）

二月戊辰，遣同知中樞府事李長生如京謝恩。先是我國人訓導朴石堅等十六名漂到中朝地方，帝命刷還，至是謝恩。

甲戌九年（明武宗正德九年，一五一四）

十月辛卯，遣僉知中樞府事柳希渚如京師貢種馬。

丙子十一年（明武宗正德十一年，一五一六）

九月辛巳，南袞曰：「近聞中朝事，甚可驚也。于我國雖無聲息之及，然遼東奏請于帝，而使我國出兵應援，亦不可不虞也。今國家雖恐起兵端，驚動人心，然兵事不可預料。一朝事發，則其時獨不驚動乎？如柳聃年預遣于平安道，朝夕聞見，隨宜措置可也。」

十月辛酉，正朝使左尹金錫哲如京師。

使臣探聽朝廷消息。

十二月己酉，聖節使自北京先遣通事以中朝消息聞。大略則「通事告主事曰：『何不許我國買賣？』主事答曰：『皇帝及太監欲先與爾國人買賣，然後許商人買賣。』果有稱朝廷及太監買賣者，以銀之類銅者勒給之，多取我國人白扇魚物紙米而去。時事可知。」

帝不視朝，禮儀紊亂。

達子戲。

乙亥，聖節使尹熙平回自京師，以中朝消息上聞曰：「小皇達子夜入作耗，被擄人畜甚多。今差總兵官許泰、太監張忠領兵一萬鎮守云。熙平等到京師，帝不視朝。當聖節日，進班奉天殿庭。遥聞蹕聲，殿闔不開，暗中受賀。千官亦去火在暗中，或拜或立，禮文淆亂，莫辨所爲。有一官來問：『你國亦有如此狂皇帝乎？』又聞宫中宦侍設萬壽宴于後苑，衆戲俱入，泥醉忘朝。且息于萬機，長與宦官昵寢。又于宫中嘗著達子冠，爲達子戲。道路相傳曰：『國勢如此，豈能長久。』或有言弘治皇帝親弟九人，中一人温良恭儉，年可三十五，今封湖廣灤王，人心思之。未可憑信。觀其勢，祖宗經紀法度，深仁厚澤，浹民心目。又别無奸佞用事，殺戮忠良，荼毒萬姓。故雖淫戲無節，失道已久，而大臣敬事于内，邊帥捍賊于外，體統猶存，特循歲月耳。熙平等夜至通州潞河，有賊四五人持弓矢射將車者，盡奪隨身銀錢。衆懼怕走散。軍官李昌亨中矢。昌亨還射，殺賊一人。」

丁丑十二年（明武宗正德十二年，一五一七）

四月庚戌，政院啓曰：「皇帝養子朱寧，于正朝使出來時，求請梅花點鞍子二部。前無造送之例，然方用事之人，不得其請，則必發怒于我國使臣，是可慮也。既得此而誅求無藝，則難以當之，請議〔于〕三公。」

庚子，以申用溉爲王妃册封奏請使，李思鈞副之。

十月己未，奏請使左參贊李繼孟、刑曹參判李思鈞、正朝使同知中樞府朝廷不知皇帝之所在。

正德皇帝在居庸關外親征。

事李之芳等，奉表如京。

閏十二月乙亥，侍讀官柳庸謹曰：「近聞中原之事至爲無統，朝廷不知皇帝之所在。或曰『陷没于賊中』，或曰『皇太后崩而不知天子之所在，秘不發喪』云。我國事之以誠久矣。一朝聞之而不爲之處，則以春秋筆法言之，不得無罪。爲使者亦當詳問天子之所在于禮部，務盡其情，然後爲使臣之體得矣。我國既聞此事，不可恝然也。」

丙子，同知中樞府事孫仲墩承命來啓曰：「臣當初赴京時，到三河縣，路逢一人，謂臣等曰：『此必高麗人也。宰相雖前去京師，天子不在朝廷，其將何以哉？』臣即令通事備問之，則答曰：『赴皇都，則我言可驗也。』及到玉河館，經三日，尚未知其何如也。翌日，隨庶班肅拜于午門之外。一拜後，庶班强止之，但令叩頭而已。臣心自疑之，乃問于庶班曰：『行五拜，禮也。今令我輩行一拜，如何？』庶班曰：『皇帝今在于居庸關外，以權宜行一拜而已。』即還于玉河館。細問之，則庶班曰：『皇帝因㺚子犯境，去八月二十七日號稱親征，只率將卒，朝無一人扈從。皇帝且令國中曰：「朕雖親征于外，外國皇太后升遐，皇帝找不到。

使臣必因聖節來集于京。一應館接，悉依故事，無或差違，且勿以出征之言使聞于外國也。」故凡支給之事，無異于前。』一日，商販之人來言曰：『今天子不在朝廷，爾等必不得趁時回還。』訛言洶洶，莫知端倪。即令通事往禮部問之，則胥吏輩曰：『雖天子不在，凡禮則以權宜行之，爾勿慮』云。厥後衙日，凡朝臣及外國之使皆齊會，亦行一拜而後乃已。臣等上馬下馬等宴，强請禮部而行之。一日，有一人來言于館所曰：『天子陷于賊中，見拘于㺚子。㺚子謂中國人曰：「若許銀兩十萬，則可以贖還」云。』臣意以爲萬無是理也。然天順皇帝曾陷賊中，無乃有此理乎？即遣通事于禮部而問之，則外郎等曰：『此言何自而出乎？』且觀禮部中郎官，則行公自若，無異平日。然而訛言則經三四日而不止矣。一日，都中之人騷擾，聲言曰：『皇太后升遐，而不知天子所在之處，當奏稟而後發喪』云。臣之意以爲若然，則雖外國之臣，必當變服。即往問于禮部，則亦訛言也。升遐的實，則我國當有陳慰、進香等使，故備問其由，則真虚言也。皇帝居外之事的實，而其餘皆是訛言，不當書啓，而敢啓之者，欲使上知訛言耳。」傳曰：「知道。」傳于政院曰：「以聖節使所啓觀之，則其陷賊、升遐之言皆是虛言，不可信也。皇帝出居庸關之語，則的實矣。我國雖海外之邦，無乃別遣使臣以問起居可乎？其問于政府以啓。」

戊寅，大臣等議啓曰：「萬一天子只率將帥二人而出居于大同口子，則朝廷豈敢莫之扈從而安然在朝乎？此言不的實。取信其言，而遣使欽問，甚爲未穩。奏請使行次出來，則可知其實。」又啓曰：「聖節使孫仲墩，只聞天子陷于賊中、皇太后升遐等虛事而來，不探問天子所在處而來，大失專對之任，請推！」傳曰：「知道。」

戊寅十三年（明武宗正德十三年，一五一八）

二月己亥，正朝使通事頓伯衡先來，以太皇太后訃啓，命停朝市三日。

四月乙酉，遣陳慰使許硫、進香使尹世豪如京。

己丑，奏請使李繼孟、李思鈞賫皇帝敕封中宮誥命冠服還自京師。其冠服物件，則珠冠一頂、大紅紵絲夾大衫一件、青紵絲綵繡圈金翟雞夾褙子一

「大明會典」列朝鮮弑四王而立事。

件、青線羅綵繡圈金翟雞霞帔一件、緑紬花紵絲綴綵繡翟鷄團衫一件、紅暗花紵絲裌襖兒一件、青暗花紵絲夾裙一件、牙笏一部、金墜頭一個、雜色紵絲四匹、雜色羅四匹、西洋布十匹等也。

甲午，政院啓曰：「今正朝使新貿來大明會典，内我國世系舛謬，亦有我祖宗所不爲之事。臣等見之，甚爲驚駭。此册非民間私撰，始面有皇帝御製序，乃朝廷共議所撰者也。事甚非輕，故不得已啓之。廣議處之，何如？」大明會典以我太祖乃李仁任之後，弑王氏四王而立云。傳曰：「予曾見此册矣。卷帙甚繁，未及見此事。今見之，至爲驚愕！其召大臣議之。」

七月壬子，奏請使南衮、李耔、聖節使方有寧，奉表如京師，上親傳聖節表文。

九月己酉，同知中樞府事許硫進通鑑纂要一帙，上命印出頒之。本國舊無此編，許硫赴京貿來。

十月戊辰，管押使朴光榮如京師。

十一月戊午，〔謝恩使〕工曹判書金安國啓曰：「臣到北京，自念聖上留正德皇帝至大同、榆林等處。

心性理之學，大夫士亦知向方，思得濂洛諸儒全書及他格言至論，以資講習。而留帝都未久，未得廣求博搜，只以所得上進。所謂語孟或問者，朱子所作，與庸學或問同時編次。然而庸學或問則已來我國，而此帙尚不來，故購求。」

十二月庚寅，聖節使方有寧還自京師。上引見，問中原之事。有寧曰：「臣去九月十二日到北京，聞皇帝去七月初九日，自宣府幸大同。九月，自大同入偏頭關，因向陝西榆林衛，去京師約一千五百餘里。皇帝或爲田獵，或爲微行，或投宿民家，行止與凡人不分云。」上曰：「中原亦有地震之變否？」有寧曰：「中原亦有地震，而其震與我國同日也。」上曰：「奏請使之奇何如？」有寧曰：「奏請使初到上國，呈奏本于禮部，則郎中鄭元對之邈然，郎中姜龍接之和裕。翌日，禮部得客部條例于人家，具載我國之事。尚書毛澄，以爲此書雖出私藏，頗有可信。南袞等上書于禮部，尚書見之稱善。十月初十日，太監賫副本向行在所。若皇帝猶在榆林，而不更深入，則庶幾易得奉聖旨而還。今月二十日間發程，而正月可入來矣。但皇帝行在遠近，未可必也。」上曰：「皇帝還期，其處人知之乎？」有寧曰：「亦不知。」

明武宗正德十四年，一五一九	正德皇帝回京，頒發聖旨。	許改朝鮮宗系事。	《朝鮮王朝實録》中宗實録

己卯十四年（明武宗正德十四年，一五一九）

三月戊申，奏請使南衮、副使李耔回自京師，在道爲書馳啓曰：「去二月初八日帝駕入城。十三日行郊天祭，後幸南海子打圍。十四日還宫。十六日覆本下于禮部。奉聖旨曰：『朝鮮國王李懌之祖李旦，不係李仁任之後，我太宗文皇帝已有旨准他改正。今又具奏陳情，誠孝可念。還寫敕與王知道。』十七日禮部具手本，移于翰林院。十九日臣等詣禮部告于尚書曰：『本國所奏事，朝廷既許改正，恩典至重，不勝感激！第未知所以改正如何？雖蒙降敕，板本猶在，則恐傳訛依舊。』尚書曰：『會典所録，專據祖訓，已刊之書不可追改。然此書出于近年新撰，非祖訓之例。且其所載皆一時制度施爲，隨時而增損，當不久改撰。今有敕旨分明，據此改正，何慮仍舊？』臣等又告曰：『如宗系一事，太宗文皇帝已有旨改正，會典依舊録之，今若不即修改，則又恐如前。』尚書答曰：『爾國之事，一統志所記明白，況今特有敕旨，此後凡有撰書時，則自爾明正，爾等勿疑。』臣等又見郎中姜龍，告之如右。

皇帝敕書。

龍亦以尚書意答之。又曰：『本部文案，再經失火，永樂間改正事，撰會典時無考據，故只依祖訓録之。今則文皇帝聖旨内已查得，而又特有敕旨，凡修書籍，皆以此爲正，史官亦書之，豈不分明乎？』二十二日翰林院進敕文于内，下于中書舍人寫訖。二十三日尚寶司使寶。二十五日臣等詣闕受敕，仍陛辭。似聞帝欲遍巡東南，令衙門修理船隻，疏通河道。今月初旬間動駕。若不幸東南，則當幸遼東。」又謄寫敕書封進，其敕曰：「皇帝敕諭朝鮮國王李懌：爾祖李旦，原不係李仁任之後，我太宗文皇帝已有旨，准令改正。今爾又具奏陳情，誠孝可念，特允所請。降敕諭以朕意，爾其欽承之，故諭。」

四月庚午，上幸慕華館，迎敕還宫，引見南袞、李耔、韓忠等。上曰：「當初奏請，恐未見允，而乃蒙允而來，可喜也。然初請兩事，而於敕書獨及一事。且見卿等書狀，亦無可請之辭，是不可更請于禮部然後還乎？」南袞曰：「禮部郎中姜龍召我國通事言曰：『爾國所奏兩事，明載于覆本，歸告爾國陪臣。』後得見覆本，兩事幾乎得成。禮部尚書議之曰：『朝鮮文獻之邦，敬順朝廷，朝貢不絶。今所奏請，亦是禮義之國故也。緣帝遠幸，未得奏達。

皇帝巡遊。

今帝以祀天祭還都，俟祭畢方奏之。』乃奉聖旨：『是。』所謂『是』者，如我國『依允』之辭也。臣等不料獨及一事也。敕書之作，禮部既奉聖旨『是』，而乃書聖旨辭緣呈手本於翰林院，仍作敕書，遂蒙准于三閣老，然後令鴻臚寺呈辭單。臣等因以拜辭。其時但以敕書出與之。既拜辭之後，勢不可更請。且敕書之外，封緘而題之曰：『敕諭朝鮮國王。』蓋欲到本國使殿下開見也。」上曰：「皇帝今何如？」袞曰：「皇帝屢巡于大同、宣府等處。以祀天祭屢請還駕。夫祀天祭，例于正月望前行之。皇帝爲祀天而將還，但於經路久留，故二月初始還京。本月十三日行祭。皇帝巡遊無度，荒亂酒色，囚辱諫臣，不御經筵，信任奸臣姜彬矣。」

九月癸巳，謝恩使金克愊馳啓曰：「寧王起兵江西，皇帝徵諸道兵往討之，又將自征云。」克愊在遼東所啓。承旨韓忠持入，仍啓曰：「臣往北京聞之，寧王乃弘治皇帝之弟也，而有賢聞，故天下皆屬望，至于兒童皆知其賢。今已起兵，天下之事，自此易定矣。」上曰：「寧王若于弘治爲弟，則于正德叔父也。此與弘治同母乎？」忠曰：「然矣。正德若奔潰而見逐，則必來于遼東矣。」

皇帝著夷服與諸夷酋相戲。

寧王叛，正德皇帝親征。

乙巳，謝恩使金克愊至自燕京，書啓曰：「皇帝出遊行院，與養漢的遊戲無度。行院是養漢的所聚處也。帝又屢幸會同館，與㺚子、回回等諸酋相戲，使回回具饌物，帝自嘗之。或著夷服，以習其俗。出幸無常，太監小宦等輪次遞宿于此。帝常以遊戲爲事，一不視朝。都察院交章諫止，不聽，遊戲自如。六部尚書率其僚屬，亦極論列。帝以越職論事，特宥尚書、侍郎，自郎中以下諸員，令于午門外長跪五日，隨其罪之輕重而杖之。自此朝無諫之者。」

庚辰十五年（明武宗正德十五年，一五二〇）

正月辛卯，聖節使朴英還自京師。書狀官朴紹以聞見事件啓曰：「皇帝聞寧王據江西以叛，下詔親征，太監張忠等領兵擒寧王以聞。」

三月甲午，申鏛曰：「〔元子册封事〕臣備任使，而凡干人情等事，輒敢啓請，至爲惶懼。但聞中朝昏亂，貪佞用事，居中壅蔽。外人非賄貨不能申其辭命，故不得已上累聖聰。」

傳聖旨：禁食猪肉禁養猪。

戊戌，正朝使通事朴址先來啓曰：「皇帝于去年十一月自臨清幸南京巡遊，至今不返。雖以祀天祭請還，而亦無還命。在故事，祀天祭不可攝行云。序班李欽常曰：『聞爾國今年奏請封世子，而今皇帝長在外，使臣必久留矣，將何以處之？』且皇帝在外，故太監別守城門，百官則皆恪恭其職，未見有紊亂也。城中人傳播云：『聖旨以「猪」字音同于皇姓，禁用猪肉，至于民間亦禁畜養。』漢韻『猪』與『朱』同音故也。」

己亥，上曰：「正朝使先來通事云：『皇帝幸南京已久，而至今不返。』然則中原之事可知。幸有變故，則西方可慮。今兩界備禦之事，至爲虛疏，甚可慮也。」南袞曰：「臣前日赴京時，皇帝出幸不返，然山海關遼東等處晏然。而至於朝廷六部猶有賢能之臣，故持朝廷如常時。然皇帝不視國事，必不能保有焉。諸臣能維持國事，故朝廷之上雖無變亂之事，然天必有不靖之處。」

戊申，正朝使金世弼還自京師。上引見曰：「中朝之事如何？」世弼曰：「帝在南京，未聞消息，但朝廷接外國人如帝在京師，而不言其出巡也。寧王反，以高帝遺詔，不置于法，而但禁錮拘囚于一方也。朱明乃帝之假子，皇帝好弓馬，聞變好親征。

賜姓朱氏，隨帝南行。帝執送北京。其父母及姻親家，皆命籍没。朱明最見寵遇，而今乃如此，人人怪之，不知何故而然也。且邊禦失備，㺚子乘隙，恣行摽擄，毁長城一隅，出入無忌，殆無寧日。人人皆自疑朝夕敵必至，莫敢寧居也。序班李欽云：『聞爾國今年來請册封王世子。適今帝在南京，還期難必，使臣必久留于此，大可慮也。』」上曰：「帝之所好則何事？」世弼曰：「弓馬之技也。若聞㺚子之變，則必欲自往征之。故雖有邊報，多不聞于帝也。」

五月辛卯，遣申鏛、韓效元如京師，奏請封世子。

七月戊子，同知事李沆曰：「我國賜暇讀書之事，與中朝大不相侔。中朝則設館于禁中，必使皇太子接對。而皇帝太子有故，則使諸王代之。故人才感發而多有成者。其待遇之事，必使太子諸王主之。而所以如此者，示其親近之至也。」

十二月戊戌，通事李碩以中朝聞見事啓曰：「佛郎機國爲滿剌國所遮攔，自大明開運以來不通中國。今者滅滿剌國，來求封。禮部議云：『擅滅朝廷所封之國，不可許也。』不許朝見。而其館待之事，無異于他國。其狀貌

明武宗正德十五年，一五二〇

正德皇帝凡出遊選外國使臣扈從。

皇帝得勝回京儀式。

有類倭人，而衣服之制，飲食之節，不似人道。中原人以爲從古所未見者也。皇帝凡出遊時，如韃靼、回回、佛郎機、占城、剌麻等國之使，各擇二三人，使之扈從，或習其言語，或觀其技藝焉。皇帝自南京到通州，納張指揮妹，仍留其家。有江彬者，爲天下都總兵官，寵遇殊隆，朝夕在側，權傾一時，賄賂盈門。寧王于前年，以其護衛軍數少，進本請加數。又送金銀于諸秉權大臣，終得加軍數千，仍即謀反。吏部尚書陸完，以嘗通于寧王，拿去通州，囚其妻子，封其家。如此之徒三十七八家。唯太監蕭敬，以舊老免罪，罷歸其家。」

庚戌，奏請使先來通事李和宗啓聞見事云：「皇帝自將討寧王，巡行天下。去十月二十五日，還到通州。左右獻指揮張勳之妹，帝甚嬖之，仍留勳家。宿衛將士屯于近處民家。至今月初十日始入京師。寧王被執，到通州自殺。帝之入京師，罪人皆雙手背綁，銜枚騎馬，又持杖四人隨之。所斬首級，担以架子，每一架盛二頭，先行于駕前，連亘道路。以吏部尚書陸完嘗通寧王，籍沒家產，妻子爲奴。帝之在通州，縛致完，至是亦面縛大駕前行。自通州至京，處處設行殿，皆用簟席爲之，以紗、羅、綾、段結飾，大書金字曰：

『功蓋乾坤，福被生民。』或書曰：『氣吞山岳，威振華夷。』城中凡設五所。自城外至通州，不知其幾也。其頌功德，寫以金銀字者，不可勝紀。每十行殿之前，設高桌，置匹段百匹于其上，以紗籠覆冒。皇帝過行時，惟其所欲與者而給之。其有功者，以金銀作牌，書曰『有功之牌』，貫以紅絲，懸掛于有功者之項。領項掛此牌者不知其幾也。十三日行祀天祭。十九日設慶成宴。二十六日設慶功宴。先是，帝納陝西名娼，是爲劉氏，帝甚嬖之。隨帝巡行，多有規正。帝之回駕，劉實内贊云。」

辛巳十六年（明武宗正德十六年，一五二一）

訛傳天使採處女。

正月壬申，侍講官任樞曰：「天使來則當採處女，訛言傳播，閭閻争婚，以致擾亂。人倫之重禮，爲訛言所動，混亂失道，自上宜速痛禁。凡中朝之事，一一聞於上，然後可傳于下。是言之傳，必有所由，並可推問以治其罪。」上曰：「斯言何緣以出耶？自古訛言有時而行，若尋其由，則弊亦大矣。不訛傳採女者下獄。

若速加禁斷而已。」左議政南袞詣賓廳，屏吏胥而啓曰：「中原採女之事，臣果聞之。今日聞典翰任樞於晝講啓閭閻紛擾婚嫁之弊，自上以爲訛言，故臣欲啓其所聞而入來。通事李和宗以臣爲司譯院提調，來家謂曰：『赴京時通事安訓詣陳浩家，聞有此事，遂問于使申鏛等曰：「還本國若問所聞，何以對？」鏛等言：「若所聞不妄，當以實馳啓。」』第以傳聞不可盡信，還期不遠，當自親啓，和宗曾未上聞者此也。臣亦於經筵欲啓而未敢者，雖自上先知而別無措置之事，只益騷擾而已。臣昨與金詮、李惟清爲議此事而未敢啓，有深意存焉。謂上國雖實求之，未可以士族女應之。蓋博採四方之女，不以充後宮，而其有善戲而笑之者，輒與選女而使淫之，以爲玩賞資。今聞中外争婚者，特以訛言禁斷。事若虛僞則已；若實有之，無乃不可乎？竣申鏛之還，更與大臣議處何如？且言語之傳，必有所自。赴京行次從入者非一二，必先通書于家，族親隣里轉相聞也。非必是先來通事所盡傳也。是日已下李和宗等于獄，以推不實之言，騷動中外故也。袞之言暗脱其罪而發也。今之閭閻果似擾亂，然若禁斷，則愈益惶惑矣。其年弱不應婚之女，亦爲濫婚，不可不禁。」上曰：「此事予于經筵聞之矣。囚禁永樂間採女事。

通事等者，以其中原之事，非必以的實者啓達，雖所風聞，例當書啓矣，今乃不達于上，而先使閭閻騷擾故也。」衮又啓曰：「臣曾有聞，不卽啓答，似爲遲晚。然臣非忘而不啓也，固有深意焉。已與同列議之。若以所聞啓達，則國家不得已收議大臣，有所處置，以不明知之事徑自啓達爲未安，故不敢矣。中鐠雖來，天使不來前，國家未可先自禁斷。禮部公文若到，則其何以爲辭？今觀書狀意，吾所聞不實則已矣；如終有之，是乃欺民也。京中年未滿者争相嫁娶，姑令禁之。外方則置之，何如？」上曰：「雖外方，不得不諭。京中騷擾，外方非不知也。今大臣來啓，而上無禁令，則中外愈益騷擾矣。更與大臣議而處之。」仍傳曰：「政府專數禮曹堂上等，其即牌召，予當引見。」南衮啓曰：「領中樞鄭光弼，乃舊人也。可併召議。」傳曰：「可。」仍引見衮于思政殿。上曰：「此事予未得聞。今于晝講仍典翰之啓，始知騷擾，可爲驚愕。」衮曰：「臣聞此事已久而未啓，至爲惶恐。然非以此爲忽，欲待中鐠之來，知其的實而啓之耳。往在永樂年間採女之事，臣竊聞之。而邇來專無此事，今始聞之。臣與同事之人，每爲私議，雖有所懷，啓達爲難。竊聞採陝西之女。

皇帝所採諸女，待以非理，與先世採女之事異矣。臣未知措置之策。」上曰：「今不禁止，則中外孰不婚嫁乎？若爲虚事則已；實有帝命，應之亦難。」衮曰：「此言似非無根，然何至無其人乎？臣聞此言，只與二三大臣言之，而中外騷擾至此。此必赴京之人私通于家，因爲喧傳矣。彼通事之類，只學漢語，而不知事理，或有漏通國事于天使之弊，故不敢輕易言之耳。若皇帝採去爲後宮則已。其待之之道，不可預知，士族處女，何忍採送乎？恐不當如永樂之時也。前日臣赴京之時，採陝西之女四十餘車而來，一車所載之數，何能勝計。今亦不無採去之弊。果若採去，其離親去土，悲慘怨哭之聲，可忍聞乎？臣赴中朝，欲貿通宋鑑，問之，則賣册者曰：『皇帝今採陝西之女，處于册庫，故不得印出也。』且中原不如我國，米麵稀貴。一日饋女，并兩口米一升，多有飢死者。今聞南方亦多採女。若禮部奉聖旨移咨我國採送若干人則已。自古不法之事，必以密旨爲之，如此則不須採送也。」上曰：「此事當從後議之。」領議政金詮、右議政李惟清、禮曹判書權鈞、左贊成洪景舟、右贊成李繼孟、右參贊柳聃年等，承召追到，遂與俱入。上曰：「今日所議，婚嫁之人馬塞路。

非議採女之事，以浮言都下洶洶，故欲議禁斷耳。」詮曰：「臣聞之，果爲紛亂。然臣與南袞議之，婚姻失時，專由奢侈成風，雖甚貧窮者，其爲備禮欲齊富者故也。今雖騷擾，亦不愈于失時乎？」惟清曰：「奏請使不來，而此言先播，必是先來通事傳説所致。若年歲相當之人則已。一家子女，一日之内，盡爲婚娶，是何事也？人心騷動，至爲駭愕。而一切禁斷，亦不可也。」鄭光弼隨後而入，啓曰：「臣族親中亦有爲婚嫁者，此則年當嫁者也。然臣禁之，而或有止者，或有不聽者。今因命召詣闕時見之，則路中所見，皆是婚嫁之人。人馬塞路，不得通行矣。當使法司速爲禁斷。」詮曰：「男年十五，女年十四，方許婚嫁，大典之法。違者治罪爲當。」光弼曰：「有識之士爭先爲之，故人皆信惑而騷動矣。且昨經筵臣等會而戲言曰：『我國之俗，論財之風已成。今若如此爲之，可革此風，亦爲好也。』」袞私語惟清曰：「今之禁斷無據，而反有欺民之弊矣。」惟清首肯者再三。承旨尹希仁以傳旨草示左右，僉曰：「天使出來採去之言，不入傳旨爲當。如此則恐見之者以爲實事，尤爲疑惑也。」上曰：「果可削此辭也。」依大臣所議而作傳旨。又以此意下諭干各道。

臆測聖旨：查考前例。

丁丑，奏請使申鏛、韓效元回自京師。上引見，問中朝之事，鏛曰：「中朝之事，不如前日，故我國入去太監等，不得由意送人。然金義則再備酒食而送。陳浩則遣家僮來語曰：『畏其法制，無以致誠也。』皇帝在通州時，有言『查考前例而入』，臣等之意以爲必考奏請前例，而久無發落。其後又聞聖旨云：『查考宣德年間例事而入。』疑有採女之事。一日，陳浩遣人招素知通事而屏左右語之曰：『皇帝命查考前例而入，恐有採女之事于本國也。然時無成命，汝勿浪傳，密告于使可也。』臣等以爲此言若到本國，必有婚姻騷亂之弊，不可先傳。故李和宗先來時，不録于書狀矣。和宗來時，問于臣等曰：『及至本國，宰相若先知此事而問之，則何以答之？』臣等戒之曰：『以不實之事，不可浪傳，以致紛擾。愼勿傳播，密告左議政使之措置可也。』」上曰：「宣德年間例事，查考入奏，事自聖旨爲之乎？抑中間之事乎？」鏛曰：「出自聖旨云。其初例事查考時，臣等慮其文臣天使入送之事，而其後聞于館夫，以爲宣德之間擇馬採女而去，今爲查考，疑是例也。」效元曰：「查考前例之事，人各異言，未能的知矣。臣等赴京，翌日適有賫公事往行在所之人，正德皇帝巡遊不視事。

故臣等齎去奏請之事，即達帝所。而皇帝巡遊，專不視事，故淹留累月，今始得還耳。」上曰：「卿之計是矣。然近日都下疑惑，甚紛擾。」申鏛曰：「臣等慮此言傳播，則國中必騷擾，不知自上將何以安定。出來而聞之平安道內時無此事，臣等喜其時未傳播。及至黄海之境，始聞國内騷動。且陳浩云：『東八站近處聞有聲息云，援救之兵，入送爲可。』通事答曰：『若不有兵部之移咨，則我國何可擅送兵于上國之地？』陳浩曰：『然則預置武人于汝國之界。設有賊變，來救可也。』通事曰：『此則當報達于國也。』陳浩曰：『前日之歸，弓匠不善，造弓皆不用，棄之。請擇精工，待予之往造給之。』又云：『當往來羅州耳。』」上曰：「往來羅州事，的實言之歟？」鏛曰：「燒香之事，的實言之。且浩不知其母之死。而及臣等赴京之後，始知其死，出居幕次，行喪二十七日矣。」效元曰：「陳浩云：『往還羅州支供之事，至爲煩擾，未安于心。但生則往見，死而不往，非人子之道，故欲往燒香而來。凡爲支持之事，若不如前，則于心亦安矣。』」鏛曰：「金義、陳浩送菜種云：『植于太平館而待之。其不知種植之法，待予之去而種之。』」上曰：「久留之事，亦言世子冠禮。

《朝鮮王朝實錄》中宗實錄

耶？」錞曰：「欲于八、九月水落之後回程云。」錞以遼東三大人及白公公公公，尊之稱。之請啓曰：「此人之請，臣皆防之。」曰：「臣等之來，既從所願，每應求請，必不爲也。今不須應其求也。且山海關田宗所求之弓一張，臣等賚去，而路聞田宗已死。遼東大人懇求良弓，以此應之。且禮部外郎李欽處人情鞍子，臣等賚去見之，則李欽無各別所求之事，而若一與之，遂爲例事，故只給人情雜物，不與鞍子。且質正講榻事，受命而去，杜氏通典旁求未得，故不能質正而來。雙童髻事，問之，則小子未加冠所爲，而其制度，崔世珍書來耳。世子冠禮前受敕事，問于禮部，則曰：『汝國與中朝有異，當從汝國俗而爲之。』蓋以我爲外國而言之如是耳。且禮部招通事語之曰：『汝國事大之禮，至爲謹慎。而來聖節使之來，雨濕麻布，此是天爲，非人力所及，然後不當如是。』皇帝在通州時，諸國公事皆不發落，而我國之事獨下。意者欲爲出使者中間啓請歟？其實未可知也。皇帝親征寧王，生擒而來，及至通州，已爲酷殺。或云『高皇帝有遺詔云：「凡爲同姓，雖爲叛逆，安置而已，毋得殺戮。」故已爲安置也。』未能的知也。寧王事干斬首之人，雖只骸骨，皆盛綱正德皇帝常漂河燈之戲。

皇帝巡幸，民受其弊。

子，自通州入京，連亘二十餘里。而皇帝乘白馬具戎服而行。」上曰：「皇帝還京時，在玉河館見之乎？」錦曰：「禁屏左右，使不得見之矣。然其處通事等意臣等必欲觀光，語臣等曰：『若欲見之，當使得見。』臣等以爲爲使臣而以禮得拜天顔可也，不可以非禮窺見，終不見之。下人見而言之如是耳。」效元曰：「其處之人有云：『皇帝近必復還通州、宣府等處也。』」錦曰：「皇帝所爲之事，如小兒之戲。常作河燈浮于水上，隨水上下，見而爲樂，非如陳後主、隋煬帝之事矣。獨陝西倡兒姓劉者，皇帝甚寵，而其人甚賢。皇帝還京，皆其力也云。一日稱内旨，奪掠外國人匹段而去。後日聞之，獻于劉氏生辰，劉氏大怒，不受。」上曰：「前見先來通事書啓，皇帝在通州耶？留于張勳家然耶？」錦曰：「初聞皇帝納張指揮之女，遂留其家，而軍士亂掠人家。及其出來時見之，則皇帝留通州之館，儀仗尚在，而又無亂掠之事矣。」上曰：「出遊時臺諫侍從亦從行乎？抑在朝廷乎？」錦曰：「蓋留朝廷耳。其初出遊時，有上書諫，或決杖，或流配，故後無言者耳。」效元曰：「正德于今十六年，在此聞之，意必危亡。而及其赴京見之，則百姓不甚愁怨，朝廷百執事莫不謹事矣。 獨皇帝巡幸之處，扈從甚多，故民間受弊。」錇曰：「中朝朝服，至爲鮮明，我國之事，甚可愧也。」效元曰：「如朝士者，口不道皇帝行止，如會道士、僧徒、設醮祭之事，及在通州遊戲之事。 恐外國之人得以見之也。 臣等欲先遣通事，則曰：『皇帝若見，則吾與若等皆有害也。 不可遣之。』」錇曰：「禮部尚書招通事語之曰：『汝國之人，非他國人之例。 若今出歸而路逢皇帝，必有大事，不可先遣通事。』蓋皇帝巡遊無度，而我國之人稍辨是非，恥其得見也。 且臣等發程前二日，禮部之咨未成，而忽聞六部尚書皆以帝命歸于通州。 臣等恐其咨文未成，不得出來，而禮部尚書毛澄於空紙踏印給郎中曰：『可于此紙移咨而送。』其待外人，豈偶然而如是也。 大抵中朝待我國之禮至矣，而毛澄尤爲致敬矣。」上曰：「前所不通之國，今皆來朝，然耶？」錇曰：「此所謂佛郎機國。 考其地圖，則在西域之界，西南之間。」上曰：「其在玉河館乎？其數幾許？」錇曰：「使一人，其下二十餘人也。 臣等與之言語，其心甚爲開明。 見其書册，則體似真言諺文，而其精細無比。 其衣服以鵝毛織造，而體似團領，下幅甚闊，自頭以著，不爲解結。 飲食則只食鷄肉糆皇帝無嗣子。

逍遙巾。

食，蓋其土産只此耳。問其風俗，則雖君長不過一妃，而妻死不爲更娶也。」上曰：「中朝何以待之？」鏛曰：「其初入貢，以玉河館爲陋，多有不遜之語。禮部惡其無禮，至今三年而不爲接待矣。其人多賫金銀以來，凡所貿用，皆以金銀。臣等往見其館，皆以色布爲圍帳，四面列置椅子，分東西而坐。中置椅子一坐，蓋之紅氈，曰：『此皇帝臨幸所坐之處。』蓋以入貢之時，皇帝路逢，往見其館故也。中原亦言皇帝還京，必往見之。」上曰：「距京都幾里云乎？」鏛曰：「以水路而來，至廣東登陸，凡三千餘里也。」上曰：「皇帝有嗣子乎？」鏛曰：「無矣。」

己卯，奏請使質正官崔世珍來自京師，獻聖學心法四部，逍遙巾一事。仍啓曰：「雙童髻及講榻質疑事，伏受上命而歸。語皆逼于君上事，雙童髻，世子未冠時事。講榻，人君視學時事。不得直問於人，托言大明會典有此等語，不識制度何如？願詳學得，人皆不曉云。講榻事于聖駕臨雍録且無據見。雙童髻事，使問于金義。義以爲此制非人人所得曉，説『吾將問于匠人以示』。後書示云：『逍遙巾一名空頂幘，民間所多有者。童稚之人，束髮于頂上，或作兩角，或作一角，而必以此巾加覆。如皇太子以雙玉導如簪之類。横插巾之兩傍，使不動摇。其餘凡兒，其簪或用角與骨也。臣幸于市中得買而來。且偶得聖學心法，其書切于人君觀覽，故並獻焉。」傳曰：「逍遥巾命藏于禮曹。」

辛巳，謝恩使尹殷輔來啓曰：「入京諸路，不獨東八站賊變之可慮，至于城内、闕内等處，今多劫掠。一行不緊差備人，願以有武才人帶率之意，已爲啓請。禮曹只以打角夫一人，令得帶率，餘皆不許。反覆計之，事勢極難，故如是再啓。且此草長之時，賊變尤可畏也。請以義州土兵五十名入計護送軍數領去。義州人每爲來往，能識形勢，備知事變，故敢啓。」傳曰：「差備人帶率便否，問諸司譯院；土兵便否，問諸兵曹。」

癸未，兵曹啓曰：「義州一邑，近因天使之行，受弊特甚。今又抄發土兵五十名以護謝恩使之行，甚不便。護送軍人簡取能才以遣。土兵只發十名以給。何如？」傳曰：「可。」憲府啓：「近來中外爲訛言所動，婚姻禮亂，人人皆以爲申鏛等來，則可知其真僞也。鏛等入來後，城中稍定，外方尚騷擾。宜速諭之，使知浮妄之言。且致中外紛亂，皆由李和宗等妄傳，則不應爲事

明武宗正德十六年，一五二一

採女不實之事。

敕書三道。

理重，照律則其罪殊輕，請加其罪。」傳曰：「採女不實之事，即可分諭諸道，使村巷人民皆得的知。雖都中閭閻諸人，豈得盡知，亦可掛榜以諭。李和宗事當問于推官也。」

三月丙寅，下全羅道監司啓本曰：「姜壽千造爲虚言，傳播人口，誑惑愚民，令禁府拿來推考痛治。」壽千以吴堡赴京時入侍皇帝，言本國女多男少之事。帝喜，遂有採女之命。

四月辛卯，天使金義、陳浩，本月初八日越江，所率頭目七十五人，櫃子五百十二隻。傳曰：「今觀櫃子數，則回奉皮布物太半不足，可貿之物，其令户曹急貿。」遠接使安潤德書狀云：「帝敕凡三道：一前王，燕山。一大殿，一東宮。」傳曰：「前王受敕事，自有前規。但往年言前王居景福宮，今若請宴時，天使或請遊觀後苑，因欲入見前王，則將何辭拒之？若曰居于昌德宮，則無往見之理。將此意收議後，諭于館伴。且癸亥年雖無東宮之敕，其時天使尚執世子當親受之意。今則有東宮敕書，將何辭答之乎？前者櫃子數雖不若此，猶不能支，况今倍數乎？其前王與世子受敕及支待諸事，欲與諸宰相世子受敕事。

欲見前王，而終不得。

議之，其速召之！」領中樞府事鄭光弼、領議政金詮、左議政南衮、右議政李惟清、禮曹判書權鈞、右贊成李繼孟、左參贊柳聃年、户曹判書韓世桓、右參贊李荇、户曹參判曹繼商、參議朴好謙、禮曹參判李蘋、參議李成童，入侍于思政殿。光弼曰：「前王受敕事，既有前日所言，不可更説。且前王在景福宫事，曾已知之，而遠接使亦必已説。今若異辭，則彼必疑矣。」金詮曰：「前王受敕事，依前言之，居處亦然。世子受敕事，世子幼弱，未成冠禮，豈可同成人之禮而爲之乎？冠禮亦不可爲此而徑行也。天使來時，遠接使常常言之，則彼豈不回心乎？回奉事亦臨時隨國之有無，雖非毛物，以他物充給，而不可加定也。」光弼曰：「彼不得所欲，則心必不喜，然不得已隨所有回奉可也。兩天使中一人獨謝叩頭，則雖一人立，不可不答，宜避而示不敢當也。」南衮、惟清之啓亦如此。權鈞曰：「戊辰年天使越江，即言欲見前王事。遠接使宋軼常常開諭。而到京亦曰：『俺等回還本國後，朝廷若問俺等見朝鮮國王前王否，何以答之？』强欲見之，而終不得也。今雖强執，不可改其前言也。且世子幼弱未冠，何以迎敕乎？」聃年曰：「前王居處事，安潤德已細知朝鮮世子弱冠，不知如何迎敕。

而去，待其書啓而後議處可也。」世桓曰：「回奉事，今聞中原尚用正布，以此贈之何如？且民間狐皮多入，於結綵迎敕後優給其價，則可以多得。但狐皮私貿者，已令禁斷，然慮有潛相貿換者耳。」袞曰：「私貿狐皮者多，則與國家諱其稀貴之言何異，是可慮也。」希壽曰：「毛物頓乏，國家不能優給。故既令通事言房守輩，因言物産盛衰之理。而市人争持賣買，則言實似殊，故政院僉議啓之。更思之，既不能嚴禁，而徒播國家禁斷之言，使之聞之，則必生怒氣，而于事亦甚不當。莫如不禁之爲愈也。」上曰：「癸亥年雖無賜東宮之敕，其時天使强令迎之。今則于東宮亦有賜敕，將何辭答之？」南袞曰：「未成冠禮，何以迎敕乎？國儲之立，雖在繈褓時，中朝亦封之矣。癸亥年金輔强執而國家輕許，致令世子失儀，其時輔亦悔之。今亦托以不行冠禮，則彼豈不聽！」

甲午，遠接使書狀三道來，政院不拆封即入啓，一道即下，一道不下。其還下二道内，一道乃上使櫃子領輸差使員祥原郡守鄭汝欽推考事。汝欽不即輸轉，上使發怒。遠接使即鎖頸汝欽，令下獄。上使固請，故放之，而即令正德皇帝崩逝之奇。

汝欽叩頭謝罪于使前。一道乃酒味善惡事。酒罷後，副使云：「此酒味甚好。昔者出來時，京都酒味不好。本不好乎？」傳曰：「一道則乃天使燕享宿所及諸賜敕謄書事，而末端有姑不傳播事，故不下爾。」承旨金希壽啓曰：「敕書未曾謄來，故謝恩文書迨未修之。今已謄來，而留中不下，敕書及欽賜物數詳考而後可修文書也。斷其末端下之何如？」傳曰：「啓意似未穩，當色承旨及注書翰林各一人，入于慶會樓下謄書可也。」於是上御慶會樓下，承旨金希壽、注書史官等入侍。上以書狀及敕書示希壽曰：「此書狀雖下無妨。」帝崩之奇。希壽曰：「此書狀不下，故人皆有疑慮之心。皇帝崩逝之言，外人紛紜喧說，然京中之人何所聞而知乎？必天使一行人聞而傳播也。」上又以一文書示希壽曰：「此事宜不下也。」仍低聲言曰：「女子云者，必壯長之女。幼女云者，乃幼少之女。採女事。然皇帝崩逝之言若實，則必不舉行。但如此祕密，故人益疑之矣。」希壽曰：「今外人知皇帝崩逝之事，則必不疑矣。」希壽持文書小退，令史官等謄書，但捲帖末端，不令史官等見之。遠接使馳啓，其略曰：「臣令通事李和宗告兩使曰：『世子今年七歲，早定國本，正德皇帝崩逝，囚捉江彬。

臣民之望。殿下緣臣民之望，奏請蒙允，一國之幸也。但世子時未冠禮，岐嶷雖夙成，迎敕成禮，非稚幼所能。前此雖請建世子，親迎敕書，無例，敢禀。』答曰『何以云無前例？金太監之來，見世子事，中朝已知。』臣答曰：『其時金太監欲見世子甚固，不得已暫令出見。世子驚怖，金太監亦悔，即令還入。此乃前鑑，兩大人其以此爲例乎？』兩使答云：『若然，則迎敕之禮雖不親行，殿下接見俺等時，令陪侍以見爲佳。俺等承封建之命，不親見其容，可乎？』臣答曰：『此亦非前例，更望垂恕。』答曰：『殿下近處，陪出見示，何害于事，而如此强止乎？』堅執不許。故徐觀所爲，姑不更請。且臣當見敕書時，兩使潛問李和宗曰：『俺等出來時，朝廷多事，前例皇帝賓天，哀亦至此乎？』答曰：『無有。但湯站人得聞，則奇自至矣。』即云『賓天之語，耳可得聞，口不可言』，丁寧戒敕。以此觀之，皇帝崩逝之言，似不虚矣。」又書狀曰：「本月十一日良策館止宿。日昏，副使于房内招安訓辟人潛語云：『俺等到廣寧，聞皇帝凶訃。朝廷捉囚江彬。皇太后定策，立弘治親弟，頒詔天下云。俺等出來時，敕外徵索之事數多，本國其能勝支乎？皇帝不幸，本國之福也。俺等雖聞凶訃，賫本國慶事而來，故欲速頒敕耳。此事爾可潛語宰相，勿露他人。我是本國人，故如是言之，亦不可使俺所率人聞之也。』上使亦以此意諭李和宗云。」

丙申，領議政金詮、左議政南袞、右議政李惟清啓曰：「見遠接使書狀，則皇帝凶訃，天使仔細言之，必不虛語。而其不分明廣説者，不知其何意耶？但當速修押解文書，送于遼東。聞見奇別，而又見其爲正德舉哀及爲新皇帝奉表與否，則可知矣。且謝恩文書，雖以一邊修之，然往還遼東，細知之後，則必多有處之之事矣。」傳曰：「此乃大事，故訪問大臣耳。然天使亦不見於辭色，而頒敕後自有處置，故姑不汲汲矣。但果於文書修正之時，有可爲之事，則其以他事往遼東聞見可也。」南袞曰：「竊聞前來敕書一道，留中不下，故國人之疑惑滋甚。今者皇帝之訃音已播，其所徵索，不可奉行，請下其敕，使衆疑冰釋。」上即下之。乃採女採宦事，宣德癸卯年間一樣。非徒此兩事，他事亦多云。且兩使頭目傳播皇帝崩逝，今通事遍問于所知，解辭頭目潛答云：「到遼東，哀書至，乃知皇帝去三月十六日已崩。但頒敕前兩使

正德皇帝三月十六已崩。

皇帝崩亡原因。

祕而不發，慎勿喧說」云。

己亥，南衮、李惟清啓曰：「皇帝崩音，天使不明言之，必有其意，不可遣官以問。若使的實，則其于迎敕之禮至難。宜令通事因語次問皇帝崩逝，則正德年號何以爲之？又於謝恩文書，何以爲辭？備舉此意問之，則可知其實矣。」金詮曰：「當令遠接使因談語間問皇帝已崩，新皇帝即位，則我國禮當舉哀。事不詳聞，深爲憫（悶）鬱。何如？」傳曰：「知道。」

甲辰，以右議政李惟清爲〔賀〕登極使，韓亨允爲副使。

丁未，通事金亨錫等聞先來頭目鄭臧、王英二人之言，來啓曰：「俺等行到廣寧，聞皇帝過飲冷酒，二月十四日吐血而崩。亨錫曰：『若是正終，則何以捉囚江彬與太監耶？』英等曰：『是彬等引誘皇帝，使巡遊無度，致此崩亡之禍故耳。』亨錫曰：『然則天使一行，何不舉哀乎？』曰：『中原之法，哀詔若不直下於己，則事雖的實不舉哀，禮也。』亨錫曰：『皇帝已崩，則徵索之事決不爲也。』曰：『帝命已降，經人女子雖不採入，其餘幼女及小火者等不可不採去事，天使等已議而來耳。』英等且曰：『皇帝以朝鮮事大至誠之邦，凡

明武宗正德十六年，一五二一

新皇帝爲憲宗之孫朱厚熜。

爲欽賜等物，親自點檢，而取玉帶十三餘件，擇其最好者以賜。其品在中朝亦未易多得者也。』亨錫等曰：『新皇帝誰耶？』臧曰：『成化之子興王已死，其子襲封爲興王，年甫十三。』英則曰：『年已二十三』，其語有異也。」

庚戌，上具吉服迎詔敕于慕華館。敕書三道。其一、敕封峼爲王世子。其二、特賜王及妃及前王㦕及妃銀兩、玉帶、紵絲、紗羅等物。其三云：「敕朝鮮國王李懌，兹遣太監金義、陳浩，往王國封立世子，以從王請，以慰國人之望。義等事竣而回，王于本國小火者中，并有能理辦膳事女子及幼女，揀選資質清秀易于使令者各數十名口，付義等帶來。足見王忠誠事朕之意，收敕。」傳曰：「敕内徵索事，當于下馬宴之日議定。而今則無下馬宴節次，當先議定。彼幼女及經人女子，則當云：『本國偏小，無氣質清秀善于辦膳之人也。』若小火者，則予意乃大行皇帝之命，採送爲當。大抵我朝火者，在中朝多有致力之事，而已曾入歸之人，今幾死亡，採送何如？當以此意，遣史官問于三公。」

五月壬子朔，天使語李和宗曰：「爾國應賜物件，皇帝命考舊例，則曾無正德皇帝彌留之際。

優賜之例。皇帝以爾國爲禮義〔之〕邦，特加優賜。其中玉帶，先代所御，藏之內府。皇帝以黃鞓非藩王章品，易以紅鞓。且條環及笠頂子，亦是絕寶。綵段等物，皇帝當疾病彌留之際，親自點檢，至于三十餘篇。此固非俺等所奏請，皆出宸衷。當初敕下翰林院，朝廷無不驚嘆，至上彈章。而俺等則不與是非。如此異數，爾國謝恩時，將何以應酬乎？表箋及進獻物目，宜謄寫來示。且受賜物件，照數開奏否？」

癸亥，謝恩使尹殷輔如京師。檢閱宋純收三公議。金詮議：「火者、女子等事，俱在別敕之內。前日天使只舉火者事言之，其必已見遺詔內『放送已採之女，令各得其所』之意而然也。今欲更考宣德例事，持難自重，胸臆不難知也。如臺諫所啓，具由奏請，不爲無辭。但謝恩使之行太迫，姑待數三，往復論難，終不肯聽，登極使之行附奏，恐亦可也。其回還雖不及天使未還之前，若聞附奏之意，未必不回其執。惟火者事措辭爲難，天使强之不止，略採應之亦當。」

癸酉，陳慰使李菤、進香使韓恂如京師。都監以千户李秀賓來赦文一皇太后懿旨。

登極頒詔有訛字。

件、懿旨一件啓曰：「其他事祕而不發。慈壽皇太后懿旨曰：『新天子嗣登寶位，左右侍從，須用正人。答應掌宮侍位牌子等項，并几筵司香人員，你司禮監便從公推選老成忠厚小心慎密之人，以充任使，不許濫用。該衙門知道。』計内府有名騎馬太監三十八員，天使金義亦與焉。」

六月壬午，南袞曰：「宣德九年有採女之命，十年帝崩。正統之初，採女與否，無文書可考也。」荇曰：「其時則不與此時同。帝初謂本國使臣曰『汝歸採女以待使者出去入送』云，而未久帝崩，故不採送。今亦帝崩，不可採送也。」

癸未，登極使李惟清、副使韓亨允、書狀官柳溥奉表如京師。

七月乙卯，平安道觀察使柳聃年狀啓曰：「皇帝登極後頒詔及大行皇帝上尊號廟號詔書草本，求覓傳寫以送。但登極頒詔多有訛字矣。」崔世珍讀登極詔草，至「採生」、「拆割」等語，世珍曰：「中朝人有以賣卜術遍遊人家，識其兒童面目，竊取其毛髮，假作其兒形，以其魂精寄之于偶人，以禍福于人。『採生』者，謂採生人之魂。『拆割』，謂立生人而以刃拆割者也。」至「諫正巡遊」等語，世珍曰：「凡諫正巡遊者，于闕門終日伏地以俟命。正德皇帝直隸之意。

時，朝臣以刃插其胸以諫之。正德怒曰：『爾諫正則當矣，敢以刀劍入闕門乎？』竟用大刑，此事有中朝人多傳説之。」至「諸王府俸米，御史督率」等語，上曰：「此王何王？」世珍曰：「乃海内親王也。」至「刀蹬」語，世珍曰：「凡以公事，官員把持以索其物，謂之『刀蹬』。」至「立功哨瞭運灰」等語，世珍曰：「中朝以有罪之人配於遠邊，以待立功，謂之『哨瞭』。使罪人役，以爲石炭以運之，謂之『運灰』。」至「抄鐵」等語，世珍曰：「以罪徒役採鐵者。」至「枷號」等語，世珍曰：「有罪者著枷，圓如磨形，而懸于四木之下，至地幾一仞，罪重者三月而止。以罪之輕重爲差。」至「例前」等語，世珍曰：「中朝謂赦爲例。」至「銅漆銀朱」等語，世珍曰：「『銀朱』乃『朱紅』也。」至「山場柴炭」等語，世珍曰：「凡山場有柴草者也。」至「椿」字，世珍曰：「此字未可詳也。木邊舂字，乃馬橛也。」至「參奏」等語，世珍曰：「凡位高者，則奏問、推問謂之參奏。」至「南、北直隸」等語，世珍曰：「北京順天府所屬官邑，公事則直達于順天府；南京應天府所屬官邑，公事則直達于應天府：故謂之直隸。」至「燒造」等語，世珍曰：「中朝凡于佛宇所用器皿，必遣太監監造用之。」至「貪緣正德皇帝於闕内多作佛宇。

將官」等語，世珍曰：「夤緣者非公選，只因内嬖及内旨而差之者也。」至「騎軍驍尉」等語，世珍曰：「驍尉者屬錦衣尉，其數甚多，散遣各邑，伺察非法之事。此輩權甚重者也。」上曰：「錦衣衛何官也？」世珍曰：「若本國義禁府。」上曰：「然則此人如録事之類乎？」世珍曰：「此人與外郎對揖者，其威權甚盛者也。」至「揑奏」等語，世珍曰：「以虚事奏達者謂之『揑奏』。」至「烟瘴」等語，世珍曰：「極邊海隅之地，謂之『烟瘴』。」玉崐曰：「如本國巨濟、南海等處也。」至「天師」等語，世珍曰：「中朝以漢張道陵子孫襲封號曰『正一天師』，與衍聖公子孫禮遇相埒。其家在外邑，若以謝恩到京，則必賜宣慰矣。」至「多餘内府宫人」等語，世珍曰：「其宫人有親屬者給付嫁遣；無親屬者，官爲嫁遣也。」上曰：「此正德聚入内府者也。」至「抄没婦女」等語，世珍曰：「中朝以有罪婦女没入宫掖浣衣服者，謂之『抄没』。」至「佛寺」等語，世珍曰：「聞正德于闕内多作佛宇，其所處僧人皆配遠方也。」上曰：「此以僧人皆配遠方也？」玉崐曰：「此流雖遇赦，永不原宥者也。」其赦書凡制度、法令等事，幾至千餘事，世珍一一解釋以讀之。

乙丑，上命崔世珍讀遼東咨文謄草，至「人口都不必用」之語，世珍曰：「此則採宦、採女必不率去矣。」

八月乙酉，尊謚使吏曹參判孫澍如京。

己丑，上始聞是日乃新皇帝聖節，率百官行望闕禮于勤政殿，仍遣左尹沈順經追賀。

九月戊辰，登極使李惟清狀啓曰：「登極頒詔差除與否，聞見看得奇別一本，節該：『差官賫詔往朝鮮國開讀，奉聖旨「是」。翰林院修撰唐皐充正使，兵科給事中史道充副使。國王紵絲十表裏、粧花絨錦四段，王妃紵絲六表裏、粧花絨錦二段』云云。故令通事金利錫進兩使家問發程之日，則答曰：『九月十二日受敕，則二十日前起程。右日未及受，則晦日前起程』云云。唐皐文學，甲戌科狀元。史道丁丑科進士出身。」

十月丙戌，政院啓曰：「謝恩使書狀二道來。其一曰：『臣本月十二日北京離發，今到杏山驛。臣出來時與登極使同議，令通事金利錫詣唐皐家，十二日受敕與否探問。則唐皐使其家人傳語金利錫曰：「近因朝廷多事，其

明武宗正德十六年，一五二一

大行皇帝安葬。

朝議禮儀之事。

日未及受敕。來十八日大行皇帝發引後，得空日受敕，則未久起程」云。發引後，二十二日安葬，二十四日神主入城，二十六日祔廟，則其間似無虛日也。』其二曰：『臣初到遼陽，太皇太后及中宮冊封與否，問于大人寧寶。答曰：「時未冊封。」及至北京，更爲探問，皆云：「凡冊封之事，有關慶禮，而大行皇帝方在殯宮，不得議行。新皇帝年纔十六，而連仍喪恤，尚未擇配。」兩所方物，依朝廷處分，不進獻，賫還。登極使到遼東探問，如臣所聞。然慮遼東地方去京師頗遠，雖已冊封，而遼東人或未及知。太皇太后方物並録呈文進呈都司後，到京始知的語，不欲進呈。然遼東都司據呈文業已聞奏，勢難中止。兹以進呈，則鴻臚寺禮部等官，初以爲位號未定，進獻未穩。禮部更議云：「遼東都司奏本已下本部，且正德中宮，雖時無位號，自當轉封，封進方物，與禮無妨」云。今次正朝行次，不送方物，似未安。』此意議于大臣，何如？」傳曰：「可議之。」舍人曹漢弼以大臣之意啓曰：「朝議以爲時不冊封，而先自上號爲難，故謝恩使則不呈之矣。厥後登極使則已呈呈文，故不得已呈之。今之不呈，似爲未穩。但聖節使、尊謚使當觀其登極使呈不呈而爲之。事已教送，而今通事之出來，路逢聖節使，但言謝恩使之不呈方物，而不言登極使之呈方物，則恐至遼東，依謝恩使之例，不呈文矣。以此料之，則今又送之未安。明日祭後與禮曹相議爲之，何如？」傳曰：「明日還宫後，與禮曹同議爲當。」

丁卯，領中樞府事鄭光弼、領議政金詮、左議政南衮、左參贊沈貞等議啓曰：「登極使、聖節使皆持方物而去。今正朝使之行，方物不可不送也。」

十二月乙酉，上迎敕于慕華館。翰林院修撰唐臯爲上使，兵科給事中史道爲副使。

使臣不受禮物。

丁亥，上于下馬宴謂天使曰：「筆、硯、紙、墨是文房微物，雖或收用，不是傷廉。」兩使曰：「朝廷知我等遵守理法，差將出來。雖是微物，若受之，則是欺朝廷也。」

壬午十七年（明世宗嘉靖元年，一五二二）

二月庚辰，聖節使沈順徑、尊謚使孫澍回自京師。孫澍啓曰：「通事金嘉靖皇帝未寧。

利錫買官本書册，禮部郎中孫存見之，怒執牙子，著枷立街上三十餘日。以序班不能禁，並移咨刑部論罪。禁本國人不許浪出於外。」順徑啓曰：「臣以四所方物進呈。中朝以今天子中宫未定，却一所方物不受。武宗皇后方物，禮部以爲無文可據，不當受也。孫存以爲『汝等若狀告通政司，則通政司即移禮部令受之』。存且草狀以給臣等。臣等呈於通政司，遂納於武宗皇后。中朝人以爲朝鮮以各所方物備來呈之，甚合於禮。」

三月辛酉，正朝使金克成狀啓：「皇后上尊號，問於禮部，則曰：『孝宗皇帝稱昭聖慈壽皇太后，武宗皇帝稱莊肅皇后，興獻王妃稱興國太后，憲宗皇妃邵氏稱壽安皇太后，議定尊號。而適以皇帝未寧，時未上號』云。」傳曰：「皇帝未寧之由，天使唐皐、史道入京與否及凡所見聞問啓。」政院回啓曰：「皇帝證候，初言毒疫。更問，曰『不知。』唐皐三月上旬入京，史道向山東本家。陳浩、金義皆仍帶前職。陳浩則使其家臣致酒肉酸物。皇帝不視朝。」

五月丙辰，謝恩使先來通事金順忠言曰：「三月初七日謁聖時，使姜瀓請觀光於主司。主司曰：『俺不可擅許，當議於禮部。』禮部云：『不可只憑三月初七，嘉靖皇帝謁孔廟。

伴送之言而擅達。欲觀使臣雄文大作，斯速回話。』即上書請觀光。禮部稱善，即奏下入參。但以彝倫堂前狹隘，只令三員入參，使、書狀及通事一人入參。還宮後，行慶賀禮。唐皐天使帶來遼東頭目呂英欲聞家奇到館。姜澂問唐皐安否，仍説殿下思想大人之意。更令通事問安於唐皐家。皐適出使，只見其子，説與委來之意。其後皐遣陪吏曰：『既知使臣到館，但俺掌製表式字樣，無暇通問』云。史道天使則家遠，又無因緣，未得通問，只於朝廷間相望而已。禮部郎中及主事言於通事曰：『欲見爾國登科録』，通事答以不賫來。答曰：『今後來宰相處傳説持示爲可』云。三月二十日間，正德皇后誕日，皇后曰：『喪未過三年，受賀未安。』遂停之。」

壬申，遣禮曹參判尹希仁如京師，賀上皇太后尊號，太后即興獻王妃，帝生母也。

六月庚辰，謝恩使姜澂回自京師。上引見，問中原事何如。澂曰：「三月初七日，皇帝謁聖，横經問難。臣見玉河館主事言之曰：『我亦儒者，雖在平時，亦且請觀國子監，況值盛事，深欲入參。』主事答曰：『爾是禮義邦儒臣，故如是，可與一二三人參觀。』即通於禮部郎中孫存。存以書示曰：『爾以嘉靖皇帝謁聖國子監。

宣讀聖旨。

文獻邦文官，欲入參，其意美。其書爾情而來！』如是者再，然後臣畧爲書啓送之，即達於尚書，遂奏於皇帝，許令觀光。至初七日四更頭，序班引臣及書狀官、通事至國子監。皇帝辰時動駕，入大成殿行祭後，又乘輦從御路入彝倫堂。堂在大成殿之西，其庭之大，倍於我國明倫堂庭。儒生三萬餘人入參於庭，故千官不得盡入。文班則四品以上，武官則都督以上，隨班。外國則惟臣等入參而已。且皇帝入彝倫堂時，群臣列立御路左右祇迎，亦不鞠躬，但拱手低頭。或有仰見龍顔者。國子監祭酒跪於東庭，司業跪於西庭，其餘國子監官員在後列，分跪於東西殿。坐後，在東庭，祭酒入拜，於皇帝前叩頭跪。禮部取御前床上册授祭酒。祭酒坐於堂内東邊方交椅上，似若論難，而其辭不得聽。東邊閣老、大學士與六部尚書。西邊都督一品以上。東階上翰林侍講官列立，西邊亦然。祭酒論難畢後，叩頭下來。在西邊司業，亦如祭酒儀。畢後，行茶禮。鴻臚寺官大聲讀聖旨。其聖旨大概勉諸生勤業之意也。讀畢，群臣五拜。禮畢，皇帝動駕，群臣及諸生祇送如祇迎禮。群臣又先詣於闕祇迎。皇帝遂御奉天門，群臣陳賀。臣等亦入參賀禮。禮畢後，饋國子玉河館未得任意出入。

監官員及諸生於闕庭； 又論賞國子監官； 又擇三氏孔子、顔子、孟子。子孫隨班。 且唐天使欲見而無緣，其從來頭目來玉河館云：『唐天使欲見汝國通事。』即遣金利錫，則適值出仕，見其子，率來我國者。言其未遇之意。臣臨還，唐天使遣翰林院事知胥吏問安。 仍言『欲見宰相説與往還汝國之意。 然往還未久，深畏國法，不得相見。 歲久則可以相見』云。 史天使於朝班與臣等所立之位相近，其所與立者，中書舍人、給事中輩也。 相與言我國之事，輒顧見臣等，而亦不使人相問。 出來時，遼東總兵官張銘云：『唐、史兩天使到此，言爾國王待之以誠，固請留之，然事完而不可久留，故未果也。 大小臣僚莫不尊敬矣。 送别時，國王下階以送等，亦不堪惜别之意，不覺墮淚。 此地與朝鮮相近，若見朝鮮人，傳此意可也』云。 廣寧都御史李承勳云：『唐天使等口不絶言朝鮮之事。 且中國人爲㺚子所掠者，朝鮮解送不絶，衣服盤纏，亦且優給，其敬事朝廷之意可見。 若秩滿遞歸，則欲達朝廷論賞也。』玉河關(館)門之開閉，前則防禁不緊，故雖暮夜亦得出入。 近來禁防甚緊，未得任意出入。 臣見主事，言中朝〔待〕我人與古頗異之意。 主事答云：『爾國從來玉河館不禁書冊貿易。

皇帝御彝倫堂冠服。

《朝鮮王朝實録》中宗實録

之人，異言異服，橫行觸法，則甚不可也。宰相豈能盡檢其下人哉！禁其出入，於宰相亦好也。買賣之時，當許出入，全無禁防。』臣聞此言，意以爲甚當。臣曾聞前時軍官子弟橫行違法，禮部郎中見而非之曰：『朝鮮禮義之人，何如是』云矣。且主事每言於臣曰：『若欲遊觀，則許之。』臣辭之。以此觀之，禁防我國人出入，非如待㺚子也。書冊貿易者，亦不禁也。且人参以本色入貢事言於禮部，則禮部云：『此乃貢獻之事，呈於通政司。』即呈於通政司。尚書招臣等進前，言曰：『板参有何弊，而欲貢本色乎？』答曰：『板参則合而粘付，失其本真，於貢獻未安，欲貢本色。請移咨遼東。』尚書答曰：『可許也。』三月十一日上尊號，十五日頒詔天下。臣言於禮部郎中孫存曰：『我國亦當進賀。』臣之還期亦還，請移咨遼東，使諭本國。孫存曰：『前日汝國進賀時，聞於何處耶？』臣答曰：『或問於遼東而知之，或因本國使臣回還而知之。』孫存曰：『此非我所掌，其言於儀制使(司)郎中余才。』余才曰：『當告於尚書，移咨遼東，使諭朝鮮也。』其施行與否，臣未之知也。」上曰：「皇帝御彝倫堂時，著何冠服？且春秋幾何？」澂曰：「御黃紗袍。時未恭上皇太后、太后尊號。

行冠禮，御圓冠，春秋十六。」上曰：「予聞皇帝月三御經筵。」瀓曰：「日一御矣。且前者使臣呈表於禮部，禮部呈太監於左順門。今則禮部云：『陪臣當親持表筒呈於太監。』臣問曰：『今何異於前例耶？』答云：『禮部以前事爲非而然也。』臣則持謝恩表，書狀官持漂流謝恩表，與通事一人，由正門入，至左順門。太監出來，臣等跪呈其表。」

乙未，遼東移咨文曰：「遼東都指揮使司爲慶賀事，承准禮部照會：『該本部題：「嘉靖元年三月初十日，恭維皇上益隆孝敬，恭上昭聖慈壽皇太后、莊肅皇后尊號；十一日恭上壽安皇太后、興國太后尊號，詔告天下。合無本部行移各王府及天下文武伍品以上諸司衙門查照正朝、冬至節事例，差官類進表文慶賀。內昭聖慈壽皇太后舊式表文，應合改撰。并莊肅皇后，先該本部題奉欽依暫稱武宗皇后，改撰箋文。今加上『莊肅』尊號，有所常行禮儀，合照本部原擬改箋爲表，以示尊崇。前項箋文，亦合更改。及壽安皇太后、興國太后，已加尊號，凡遇正朝、冬至各節，相應一體慶賀。其表式樣，必先預行各王府、天下文武衙門欽遵知會，庶不臨期有誤。合候命下之日，本部俱行移翰林院撰擬，通行諸司衙門，依式謄寫拜進。緣係慶賀事理，未敢擅便。嘉靖元年三月十三日，本部尚書毛等具題。」次日奉聖旨：「是。欽此。」欽遵，行移翰林院，於五月初六日撰出昭聖慈壽皇太后表式略、莊肅皇后表式略、壽安皇太后表式略、興國太后表式略。遞出到府，擬合通行。爲此除外，查得先該朝鮮國陪臣刑曹參判姜澂等稟，爲徽號等事：「竊維天朝封號等項大事，本國禮該進賀。誠恐本部行移遼東都司公文一時不至，該都司不行本國知會，必有遲誤未便。伏乞於今照會內明載，以後但遇前項事情，如敕詔已到本都司，不拘公文到否，隨即移咨本國知會，永爲常例，庶使小邦不至有誤慶賀。爲此謹稟。」等因到部。今該前因，擬合就行。爲此合行照會本部都司，着落當該官吏，照依本部題奉欽依内事理，即行移咨朝鮮國王欽遵，知會施行。』承此前事，擬合就行。爲此除外，合行移咨前去，煩請差委的當官員，前來會式施行。須至咨者。」

十月甲戌，傳於政院曰：「招前來通事，更問以前聞皇帝有同生公主而擇駙馬云，今已選擇行吉禮乎？稱何職銜乎？畿内諸王常常來朝乎？聖節嘉靖皇帝每天御奉天門視朝。

日衣冠之國來朝者幾何？皇帝逐日視朝乎？我國人隨班者，可得仰見皇帝乎？其總髻與前所見同乎？」通事裴瑊、趙承亨等啓曰：「皇帝同生公主駙馬事，臣等但聞方揀擇，時未取之云。其定爵稱號，未得聞也。畿内諸王朝會時，臣等但於聖節日見其來朝而已。常時來朝事，未得聞知。聖節日來朝之國，臣等但見達子及南阿國，而其餘他國來否，未得見也。皇帝逐日御奉天門視朝，故臣等立階下，得以仰見矣。皇帝總髻與否，則以狀如帽子之冠加之，故未知何如也。但與前日所見同矣。」

己卯，遣工曹參議孔瑞麟進馬於京師。

辛巳，傳曰：「聖節使申繼宗卒於京師，無乃有別致賻乎？考古例以啓。且赴京使臣行至遼東而死者誰耶？至帝都而死者誰耶？令承政院考啓。且死生有命，不可以醫藥能救。恐赴京醫員不謹救藥，待其還推之。」

庚寅，傳曰：「今觀聖節使尹希仁狀啓：『中朝具祭物致祭於中繼宗，以聖節使卒京師。且多賜賻物』云。古亦如是，則當修謝禮矣。書狀官高漢鼎亦知古例而謝之乎？」先來通事尹由耕啓曰：「九月十六日皇帝遣禮部尚書毛嘉靖皇帝冠禮。

嘉靖皇帝合巹。

澄賜祭及賻物。十七日禮當謝恩，適因皇帝冠禮而未果爲也。至十八日，書狀官等皆詣闕謝恩，並行下直。皇帝冠禮始末不得見聞也。其賜祭時節次，則毛尚書自闕庭受命，作樂而來，排設於中大廳，出銘旌豎之，連奠三酌，樂作，親焚沈香，不拜，而只一度行揖禮，乃退立於中門外。其下官等作班就前跪謁而退，尚書即出。當初禮部考前者本國使臣韓堰處賜祭時遣官之例，無文籍，不得考。尚書毛澄曰：『朝鮮使臣上馬、下馬之宴，吾皆參之，今之賜祭，吾亦可以親奠』云，而來祭也。九月十一日，有衆人皆插綵花作樂，過玉河館。一行或有見之者，而不知爲皇帝納綵之禮，故不得詳見也。至十五日皇后納徵云，而亦過玉河館前路，臣等立門内望見之。其人數無慮六百餘許，分左右，皆插綵花。前路作樂，牽羊皆用紅勒，生雁及生豕皆盛於木櫃而擔之，其數則不可勝數。其他肩負之物甚多，而亦不知何物也。皇帝合巹則九月二十八日云。而臣等已發行，未得聞知。」

十一月丙辰，同知中樞府事尹希仁以皇明政要一帙進獻曰：「此非古書，乃近代所撰，切於治政。若令印出，而時賜睿覽，不爲無助矣。」

太皇太后崩。

庚申，遣李思鈞如京師，表賀皇太后册封。

癸未十八年（明世宗嘉靖二年，一五二三）

二月庚寅，傳曰：「今聞太皇太后崩逝。所當爲之事，問於禮官以啓。」

四月庚戌，陳慰使趙元紀、進香使金瑠如京。

八月戊申，臺諫合司啓曰：「聞中朝厭苦我國使臣頻數往來。順天府發問策題云：『朝鮮假稱禮義，頻頻往來，其實則以興販爲利也。拒之則彼必缺望，有乖於待夷之道，不拒則驛路益甚困弊。』臣等始聞此言，不勝愧赧。今奏聞使、正朝使發程日期不甚相遠，兼差入送，似乎無妨，而國家以奏聞爲重大，故臣等不啓矣。」

壬子，進香使趙元紀、陳慰使金瑠還自中朝。上問中朝事。元紀曰：「廣寧御史及太監等，稱道我國至誠事大，唐人漂到本國者輒即刷還，至爲可嘉云。」上問：「皇帝視事與否？」元紀曰：「皇帝逐日視朝，經筵則一朔内不嘉靖皇帝視朝服色。

過四五度云耳。」上曰：「皇帝冠服如何？」金瑺曰：「純用黃色矣。但於一日視朝之時，皇帝御黑袍，朝臣皆肥皂衫。問之，則云：『有藩王之服，當服二日』云。」上曰：「皇帝春秋幾何？」元紀曰：「仰睹天顏，不過十七、八矣。」

丙寅，遣刑曹參判成世昌如京師刷還唐人並獻俘、馘、船窗、箭枝。

甲申十九年（明世宗嘉靖三年，一五二四）

正月癸酉，禮曹啓曰：「皇帝降敕褒諭，欽賜銀帶，恩慶異常，近古所無。禮文內凡有大慶皆賀，請於受敕後，依禮文，百官進箋陳賀。遠地隨所聞陳賀。」上從之。

嘉靖皇帝每天親政。

癸巳，奏聞使賫來賞賜將帥等物。上御勤政殿受百官賀。御思政殿引見奏聞使成世昌。上問中原之事何如，世昌啓曰：「皇帝日親聽政。我國獻俘，滿朝皆嘆美不已。禮部尚書王富見臣，謂曰：『深服汝國王忠信。』」

二月壬戌，正朝使崔重洪先來通事李萬歲還自中原，命問中原凡事及我國人出入玉河館時尚禁止與否。書啓曰：「中原別無他事。玉河館則中外門皆使守之，雖藥材貿易，亦必告主事。主事令把門人勿禁，云著籍相符，然後乃得出入。若不告於主事，則禁不得出入矣。且中原人云：『靉陽堡等處有㺚子聲息，爾等戒行。』」

六月乙卯，下謝恩使申鏛先來通事書狀曰：「此言皇帝加上昭聖慈壽皇太后尊號曰『昭聖康惠皇太后』。加上興獻帝尊號曰『本生皇考恭穆獻皇帝』。加上興國太后尊號曰『本生聖母章聖皇太后』。如此則我國亦當有進賀之事乎？其問於承文院、禮曹以啓。」

癸亥，執義表憑曰：「進賀使入送事，已定議矣。然我國乃海外藩邦，非如海内諸侯之例也。凡朝貴之事，必疏數得中，情文相稱，然後合於事矣。前朝之初，或三年一朝，或五六年一朝。中國待其使臣以遼、金使之次，又爲館伴接之，其禮厚矣。至忠烈王以後，遂爲甥舅之國，視同一家。國王以駙馬每入大都，雖前朝，其初則使介之行，不至煩數矣。我國初太祖朝，則只遣正朝使。至世宗至誠請奏，千秋節亦得遣使矣。頃者蕭妃之崩，進香使不當朝鮮遣使頻繁。

遣而遣之。且聖節已過，則不當遣使而又追遣之。此皆文過其實，甚不可者也。且中原人以我國使价數行爲未便，乃曰：『汝國使臣之數來者，只爲買賣，安有事大之誠乎？』又聞其試策之題有云：『朝鮮之人假托禮義，頻數往來，若待之，則一路紛擾，若拒之，則有乖王者待夷來者不拒之義。』其厭之如此。進賀使勿送可也。頃者我國使臣請於禮部，若有大事，請令遼東移咨，諭於我國。此事則遼東時未諭之，待其移咨，然後遣使，何如？若以爲於正朝使文書書尊號爲難，則是不然。今遼東既不諭之矣，於正朝使文書，雖隨所聞書送，中原不必詰問，雖不進賀亦可也。」上曰：「遣使中原事，得中當矣。昨日議於大臣，則皆曰可遣。中原方有慶事，不先遣使進賀，而書加上尊號於正朝使文書，不可也。」

七月乙亥，承文院都提調啓曰：「今中國加上尊號，有曰『本生皇考，本生聖母』云。於進賀使文書內，書『本生』等語，似無例。請令押解官一人先領唐人往問遼東。」傳曰：「依啓。」

丙子，謝恩使先來通事來，其言曰：「聞有席書者，特命爲禮部尚書。御嘉靖皇帝上本生父母尊號。

史方論劾，而帝不聽，故今自南京上來云。且聞諸路人云：『今此特命爲尚書者，以皇帝欲上本生父母尊號，而舉朝皆以爲爲人後者爲之子，追崇尊號於本生父母，不可，席書獨以爲可，故有是命矣。』」

戊子，謝恩使申鏛還朝，上御思政殿引見。鏛啓曰：「臣之一路，凡所聞見，已於越江書狀盡之矣。但入北京，聞本生皇帝追崇時，朝廷上書爭之，帝不聽。禮部尚書王俊、閣老楊廷和，以不用其諫，皆辭去。帝又奉迎本生神主享於奉先殿西夾室，又諫不聽，閣老蔣冕又從而致仕。翰林編修鄒水益、修撰呂覽等上書論追尊不可，帝以已定之事，復欲亂之，即下錦衣衛刑推。」

八月辛丑，下聖製攻守圖術書名曰：「此册藏於內已久，而其所載，予所難曉，似乎中原火炮之事，其招徐厚問之以啓。」護軍徐厚承命而來，見聖製攻守圖術而啓曰：「此册所載於兵家制度所無之事，而唐宋之前所未有也。序中有『中統』年號，必元世祖時所作也。」

甲辰，南衮啓曰：「臣於正德時奉使中朝，見之皇帝不顧國事，巡遊陝西，而楊廷和、楊楮等三閣老在焉，待門而入，至夕而退。六部尚書亦常在請存尊號「本生」。

太禮議之争。

《朝鮮王朝實錄》中宗實錄

司。以皇帝所爲見之，則雖一日不可保，而六部諸司整然如治朝。正德皇帝之所以不敗者，專由朝廷大臣之盡職故也。凡朝官非有事故，常使在司可也。」

九月丁丑，聖節使方輪遣先來通事崔順丁馳啓曰：「帝因席書、張璁、桂萼等上疏於章聖太后尊號上去『本生』二字，改上尊號曰『聖母』。六部侍郎以下交章力争，請存『本生』字以正大統。帝怒，四品以上罰俸錢四個月，五品以下皆加棍杖也。三十。但兩京人疏章總四百餘本，開刊覆奏，會議後詔諭天下。」

丙戌，遣同知中樞府事許淳如京師賀上尊號。

十月戊申，聖節使方輪回自京師。傳曰：「其問中原事書啓。」於是輪詣政院以單字三本入啓：一、朝廷請於加上尊號，勿去「本生」二字事也；一、大同宣府軍人厭其役苦，殺其參將賈鑑，朝廷議遣官招撫事也；一、廣寧總兵官白懷，求請滿花席一葉事也。

十二月己酉，上曰：「見通報，則以武(孝)宗爲皇伯考，以獻帝爲皇考云。其將以獻帝祔於太廟與否，不可知也，若以祔於太廟，則昭穆之制舛矣。」

嘉靖皇帝以刑威制士大夫。

朝廷無老臣。

且聞朝臣之論奏此事者，皆被罪云。此事於議論何如？」趙仁奎曰：「臣亦不得詳知也。但聞帝以刑威制士大夫，此専由邪臣席書之建議也。其以獻帝稱爲皇考，則必欲祔於宗廟也。是帝不顧大義而爲之也。」上曰：「見其勢則必欲祔宗廟也。然古人云：『爲其後者爲之子』，不可如是也。中原事固不可是非也。但於外國之見亦未安矣。」仁奎曰：「宋濮王追尊時，如韓琦乃名相，亦以爲可以追尊。惟程子以爲所生父母宜稱皇伯，此議正當。今則以獻帝欲祔宗廟，甚失矣。」

乙酉二十年（明世宗嘉靖四年，一五二五）

三月癸亥，進賀使書狀官鄭熊進聞見事件曰：「賣書籍人吴明頗識事理，出入文士家，故臣問近日朝廷之事。吴明答曰：『朝無老成，誰與圖治。大禮即尊册之事。之議，席書、桂萼、張璁、方獻夫之輩主張其議。閣老毛琦、蔣〔冕〕、禮部尚書王俊、吏部尚書喬宙、左侍郎王偉等皆辭去』云。臣問曰：

邪説無狀。

『大臣之義，當與國同休戚，何不力諫而止之，而遽爾辭去乎？』明答曰：『議禮之初，王俊倡議力言其不可。桂蕚、張璁等曰：「臣等皆以百姓之子，濫登科第，得拜華秩，追贈父祖。況貴爲天子，追崇父母，於義何害」云。蔣冕等乃辭去。且曰：「陛下得賢臣如張璁、桂蕚之輩，可與共治天下矣。如臣碌碌無狀，在職無益。」乃辭去』云。」

甲子，上以大禮會議一卷進賀使許淳得於中原來獻。下示三公曰：「此言爲人後者爲子之説爲非也，是非何如？」領議政南袞、左議政李惟清、右議政權鈞以賀禮詣闕。啓曰：「與獻帝追尊事，中朝議之二三年矣，臣等常見聞見事件。閣老楊廷和、禮部尚書毛澂、王俊所論，出於正議。今見此書所議，皆非正道，後世必以爲邪議也。楊廷和等以其爲人後者爲之子，此合古聖賢之意。而數三小人輩，附會席書，以起此邪議。必以席書位重有名望，故和其議，而演其書，集而名之曰『大禮會議』，卒以邪議歸之皇上。其曰：『有兄終弟及之訓，受武宗皇帝遺詔，入繼大統，非是爲人後之比。』又曰：『恭穆皇帝本生之稱，皆出於皇帝睿斷』云。觀此等語，亦可見邪説之無狀也。宋朝之正論者貶斥。

議尊濮王也，程頤之論乃萬世不易之正議也。今者在朝之臣靡然於邪説，至以程頤之論爲非云，其悖戾甚矣。中朝之事，我國雖不相涉，然其是非不可不知，豈可以爲人後爲子之説爲非耶？如此是非，自上亦可研覈也。」傳曰：「皇朝之事，我國雖不可議之，宗廟之大禮如是，則邪議判然，故以『大禮會議』示大臣也。大抵人臣建議而事之是者，歸美於上，猶云可也。議爲非事而指爲皇上神謀睿斷，欲免後議，以此觀之，邪議益明。聞有一御史奏疏指論桂萼等，以五鬼目之，朝臣之痛疾，於此可知。大事則已矣，雖小事是非不定，則士林之趨向亦非矣。」南袞等又啓曰：「凡是非須一定，然後可也。中朝之爲正論者皆被斥貶，獻邪議者反見施行。是非顛倒，事必大謬。今上教以中朝事喻於政院之事，上教至當。大抵事無大小，皆有是非。必先定小事之是非，然後大事亦爲之定矣。」

丙寅，正朝使朴壕來復命。傳曰：「中朝所聞皆可書啓。且史天使史道已罷官云，而唐天使唐皋今爲何官？仍帶前職而時不遷乎？陳浩亦何任歟？陳浩，我國人朝宦者，再奉使出來而去。并書啓。」朴壕啓曰：「中朝士大夫上玉河館不得出入。

疏，請於加上尊號存其『本生』二字者，皆被罪譴，人心不平云，而不能詳知也。又皇帝逐日視事。臣之在帝京時，帝之免朝者只二日矣。餘具聞見事件。唐臯尚爲修撰，而人言『授此已久，近當遷秩』云。陳浩自御馬監遷爲掌書册之官，職任尤親密云。浩於臣及許淳之行，厚遺人情矣。」「又我國人出入玉河館時，必主事署名於牌，然後得以出入。防禁之嚴苛，甚於頃日矣。許淳於上馬宴時，懇請於禮部尚書，則答曰『當議處之』云，而終無可否。臣亦欲請之，而但恐不聽而堅定，則後無復請之路，而朝廷當有所處置，故不請之也。」

五月庚申，傳曰：「近來中國常使人守玉河館，使我國人不得出入。及其出入時，又令人守之。其待我國如是，至如藥材亦不得貿來。請勿禁出入事呈文於禮部，何如？其招政府郎官收議於三公以啓。」

壬戌，三公啓曰：「前日傳教我國之人至中國，中朝不固嚴禁，而今乃嚴令守直，此待我國不如前而然矣。欲令使臣爲呈文以告禮部，上教至當。今方令承文院繕寫呈文耳。」

己巳，憲府啓曰：「聖節賀表，以紙色有異，故改書。大抵承文院提調前期監進時不即詳察，至查對時入啓。事大重事，不宜如此，至爲非矣。」傳曰：「改書表文事，所啓至當。拜表後改書，古所未有。别遣内臣追送事，議於三公。」南袞議：「表文正副本，聖節使賫領而去，特以紙色稍異，故改書追送，欲其盡善耳。雖不遣内臣，於事大之禮未見有虧。」

庚午，典翰金銛奉改書表文而去。

十月乙卯，聖節使先來通事金利錫入來，言：「八月初二日夕，使至通州，棄雜物，率十二人抄賫咨文先發行，徹夜急馳。初三日平明入帝京，即日呈咨文於鴻臚寺，仍告禮部主客司郎中陳九川。郎中曰：『今方雨水，慮爾等必不及期。今爾一行從人雖不得一時齊到，爾等先到，將得參慶禮，甚爲可嘉。』禮部外郎盛錦語臣等曰：『爾等進方物之日，郎中賜茶，勿以爲尋常。郎中嘉爾等曰：「朝鮮人跋涉雨水，謹護方物，不使濕汚，雖其國王之威致，然陪臣奉上之誠，亦甚可尚」云。余告之：「今朝鮮陪臣護來之勤如此，賞賜四段麤惡，殊無嘉奬之意。」郎中因以告尚書，欲加賞。尚書以爲雖不加聖節使阻雨。擬早發。

進貢馬尾途中盜拔。

賞，然必擇與之。以此具由奏奉聖旨。』臣等所受賞賜物件，視舊果異。下直於禮部之日，郎中曰：『今年爾等阻雨水甚苦。明年聖節使之行，須前朔早發可也。』」

十一月丙寅，聖節使鄭允謙回自京師。傳曰：「中原有疏劄者乎？姑先書啓事言之。」允謙啓曰：「臣入歸時，路阻雨水，恐不及期，杏山、連山等地，減馱載，只賫文書，不分晝夜，僅及聖節無事。進賀疏章果覓來，書狀官持來，字多誤書，欲改書以啓也。且押馬官安世昌所押馬尾，於路中多致拔取，前者只封進於禮部矣。今則進於皇帝前，相距至近，是其馬尾，瞻視埋沒。且前日下教，生蝎亦多覓來。但於中路，醫官等不謹看護，皆致傷死。待罪。」傳曰：「疏章必載於聞見事件，然今欲先見，雖有誤字，入啓可也。押馬官及生蝎失亡者當推之，勿待罪。」傳曰：「進獻馬前則中朝例視不重，或供野人之饋。今則進見皇帝前云，貢物不可不擇。今後兵曹司僕寺同審揀擇入送。此意言於三公。」

外國使節進本彈劾禮部主客司不法。

外夷向叛由於中國之順逆。

丙戌二十一年（明世宗嘉靖五年，一五二六）

三月壬寅，正朝使金謹思先來通事安璟賫來書狀，其略曰：「臣到北京後，提督主事陳邦偁如前阻禁，不許出入。弓角貿買時，據大明會典，只許貿五十枚。去正月二十五日，回回序班胡士紳，將禮部主客司郎中陳九川及邦偁待外夷不法事，進本彈劾，即日拿囚錦衣衛。以主司（事）吕璋權差提督事，禮遇寬温。弓角事，尚書前進告，即命主客司考前規，仍舊許貿，故依前收買二百對矣。」胡士紳進本謄書以上，命下禮曹，其奏本曰：「鴻臚寺通事胡士紳謹奏，爲陳言乞黜剛惡浮躁官員，以順夷情，以弭邊患事：臣惟外夷之向叛，由中國之順逆，故司外夷者，誠不可以自縱其性也。臣通回回國事，而回回種類獨强諸夷。試以目前言之，前年有西征之行，去年有犯邊之報，其尚氣好争，貪財肆惡，常爲華夏之敵，固不可嚴威而籠絡者也。使中國大小有司，以柔遠爲心，則犬羊雖愚，感于朝廷之恩者，自無叛意。此可見外夷之向，由中國之順也。奈何近之爲有司者，有主客司郎中陳九川其人焉，有提督主事陳邦偁者其人焉。九川浮躁輕薄，不守常規；邦偁則急躁無才，徒能叱罵。四夷怨深河海。此二人者，事體不知，兇惡難犯，中國之恩德薄矣，其如外夷之將叛何？臣目擊二人之不才，徒爲陛下搆怨乎夷狄，欲言久矣。但九川、邦偁，臣之上司也。以上司之分，臣固有不當言者。若終於不言，則二人之性日縱，四夷之怨日深，其貽禍于陛下者日迫矣。伏望陛下倘納臣言，特敕禮部，將九川、邦偁或黜或調，則四夷未爲不加額而稱者矣。臣亦何嘆夫二人之恨，而不使千萬人得遂其願哉？況上司之分，比之臣與陛下之義，亦自有親疏厚薄之不同者，臣亦終于坐視而不言哉？僅條二人之罪惡四事上陳，伏乞天慈宥臣僭妄，黜此二人，以爲後之有司者戒，則四夷之人幸甚。爲此開坐，具本親賫。謹具。計開：其一、主事陳邦偁，凡夷人有事告擾，即行惡罵。如朝鮮國禮義之邦，凡使臣欲買書籍等物，舊例許其自貿，邦偁一概禁閉。朝鮮使臣赴部告，蒙席尚書許其出館。邦偁聞知，十分大怒，即時到館，對使臣説云：『休説你稟席尚書，我便放你這些砍頭的狗骨頭出居。你便奏與朝廷，我亦不放你這些狗骨頭出去！』使臣應云：『我不出去玉河館惡罵。

大禮纂要。

便罷，怎得砍頭？「狗骨頭」豈是罵我們的説話？』邦偁雖聞此言，亦不知自愧。朝鮮使臣又云：『序班等官説云：「他不依席尚書也罷，他也不依朝廷。」我那裏雖是個小邦，設（没）曾有這等一個欺心的臣子！』此言乃通事夏麟對臣言。臣思：以堂堂之中國，豈無練達老成者使提督會同館，而使斯人，見笑于外夷，甚可嘆也。」

四月癸酉，南袞曰：「頃者下大禮纂要，令臣等議其是非，但册數多，未及考覽，即未啓達。臣觀此書，乃席書、張璁、桂蕚所著也。古文典禮援據頗詳，見此議者，孰不以爲是耶？且其以纂要著書者，使天下之人皆欲見其書，而以其議爲是也。此書大概，以爲二三執政，欺蔽陛下於禮所當爲之事，此語實非也。假使執政謬議，萬無如此有心之理也。楊廷和、蔣冕、毛澄等，皆非偶然人物也。今皇帝推戴之議，皆出于此人。且帝在南京，而毛澄親往迎來，豈有毫釐欺蔽之心乎？大抵以藩王入繼大統，有漢、宋故事。定陶王之議，一時所論不一。而濮王之議，韓琦、歐陽修與司馬光、吕誨，互相抵斥。韓、歐之議，雖曰追崇私親，然亦與今時之議不同。而其時大賢伊川先生折楊廷和解職。

皇帝泛舟太液池。

衷立議，此萬世無弊之議也。毛澄之議，以伊川爲主，而以爲不可輕改也。且今之大臣，謂席書等。其有他議與否，未可知也。但因正德失德，天下不忘孝宗德澤。今之以孝宗稱皇考者，祖述英宗以仁宗稱皇考之事耳。且其言曰：『謂父爲伯，至爲乖悖。』此皆解一時有名望者，故以是議爲是，而其人皆務斥舊時執政。故聞楊廷和解職而先退，蔣冕、毛澄、汪俊皆不在朝云。年少之人，皆引唐、虞之事爲言，而以漢、宋故爲不經之法。觀其言則似是，而此實誤天下之議也。」上曰：「觀其議果引三代以上之事爲言，然必有是非，故問於大臣耳。」

八月丙寅，管押使刑曹參議尹止衡如京師。

十月甲戌，聖節使洪彦弼還自京師。上引見，仍問曰：「中朝政事與初無異歟？」彦弼曰：「臣到三河、漁陽等處聞之：皇帝泛舟於太液池，且張紗帳，與宮女遊宴。及到北京，留五十日，無日不受朝，只二日以雨免朝。日御經筵，未可知也。但經筵官以參會講賜宴事，盛服入朝。以此觀之，其聽政勤矣。且海内未聞有梗化之人。且初聞席書與費宏有相傾之勢。更問之，進獻黑麻布粗惡。

下賤之輩皆鄙席書，其勢已衰矣。獻皇帝祔廟之事，是非已定。費宏，正大之人，故無他間言。」

丁亥二十二年（明世宗嘉靖六年，一五二七）

三月甲辰，管押使尹止衡還自京師。

七月癸未，遣僉知中樞府事金瑚如京師謝恩。前者濟州人李根等十七名漂至上國而刷遣（還），故遣是使。

十月乙丑，傳于政院曰：「前見書狀，聖節使之行，通事金千瑞至北京身死，埋置於其處云。客死異國，其父母妻子冤悶之情，豈偶然乎？凡赴京一行人身死，則爲使者當告於禮部，輸來其屍可也。若前有輸還之例，而今不載來，則所當推之。」

十一月乙亥朔，政府堂上僉啓曰：「詮聞聖節使行次赴京時，進獻黑麻布，禮部以麤惡點退，通事多般哀乞而納之。禮部乃曰：『汝國乃事大之國，聖旨：十三布政司免賀。

而如此。若自大内亦云麤惡，則不得已移咨汝國。若至於移咨，則於國體至爲埋没。』近者納布之事陵夷。所納之布，外面則雖似精細，而裏面則麤惡，此非自今始也，積弊已久云。請令禮曹、户曹磨錬節目，使無詐僞之風，何如？」傳曰：「事大之事，禮部雖不點退，固當盡心爲之。進獻布子，濟用監捧納時，提調及官員察見表裏，則何至如此！提調及官員並推之。今後擇納事，户曹、禮曹同議爲之可也。」

十二月丁未，謝恩使金瑚還自京師。瑚啓曰：「臣到北京，太監陳浩遣家人遺下程於臣，且曰：『世廟進賀事，當初聖旨則令十三布政司免賀，同宗諸藩差人進賀矣。但朝鮮、安南、琉球等國，朝廷待之以禮義之邦。安南、琉球則地方遼遠。朝鮮則境連上國，不甚遼遠，進賀無妨。雖不爲進賀，朝廷亦不以爲非矣。此非予意，與司禮監太監共議之言也。若以此意達於殿下，則殿下必爲之處置矣。』」傳曰：「陳浩此言，必護我國之言也。無乃或探聖旨而言耶？其令承文院提調及禮曹堂上，進賀當否，議啓。」

戊申，禮曹判書許硠、參判孫澍、參議柳仁貴啓曰：「中朝世廟進賀事，當初聖節使李芑來言，而臣等以爲海内親王所當進賀，外國則不當進賀。今者謝恩使金瑚所啓陳浩之言，其本意未可知也。想必陳浩以本國之人，不忘我國而私通也。其意雖如此，然豈以此言而輕易進賀乎？十三布政司猶爲免賀，只令親王差人進賀。我國雖禮義之邦，乃外國也，臣意以爲不當進賀也。請於後行次赴京時，令致言于陳浩曰：『只令親王差人進賀，而外國進賀別無聖旨，故我國未敢進賀』云。何如？」傳曰：「知道。陳浩處致言事，當待承文院提調議啓而發落。」

己酉，領議政鄭光弼、右議政李荇議：「世廟進賀事，聖旨只令同姓諸侯差人進賀，而十三布政司皆免賀，海外諸國則不當爲也。且禮部時不移咨通諭，不可只聞陳浩之言而輕易進賀。待禮部移咨而爲之，甚當。」左議政沈貞議：「世廟之議，中朝是非角立，張璁、桂萼、席書等主議而爲之，持正論者執其不可。如此是非角立之事，我國若輕易進賀，則有識者之人，必議我國矣。臣意決不可進賀也。」傳曰：「予意亦如此，故問之耳。」仍傳於政院曰：「後行赴京時，當言於陳浩曰：『世廟進賀事，通諭深謝。但海外諸國進賀事，別慶成宴。

嘉靖皇帝樣貌。

無朝廷下諭，故我國未敢進賀』可也。以此言于禮曹。」

戊子二十三年（明世宗嘉靖七年，一五二八）

三月丙申，正朝使洪景霖復命，上引見，問曰：「中原有何奇也？」景霖曰：「正月十三日，天子行祀天祭，十四日設慶成宴。」上曰：「慶成宴時奏樂乎？」景霖曰：「慶成宴時奏樂，且呈雜戲。」上曰：「前則貢獻馬匹，天子爲親覽，今則何如？」景霖曰：「今則天子御於奉天門，引獻貢馬，牽過於殿陛前，而冬節無水草，未得喂養，瘦弱太甚，艱難牽出，瞻視埋没也。」上曰：「皇帝天顔，其未詳見乎？」景霖曰：「祀天祭後還宮時，臣序立于闕庭，車駕過行處至近，故得以詳見。皇帝所乘之輦，體圓而外設欄干。開其前面及兩傍，適至小臣所立之前，臣仰而見之，面瘦頤尖，顴高鼻長，眼尾上斜，殊無風采。」上曰：「皇帝冠帶何如？」景霖曰：「祀天祭時則黄袍，常時則黑袍而黄色胸背矣。」上曰：「他國人來朝者幾許耶？」景霖曰：「只有狗西蕃國人來安南十年不朝貢。

皇帝視早朝。

縉紳一覽。

興獻皇帝加號爭議。

朝，其人如㺚子，其衣如僧衣而著笠。且聞安南國不朝者十年。問其故，則其世子外舅奪位而立，世子奔竄於浙東，以此久不來朝云。黑龍江㺚子與三衛㺚子相爲攻擊殺害，以此三衛㺚子懷憤，絶其朝貢之路，使不得相通，久不來朝。今則和親，自正月十七日始來朝云。」上曰：「皇帝視朝早耶？」景霖曰：「五更擊嚴始擊皮鼓，良久，又擊鐘百三十餘下，然後平明時殿坐。」上曰：「罷朝晚耶？」景霖曰：「奏事畢後，即罷還宫。其奏事不多，故罷朝亦不晚矣。」上曰：「奏事者只六部乎？」景霖曰：「六部及鴻臚寺官並奏事。」

丁酉，傳曰：「昨日正朝使來，唐曆及請求單子其不賫來耶？且中原上疏，則書狀官必書來，雖不正書，姑先入内。且昨日正朝使引見時，以爲中原政目開刊印出，名曰『縉紳一覽』云，此册幸私貿而來，亦令入來。」政院以正朝使洪景霖賫來縉紳一覽一部，及書狀官金舜仁書來中原人上疏草入啓。

十月戊申，聖節使韓效元回自京師。上引見，問皇帝視事。效元曰：「朝廷别無他事，但興獻皇帝加號事，前則議論不一，相爲角立。張璁、桂萼專主定議，既加尊號而受賀，又欲堅固其議，加罪楊廷和，又多斥閣老，以此進賀之禮。

朝廷尤爲角立也。且正官則不得見之，乃見下人而問之，則曰：『張璁爲二閣老，楊一清以舊老爲一閣老。張璁乃新進年少之人，以南京州司爲二閣老；乃以楊一清爲宗主，凡有建議，必以楊一清爲言也。又桂萼爲吏部尚書，專主國事，而所行不正，朝廷目爲小人。其國老皆托病引去』云。然只聞於下人之言也。」上曰：「楊廷和等加罪何等乎？」效元曰：「其初只爲罷職，而冠帶朝賀如我國奉朝賀，而今則廢爲庶人。其時六部郎官則當初已罪，故今不加罪。毛澂則已死，追奪告身。既加興獻皇帝、太后等尊號而受賀，別祭宗廟，又遣禮官致祭於墓所云。如此事外，別無所聞。且邊境無事，年穀豐登，原野積穀，皆云近年無如此豐熟之時。臣赴京至八月十八日，始聞進賀之禮，乃問於禮部，禮部曰：『文、武二品以上衙門并皆表文陳賀，然則總兵官亦皆進賀。汝國藩臣，以諸侯之例接待，雖不來賀，不必問也。然以事體言之，來賀可矣』云。臣出到遼東，問其通於我國與否，則曰『無也』云。」上曰：「其進賀爲當也。但前者姜澂赴京時，中朝若有進賀之事，則使遼東移咨於我國事請於禮部，以成式例，故予欲待遼東之移咨而進賀。問於大臣，則以爲所加尊號『慈仁』二字，不可書於正朝使文書，即送進賀使爲當云。故曾已定議入送也。」效元曰：「中朝以此事爲莫大之慶，文武五品以上，不分海内外皆賀，又臣適往見之，不可不賀也。若他人之言，則不可信也。其序班夏麟者以儒士赴舉，而其同生或爲閣老，或爲尚書、侍郎，朝廷之事及外國之事皆能言之。尹漑以質正官有質正之事，常與談論。夏麟曰：『汝國常時以禮事大之國，若在所當爲而不爲，則朝廷必爲問之』云。大凡琉球、安南等國則雖大國，其接待不及於我國。我國若以所當爲之事不爲，則必以爲有所聞見不來云，不可不送進賀使也。」又曰：「遼東大人郭繼宗、魯道、朱蘭等求請之物，臣皆持去，則魯道已死，朱蘭遞去。今大人郭繼宗、李景良家人知之，請曰：『魯、朱雖無，惟我在之，其求請之物許我可也。』臣答曰：『此非如他例之物，乃各別求請，故國王亦知而送之。不爲復命而私與人，不可。而况朱蘭在永平府，歸路當入，若問之，則將何以答之乎？』不許。則彼人曰：『然則汝行車兩，當求之魯道、朱蘭而行可也，我何得之』云，頓無出車兩之意。臣計不得已，乃以魯道所給之物給郭繼宗，朱蘭所給之物給李景良，然嘉靖政要。

後得車兩。其貪而無恥，類如此也。」

庚申，下中朝奇別單字曰：「皇帝所製書文共二百餘道，大學士楊一清、張璁等編纂，以年、月、日爲先後，集倣貞觀政要，或以爲宜名嘉靖政要，或以爲宜名嘉靖聖政記云。若此書只留禁中，則諸國之人不得見之。前者如是書册，亦令印出而典賣云。若如此，則皇帝之所作，所當欲見者也。今去赴京行次，雖不得貿來；今後行次貿來事，其言於禮曹。」

閏十月庚午，遣崔漢洪賀章聖慈仁皇后徽號。

皇后崩逝。

十一月甲子，下正朝使崔世節書狀於政院曰：「見此書狀，皇后崩逝云。我國海外也，舉哀之禮從古不爲，然斯速考前例以啓。且進香使、尊謚使、陳慰使皆當差送乎？禮曹判書指尹殷輔。速招而言之，使之考啓。」其書狀曰：「皇后陳氏，去十月初二日崩逝，敕禮部舉哀加謚云。」

十二月辛未，傳於政院曰：「明日命招李之芳陳慰使、李芃進香使。等言之曰：『前此我國人赴京時，在玉河館任意出入，與上國人無異，而不之禁。其後禁止使不得任意出入，故前此赴京之人，屢言未便之意于禮部尚書。今聞他人爲禮部尚書云。卿等到京，亦如前嚴禁，則當言于禮部曰：「我國藥材及物貨，不得已貿于上國，何以禁止乎？」以探禮部之意可也。』常時通事等以物貨不能貿易事，累次罪之。恐此人等以不能任意出入，故不能貿易，其以此意并言之也。」

丁丑，沈貞曰：「今此赴京使臣入送事，考承文院前例，臣意以爲陳慰使所當入送也。海内親王及十三布政司并免進香云，則海外進香似爲未穩也。考前事，則壽安皇太后之喪，進香既命不爲而其時入送云，是必其時誤爲之事也。今陳慰使所當入送；進香使則雖不入送，既以并免進香曉諭天下，萬無譴責之理。今若不得已爲之進香，則請以陳慰使兼之。」

甲午，遣李芃陳慰、李之芳進香于京師，以皇后崩故也。

己丑二十四年（明世宗嘉靖八年，一五二九）

三月癸丑，進賀使崔漢洪、聖節使崔世節等回自帝京，上引見。漢洪中國世風不古。

曰：「中原別無他奇，但風俗不如古。我國人若不贈物，則雖許還歸，車輛等物專不出許，待之無異於㺚子。各別立法，使我國之人不能擅自出入。物價亦甚高重，通事等貿易之物，不能爲之云。此必前者我國之人，恣行不義之事，故如此爲之也。」世節曰：「臣行到一驛，建州衛酋長李沙乙豆亦到其驛，因下人聞臣曾爲滿浦僉使，請相見之。臣答曰：『外國人相通私見，非徒于事不當，朝廷若聞之，則必罪之矣。』托病不見。其後到中原，朝會之日先自知見，謂臣曰：『今公來矣，前日路中欲見而不能也，且切有悶望可言之事也，當歸館詳言之。』到館，則其所寓之處與臣所在處只隔墻而相去甚近，又欲相見。臣答以相見之難，牢拒不許。則其序班王信來言曰：『各在他處，則外國人相見，勢果似難。同寓一館之中，欲言悶望之事，而請見甚懇，見之何妨。』於是臣與崔漢洪共議見之。」

四月戊辰，特進官柳溥曰：「臣今將赴京，而承政院以皇帝親製之文今行次貿來事，有傳教云。其册名臣未詳知之。若如此之册開刊轉賣，則臣當旁求貿來也。」上曰：「前者韓效元戊子年以聖節使赴京以還。曰：『皇帝親製之嘉靖政要。

文，張璁請依貞觀政要』云。民間若開刊，則當爲貿來；若不開刊，不須貿來也。崔世節赴京時，亦以此言之，誤聽以他冊皇明政要貿來，故更言之耳。」柳溥曰：「中原之事，臣亦前者見之，雖微小之書，以開刊轉賣爲業。况此皇帝親製，則四方之人必爲貴重，其必開刊，而價亦必高矣。若有可貿之勢，則臣當旁求貿來。」

冊封皇后。

五月乙未朔，僉知中樞府事柳溥爲聖節使，海豐君李菡爲冊封皇后進賀使，如京師。

重修大明會典。

辛酉，陳慰使先來通事李順宗曰：「臣等到北京，以李之芳到杏山驛患病不得入來事，言于禮部啓之，而聖旨以爲雖不得入來，其欽賜一樣并給」云。下遼東咨文曰：「其衣服雜物，還給崔世節可也。」世節前以正朝使赴京時，其衣服雜物被盜而還，至是遼東推送而移咨。下李芃書狀曰：其書狀略曰：「臣到北方，聞大明會典重修之奇。探問本國宗系修改與否，略述宗系冒録之由，乃于會同館上馬宴日詮達情由。尚書初則曰：『國王更奏後，可議爲之。』更言于郎官，則曰：『此呈文事涉于私，難可憑此而爲公事，可呈通會典誤載朝鮮宗系、惡名二事。

政司而來』云。翌日，即呈通政司轉呈禮部，親自陳情，則曰：『事若不分明，則更爲奏請矣。今據此通狀，並謄前項准請改正敕旨，移該司修改耳。其勿留待而還可也。』郎中等處親進更稟，則如一答説。又于下直日，亦曰『已令修改勿疑而歸，會典若修纂印出，則當見之矣』，丁寧言説」云。〔傳曰〕：「此事前者屢爲奏請而未得矣。今李芃如此爲之，至爲善矣。但此事幸泛言之則可矣，累次呈文于通政司云，李芃若本爲此事而往，則如此爲之可也。以他事往焉而如此，於事體何如！幸禮部尚書寬厚之人，故聞其言，欲從其請云。然其終改與否未可知也。何以爲之？其以此書狀給承文院官員，俾示大臣，并以予意言之。」

九月庚申，聖節使柳溥、進賀使李菡等，先來通事權楨連等入來。其書狀曰：「臣等入京進禮部，先告郎中曰：『會典誤載本國事有兩件，宗系、惡名是也。前者毛尚書將所謂兩件事明白題准，俺等未知來稟。』郎中答曰：『兩件事俱有先朝聖旨，皆當改正，勿疑也。』又告尚書，其言亦如郎中所道。臣等再三告稟曰：『如此冒瀆，固知有罪。事關君父，不能自止。』尚書答

《朝鮮王朝實録》中宗實録

曰：『當盡改勿疑。』且曰：『聖節日迫，本部多事，竢十二三日當題奏。』其後臣等進禮部，先謁于該司，問題本發落。郎中曰：『其題本已下。爾等所謂兩件事，已令盡改矣。』臣等因請降敕以諭本國。答曰：『爾國王有奏，則當有敕，有咨則當有咨。今惟以陪臣之呈，而本部題蒙允准，于爾等亦已多矣，復何至于敕與咨乎？』又告尚書，答曰：『爾等謄聖旨以去。當待爾國謝恩使，然後方移咨報也。』臣等再三稟之，答曰：『當以聖旨爲主，皆當改正，勿疑』云。」禮部題畧曰：「爲陳請辨誣事。……看得朝鮮國陪臣柳溥等呈稱，會典所載國王李旦宗系不同，乞要明辨一節，既該本部節奉太宗皇帝、武宗皇帝明旨，合無候命下之日，本部將前後緣由備細開録，送付史館，以備採擇，應否改正，徑自施行。緣係陳情辨誣事理，未敢擅便，謹題請旨，嘉靖八年八月十八日題。本月十九日奉聖旨：『是。朝鮮國陪臣所呈本國宗系事情，既有節奉祖宗朝明旨，你部裏便通查備細，開載送付史館，採擇施行，欽此。』本月二十日本部備將前後緣由，開具手本，送付史館遵照採擇改纂外……」云。

明世宗嘉靖八年，一五二九

「大明會典」更改事。

二事於正德時已敕准改。

三五二

《朝鮮王朝實録》中宗實録

十月庚辰，下遼東咨禮部頒聖母聖誕節賀表格式于政院曰：「見此咨文，則必使我國欲爲如此而進賀也。此乃在前所無之事，故問之。」

戊子，進賀使李菡、聖節使柳溥還自京師，上引見于宣政殿。柳溥曰：「大明會典宗系改正事，臣入京即呈文于禮部，已奉聖旨矣。以其卷帙數多，時未畢印，故臣未知其改與否也。但其禮部題本及聖旨，皆已枚舉而送付于史館，今將改正矣。」上曰：「謝恩使入歸事議于大臣，則大臣等皆以爲雖已令史館改之，其定改與否，時未的知，且時無降敕，徑送謝恩使亦爲未便云，故不入送耳。但欲聞赴京使臣之言而更議也。然則謝恩使不送可乎？」柳溥曰：「臣于先來通事出來時，謝恩使入送當否，未能指定，而朝廷斟酌處置，故只以入京時所爲之事書啓而已。他餘事則臣不能任意出入，故不得聞知，只問于禮部，則尚書郎中等言內題本已下，且于聖旨已命改正云。臣言之曰：『前在正德年間，以此事蒙准許改，而降敕諭之。此乃一事也，亦曾蒙准請，依前降敕。』答曰：『若汝國王奏請，則當降敕；移咨則當回咨矣。此乃陪臣呈文之事，我之入奏亦已多矣，降敕移咨則有不可爲也。但謝恩使入來，則其時當移咨答之』云。臣又問之曰：『此會典册在正朝時尚能畢印乎？』答曰：『其時亦未畢也。』臣又言曰：『今此事非陪臣擅自呈文也。前者國王奏請而已許改正，故因此而呈文。此非陪臣私爲之事也，請降敕！且雖不能降敕，請移咨何如？』答曰：『汝言亦當。然汝國王時無奏請，今不可降敕移咨也。且于聖旨既命改之，今若謄書賫去則可也。』臣又曰：『我國宗系，皇恩至大，而我國重事，莫大于此。謄寫于一紙，而達諸國王，心甚未安，請移咨何如？』答曰：『此非汝傳之以口。其題本聖旨，禮部謄寫給送，則雖不移咨亦可知也。』其題本聖旨及送付史館文書，皆謄書給之，而且言曰：『謝恩使入來，則當移咨回答矣。今則不可降敕，又不可移咨』云。臣不能强請以來。以此見之，禮部尚書郎中之意，皆以爲謝恩使所當入來矣。」上曰：「降敕移咨之後，遣謝恩使則可也。今若先送謝恩使之後，遂移咨，則亦有異也。大臣等不可入送之議，亦以此也。」柳溥曰：「臣亦嘗計之，禮部郎中語諸臣曰：『此事雖令史館改正，時未改正。今若移咨，必須以改正文字書填于咨内矣。今尚未改，將以何文字書填乎？以此不可移咨』云。果于臣之意須咨改何文字。

十三布政司進賀表。

《朝鮮王朝實錄》中宗實錄

亦如此矣。改正文字，時未見，故不能移咨矣。」上曰：「皇太后聖朝進表事，遼東移咨而諭之。此事古所未有。今若進表，則當知聖朝之在某日，然後可也。序班所言，則無諭于朝鮮之言，而遼東諭之，雖或諭之，不爲進表事。朝議已定矣。然此事何如？」柳溥曰：「臣在北京時，禮部所言，一不及此事，臣亦未知，故不能探問。及到遼東，都指揮使司伻人送咨，臣等見之，則用皮紙作家，而不爲粘付。蓋欲令臣等見之，而不封乎？抑其習俗本不粘付乎？未可知也。臣等聞見其咨文，則皇太后聖朝，十三布政司當進表以賀事。已于六月二十四日，司禮監太監已奉聖旨云。臣等亦思之，此乃古所未有，而新例之事，至爲重大，故遣通事問之曰：『不知節日在某日，而我國進表與否，亦不細知，請仔細聞見。』答曰：『我則只以十三布政司文書諭于汝國而已，非必欲使汝國進表也。凡一應奇別，遼東例通于汝國，故諭之耳。其進表與否，在汝國斟酌處置之如何耳。』且問之曰：『節日不知在某日，進表事則乃于六月二十四日奉聖旨矣。然未知聖朝亦在何日乎？』則曰：『當相考言之。』及相考，說于臣等曰：『其日不爲置簿，未之詳知。奉聖旨則在六月宗系可改，惡名不及。

二十四日，而節日在此日與否，果未可知。今者二大人往北京將還。若還來，則可知之矣。幸若不知，則當委伻人聞見而來』云。臣等更不問之而還來。至嘉山，臣見正朝使朴光榮言之曰：『節日未及探問而來。進表與否，當知而來事言之。』又臣在北京時，以宗系事，欲見題本章，給人情，請于禮部書吏。其書吏傳書送之。臣見之，前在正德年間，則宗系、惡名兩事，歧而書之，分明載録。今則只言宗系改正，而惡名則不及焉。臣之意以爲若曰宗系等事云爾，則當改此二事，而只言宗系，慮恐只改宗系而惡名則不改。即欲達于尚書。而但若告白，則似見其題本草，若問于臣曰：『外國之人何從而知之乎？』則必罪其書吏，而事勢甚難。若容默不言，則幸有不改惡名之理，此亦不可。故臣更計之。若曰『此事前在正德年間，毛尚書澄題本，則備載兩事，分明入奏。今此二事，請亦依前例分明載録云而告稟，則尚書等必無疑心，而此二事必皆省覺而改正。以此告稟，則答曰：『二事皆當改正勿疑』云。若以文字見之，則似若只改宗系而不改惡名也。又以此意問于序班，則答曰：『往在洪武、永樂、正德年間，以宗系、惡名兩事請改正事，汝國王奏請

歷洪武等三朝請改二事。

文書尚有之矣。今者汝等呈文亦并載此兩事，前後題本又如是，即將緣由送付史館，應付施行。今雖不別言兩事，自祖宗朝并載兩事，何有只改宗系，而不改惡名之理乎？必盡改之也。』然臣意以爲序班則非士林之人，其言亦難取信，故累次告禀于禮部尚書、郎中，則曰：『兩事皆當改正勿疑』云。又于其後出來之日，見送付文書，則曰：『應付改正，徑自施行。』臣意以爲改正與否，史館不爲更禀，而仍舊施行，則不可也。以此致疑。翌日告于尚書，則答曰：『此乃禮部題本例事當然也。似若取禀，而以聖旨爲主。今者我等如此題本，聖旨甚好，汝輩當謝』云。臣等即叩頭謝之。臣等且言于尚書等曰：『今若回還，達于國王，則所當的知改正與否，而從實啓之。明日當發還，若小有疑，則不可達于國王。此事雖令史館改正，時未知定改與否。幸若定改，則謝恩使所當入來。請的知改正與否？』尚書答曰：『當爲改正勿疑。大抵當以聖旨爲主。而今聖旨既如彼，史館亦豈不改正乎？更無可疑』云。臣又言曰：『時未見改正，不知終何若也。』以此反覆告禀，尚書、郎中之言甚分明。又問于序班等處曰：『聖旨既如彼，史館今當改正。然必待史館定朝臣結黨。

改，然後謝恩使入來，無乃可乎？』序班答曰：『既以命改，當以聖旨爲謝矣。大凡以一家之事見之，若有喜事，則所當即謝。今有聖旨之如彼，不須更待畢改而遣使謝恩也。』以此見之，則禮部尚書、郎中及序班之意，皆以爲當送謝恩使也。其入送與否，在此處當斟酌處之，故臣等于先來通事賫來書狀，不能指的言之矣。」上曰：「中原朝廷似不得安静云。此事何如也？」柳溥曰：「中朝别無他事，但御史陸粲上疏，以爲張璁、桂萼黨類既多，援引他人，而仕進者多，某也死黨，某也趨附，而禮部尚書亦與趨附之類云。張璁、桂萼罷歸田里之時，皇帝下教曰：『張璁則定大倫之人，所當復職。』遂命還仕。其後臣于朝賀時見之，則張璁以復職還來，以謝恩事赴闕云。桂萼則放歸田里，其黨類在朝之人，亦命相考以奏。陸粲以曾知此事，不即陳奏，今始上疏事推之，而出爲外任云。又張璁、桂萼之黨，上疏而論陸粲之黨閣老楊一清之非而駁之。一清年已九十，歷事四朝，元老之人也。一清于被論之後避嫌，而乃命在職矣。又楊一清黨人上疏，以爲一清不辨是非，朦朧行之，若以爲如五季馮道則可矣，豈可謂之如秦時趙高指鹿爲馬乎？以其上疏内一清改正二事已奉聖旨。

如秦時趙高指鹿爲馬，故如是論之也。朝廷不和，議論紛紜。此非由他事，只以立世廟事，議論歧而爲二故也。」傳于政院曰：「謝恩使入送事，前日朝廷大臣議，以爲聖節使回還後，聞其言而議定云。予今聞聖節使所啓之言，則禮部已謂『汝國宗系及惡名兩事改正之事，已奉聖旨勿疑』云。聖節使又以移咨降敕然後謝恩使入來事更請之，則禮部答云：『謝恩使入送與否，在于汝國』云。大抵謝恩使當入送而不入送則不可，不當入送而入送則亦不可也。即當命召大臣于闕庭而廣議，其招政府郎官議于大臣。且聖朝節進表事，前者問于禮曹，則禮曹云：『正朝、聖節、千秋三使，我國例當入送矣。聖朝使則前無入送之時，而大明會典亦不載録』云。然大明會典則乃舊時之册，而聖朝進賀事則乃新立之事也。海内則進賀，海外則不爲進賀，亦未之知也。其進賀爲不爲，并令議啓。且先來通事賫來陸棨上疏，則予曾見之矣。其後若有如此上疏，而聖節使行次謄寫以來，則其速入内。若謄書于聞見事件而入内，則必遲緩矣。」

己丑，左議政沈貞、右議政李荇議：「臣等意：宗系改正事，須待新撰會嘉靖皇帝仍每天視朝。

典頒降，當更商議謝恩。至于南衮奏請先王所無之事，則前後聖旨並無許改之語，今撰謝表，措辭爲難。徑行謝恩，尤爲不可。且皇太后聖朝進賀事，禮曹曾與臣等同議啓之。觀禮部移咨遼東之意，只爲壽（聖）母加上尊號曉諭耳。若爲皇太后聖朝進賀，則三皇后及中宫聖朝進賀事，亦並移咨矣。但諭海内衛所，非欲令我朝並遣賀使。聖朝節日不須探問。」傳曰：「知道。」

庚寅二十五年（明世宗嘉靖九年，一五三〇）

三月壬子，正朝使朴光榮還自京師復命，上引見曰：「皇帝視朝如舊爲之乎？」光榮曰：「皇帝逐日視朝，而雖雨雪，千官皆詣闕。臨其時雨雪不止，則奏而停之，故不得預停矣。凡致齋之日，他餘文書不得出入，而視朝則亦不停也。行祭之後亦視朝，問諸序班，則曰：『朝廷之議，以視朝不可廢也，故如此爲之』云。且宗系事，臣入歸時，見聖節使柳溥問之，柳溥曰：『既已改正』云。臣到京，欲聞見于内閣史館之人，而勢難不爾也。主事在玉華

「大明會典」尚未修完。

改正事未得詳知。

總裁官未見聖旨。

館之内，臣等所寓處也。常時文臣每來檢舉。臣見而問之曰：『宗系之事，往者累爲奏請，而其定改與否，未得詳知焉。』答曰：『我非内官，何以知禮部之事耶？汝當下馬宴時，問于禮部尚書，則可知矣。我乃主司之官，不知史官之改正也。』其後下馬宴時，問于禮部尚書曰：『本國宗系改正事，聖旨已許修改，其爲一國臣民之喜賀，可勝言耶！若誠修改，則非徒一國臣民之喜，于祖宗地下之靈，亦非偶然之慶也。然而改正與否，未之詳知。我等若還，則一國上下，孰不欲詳聞此事乎？今不知首末而歸，則其何以回報于殿下耶？』尚書答曰：『汝何疑之至此耶？朝廷之待外夷，皆不失信，而況汝國乃禮義之邦，朝廷待之亦非尋常矣。改正事，聖旨已下，其何不改正乎？汝等其勿疑。但大明會典，時未畢修正，故今未成書耳。然而聖旨丁寧，有何疑乎？』臣等欲聞的實之言，而不得見内閣史館之官，未能詳問之耳。序班下吏等族親，有干于内閣書寫之任者，問其改正與否，則曰：『未能詳知，今方修撰，當聞見來言。』厥後更問，則曰：『有何疑也。但前宗系、惡名等事全不改正，只于其下添注曰「某某年奏請改正事聖旨云云」耳，如此書之。而總裁官時未見之，故未得成書。』此亦傳聞之説，何以取信？」上曰：「今以聖旨添注書之，則前書惡名等事，必不削去矣。」光榮曰：「會典時未畢修，故以聖旨添注于其下。若畢修之時，則總裁官當更考磨勘而爲之，有何疑也云。禮部尚書非常之人，若不當改正之事，則何以如此分明言之乎？序班及書寫之人皆言添注之事。臣等以謄書許給事請之，則曰：『總裁官時未見之，我輩何以擅自書示！』」

六月己卯，傳于政院曰：「我國學文，音訓舛訛。見之古史，遣子弟入學，誠美事也。故朝廷欲爲奏請而未果矣。正德時奚暇奏請乎。今皇帝以禮義爲治，從未從，未可知也。後日政府禮官及六卿判尹會于闕庭，議而啓之。」

癸未，領議政鄭光弼、左議政沈貞、右議政李荇等議曰：「藩國遣子弟入學，雖向學之美意，乃中國盛時之事也。前朝末，大明太祖時，常奏請入學，多方以防之。且聞中原之事，我國使臣之歸，使不得出入，書册亦禁買賣。此雖美請，必不聽從。前朝中葉以來，雖許入學，相交往來，亦多有不好之事。假使聽從，幸若有世子入學之命，又有朝見之言，則何以爲之？高皇帝貿易繁夥。

教曰：『有其國者，各以其國成教爲治』云。成宗朝儒生等嘗請之，其時亦未施行，此不可輕易爲之。」傳曰：「遣子弟入學，美事，故欲爲之，所啓當矣。高皇帝之意如此，不可爲也。」

九月壬子，諫院啓曰：「今赴京使臣，以素服入于中朝，而天子賜酒則不至醉，賜花則不敢插。彼人問之，則當答曰：『以遭先王妃之喪也。國王行喪，三軍凡事一遵禮文』云。而獨于尚衣院、濟用監、内需司等司，公貿如舊，車輪貨布，多貿綵段，所言與所爲不同，有羞于中國矣。我國所以取重于中國者，以其知禮義而已。近來貿易物件，歲益繁夥，下人憑依公貿，濫行私販，爲使臣者恬不禁戢，甚者同心私貿，略無廉恥，以是中國人指我國人而唾罵曰：『朝鮮使臣只爲貿易而來。』至于拘閉館所，不令隨意出入，待之一如㺚子。然是皆自取，豈不爲國家之大恥乎？平時貿易，猶爲不可，況今國恤之時，別無緊需而多貿綵貨，尤不合事體。綵段貿易，請一切停之。」傳曰：「所啓之言似當，停之可也。」

十月甲子，遣管押使户曹參議金麟孫如京師。

「皇極經世書集覽」北京未得印本。

聖旨：朝貢移於冬至前。

十二月丙子，僉知中樞府事崔世珍以皇極經世書集覽進上，曰：「皇極經世書附性理大全，而學者病不能盡解其意，必因集覽後可得盡解矣。臣赴京求印本而未得之，幸得書本而獻焉。臣以此書示之於李純，純曰：『有通曉處，又有難曉處』云。」

辛卯二十六年（明世宗嘉靖十年，一五三一）

二月乙酉，傳於政院曰：「今者赴京使臣受敕而來，我國必遣使謝恩耶？今禮曹預處。」

三月甲午，傳於政院曰：「今觀咨文謄書草，則正朝進賀移於冬至云。且前日欲遣謝恩使，今見敕書謄黃，則不必遣也。其言於禮曹。」其移咨云：「皇帝聖旨曰：『洪維我聖祖高皇帝混一區宇，奄有萬方，華夷蠻貊，罔不在籍。今朕遵聖祖之制，於每年冬至祇行大祀之禮，禮成慶宴，此時無爾朝鮮國，泰寧等衛使臣不在，故今歲不得與宴。爾禮部使行文與朝鮮國等處，如鑞鐵。

《朝鮮王朝實錄》中宗實錄

彼克遵故典，可每歲元朝之貢，移於冬至之前入賀，庶不有負我聖祖柔遠待夷之意』」云云。

四月戊午，正朝使吳世翰奉皇帝敕書，還自中朝，百官迎於慕華館。敕諭曰：「皇帝敕諭朝鮮國王李懌：得王奏，稱琉球國民馬木那等七名漂流到境，隨付進貢使臣領解赴京等因。足見王恤隣拯溺之義，忠敬可嘉。除將馬木那等遣歸外，茲特降敕奬勵。王其恪守臣節，益敦禮義，庶永享太平之福，故諭。」世翰啓曰：「通事朴址赴京時，私自通狀於禮部，求請鑞鐵。而又於上馬宴之日，臣以我王居憂，吾等假著吉服未安，請速回還事，言於朴址，使之傳於禮部，而臣則退跪，故其言與不言，未知也。後日，序班通簡於臣曰：『通事朴址上馬宴日，乃曰鑞鐵在前貿易，而今爲禁斷，至爲悶望』云。但聞此言，不聞他言也。臣即呈狀發明於禮部，則尚書曰：『宰相必不爲如此之事矣。但通事使宰相不知而如此爲之，宰相之紀綱似無』云。至爲痛甚。請治罪朴址，使後日無如此之事。且改宗系事，通事及臣詣禮部累次力請，以爲頒降日期未知何時，使臣回還，則我國王必先問此事，今還，亦將何以答之？尚書曰：『日期頒降事，内閣所掌。日月之久近，余未知也。然聖節使入來時，可及頒降矣。且禮部業已移文於翰林院，已令改之，何可失信？』」傳曰：「朴址以私事中間恣行泛濫，至爲駭愕，其下詔獄。」取服杖流。

五月庚子，傳曰：「前日正朝使吴世翰來言：『大明會典庶幾畢印，聖節使入來，似及得見』云。宗系若獲改正，我國之慶孰大於此乎？上國亦必以此降諭詔敕矣。往者李繼孟赴京時，禮部曰：『此詔敕遣使臣送之乎？抑爾陪臣賫去耶？』繼孟曰：『願爲親自賫還。』彼必深慮我國之弊，故如〔此〕爲之其亦可矣。然此宗系改正事，國家重事，宗祧之慶，亦莫大焉。今聖節使潘碩枰之往，若已改正，而禮部以降敕事問之如李繼孟之時，則答曰：『此乃我國慶事，陪臣何敢擅便，惟禮部處置』云爾。則自當處置矣。此意言於禮曹。」

十月辛卯，傳於政院曰：「詳問中原奇别，於先來通事書啓。且問琉球國人已到中原否。彗星亦現乎？現於何方？冬雷、地震亦有之耶？并問以啓。」政院即問，書啓曰：「往時遭大水，平地乘舟者五日。比入朝陽門，人皆嘉靖皇帝尚無子。

素服烏帶，以謹天戒。

以爲『汝國朝貢必不來也，今乃得見』云。到北京，則都人以爲彗星久現過滅，但未聞現於何方。且皇帝無子，祈禱四壇，廣擇後嬪云。」

十一月壬子，聖節使潘碩坪還自京師，啓曰：「大明會典内璿源宗系改正事，禮部已曾奉聖旨，送付於史官云。」「七月初七日，臣到杏山驛，彗星見於戌亥間，其尾可一布長，累日不滅。到北京，聞朝廷上下皆素服烏帶，以謹天戒云。」

壬辰二十七年（明世宗嘉靖十一年，一五三二）

五月庚戌，傳於聖節使方輪曰：「大明會典改正之事，大關國家。改與未改，及幾許開刊事，仔細聞見。若皆已刊行，則以宗系改正事降敕而通諭我國與否，亦詳聞見可也。若將通諭我國，而禮部曰『陪臣持去耶，中朝遣使臣耶』云爾，則當答曰：『前此無陪臣持去之例。若天朝遣使降敕，則安有如此大慶之事。當從禮部指揮而爲之』云，可也。」

獻馬之恒定數。

皇太子生。

嘉靖皇帝近三四月不視朝。

癸巳二十八年（明世宗嘉靖十二年，一五三三）

二月庚辰，冬至使尹殷弼回自京師。獻新刊縉紳一覽上疏一册，聞見事件二帙，遼東掌印大人郭繼宗求請呈文。其所請竹紗帽二頂，滿花席十張，弓五張。

甲申，政院啓曰：「中國貢馬數令承文院相考，則宣德五年以前，以金銀送於聖節，或不時送馬一運或五百匹。宣德五年以後，正朝三十匹，聖節四十匹，千秋一十匹。景泰七年世子朝見時，進馬一百匹。」傳曰：「禮部郎中必新進之人，馬之恒定數不知而言之也。其人言『吾當諭汝國，汝亦往白汝殿下』云。設令諭之，此數在焉，答之不難。」

十月癸酉，聖節使先來通事啓曰：「中朝去八月十九日，第四嬪閻氏生皇太子。翌日朝廷進賀。二十五日頒詔天下，赦徒流以下。問天使之來否，當於三年封太子後往云。天子自年前不寧，臨朝甚罕。至今年三四月，全不視朝。自生太子，受賀頒詔，連日御朝，蓋喜之也。」傳於政院曰：「令先來通事：中原聞見事從後書啓；大明會典改否，先問以啓。且生太子勿頒詔外國事，及三年封太子後送天使事，乃聖旨耶？抑下人所言耶？并問以啓。」政院以通事柳秀潢言啓曰：「大明會典、序班賀璘來言已改正云。仍以半張紙書來示之。然不可以此知其實否，故更請可驗文憑，又以將印正本來示，故持來以啓矣。不頒詔外國事，及三年後送天使事，乃禮部意，非聖旨也。」

乙亥，張順孫、韓效元、金謹思等以承文院古例入啓曰：「宣德年間，皇太子誕生即進賀，册封詔頒後又進賀。自洪武以來，永樂皇帝以藩王入繼大統，子孫已生，故無如此等例。正德皇帝誕生册封之事，一時俱來，故册封後進賀。今待聖節使、冬至使還來，詳聞天使出來，然後預備，似當矣。」

十一月壬寅，聖節使南孝義回自京師。上引見曰：「皇太子誕生，則天使必翌年出來。而今言三年後來，前例若此乎？抑别爲之乎？」孝義曰：「中國近無此事，無有知其前例者。詳悉聞見於禮部，禮部郎官亦未詳知云。問序班，亦未詳知。臣竊計進賀使及天使出來事，乃公事，故更問之，則曰：『禮部郎中謂謄録不詳明。考諸内閣，則前例皇太子生，則海内諸國頒詔；外國則無如是之事，待三歲册封後遣天使。』且禮部郎中云：『外國必進賀。

玉河館日暮封外門。

嘉靖皇帝爲保養，至八九日一視朝。

進賀使來，則遣天使與否可知矣。』」上曰：「此非我國之事，不可考。當依前例爲之。但某天使來事，彼不的言之，冬至使來則可知，進賀使往來則亦可知。前例則文臣當來。若太監來，則凡事必須預備。」孝義曰：「天使未知定來。進賀使則自序班下至微人，皆云當來。」上曰：「經筵視朝政令之間，無各别之事乎？」孝義曰：「政令事未之聞見。我國人入館中，副使終日檢舉。日暮時外門皆封之，門牌驍衛六、七人守直，使不得出入。政令間事，必須私問可知，而以是未能知也。但天子不數視朝，臣問於人曰：『本如此乎？』答曰：『前日屢爲矣。』臣曰：『然則今不平乎？』答曰：『不然，爲保養而然也。』視朝，或五六日或八九日一視朝，故不得趁時下直。九月初十日，始回程矣。」上曰：「張孚敬被論出去，今還來乎？」孚敬即張璁，中朝用事者。孝義曰：「方爲閣老矣。」聖節使南孝義以符驗還入，又於中朝所得求請書簡入啓：其一，遼東三大人魯卓求請之簡；其一，二大人王孝宗求請之簡；其一，掌印大人郭季宗之簡；其一，廣寧太監王純之簡也。又以二簡入啓：其一，我朝宗系事聞見時所用人情物件記録之簡；其一，泥豆錫傳習時所用人泥豆錫作金之法。

情物件記録之簡。又以題本五幅啓曰：「此雖不緊，臣之所得，故并啓。前日臣之赴京時上疏及雜奇覓來事，有傳教矣。其處人全不傳通，上疏亦不爲云。」又以一簡啓曰：「此則宗系聞見時，内閣官處贈人情謝答之簡。其名割去，使不得知。還來時强問之，乃徐富也。」又以序班等求請簡入啓曰：「此則臣還來時序班等求請之簡。此不知内閣官之求請也，其間自己求請也。大概以宗系改正之功爲求請，而國家之許改與否，則未可的知也。其人以是爲簡，故并啓之。且臣赴京時，伊叱可木質正而來事，有傳教。到京問之，未有知者。序班等云：『此必杉木也。』臣問：『此處有之乎？』答曰：『有之。』問於名醫，則曰：『杉木則無液，此則有液，必是檜木也。』問於大醫司，則亦互相争辨，未得歸一，故不得分明質正矣。且臣初往時，以泥豆錫作金之法，率匠人傳習而來事，有傳教。臣自初權辭問之，未得聞見。到北京，多般問之北京人，至以理喻之曰：『以理計之，豈有以泥豆錫作金之理乎？』雖令通事聞見，亦不得聞見。臣回還時，通事等聞見以銀箔作熿金法云，欲傳習而請來其工。其工雖來，畏其法禁，陽若不爲，終日爲之，竟不如金。翌日又請學燻金之法。

來，復如初。臣等多般權辭，或繼以怒。其工乃曰：『使回還時，吾當於通州先往而教之。』以是相約而去。臣等還到通州，其工果先自來而待之。於是乃給其價，見其燻金之法，金色甚好。其作金之法，傳習而來，以金箔自化爲之，我國亦可爲之，其所入之物皆書來。描金法亦傳習而來矣。」

甲午二十九年（明世宗嘉靖十三年，一五三四）

皇太子薨逝。

正月己酉，下進賀使蘇世讓書狀曰：「令史官議於三公。冬至使任樞書狀內，皇太子薨逝云。進賀使猶入送乎？予意以爲進賀使非爲皇太子存歿而去也，特賀皇帝生太子耳。」三公啓曰：「進賀使曾已拜表，送賀於太子矣。太子今雖薨逝，臣等以爲送之可也。」

二月戊辰朔，政院以承文院意啓曰：「尹溉今赴京，朝服一部使之覓來，依中朝制造作。瀝青、白鐵、泥豆錫造作之法，亦令習來。」

己丑，上幸慕華館迎敕。皇帝以我國事大以誠，故降敕褒奬，冬至使書嘉靖皇帝感冒。

狀官李純亨持來。上引見冬至使書狀官李純亨於思政殿。上曰：「皇帝未寧，是何證耶？」純亨曰：「感冒風寒，未得受賀，慶成宴亦不爲也。臣等出來時，下聖旨，以爲朝鮮禮義之國，其賜宴於禮部云。使任樞得黄疸證，至高嶺而卒。行至廣寧衛，主倅致祭，且給銀八兩、帛一匹賻之。移文於遼東，使之祭祀。大抵此行，皇帝厚接我國人，故下人亦如此重待。」

丙申，遣陳慰、進香使李誠彦如京師。慰皇太子之薨也。

閏二月戊戌朔，遣謝恩使柳潤德如京師。發解走回人口嘉奬敕來，故謝恩。

四月丁酉朔，傳於政院曰：「凡赴京使者所當謹慎，而禮部開其館門，使之依舊出入，題本來示，而提督主事抄其一行之人，使率去謁聖，則反示厭色。答曰：『謁聖非朝廷之令，又非本國之命，雖不往可也。』序班等强勸不已，而又托以疾。主事亦更令一行人，不拘多少，任意率行，然後謁聖，則非示誠心謁聖，務欲率行之多，非徒此有乖事體也。與序班言曰：『我等呈文非爲出遊，只以鎖閉館門不許出入，有違故例故云爾。』而以即時遊觀於海印寺、帝王廟、朝天宫等處之事觀之，則言行倒錯，大失事體矣。進賀使蘇世讓嘉靖皇帝已病三月。

皇后因妒已廢。

嘉靖皇帝視朝面色疲病。

及書狀官李蓼弼等回還後，以此辭緣推考可也。」

庚申，引見進賀使蘇世讓。上曰：「廢皇后大事也，以何故廢歟？一路亦有聞見歟？」蘇世讓曰：「皇帝自正月有病，不視朝於今三朔矣。臣問於序班夏麟等曰：『皇帝以何疾而不視朝歟？』答曰：『皇帝自正月感冒風疾，今已差復矣。』下人或云皇帝多內寵，過色而致疾，差愈甚難矣。臣在館與人相接不多，故聞見不博，其所與言者，唯序班而已。廢后之由，問於序班，序班云：『但聞以不敬不遜作孽而廢而已。』宮禁事嚴密，難得詳知矣。又問於館中人，則曰：『皇后因妒忌，欲自縊於帝前，又多不恭之事，故廢置別宮矣。』斯言庶乎詳悉矣。然臣非得聞於士類，乃聞諸下人。大抵中朝之人，其於觸上之言，無所不道，略無忌憚，則其言不足取信，故前於先來通事持來書狀，不以如此之言啓達。」上曰：「廢皇后事，朝廷以爲何如也？」世讓曰：「朝廷皆以爲不可也。然中朝則雖曰不可，只二三論奏而已，不敢强論也。且皇帝之不平，下人皆云多內寵故也。至閏二月二十一日，帝始視朝，臣得見皇帝顏色，果疲病矣。呈文事，二月三十日以朝見事詣闕，帝乃免朝。仍玉河館出入事。

往禮部，尚書不坐，不得行見官禮，直還於館。提督主事張鏊來仕於館。主事之職，比於我國，如禮曹典客司佐郎也。常仕於館，檢察外夷，其或有病則救之。臣等往見主事，以呈文之意言之，則主事答曰：『宰相之言是矣。我當往司考舊例而處之。』臣又言曰：『大人如不得自擅，我等欲轉達於尚書。』主事曰：『可。』臣退而思之，不先告於色郎而先告於尚書，不可，故往禮部言於郎中曾存仁。答曰：『我當告於尚書，考舊例而處之，爾勿先稟於尚書。我曾因生事之説，已知之也，爾姑退去。』臣在館聞之，方考舊例云。主事又曰：『開門事，來使則皆言之若是矣。然言語無益也，盍爲呈文以相示耶？』大抵通事人等，僅能爲飲食之言而已，至於陳情之長言，則皆不能矣。故臣以持去呈文書示主事曰：『憑舌轉達，不能通情，敢以呈文更煩大人。』主事覽訖曰：『我當移報堂上，使之遂願也。宰相姑退。』臣等在館，欲知禮部所處之由，以扇柄賂色書吏而問之，則嫌其賂薄而心不悦，不與之言。後又多與之，則許令出入事已草題本，祀天祭時亦令從觀矣云。其後有人云：『先時閉門，故牙子等凡買賣之物，中間減半自取，因以致富。今聞許令出入，恐會同館五日一出入。

其無利，多聚銀兩行賂主事，陽爲直辭據理而言曰：「外國之人，恣行出入，潛買禁物，與人相鬥，多罹國法，則我等亦受不禁之責也。」』臣於此言雖不足信，然主事於開門之事，初甚勉焉，中間忽變，所言所爲，皆與初相反，以此觀之，其言似不誣矣。故臣常恐懼，意以爲事不成也。至下馬宴之日，宴罷後，臣跪尚書夏言前言曰：『因序班之言，聞我等呈文事已題本奏准，許令出入。不勝仰謝，今欲行謝拜。』尚書曰：『只作揖勿拜可也。』臣等行揖。又告其自祖宗朝待我國有同内服，無有防禁。今者牢鎖館門，拘禁甚嚴，待遇無異野人。用是呈文，但未知題本之意，敢稟。尚書曰：『已令提督主事説與矣。』臣聽此而退。踰五六日，主事不示題本之意，臣始信受賂之言，意以爲事之不成丁寧矣。至閏二月十八日，序班等以提督所移題本來示，許令五日一次出入矣。越翌日，臣令通事往告主事曰：『出遊題本昨已到來，明日乃出入日次，宰相等欲往謁聖。』主事曰：『宰相、書狀、質正及隨從各一人、通事一員，偕序班張憲謁聖』云。仍給稟帖，令小甲館夫等押行，曰：『其或日暮而還，或有誤事，汝等皆有罪』云。若如此，則雖出入，其於行路如驅羊然。故强勸謁聖。

海印寺、朝天宫、帝王廟。

通事即告曰：『前者雖無題本，若謁聖則一行皆往。今者題本使之遵舊制任便出入，而大人今出票帖，令序班伴送，小甲館夫押行，特異於舊例，何耶？』主事曰：『然則謁聖時，正官依舊皆歸，後日出遊時，如前所教可也。』通事聞此而退。俄而序班張憲乃其所任也，到館而問曰：『明日謁聖乎否？』臣意以爲稟帖則非唯此行爲然也，後事亦關，故不可以他事託之。令通事往答序班言之曰：『雖使之任便出入，出往何地。我等呈文，只以閉鎖館門，其待之有同野人㺚子，此非祖宗朝舊例，乃孫郎中一時之事故爾。今者主事出票帖，令伴送，小甲等押行，此非徒異於題本之旨，迫來有甚於前日。今此謁聖，非朝廷之令，又非本國之命，而身適不平，勢不得往矣。』序班以此告主事，復來强勸謁聖。臣又托以疾。序班等相與語曰：『辛相不往之意可知矣，奏准公事，主事何敢如此乎？是果非也。』其後主事使之無票帖，只與張憲往，而令一行人舉數隨往，又親來問病。答曰：『今則平復矣。』其後五日出入日次，遂往謁聖矣。還時歷入海印寺見之。其後又於朝天宫、帝王廟等處遊觀而已。若朝天宫則乃習禮之所，帝王廟則祀先代聖明王之廟，嘉靖十送公羊、穀梁、朱子詩集。

一年間新創云，在皇城西數里許矣。越翌日，乃三月初十日也，臣等往禮部告辭。郎中曾存仁曰：『尚書因提督之言，聞宰相好作詩，欲見之，幸勿憚相示。』臣强辭不示。序班曰：『不在多，雖二三首，不可不示。』臣不得已，以律詩二首書送於郎中，郎中即賫進於尚書。尚書方寢，未即見之。臣等退還於館。未幾，尚書使書吏送所著詩三封於臣曰：『今見宰相所製，詩律甚好，吾所著亦可見也。若如他使，則不可許也。早知如此，則待之宜厚，不可以凡例待之也。』其間褒辭甚多矣。曾郎中亦送春秋公羊、穀梁傳、朱子詩集。臣欲還送，而臨行故未得還送，意欲上達而持來矣。」上曰：「琉球國使臣前日來我國者，今赴京乎？」世讓對曰：「疏球使臣，乃梁椿也。與臣同在一館。梁椿使人來曰：『我年二十八，往還於朝鮮。今聞使臣來此，可喜也。』臣亦遣人謝之。其後琉球國正使梁椿病臥，其副使及下人皆來請見。臣即冠帶出見，行茶禮。仍曰：『去庚寅年，貴國之人漂到我國地方，我殿下解送上國歸貴國，幾人生還乎？』答曰：『或死於上國地方，只四人生還。我國王不勝感喜，因路遠未得修謝，今欲向宰相展謝。』即起作揖，再三稱謝而退。臣問

明世宗嘉靖十三年，一五三四

海印寺。

中朝宦者曰：『我國入朝宦者，幾人生存耶？』答曰：『張欽爲司禮監，卜亨爲天壽山直，韓錫爲御馬監太監，餘皆不知矣。』臣於前日遊觀於海印寺，又宦者五六人先到。臣又問我國入朝宦者，則其與前宦者之言無異，而獨金侗亦爲内苑太監矣云。且聞張欽居家極富，我國使臣赴京一不遺問，若陳浩則有時來問云。臣又問唐皐、史道之存没，序班等曰：『唐皐以罪見貶，死於謫所。史道以都察院因公事見罷家居，其所居郡，距皇都三百餘里也，今無恙矣。臣又問『唐皐以何罪而然歟？史道則更不叙用乎？』答曰：『唐皐性本鯁直，故以言事被罪。史道則或有大臣之薦而可陞本品，若無薦之者，則或有如此而終身矣。』」

丙寅，上引見李和宗。和宗啓曰：「臣到遼東，致人情雜物於唐人處，次呈咨文問威化島事。三大人皆云：『此是過甚事，然巡按監察出巡，五六月間當入來，來則當議』云。更言於總兵官。布政使遞去，太僕正李鑑代兼，故言之。則云：『與都司議之。』明日又給人情，更言，則曰：『此不得已移文於廣寧都御史處，都司巡還後當議』云。臣言前數年已逐之，而今年不畏法令嘉靖皇帝聖節後不能視朝。

如此，我國雖日令速返，而闌入義州城底，潛偷人家，所有人民不能安接，此必有變。反覆更言，則云：『此言甚是，當報監察御史重治，移咨本國矣。』臣言：『此人不知畏王法，何以處之？前者咨文持去，我國人反爲持杖逐之，以上國人故不敢較耳。』答曰：『前者將治罪，蒙太子赦得免，朝廷今當重治』云。且廢皇后事，遐方絶域未得的知，但總兵官李鑑官人來言：『皇帝寵嬪過多，皇后妬忌，言辭不順，故見廢』云。」

八月丙申，管押使元繼蔡如京師。

十月壬子，上幸慕華館延敕。上引見聖節使宋叔瑾。上曰：「皇帝未寧，今則何如？」叔瑾曰：臣入京後，皇帝間五六日或間十日視朝。且臣聞之，皇帝聖節後心氣不平，不能視朝。且聞臣之拜辭時，皇帝親見而賞賜矣。至於拜辭之日，教禮部授之。以此觀之，大概證候不緊矣。」上曰：「今者降敕，自皇帝乎？自禮部乎？」叔瑾曰：「臣未聞之，但上馬宴時，有一翰林曰：『皇帝有褒奬東國之意。』臣以公事往禮部，禮部云：『聖旨時未詳知，大概東國敬事朝廷，皇帝常稱嘉美』云。廢后事臣等亦未細聞，只令通事問之。

四壇。

九廟。

中國文武科考。

其所言不一。或云皇后以妬忌廢置别宫。或云雖於宫禁之間，其分甚嚴，安有如此事乎？大明會典，往禮部問之，如書吏解事者云時未印出矣。天、地、日、月壇則畢修，而九廟時方創造矣。且南京太廟災，禮部請告廟而祭，别遣使臣祭之矣。且臨洮府鞏昌縣山崩水溢，人物多死，禾穀損傷，别遣巡按御史賑恤。且請避正殿以謹天災。無他所聞之事。」

辛酉，上引見進賀使吴準，問中原事。吴準啓曰：「問於序班夏麟、李升和等曰：『大明會典何時成册耶？』答曰：『史典當時未就。史典畢後，當印之』云。再問何謂史典。答曰：『天、地壇幾就矣。九廟亦闕内新設。此等之類，畢就所造之意，皆録於史典矣。』」傳曰：「九廟云者，宗廟乎？」吴準啓曰：「前日所設七廟在南京，今加設二廟，故稱九廟矣。七廟在南京事，載大明會典，明春當印出云。」傳於試官等曰：「卿等其前日赴京乎？文武取人之事，不知何才而爲之乎？如有所聞，啓之。」姜澂啓曰：「臣再赴京，不見文武，只因序班、通事之類及儒生聞之，中原取人之規無别舉，而只有三年大比之例而已。初試則十三布政司抄送京師，明年春試取之，其數無定，隨人才出而取之。此取云者，至禮部覆試也。詞章則以四書義製取之，非如策之大也。計字數製之。若其字增減其數，則不取之。其後殿試取人之數，少則二百，多則三百，其數無定如此也。若入格一等，則選於翰林院，以此出身，然後爲禮部侍郎或爲六部侍郎，至大學館。次等入格之人若有才者，則揀之爲制吉司（庶吉士）。若其中有特出之人，則亦選入翰林院。次者爲知縣，次者爲員外郎，次者爲州司，六部侍郎皆以此入郎中。武舉則非科舉之例，只號稱武舉而已。遼東大人皆武舉出身者也。非徒以弓矢取之也，以時務製之而入格者爲武舉矣。」傳曰：「皇帝親出殿試題乎？」瀓曰：「臣不問之，故不知也。」

十一月戊辰，謝恩使李亨順如京師。

乙未三十年（明世宗嘉靖十四年，一五三五）

正月壬申，冬至使鄭士龍還自京師。

戊子，上引見冬至使鄭士龍。士龍啓曰：「臣到北京，待禮部之坐，呈咨聖旨雖下、門禁如舊。

文以告曰：『我國之人赴朝，則自前代任意出入。今不如古，拘束太甚，請出入無禁。』尚書夏言曰：『知道。』觀其色，若許之也。其後冬至，習儀于朝天宮，臣早進午門内，見尚書入來而跪，尚書亦停立。臣令通事李和宗就問曰：『祖宗朝以我國爲知禮，待之如内服，任便出入。今則五日出入，而無異于㺚子，拘束太甚，故已呈咨文，而未知發落。』尚書曰：『知道。』尚書于題本單子手書曰：『海東使臣，每日出入，不必限制入啓。』下于禮部。禮部手本于會同館，聖旨已下，而門禁如舊。上馬宴畢後，臣進言曰：『我國之人雖出行而無所爲之事，然欲買書册，亦不得往書肆，欲出觀光，而把門人不快許其出入，至爲未便。』尚書即招提督主事曰：『聖旨已下，何不遵行而乃如是耶？甚爲非矣。若欲出入，則使得自由可也。』自此之後，雖遠行周遊而不之禁也。然中朝之事，視前日繩檢尤緊。後日入中朝之人，以爲已通出入，若恣行而無禮於達官，而更爲拘禁，則恐勢不可更請也。今後赴京人，各別申明戒飭，勿使有汎濫無禮之事爲當。且尚書夏言，物望甚重，儀表特異于朝，著文翰筆法俱爲妙絶，以我國知禮義、尚文雅，待之有别焉。」上曰：「皇帝久九廟迎樑之日。

建廟工役三萬餘人。

不視朝云，經筵亦不爲耶？」士龍對曰：「經筵則一年之内只二度御之云。近來則不平，故不視朝。經筵之奇，亦不得聞知。」

五月辛未，陳慰使黄憲、進香使鄭百朋奉表如京。按皇太后崩逝也。

十一月癸酉，上御思政殿，引見進香使鄭百朋、陳慰使黄憲。鄭百朋曰：「中朝舊制七廟，則無異于我國之制。而今之九廟，每位各作一室，故方大興土木之役。其于闕門之内，土木瓦石等物積如丘山，千官由其罅隙出入，而禮部尚書夏言董其役事。又于闕内，方造延禧、敬聖二宫，此爲皇帝祈禱之所，皆窮極奢侈云。九廟之樑別作于他處，而至于迎樑之日，閣老及千官，皇帝落點隨衛，而皆插花于頭，肩荷紅袱。樑之數七，而皆以金爲飾。擔一樑之人，厥數百餘。臣等見而問之，下人則云：『爲宗廟，故重其事也。』其後又爲迎樑，其儀如前。問之，則云：『此乃延禧、敬聖宫之樑也。』臣問于序班曰：『祖宗朝亦有迎樑故事乎？』答曰：『此非祖宗之故事，特收朝議而爲之耳。』又聞赴役之人，一日三萬餘人，而皆償民傭之，故匠人則日給銀七分，軍人則日給銀三分，耗費極矣云。又聞汪宏爲吏部尚書，敢行不義，給事中嘉靖皇帝無嗣，多行祈禱。

及都察院交章彈劾。汪宏自明而辭避，皇帝慰諭而使之就職。給事中及都察院御史薛宗鎧等廷爭，以爲『汪宏恣爲毒害之事，臣等欲劾之者于今三年矣。』皇帝曰：『汪宏之毒害果如所言。汝等職在言官，何待三年而後乃敢言之耶？』皆下之于錦衣衛，而決杖有差，或杖八十，或七十、六十，而二人死于杖下，餘皆廢爲庶人，而汪宏亦辭歸田里云。」黄憲曰：「臣等與聖節使梁淵同時爲上馬宴，而受賞賜以後回程。每稱闕内齋戒，而夏言亦以營繕之故長在闕内，又有不時召對，連日不坐于禮部，故臣等不能趁時出來矣。闕内齋戒之事，問于下人則似若知之，而諱而不言。且聞皇帝無嗣，故多行祈禱之事。而與夏言時或爲戲謔之事，而寵愛之。凡營繕之役，皆使夏言主之。又于夏言鄉家，命作碑閣以至父母墳塋，俾立石物，别差工部之官，乃于禮部廳北别作草家，方監造云。夏言待遇我國之人甚厚，而凡於呈文求請之事，莫不盡力而爲之。且門禁事，其在前日，待我國之人有同㺚子。臣等初入時，猶不許出入。聖節使通事言于禮部，然後使之出入。臣等欲謁聖而言于禮部，則使序班押去。問其故，則乃曰：『朝鮮禮義之邦，所以厚待之意也。』言嘉靖皇帝喜怒無常。

雖如此，其實慮或有猥濫之事也。且門禁不通之時，則我國之人欲爲貿易，必先賂牙子而後始得爲之。而門禁既通，無利于牙子，故牙子等欲嚴門禁，而搆訴于禮部云。此通事等傳聞之言，未足取信。」

丙申三十一年（明世宗嘉靖十五年，一五三六）

二月丙戌朔，聖節使金光轍還自京師。上引見光轍，光轍曰：「九廟之役方張，木石甎甓，交積如山。臣問：『此木石甎甓自何所而來耶？』答曰：『甓則來自蘇州，而一甓輸轉之功，其價銀十兩矣。石則出于天水山，木則自泗川連栰而來矣。』臣問：『何時畢功乎？』答曰：『來冬間可畢也。畢役則當頒大明會典。』臣路遇監生張雲霓、魏朝聘，問皇帝政令。答曰：『皇帝喜怒無常，刑賞不中也。』問：『陳皇后何以崩逝乎？』答曰：『張皇后見寵。日前曲宴時，陳皇后有不豫之色。皇帝令陳皇后進爵而怒其色，三進不飲，終乃擲杯，即令罰跪。遂與張皇后入别房，至夜深然後使之退去。陳皇后以此

明世宗嘉靖十五年，一五三六

陳皇后崩逝，張皇后廢黜。

《朝鮮王朝實錄》中宗實錄

嘉靖皇帝祈雪。

用心得疾，未幾而崩逝矣。』問：『張皇后何以廢乎？』答曰：『哀冲太子之生，張皇后色不豫矣。及太子卒，有人讒言張皇后咀咒致死云，由是皇帝大怒，廢處冷室。然張皇后性質柔順，故雖廢處冷室，聞帝疾病，絶飲食，日夜祝天，願以自代。皇帝聞之，追悔前事，意欲復還爲后，而時未爲矣。』臣問：『如此宮禁之事，汝何以知之？』曰：『吾于素交宦官處聞之。』又聞閣老張孚敬門焰甚熾。其姪子居于永嘉縣者，恃勢驕横。聞鄰居儒生之妻有艷色，欲娶之，乃邀其夫道其情意，而不聽。翌日，乃復邀其夫，設宴鴆殺之。欲娶之，其妻不從。又强與之爲婚，其婦以死固却之。其婦之族强勸之曰：『閣老在焉，何可逆其意而禍吾門乎？』其婦不得已，遂與之定婚。及親迎之日，行禮纔畢，而其婦自懷中出小刀，自刎而死。其婦族人發狀告冤于寧波府。知府畏其勢焰，不接其狀。通判曰：『何不接狀？』知府曰：『奈忤閣老何？』通判曰：『小官當獨任其責。』誒知府不坐，乃拿致閣老之侄子于獄，杖殺之。遂棄官而去。閣老聞此事，心懷憂懼，因而乞退。且皇帝方廣繼嗣，採女甚廣云。且三冬無雪，故皇帝祈雪，又令禮部尚書亦祈雪，然而雪猶未嘉靖皇帝行幸天壽山。

下。臣等到遼東，始見雪矣。路見處女乘車亂行。問路人，曰：『皇帝採女之故，禁婚前相爲婚嫁耳。』」

五月戊午，傳于政院曰：「聖節使宋璘今當赴京。皇帝起居政治之事，宜先聞見。且玉河館門禁尚未弛云，雖未可每爲呈文，于會同館宴饗時，請于禮部尚書。大明會典何時畢刊與否，及朝臣彈章奏議，並聞見來啓事言之。」

甲子，傳于政院曰：「前者弘文館進天下地圖簇，此必貿于中原矣。後有增減之理，天下地圖一件，聖節使行次貿來何如？若貿，則價布及諭書須速送于聖節使之行可也。」

十月乙巳，上曰：「見冬至使書狀，皇帝出祀于金靈云。如此之事，我國無遣使之例耶？」領事金安老曰：「皇帝之幸，若至于南京等遠處，則猶可遣使而問之。此則近處也，以我海外之國，豈必遣使乎？恐亦無例也。」

十一月甲寅，聖節使宋璘回自王京，上引見，啓曰：「臣赴京時，凡中朝彈章疏劄覓來事，有教，而未有所得。只記所聞見之事而啓之。皇帝天壽山行幸時，群臣所製扈蹕録一件，御製詩一件，覓來。文苑英華欲貿之，而問其

明世宗嘉靖十六年，一五三七	「文苑英華」售銀五十兩。	誕生太子，移于東宮。	《朝鮮王朝實錄》中宗實錄

直，則銀五十兩，更折以二十五兩，以通事等所賫雜物計給而貿來，但印本貴而難得，傳書一帙貿來。」仍傳于政院曰：「文苑英華今若已來，入內而御覽後，下校書館開刊可也。」

十二月己亥，兵曹參判丁玉亨如京師。賀誕太子也。

丁酉三十二年（明世宗嘉靖十六年，一五三七）

三月己丑，上迎詔于慕華館。以誕生元子也。

丙午，遣謝恩進賀事(使)南世雄如京師。

四月戊寅，政院啓曰：「進賀使丁玉亨先來通事禹鐘言云：『正月二十七日到北京，二月初三日進方物，十三日下馬宴。聞生太子之嬪王氏，于二月十一日移于東宮。所謂東宮，乃正宮也。以生太子，故移于正宮，而皇帝又于他嬪得子云。皇帝欲親行三月朔祭于先帝陵寢。二月二十四日幸天壽山，周覽西湖。三月初六日還京師。其親祭亦以爲繼嗣而祈禱云。朝臣上

明世宗嘉靖十六年，一五三七

安南叛亂，道阻不貢。

嘉靖皇帝又幸天壽山。

疏請封太子。聖旨不允，亦不知的于何時册封也。又聞安南國叛臣莫登瀛奪據國王黎氏之土地，阻梗朝路，似不得修貢事。其國使臣鄭惟僚奏朝廷。朝廷欲知虛實，因惟僚而别遣使臣于其國矣。三月十五日當爲上馬宴，而皇后張氏是日出殯，故退行于二十日。而二十五日受賞賜及别賜表裏。而臣等入京之後，天子一不視朝，故不受敕書。是月二十七日，皇帝又率三公六媛幸天壽山。四月初四日還京師，猶不視朝。乃于初十日免朝，受敕書。十二日發程，十三日自通州先來。二十一日到遼東。天使留已五日矣。二十二日謁三大人總兵官，仍謁天使于都察院。天使日午方起，出坐大廳，具儀物，招臣入謁。仍問：『留連幾朔乎？』又何以先來？』答曰：『皇帝喜詔書未到而先賀，别有敕賜，故本國使臣先送我啓達于殿下矣。』兩使臣相顧而笑，仍問曰：『你解華語乎？』通事康鎮曰：『解華語矣。』天使乃招臣至前，兩使起立曰：『爲我問安于殿下，多謝厚意。欲修書付你，你行忙甚，故未果耳。』因命饋食，待之頗款。又令問安于遠接使云。天使于五月初當離發于遼東也。不知何時到廣寧，何時到京師也。大明會典時未畢修云。押解官今月張皇后崩逝未葬。

二十三日相逢于遼東通遠堡，二十四日當入遼東，以一路驛馬疲弊，故不得疾行云。」傳曰：「今見先來通事書啓，言皇后張氏曾崩未葬云。前聞弘治皇后乃張氏，而嘉靖廢皇后亦張氏云。若弘治皇后則陳慰、進香使當入送，其更問于通事以啓。」

五月己卯朔，傳于政院曰：「上天使以大字書朱文公武夷九曲詩凡二十張以送焉。即造十疊屏風二座。天使又以燒蠣房之法見寄云。令司甕院試之。」

十一月戊寅，領議政尹殷輔、左議政柳溥啓曰：「龔用卿還中朝，言我國之事於稠中曰：『朝鮮文物禮制，無異於中華。』極口贊美。此無他，以我國文章之無愧也。禮部尚書亦聞龔天使之言而嘉歎不已，見我國使臣而褒美之曰：『聞你國文物禮制，無異中朝，心甚嘉之。』又戒玉河館主事及序班等，以朝鮮之人慎勿忽待云。此特以文雅之力也。」

十二月癸丑，聖節使趙賢範來復命，上命與謝恩使姜顯同時入對，即引見于宣政殿。賢範曰：「天使龔用卿、吴希孟之還朝，褒奬我國以禮義之邦，以

明世宗嘉靖十六年，一五三七

安南國弒君簒國。

此禮部待臣等異于前時，欲遊觀處，皆許遊焉。」上問姜顯曰：「莫登庸簒逆事，卿宜詳言之。」顯曰：「臣于前日引見時，安南國事未及陳之。大概先來通事書狀已略陳之矣。但臣前在中原時，聞安南國逆賊莫登庸弒君簒國之事，而未得其詳。及見禮部奏議，請軍征討事具載焉。安南國王黎晭先被逆賊陳暠所害，國人推黎晭之猶子譓管理國事，名分已定。有權臣莫登庸者，利其國亂，視主播遷，竟不迎復。乃又擅立幼弟黎慮。慮既卒，又立黎譓之子黎寧管國事。乃假遜位之名，以成簒奪之計，鴆殺國主，專據其國。國名大越，年號明德。自知人心不服，以謂命運不吉，乃傳位于其子瀛，自稱太上王。黎譓初知登庸謀逆，脱身挺走，立國于青華，安南國地名。別立一都以居之。其子黎寧嗣立，欲求通于中國，以道梗不得，因占城乃得通焉。于是朝廷以征討莫登庸事，命右軍都督府議之。武定侯郭勛亦進南征之策，言兩廣及雲南當發軍討之；西蜀去安南不遠，亦當發軍云。征討日期，臣問于序班等，皆不知之。問于禮部當該外郎，則曰：『爲外國不可輕動天兵』云。又聞莫登庸自簒國後，聞中國將聲罪討之，每高城深池以待之云。臣又聞安南國

明世宗嘉靖十六年，一五三七

三九二

安南國擒叛賊獻朝廷。

鑞鐵。

《朝鮮王朝實錄》中宗實錄

綏阜等州地名土舍官名刀鮮姓名，寨長官名李孟元姓名，交人官名黄宗哲姓名等謀欲歸附中國，擒獲知州阮璟來降。阮璟供稱：『莫登庸于嘉靖六年鴆殺黎椿。及篡位，自撰大誥，名曰「開皇朝大誥」。其大誥曰：「法天撫運皇上大誥，天下官員」云云。以堯、舜、禹、湯、武王自比。又稱「黎恭皇知人心天命之有在，禪朕以大位。朕不得已，受天明命。」爲書五十九條。』又聞莫登庸恐被征討，欲聚兵拒敵，使綏阜知州阮璟探聽天朝興兵征討之事。土舍刀鮮等欲誘致阮璟以獻，預集兵夫三百餘名，殺牛置酒，佯請公宴。璟等以卜卦不吉，下船逃走。李孟元等追獲阮璟、裴行儉、阮税等七名，並州印一顆、大誥一本以獻。朝廷以李孟元等背夷附華，爲獲逆黨以獻，賞銀三十兩，紵絲、衣、表裏等物云。」

己未，憲府啓曰：「同知趙賢範奉使中朝，賫金銀、樺皮，貿易物貨，且載還鑞鐵幾至二十餘駄。辱命毁節，虧損國體，事至駭愕。請下詔獄，窮推得實，依律定罪。」

安南朝貢已斷二十餘年。

戊戌三十三年（明世宗嘉靖十七年，一五三八）

二月丙寅，冬至使柳世麟還自京師。上引見。世麟曰：「皇華集，臣欲使通事私授于龔用卿、吴希孟之家，而出入之際，必持標契，故不得已告于主司。主司傳報禮部。禮部以爲外國之人，持書册往來士大夫之家，不可擅行。謂臣等曰『欲奏聞而傳授』云。然而久不奏聞。臣等于上馬之宴，上書更請，則使之呈狀以請。臣即呈狀禮部。以爲書辭有違格，使之改書，因而入奏。褒奬我國曰：『尊敬朝廷使命，其慕華之意至矣。書册非如金帛，請使傳授。』皇帝可其奏，禮部使人傳授。至十一月十八日，龔用卿、吴希孟等到會同館，使招臣等往見，然後始知二人皆受其册也。因以尺牘二度授臣，即所賫來書也。又聞安南國之事，則其始祖陳氏，永樂間爲其臣黎結所簒。太宗皇帝興師討之，欲求陳氏之後而立之，則皆爲黎結所害，無遺類矣。由是没爲郡縣。其後黎氏之後自立爲君，朝貢不絶，故不復征討，因而立之。今則爲莫登庸所逐，自正德十一年朝貢阻絶。丙申年其國使臣有奉黎氏之服色黃紫，中國所禁。

命來朝者。朝廷問其久不朝之由，則曰：『莫登庸壅絶朝貢之路，故未得來朝。今幸因商舶泛海而來，中道爲風所漂流，到占城國，累年然後得到中國』云。朝廷囚其使臣，欲興問罪之師，而不知其逆順，故將遣使臣與安南國之使偕至其國，察其逆順，然後討之，而時未遣矣。」

六月癸卯，海陽君尹熙平以皇明一統地理圖入啓曰：「歷代地理不同，下傍列書十三布政者，大明之制也。其曰北京直隸者，不係于布政司而直隸于北京也。」

十月乙巳，命召兵曹判書梁淵等曰：「近觀冬至使之奇，中原大同宣府有㺚子之變，欲請我國精兵而還止云。」

辛丑，領事尹殷輔曰：「前者皇太后上尊號時遣進賀使。況今則文皇帝、興獻王皆加上尊號，至詔告天下，送進賀爲當。」執義韓淑曰：「往者臣與方輪同時赴京矣。黃、紫兩色，中朝所禁，故我國人本不持去，而長著黑衣。中朝亦不懸纓子，故我國人皆用絲纓。而方輪性固執，不聽人言，其于一路及在帝都之時，不著黑衣而或著紫衣，或著白衣，惟意所好。方輪雖曰武夫，位至二品，猶不知事體，故至此矣。前者武人赴京時，取笑于華人非一二云。武班之人，雖不可不送，然其中擇送爲當。」

十一月丙戌，上遣户曹參判柳仁淑賀文皇帝、興獻皇帝追上尊號。

乙未，上引見聖節使許寬。寬曰：「臣到京五六日，詮聞龔、吴兩使以爲朝鮮人不可待之如此，常于提督易寬、郎中白悦處勤勤言之矣。未幾，門禁乃通。八月十二日下馬宴時，以呈文投于禮部尚書，則十五日郎中白悦以通門禁告示送于玉河館。臣言于序班曰：『告示至極矣。然以題本爲法例，則尤爲好矣。』序班曰：『尚書嚴嵩以五日一次出入，前年已通汝國。今又爲之，則不其煩乎？』易寬曰：『勿謂門禁已通而恣其出入。我亦有耳目，汝當慎哉。』臣聞此言，戒子弟軍官不得恣爲出入。又于中途逢管押、進賀兩使，亦以此意言之。臣伴送孫繼常者，吴天使相知之人也。往訪吴天使，以吴天使之言來説曰：『今聞朝鮮使臣之來，其國王豈無一言于我乎？且白悦我同年友也，以射爲事，欲得弓子』云。臣未信繼常之言。有吴天挺者，吴天使頭目也，以見通事事來言曰：『吴天使曾有送物于國王前，未知已達否？』于是互贈弓、硯、法帖。

帖附朝鮮路程、職官等。

始信繼常之言不誣也。臣答曰：『我殿下欲致謝于天使而無因緣，不得導達。』且臣以所持弓二張、硯二面，分送于吴希孟、白悦兩大人。其後吴天使以紙片通曰：『往來汝國後，不忘國恩。』又以法帖一件遺臣，其帖内連帖我國單子，備悉朝鮮始末。四郡三韓及自義州到京一路院驛，京都木覓山濟川亭，漢江楊花渡望遠亭，各司名號，宰相諸君，下及三品堂上之名，及第榜目，又宣慰使、遠接使、從事官各官各員，凡通事姓名，至于花草之名，無不紀載，作爲一册。乃曰：『此未忘汝國之意也。』又求見硯面、弓子、刀子、銅器等物，欲送價買之。臣處置爲難，以臣所持硯五面、弓四張、行器刀子送于吴天使，曰：『此物至薄，然以我持佩之物，故遺以表情。』八月十二日吴天使以綵段二匹遺于臣曰：『表情耳。且今日與龔天使共訪矣。汝不必致謝，恐龔天使見之怪也。』食後，龔、吴兩天使果一時來訪，問殿下安否。臣答以安寧。又言前日見大人手字，如見大人容儀，又見呈文題本，尤爲多謝。皇華集誤印官吏，皆已罪之，其誤印處亦皆正之。且上使所送天下圖，下使所送地圖扇子，我殿下多謝意爾。龔、吴兩使又問：『鄭士龍好在乎？』臣答曰：『好皇華集。

在。』通事誤答曰：『士龍今爲南方使臣。』兩使曰：『其任何官？』答曰：『如中朝巡按之任。』又問曰：『何時遞來？』答曰：『滿一年乃來。』又問南方在何處。答曰：『直南慶尚道也。』兩使曰：『真所謂衣錦還鄉矣。』天〔使〕又曰：『吾詩曾已送之。鄭君不答乎？』臣又答曰：『士龍遠在，故不及答耳。』次問：『金安老安在否？』答曰：『已死。』兩使相顧以笑曰：『高悻高悻之人，今已死矣。』又相謂曰：『無乃國王之所爲耶？』又謂臣曰：『歸還汝國，以吾言告于國人曰：「安老高悻，宜其死矣。」』又問：『金謹思尚在乎？』答曰：『在。』曰：『今必衰老矣。』又問蘇世讓、尹仁鏡、吳潔。臣答曰：『潔則死矣。』兩使曰：『吳潔表致之人也。一年内人事乃如是耶？』又問許沆、許洽。臣答曰：『今在父憂。』又笑曰：『父死矣。』且曰：『皇華集汝持來乎？此處閣老先生求見甚切，四五件印送何如？此非禁物，傳播中國，則于汝國王亦有光矣。須于後日印送可也。』臣曰：『後行次則必于遼東等處相見也，未必及印送矣。當待後行印送。』言畢而出。大明會典事臣忘未問之。聞吳天使家在玉河館近處，即伻人導達曰：『昨日辱臨，忘未盡言矣。會典欲蒙

「大明會典」未易印出。

大人之德，速開刊矣。』答曰：『此非我所掌也。宗系事則已改正，但不知何時印出矣。龔天使則在其手下，可以問也。』龔家甚遠，未知在家與否，以情物送之。問封太子事，答曰：『此内間事，非外人所預知。然封太子後，天使若往汝國，則我與吴君更往，汝國王豈不蘇喜乎？我更見汝國山川，豈不幸哉！』又問會典事，答曰：『近來皇帝多印要緊之書，二三年内未易印出』云。又問曰：『加上尊號，詔示天下，亦通于我國乎？通則何以通乎？』答曰：『皇華集題本時，以汝國爲禮義之邦，又國王賢明，凡朝廷大小事可以盡通。閣老等亦以此于經筵言之不已。故皇帝亦知汝國王之賢，當通此事也。然非如送天使之例也。詔到遼東，遼東可以通矣』云。且吴天使所送綵段不能安受，還送于吴天使，則吴天使曰：『陪臣親我，贈以物，故我以此報之，不可辭也。』臣不得已受之，分給硯、弓之主。硯弓乃軍官子弟之物也。吴天使又曰：『還自汝國，到漁陽，無舟楫，乘桴而來，衣服水沈，汝國王所贈簇子亦濕不用。汝告國王，畫一雙簇子送之，可乎？』臣曰：『畫出何景？』吴天使指座後四時景曰：『以此畫送可也。』又兩使食物、手巾與香，盡情遺之。及其臨封太子事。

安南請兵。

嘉靖皇帝患足瘡。

發，龔天使云：『欲以大字書贈。適以國事無暇，未得書之。故于扇子作律詩贐行。』且㺚子聞臣等賞賜與琉球人同時先賜，高聲作亂，禮部主事亦不能禁。以此十四日受賞賜，二十二日發行。路聞皇帝幸天壽山云。且人同府下人叛亂，與西㺚子連結，故遼東遊擊將軍領軍士五千往擊，兵器以四十餘車載去矣。且封太子事，問于下人，則曰：『第一太子軀幹小而頭體大，不能坐起。次子穎悟，故皇帝欲立，然朝議未定』云。且安南國格兵官莫茂了人名乃武舉出身者，最豪縱桀驁，七分其國，乃有其四。安南王巨鄭堯劉，欲往朝廷請兵擊之。莫茂了知之，囚堯劉妻子曰：『汝若不往，當生汝之妻子。』堯劉曰：『任汝爲之。』遂行，來朝廷請擊之。朝廷議曰：『所當往討，然道路極遠，若以天兵往征，則軍糧難繼。姑諭莫茂了以禍福。若桀驁不聽，則當以廣西兵伐之』云。臣又問太監幾人在。答曰：『張欽已死，韓碩守永樂陵，他人不知矣。』且皇帝節日出朝，四更受賀禮，但殿内深邃，不見燭光，只聞臚傳之聲而已。帝以聖母生腫，故不能視事。又曰：『帝以足瘡不得著靴。八月十六日視朝。九月初一日視朝後，不得視矣。』二十一日祭太廟，其翌日行慶成宴。中朝人曰：『此祭後必議封太子。』而其祭日乃臣發行日也，未及知而來。後行次，則可以知來矣。且白悦言于序班，求得硯、紙，而硯則無有，故以紙少許送之。悦曰：『非謂此紙也，欲得繭綿、弓子、花石硯面，以爲奇觀。可于陪臣處言之。陪臣若不得，則可于國王前白以覓送也。』又龔、吴兩使于鄭士龍處皆有私簡，臣持來矣。」上曰：「朝政別無他事乎？」寬曰：「無。但浙江儒生人，以追號不當之意疊疏得罪云。」傳曰：「聖節使所啓之言，非但知之而已，亦或有施行之事。白悦所求之物，亦多有之。今欲速施之，無遺書啓。」

戊戌，政院啓曰：「中原所送雜物，臣等親監封裹矣。但彼等龔、吴兩使，郎中白悦，及遼東大人劉大章也。所求之物硯、弓、皇華集則已矣，其餘不求之物，白貼扇、笠帽、滿花席，則特送者也則入送似爲未便。恐有後弊，故敢禀。」傳曰：「自祖宗朝至反正後，天使之來本國者雖多，歸還之後，頓無相問之意。而龔用卿、吴希孟等則入歸後存問相繼，非徒於予，下逮朝臣，其意繾綣。且其言曰：『曾送地圖、扇子等物，不審汝殿下已領否』，是其意亦有所在也。且聞中原廉風中國廉風已無。

嘉靖皇帝祀天于圜丘。

已無，天使等至臨玉河館問之，則朝禁亦不如舊矣。」領議政尹殷輔等議：「大抵人臣無外交。今龔、吴等所求之外，不必别致贈送。」

己亥三十四年（明世宗嘉靖十八年，一五三九）

正月甲戌，以進賀使柳仁淑書狀：「臣等十二月二十九日發向北京，序班李時真家書來自京師，興獻皇太后蔣氏薨逝云。即時使人詳問，則十二月初四日聖母蔣氏薨逝云。又令通事李順宗往問于掌印大人，則答曰：『的實矣。但哀書未到，故時未發喪』云。封太子則朝議不定，故至今未決云。」——下于政院曰：「今觀書狀，事關重大，進香、陳慰兩使預先磨鍊以待。冬至使林鵬回還聞正奇後，即發送可也。其以此意言于承文院。」

乙未，下冬至使林鵬書狀。書狀曰：「前年十一月初一日，皇帝祀天于圜丘，上尊號曰皇天上帝。同日午時祀太廟，加上尊號于高皇帝及高皇后。同月二十一日冬至，享上帝于圜丘，頒詔天下。有天使出來之言，而禮部題嘉靖皇帝幸湖廣。

本入奏時未下。十二月初四日聖母章聖皇后崩逝。以朝廷多事，未得趁時發還，故臣等欲于正月望時離發。」下于政院曰：「前者加上興獻帝尊號，已遣進賀使。今又加上尊號于高皇帝、高皇后云，亦當遣使進賀乎？若遣賀使，則不無其弊。陳慰、進香等使，今當遣之。進香使則以凶事而去，固難兼行賀禮。陳慰使則可以兼行進賀矣。若不可兼行，則差三使同時遣之乎？其以此言于承文院提調。且天使出來事，禮部入奏，時未下云。然則中朝所以頒詔者，非爲册封太子，只以享上帝于圜丘而頒詔耳。」

二月庚戌，遣洪慎如京師，賀皇天、皇祖、高皇后加上尊號。

癸丑，遣吏曹參判鄭萬鍾陳慰，禮曹參判沈連源進香，蓋以章聖皇后崩逝故也。

甲子，政院以進賀使書狀及敕書入啓。其書狀云：「本月初十(一)日封太子。初四日頒赦天下。欽差翰林院侍讀華察、工科給事中薛廷龍前往本國。令通事前往華察家探問行期。則答云：『本月十五日啓程。吾行非如他時。皇帝幸湖廣，五月間還駕，吾當汲汲馳往。以此意傳諭爾國。』上使則和柔

明世宗嘉靖十八年，一五三九

冊立皇太子。

嘉靖皇帝敕書。

儉素，副使則喜飲酒，才藝則與龔、吴相等云。」又録冊立皇太子敕書一道。

乙丑，傳于尹殷輔等曰：「皇帝幸湖廣云。湖廣，興獻皇帝陵寢之地，欲合葬蔣皇后，往視皇堂也。距北京六千餘里。古者天子巡狩，方岳朝焉。今無乃有別遣使之事乎？」殷輔等啓曰：「湖廣，自我國都計之幾萬餘里，遼遠極矣。況中朝山川道里不使外國人知之。往朝行在，所必無之事也。」

三月丁丑，工曹參判鄭順朋，以北京所得皇明政要來獻。

癸未，工曹參判鄭順朋，以遼東志六卷進獻。

戊子，進賀使李芑、元繼蔡如京。

四月丁未，詔書至延詔門，上受詔敕如儀。詔書二道從略。其敕書曰：「皇帝敕諭朝鮮國王。茲朕建立皇太子並封二王，覃恩天下。念王屏藩東方，世修職貢，宜加恩賚，以答忠勤。特遣翰林院侍讀華察、工科左給事中薛廷寵充正、副使，捧賫詔諭，並賜王及妃綵幣文錦。至可受賜，見朕優禮之意。」

己酉，詔使至。兩使令通事進紅紙小單子二張。其單子曰：「皇上恭上皇天泰號，乃出此典，原無詔外國故事。上諭輔臣等謂：『天道無外，朝鮮諸安南國中簒亂。

國，俱當詔知。』禮部據會典覆奏，內開：『朝鮮、安南奉職尤謹，凡有大典，遣官詔諭。琉球、暹羅等國，俟其請封，然後遣使册封。但安南國中自相簒亂，但王者無外，亦須有處。今此遵照舊典，遴選廷臣，諭詔朝鮮。其安南別議。』續于今春兩總制都御史蔡經奏稱：『安南累次悔罪，但其詞多文飾，未敢奏聞。近日移文引咎懇切，且乞代進請罪表，率朝廷若蒙先負表謝恩，將一國版圖獻上處分。如得曲全，隨當再表陳謝，仍前通貢。』朝廷未見明旨，正傳奉起用限滿原任禮部侍郎黄綰陞尚書充詔安南正使，右春坊左諭德張治陞翰林學士充副使，速詣行在面諭遣行，隨時酌處。復諭朝鮮素守禮奉職，比他國不同，今次須選翰林講官、六科左右給事。恐彼國不知安南特遣重臣之意，謂朝廷反失輕重之等。此蓋朝廷德意，不可不宣布也。」

甲寅，下進賀使柳仁淑書狀：「臣三月初四日北京離發。緣㺚子三百餘人前頭出來，不敢争路，每一站或留一、二日，三、四日。本月初八日先到遼東，留待車輛。十二日發行。臣陪來方物表文，二月初三日呈于禮部。宴罷後尚書語臣曰：『今次賜宴乃朝廷特恩，于爾國爲莫大之慶。陪臣不敢表聖節使、謝恩使兼行。

嚴嵩接待朝鮮使臣。

嘉靖皇帝湖廣之巡遊。

謝，爾到本國説國王表謝』云。中朝一路荒殘已極。我國使臣往返不已，車輛馬匹不能趁時出給，勢似難支。今次聖節使、謝恩使兼行，似爲便當。」

丙寅，遣工曹判書尹世豪、左尹朴世蓊謝頒册立皇子詔敕、皇天上帝泰號詔敕。

五月己巳，進賀使柳仁淑復命，引見。仁淑啓曰：「臣進呈方物表文，禮部即奏達，皇帝聞而喜之。二月十四日御奉天門，令臣親進表文，特賜宴于禮部。宴罷，尚書嚴嵩曰：『朝廷特恩，汝當表謝乎？爾國王表謝乎？』臣答曰：『表謝臣不敢爲也，但明日謝恩而已。』尚書又曰：『此汝國莫大之慶，歸告爾王表謝可也。帝今欲賜敕，適以幸湖廣多事，未遑爲之，後當欽賜』云。臣觀帝意，自追上皇天及獻帝之號，朝廷有非之者，而海内布政司時無進賀者，帝意殊未快焉。臣見之，至喜極，故令親進表文，又特賜宴矣。其時唯浙江進表耳。二月十六日帝幸湖廣，臣因館夫聞之，軍士十萬，宦官三千，校尉三千，千官扈從，以十兩載宮女，一兩每五人載行。扈從軍馬，皆渴不得飲水。行到黄河，軍馬争奔河水競飲，相跌顛溺而死者甚衆云。湖廣去京四千嘉靖皇帝巡幸，繫杠折毀。

五百里，而五十七站，三十九日程也云。皇帝所行如是。朝無善人，争以諂諛，迎逢帝意。而封太子日，以慶雲出，奉表陳賀云。正德皇帝雖荒淫，然朝廷有人，而付政于重臣，故天下不至騷擾也。今則皇帝好自用，天下之事無不總治。如有直諫者，輒重刑。人皆禁嘿。今湖廣之幸，使閣老顧鼎臣奉護太〔子〕，監撫軍國云。問皇帝回駕遲速，則湖廣炎蒸之地也，不可久留，必于五月乃還。然帝之幸湖廣，非徒爲卜葬，欲誇耀于故鄉，耽樂遊觀而已。」上曰：「進表時親見天顔乎？」仁淑曰：「臣奉表立于午門之外。開門之後，入自正門，置表于階下案上，序班即引臣出門外。帝出御，序班引臣以入，行五拜三扣頭跪。尚書亦跪曰：『某進表。』帝曰：『知道。』臣又五拜三扣頭而退，未詳見也。且幸湖廣時，舉朝上疏，極陳其不可。職卑者杖之，官高者囚之。諫者皆止云。」上曰：「宮中后妃亦隨駕乎？」仁淑曰：「亦隨行云。但傳聞未知虚的也。」上曰：「車駕巡幸儀禮，有后妃隨行之言？」仁淑曰：「有言隨行，而未詳知之。其處人云：『帝巡幸時，路中繫杠折毀，此不祥之兆也。且東宮僚屬，擇差十人。華察、白悅亦與選。有吏科給事中忘名上章彈朝廷無綱紀。

劾曰：「華察、白悦用心回邪，貪婪有迹，不合東宫之官」云。』」上曰：「龔用卿、吴希孟亦與其選耶？」仁淑曰：「龔用卿爲右諭德耳。且禮部侍郎白悦求請之物咨文紙、硯令序班進呈。大抵白悦求請，序班來言。而序班傳給，非悦親請親授，安知中間所爲也。龔、吴處皇華集及地志，付吴家人傳給。其後龔、吴來見臣于主事廳，以下諭之意傳道耳。臣意外國與中朝之臣相交，事體不當。今時皇帝如此，朝廷又無廉恥之士，故求請如此，豈無識者非之？今後凡求請，斟酌爲之，何如？皇帝巡幸時，六部官員于牙子處分定油芚督納，皆不勝其侵責。有一禮部郎中使牙子持銀兩求貿油芚于臣等。臣給油芚，還其銀，侍郎極喜云。凡求請公然，少無廉恥。以此見之，朝廷無紀綱，士風盡墜矣。常時赴京通事，以仕之多少，輪次入送，不擇精否。凡言語及或有質問之辭，專憑通事。而苟不精譯者，專不解知。今後宜擇精通者一二人差送爲當。」

癸未，遣户曹參判鄭世虎賀聖節；工曹參判李清欽問遠行南服起居，兼謝陪臣賜宴。

明世宗嘉靖十八年，一五三九

獻「皇極經世書說」並請印行。

嘉靖皇帝多顛倒不中之事。

甲申，副護軍崔世珍以大儒大奏議二卷、皇極經世書說十二卷進獻曰：「大儒大奏議雖皆古文，然新撰裒集，宜人君所當觀鑑。皇極經世書說亦我國所無，敢獻。請印行，使人人皆得見之。」傳于政院曰：「崔世珍前日亦以關於治道之書如諺解孝經、小學訓蒙、字會、四聲通解等書。累進，今又來獻，用心至勤，如此者不易得也。特加階，且賜酒。」

閏七月癸卯，遣參判尹思翼如京師，賀千秋。

八月丁卯，以進賀使李芑書狀下于政院曰：「在前觀之，赴京使臣雖一使身死，至爲驚愕慟悼。今則副使元繼蔡、書狀官柳公□權一時身死，其慟悼之情何可勝言。別致賻時，以予慟悼之意奉承傳可也。」

庚午，上引見陳慰使鄭萬鍾、進香使沈連源、進賀使洪慎于思政殿，問曰：「聞見事件已見之矣，然欲詳聞也。皇帝所爲之事何如？」萬鍾曰：「皇帝多有顛倒不中之事，而遊宴之奇則專未聞焉。或言言官有進彈章者打臀，傷者有之。然此亦前日所爲，近則不爲云。安南國事叛亂之事，莫登庸其臣姓名以權臣叛亂其國，非與上國叛也。然其國使臣十二人出來，而中路皆被害，嘉靖皇帝鬚髯少，面色黑。

只四人全活來奏。皇帝欲興兵討伐，而以遠地運糧爲難，故不爲矣。」連源曰：「五月十二日進香時，以衰絰首絰腰絰，自西華門入奉天門，右邊齋靈，宮殿内殯奠排設，門外桌子、香爐、花瓶奠酌上香，鴻臚寺員讀祭文，禮部官員著烏角帶，立而見之。臣一行十五人入拜，皆不差失。序班及禮部尚書喜甚，皇帝亦窺見云。雖不可信，然序班亦云。」上曰：「得見皇帝龍顔乎？」慎曰：「東西班屬目，不得仰見。但書狀官等在後仰見，少有鬚髯，而色似暫黑矣。」

己卯，以華察、薛廷寵天使所送之物進賀使李芭賫來，華天使所奉送小畫一軸，薛天使所奉送墨刻一塊、蜀扇二握、書簡三封。蘇世讓處兩天使所送天青綃一匹、扇二封、玳瑁梳一、封書簡一封、詩册一卷、手帕二件。下于政院曰：「天使送物，予當受之矣。蘇世讓處送物，則世讓受由下鄉，招其子弟知（如）數許給可也。」

戊子，進賀使李芭回自京師，上引見于思政殿。上曰：「一行之中，一人之死，猶可惜也，使、書狀官一時病死，豈有如此之事乎！不勝痛悼之至。」芭曰：「柳公權本有浮證，多方救療，然病已深，在帝京身死。皇帝賜銀五兩，嘉靖皇帝幸湖廣欲葬蔣皇后。

以爲買槨之資，而致賻曲恤，故無事斂殯。元繼蔡在路中身死，故其斂具草草，不如公權也。且天使等龔、吴、華、薛皆以我國知禮義之意達之於皇帝前，故中朝之人前稱我國人必曰夷人，今則稱爲使臣也。且皇帝幸湖廣欲葬蔣皇后，與興獻帝合葬事八月將爲，而日則未之知矣。且華、薛入歸時，到遼東爲習陣，臣等令宣傳官李元祐芑之子、權知承文院副正字元虎變繼蔡之子往見，而使知陣法之如何。天使知之，招使立於前而詳見之。其所奉床排，退而分給。臣進謝。天使曰：『幸給之物，何必來謝。』」

九月甲寅，傳于政院曰：「頃者聞赴京使臣尹世壕、朴世蓊之言，中原一路凶荒太甚，倉穀已盡。軍人糧料，貿銀民間，然後乃給云。此必前年甚凶□故也。前者鄭萬鍾回還時，軍糧一時則給，而一時則當輸諸遠處欲給云，故萬鍾託言不絶糧，不受而來云。大抵我國使臣以不得已之事，每每入去，多費中國之糧，至爲未安。」

十月戊寅，命召三公及禮曹堂上傳曰：「皇帝之待我國，非偶然也。太監與翰林傳敕時，李清跪受于左順門。太監入而還出，曰『當賜酒飯』云。敕

明世宗嘉靖十八年，一五三九

龍衣特賜，曠古異數。

使臣謁聖。

辭亦曰『益篤忠誠』云。賜物非但段子也，又有龍衣一襲。皇恩罔極。小國之事大，當盡赤心而已，況如此乎？自古君賜之服，即著之而拜謝，乃禮也。受敕後，入幕次而即著，行拜禮于闕牌之前，何如？」尹殷輔、洪彥弼、金克成、金龜齡議：「歷考先前欽賜敕書，即位之初命服外，未嘗有龍衣特賜之時。此曠古異數，迎敕禮後加于聖體，別謝恩，上教允當。但未知已製造與否及長短廣狹耳。」

十一月辛丑，上幸慕華館迎敕。其敕曰：「皇帝敕諭朝鮮國王李懌：王以朕昨巡幸南楚，遣使來上起居，兼貢諸方物，朕用嘉納。使人回，特賜王龍衣一襲，綵段、絨錦各四匹，用見朕奬答至意。王宜益篤忠誠，光我藩服，欽哉！故諭。」引見欽問使李清于思政殿。李清曰：「謁聖時見孔子位牌，以先師爲號。臣問之，則皇帝以爲文宣王則王號卑于天子，先師則可在天子之上，故如此爲之云。又有啓聖祠，叔梁紇坐北壁，孟子、顔淵之父爲陪位，宋儒之父程珦、朱松在東西廡。此前所無之制作也。國子大廳後有敬一亭，立碑刻朱子四箴學規矣。」

嘉靖皇帝幸天壽山。

嘉靖皇帝寢食不安，不能親行祀天。

乙卯，遣參判鄭惟善如京師，謝特賜龍衣、綵段、絨錦敕之恩。

十二月己巳，傳于院政曰：「千秋使尹思翼先來通事入來，中原所聞所見，詳悉聞之書啓。雖有誤聞，亦無罪責。」政院以通事言書啓曰：「九月二十七月皇帝幸于天壽山，晦日回還。以奏請事告于禮部尚書。答曰：『此國之大事，當斟酌爲之。本文則不可全改，當依題本改註云。龔、薛、華天使各送下程于三使。奏請、冬至、千秋龔、薛兩度來見。龔天使言于禮部主客郎中許論曰：『朝鮮人不可以常例待之。亦甚淨潔之人，館所不可污穢以處之，親往修掃可也。』許論親來見三使，修掃館所以處之。皇帝有詔書曰：『今年寢食不安，不能親行祀天祭。冬至賀禮及翌日長時節拜禮，亦皆停之。文武百官但會午門外而出。』千秋節日，我國最先到，雖海內兩廣布政司亦皆未及。」

癸巳，千秋使尹思翼回自京師，上引見。思翼曰：「宗系事，使李應星言于禮部主客司郎中許論處請之，則以大明會典一卷出示之，曰：『汝國所請即此事也。然此祖訓朝章，不可改，但以各年奏本發明爲奏，則猶可爲也』云。華、薛皆言力爲之，而未見其力爲之迹也。龔天使來見玉河館，臣等請嘉靖皇帝行天壽山祭、宗廟祭。

欲見大明會典改書處，則答曰：『未成之書，不可示外人。皇帝方重汝國，必力爲之。汝須啓殿下，勿動心也。』龔使言于禮部郎中許論曰：『朝鮮使臣得病欲速出，且房舍亦必污陋，須潔浄修掃以處之可也。』許論即欲來見，龔使使人來曰：『許將往見矣。』臣等衣服冠而待。許論果來，慰曰：『客舍無乃齟齬耶？』至于寢具，亦皆披見，慰勞備至。乃曰：『此綏遠之意，皆龔天使之力也。』華天使以五經大文及首帕二方進上，又送單子，使華一統來問殿下安否，又問世子安否。臣以『平康』答之。仍使李應星語曰：『自大人回還後，殿下至今未忘。每見皇華集，想像風采。舉國亦常欽慕之耳。』龔天使處所，以皇華集全帙送之者，以面請于殿下，而又到平安道請于鄭判書故耳。我殿下若聞大人之言，則必將送之也。』又華一統來曰：華天使言，『前持來草緑紬、大紅紬，鄉族有求者即給之。今又有求之者，言于蘇世讓處而送之，則當以南京匹段報之也。』皇帝十月初一日行天壽山祭。九月二十五日宗廟祭。六日視朝。晦日又祭于宗廟。此出必告、反必面之意也。但不得親行祀天祭，乃詔曰：『頭不痛，體不熱，只是食少嗜臥』云。凡公事則依前，今日

「大明會典」三朝奏二事，奉聖旨仍未改。

入啓，則明日啓下，又明日下該司。若有疾病，則安有公事政事如前爲之耶？薛天使處，沙盞給之，則曰：『此非吾請，何以送來？此必華使之所求也。』然稱美而竟受之。」思翼以五經大文册二卷、首帕一封、書簡單子一事入啓。

庚子三十五年（明世宗嘉靖十九年，一五四〇）

正月戊戌，奏請使權橃狀啓曰：「臣等到北京，使李應星語主客司郎中曰：『我國宗系事，永樂元年、正德十三年、今皇帝嘉靖八年累奏聞，奉聖旨改正，而至今未見成書。我國君民悶鬱罔極。大人備細勘磨，以解一國之悶。』郎中曰：『知道。朝廷必好爲之，其各退去。』翌日遣李應星于龔天使家曰：『前日大人之奉使小邦也，殿下已告宗系改正之意。伏望大人勉力周旋，以副殿下之望。』答曰：『此事已詳知之。但朝廷多事，會典纂修停之已久，然奏本已達，吾亦當爲見禮部堂上言之。』是日薛天使亦來主事廳求見，臣等令李應星將宗系事如前語之。答曰：『見禮部堂上，當爲懇説。』是日遣宗系、弑四王句出自高皇帝祖訓。

應星于華天使家，又告宗系事。答曰：『已詳知之矣，當言于禮部尚書』云。上馬宴之日，令應星告曰：『本國宗系奏請，已蒙准請，皇恩罔極。但會典成書，國王難待。今日若受敕書賞賜等事，則陪臣必速還報。』尚書答曰：『今此奏請之事，固非如前日之泛然。聖旨甚好。是亦成書，况已送史館。史館必當附録。你等勿疑。』即招主客司都吏教之曰：『汝往内閣告諸閣老，速寫敕書以付之。』仍言于應星曰：『吾當速處。』十四日遣李應星于龔天使家告辭。引入内廳曰：『宗系事已抄奏本，置諸内閣，但竢刊行耳。此吾親自抄書者。汝還本國，啓達國王爲可。』因以題本敕書單字入啓，乃曰：「禮部題爲陳情辨誣乞恩事，主客清吏司案呈，奉本部送内府抄出云云等因，……朝鮮國素秉禮教，多效忠勤，奏辨情與李仁人無干，列聖已悉其情，皇上又許其請。與之辨白，似亦相應。但查得所辨李仁人及子今名旦者，并凡弑四王等語，皆會典内所載祖訓之語，豈敢輕議改正？合無俯從所請，將伊前後辨明奏呈及節奏列聖明旨，送付史館。今纂修會典，令其叙入朝鮮國項下。祖訓、會典，兩無相妨；傳信傳疑，各有所據。本部因咨行本國知會，庶天朝旌別之典正，而遠人祈懇之誠亦慰矣。緣係外國陳情辨誣，及奉欽依，禮部看詳來説事理，未敢擅便，謹題請旨。嘉靖十八年十一月十一日具題。本月十三日奉聖旨：『是。皇祖大訓，不敢別議。該國奏詞，并奉列聖明旨，此後纂修，宜附録之。仍寫敕示王。』敕曰：『皇帝敕諭朝鮮國王李懌：爾國數以宗系明非李仁人之後來奏，我成祖及武宗朝具有明旨，朕亦具悉矣。但我高皇帝祖訓，萬世不刊。會典所載，他日續纂，宜詳録爾辭。爾恪供藩職，朕方嘉爾忠孝，可無遺慮也。其欽承之。故諭。』」

二月甲戌，謝恩使金麟孫、林百齡奉表如京。

丁亥，下畫簇三軸曰：「搜得内帑，則一軸『龍駒圖』，乃宣德皇帝御筆，而賜太監王瑾者也。意或瑾之舍人轉賣而到我國也。又一雙『敗荷蘆鴈圖』，乃成化皇帝御筆也。意或其時天使賚來而進上也。此亦非凡人之畫，甚爲貴重。」

十月辛未，聖節使申瀚以所聞見書付先來通事裴瑊以啓：「八月十二日聖諭：朕仰承天恩下眷，嗣統臨朝已多歲矣。自十三年以來，至今早朝盡

高皇帝祖訓，萬世不刊。

宣德皇帝畫龍駒圖，成化皇帝畫敗荷蘆鴈圖。

明世宗嘉靖十九年，一五四〇

嘉靖皇帝髮鬚脱半，精神太減。

嘉靖皇帝不視朝，但求神仙之術。

廢，政多失理，以致災變累生，財用匱乏，民不安生者，雖在宮中，此心如履深淵。一般言官，無一個奏聲。待他説時，即可借爲。他每妨禍，把滑不言。我今却不得不自言。早朝不修，祀典多遺代，與尸位同。朕近來血氣衰弱，髮鬚脱半，精神太減，大不如舊。雖即無他事，亦未可不慮也。東宮雖幼，上有赫赫照鑑，保定必矣。或權命監國，重大仍奏請。朕少解一二年調養，或可親政悉若初，不敢又取逸耳。亦非作術以弄巧成拙，只待澄清思慮，静養靈臺。但得血氣還昔，諸疾盡去，即復初勤，豈肯終怠！卿等以五六人不肯担當，禮官就播這諭。速播廷臣，限三日議上，不許藏欺出詐。君固瞞了，如鬼神可欺乎？朕非陷今日之仙術，酷玄元之是尚，此身之苦，怎麽自家誤了自家云。」

壬申，聖節使先來通事裴瑊入京，令注書問中朝事書啓，乃云：「皇帝不視朝，只于聖節日親受朝賀。八月十二日下聖旨，欲令東宮監國。大臣等以爲東宮年幼，聖體方剛，不可云，故未果也。皇帝之病，九重之事，下人不言，故未詳知之。但言求神仙之術，招術士于皇帝之前，親見朱硃造銀之術云。

天火焚九廟。

《朝鮮王朝實録》中宗實録

太后遺詔。

大明會典事，襲使用卿以試官往南京，故不得問之。問于序班，答曰：『當時天下之事多，未畢修撰，三四年之間，不得刊行』云。」

辛丑三十六年（明世宗嘉靖二十年，一五四一）

正月丙午，冬至使書狀官尹杲入啓曰：「使曹允武死于玉河館，皇帝別遣禮部侍郎孫承恩來吊祭。」

六月甲戌，下聖節使洪春卿書狀：「臣到遼東，聞四月間天火焚九廟，皇帝下詔罪己，行人司行人今擎詔書來此云。」

八月庚辰，兵曹判書金安國以求貿書册單字入啓答曰：「所當先貿書册，令弘文館付標，予亦可付標也。不秩册則相考卷數，書於册名下以入可也。天文、曆法、兵法等册，中朝所禁，則令通事隨所見貿來可也。」

十月己未，以詔誥謄黄二道，聖節使洪春卿越江先送啓本、遼東咨一道、聖詔一道、太后遺誥一道下於政院。其遺誥中有中外臣民之家不去音樂，宗皇帝已連年不視朝。

室諸王各免赴喪，但遣人進香云。

十一月壬辰，陳慰使安玹、進香使趙士秀如京師。

十二月己卯，千秋使李希雍身死。書狀官李安忠入京肅拜，上引見。……上曰：「皇帝至今不視朝乎？」安忠對曰：「不視朝累年云。權臣郭勛因禁而照律事，載于聞見事件矣。以一罪照律入奏，而未知發落。來時聞之于路，則減死而徵贖馬八千匹云。前者通報，例于玉河館門爲之，故給人情，則易得聞之矣。今則主事以爲外國聞見之處爲之不當，故于北闕爲通報，而未易得聞矣。且傳聞九廟之事，遣翰林學士于南京，書位版名次而來後，始造九廟云。」

壬寅三十七年（明世宗嘉靖二十一年，一五四二）

正月丙申，承文院提調尹殷輔等以聖節使書狀官李世球、千秋使書狀官李安忠等聞見事件付標。李安忠事件曰：辛丑年十月二十八日陰留玉河館，是日得通報奏本。

嘉靖皇帝性本狹隘，閣老諫臣已斥逐。

二道，始面書之曰：兵之(部)看了來説。提督四夷官太常寺少卿韓徑一本：「請大振天討，急逐賊虜事：近者宣大邊臣奏報，北虜擁衆壓境要貢，仰荷皇上洞照，赫然震怒，特命大臣督兵驅禦。已而言官疏以朵顔三衛違貢不庭，意在附虜爲逆。重蒙聖明採納，復遣大臣防禦薊州一帶關隘，兩軍表裏相濟，計出萬全，一時軍臣罔不歡服。」尋山西巡撫臣飛報：「虜首吉襄糾結亦卜剌等衆至二十八萬，從大同寧武關西入腹裏忻州等州，直趨大同。總兵丁璋失利，所過縣境竟未聞匹馬片甲敢逆其鋒。」又以地圖付標忻州、薊州、寧武關、朵顔等三衛入啓。欲其自上知此地之近于帝京也。

辛丑，上御思政殿延訪大臣。上曰：「中朝腹心之地，二十八萬兵馬入來，則其勢必至騷擾。而先來通事不言此奇，中原必時尚無事矣。若有事變，豈能安静乎？雖有邊事，不爲奏聞于皇帝而然耶？冬至使若來，則可聞其奇也。」彦弼曰：「皇帝性本狹隘，不能虛懷待人，故閣老諫臣皆已斥逐。不爲優容納言，人孰奏達乎？不達之弊，亦必有之矣。」

二月己巳，三公啓曰：「進慰使行次回來云，夏閣老稱朝鮮免絲子爲好，而使人求之云。中原大臣求藥，而不送爲難，且以私事送之何如？」三公及禮曹同議啓曰：「夏閣老求請免絲子，言于玉河館大使，而大使言于我國人。

嘉靖皇帝常御西城宮，不視朝。

夏言、嚴嵩等常侍遊宴。

夏言無子，嘉靖皇帝使之祈禱。

此藥乃我國所産之物，而大國閣老之人求請，不可不給。只以十斤送之。更問則許之，不問則不須給也。」

庚午，傳于政院曰：「閣老夏言所求兔絲子事，當付聖節使之行，使會同館大使傳之無妨。且藥物如非（非如）貨寶之類也。」

三月丙午，上顧謂特進官許磁曰：「前日復命時，適有故不能引見。中朝事雖于聞見事件備記，而尚有未盡之處，故引見也。皇帝久不視朝，未知其然，其處人何以云耶？」磁曰：「臣于北京不見士大夫，所見皆迷劣之人。其所謂序班者，如本國引儀之類，迷賤之官，不知朝廷之事。時或聞之：皇帝常御西城宮，一不視朝。古事雖不視朝，千官會闕，有命免朝，然後皆退。今則千官亦不會闕，只見拜辭復命之人赴闕，而不見千官會朝之時。有五臣夏言、嚴嵩、翟鑾、一駙馬、一伯等，常侍晝夜云。與此人狎侮遊宴之事，未詳知也。各司公事，奉聖旨爲之，意必不爲視朝，故與閣老等重臣議其公事，然不可詳知也。」上曰：「前聞與術士爲丹砂之事，有之乎？」磁曰：「未聞也。雖有所聞，道聽塗説，不可取信，中朝人喜道不經之説。聞夏言無子，皇帝多賜年饉凶荒，人食茅實。

㺚子侵擾北京近處。

銀兩，使之祈禱。問于序班，則笑而不答，不甚諱之。以此見之，不無祈禱之事矣。中朝亦甚凶荒，民人採取茅實火燒食之，各驛之人皆流離。其處城郭，非如我國，城池繕完，人家稠密，瓦屋鱗鮮，今則撤毁無人，凋殘莫甚，以年年飢饉故也。如士大夫見我國之人，以爲知禮而起敬，遇于朝會作揖，不以外夷待之。謁聖于大學館，儒生來見而敬之。臣以吏曹參判結銜而歸，其人以爲中朝吏部侍郎之列，乃清選也，尤爲敬重。至于常人，則一路無不見辱，帶行之人到處逢打。其處人以爲『汝若抗我，則我當移咨汝國，汝必被罪』，畧無忌憚，恣意歐打，或攫其所食，禁則必杖。一路風俗美惡不同。其俗之薄惡處，則我國人艱難過行。欲言于官員，則不在任所，又不能以自意言于禮部，至爲難矣。自曹光遠之行，人多逢打，歲漸如此，則不得已諭于朝廷，使之禁戢爲當。車兩不能一時偕歸，落後入歸，故中路劫打。出車之事，務欲數少，故其處人以爲古則數多，今則數少，何難。臣之行只出十四兩，人皆便易，不以爲苦矣。以其車兩定數，故通事不持私馱，弊亦不多。」

四月辛酉，上曰：「㺚子侵擾北京近處，雖不關于我國，而自古中原有起兵討平安南。

事，則亦有請兵之時。如此之弊，不可謂必無，然不可先爲處置，而使之擾亂矣。武士之事，兵曹預爲念慮可也。」〔洪〕彦弼曰：「上教至當。治道無踰于文武，勸礪之方，雖凶年不可廢也。㺚子以皇帝久不視朝，故有輕中國之心。大明開國百七十餘年，正是中衰之時，臣至爲憂慮。年凶之時，或有警急之事，臣恐國家受弊多矣。」

五月丁酉，上引見承旨安玹問曰：「安南國莫登庸叛，中原起兵討之。彼既投降，以爲都統使，而使之襲封。中原之事，不可是非，此事似未盡也。」玹曰：「登庸乃前王外孫，時王四寸兄弟親也。叛亂二十餘年，中原不能制禦。臣于主事所掛地圖見之，安南境連上國，而海水環境，路極絶險。初以鎮將討之。毛伯温爲兵部尚書，招諭于鎮南關。登庸以其子死，故率其孫莫福海投降，又遣莫文明待罪京師云。臣斟酌，則中原南方有事，北邊擾亂，既以投降，故姑羈縻之。天子斷以爲都統使，使之世襲，又不問貢獻之事，則畧示威嚴，似不失朝廷體統而已，其實棄之也。此外處置事，不得聞見而來矣。」玹頃自京還，故上至是引見。

明世宗嘉靖二十一年，一五四二

平定安南。

宮女十六人剉屍梟首。

宮女縊嘉靖皇帝一案。

七月癸酉，傳于政院曰：「祖宗朝皇帝或平定安南，或削平他處，則我國例遣進賀使多矣。安南久叛，帝命將討降，廢其國而設官號，此大事也，幸有進賀之例，則不可不議。其博考古例議啓。」

八月癸未，遣刑曹參議權祺貢馬于京師。

庚寅，遣吏曹參判崔輔漢、工曹參判李瀣奉表如京賀冬至，兼謝本國漂流人高銀還等發回。

十月己卯，遣李名珪、權應挺奉表如京師，謝本國漂流人梁効根等發回。

十一月癸亥，傳于政院曰：「今見千秋使書狀，中原之奇，至有駭愕。我國雖别無可爲之事，然是大事，不可在家議之。政府、禮曹堂上全數命召，予當引見。」領議政尹殷輔等承召詣閤門外，以千秋使書狀下之曰：「卿等細觀入議。」〔千秋使書狀〕：「臣等九月二十二日到北京，見東西角頭，將宮女十六人剉屍梟首。問之，則宮婢楊金英等十六人共謀，二十一日夜，乘皇帝醉臥，以黄絨繩同力縊項，事甚危急。宮人張芙蓉覘知其謀，往告方皇后。皇后奔救，則氣息垂絶，良久復蘇。命召六部尚書會議定罪。蓋以皇帝雖寵宮

明世宗嘉靖二十一年，一五四二

宮人微過，嘉靖皇帝捶楚至死達二百餘人。

聖旨。

人，若有微過，少不容恕，輒加捶楚，因此殞命者，多至二百餘人，蓄怨積苦，發此凶謀。逆婢等一族百餘人，曾已拿囚，時未畢推云。宮闈事祕，不得詳知。皇帝因罪逆伏誅，祭告宗廟，降赦中外。臣等問于禮部曰：『朝廷與十三布政司，無乃有進賀事乎？』曰『無例』云。大明會典則朝廷多事，畢撰無期」云。上引見尹殷輔等曰：「中原之事，至爲驚愕。雖别無可爲之事，然卿等議之。」殷輔曰：「近來中原有北虜犯邊之患，慮有不虞之變，而禍反起于蕭牆之内，至爲可駭。以黄繩縊項，絶而復蘇，必至重傷，帝之康寧與否，未可知也。」洪彦弼曰：「臣觀歷代之主，如陳後主昏迷，則見弑宜矣。皇帝則氣剛能斷，朝廷畏懼，宮女之禍，不知何由？此非隱微之變，定斷大罪之後，必有頒詔之事也。通事出來後，來十二月間，因他事送人遼東探問獄事及他事何如？」

甲子，以千秋使書狀：「司禮監奉聖旨：『楊金英等朋謀弑朕于卧所，死有餘辜。不分首從，依律凌遲處死，剉屍梟首。仍令法司，各族屬不限籍之同異，逐一查出，送法司依律處決，財産入官。』禮部奉聖旨：『逆婢大肆謀嘉靖皇帝節日亦不御殿受賀。

夏言罷黜。

嚴嵩以聖旨告使臣。

逆，變出非常。仰荷天地祖宗佑護臯致，朕躬安寧。須擇吉遣官祭告及降敕中外，以安人心。』」下于政院曰：「見千秋使書狀，今月初二日降敕中外云。然則其事的然，而天下共知之矣。此乃非常之變。而皇帝氣息垂絶，良久復蘇云，此人臣之所不忍聞者也。我國有時或進貢，或欽問，至誠事大所當如是。但進賀，如尋常可已之事，則猶或不舉；如此大事，豈必待古例乎？如此頒敕而諭于我國，則例當謝恩，亦兼進賀，此皆待冬至使爲之矣。然無乃別有可議事乎？其令大臣議之。」聖節使柳希齡還自京師，上引見。希齡曰：「皇帝全不視朝。意謂節日必御殿受賀，而殿内闃然，不見燈燭，朝儀亦不備陳，乃知是日猶不親御也。」上曰：「夏言甚事見罷耶？」希齡曰：「不知其事，但聞常時守其剛直，事事微諷，且救郭勛之罪，帝以爲與勛朋比而罷之。即歸其鄉，朝臣皆以爲未便云。且待我國之人，僅異㺚子，門禁甚嚴，未得出入，必有禮部文憑，然後始許之，故凡聞見未得詳知而來。」

庚午，以冬至使崔輔漢、李瀣書狀：「初四日提督主事張子滔來仕玉河館，招臣等以禮部尚書嚴嵩意言曰：『昨日聖旨「仍示朝鮮國使臣，令知所聖旨降敕中外。

嘉靖皇帝仍不視朝。

以」云者，是各别重待朝鮮之意也。 日者宫中有大變，聖體得以安寧，今來陪臣，亦可問安，而于事體未敢，宜即差人馳報國王，劃即問安可也。』臣等問曰：『昨聖旨降敕中外，于本國亦降敕否？』答曰：『所云中外者，非指外國也。你國則不應降敕』云。 降敕後朝廷百官别無舉行之禮云。 内醫江宇到館語臣等曰：『今則聖體康寧矣。』」下于政院曰：「召政府、禮曹堂上議之曰：『觀此書狀，則進賀之使固所當送，而欽問使似亦不得不送。 若送之，則當于來月初發程也。 其議以啓。』」領議政尹殷輔等啓曰：「見此書狀，雖皇帝别無敕諭，聖旨有曰：『仍示朝鮮國使臣，令知所以』云，進賀使義不可不送。 但云帝已康寧，則不必送欽問使也。」答曰：「中原人令陪臣速送通事急來問安云，且皇帝雖已康寧，外國則隨所聞爲之，豈有久近哉！ 别送欽問使，似爲有弊，製欽問表箋，兼付進賀使何如？」殷輔等回啓曰：「進賀使兼欽問似爲無妨。 且提督主事以尚書之意傳言，曰『馳報國王，劃即問安』云。 以此觀之，似當速舉。」

十二月癸巳，千秋使權應昌還自京師，上引見。 應昌啓曰：「皇帝 一不視朝。宫中之變，曾已大概啓聞，小小聞見，皆是道聽，不可取信。龔用卿爲南京國子監祭酒，時未遞來。華察舉使浙江，元(原)無期限，故歸去其鄉，稱病不來；帝命差愈後上來。吴希孟方任江西地方知州事云。」上曰：「郭勛、胡守中事，何如也？」應昌曰：「郭勛則十月初死于獄中，其子上書，請得出葬云。未知發落矣。胡守中事未得聞見。」

癸卯，遣工曹參議金益壽欽問，僉知中樞府事鄭大年進賀。

癸卯三十八年（明世宗嘉靖二十二年，一五四三）

正月癸酉，冬至使崔輔漢、李瀿等回自京師，上引見。上曰：「中朝宫闈之變，聞之至爲驚駭。」輔漢曰：「臣等不得詳聞。如序班等人外，其他士大夫則未嘗相從交接，雖或見之，豈敢公然倡説哉！但臣等入歸時，于通州有一主人，雖非士族，亦不至無知，每向我國之人厚遇殷勤，茶禮之後，招通事洪謙來前，屏去左右之人，屬耳密語曰：『皇帝爲宫婢縊弑，勢甚危急，至于密語縊殺事。

嚴嵩請嘉靖皇帝親受賀禮。

嘉靖皇帝忽然無端下詔。

鼻孔流血。幸賴小婢奔告，皇后走急救解，遂得復蘇，然猶死生未可知也。』臣等甚驚惶。到京聞之，則無恙。問云：『諸下人以謀逆之人，皆常時親侍，至有寵幸生女，而何以至此乎？』答以皇帝篤好道術，鍊丹服食，性寡躁急，喜怒無常，宮人等不勝怨懼，同謀搆亂云。然未可的信。但帝不顧國政，一不視朝，而惑于異術。有道士陶典真者起自胥吏，日侍左右，鍊丹爲藥，求作神仙，方自酷信。以此朱砂稀貴，市皆乏盡，求貿未得。乃以道士兼禮部尚書，錄在縉紳一覽，而祿俸亦准其品，專倚寵任。由是萬事怠惰，紀綱掃如。」上曰：「宮闈變定，進賀之時，欲舉謝恩，而以煩擾還止。若聖恩誠爲特異，則謝之何如？」輔漢曰：「冬至賀禮，禮部尚書嚴嵩特請親受，不然則內外朝貢人員，必皆失望云。故習儀之日，皆已定之，以天氣寒嚴，遂命權停。嚴尚書更奏：日候不至甚寒，祭告神祇雖或攝行，受賀則不可不親也。帝忽無端下詔曰：『仍示朝鮮國使臣，令知所以。』外國他無來朝者，只拘西番刺麻㺚子與本國而已。蓋本國連續朝貢，能知禮義，而不親受賀，以爲未安，故似如是特命諭之也。嚴嵩亦言『皇帝重待之意，你每亦可詣闕問安，事體似難，故嘉靖皇帝問嚴嵩。

未得爲之也。宜速馳啟國王使來問安』云。招一行之人於其家，亦如是言之，不知何意也。」李瀣云：「嚴嵩所言似爲未便事，序班等亦有言之者。」輔漢曰：「中朝群臣亦恭上起居而已，一舉三禮，欽問、進賀、謝恩。誠似煩亂，只行欽問、進賀爲宜。臣等之計亦如是矣。但皇帝之恩則實出非常也。謄書下詔之言，來示臣等，似若本國之奉甘結也。雖然只舉二禮，於國體豈有虧損？外國之人，一不朝貢。琉球則號爲禮義之邦，素與本國爭先後之次，而今不進賀，唯本國不廢述職耳。此豈非朝廷無綱紀而然哉？㺚子則欲受賞賜，故二千餘人連絡不絕矣。」

五月辛亥，進賀使金益壽、鄭大年等書狀曰：「臣等去三月初七日入來帝都，十二日詣闕見朝，仍往禮部見官。左侍郎孫承恩、右侍郎馬如驥等到部，尚書嚴嵩遞爲閣老，新尚書張璧以南京禮部尚書移差，時未上來。又就主客司行禮後，主事路天亨言曰：『昨見嚴閣老，云皇上問〔臣〕，朝鮮王何以知有內變，遣使來問如此其速乎。答以「前日使臣還歸時，臣言之，故國王知之矣。」且云皇帝喜看前日汝國表紙，欲要用。方物席子，不關於用，除席子聖旨：賜朝鮮國王龍衣等。

代送表紙爲可。使我言于使臣，故言之矣。』臣等令通事崔世瀛答語曰：『殿下聞上國之奇，不勝驚愕，即令臣等十日内發行，五十日内到京。臣等中路適因雨雪事，故未得及期而到。臣等至爲惶恐。且表紙非我國常用之物，爲上國表咨別造，功力甚鉅。無公文，只以口言啟于國王爲難。』主事又言：『若爲文書，是求請于外國。』臣等答云：『若除席子代送表紙，則席子多少不可任意除之，表紙之數亦不可不知，何以爲之？』主事云：『除席子送表紙，多少任意爲之。』臣等又言：『聖節使則中路相值，冬至使則日迫，日此紙亦未易造，恐未及送。』主事言：『非急迫之事。某使行入來時，送之亦可。』十五日朝，嚴閣老到翰林院朝房招臣等。臣等就見。閣老細閲奏本及表副本，言臣曰：『皇上喜看你國表紙，欲要用。回歸本國，告國王奉進。皇帝求用之意及吾傳説之言，毋上文書。以國王之意各別封進』云。臣等以前日路主事減席子代送表紙事，及表紙難造事，閣老處欲説之際，主事顧見禁止，使不得説。閣老亦急令臣等出去，而即還，故未及説之。十七日聖旨：『朝鮮國王具奏恭問起居，并獻諸方物，足見忠敬，朕用嘉納。其賜龍衣一襲，綵段、敕書。

嚴嵩語使臣。

絨綿各四匹。寫敕獎答，禮部知道。』十八日聖旨：『朝鮮國王差來陪臣，賜宴禮部，以示優眷。令左、右侍郎待宴。』四月十四日，受龍衣、綵段、絨綿於禮部。皇帝十五日至二十日念經致齋，不出納公事也。二十三日受敕於内閣，二十五日一行無事發行也。林廷壆則本月初四日間還朝，建州征討事姑停云。」

六月癸未，進賀使金益壽、鄭大年奉敕還自京師。其敕曰：「皇帝敕諭朝鮮國王姓諱(李懌)：王能畏天事上，恪守藩邦，遠輸任士之誠，每效充庭之貢。邇者以朕宮婢犯順，造逆伏誅，差陪臣禮曹參判金益壽賫進表文，恭問起居，並獻方物，具見忠敬，朕用嘉納。特賜王龍衣一襲，綵段、絨錦各四匹，用答勤悃。宜欽承朕懷，故諭。」上引見使臣，金益壽曰：「臣等去三月初七日至玉河館，十一日見朝，仍謁禮部主客司，主事路天亨則曰：『昨日嚴閣老嵩謂我曰：「皇帝見朝鮮國表紙，要欲用之。回達國王前，送之可也。」汝國進獻席子，不關於用，可除此而代送。』臣答云：『此紙非我國常用之物，只爲事大文書而抄造，其功役太重，豈以傳言轉達於殿下乎？』主事答曰：『自上國爲文書而求于外國，則是猶求請，不可爲也。』過三四日，嚴閣老使人言曰：『吾見使臣有所言事，來于朝房，則我當往見』云。臣等進于朝房，則乃翰林院朝房也。既晚，閣老來焉，我國表副本咨文再三見之，曰：『朝鮮國事大以至誠，故凡事如此極備』云。畢見後，謂臣等曰：『皇帝見汝國表紙，甚欲用之。汝還汝國，達于國王入送。吾之所言，與皇帝所求事，不必載于文書也。其以言達于國王而送之。』臣且聞皇帝問于嚴閣老曰：『朝鮮國何以知宫掖之變而欽問也？』閣老曰：『前年冬至使之行，言送此意』云，皇帝有喜氣。翌日，賜龍衣一襲，綵段、絨錦各四匹，使傳國王，而亦招臣等賜宴于禮部，使侍郎二人款待也。但皇帝念經修齋，或至於六七日而全不視朝云。」鄭大年曰：「雖不視朝，自内招閣老出納公事云。且主事等云：『所求之紙，今聖節使千秋之行，須及付送。』臣等曰：『此非常用之紙，抄造甚難，何能及造？况聖節使則今已登途，我等當逢于中路，尤不能及也。』曰：『然則徐於冬至等某使，可付送也。』聽言觀色，則似非皇帝緊急用之，偶發欲用之言，而閣老等傳言如彼也。」益壽曰：「中朝宫城外有海印寺。寺前引西湖之水，瀦安南國使來呈貢獻物目。

勅書：賜朝鮮國王銀等。

爲大池。皇帝毁宮城退築，入其寺于城内，疑或爲遊宴之事而設也。見路中營繕大木亦多載去，功役甚重云。臣等出來，臨時安南國人來于玉河東館，見其使臣五人副官亦來也。且聞安南國妻甥妹夫争立王，厥後妹夫乃立，中朝爲之征討，立其本宗，名爲都統使，而入來使臣官爵之名，皆自朝廷爲之云。」上曰：「莫登庸安南國叛臣。治罪而如彼乎？」益壽曰：「不能知其詳也，但彼國争亂，故中朝征討而立本宗。今來使臣爲其謝恩而來也云。且以争亂不能入京，於今六七年。見其貢獻物目，方物之數甚多，或金爐、金鼎，而所獻之金最多，其餘櫃子不可勝數。」

十一月壬戌，以義州牧使李潤慶書狀：「千秋使金萬鈞謄書皇帝勅書先送。其勅云：『皇帝勅諭朝鮮國王李懌，兹王遣使來奏進紙張，具見恭順，朕用宜(嘉)納。使回時賜銀五十兩，常服苧絲羅各一襲，以示眷酬之意。王宜益篤忠誠，光我藩服。欽哉故諭。』」下于政院曰：「見此書狀，皇帝有錫予之物，不得已遣謝恩使也。使、副使及書狀官前有差之者，因差此人等入送事，奉承傳可也。」

甲辰三十九年（明世宗嘉靖二十三年，一五四四）

嘉靖皇帝作珍珠珊瑚山。

嘉靖皇帝患心惧症，白日見鬼。

正月辛亥，傳於政院曰：「冬至交（使）韓淑、金舜皐先來通事入來言，書狀雖無別奇，然凡所聞之奇，及山西、山東㺚子聲息，詳問以啓。」政院以通事之言書啓曰：「山西、山東㺚子聲息，則全未聞知。但皇帝不視朝，而命入珊瑚千餘兩作山形，又以真珠千餘兩懸綴于珊瑚之梢，日與宫女、宦官晝宿夜遊於其下，又得虚心之證，眼見鬼狀。道士教以糯屑作人形，列立於幽暗之處，又設釜於其旁而煎油。於是道士引皇帝循諸幽暗而行曰：『于此有鬼。』輒以人形納諸煎油中，因得病愈云。」

丙辰，遣沈光彦、黄恬如京師謝恩，以前日特賜銀兩、紵絲、紗羅敕也。

二月己卯，傳於政院曰：「邇來氣不平，不能視事，故冬至使回到不得引見。中朝之事雖已録於聞見事件，然若别有所聞見，詳書以啓。」韓淑、金舜皐等啓曰：「中朝聞見盡録于聞見事件，別無可啓之事。臣等在北京時，華察使人送簡於臣等，問蘇世讓安否。臣等以服喪在外答之。歷數日，以應天單子磨破。

府鄉試録華察爲考官，以居魁文刊板。贈臣等各一件。又一件令給蘇世讓，又一件令上進。故以冊與簡並啓達。」啓畢，韓淑、金舜皐等欲退未退，欲言不言，逡巡囁嚅者久之。金舜皐先啓曰：「臣等臨發，聞主事宋維元忽已坐起，齊往拜辭。韓淑以病不往。臣與李璪同往拜辭後欲退，主事令立庭中，招通事朴長連言曰：『聖節、千秋兩行次，聖節使尹元衡，千秋使金萬鈞、元混。多用銀兩，牙人争利，多有害事。既往不咎，回啓國王，嚴加禁約，使勿如此。』又贈二單子。臣等共見後，即付朴長連。上使韓淑以臨行擾擾，未及閲視。至通州，臣等同坐，姑開見。則一單子初面裂破。問於長連，則磨破云。即令覓得單子浮落片紙。竟不得焉。若問長連則可知。」韓淑啓曰：「臣本有風濕，不能行步。入去時感冒寒冷，比及北京，濕病尤重。金舜皐、李璪拜辭主事時，臣以病不往。及聞主事給單子，以臨行擾擾，未能聞見。至通州始見，則一單子初面有磨破處。問其所由，則朴長連以權辭答之，磨破之意推問朴長連何如？」答曰：「所啓之辭已悉其意。主事所言，至爲駭愕。單子磨破之意，政院其問於朴長連以啓。華察所送冊，受後回禮事，問于禮曹。蘇世讓處所送冊，亦送于嘉靖皇帝康寧，仍不視事。

世讓爲可。」政院問朴長連，長連對曰：「始受單子，挾于靴精，更入褡連。至通州，使、書狀令出而觀之，則一單子初面始有磨破碎落處。探於靴精、褡連中，竟無得焉。然詳見始面書聖節使尹元衡、千秋使金萬鈞等名矣。」

六月戊寅，引見謝恩使沈光彦、黄恬。去癸卯年千秋使金萬鈞等回還，敕賜白金、紵絲羅，故光彦等充正、副使赴京謝恩，至是復命。光彦進曰：「皇帝康寧，視事則依舊不爲。且華察於三月差南京翰林而去云，故前所求皇華集不得親傳。且舊主事已遞，故留與新主事，俾傳於華察矣。去四月初八日臣在玉河館，通事金鈞言：『昨日朴礪挾持銀兩與牙人買賣，而爲伴送所捉，被告于主事前矣。』臣即招一行人問之，則伴送、序班等處乞憐，不許云。翌日下馬宴後，主事招臣等至前，出告示二度，分給臣及書狀官尹釜。臣等曰：『俺等奉使無狀，不能戢下，乃至于此。慚愕無措，當退而推問痛治。』十五日使館副使來言曰：『前給告示宜先還。』臣等不知其意，各袖告示而去。主事還置案上，無有復與之意。臣等言：『忝辱使命，罪當萬死，當持啓國王，以處重罪。既與之而又何速還也？』主事答曰：『非爲爾國人而告示，疾朝鮮國王薨。

達子入侵，京城戒嚴。

牙人争利而然也。』臣等懇請再三，猶不許。至二十一日禮部招犯禁之人，臣等令金鈞等率朴礪以往，則禮部云：『此非我國禁物也，即還給之耳。』臣等退憶告示之意，但記始頭云：『大同館主事宋，爲禁約事：士宜交市，自有舊規。前者金萬鈞、李名珪、韓淑等之行，多持銀兩，以致牙人争利。今此行亦有賫銀買賣爲伴送首告，當嚴加禁約』云。雖不能盡記，大略如此。臣封銀兩授通事權仁佐，恐朴礪自知罪重而逃，姑杖五十以寬其心。及至遼東，迎逢軍馬入去，令團練使拿護至義州囚之矣。」

十一月庚戌，酉時，上薨于歡慶殿小寢。

乙卯，〔嗣王〕即位于昌慶宮。

庚申，政院以千秋使李霖書狀入啓曰：「小王子達子作耗於保定府，京師戒嚴云。中朝邊事想必甚急，大行大王嘗懷此憂曰『萬一天子南巡，則我國先受其害』云。此意殿下宜即知之也。」

十二月辛未，告訃、請謚、請承襲使閔齊仁、李浚慶如京師。

李朝實錄中的北京史料

楊宇
劉朝霞　主編

北京燕山出版社

中册

仁宗實録

計二卷。起仁宗元年乙巳（明世宗嘉靖二十四年，公元一五四五年）正月，至本年七月。嘉靖二十九年九月書成，沈連源、尹溉、洪曇等撰。

仁宗榮靖獻文懿武章肅欽孝大王諱峼，中宗大王長子。母妃章敬王后尹氏。生而岐嶷，三歲能解書義，六歲封爲世子。性沉靜寡欲，仁恭孝友，勤於學問，踐履篤實。在東宫二十五年，賢德著聞。及其嗣服，中外想望至治。而執喪過哀，遽至不諱。且無嗣子，惜哉！在位一年，壽三十一。

嘉靖皇帝未親祀天。

聖旨：凌遲處斬叛賊。

乙巳元年（明世宗嘉靖二十四年，一五四五）

正月甲寅，以冬至使鄭士龍、宋麟壽書狀：「皇帝一不視朝，祀天祭亦攝行。山西大同邊卒王三叛入㺚子，誘引虜衆，久爲邊患，前後殺掠人畜不可勝計，朝廷購捕有年。王三與同府劉伏玘相知，因入寇至大同東城，就伏玘飲酒。伏玘與馮龍、賈昇、張寶等按伏軍二百餘人同謀收縛，告守備指揮周堂馳奏。皇帝不勝歡喜，朝野無不聳快。刑部奉聖旨凌遲處斬，傳首諸邊，梟掛十日。伏玘賞銀一千兩，馮龍、賈昇、張寶等各賞銀一百兩云。禮部以本國督捕李王乞等有功，奉聖旨賞銀五十兩、四表裏，李應星賞銀十兩、二表裏」云云。傳於政院曰：「以此狀示于左議政。」

閏正月己卯，冬至使鄭士龍、宋麟壽等還自京師。士龍等賫欽賜銀五十兩、綵段四表裏而來。解送上國漂流人，故有是賞。

二月戊午，告訃請謚使閔齊仁、李浚慶狀啓曰：「賜大行大王謚曰『恭嘉靖皇帝居西城宮，日與道士修煉祈禱。

僖』，以太監王燾、行人張承憲差吊祭使，以太監張奉、吴猷差封王使。將以三月初發行云。」

庚申，告訃使先來通事李碩、高彦明言：「初到禮部呈申文，三司郎中問大行大王何時薨逝、春秋幾何，享國幾何，王世子春秋幾何，皆對以實。主客郎中以康靖王何年薨逝、養老王何年承襲，書于小紙，授李碩等，而李碩等即問于使臣。書于紙以呈曰：『康靖王弘治七年薨逝，養老王八年承襲。』郎中見訖，即付當該外郎即本國書吏之輩。云：『弘治六年後文記燒盡，無憑查考，問汝書來，即移文内監相考。』祠祭司郎問：『養老王存否？』對以尚存。『病愈否？』對曰：『風眩已成沈痾，不出房門。』『春秋幾何？』對曰：『今已七十。』『有子女否？』曰：『無。』皇帝一不視朝，居西城宮，日與道士以修鍊祈禱爲事，故下馬宴及辭朝皆不得趁時爲之。」

五月癸亥，行賜謚賜祭之禮于思政殿，行賜賻之禮于勤政殿。右副承旨宋世珩讀誥文：「皇帝遣司禮監太監郭璈、行人司行人張承憲諭祭朝鮮國大行大王特謚恭僖。

王，特謚曰『恭僖。』」

六月癸巳，上幸慕華館親行餞宴。

壬子，右議政成世昌、同知中樞府事姜顯如京師。

明宗實録

計三十四卷。起仁宗元年乙巳（明世宗嘉靖二十四年，公元一五四五年）七月，至明宗二十二年丁卯（明穆宗隆慶元年，公元一五六七年）五月。隆慶五年四月書成，洪暹、李齊閔等撰。

明宗大王諱峘，字對陽，中宗第二子，仁廟異母弟。母妃聖烈大妃尹氏。性慈孝恭勤，雅好文藝，然幼冲踐祚，母妃臨朝，政由外家，群奸得志，良善多被竄殺，主勢孤危。暨親政之後，猶未免寵信戚畹，昵近刑餘，朝政日紊。終幸覺悟，斥黜李樑、尹元衡之徒，國家復安。在位二十三年，壽三十四。

歎服朝鮮咨文善寫。

善寫咨文者賜馬。

明宗即位年（明世宗嘉靖二十四年，一五四五）

七月，是月初一日仁宗薨，初六日丙寅，明宗即位。

己卯，遣同知中樞府事宋𤣰、韓淑如京師，告訃，請謚，請承襲。

十月甲寅，聖節使柳辰仝回自京師，啓曰：「初到禮部，郎中周琉新除職者也。前日陪臣等禮見時，郎中坐於堂上，陪臣拜於下，則郎中答拜，例也。今則傲視不答。呈咨文後，見咨文善寫，曰：『曾聞朝鮮爲禮義之國，今果然矣。』問諸通事曰：『書此文者今到此乎？』通事答以不來。自是以後，行禮之時，未嘗不答拜，雖至於通事之微者，皆令揖而不拜。」傳曰：「知道。」傳于政院曰：「咨文書寫人誰乎？問于承文院以啓。」咨文書寫及表文製述官姓名單子列書入啓。傳曰：「聖節使柳辰仝言内，禮部郎中周琉見我國文書善寫，歎服不已。陪臣及下人待以厚禮，國之有光，無加於此。雖微物可以賜給，褒其能。」舍人金魯、正郎李澤、佐郎魚季瑄、前奉教李戡、已上咨文善寫。前正郎李湛御前表製述。各給熟馬一匹，副司果柳耳孫、李元臣此二人以書寫官常仕奏本。

承文院付祿者也。各給半熟馬一匹。」

十一月辛未，遣同知中樞府事南世健、僉知中樞府事尹溪如京師謝恩，兼奏聞進賀。以聖節使李瀣等賜一品宴，又刷還我國漂流人等也。

壬申，義州牧使金伯醇書狀入啓：「告訃請謚使先來通事高彥明等來言：『大行王謚「榮靖」，賜祭正使司禮監太監劉遠、行人司行人蕭一鶚，十一月十五日問起程。封王正使內宮監太監聶寶、副使太監郭鑾，同月二十四日問起程』云云」。

癸酉，告訃請謚使宋㻩行次先來通事高彥明等所持書狀云：「大行王賜謚曰『榮靖。』」寵祿光大曰榮，寬樂令終曰靖。且以聞見事件入啓：「中朝禮部祠祭司主事徐鉉呈於禮科，抄出巡按山東監察御史臣劉廷議：『遣使賜祭加爵，前此多用太監等官充之。以此詔諭遐方，囊箱之狼戾，道途之驛騷，姑未暇論，其如國體何哉！臣濫叨巡歷遼東，耳聞目擊，前此欽差太監，足戒前車。故朝鮮有「一接太監，數年窮困」之謠。且朝鮮未踰旬月，連報訃音，小國臣民，嬛嬛哀疚，財力殫屈甚矣。雖越居海嶠，自皇上視之，固皆赤子也。寧忍歷年派往琉球各國正使爲太監。

出使朝鮮應用翰林院等文官。

其愁苦恇懼，而不爲之所哉？綏懷感慰之術，要不外慎選使臣，俾勿擾而已。臣嘗閲邸報，邇者皇上採廷臣之議，凡封王、侯、伯、大臣各嚴其程限，禁其索擾。是特將命藩封者耳。於遠邦異域，國體所係，不尤重乎！臣愚妄臆朝鮮諭祭封爵之遣，若用近臣，則翰林六科，舉侍從近臣也。往年琉球各國之差，率多用太監爲正使，行人司行人爲副使。朝鮮較之他國，頗識禮義，略通詞翰，則於使臣尤當慎選以充。伏望皇上俯賜採納，敕下該部，更加議訪。如果臣言不謬，今後奉使朝鮮，推舉翰林院、六科、行人司行人數員請旨簡用，仍限竢事出郭，不許遷延遊宴及多帶私人、私杠等項。如違，聽巡按御史查參究治。庶宿弊可釐，而於皇上正大光明之治，亦或少裨于萬一也。緣係慎簡使臣以尊國體，以懷遠邦事理，未敢擅便，爲此具本。』奉聖旨：『該部知道。』」

十二月壬寅，告訃請謚使宋濂啓曰：「小臣赴京，十月二十五日禮部以謚號『榮靖』『榮順』磨勘奏達，外司公事則第三日當下，内閣公事則翌日定下云。二十六日經自辭堂，則其日謚號不下，故不能辭退，殊有未安之心。二十七日則謚號以『榮靖』下禮部，小臣即辭堂而退。先到山海關，千秋使夜半諡號幾成失誤。

封王誥命。

隨至，云：『聞諸冬至使提督主事曰：「告訃使行次，若徐爲辭堂，則諡號事我與禮部當力圖而改之」』云。通事車允成、金驥聽而言之，臣尤爲未安。委任大事，不無失誤之責。至爲惶恐。」傳曰：「知卿啓意，似有差誤。然下人往來之言，何可盡信。勿以爲未安。」

丙午元年（明世宗嘉靖二十五年，一五四六）

正月己卯，（賜祭賜諡）詔使至。

壬午，兩使入行賜祭禮。

二月癸巳，天使太監聶寶、郭鑾來頒封王誥命。其敕曰：「皇帝敕諭朝鮮國權署國事李峘，得奏，爾兄王於嘉靖二十四年七月初一日薨逝，無嗣。爾既係王親弟，理宜承襲。茲特遣內官監太監聶寶充正使，郭鑾充副使，賫詔示爾國人，封爾爲朝鮮國王，繼理國政。爾宜服膺君命，圖紹先業，秉禮循義，保國安人，爲中夏藩垣之臣。並封爾妻沈氏爲王妃，及頒賜爾及妃誥命、上呈表文不可用「爾」「汝」。

嘉靖皇帝齋戒祈禱，一年不視朝。

冕服、冠服、綵、幣等件，至其欽承。故諭。」

四月乙巳，進賀使南世健、副使尹溪入京肅拜。世健啓曰：「表文有『爾德』之語，禮部以『爾』字犯上不恭。翌日，臣等詣郎中周琉處言曰：『我國至誠事大，凡文書，製述官製之，寫字官書之，朝廷齊會監進。「爾」字非新語也，此乃詩書之文，詩書不諱，故用之。使臣不可擅改，奈何？』郎中曰：『此雖周召對君父之言，古今異宜，君臣之間，不可「爾」「汝」，事當參奏。爾國王初政，得譴於天朝矣。』臣等答曰：『使臣等寧受擅改之罪，不可致譴於國王，當即改書呈之。』郎中思其改安之字，初以『上』字書示，即又以『令』字書示，臣等即令書狀官姜偉改書『令』字。郎中問改書者誰，答以姜偉所書。郎中稱善。」傳曰：「卿等爲國事盡心，予心喜焉。」尹溪進高皇帝文集。

十月戊申，特進官羅世纘曰：「小臣以聖節使赴京。皇帝今年内一不視朝，常爲齋戒而祈禱，乃崇道教也。且八月初十日乃皇帝聖節日也。序班、主事等語臣曰：『皇帝早出朝，必於三更前入朝，可以及矣。』臣等聞正朝皇帝於夜未半出朝，諸臣有未及者皆被罪云。故臣等於三更前入朝，使臣謁聖。

朝鮮獻紙事。

千官果已會矣。以此見之，政令似乎顛倒。臣等請見國子監，往謁于聖殿，有彝倫堂，乃我國之明倫也。堂後有一殿，名曰敬一殿，中立一碑，乃皇帝所製敬一箴也。其碑曰：『嘉靖六年皇帝教張璁、翟鑾曰：「講官謂范浚心箴大有功於正心，予讀之，其味甚無窮。」張璁等啓曰：「非特此，程子四箴，亦有補於心學。」皇帝於是心箴與四勿箴皆註之。又作敬一箴而註之。并刻於石』云云。臣等見敬一箴文章甚古。皇帝學文如此，而今者惑於左道，人心操舍之無常，豈不可懼乎。然且扶持至此者，安知不由於前日學問之功也。」

十一月壬戌，以平安道監司書狀下于政院曰：「皇帝求咨文紙，不可不送，遣史官議諸大臣。中宗朝進獻前例並考啓。」千秋使閔世良書狀曰：「行上馬宴後，禮部尚書費寀語臣曰：『今曉皇上召俺宣曰：「朝鮮乃禮義之邦，差來陪臣筵宴下程等事，用心優待。」』仍以聖諭紙頁小幅出示。臣稟曰：『下諭之紙當進於明年聖節使之行乎？』答曰：『太晚，宜先通於國王，別差官進獻。本部當將此意移咨。』臣又就提督主事李棠、精膳司郎中高尚志等嘉靖皇帝欲速用表箋咨文紙。

前行禮，主事等曰：『皇上雖令以紙代席，於臣子之禮，常貢亦不可闕，別獻似當。』臣還玉河館，禮部主客司即招通事柳彭祖給咨文。郎中張子瑠曰：『進紙可及今年乎？』對曰：『當先通於本國，但程途修遠，日久方到。且此紙只用於表箋、咨文，而隨造隨用，當別造來進，則可及明春矣。』當日提督主事到館招柳彭祖語之曰：『我今日往禮部，則尚書曰：「今早詣闕聽夏言、嚴嵩兩閣老之言，則皇上欲速用此紙。你到館說與此意於陪臣，使之速進」』云。彭祖以昨日主客郎中之言答之云。」

癸亥，政院啓曰：「中宗朝癸卯年皇帝求請時，咨文紙不足，故以表紙二百張進獻云。咨文紙長而表紙短，其品則同也。」

丁未二年（明世宗嘉靖二十六年，一五四七）

正月乙丑，冬至副使李弘幹還自帝都，至沙流河病死。

二月壬寅，以進獻使李巙書狀：「所進表紙咨文紙共六百張，禮部尚書獻紙粗惡，更令精造。

敕書、咨文被偷。

曰『非特數少，紙品麤惡，更優數精造加獻』云。」下于政院曰：「觀此書狀，須及聖節使之行入送云，其勢不至甚迫。更令精造加數進獻事，其言之。」

四月乙酉，同副承旨丁應斗以綱目前編及續綱目發明廣義與武經總要進獻，曰：「臣赴京時貿得此册，皆不在於我國，故敢獻。」傳曰：「示于大提學印出。」仍命賜鹿皮與馬粧。

辛卯，義州牧使宋孟璟狀啓：「進獻使李𡡉回還時所受敕書、咨文裝在坐車，到連山驛見偷」云。傳曰：「觀此書狀極爲駭愕，明朝召大臣議之。」

丙午，進獻使李𡡉入來，奉安皇帝賜物於勤政觀，百官行前後四拜禮。以敕書見失，故不郊迎而只行拜禮于殿前。

十月庚戌，上率百官迎敕于慕華館。按前敕被盜，禮部題請補給。

十二月丁丑，檢詳成世章以三公意啓曰：「謝恩使上使金光軫、副使金景錫發程未久，又將有陳慰、進香使之行。西方一路，各驛彫弊，若不可支。請以金光軫兼爲謝恩使，金景錫爲進香使。」

皇太子薨。

棘圍設於館墻。

己酉四年（明世宗嘉靖二十八年，一五四九）

二月甲辰，知中樞府事崔演以冬至使如京師，未復命，卒于平壤府。

四月乙卯，聞皇太子薨，停朝市三日。

丙辰，傳於政院曰：「冊封太子後，天使必來。今民生困悴，受弊必多，至爲憂慮。凡干支供雜物，臨時卒辦，則貽弊尤甚。考例預措，其中不緊者斟酌減省。」

庚戌五年（明世宗嘉靖二十九年，一五五〇）

二月壬戌，持平李瑛曰：「中朝待我國陪臣之道，專不如古。門禁甚嚴，設棘圍於墻上，無異於待㺚子。通事等惟陷於利欲，無所不爲，使中朝之士，待之如此，其爲國家之辱，豈不甚哉！臣意以爲北京貿易，一切禁斷。藥材、段子不得已國用之物，則貿於遼東。赴京之行，賫持輜重，不過衣服糧物。」

大明會典應删註文。

大明會典寫本一卷，兩無所憾。

則上國一路之人，必皆敬待矣。」

辛亥六年（明世宗嘉靖三十年，一五五一）

五月辛亥，禮曹啓曰：「大明會典今方印出，而朝鮮國王之下註有不美之語。請只印朝鮮國王四字，勿印其註。」

壬子七年（明世宗嘉靖三十一年，一五五二）

二月庚申，禮曹啓曰：「冬至使韓紃所進大明會典寫本一卷，下本曹，即與大臣同議，則庚子年宗系改正敕諭到國，其時即告宗廟矣。然其敕辭只諭將改正之意。今韓紃所進成書體格已爲整備，辨誣措辭亦甚簡切，在國祖受誣之事，中廟辨雪之意，兩無所憾。諉以印本未到，淹置大慶，至爲未安。依庚子年例虔告宗廟，以慰列聖。」

玉河館門禁甚嚴，因館夫、牙子小人爭利。

四月甲子，領議政沈連源、左議政尚震、右議政尹溉啓曰：「我國使臣赴帝京者，到玉河館，門禁甚嚴。此自祖宗朝以來所未聞也。非徒以早牌、晚牌出入於辰、申兩時，一似山海關之事，至於牆上設棘圍如囚㺚子，此無他，門牌、館夫之輩以物貨潛相貿賣，故牙子不得專利，遂訴於提督主事曰：『門禁不嚴，則朝鮮人出入自恣。若事泄，則非徒吾身有禍，其責亦及於主事。』主事不知其情，而反惑之，内實陰沮門牌、館夫之潛貿，而爲專利之計耳。我國之人，雖訴於禮部，使之勿禁，而旋即禁之，出入皆搜探，其嚴禁如此。夫門禁之始，由我國賫物貨通貿之故也。請自今以後，爲慙愧孰大於此。絶勿爲之。」

癸丑八年（明世宗嘉靖三十二年，一五五三）

閏三月丁未朔，三公議啓曰：「進獻咨文紙事，中朝所求之物，不可計小弊，不遣進獻使。唯咨文紙可減數送之，前定以一千張，今合送七百張矣。」

敕文賞賜白金等。

傳曰：「皇帝所求之物，不可略送。准已定之數送之。」

甲寅，遣僉知中樞府事李鐸於京師獻咨文紙。傳曰：「大明會典宗系改正事。訪問而來。」

八月甲申，進獻使李鐸還自京師，上幸慕華館迎敕。

乙酉，遣大司成金澍如京師謝恩。

甲寅九年（明世宗嘉靖三十三年，一五五四）

正月壬戌，上迎敕於慕華館。「皇帝敕諭朝鮮國王李峘，邇者倭夷侵擾海陬，淛江等歲已命驅逐出境，其餘寇奔逸，方行沿海地方嚴加戒備。茲王奏稱陪臣賀節回國，傳聞倭逆搶攘，即便整搠兵船預肅隄防，及擒獲漂流餘孽銃牌等器，差賀至陪臣李澤等管押解獻，有見王奉藩忠赤，朕甚嘉悅。特降敕褒諭，仍賜白金、紋錦、綵段以答忠勤。」

二月壬辰，知經筵事任權曰：「近聞中原之事，皇帝崇信道教，徵索所需進獻咨文紙用於齋醮之事。

嘉靖皇帝未寧，召太子入宮。

於外國。指中朝求請咨文紙用於齋醮之事。中朝雖不用當供之正，我國不可爲諂附之事矣。且聞中原驛路殘弊，赴京下人有時步行，一路有厭煩之意，凡送使臣當踈數得中也。」

乙卯十年（明世宗嘉靖三十四年，一五五五）

正月丙午，傳於政院曰：「招通事崔世協中原一路所聞問啓。且去十月晦間皇帝未寧，召太子入侍宮中云，然則已封太子乎？裕王、慶王出入，故如是言之乎？詳問之。」世協書啓曰：「臣入遼東，路見一老人，問中朝事，答曰：『朝廷時無事。但去十月已封太子』云。臣到遼東，詣都司，尋見禮房吏詳問其事。答曰：『去十月晦間，皇帝未寧，再三召太子入内，故道路傳言封太子，然實未册封也。』又問曰：『所謂太子誰也？』答曰：『裕王也。』」

二月甲戌，冬至使鄭裕還自京師。上親迎敕書。時進獻咨文紙，皇帝賜銀兩綵段，降敕寵章。其敕曰：「朝鮮國王李峘，兹王遣來奏進紙張，具見恭嘉靖皇帝仍不視朝。

嘉靖皇帝急用咨文紙。

敕書：賜銀等。

順。朕用嘉納。使回，特賜銀一百兩，常服紵絲、紗羅各一襲，以示勸酬之意。王宜益篤忠誠，光我藩服，欽哉告諭。」

丁丑，遣漢城府左尹洪曇謝恩於京師。

六月己卯，謝恩使洪曇狀啓：「皇帝如前一不視朝，時未封太子。大明會典頒降與否，多般聞見，皇帝時未畢覽。臣到京翌日報單子之後，宦官二人急來於臣所寓玉河館曰：『咨紙在那裏？皇帝下問，故來問。吾乃太監所進也』云。禮部尚書王用賓適在闕内，因序班聞太監問紙之語，乃曰：『闕内急用之紙，不可拘例緩進，明日當先入啓』云。序班以此語諸譯官。又今二月時分，㺚賊五萬餘人由馬蘭峪以入，作賊於玉田、薊州地方，殺掠居民，不知其數。且皇帝敕諭：『遣使來奏進紙張，具見恭順，朕用嘉納。使人回，特賜銀一百兩，常服紵絲、紗羅各一襲，以示眷答至意，欽哉故諭。』」

七月丙午，中朝禮部郎中張天復因謝恩使洪曇求咨文紙於本國。禮曹請不許，上從之。

使臣不遣武官。

丙辰十一年（明世宗嘉靖三十五年，一五五六）

正月丁丑，上迎敕於光化門外。進獻咨紙，帝乃降敕。

五月甲子，特進官鄭裕曰：「我國使臣赴京，禮部主事及郎中必見之。小臣赴京時，余文獻問臣所爲何事。下人報以讀書。文獻喜而遣人致問。時張承憲新使本國而返，有問之者曰：『今往張天使家，見汝國詩皆佳作，而申光漢所製尤佳。汝國亦必有傳誦絶唱，汝其言之。』答曰：『小國事大，非徒以文，必以有德望者使之接待。光漢所能，經學也，不知吟咏爲事』云。大抵赴京之時，必有應答之事矣。吏曹以無物望者擬差，於事大事體未便。」尹溉曰：「鄭裕所啓宜矣。乙酉年臣以書狀官赴京，其時使臣乃鄭允謙，而中國之人知其爲武士而問曰：『以漢城府左尹爲使，此何等職也？』答曰：『如上國順天府尹』云。則又問其出身，不得已以實對之。答曰：『既爲武舉，則何得爲順天府尹等官職乎？後勿以武官差送』云。及臣之還，乃啓其意，故當時不遣武臣矣。」

十一月丙辰朔，聖節使尹釜回自京師，以禮部主客清吏司提督主事佘田帖文及聞見單子入啓。主事帖文略曰：「臣等初到玉河館，翌日晨序班洪惠、郭文銓來見通事問曰：『汝國與日本近而常交使云，然耶？』通事答曰：『海路甚遠，安有是事。』惠等稱往提督主事家而即出，其辭色似非出於己意，疑即禮部之所使問也。後數日，惠等又語通事曰：『朝廷患倭寇難制，欲降敕汝國，使之轉諭日本，待謝恩使久矣。』通事曰：『小邦與日本非但海路不通，節次擒斬賊倭以獻於朝，用是構怨，來侵我邊土，迄未得寧息，何以能轉諭乎？』會趙文華捷奏至，其事遂止。倭寇若不退，則非但降敕，命征之議亦似有之。初入山海關，有一新式舉人來見臣等，談及倭變，因信元世祖詔高麗征日本之事，此非新進武人之所當知，似是朝廷之所求也。至玉河館，有一館夫亦言春來朝廷有使朝鮮討日本之議云。此雖不可取實，然以馬坤題本內日本畏朝鮮之語參觀，則似或不虛」云云。

元世祖詔高麗征日本。

嘉靖皇帝降敕褒奬賜銀等。

丁巳十二年（明世宗嘉靖三十六年，一五五七）

正月乙卯朔，以冬至使沈通源書狀傳於政院曰：「見此書狀，則大明會典詳細聞見矣。今年當更奏請，其議於禮曹、承文院、大臣領府事。迎敕擇日諸事預備，當迎於郊外，只令京中陳賀，外方勿進箋。」書狀云：「刷還人物，皇帝褒賞降敕，邊將等各賜銀兩、綵段。宗系事臣與書狀官朴啓賢等議曰：『禮部尚書吴山勉於有爲，倘傾聽卑懷，周旋奏達，則皇帝幸省念，特許頒降，此正機會也。』令崔世協詳告宗系於提督主事余田處，余田心頗許諾。翌日早仕，急招世協抽出一册示之曰：『你國宗系曾已改正。』令外郎只開本國付面暫示遽還，更令世協謄寫，則序班郭文銓阻之。世協强白不已，主事偕外郎送示，令通事與外郎私語之際，啓賢、謹元一呼一寫，獲見成書真本。又於下馬宴略書所懷呈文，則尚書覽訖言曰：『會典吾在翰林院時既改正無疑矣。明年聖節使臣之來，國王奏請，則自部題本何難。』」

戊午，憲府啓曰：「天朝褒賞本國，欽賜之物，遍及將士。倭賊侵犯上國，搶凡中國不美之事，務報啓。

掠人物，而我國將士獲殺全船之賊倭，刷還所掠之唐人，故遣敕欽賜焉。將士謂李潤慶以下也。此乃一國莫大之慶也。」

己卯，上幸慕華館迎敕。中朝以我國捕倭寇刷還唐人褒奬下敕，欽賜銀兩綵段。冬至使沈通源賫來而失其銀子八十兩，以見存之銀子畧頒將士。罷通源職，囚鞫通事崔世協，懲杖一百贖。

四月癸卯，遣刑曹參判宋麒壽如京師賀聖節兼謝恩。傳於奏請使趙士秀曰：「每行次大明會典雖聞見而來，未聞定奇，故以卿爲奏請使而送之，與聖節使宋麒壽同議呈文。謂改宗系事也。須至誠爲之，期於得請可也。封太子之奇亦詳聞而來。」

五月乙卯，承文院啓曰：「聞見事件及先來通事書契中，凡皇帝失德，中朝大臣過惡，或書來。若在中原之日，脱有遺失，或見攘奪，則所關非輕。請自今以往，凡中國不美之事，或以言語啓達，或於還來後别録以啓，俾無意外之患。」傳曰：「啓意當矣。予亦曾懷此念。如啓。」

六月丁酉，傳曰：「觀此奏請聖節使書狀：『今四月十八日中原宮失火，

明世宗嘉靖三十六年，一五五七

明宫殿失火，延燒三天。

宫殿失火情況書啓。

《朝鮮王朝實録》明宗實録

延燒奉天殿、華蓋殿、謹身殿及奉天門、午門、左右五鳳樓、六科廊、端門，至二十日火始滅。』及謄書詔書，皇帝罪己詔。中朝宫中火變非常，皇帝必驚動，亦極未安。似當别遣問慰使，速考前例議啓。」尚震等回答曰：「臣等伏見謄書詔書，至爲驚愕。即當别遣慰問使。然奏請、冬至使行期不遠，而使行頻數，一路多弊。差出單使與冬至使並行似當矣。」答曰：「啓意知道。冬至使之行只隔一朔，差出單使偕行，則一路之弊可除矣。」

八月己亥，遣知中樞府事李名珪、同知中樞府事尹春年如京師賀冬至。傳於李名珪、尹春年曰：「須降大明會典及封太子等事，卿等須詳細聞見而來。」

十月癸未，傳於政院曰：「觀此先來通事書啓之言，其言曰：『中朝宫殿被火事，問於館夫及六科下吏，則皆曰：「火焰始出於謹身殿階下石隙，延燒華蓋殿、奉天殿、奉天門、左右月廊、五鳳樓、午門等處，自昏達曙，盡爲灰燼」云。常時朝會例於午門外爲之，而今則朝會於端門之外，蓋端門在午門之外也。以此見之，則其火災之事的然矣。宫殿火燒處，禁人出入，故未得目睹。但時方改創，役軍亂入闕門，燼餘瓦礫，棄置於皇城之外』云。中朝宫殿之火的實矣。陳慰使斯速入送可也。」

封太子事未定。

甲申，承文院啓曰：「中朝宮闕之災，的實無疑。進慰文書，固當磨鍊矣。但欲知中國藩王、布政司等陳慰與否，然後遣使進慰。而今者迷劣通事不知此意而來。聖節使近必越江，斯速下書問之，的知中國藩王、布政司等陳慰與否，然後磨鍊文書何如？」傳曰：「斯速下書於聖節使問之。」〔趙士秀〕書狀曰：「七月十五日到北京，朝廷有故。十七日呈奏本咨文。册封太子事，到此詳悉聞見，則但册封藩王，而封太子事，時未定也。二十六日臣呈文於禮部尚書，以陳宗系改正緣由。尚書語譯官洪謙曰：『汝國王奏本已下本部，陪臣所達何事？』洪謙答曰：『奏本辭緣已蒙鈞鑒。陪臣所達，乃是奏本内未悉餘意，伏望詳悉垂覽。』尚書暫閱其文，傳示左右侍郎，仍語洪謙曰：『當於節日過後從汝所言，從容題本，決不失信。』俄頃，尚書入坐後廳，覽畢其文，語提督主事余田曰：『奏請前後文書，皆在於部而未有如此書』云。八月初二日臣令洪謙告於尚書曰：『陪臣委來公事，已蒙鈞旨，恩感罔極。但會典中改正辭緣，謄寫移咨且降聖諭事，欲蒙鈞濟。』尚書答曰：『汝國王咨文明白，陪臣文辭情切有理，自成祖皇帝以來，三度降敕以示改正，堂嚴先生即嚴嵩。

堂天朝，決不失信。嘉靖十八年嚴先生爲尚書，曾以此事題准降敕，故已與先生議定矣。但會典御覽未畢，不曾刊行，不可頒降也。』十三日上馬宴，宴罷，臣令洪謙白曰：『節日則已過矣，但有聖旨，今月二十五日至凡干雜封勿令入奏。然十七日過後，當與嚴閣老更議，若可入奏，則爲之。』二十三日聖節使上馬宴，聖節使令譯官柳彭祖告曰：『陪臣拜辭之日，國王以奏請公事同議爲之，有傳教。陪臣發行日迫，欲詳知何日入奏而去。』尚書答曰：『當於開月初一、二日進題。』又語提督主事曰：『朝鮮國宗系等事，一統志及在部會典草稿令見之。』二十八日提督主事給一統志、朝鮮國付卷及會典改纂草卷，曰『此草卷所録與内閣所藏無異』云。臣見之，則與前日沈通源謄去同。但於中間『朝鮮古高麗國』六字用墨抹下矣。九月初一日題本入奏。初三日下於禮部，奉聖旨『是』。初四日令洪謙見提督主事，則主事曰：『本部題本明白可喜。』洪謙答曰：『明白則果可喜也。但尚書初欲請内閣會典謄寫移咨，而今則只令後日昭示。後日昭示，似與今日謄寫而去有間。』主事答曰：『移答咨文，首末詳備，與昭示無嚴閣老即嚴嵩。

朝鮮即箕子所封之地。

異。汝等勿疑。凡干公事，先禀於嚴閣老爲之。故尚書亦不得自由矣。』初七日辭朝，緣史館有故，不得手本。十二日辭堂後，北京離發。朝廷奇別，則去四月三殿見火。今八月爲始，先作奉天殿、左右五鳳樓。時方輸入材瓦，王府及十三道皆於其時進慰云。」

乙酉，傳於三公曰：「觀此奏請使趙士秀書狀，則九月初一日題本入奏，初三日下於禮部，奉聖旨『是』。頒降會典，似有可望。而尚書言曰『御覽未畢，不曾刊行，不可頒佈也』云，亦似未穩。但觀趙士秀呈文及其禮部回咨與謄書會典小單，則纂修附録之事，似無疑矣。且進慰使入送事，昨已下書於聖節使，問其王府及十三道陳慰與否。而今觀趙士秀書狀，則王府及十三道皆已陳慰云，我國亦當遣使進慰也。但昨日憲府以爲宮闕之火，非如九廟災之例，請勿遣使。予意則上國有變，豈可安然不行進慰之禮乎？卿等更加商議以啓。」其謄書會典小單曰：「朝鮮地在遼東，東、南、西三面濱海，即箕子所封之地。本前代郡縣，晉以後始自爲聲教，建號高麗，王姓高氏。洪武初稱藩。後爲其下所廢。國人請立宰臣李氏爲王，從之。仍賜國號曰朝鮮。

宮闕之火。九廟之災。

置八道，分統府州郡縣。知文字，喜讀書。官吏閑（嫻）禮儀。至京師凡三千五百里。洪武二年國王遣使奉表賀即位，請封，貢方物。五年令三歲或一歲遣使朝貢。二十五年更其國號曰朝鮮。永樂元年其國王奏辨祖訓條章所載弑逆事，詔許改正。自後每歲聖節、正朝、皇太子千秋節皆遣使奉表朝賀，貢方物。其餘慶慰謝恩等項，皆無常期。若朝廷有大事，則遣使頒詔於其國。國王請封，則亦遣使行禮。嘉靖八年使者言其國王不係李仁任之後，詔以所上宗系開送史館。十年釐正大祀典禮，以冬至祀昊天，上夜於南郊圜丘，詔朝鮮國并泰寧三衛夷人朝正朝者，改冬至，俾與履長之慶。自是遂以至前來賀。二十六年特許其使臣同書狀官及從人二、三名於郊壇、國子監等處遊觀，本部委通事伴行，發館夫防護，以示優異」云。三公回啓曰：「宮闕之火，雖與九廟災有間，奉天殿乃天子正衙，而今爲焚蕩。我國自先王朝事大至誠，凡朝聘之禮，一如内服。今見奏請使書狀，則藩王及十三布政司皆已陳慰云。我國亦當進慰也。憲府之啓，只計其弊也。遣使進慰，禮則當矣。」

十一月乙卯，奏請使趙士秀歸自京師。傳曰：「卿與宋麒壽萬里同行，水災。

嘉靖皇帝醮祭，以祈天命。

盡心奏請之事，卿之呈文，辭意激切，予用嘉焉。雖不降敕，因題本奉聖旨則似有可望矣。未知禮部尚書之意亦何如？昨見宋麒壽書啓，則中國水災非常，㺚子搶殺邊民，中原一路盡爲焚蕩云。」

戊午十三年（明世宗嘉靖三十七年，一五五八）

二月壬寅，上幸慕華館迎敕。按此次使臣姓名及出使原因，書中未載。

三月甲寅，上幸慕華館迎誥命。兩大妃殿〔下〕誥命嘗因宮闕之災並被燒燬，至是遣使奏請。乃蒙補降。尹春年賫擎而還。傳於尹春年曰：「一路之事悉書啓。」

癸酉，遣僉知中樞府事俞絳如京師謝恩。

四月己亥，領經筵事尹溉曰：「臣見進慰使南宮忱書啓，且聞譯官之言，中原一路人民相食，至爲慘酷。進貢使臣何以得達，憂慮不小。今皇帝專意醮祭，以祈天命，而不知天下之務。山海關非遐方絶域，而人民相食，㺚子跳奸臣在位。人民相食。

嘉靖皇帝建玄極殿以齋醮。

嚴嵩家，人目以「小皇城」。

梁，必皇帝罔聞知也。軍民咸懷曷喪之心，胥動浮言，至曰皇帝奔南京，皇太子即位。以人心天命見之，朝夕難保矣。平安道接連上國，群盜或起，兵火或發，則關防虛踈，如此之事，別爲講究當矣。臣觀經濟六典續集，雖在盛時，赴京使臣，例以私馬匹帶去，祖宗睿算，慮於一路有變故也。」上曰：「中原之事，不可輕論。太子未立，奸臣在位，而飢饉太甚，人民相食，至爲慘淡。予未知終有何事也。私馬之啓切矣。」

十月癸亥，聖節使李戡回自京師。啓曰：「皇帝長在西成宮，建玄極寶殿，齋醮不絕。閣老諸大臣相繼進香，全廢視朝。且奉天門今改爲大朝門，以御札懸額，行賀禮于其庭。百官或立或拜，或入或出，班未成行，即爲罷散。朝禮無統，所見寒心。閣老嚴嵩年今八十三歲，而長在華蓋殿，威福在手，生殺惟意。嵩家在西長安門外，而人以小皇城目之。凡官爵高下，在銀多少；事雖微細，非賂不成。怨讟滔天，顯然罵詈。且不封太子者，嵩以爲不利于聖算而不封云。」

翔鳳樓雷火燒燼。

己未十四年（明世宗嘉靖三十八年，一五五九）

十月辛亥，憲府啓曰：「今者以無御乘可當之馬，該司欲於赴京之行貿馬而來。」

庚申十五年（明世宗嘉靖三十九年，一五六〇）

五月丁卯，遣兵曹參議柳潛如京師，賀聖節兼謝恩。謝降敕。傳於柳潛曰：「大明會典及封太子事聞見而來。」

辛酉十六年（明世宗嘉靖四十年，一五六一）

十一月壬寅，聖節使魚季瑄回自京師。啓曰：「去八月初六日雷震翔鳳樓，因出雷火，樓閣百餘間盡爲燒燼。翔鳳樓乃正統、正德皇帝所嘗遊讌之處云。同月二十一日裕王府失火，臣等出而望見，烟焰漲天，終夕不滅。遼東以西，旱乾太甚，又有蟲損之災。廣寧以西，尤爲失稔。至於關内旱災，雖不太甚，蟲損甚於關外，飛蝗蔽天，白日成陰，蝝子被野，隨處皆然矣。皇帝如前一不視朝，長在西成宮。又於宮側創立新宮，名之曰萬春，以爲燕居之所云。」

壬戌十七年（明世宗嘉靖四十一年，一五六二）

六月己卯，禮曹啓曰：「去戊辰年正德皇帝賜中宗大王誥命時，敕書内亦有賜讓老王物件，所謂『讓老王』，指燕山也。故於赴京使臣賫去事目内，言前王稱『讓老王』。又云：『有問「讓老王子幾人」，則答曰：「且有一女病死」』。此事目作於中宗即位之三年，今則歲月已久，中國後生之人無復有記憶者。而唐皐天使以來，亦無賜讓老王之物。則事目内猶存讓老王一節，以備人問答，似爲未穩。自今以後，請於事目内削去，何如？」答曰：「如啓。」

事目刪除「讓老王」一節。

大明會典事。

癸亥十八年（明世宗嘉靖四十二年，一五六三）

五月己卯，遣同知中樞府事李友閔、金澍如京師。友閔賀聖節，金澍請改宗系兼進賀。

九月乙未，王世子卒。

乙巳，奏請使金澍、聖節使李友閔、送譯官韓順等馳啓曰：「宗系奏請，已奉聖旨明録國祖之父姓諱云。」洪武三十五年本國使臣趙温回自京師，説稱「伏見皇明祖訓朝鮮國注下，我太祖李成桂改名旦，李仁人之子，殺王氏四王」云。此蓋叛賊尹彝、李初亡赴京師，誣奏要害之事也。永樂元年恭定大王遣李彬等具奏被誣之事，太宗文皇帝降聖旨，曰「准他改正」云。正德十三年李繼孟回自京師，説稱被誣之事不爲釐正云。恭僖大王遣南袞等辨奏，武宗皇帝降敕回諭曰：「我太宗已有旨改正，今當改正」云，而尚不釐正。嘉靖十八年又遣權撥備將累朝明旨奏請改正，則他日續纂時詳録云。嘉靖三十六年上遣趙士秀具奏前情，則本國項下等因備咨前來云。今年五月遣金澍嘉靖皇帝不視朝，遣使求異方。

靖(請)明録國祖姓諱，禮部題本曰：「改正事屢奉列聖及皇上明旨，朝鮮國付一册送翰林院本國奏詞略節纂録於本條之末。仍降敕一道，付差來陪臣，以慰昭雪之懇，但祖訓不敬別議」云。

十二月甲寅，書狀官李陽元啓曰：「皇帝如前一不視朝，多聚道士日事祈禱。分遣使者於天下名山求神人奇異之方，故挾方書求進獻者往來禮部，臣等亦或親見之。封太子事，時不得聞知。宗系事，臣等見堂時呈文，且懇白，尚書答曰：『開封後當題本』云，略無難色。厥後俟其坐堂，上書一道申達悶迫之情，且呈文告曰：『如蒙許改正宗系，乞得敕書，以慰一國臣民。』答曰：『爾國宗系，已許改正，即具奏草，待闕内罷齋後，當入奏。敕書亦當題請』云云。尚書李春芳，雍容慈惠之人也，將本國事議於閣老徐階處，盡力圖成。至於會典印出，慮其日久，貿材倩工，即於部内改刊。訖於不多日之内，且親自領敕於西成宮，坐堂日授臣曰『不欲其費使』云云。弑逆事，永樂元年本國奏請内事不舉論，只以宗系改正事爲奏請，故準他改正之旨，亦指宗系而已。前者韓蚪謄寫會典内弑逆事，謂許改正云。本國元(原)奏内事不舉辦大明會典事之使臣於北京病死。

論之事，中朝何所據而稱之乎？臣考諸宗系録，則永樂元年所奏只是宗系一事，今者禮部細考各年聖旨，特爲改正。而禮部題奏内云『載其系出弑逆李仁人』，皇明祖訓朝鮮國下註：李仁任以李仁人載録，故云。又云『恥蒙訾詬而急於昭雪』，敕書内云『滌瑕蕩垢，炳如日星』，蓋指弑逆事也。使臣金澍自入北京得痢疾，九月初暫得少蘇。旬餘復得眩暈發熱之證，十七日初夜身故。尚書聞訃出俸銀十兩，提督主事胡定送紅色段子一匹，以助買棺之資。哀矜悶（閔）惻之意，屢發於言辭之間。臣前後進禮部時，安自命則傳語通情，崔世協則主用人情。凡大小呈文，則林芑專掌製述。而奉敕前行逢韃子于大凌河時，軍官李世灝帶弓箭防護，此四人爲有功矣。」

丁巳，禮曹啓曰：「宗系奏辨時多蒙禮部尚書姓李名春芳。等周旋之力。至於禮部募役刻手、印手等匠人刻板印册。尚書以其『爲汝等盡力』之意，屢發於言端，多示德色，我國豈無感喜之意乎？欲別送謝物於尚書，則嫌於私交，而有妨於公天下之義，所不敢爲。若陽爲不知，則恐以我國爲不知周旋盡力之爲可感也。處此二者，似難善措。試以此議諸大臣，問於諳熟中禮物付主事，送於尚書家。

朝事情譯官，皆以爲當下馬宴之日，先以我殿下意謝之曰：『改正宗系時，多蒙大人周旋之力。使者之死，至出俸銀以賻，我殿下多謝厚賜。』就館之後，令事知通事若爲行次私賫者，付禮物於胡主事，送於尚書家，又別贈主事。則彼無外交之嫌，而我國謝意可通。胡主事乃李尚書門人，易於通情云。且中朝士大夫間喜見我國品好大油芚及人參、咨文紙、硯面，此實文房所用，亦非金銀、珠玉、寶貨之比，易於措辭。前日權應昌賫去物件磨煉時，無此四物。請人參三十斤、咨文紙二十張、硯二面、品好六張付油芚六浮付謝恩使以送。到彼之後，贈與事勢難便，則還持來，亦似無妨，敢稟。」傳曰：「今次宗系奏辨時，禮部尚書盡力周旋，予意喜感不淺。此事將欲言之，姑待該曹之稟也。啓意極當。自前禮部尚書非一，而安有如李尚書之盡心者乎？如啓。」

丙寅，遣工曹參判權應昌如京師謝恩。

尚書拒受禮，令主事代受。

嘉靖皇帝欲上武當，徐階諫阻。

甲子十九年（明世宗嘉靖四十三年，一五六四）

五月乙巳，謝恩使權應昌回自京師，啓曰：「禮部尚書處所贈人參、油芚、硯面、咨文紙等物欲贈之，而尚書以非禮拒之。臣令譯官送於提督主事胡定，則即受稱謝。臣令譯官及序班等聞見，則主事所受之物，皆送於尚書家，蓋尚書難於自取，令主事代受云。主事乃尚書同貫親切之人矣。」傳曰：「尚書待我國盡誠，而又受所送之物，可喜。」

丙寅二十一年（明世宗嘉靖四十五年，一五六六）

十月庚午，聖節使朴啓賢回自京師。傳曰：「中原聞見之事，一一書啓。」啓賢書啓曰：「今年二月皇帝以密諭一封，下于閣老徐階，欲幸湖廣上武當山進香掛袍。又以密諭三封下于徐階，徐階回奏：『南倭、北虜，勢甚猖獗，且有白蓮教，白蓮山乃群盜之號，食素誦經者也。保定、四川等地方尤爲海瑞上書嘉靖皇帝五失。

盛行，而于保定府捕得數百人，使巡撫官鞫之。不可南往。』皇帝曰：『我有强兵，何足懼乎？』或云：『今春内官因從幸載包，皆買脚力而適不果往。行幸湖廣之意，時未停止』云。六月榮妃楊氏薨逝，進封文氏爲貴妃，册封尚氏爲壽妃，百官陳賀于内庭西苑。苑在西成宫近處。進瑞穀，命成國公朱希忠告廟。永和王進白鹿，太醫院吏進瑞兔，湖廣撫按官谷中虚等進鮮芝，群臣皆以爲皇上永命之徵，上表賀之。天下諸王爲皇帝設醮祈命，皆聞奏云。禮部因聖旨掛榜，令天下諸地方如有靈芝，務要進獻，不可隱蔽。西成宫裡有玄極寶殿，乃享上帝及皇考睿宗之所也。以舊制狹隘，今方改造，極其弘敞云。皇帝專夜遊衍，喜睡。尋常公事，付一老宫女掌之，依例票下。只大事待皇上知道云。且或云：『裕王營救海瑞，瑞上書言皇上五失，其一久曠儲位，父子之倫乖云云。以此因係累年。故皇帝有禪位之議』云。蓋以營救海瑞爲怒而爲逆辭也。此則不足信也。」

明穆宗隆慶元年，一五六七

嘉靖皇帝崩逝。

新皇帝裕王朱載垕登極。

丁卯二十二年（明穆宗隆慶元年，一五六七）

正月丙寅，謝恩使工曹參判尹玉于赴京中路聞皇帝崩，在去十二月十四日馳啓遺詔。

壬申，管押使李洪男復命。仍書啓曰：「去壬戌年間，河南地方有一姓郭者，獻其女于皇帝。其女年纔十四，非但姿色絶美，才技脱凡，書法尤奇。皇帝所以齋醮，破戒爲難，且置宫中，稍稍昵近，齋醮之事，漸不如前。今得食氣證，痿痺浮腫，皇帝病勢如此，居中用事太監輩忌裕王賢明，多有壅蔽離間之意。閣老之中，亦有相爲表裏者。然如首閣老徐階、吏部尚書楊博、禮部尚書高儀，皆有時望，人皆倚重」云。

二月戊戌，始用隆慶年號。新皇帝建元隆慶。

己亥，遣漢城判尹鄭宗榮進香大行皇帝，刑曹參判宋贇陳慰新皇上。上傳于兩使曰：「嘉靖皇帝崩逝，新皇帝即位，中原必多事，而庶政惟新，風采亦必嚴肅矣。凡大小聞見之事，備細來啓。」

三月丙寅，遣右議政權轍、知中樞府事鄭惟吉如京師賀登極。

四月乙未，遣僉知中樞府事李英賢如京師賀尊謚。

五月丙辰，遣僉知中樞府事洪春年如京師，賀册立皇后。

宣祖實録

計二百二十一卷。起明宗二十二年丁卯（明穆宗隆慶元年，公元一五六七年）七月，至宣祖四十一年戊申（明神宗萬曆三十六年，公元一六〇八年）二月。另又有宣祖修正實録四十二卷。本書從這兩種實録中採取史料，合併並録，不另分列。

宣祖昭敬正倫立極盛德洪烈至誠大義格天熙運顯文毅武聖睿達孝大王諱昖，中宗恭僖大王之孫，德興大院君岹之第三子也。母河東府夫人鄭氏，贈領議政世虎之女。嘉靖三十一年壬子十一月十一日己丑誕王於仁達坊之私第。天資岐嶷，氣度英毅，人皆異之。初封河城君。丁卯六月二十八日辛亥明宗大王疾大漸，是日夜半上薨。大臣以王妃所奉遺命，令侍衛諸官具世子儀物迎河城君於私第，遣陪臣告訃於天朝，且請承襲。翌年春皇帝遣太監姚臣、李慶賫詔封爲朝鮮國王，欽賜誥命冕服。在位四十一年，壽五十七。王薨之九年丙辰，今上以辨明宗系中興大業，追上尊號曰啟統光憲凝道隆祚，廟號曰宣祖。王嗣服之初，勵精圖治，尊賢重道，東方之民，庶見至治。而不幸遭壬辰之亂，二十六年之間，宏謨美政，簡册所紀，盡歸灰燼，無復存者。今因諸臣家藏日記，雖收拾若干事績，僅成編秩，而什無八九，誠可痛惜。

戊辰元年（明穆宗隆慶二年，一五六八）

二月癸未，天使太監張朝、行人司行人甌希稷入迎詔門，上率百官祗迎。

乙丑，太監以不滿溪壑之欲，發怒於言，曰「明日午後當發行」云。朝廷重違華使之意，加給銀兩、皮物甚多。

庚寅，大駕至慕華館，〔餞〕天使，〔天使〕與我朝百官相揖而别。凡擡扛之物至三十有三，是日餞贐之物留置而去。雖云貪婪，然比之戊午〔年〕王本、趙賁則差有間矣。

封皇太子。

乙未，聖節使柳景深書狀云：「三月十一日封皇太子。」上傳曰：「一則慶事，一則爲生民悶慮。」

丁未，重修本在四月丁卯。册封天使上使祧〔姚〕臣、副使李慶到迎詔門。

四月辛亥，進賀册封太子使朴永俊、許曄如京師。

七月己酉，天使成憲、王璽到慕華館。上率百官祗迎詔敕。

使臣謁聖。

辛亥，天使謁聖，自成均館赴景福宮遊覽慶會樓。

癸丑，上詣慕華館〔餞〕天使成憲、王璽，天使答禮而出，乘轎而行。天使所受之物：咨文紙六十張，表紙各四十張，柳目紙各五卷，並筆、硯、墨而已。

己巳二年（明穆宗隆慶三年，一五六九）

使臣上書，爲班次事。

朝見不許入皇極門。

十一月戊戌，工曹參議朴承任等赴京上禮部主事書曰：「竊照本國接壤東隅，密邇皇化，名爲外藩，實同內服，拱北之誠，有加無替。朝廷亦鑑其忠順，嘉其慕義，遇以殊禮，別於他邦。其字小之仁，無間內外，眷待寵榮，靡所不至。下邦亦感戴皇恩，益篤葵悃，猶恐絲毫愆度，以獲戾于天威。今者卑職等賚擎冬至賀表進至天闕，不期鴻臚寺將卑職一行人等退班於無職生員及褻衣人之後。又朔望朝見，不許入皇極門內，只令於門外行禮。較諸久遠見行事例，尊卑懸絶。遠人惶惑，罔知厥由。即欲呈稟於該部，以未行見朝之禮，不敢徑進干冒。姑循新令，隱忍遷就，靦面汗背，無地容措。始令通事仰達微懇於執事，且稟呈文辨白之意，則執事不以煩訴爲罪，特賜温慰，又教朝見止於戟門外。

以不須呈文，只可口禀于該司郎中。郎中大人亦訝其變易之輕率，即禀議于尚書閣下。於進賀之日，别遣下史曲諭序班，使之依舊隨班，得厠冠佩之後。失而有復，喜幸良深。某等拜受執事之賜，以謂自是盡遵舊規而無憂矣。日昨望日朝見，鴻臚寺猶執變禮，止之戟門之外，與左袵羶醜分庭比級。悶默而退，無以自解。竊念邦禮掌在春官，而小邦亦忝隸屬於下庭，則陪臣失班之意，不可取正於他，而亦賢執事之垂軫焉者也。夫上國所以接遇藩服，自有權度曲折，雖在春秋之時，其入覲王朝，未聞以下國陪賤而卑夷之，抑之賤流之末也。今朝廷於小邦遣使頒詔，特掄近侍之臣，而況且郊後慶成之宴，則陪臣之坐亦賜於殿内。以此觀之，陪臣朝賀班列，似當有級，而朝見之際，則序於流品之次，生員雜類之前。賤价後生，雖未知此儀肇於何時，而自先朝以來，未嘗移易，則亦後世不可率爾更變之成規也。司朝儀者固當率由舊章，堅如金石。設或流弊防政，在所損益，則亦當申奏，委諸該部，詳議定奪，取裁聖斷，昭布知會，使無疑訝。如是則處事得體，遠人無辭矣。今者朝廷不與知，該部不經議，無半行文字，無片言端緒，迫令序班，舌掉臂揮，破開先無故貶降班品。

朝已定之舊規，易置一時無弊之成法，某等反覆思惟，竊所未喻。必以爲偏荒賤价，蔑無知識，呼來斥去，誰敢違逆，所以隨意指使而然也。竊謂朝廷接待外國，其一號一令，實體統所關；一進一退，乃等威所係。一朝無故貶降班品，區隔内外，豈不妨於體統而缺于慕望之心乎？且王者之政，有善然後升陟，則人無不勸；有罪然後降黜，則人無不懲。我小邦事大至誠，累世如一日，别無違忤皇朝，祖宗所以眷厚優待，褒嘉錫予，綸言俱在。不知今者有何罪犯，遽加貶降，而若或懲之者歟？我嗣王畏天之威，不違咫尺。陪臣回自京師，則必召進于前，恭問聖壽無疆，至如進貢物件有無汙損，拜稽儀節有無差失。瞻仰天光，祇受宴賞，皆所咨詢。一依前度，别無違異，則一國大小相慶，以爲庶獲免於有司之責矣。今某等之歸，我王有問，其將何辭以對？我王若問使臣班列，横被與奪，而又斥在大庭之外，則必驚惶憂恐曰：『我向上之誠，不逮前日而朝廷降之罰歟？陪臣無狀，干犯朝儀，而有司裁以法歟？』與一國臣民戰戰焉寢食不安，必將究其所以而陳謝于纊聽也。陪臣當此，其將何辭以陳之歟？執事其亮之哉！我寡君守小邦，有朝夕之務，不能禮部復其班次。

自行，使一二陪臣冒獻貢篚于下執事，然則陪臣雖賤，實代寡君以行事者也。天朝之接之也，於陪臣之賤何有，亦以寡君所使而優待焉爾。今者失所立之班，降拜於門外，是雖陪臣之失位置，實則寡君之羞也。是雖鴻臚之抑黜陪臣，實乃朝廷無故而抑黜小邦也。皇朝設秩宗之官，置賢公卿大夫以講明辨定，而鴻臚乃奉行成範，不使廢墜之一有司耳。今將祖宗累朝常行無弊之廷儀，遽革於一言，雖尚書閣下、郎中大人之特加拳拳，而猶未快正，固滯如前。賤品之微命不足惜，而皇朝寵眷之隆意，寡君懸慕之純誠，舉皆委之於虛，此某等所以區區仰籲，覼縷而不已者也。轉告堂司，曲賜施行，以復舊班，無墜成規，惟此之望，不勝幸甚。伏惟執事垂察焉。瀆冒威尊，無任悚慄之至。」

禮部乃令復正其班次，永爲恒式。

庚午三年（明穆宗隆慶四年，一五七〇）

七月己卯，上幸慕華館迎封王后誥命。

隆慶皇帝崩逝。
新皇帝朱翊鈞登極。

壬申五年（明穆宗隆慶六年，一五七二）

〔修正實録〕七月朔甲申，穆宗皇帝升遐訃至，上率百官舉哀如禮。

〔修正實録〕八月朔甲寅，遣右議政朴淳如燕京賀登極。

九月辛卯，謝恩使朴民獻、金繼輝入京。

癸巳，義州牧使書狀「大行皇帝今九月十一日發引」云。

十月戊辰，千秋使金添慶還入京，啓曰：「皇帝性稟英明，親自聽斷。凡章奏命下該司，該司奉聖旨施行。别無垂簾攝政之事。先朝廢斥之臣多被召用，民情欣幸，以爲年雖幼冲，非隆慶之比云。仁聖太后陳氏，通州人。慈聖皇后李氏，少貧賤，其父賣與陳家，兩后相與親愛，作爲兄妹（妹）。陳后入宮之後，要與相見，召入闕内，隆慶皇帝見而悦之，命留宮中，生今皇帝及潞王與兩公主。李氏既貴之後，愛敬陳氏，無異前日，常立侍不敢坐；及尊崇太后之後，始得傍坐。兩宮和好無間云。」

十一月癸未，天使韓世能、陳三謨奉詔敕而至。

高皇帝朱元璋有秦皇惡儒之習。

十二月辛未，上曰：「大明高皇帝每排詆朱子之説，其意如何？」柳希春對曰：「高皇帝有秦皇惡儒之習，兼隋文猜忌之性，其妄詆朱子立言，所謂自聖而謂人莫之若也。」上曰：「高皇帝不取孟子，其意必有所在。」對曰：「高皇帝警齊王抑人君處，至欲撤孟子從祀之版，令侍衛士有敢諫者輒射。直臣錢瑭披胸受矢，高帝以良藥調治，一月得差，孟子位版得不撤，只令删削數處。太宗以燕王取國，不義四書三經，令儒臣編小路而孟子之削處還完矣。」上招同副承旨鄭惟一問及天使爲人、行事及文章。惟一對曰：「兩使文章雖有未盡，要不失爲能文。玉燈之取，副使所求之貨，未免不廉。又不能檢下，頭目恣意攫取財物，人皆呼之以盜賊。」上曰：「天使豈至不善，我國之人醜詆，亦太輕薄矣。」柳希春曰：「天使其身不正，其下縱恣貪暴，下民怨詈，固其自取。但呼之以『賊』，則太爲麤惡耳。」又陳頃日以宋史印出，而命停前件之印。上曰：「果如是，當買正本以成乃印出耳。宋史與宋鑑同歟？異歟？」希春對曰：「宋鑑是編年之書，宋史是帝紀、列傳之書，如史記、前漢書一樣。」丙子，陳慰使朴啓賢、書狀官洪聖民入城書啓：「帝都别無奇别。

萬曆皇帝年方十歲。

今皇帝冲年即位，資質英明，時無過誤。朝野無事，人情似有喜悦之意。且近來北虜喪其酋長，部落散落，願居塞内，邊將不許」云。

癸酉六年（明神宗萬曆元年，一五七三）

正月丁酉，賀登極使右相朴淳、判書成世章入京。

戊戌，賀登極使朴淳啓曰：「皇上年方十歲，聖資英睿，自四歲已能讀書。以方在諒陰，未安於逐日視事，故禮部奏惟每旬内三、六、九日視朝。仍詣文華館御經筵，四書及近思録、性理大全皆已畢讀。自近日始講左傳。百司奏帖，親自歷覽，取筆批之。大小臣工莫不稱慶。然年尚幼冲，慈殿太后雖不權同聽政，而事皆禀裁，實多内贊之力。仁聖太后不爲干預。凡公事出納，司禮監掌之。奏禀之後，謄送一本于閣老，仍爲可否。太監馮保全掌出納，或云竊弄威柄。浙江巡撫謝廷傑請以原任尚書王守仁配享文廟，大概以爲『尊德性、道問學，非兩事也。德性不可以徒尊，必道問學以後，始有實，不假粧内官入乾清宫門外。

然則禪矣。問學不可以徒道，必尊德性而後始有主本，不然則功利矣。守仁師陸九淵。而今觀九淵之論，未嘗不及于讀書；朱某之教門人，未嘗不以身心爲務，則彼分朱、陸而二之者，非知二子之學者也。』奉聖旨：『禮部看議了來説。』」

二月己巳，尊號使、尊謚使先來狀啓入啓：「大概一行正月二十七日北京離發，解送唐人賞賜迎敕出來。」

己卯，奏請使李後白、尹根壽、書狀官尹卓然發向中國燕京。

三月癸巳二十日，尊謚、尊號使入來，上出迎敕于慕華館。

丁酉，上語承旨曰：「中朝闌入殿陛之賊，至爲大變。使臣雖不可狀啓於中土，豈不可越江而即狀啓乎？見朝報則尊號使李希儉昨日入來書啓曰：『今年正月十九日皇帝將視朝，有不知人男子，假粧内官服飾，入於乾清宫門外礓礤下，要往上走，當被守門火者捉住，拏在爲房。審得本犯名喚則係直隸常州府生〔武〕進縣民王大臣也。本犯身邊搜出一鞘，則裝成鐵劍二口，鐵尖刀一把。審訊進内情由，則堅執不語。皇帝敕令辨事校尉推鞫來續修大明會典事。

說。張居正奏云：「宮庭之内，侍衛甚嚴，若非平昔曾行之人，則道路必生，豈能一經便到。視其挾刃直上，則其造蓄逆謀，殆非一日。中間必有主使勾引之人。據其所供姓名鄉貫，恐亦非真。乞敕問刑衙門，多方緝訪，務得下落，永絶禍本。」皇帝從之。前此門禁解弛，自外闕門至皇極、左右掖門出入之人任意自如。自遭變以來，門卒著甲手持稜杖，稍有森嚴之意』云。」

八月己未，奏請使書狀來到：「禮部題奏皇帝，皇帝以爲俟世宗實録畢修後，更取旨施行。大概只應宗系改正一事，惡名辨誣一事無黑白」云。

十一月丁酉，聖節使書狀官李承楊聞見録有曰：「中朝有邪臣魏時亮，請以王守仁從祀文廟。南京御史石櫝奏中極駁守仁之邪淫，宜斥去。真爲正道立赤熾（幟）者也。」〔修正實録〕使臣宋贊、尹鉉回自京師，帝以再度送還被擄人口，各賜敕褒奬，及賜銀綵。遣奏請使李後白、尹根壽等，乞將宗系弑逆已辨誣等事，增入續修會典。蓋皇朝方修續大明會典故也。禮部尚書陸樹聲等覆題曰：「據稱宗系各有本源，既與李仁人不同，又謂國祖由于推戴，亦與弑王氏無預。在我皇祖之大訓，因得于一時之傳聞。在伊裔孫之辨詞，欲仿中國制度，上八條疏。

實出于一念之誠孝。宜念其世秉禮義，克篤忠勤，依其所請。」奉聖旨：「該國前後奏辭，備細纂入于皇祖實録内，新會典則候旨續修增入。」仍降敕諭略曰：「爾祖某久蒙不韙，荷我列祖垂鑑，已爲昭雪改正。兹者纂修實録，欲將前後奏辭，備行採録，以垂永久。朕念爾係守禮之邦，且事關君臣大義，特允所請。即命抄付史館，備書于肅宗實録，俟後修新會典，以慰爾籲雪先祖悃情。」

甲戌七年（明神宗萬曆二年，一五七四）

十一月癸酉，上率百官行迎敕禮。（修正實録）質正官趙憲還自京師。憲諦視中朝文物之盛，意欲施措于東方。及其還也，草疏兩章，切于時務者八條，關于根本者十六條，皆先引中朝制度，次及我朝時行之制，備論得失之故，而折衷于古義，以明當今之可行。先上八條疏。上答曰：「千百里風俗不同，若不揆風氣習俗之殊，而强欲效行之，則徒爲驚駭之歸，而事有所不諧矣。」由是憲不復舉十六條。其八條疏：一曰聖廟配享，二曰内外庶官，三曰引中國制度，上十六條。

貴賤衣冠，四曰飲食宴飲，五曰士夫揖讓，六曰師生接禮，七曰鄉閭習俗，八曰軍師紀律。其十六條：曰格天之誠，曰追本之孝，曰陵寢之制，曰祭祀之禮，曰經筵之規，曰視朝之儀，曰聽言之道，曰取人之方，曰飲食之節，曰餼廩之稱，曰生息之繁，曰士卒之選，曰操練之勤，曰城池之固，曰黜陟之明，曰命令之嚴。末乃總論君上正心表率之道。憲有經濟之志，讀書窮理，要以施諸事爲一。入中國數月，途店之次，求訪咨詢，殆無遺漏，其精勤忠讜，前所未有也。國朝于朝燕使行，例送質正官，質問華俗于中朝，必以博文詳雅之士充之。其後漸習華訓，言語吏文，無不及者。質正雖往，無可問，備數而已。故近來則不復遣矣。

閏十二月乙酉，冬至使安自裕等送先來通事啓聞：「宗系改正事，已蒙載録。」上深喜之，令承政院議遣謝恩使。

乙亥八年（明神宗萬曆三年，一五七五）

〔修正實録〕十二月朔乙丑，是歲遣謝恩使洪聖民兼奏請宗系弑逆已辨奉聖旨纂修實錄。

誣等事情，增入會典新會，禮部尚書萬士和等題曰：「朝鮮國王痛其祖之冤而奏辨，至于再三。但前既奉有明旨，王言一出，昭揭宇宙，信如四時，誰敢輒爲增損，宜將該國前後奏詞，纂入實錄，竢修會典，爲之許載爲便。」奉聖旨「是」。禮部欲以此意請降敕宣諭，順付使臣。聖民聞之，因辭于禮部曰：「事未完了，徑奉諭旨以回，使臣所不敢爲也。」禮部從之。聖民還朝略啟聖旨。不言其欲降敕事，兼嫌于報喜受賞也。聖民還拜大司諫。

丁丑十年（明神宗萬曆五年，一五七七）

〔修正實錄〕九月朔甲寅，謝恩使尹斗壽等回自京師。禮部回咨云：「所請宗系、惡名二項，本部悉已遵旨備載開送，毋庸再奏。其備載之條，宣示陪臣。緣館局纂修，理必步加刪定，且未經御覽，不得輒付錄咨文，該國遵照敕諭內事理，安心以竢。」續遣奏請使黃琳乞將已辨誣事件詳錄今纂會典新書事情奏聞于帝。

四品以上可自辭，五品以下查貪贓。

戊寅十一年（明神宗萬曆六年，一五七八）

正月乙亥，冬至使安宗道書啟：「皇帝納后定期二月十九日，只以有星變及大內失火，於朝天宮修建禳解大醮三日，仍告宗廟，停刑禁屠殺。在京文武百官青衣角帶視事三日。四品以上官則自陳辭免，五品以下吏部及都察院考察貪贓多有汰去之員。閣老張居正遭父喪，皇帝不許奔喪，莅事自若。翰林院編修官吴中行、刑部員外郎艾穆、刑部判事進士鄒元標等稱章力陳其不奔喪之罪。皇帝即令錦衣衛拿致午門外，各棍杖八十，元標即死于杖下」云。

四月丙戌，司憲府啟：「前年聖節使通事金壽仁令畫員本道一路赴京亭館圖給唐官，事狀已著，至爲駭愕。請移義禁府推鞫。其時使梁應鼎、書狀官尹暻不爲檢飭下人，請並命罷職。」上從之。〔修正實録〕奏請使黄琳回自京師，禮部覆題：「該國遞年奏請，蓋深避不韙之跡，亟申先世之冤，其忠孝至情，委爲迫切。我皇上復許增入，待書成頒到，不必更憂脱漏。奉聖旨『是』，故移咨知會。」

冠制各一件令務貿來。

新纂會典綱目浩繁。

七月壬午，以備忘記傳于左副曰：「中國后妃及諸王燕居時冠制、宮中婦女冠制、民間婦人冠制，每品各一件，或今冬至使行次令事知通事各别用意貿來。如或稱頉不爲貿來，則從重治罪。」

〔修正實録〕十一月朔丁卯，聖節使李增等回自京師。先是宗系辨誣，已許改正，而又祖名二字誤書，故李增之行，移咨禮部請查改，又請速賜頒降，至是賫禮部回咨而來。咨云：「本國辨誣等情，既已編纂會典，特爲昭雪，毋庸過慮。祇因祖名二字之誤，今復再請釐正，無非謹慎詳密，求遂其終始籲雪之誠也。隨即驗查見纂會典本國項内書係二字無差，今據來咨開送内閣，細加查閲，通爲校正，更無矛盾脱漏之虞。至欲趁速頒降一節，新纂會典綱目浩繁，非朝夕可得就緒，計汗青完秩，方得進呈御覽，頒布中外。」

辛巳十四年（明神宗萬曆九年，一五八一）

正月庚午，冬至使先來入京使，梁喜在玉河館身死事入啟。

〔修正實録〕五月朔癸亥，以金繼輝爲辨誣奏請使。本國以改宗系之請，遣使頻仍，而中朝難其事，雖被皇旨添入會典，而未蒙頒降。時聞會典纂修垂畢，機會甚重大。

〔修正實録〕十一月朔辛酉，金繼輝等還自京師，賫禮部移咨而來。咨云：「專差陪臣候領會典全書，無非欲亟雪先世之冤。備查史館於該國項下，已將本王宗系及傳國被誣緣由，俱各詳載。如遇典成，即請頒賜，不敢遲閣，以虛恩命」云。

壬午十五年（明神宗萬曆十年，一五八二）

九月壬戌，聖節使李海壽馳啟：「皇太子去八月十一日誕生，頒詔天下。本國詔使翰林編修黄洪憲、工「工」重修實録作「兵」。科給事中王敬民點差。九月望時當起程。」

十月丙午，詔使九月十九日自北京起程。

皇太子誕生。（實爲皇長子。萬曆二十九年立爲皇太子。）

萬曆皇帝録示會典中改正全文。

甲申十七年（明神宗萬曆十二年，一五八四）

五月戊寅，宗系奏請使黄庭彧、書狀官韓應寅、質正官宋象賢發行。

十一月朔癸酉，重修本作八月甲辰宗系及惡名辨誣奏請使黄庭彧、書狀官韓應寅等奉敕而還。皇帝録示會典中改正全文。上迎于慕華館，告宗廟，受賀，加百官階，宥殊死以下。廷彧、應寅及上通事洪純彦等加資，賜奴婢、田宅、雜物有差。

乙酉十八年（明神宗萬曆十三年，一五八五）

四月戊午，上御宣政殿，黄廷彧啓曰：「小臣上年赴京師時，聞會典秋間完了。今見謝恩使書狀，則禮部尚書言，冬間當爲完了云。與臣赴京時所聞，不甚相遠矣。臣赴京時，承差官賫送之命。臣意妄以爲差官雖以監生送，待如天使，其弊必爲不貲矣。其時即欲陳達順付之意，更思之，差官特中國學制。

許國被駁，魏時亮見黜。

送，則恩信似爲尤著，故不敢焉。」上曰：「會典明白，則差官之來不來，何關乎？大抵今者聖敕特下，暴白無隱者，惟乃之休，迨予未報。」廷彧起拜辭謝曰：「此實聖上誠孝之格，臣何功焉！」上曰：「中原制度，與我國有異者乎？」對曰：「學制異矣。我國則使儒生皆聚於泮宫，以之講學修業。而中國則不然，只使若干儒生居學，而亦非真儒也。臣竊見朱子議鄉校書，始知天下之儒，不可皆聚於國，故其制如是矣。但貢士往來，皆給乘馬，讀儀供億，焕然俱備，可見待儒之盛也。」上曰：「我國儒冠可使與中國同歟？」對曰：「制冠之物，彼此殊宜，比而同之，勢似難矣。」上曰：「中國之待我國，視琉球如何？」對曰：「禮部之官，待臣等之時，猶恐失儀。宴琉球時，則不往矣。」自惟讓曰：「見外國記，我國居首矣。」上語黄廷彧曰：「鄉見許閣老乎？」對曰：「於朝班望見，則容儀衰老，殊非昔日之風采也。」許國、魏時亮曾以華使來此，故問之，蓋慕其賢也。上曰：「予聞許國被駁，魏時亮亦見黜云。如二人之賢，不得安於朝廷之上，中原之事亦可知矣。」

辛酉，謝恩使李友直歸，進大明會典撰寫一卷，及聞見小録。

玉河館失火。

丙戌十九年（明神宗萬曆十四年，一五八六）

十月丙寅，政院啓曰：「聖節使貢馬一匹，例授於玉河館。房堗修補，因致失火，延燒十一間，至於禮部題本。請使、書狀官推考；上通事不能慎火之罪，並推考治罪。」答曰：「使、書狀先罷後推，上通事拿來推治。」傳曰：「玉河館重修本作會同館。失火，至於上國提督等官被罪，極爲未安。無乃移咨禮部時及此使臣治罪之意如何？問于禮曹。」丁卯，兩司啓曰：「近來奉使上國之臣，不體聖上至誠事大之意，不自檢勑，一行貽笑於華人者不一其事。凡在聞見，無不寒心。今者聖節使臣等失火于玉河館，至于上國提督等官因此被罪，此近古所未有之事，極爲驚駭。爲使臣辱君命至於此甚，其罪不可尋常推罷而已。請聖節使及書狀官等越江後即命拿鞫，以正其罪。」答曰：「依啓。」

十二月壬戌，傳於政院曰：「見禮部題本，則有曰『該國陪臣、通事人等疏怠失火，念係遠人，應免查究』云。是欲治而不得之意也。上國二百年館

明神宗萬曆十五年，一五八七	館舍失火，使臣不慎。	進獻方物見偷。

舍，以下邦使臣不自慎檢，一朝焚燬，詎是細事。使臣之不謹，誰之過也？移咨禮部，恐歸一幅休紙，朝廷何由知之。予意上奏謝罪爲穩。議啓。」大臣議：「上教允當。」命遣陳謝使。

丁亥二十年（明神宗萬曆十五年，一五八七）

正月朔庚寅，冬至使進獻方物，螺鈿函内小合四個見偷，司憲府論啓。使成壽益、書狀官柳永詢拿鞫，徒配于京畿。

三月壬寅，以館舍焚燬、方物偷失事，陳謝使裴三益發行。

八月丁卯，謝恩使裴三益馳啓曰：「以前日使臣遺失方物，失火館宇，別遣陳謝也。禮部題請，朝鮮國王具奏請陳謝，忠慎可嘉，寫敕奬論，賞大紅紵絲蟒衣、綵段四表裏。臣等賫奉以去。且會典已畢修，總裁官以下論賞有差。臣謄書正稿以來，且呈文禮部請先刊完持去。則批云『案候書成刊布之日題請施行』云云。」

萬曆皇帝敕賜蟒龍衣等。

九月己亥，以方物見偷、玉河館焚燒事，差陳謝使裴三益赴京。皇帝以本國至誠事大，降敕褒諭，且賜蟒龍衣。上出迎于慕華館。

戊子二十一年（明神宗萬曆十六年，一五八八）

三月辛亥，謝恩使俞泓書狀「大明會典本國宗系惡名改正一册，禮部題准給送，皇帝降敕事」入啓。

四月丁丑，謝恩使俞泓賫奉會典出來入啓。

五月甲申，上出慕華館迎敕。謝恩使俞泓超資賜田三十結，奴婢并五口，家舍價正木三十同。書狀官尹暹陞職，賜田二十結，奴婢并三口，家舍價正木二十同。通事吴淳漢、吏學官李鵬祥加資賜田十結，家舍價正木十同。命頒赦。時俞泓充謝恩使赴京，皇帝賜蟒龍衣故也。上以皇朝會典將成，命泓力請賫來。泓前進禮部呈文陳乞，禮部以爲未經御覽，難於先賜。泓率一行人泣血跪請之。尚書沈鯉感其誠，即具題本奏請順付，蒙天子準可，特賜本國付卷，又降敕書。泓賫出山海關，兵部主事馬維銘作詩賀之。

己丑二十二年（明神宗萬曆十七年，一五八九）

十一月壬戌，左參贊鄭琢差謝恩使。

大明會典全書並皇敕賫來。

丙寅，聖節使尹根壽賫大明會典全書及皇敕以來。上祗迎於弘化門外，御明政殿受賀，赦雜犯死罪以下。

辛卯二十四年（明神宗萬曆十九年，一五九一）

出使北京之記事。

正月辛亥，冬至使書狀：「臣等一行自發遼東以後，晝夜兼程，十一月十八日到北京。二十日起單子鴻臚寺，二十一日見朝堂，二十二日表咨方物並爲無事驗納。二十五日冬至，皇帝自內親賀於慈聖，故外庭賀禮停免，只令臣等行禮。臣等又進午門外，如前行禮。初五日參下馬宴欽賞。十三日受賞賜，仍參上馬宴。十七日驗包，二十日肆朝肆堂玉河館離發。還到通州，通事姜世英先發送。中朝別無緊關奇別。皇帝三、六、九日視朝並停免。臣等中路聞之，則明年建儲事已奉聖旨云。既到京，更加聞見，則玉河館副使序班禮部胥吏等皆曰『明年造辦諸事，後年春册立事，已有聖旨』云云。又得通報以見，則去十一月初五日内閣接出聖諭，册儲事明年傳與各該衙官造辦錢糧，後年春舉行册立，再不許諸司騷擾，愈至遲延』云云。欲識虚的，又令通事李春蘭問於提督主事，曰『竊聞朝廷有建儲大禮，陪臣到此，不可不知，請得其實，歸報國王』云。答曰『雖有此意，聖旨有無，俺未知之』云云。觀其辭説，頗有諱祕之狀矣。如此之言，自前有之，而既不知虚實，則勢難輕易狀啓。今則因聖諭通報内分明寫出，雖未知其果行與否，而事係重大，故姑隨所聞爲先馳啓矣。此行軍官部將崔鐵崐中路得病，本月初八日在玉河館身死。」事入啓。下禮曹。

二月丁丑，傳曰：「中朝頒曆於我國，是乃古者頒正朔之道，其義極重。冬至使鄭士偉、書狀官崔鐵堅既受而來，乃委棄於下輩，以空手來復命，事體萬曆皇帝御皇極殿接見使臣。

可駭，並推考。」

〔修正實録〕（十月丙辰，金）應寅等入北京，帝出御皇極殿，引使慰諭勤懇，賞賚加厚，降敕奬諭。皇帝久不御朝，外國使臣親承臨問，前所未有也。由是續遣申點等謝恩，令奏賊情比前加詳。金應南之行，適及於琉球陳奏之時。上國見其咨與琉球所報略同，知倭奴之誣謾，皇帝降敕褒奬，賜表裏銀兩甚優。

十一月甲子，金應南等奉敕而回。上出迎于慕華館。

壬辰二十五年（明神宗萬曆二十年，一五九二）

六月癸巳，天朝差官崔世臣、林世禄等以探審賊情到平壤。上以黑團領接見於行宮。先問皇上萬福。仍言：「敝邦不幸，爲賊侵突，邊臣失禦，且因昇平既久，民不知兵，旬日之間，連陷内邑，勢益鴟張。寡人失守宗祧，奔避至此，貽朝廷憂恤，重勞諸大人，慙懼益深。」仍各有贈禮。

明神宗萬曆二十年，一五九二	賫皇賜銀二萬兩來。

壬子，參將郭夢徵賫皇賜銀二萬兩來，上出迎於西門外，到龍灣館行禮。上曰：「皇恩罔極。」夢徵曰：「皇帝恐其不能速達，送俺來也。」於是相揖而就坐，乃出銀鞘，因請數之，上曰：「受皇賜何敢數也，恐傷事體。」夢徵曰：「朝廷法度至嚴，不可不數。」强數之。夢徵曰：「若賊兵西向，則我軍當進擊。我軍之整齊，貴國亦已見之矣。糧料備而待之，則我軍當進擊。」

七月癸亥，先是本國以釜山等處戰捷等情馳奏，且獻首級一百十顆。至是遼東都司移咨本國，略曰：「奉聖旨，國王遣官賫首級來驗，足徵忠順。仍諭王督責將兵，戮力殲賊。差去官兵併力督殺，毋分彼此。仍賜本國將官銀人各二十兩，以示朝廷優厚之意。」

戊辰，聖旨：「倭賊陷没朝鮮，國王逃避，朕心惻惻。援兵既遣，還差人宣諭彼國大臣，著他盡忠護國，督集各處兵馬，固守城池，扼控險隘，力圖恢復，豈得坐視喪亡！」

八月丁未，大司諫鄭崑壽、獻納沈友勝以陳奏使如京，辭遞其職。

九月己未，敕使行人司行人薛藩渡江，上率百官迎敕。上痛哭，百官皆皇帝敕文。

失聲，敕使亦爲之悲感。其敕文曰：「皇帝敕諭朝鮮國王：爾國世守東藩，素效恭順，衣冠文物，素稱樂土。近聞倭奴猖獗，大肆侵凌，攻陷王城，掠占平壤，生民塗炭，遠近騷然。國王西避海濱，奔越草莽。念茲淪蕩，朕心惻然。昨傳告急聲息，已敕邊臣發兵救援。今特差行人司行人薛藩特諭爾國，王當念爾祖宗世傳基業，何忍一朝輕棄，亟宜雪恥除兇，力圖匡復。更當傳諭該國文武臣民，各堅報主之心，大奮復讎之義。朕今專遣文武大臣二員，統率遼陽各鎮精兵十萬，往助討賊，與該國兵馬前後夾攻，務期勦滅兇殘，俾無遺類。朕受天明命，君主華夷。方今萬國咸寧，四溟安靜，蠢茲小醜，輒敢横行。復敕東南邊海諸鎮，並宣諭琉球、暹羅等國，集兵數十萬，同征日本，直擣巢穴，務令鯨鯢授首，海波晏然。爵賞茂典，朕何愛焉。夫恢復先世土宇，是爲大孝；急救君父患難，是爲至忠。該國君臣，素知禮義，必能仰體朕心，光復舊物，俾國王還都，仍保宗廟社稷，長守藩屏，庶慰朕恤遠字小之意。」上請見敕使，行禮畢，上請問皇上起居。敕使曰：「萬福。」上曰：「三京失守而猶未亡滅者，專仗天兵之威，皇恩罔極。」敕使曰：「天兵方將掃蕩，國朝廷爭議。

暹羅使臣上書請救朝鮮。

王勿憂。」上曰：「第未知來援定在何時？」敕使曰：「待了一個月當來。」

十二月甲午，陳奏使知中樞府事鄭崐壽、書狀官直講沈友勝回自北京。上引見於便殿。同副承旨沈喜壽入侍。上曰：「陳奏得請耶？」崐壽曰：「臣行到帝京，則朝廷論議尚不定，或以爲當禦於境上，或以爲兩夷之鬬不必救。當初許弘剛上本力陳不可救之意，今則石尚書鋭意征勦矣。」上曰：「何以謂不可救耶？」崐壽曰：「弘剛則以爲禦於遼東，而不當往救云，蓋省兵省費之意也。」友勝曰：「張東又以許弘剛不可救之言爲非。臣來時見張東，請見其題本，知張有欲救我國之意也。」崐壽曰：「臣之回還時，張詳問賊勢而力言其可伐矣。」上曰：「中國發兵來救耶？」崐壽曰：「宋侍郎在遼東，專主征倭。但粮餉不具，且待遠近兵馬齊到，然後可啓行也。沈遊擊則石尚書實送之，賊若請和，則因而許和；否則進兵勦滅云矣。」上曰：「中國難倭賊耶？」崐壽曰：「甚以爲難。從祖總兵敗歸者益懼矣。」上曰：「兵出幾何？」「以六萬聲言十萬，而交兵之日則今月念二、正月初三云矣。」崐壽曰：「暹羅使臣到上國，上本請救朝鮮。天朝准其請，故明春當發兵往征日本云矣。」上石尚書請自往征倭。

曰：「日本，元世祖所不能討，暹羅何能爲！」友勝曰：「暹羅雖易言之，豈能討乎？」上曰：「中原謂倭賊只侵我國而已耶？」岷壽曰：「中原甚憂之。石尚書請自往征倭，期使片㠔(帆)不入於遼海，皇上不准其請矣。」上曰：「中原不疑我國耶？」岷壽曰：「今則洞釋矣。」上曰：「此甚可喜。自古無不亡其國，一得惡名，則萬古難雪矣。」友勝曰：「張東解天文，謂臣曰『你國與北京同一分野，而歲星方入分野，天時人事，皆可恢復』云矣。」岷壽曰：「石尚書嘗邀臣等〔至〕其第，辟左右言語，懇眷如家人父子，言『俺當恢復你國，歸告你國王，須放心』云矣。」上曰：「李如松，名將乎？」岷壽曰：「李成梁之子，天下名將也。征靈(寧)夏時，惡其父成梁權太重，召成梁留北京。及成功，封爲靈(寧)夏侯，位在厥父上，爲天下大總兵。十三總兵皆聽命於如松云。」友勝曰：「沈遊擊講和之事，臣問諸侍郎，則侍郎輒變色，曰『莫説也，軍機不可輕洩』云矣。」上曰：「天朝若有人，則豈不知與賊講和而終不可保乎？」友勝曰：「薛藩題本言『我以此術愚彼，彼亦以此愚我』云云，薛亦知其不可也。」上曰：「劉東暘已就誅耶？」岷壽曰：「如松引河水灌其城，東暘部下人斷其首以降矣。」

癸巳二十六年（明神宗萬曆二十一年，一五九三）

〔修正實録〕帝遣鴻臚寺官宣諭本國曰：「朝鮮素稱强國，今觀權慄斬獲甚多，該國人民尚可振作，朕甚嘉之。」

三月辛未，天朝吏科給事楊廷蘭疏論李提督平壤之戰擒斬朝鮮人以獻首級事，李提督上書自訟。

聖旨命將出師。

甲戌，因兵部題本奉聖旨云：「目今倭賊大衆佔據朝鮮，與遼東接壤。朕以門庭切迫之憂，命將出師，勢非得已。適見經略宋應昌奏稱，兵力單弱，糧草不敷，恐有疏虞，前功盡棄。你每職司兵食，又當併力一心，共濟國事。所有合用糧草，户部一面發銀或從山東海道召商高價糴買，或就近輸運，務使東征四五萬人，可彀半年之用。兵部一面催督新調精兵前往接濟征勦，其見在久戰傷殘及馬兵不習地利者，行令斟酌退回。務使餉足資兵，兵不靡餉，早平大寇，庶寬朕東顧之懷。其或彼此互相推諉，以致緩急誤事，責有所歸。故諭。」

六月乙酉聖節方物：御前白苧布貳拾匹，龍文簾席貳張，黃花席八張，滿花方席五張，雜綵花席二十張，人參五十觔，虎皮貳張，豹皮二張，獺皮五張，鏡面紙四十張，白綿紙四百張，畫硯二面，黃鼠毛筆一百枝，真墨一百笏，白扇一百把，雜色馬二十匹。仁聖懿安康靖皇太后陛下白苧布十匹，雜綵花席六張，油單紙二十張，白扇二十把。慈聖宣文明肅皇太后陛下白苧布十匹，雜綵花席六張，油單紙二十張，白扇二十把。中宮殿下白苧布十匹，雜綵花席六張，油單紙二十張，白扇二十把。

十一月己巳，都元帥權慄馳啓曰：「奉聖旨『昨見朝鮮國王謝表，知官軍退敵成功，朕心嘉悅。但伊國新定，後患當防』云云。」

閏十一月朔，胡參將曰：「賊初求貢，朝廷方議准貢，皇帝聞再犯晉州，震怒不許貢矣。」

壬辰，上出迎天使于慕華館，迎敕：「皇帝敕諭朝鮮國王姓諱（李昖）：

聖旨：知退敵成功。

皇帝敕書。

昨者王以大兵驅倭出境，還歸舊國，上表進方物來謝，朕心深用嘉悦。念兹復國重事，不可照常報聞，今特遣使降諭。仍賜王大紅蟒衣二襲、綵段四表裏，以示朕惓惓爲王遥慰之意。顧朕又惟該國雖介居山海中，傳祚最久。昔在先朝，未沾王化，尚能拓地守險，雄視諸夷。今爲我朝春秋貢獻之邦，以世世憑席寵靈，蓄養財力，宜益强富。乃近者倭奴一入而王城不守，原野暴骨，廟社爲墟，追思喪敗之因，豈盡適然之數？或言王偷玩細娱，信惑群小，不恤民命，不修軍實，啓侮誨盜，已非一朝，而臣下未有言者，前車之覆，後車可不戒哉！惠徼福于爾祖及我師戰勝之威，俾王之君臣父子相保，豈不甚幸。第不知王新從播越之餘，歸見黍離之故宫，燒殘之丘隴，與素服郊迎之士衆，噬臍疾首，何以爲心？改絃易轍，何以爲計？朕之視王，雖稱外藩，然朝聘禮文之外，原無煩王一兵一役，今日之事，止以大義發憤，哀存式微，固非王之所當責德於朕也。大兵且撤，王今自還國而治之，尺寸之土，朕無與焉。其可更以越國救援爲常事，使爾國恃之而不設備，則處堂厝火，行復自及，猝有他變，朕不能爲王謀已。是用預申告戒，以古人臥薪嘗膽之義相勉，其尚及今朝鮮爲必救之國。

聖旨：大修戰具，防倭再舉。

《朝鮮王朝實録》宣祖實録

息肩外侮，再展國容之時，撫瘡痍，招流散，遠斥候，繕城隍，厲甲兵，實倉廩，毋湛于酒色，毋荒于遊盤，毋偏信獨任以閼下情，毋峻刑苦役以叢民怨，庶幾殷憂憤恥之後，先業可興，大仇可雪。此則繼自今存亡治亂之機，在王不在朕。王其戒之慎之！故諭。」

丙申，柳成龍啓曰：「戚總兵示以所録本國事宜，其中一條曰：『朝鮮爲必救之國。昔成祖文皇帝定鼎燕京，以宣府、居庸等關爲背，以防北胡。以山東、朝鮮爲左臂，以遏海寇。若朝鮮不救，則帝京不安』云云。

丙申，節奉聖旨：寫敕與朝鮮王，令其自行警備，毋貽後憂，欽此。

十一月初八日奉聖旨：「是。前有旨量留兵戍守朝鮮，原係一時權宜。該國既非本朝郡縣，久戍無名，且暴露騷擾，彼此俱屬不便。這所議就著差去行人面諭朝鮮國王，令其責成奏内王子、陪臣督率全羅等道大修戰具，防倭再舉。如或信托非人，怠緩忘備，我兵一撤之後，若有他患，不聽再請。你部裏亦要明白定計，毋事姑息。欽此。」〔遼東咨文：〕遼東都指揮使司爲征倭陣亡官軍懇乞聖明就彼設壇以慰忠魂、以激軍情事。初十日奉聖旨：

聖旨：設愍忠壇。

「是，壇名與做愍忠，欽此。」

十二月辛酉，平安道觀察使李元翼馳啓曰：「十一月二十六日平明，天使曰：『我之忙返，正爲爾邦事。』宴罷坐東軒，聞臣解華語，不令通事傳語，令臣近前交膝而坐，密語曰：『皇帝爲爾邦另差重臣殺倭。經略宋應昌也。提督李汝(如)松也。來此，既不得幹事，倒說國王不好，是何道理。我在彼聽得許多說話，及今見國王言語動止之間，可知其中之所存，彼處說話，俱是誕妄。又朝廷得經略、提督之報，以爲倭已過海。今見劉總兵不曾過海，設若過海，自釜山至對馬島海路不遠，可往可還，以過海爲無事，亦非計也。』臣雖稍解華語，而許多曲節，未能詳細解聽，其大意則如是矣。」

壬戌，謝恩使書狀官柳拱辰發行，上臨時御所奉表而送之。

甲午二十七年（明神宗萬曆二十二年，一五九四）

三月朔己卯，謝恩使金睟、崔岦馳啓到中朝聞見，則司天使以擾害朝鮮聖旨：表文許封，朕自定見。

地方，韓御史上本；劉總兵、吴遊擊則以不救晉州傷損兵馬，兵部上本云。

戊子，冬至使許晉啓曰：「臣賫去呈文一件，禮、兵部謄書進呈。侍郎答曰：『你國不爲調選軍丁，今雖貿去器械，將使何人用之乎？速爲調兵，務要防守，此意歸告國王』云。且石尚書雖知賊勢，而既與經略同心，每謂之賊退。今者經略回京，方在本部，必且攘臂大言，不遺餘力，尚書亦不能無惑矣。大概皇朝之意，欲以許封許貢爲覊縻之計，苟冀無事，其爲姑息亦已甚矣。論事之官雖以封貢皆爲不當許，而本兵料理，既以講和爲主，聖旨内亦有『表文許封，朕自定見』云。皇朝厭兵之意，蓋可想矣。況我國糧餉乏絶，天將所共知，大軍渡江之期，亦未可必也。西土失稔，所經各官一樣匱竭，民皆飢餓，道殣相望，僵屍暴野，慘不忍見，邦本殄瘁，將復何爲！顧侍郎今在鳳凰城，別無所領之兵，只爲留住境上，探聽我國事情。然既曰兼救朝鮮，則早晚渡江，亦未可保其必無。西方一路，些少餘儲，盡爲移轉，脱有支供，無復取辦。臣等所聞如此，故並爲書啓。」

癸巳，上幸南别宮，接見周遊擊弘謨。上曰：「宋大人即經略應昌也。今在聖旨：撤兵大計，斷之宜早。

何處？小邦君民不忘宋大人恩德。」遊擊曰：「俺來時見宋爺于三河縣。朝廷以倭在境上而宋爺不爲明白告報，故方有議論，事且未完，使顧爺代其任。」侍郎顧養謙代宋應昌爲經略。

四月辛未，都司咨文略曰：「遼東都指揮使司爲遵奉明旨，宣諭屬國，早見事機以自圖存事。蒙欽差總督薊、遼、保定等處軍務兼理糧餉及防海禦倭事務兵部左侍郎兼都察院右僉都御史顧養謙憲帖：先准兵部題：爲東事，奉聖旨：『國家多事，言者自言，斷者自斷，要在從長計處，原不相妨。卿受朕委托，担任軍國重務，既實見得一力主張，朕自當虛心聽從，事成功有所歸，不成責亦難諉。今後但有爭論奏疏，宜兩存勿辯，以觀日後效驗何如。毋論倭情順逆，自宜着實修舉。還説與顧，撤兵大計，斷之宜早，仍令朝鮮急自修備。朝廷之待屬國，恩義止此，從來未有自備糧餉而代外國戍守者。本内請遣查勘科道官，已有旨了。欽此。』欽遵。」

六月癸酉，上謂金晬曰：「卿遠行勞苦矣，先來書狀外，如有可啓之事須言之。」晬對曰：「前時則晬時自京師還。皇帝雖不御朝，而百官其日曉齊會奉定鼎燕京，遼左朝鮮爲左翼。

天門外，敕諭免朝，然後赴各司視事。今則次夕預知免朝，百官方午赴各司。以此觀之，天朝紀綱漸弛廢矣。」

八月乙卯，午時，上引見大臣備邊司堂上及兩司。成龍曰：「前日總兵出示稟帖之草，則謂必多發軍兵，可以擊之云。戚金稟帖謂朝鮮爲必救之邦，高皇帝定鼎燕京，以遼左朝鮮爲左翼，朝鮮不可不救云矣。」上曰：「黃裳到北京上本云『朝鮮不可不救』，而其末有對馬島開市之語，故御史請誅黃裳云矣。」恒福曰：「總兵示臣以七十斤劍。故臣云『關羽用十斤劍，古今一人而已』云爾。則答曰：『又有九十斤劍，而路遠難運，故不爲持來』云矣。」上曰：「唐官皆欲和，而總兵則終始不欲和，以我國有識之人有欲和者，總兵如是，予心服之。見其器械奇奇怪怪，我國之人雖得之無所施用矣。其劍則鐵，柄如臂，刃如斫刀，負而行之，則猶可也，豈能望其運用乎？」

乙丑，上引見奏請上使海平府院君尹根壽、副使行上護軍崔岦。上曰：「沈遊擊、宋侍郎今在何處云耶？」根壽曰：「沈往北京，宋被參云。」岦曰：「宋被參，故不得復命往在山海關近處云。宋侍郎望輕，石尚書、顧侍郎雖被玄極門傳聖旨：許倭夷款貢。

彈論，平時有重望云。」上曰：「孫鑛有才智乎？」岦曰：「未知。其有才智，於我國之事而用力與否，亦未可知。但秩高文官中，只有此人不主和議云。」根壽曰：「鑛即正德年間死節人孫燧之孫，乃忠孝之門，而二十八會元，今年四十八。」

丙戌，督府出示通報：「福建巡按劉芳譽一本：『賊臣和親有據，辱國難容，懇乞聖明大奮乾剛，顯誅正罪，以快群情，以絶後患事。經畧宋應昌、提督李如松、贊畫劉黄裳，其欺君誤國之狀，諸臣言之甚悉，而皇上未遽處分者，獨以和親之説爲無據耳。今有據矣，惟敬何以辭罪，而應昌、如松、黄裳三人又將何以自解者哉？伏乞敕下部院從公處分，毋惜貴臣而網漏，毋輕賤士而加刑，庶公論昭明，人心大快。而此後任事諸臣，必不敢復相蒙蔽，以欺皇上矣。幸甚。』奉聖旨：『知道了。』」

九月十二日該司禮監大監張誠等於玄極門傳奉聖諭：「朕覽文書，見朝鮮國王奏本，欲定許倭夷款貢，以保彼國社稷，情甚危迫。朕思中國自古制敵外夷，使之畏威服德，戰守羈縻，不妨互用。今倭既遣使求款，國體自尊，聖旨：狡夷變詐多端，非可深信。

我因而撫之，保全屬國，無煩遠戍，暫示羈縻，以待修備，有何不可。該部交軍國重寄，但當計國家利害如何，只許一身毁譽，躭延推委，漫無主張，若致誤天下大事，責亦難辭。便着籌度機宜，作速明白具奏，毋更含糊兩可，務全天朝馭夷之體，毋孤彼國籲望之意，欽哉故諭，欽此。」恭捧到部，通送到司。卷查萬曆二十年十二月内，該兵科都給事中許弘綱等題，爲倭報難憑，廟謨貴審等事。本部覆議，節奉聖旨：「覽奏具悉。征倭事宜，已有成算，便行與經略，着他相機勦除，定不從中遥制，亦毋得以通貢讓城墮他奸計，欽此。」又查得二十一年四月内，該經略侍郎宋揭爲倭衆畏威悔罪乞哀，願歸本國通貢等事。本部題議，節奉聖旨：「狡夷變詐多端，非可深信，你部裏便馬上差人傳與經略等官，務要審察夷情。如果聽命歸巢，只與明立約束，永無別生事端，侵掠隣境。即同外臣，何必更以通貢爲信，欽此。」又查得本年五月内，該兵部都給事中題：爲興師暴露日久，狡寇歸國無期等事。本部覆議，奉聖旨：「這倭奴通貢事情，前有旨不得輕許，你國只傳云遵行，不必再議，欽此。」又查得本年九月内該經略侍郎宋題：爲申明始末，講貢之説，並陳計處聖旨：許封不許貢，朕自定計。

倭情之機等事。本部覆議，節奉聖旨：「是，倭奴原無内犯，非我叛臣，今既稱畏威悔罪，朕以大信受降，豈追既往？但彼遠夷，尚未知中國法嚴，豈有兵留近地，未見輸服真情，便可輕許之理？你部裏還作速傳諭宋應昌，一意嚴兵防守，勒令盡數歸巢之後，許其上表稱臣請封，永爲屬國，仍遵旨不許入貢，以防内地奸民勾引生釁，有乖朝廷威懷遠人、不貴異物之意，欽此。」又查得九月内，該太子太保本部尚書石爲衰病愈甚，樞務難勝等事，節奉聖旨：「覽卿奏，知道了。中國之馭夷狄，來則不拒，去則不追，服則羈縻，乃千古不易之理。昨有旨待倭奴盡數歸巢，因取有稱臣服罪永無侵犯表文，許封不許貢，朕自定計，何畏多言，欽此。」又查得九月内，該南京吏科給事中陳容諄等題，爲島夷復逞，東事可憂等事。本部覆議，即如議封一節，必令行長盡數歸巢，必令不得因封求貢，必令不復侵犯朝鮮，三者盡能聽命，則代爲奏請。表文至日，臣等仍將一應事宜，題請府部科道議聽宸斷，數者有一之未從，即從而尚涉支吾，將貽後患，則明白聲言罷之，不得再議。奉聖旨：「是，欽此。」又查得二十二年二月内，該總督薊遼侍郎顧題爲恭報倭情，以慰聖懷事。本聖旨：倭衆盡歸，我兵可撤。

部覆議，節奉聖旨：「是，這事原不難處，但要問明顧保得倭衆果已盡歸，我兵果可盡撤，及要嚴飭各海防保無恃款忘備，倭使來便當坦然受之，面與約束，請封之外，如有别項要求，即時拒絶，大威大信，豈不兩全，欽此。」又查得本年四月内，該總督薊遼侍〔郎〕顧題，爲懇乞聖明早決倭酋封貢等事。本部遵旨會議覆題，節奉聖旨：「朝廷降敕，事體重大，且未可輕擬，還行與顧一面諭令倭衆歸島，一面將倭使賫來表文，驗其真情與否，如果夷情真心歸化，表文是實，即與奏請候旨處分，欽此。」又查得五月内該總督薊遼顧揭爲塘報倭情事，本部具題，節奉聖旨：「屢有旨主張許封不許貢，正爲倭情未定，朝廷先示大信，使曲在彼，方可隨機操縱。今遼東既有此報，你部裏只合揭以行查，要見釁端自何而開。若果一面請封，一面抄掠，便可明諭倭使，以大義絶之。此乃奉行明旨，原不因議論遷就。着顧作速報來，毋得含糊姑息，欽此。」又查得五月内該總督薊遼侍郎顧題，爲東事失策救弊無能事，節奉聖旨：「覽奏，這對貢都着罷了，欽此。」通查案呈到部，爲照向者朝鮮因倭奴侵犯，請兵救援，自平壤一創之後，王京顧還之前，而封事從此議矣。

九月十五日疏云：「鎮之以威，以創其頑，縻之以款，以弭其禍，二者莫非古帝王禦夷之大權，因時審勢，惟聖朝所擇」，是屬國之望，蓋又不獨以款也。臣等所以主張東事者如此，伏候聖明裁定。臣等遵奉施行』等因。萬曆二十二年九月十五日太子太保本部尚書石等具題。十七日奉聖旨，『着行督撫官遵行旨作速勘議回奏，欽此欽遵』。

戊辰，皇上聖諭曰：「朕今覽文書，見朝鮮國王二本，一本言東征將吏勞苦，一本言欲定許其封貢以保彼國社稷，可見前者阻撓東事的，專爲一己之私，壞亂國家大事，好生不忠。卿等可將此本票了來看，還作一諭，切責兵部畏難，群小全無主張，有失畏威來遠之意，致使彼國有懼暴之奏，全失中國馭夷威德之策。諭以卿等知内閣接出。」

乙未二十八年（明神宗萬曆二十三年，一五九五）

正月丁丑，兵部移咨曰：「兵部爲欽奉聖諭事，頃因倭犯朝鮮，勢危告聖諭：宣諭倭將，盡數回巢。

急，致勤我皇上命將興師，遠爲拯救，勞兵費餉，始得恢復境土，再造生靈。比自關白遣小西飛具表乞封，意雖誠懇，尚未慨允。繼因朝鮮具疏代請，荷蒙皇上姑准一封。近復欽奉聖諭：『會集文武多官，研（併）加詳審明確，封名册使着詳議具奏。你部裏先差官宣諭倭將，率衆盡數回巢，待朝鮮王奏到之日，遣使往封，欽此。』隨經題准，封關白爲日本國王，欽遣册使二員同小西飛於正月内出京，暫住遼陽，俟釜山倭衆盡數回巢，該國奏到而後往封。」

三月丁丑卯時，上幸南別宫接見陳遊擊。是日遊擊發還中原，故餞慰，其名雲鴻。上曰：「封倭天使何時出來乎？」陳曰：「必貴國奏聞而後出來矣。且奏本草請看之。」

庚子寅時，上幸西郊迎敕。王世子百官從。奏請使尹根壽、副使崔岦、書狀官申欽奉敕，敕書曰：「皇帝敕諭朝鮮國光海君琿。先該經略官題稱，倭衆遁歸，屬國已復，光海君青年英發，臣民服從，宜令琿選帶忠義陪臣，駐劄全慶地方，經理防禦。該部議覆請給專敕以便責成。今特命你總督全慶軍務，積儲錢粮，號召壯勇，一應設險置器，練兵守要，俱許以便宜區處，仍督奏文：請封世子。

率陪臣權慄盡心協理。你宜奮身苦志，幹蠱圖存，内起瘡痍，外修戰備，博舉萬全之策，永爲善後之圖。固我藩籬，寧爾宗社，俟有成功，另議優處。毋或違越明命，廢失良時，致悮事機，噬臍何及。爾其欽承之，故諭。」

四月庚戌未時，上幸南别宫接見沈遊擊惟敬。上問聖候，遊擊曰：「萬福。」上曰：「皇恩罔極。且蒙大人恩德，得有今日。石尚書、孫經略、宋經略、李提督諸大人皆平安否？」遊擊曰：「皆平安矣。」上曰：「宋、李兩大人之恩德，小邦無以爲報。頃者奏聞于天朝，未知得蒙聖恩否？」遊擊曰：「宋經略今已回家，奬蔭一子，授錦衣衛千户。李提督亦受賞銀矣。」

九月癸酉昧爽，上出崇禮門外，餞享封倭天使南下。

十二月甲子，奏請使賫奏赴京。其文曰：「朝鮮國王臣姓諱(李昖)謹奏，爲再疏未蒙俞允，下情愈益切迫，懇乞聖恩特許亟封世子，以定小邦危疑事。」

丁卯，欽差宣諭神機三營遊擊將軍署都指揮僉使沈爲欽差聖諭事：「照得本府遵奉敕命事理，調戢兩國，便宜行事。」

科道官十員一時革職。

丙申二十九年（明神宗萬曆二十四年，一五九六）

二月庚子，司贍寺正黄慎馳啓：「本月二十一日石尚書差人來到天使衙門，翌日還發去，副使差備譯官朴義儉探聽言内，皇京裏訛言相傳，流入大内，以爲天使入釜山而賊不肯退，至於拘留兩天使，盡殺選鋒，投之海中云云。皇上問石尚書曰：『前者遣封使時，以爲秋間過海，而何至今不返耶？兩使臣今在何處耶』云云。聖怒甚嚴，司禮監張誠者，亦因此革職，科道官十員一時革職，錦衣衛官亦被罪，或以爲皆緣此事云。論議紛紜，石尚書深以爲悶，來問此間事情。兩天使即寫回帖，詳通曲折。副使標下人等言，流言所發，本自正使將官，及軍丁家屬在京者，未得詳聞存没，相疑誤傳，煽動訛言云。蓋正使常時差人往京，不許帶人私書，故彼此消息不得通，致有此弊云矣。」

三月辛未，備忘記曰：「見中朝通報，去十二月間兵部科道官郎中及諸御史等皆欽降調外，侯伯以下皆辭職待罪，未知緣何事。招冬至使鄭淑夏也，新自中朝來問啓。」鄭淑夏啓曰：「臣到通州聞之，則皇帝以爲東封事必不成，而科道等掌印兵失查，科道不言。張誠抄家。

官不爲一言，以此皆降職或調外云。而道路之言，虛誕過半，不敢啓達矣。」

癸巳，接待都監啓曰：「昨夕以兵部劄付及石尚書降三級科道官革職太監待罪事問于劉朝臣，則答曰：『劄付草俺時未見。但石尚書降級事，因司禮太監張誠家人冒陞錦衣衛，掌印本兵失查，科道不言，故有此事。張誠家産抄沒入官』云。」

四月丙午，上御別殿，引見正使接伴使金睟。睟啓曰：「頃者有萬煒者，隆慶駙馬。通書于正使曰：『貴戚大臣自與他人異，倭情順與不順，據實直陳』云。而孫軍門亦有退駐王京之語，石尚書送其妻子於鄉家曰：『吾將被罪而死。』以是觀之，中朝亦以封事爲不可成矣。當初謝用梓、徐一貫唐官也。假作皇印，遺于賊將，密與相約，其約有四件，乃納質、通商、割地、皇女也。謝與徐欲苟完和事，以要己功，故以四件事僞作公文以遺倭將，後事覺，皆爲被鼠。」

四月二十九日張忠自北京來，因聞石尚書以爲「我使册使相機前往，而册使累報倭情恭順，故據此題奏而已。我在京師，何由得知。」多有全推於册使之意。

聖旨：倭情無變。

五月丁亥，左議政金應南啓曰：「臣與金命元往見陳遊擊。問：『老爺在北京時，朝廷論議如何？石老爺意思亦如何？』曰：『俺在京時孫軍門見愼懋龍、謝隆等關白將二十萬衆出來之報，上本于朝廷。朝廷以此徵發二十餘萬兵，欲伐倭奴，而石尙書亦自請領兵討賊。皇上以爲石尙書乃主兵重臣，不可出往，令別差總兵而送之。適有楊副使揭帖到京，知倭情尙無變動，故止之。』且問『副使陞職云，然乎？』答曰：『俺在京時，未有所聞。及在道路，人或有報之者』云。又問曰：『上使既已出去，他使出來否？』答曰：『初欲以科官差送，更聞之則道路甚遠，勢必遲久，武官似當差來。』

丙申，差官陳國棟牌文至自遼東。「兵部爲欽奉聖諭事。本月十二日據副使楊、遊擊沈塘報，該本部具題，節奉聖旨：『覽奏知倭情原無變動，已有確報。止因我使臣出營，反致封事延遲。其符節詔敕冠服等項着該衙門即便補給，作速差官賫去，交與楊方亨管領往封。以後塘報員役依擬立限與他，如或稽遲誤事，及有造言壞事的，俱以軍法處置。欽此。』照得册封日本一事，乃天朝浩蕩之恩，玆册使出京，遊擊往諭，已經年餘，尙未竣事。故天被逮使臣待罪日久。

朝言官竟爲執奏，謂當罷封用戰，本部亦難再持」云云。

六月乙巳，接伴使僉知黄慎取趍不正，黨邪陷正，他日士林之禍，必此人基之也。馳啓曰：「兵部差官詹永祥等賫劄付來言，本部題奉聖旨，已陞楊老爺爲正使，沈老爺爲副使，誥敕章服隨後出來。

八月戊申，仁聖皇太后皇帝母后也。崩逝停朝。

閏八月癸酉，拜表。陳慰使兼進香使李輅，書狀官權憘。

八月初七日兵部署事刑科左給事中徐成楚一本：「被逮使臣待罪日久，懇乞早降明旨，以全聖斷事。臣伏見潛逃册使李宗城辱命辱國，蒙陛下赫然逮繫闕下，今一月有餘矣。尚未有奉明旨。夫陛下之逮也，如果罪在不赦，則三尺之憲典具存。如或情屬可矜，則入議之成規具在。生殺予奪，惟皇上所命，其誰敢以意氣低昂其間者。陛下何不下宗城於大理，俾斟酌于法之濟量于寬威之際？爰書上請，仰候聖裁。庶幾威不停恩，寬不廢法，使天下曉然知聖明舉動，果出尋常萬萬。不然，以赫赫天威，遠從異域，中途一使去計，朝鮮必爲悚惕，日本必爲震動。外夷凛凛，回首内伺，看此舉如何結局。適章章聖旨：李宗城從重擬罪。

已上，而經月不報。萬一狡夷窺伺，啓玩生心，非所以肅體統，威遠人也。伏望皇上留神斧斷，早降明旨。如或前疏不及檢查，則已將臣此疏下法司，問擬施行。」奉聖旨「李宗城辱命損威，偷生惑衆，着拿送法司，從重擬罪來説。」

十一月甲寅，奏聞使盧稷復命後啓曰：「臣出來時，欲見孫軍門，極陳預爲調發之意，而近日中朝之人，皆以爲倭賊已受封，必無他虞，故經略往在密雲，不得相見矣。」

十二月戊辰，上幸南别宫接見葉遊擊鏳。上曰：「大人爲小邦事，遠路冒寒而來，皇恩罔極，爲大人拜謝。」遊擊曰：「俺爲王事出來，勞苦不可辭。」上曰：「孫軍門今在何處乎？」遊擊曰：「今在密雲。貴國請兵咨文入去，來年正月間定爲出來矣。」

己巳，敦寧都正黄慎、上護軍朴弘長等將册使等兵部稟帖三道、秀吉謝表謄書上送。沈遊擊兵部稟帖曰：「爲完報東封事：閏八月十八日卑職等奉到欽補龍節璽書等件，秀吉擇於九月初二日迎于大坂受封，卑職先往教禮，奉行惟謹。至期迎請册使，直至中堂，頒誥印冠帶服等項，率衆行五拜三日本關白表文。

叩頭禮，件件頭項習華音呼萬歲，望闕謝恩，一一如儀。禮畢開宴使臣及隨行各官，是晚秀吉親詣卑職寓所稱謝。」附：關白謝恩表文曰：「日本國王臣豐臣秀吉誠惶誠恐，稽首稽首。伏惟日月照臨，仰大明于萬國，江海浸潤，措聖化于無疆。皇運高承，天恩普濟。恭惟昭祖宗德，安人民心，遠近巨細霑恩，不減堯舜之聖世，威儀進止合禮，蕩乎周夏之隆風。何計東海小臣，直蒙中華盛典，誥命金印，禮樂衣冠，咸蝌恩寵。臣一一遵崇感戴之至，擇日必具方物，申謝九重。虔盡丹誠，願察愚悃。天使先回，謹附表以聞。」

丁酉三十年（明神宗萬曆二十五年，一五九七）

正月丙辰，兵部咨文來。其言曰：「兵部爲完報東封事覆楊方亨本：『聖旨：「覽奏，日本受封册使回至釜山，恭順之誠，殊可嘉尚。但釜兵尚未盡撤，既非原議，兩國之疑，終未盡釋。你部裏便行與日本國王，着他撤還釜山，以全大信。又行文與朝鮮國王，着他即差陪臣以修交好，勿致彼此再生朝廷獨皇帝及二閣老以爲朝鮮必救。

嫌隙。」謝恩表文着日本使臣同楊方亨先來覆命。沈惟敬待兩國事完回還。餘俱依擬。』奉聖旨『是。』」

三月己亥，上曰：「石尚書猶在兵部，石在而楊出，其終亦不可知也。」應南曰：「石之勢以科彈見之，似極顛沛。其曰清正以講禮而來者，此論尤駭，不可行也。」上曰：「中原如此，故維持天下。帝雖不視朝，綱紀不隳。當權之人，不得恣行。如我國尹元衡輩當國之時，舉朝皆畏首畏尾，何敢言乎？中原一人直斥權臣，蓋其氣量甚大故也。」

四月己巳，都司曰：「廷議多以爲前救朝鮮時人馬死傷甚衆，今不可每救，只可防守鴨緑而已。獨皇上及張閣老位、趙閣老志皐，以爲朝鮮二百年來事大無愆，今不可不救云。故有此再救之舉。」

辛未午初，上御時御所別殿接見都司胡應元。遂覽其帖訖，上謂都司曰：「恐煩初不能詳見，今乃遍看，則極爲駭愕。密帖中言大概中朝論議紛紜，孫經略亦以楊方亨供辭被參云。此事當初何從而生，竟至于此耶？」都司曰：「楊方亨面朝口供如是，蓋欲圖免己罪也。以渠之入往日本，則石尚書使之。李宗誠禮部大風不坐堂。

之逃出賊營，則孫軍門致之云。故事至於此耳。」都司曰：「皇上怒于楊使，問之曰：『爾何輕入賊中，而既入之後，又何不爲封事耶？』楊使供曰：『臣初無入去之意，只因石尚書文書入往矣。』因以其文書奏之。孫軍門則緣一奸人在内閣，降聖旨故至此。而科道官方論救請仍經略矣。」上顧左右曰：「内閣降旨之言，何謂也？」御前通事沈友勝曰：「似指閣老趙志皐輩欲救石爺而並論孫軍門云矣。」上問都司曰：「石尚書時在兵部乎？」都司曰：「石爺三月初已遞，而時不出其代，故李侍郎名楨姑爲代行其事矣。」

乙亥，告急使行護軍權悏馳啓曰：「臣三月初二日到北京，初三日早朝。提督主事李杜送人偕副使程惟美問其來由，且言賫來咨奏急要先見，可速送來云。臣即將奏本謄藁送之。臨夕復送人言曰：『即須多謄奏草來，我當遍示科官，然後你可呈本』云。蓋科道官等多方論石尚書主和誤國之罪，朝鮮不可不救之意。提督與科官等皆是同事儕輩，故深喜臣等之來云。臣即謄數件送之。初六日送通事李檣呈奏本。初七日往禮部，尚書左右侍郎皆至，而大風故不坐堂，只於火房受咨文。又即詣兵部，尚書石星云被論杜門不出大風日禮部兵部都坐火房。

云。左侍郎李楨獨來坐火房，受咨置案上，招臣入，臣即與表憲、李檣入行再拜訖。問曰：『你來時倭情何如？』臣令表憲告曰：『陪臣來時，小邦民心震懼，將有土崩之勢。想今又經多日，賊勢更加熾肆，恐小邦必已潰裂，即未知君父飄泊何處，陪臣等不勝悶泣之至。』仍相與號泣于庭。侍郎搖手曰：『不要不要，比日塘報，别無緊急，你們可放心。』仍問曰：『你國無兵馬可以抵當乎？』臣見侍郎爲人醇厚長者，聞臣等之言，悶惻之色見於言面，誠可感激。臣又令表憲告曰：『小邦亦有些少訓練之兵，而弓材火具方爲缺乏，並皆空手待賊，國王不勝憂悶，另爲咨請，並乞老爺照例給與。』侍郎曰：『知道。』仍以右手拳擊左手掌再三度曰：『奴材極詐，可惡可惡！』副使程惟美不解所指何人，即跪仰視，侍郎曰：『倭賊極詐極詐。』又言于臣曰：『前者我軍到你國，擾害你民，十分可惡。此後如有這等人，可啓知國王，一一咨送，則當究治不恕。』臣即拜謝辭退，仍往職方司，郎中申用懋招臣入，相揖訖，問曰：『你國兵馬幾何？』表憲曰：『小邦殘破已極，軍民幾盡死亡，兵馬從何調出。僅得收拾殘卒，防守要害。即今慶尚道諸將所領矣。』郎中曰：『今聞你言，大風日票送亦在火房。

你國方極蒼黃，我當限日奉聖旨打發。你們亦可速回以慰君民之心可也。』臣又令表憲告以角弓硝黃貿給之意，則郎中曰：『我當題請給與軍門所儲，你等可往領去也。』表憲曰：『小邦劇賊方臨，而戰具蕩然，軍門所儲，恐必不敷。切願自此給與。』郎中曰：『然，我替你傳奏。』臣即叩頭辭退。初八日往禮部見堂訖，跪陳悶迫之情。尚書范謙曰：『你國王奏本今早已下，兵部方料理覆題，你可退俟』云云。即辭退。初九日臣將弓材及兵糧等三件事具稟帖，欲及未覆題之前往呈兵部，請出票帖，則提督以爲陪臣之情具在稟帖中，不須親往，只許票送通事。臣令表憲、李檣往呈李侍郎于火房，招見曰：『我已悉你情，即欲題覆，而不須議于閣老，且糧餉事亦必議于户部楊爺，然後方可酌處。今當往議，要使早完，不容少遲』云云。此後數日，使副使程惟美及牌子等覆題上本與否，聞見于兵部，則皆言時未完了。十二日向晚，李侍郎招程惟美使之傳説于臣曰：『今日你國王奏覆本，一面上本，一面行文催督吴惟忠將南兵三千餘名勒限前進。糧餉弓材等事並請准許，你其知悉』云云。程惟美又言于臣曰：『侍郎言「我前日詳聞朝鮮悶迫之情，欲及我署印聖旨：遲延误事，以逗留論罪。

之日覆題，故今日十分催促上進。若于明日邢侍郎入來之後，則我不能主張，必將遲了十餘日矣」云云。』蓋石尚書被論解印務之後，李侍郎權署行事，而都御史管兵部左侍郎邢玠以征苗蠻差經略往在四川，事完回還，中國人稱爲戎政尚書，與本部尚書並肩坐北壁，位在李侍郎之右故也。十四日李侍郎使當部該吏送示覆本稿。十五日早朝，李侍郎使程惟美傳説『聖旨昨暮已下，令送你看』云云。臣伏見聖旨有云：『朝鮮告急，目下遣將調兵，未見前進日期。你部裏還馬上行文，立限催發。着遼東御史的查出關日期奏報。若再遲延誤事，並以逗留論罪。兵行糧從，事勢尤不可緩。今期迫途遠，輸送艱難，還令該國遵議備辦本色，預待境上，兵到應用。中國再從便發糧，由山東海運往彼接濟，毋得臨期推諉，致誤大事。其餘依擬。』旨意嚴，一節深于一節；皇恩罔極，不勝感激。且程惟美言『兵部據孫總督咨稱，且准閣臣建議目題，請設經理朝鮮巡撫及司道官前往本國料理備禦事宜。此亦聖旨，今明當下』云云。十六日朝晡時，程惟美言兵部邢老爺招朝鮮通事甚急，臣令表憲、李檣往，且使討出先來所持去火牌而來。少遲表憲等還言曰：『邢兵部仍不坐堂，在火房受理。

侍郎問：「孫總督云四月以後有雨水，途路泥濘，不便於行師，須待八月，方可出戰。但恐其前賊勢衝突，先發遼薊兵六七千戍守你國。今欲使駐劄于你王京，則距賊所似遠；欲使進駐，則恐被掩襲。屯駐之地，何處爲便耶？必有城池險固，方可據守，你可酌中指説。」憲曰：「不敢擅達，願招問陪臣。」仍告曰：「蒙老爺之賜，兵糧弓材火具皆蒙准許，皇恩罔極。陪臣欲先遣一通官，啓知國王，乞賜火牌。」侍郎曰：「是火牌當給。我亦欲咨你國王，可等候賫去。且説與陪臣，草畫你國地圖。即今倭賊所據之地，所經由向工京之路，所横行打獵之地；你國將士即今留防府州縣，某處有城池可守，某處不可守，某處有糧若干，某處有兵若干，且天險要害之處：可逐一書示，俾我明知。」憲告辭，侍郎曰：「明與陪臣早來」云云。』表憲言在兵部聞經理我國都御史楊鎬，司道官蕭應宫已奉聖旨差除云。楊鎬即今遼東布政使，蕭應宫亦以防海禦倭專管寬奠、金州右參政方駐遼陽云。十七日臣盡草地圖，且具稟帖與表憲、秦禮男往兵部。邢侍郎傳説『今日多事，明日更來』云。十八日早朝，又與表憲等更進。邢侍郎在火房招入，臣即入行再拜禮訖，進呈地圖、稟兩種地圖都有誤。

帖。侍郎看帖訖，使之進前曰：『我於你國事，全然無所聞知。今將經理事宜而茫然不知下手。你可隨聞詳説，知之爲知，不知爲不知可也。』仍按臣所進圖逐一考問，極爲詳細。隨其所答，而一一劄記，至日仄乃罷。使入掾房曰：『復有所問之事，姑留待薄晚傳説。』適患腹痛，明早更來云。十九日早朝，侍郎已到部，催臣來，臣即與表憲、秦禮男進往。侍郎招見曰：『宋經略往你國時，畫你國地圖而來，今將你畫參看，大概略同。但無乃兩本俱有誤耶？』仍使入掾房，屏去左右堂使令之人。然後使一掾吏出示題本稿，蓋將昨朝所問答之言具題，以爲救我國籌策也。侍郎仍説『未上本前不可輕示，而所以示你者，恐其有誤。若或有誤，則不嫌釐改，我欲得實上本，故叫你來看』云。臣即改類數段誤處而進。復呼進曰：『你曾欲送人你國，可少遲，待我上本奉聖旨，然後賫咨發送可也。』臣即叩頭辭退。是日臣在兵部，適遇孫軍門差官以呈咨事到部。臣問吳惟忠發兵日限，則答云『兵部再度行文催發，故十六日遣兵先行，十九日吳爺起身』云。又問『孫老爺亦將前進否？』答曰：『經理你國都御史及司道官已爲差下，此兩爺當前往。孫爺則時無前斬倭五頭。

進消息』云。又問『御史司道官何日起身？』答云：『有兵糧等項多少料理之事，必待一一整齊，然後方可前去，豈能容易起身乎』云云。是後過五六日，而兵部不許咨文火牌。二十五日邢侍郎招臣，臣即與秦禮男等往。侍郎招見於火房曰：『我爲你國事另爲上本，昨日奉聖旨，故今備咨你國矣。且見撥報，你國守邊將官斬倭五頭云。夫斬五頭不足以威賊，而適足以搆怨速禍，此甚無益而有害也。此意吾已略及于咨中矣。陪臣亦須備啓國王，申飭各處防守將官，慎勿輕動斬殺。天朝爲必救之計，無毫髮爽。天兵未到前，則你國但當竭力堅守而已。假使倭動，你國王切勿輕棄國都，以死守之，以待天兵之至。脱若輕棄國都，致使倭賊陷入腹裏，則天兵雖至，亦難爲力矣。此意陪臣反覆明啓，俾無此患可也。』臣叩頭拜謝，且使秦禮男告曰：『山東糧餉海運事，聖旨丁寧，不勝感激。但水路轉運遲速未可知。今者楊總兵、吴總兵已領兵起行，不久當到小邦之境。大兵亦當次第進到。恐此時小邦乏糧，不能接濟，則豈不誤了大事乎？願先發遼左之穀，俾無臨時缺食之患。』侍郎曰：『我亦知此意。但你國賊報似急，先進之兵當先食你國之糧。

持此火牌馳來。

火牌：若有急報，

中國當督運山東之糧，遼穀亦欲督發，以爲後繼也。』仍給咨文一道，火牌一面曰：『你國若有急報，持此火牌馳來可也。』翌日，侍郎又招臣言曰：『倭子亦言聽天朝之處分云。你國不可輕犯，以致生釁。若浪戰挑怨，如斬五倭之爲，而彼乃執此爲辭，以爲朝鮮仇我，我不得不動云，則誤大事必矣。悔何及乎？宜以和言禮辭緩其心，俾勿進犯。及大兵齊到，然後聽分付進止，此意更加詳啓。』臣對曰：『老爺丁寧教戒至此，當依命俱啓。』即辭退。是日臣在兵部聞有聖旨，石星革職候旨定奪，孫鑛回籍爲民，楊方亨回衛永不叙用云云。蓋因石星自明之本，斥言孫鑛賂清正壞封事之故也。孫總督之代，邢侍郎首擬，其次順天府都御史李頤，其次廣寧都御史李化龍，其次戎政左侍郎李春光等四人擬望，而時未落點云云。大概臣自到京師，聞科道官徐成楚等劾論石星，前後相繼，又楊方亨劾石星議封誤國之罪。石星屢上本分疏，仍進楊方亨所遺揭帖十五紙。皇上命九卿科官公同看問。因此私書私揭轉輾疊出，朝著極其不寧。其大略俱在通報中。臣來時到薊州，孫軍門咨文二道送譯官李檣已爲投呈矣。臣伏見兵部諸官之意，山東之糧運到我國地方，則聖旨：兵馬調遣，催督啓行。

移運開城府、京城等處，使我國當之。今宜預備船隻格軍，庶無臨時窘迫之患。至於大軍之來，凡百器械轉輸之時不勝其煩，遼東之糧亦有發給之望，宜于一路多備車子，以便轉運事。」啓下備邊司。兵部署印左侍郎李楨題本：「謹題爲緊急倭情事。職方司案呈，奉本部送兵科抄出，朝鮮國王奏前等事因有奏『爲賊勢猖獗，禍迫朝夕，懇乞聖明俯察小邦危迫事情，特賜裁處』等因。俱奉聖旨：『兵部知道，欽此欽遵。』奉聖旨：「朝鮮告急，目下遣將調兵，未見前進日期，你部裏還馬上行文立限催發，着遼東御史的沓出關日期奏報。若再遲延誤事，並以逗留論罪。兵行糧從，事勢尤不可緩。今期迫途遠，輸運艱難，令督撫轉行該國，遵議備辦本色，預待境上兵到應用。中國再從便發糧，由山東海運往彼接濟，毋得臨期推諉，致誤大事。其餘擬准。」

辛巳，奉聖旨：『覽奏具陳朝鮮形勢險要，足徵用心謀國。兵馬調遣，是你部專責，宜及早徵集，定限催督啓行。糧餉如何設處，如何轉輸，海運亦未見議報，着逐項計議停當，還差官料理催發，勿再耽延。行文與各省直督撫鎮道，務要同心共濟，不得但以專守一方推託。其用兵進止，一切機宜，悉聽聖旨：偷出遁北，嚴行拿問，照律重處。

總督經理便宜行事，不必遥制。户、兵二部但作速催發兵餉應用，仍知會朝鮮國令其整頓備辦，以待大兵。餘依議，欽此欽遵。』擬合就行，爲此合咨前去，煩照奏奉欽依内事理，欽遵查照施行，須至咨者。右咨朝鮮國王。」

八月甲子，陪臣禮曹參判權悏回自京師。

九月丁未，都察院奉聖旨：「楊元、陳愚衷偷出遁北，法不可宥。着嚴行拿問，照律重處。欽此。大小將領，各宜知悉。」經理以此張掛榜喻。

十月癸亥，兵部尚書邢爲遵奉明旨，仍仰小邦經理便否，「朝鮮國王奏前事，内稱等因。奉聖旨『該部知道。欽此。』

戊辰，上幸陳同知名登，河間人也。主管糧餉。下處行接見禮。上仍向楊遊擊下處。名萬金，浙江人。上與遊擊行交杯禮。遊擊曰：「皇上以石尚書主和誤國，將置極刑；曾於寧夏之役稍有微勳，絶遠充軍，永不蒙宥。沈惟敬已令錦衣衛拿去，行李家資没入於官，身將被擄矣。」

辛巳，上幸慕華館迎皇敕。其敕諭曰：「朕念爾國近在東藩，世效恭順。曩年倭奴殘破爾疆土，奔播義州，哀籲請援，朕爲惻然。特遣文武重臣，帥師敕諭：倭奴畏遁，俛首乞封。

東征，不啻救焚拯溺。爾時舉國猶有固志，共助天討，復爾土地，還爾工子、陪臣。已倭奴畏遁，俛首乞封，朕念爾生聚未復，姑從其請，無非爲寧爾也。胡休息數年，不加訓練，自忘嘗膽臥薪，坐視土崩瓦解。狡倭再入，玩愒仍前，張皇奏牘，諉救天朝。於是復有東征之役，勞兵轉餉，深歷險阻，爲爾防援。朕字小之仁，恤難之義亦勤矣。聞爾君臣視王師如秦越，略不關情；棄國都如敝屣，全無顧戀；糧餉匱而不助，器械藏而不出，人民散而不收，陪臣逃而不誅。「視王師」以下，乃軍門題本之意也。往來差官小不如意，輒加不測之言以報軍門；軍門不察事情，遽奏朝廷，致有此。寧有如此痛愕之事哉！朕不難移救援之師，萬里相助。爾乃忽守社稷之意，一籌不展；既不能令，又不受命。我經理在彼，宜奉國以從，而未聞一告戒臣民，恭承吾教訓。情枘鑿而不入，法齟齬而不行，則何以合久散之民，而使之一振，積衰之勢使之强。爾心大愚，亦可憐已。其静思之，幡然改圖。伏天使而整齊，乘天兵而協守，儲爾築積，修爾器，據爾險阻，揚爾干戈，明布號令，爲力戰之圖，申嚴軍法，峻逃亡之戮，振忠皷義，冀保安全。茲遣御史一員監軍督戰，仍賜寶劍一口於軍門，將士有聖旨：集合兵餉，協力平倭。

不用命者先斬後奏。爾君臣宜舉國努力以翼王師，無得自絶於天，致貽後悔。欽哉！故諭。」

十一月丙申，移咨與山東按察使蕭曰：「伏睹該部題本聖旨節該：『朝鮮連年疲敝之後，不能自振，以致上下相欺，隱留糧物而全無舉察。情有可矜，非盡險詐，朕亦推誠不疑。但此等愚計，豈是整頓亂邦之道。你部裏便行與督撫，著他明白開諭國王，集合兵餉，協力平倭，毋疑毋二，自取敗亡。欽此。』臣等慚惶隕越，不知所云。」

戊戌三十一年（明神宗萬曆二十六年，一五九八）

二月辛未，經理題本於皇朝，有曰：「經理朝鮮巡撫楊鎬，日本賊酋幾擒，外援猝至，謹陳還師便宜，並瀝心情，懇乞罷斥，另簡才能以揚神武事。」……奉聖旨：「屢報東征，全藉奮勇爭先，親冒矢石，斬獲數多，何遽遂有此奏，專無靖難之計。倭情甚狡，遂與總督等官竭力籌畫，務爲萬全退倭之計。不萬曆皇帝賜劍，以斬諸將不用命者。

准，該部知道。」后部一本倭情事：「……軍前日餉，更爲吃緊，容臣等移文司會，并申飭督撫愈毖行事外，謹具題知。」聖旨：「是。軍前糧餉最急，先調齊集，海運恐難依期，還着户部從長隨宜設法。或從陸運轉輸，或水陸並進，不可遲悮。」

壬申，董郎中接伴使韓德遠啓曰：「御史汪先岸上本參楊鎬不孝不忠，推諉奪情，削職管事。宋應昌、顧養謙、孫廣愚弄本兵，破殘屬國。」

甲戌，邢軍門題本有曰：「薊遼總督邢玠一本：賊酋幾擒，外援猝至，謹便宜還師休息以圖再舉，以靖海邦事。准經理楊鎬揭報前事等因。准此。」

丁丑，軍門處皇上賜寶劍一口，上以揭帖稱賀。軍門曰：「朝廷授以寶劍，使斬諸將以下不用命者，命令至嚴，自此清正、行長當就誅矣。」

三月壬寅，上幸弘濟院餞别邢軍門。

己酉，陳御史還中朝。

六月戊辰，楊經理曰：「今時朝論亦不同，趙閣老則還護他沈惟敬，張閣老則主張發出兵糧。丁之下官皆是沈惟敬之類，外間做出許多説話，可惡很矣。」

出諸人私書示之。

癸酉，楊經理曰：「趙閣老元來主封事之人，七個月被參，告病在家，今忽出而視事。丁應泰乃趙閣老之相厚人，今欲搆陷張閣老，又生出一番胡說。我之被誣，何足言也。李大諫本沈惟敬中軍，從前誤事亦多，而今亦因軍門差委，不計事體，一心只欲求出惟敬。前日軍門監軍，俱說該應叙功，而我惡其情狀，削而不録。今於我被罪者俱倡起一種議論，丁應泰又爲無賴輩謀主，上則欲爲趙閣老、石尚書等地，下則與主和諸人朝夕計議。南方群不逞之人，又托此人爲報怨於我。我自前取嫉於人者非一二矣。」因出趙閣老、石尚書、蕭按察諸人私書示之。趙之書簡則說「沈惟敬被逮之後，人言亦多望臺下調和，以完一場大事」。石尚書書曰：「不肖誤國事，老妻童穉將作瘴鄉之鬼。十歲兒子，何干倭事」云云。其下又云：「臺下叙功時語及行長守約按兵不動，此可見封事不爲無益。倘皇上見憐，妻子得放田里，此爲至幸。老生年衰，不遠入地，更有何望！」

乙亥，經理招德馨謂曰：「内邊論議大變，科官又上本參張閣老，本兵又上本參李如梅，群議紛紜。趙閣老乃主封誤事之人。前日皇長子冠昏禮時，外有倭賊，内有姦賊。

閣臣論議又不同，乘此機而糾結奸黨腹心，必欲去張閣老，乃曰誤東事者楊某也，錯舉楊某者張某也。陰嗾其類上本，而趙閣老從中票下聖旨。張閣老已不得安於其位矣。麻貴元是石尚書門生，無一毫殺賊意思。可憐國王前後被瞞於天朝人，凡幾遭哉。我今回家，身則自在矣，第事機無了時，此亦你國造化。」因仰天嘆曰：「外邊有倭賊，内邊有奸賊，賊黨亦多，未知天下事何如」云云。

丙子，上曰：「一小人足以壞天下之事。丁應泰予一見而知其人險詖。莫非天也，莫非數也！既生平秀吉於日本，又生沈惟敬於中原，莫之爲而爲也，豈人力之所可爲也。且數楊經理罪曰：『可斬者二十九條，可羞者十餘條』云，天下萬古安有如此之人乎？雖鬼蜮不至是矣。又言『楊鎬勸朝鮮築城，安知他日倚此而爲叛也！』此等説話何如乎？誠極天下之冤痛也。」成龍曰：「築城一事，高皇帝亦許之，豈得以爲罪乎？」鄭琢曰：「天下或有如此之人，故國家有治亂興亡。」德馨曰：「大概經理之爲人，性禀頗欠周詳，南北軍兵待之不能脱彼此形跡，故南兵皆怨之。怨楊者皆付於丁。」上曰：「趙閣皇上不視朝，百官不面奏。

老萬古奸人也。老奸在閣，天下事可知矣。使石星、沈惟敬果有罪也，斷之無疑也，而今猶在監。彼之謀免己罪，傾陷我國者，筭無遺策矣。是亦我國之不幸也，奈何？且楊大人豈尋常人哉，但性急而言易矣。」

辛巳，陶通判與梁按察相見講話後，招德馨謂曰：「天朝許多官出來，而實心幹事再不得如楊爺。今楊爺被參回去，各管事之官俱以心解，爭相告病。梁爺説稱：『楊爺回去，則我亦在此不久。國王須速上本，且説破痛快，後事可了。若不及期會，則雖有儀、秦之辨説，賈、董之文章，俱無及矣。今皇上不視朝，百官不得面奏。貴國若明陳實狀，則中間公論，又從而起，自然翻轉矣。』」

七月丙戌，經理都監啓曰：「前日九卿五府科道官會議上本，奉聖旨，今始得于通報中謄書以啓。聖旨：『東征獨遣經理。經理、監軍等官責任甚重，轉調兵餉，月無虚日，冀收全勝，以安外藩。乃輕率寡謀，致于喪師，又朦朧欺□，奏報不實，法紀何在！楊鎬革任回籍。且將士被堅執鋭，臨敵對壘，不避寒暑，倏爾死生，奏報不實，俱候戡明處分。其經理員缺，便着吏部公同來時將官威儀，回籍孝子哀麻。

會推有才望知兵的三四員來看。仍舉風力科臣一員前去，會同奏主事丁應泰將兵馬錢糧持公嚴戢，分明公開。仍酌議東征之事，師老財匱，如何結局，俱從實奏請定奪。毋得徇私，扶同欺罔，致干憲典。其南北官兵荷戈遠涉，當一體撫恤，何得偏護，致悞不均。今後再有這等的，參來，重治不饒。該部知道，欽此。』昨日臣見許遊擊，則說稱：『新經理會推四人中，汪應蛟已爲下點。汪爺曾作福建兵備，故我標下千把總皆慣知其爲人，甲戌進士，年過五十六矣。人品忠厚，真太平宰相，使之料理兵事，則恐不得了也。楊都爺性急嚴，諸將多有不悦者，而亦共怕矣。今諸將不怕經理，則俱怕倭子，東事愈不可爲矣。』」

甲午，上幸弘濟院餞慰楊經理。經理布衣布巾，來時起復將官威儀，去時回籍孝子哀麻。形貌毁瘁。上迎拜如儀。上曰：「小邦惟大人是仰。大人不意旋歸，小邦何所依賴？今日無以爲懷，不知所言。」言訖嗚咽哽塞，涕淚横流。左右侍臣莫不掩面。經理標下淚眼相視。經理亦爲之慘然動容。經理曰：「來此兩年，一無所成，但擾貴國，慙恨不已。新經理萬爺諳練兵事，後頭水聖旨：損師辱國，差科臣查勘。

兵亦多出來。糧餉一事最爲緊急，多整船隻，速運天糧，幸甚。」上曰：「臨行分付，敢不盡心。」

八月丁丑，經理都監啓曰：「因彭中軍聞九卿科道官會議復奏後，聖旨：楊鎬回籍聽勘，着邢玠前進王京，代經理之職云云。御史汪先岸又上本參經理，丁應泰又於聖旨未下前再上本參經理與清正講和。經理分付二十六日將起行，而徐按察亦以是日行，故有勸止退行之論矣。」

辛巳，軍門都監啓曰：「即見通報，八月十二日以本國奏本奏聞使崔天健賫去奏本也。奉聖旨：『楊鎬等損師辱國，扶同欺蔽，有旨特差科臣查勘，是非自明，不必爲其代辯。兵部便馬上差人傳與萬世德，着他上緊前去經理。仍傳與督臣邢玠等官，今兵餉既集，應戰應守，速行會同詳議舉事，以圖後效。毋得以行勘推諉，致誤軍機。兵部知道。』」

九月癸卯，贊畫主事丁應泰一本：「屬藩奸有據，賊黨朋謀已彰事。」……奉聖旨：「這所奏朝鮮隱蔽事情，着差去科臣，上緊併勘。前屢有嚴旨，東事候勘回之日，功罪自明，丁應泰不必再有陳瀆。其奏内倭事，是否真僞，一切戰守機宜，着邢玠、陳效、丁應泰、徐觀瀾等盡去嫌疑，虚心會議行舉。務以國事爲重，毋得彼此參差。見今秋防緊急，部務繁重，蕭大亨安心供職，俱不許紛紛瀆辭。仍催萬世德兼程前去經理。該部知道。」

十二月乙丑，給事中徐觀瀾奏曰：「麻貴師無節制，士有飢寒。鄧子龍漫爾逗留傅良橋，侮師無狀。茅國器通倭可疑」等因。奉聖旨「是。參劾可據，傳聞處置須當審核，從公詳議，勿令枉縱，致有後言。」

己亥三十二年（明神宗萬曆二十七年，一五九九）

正月辛卯，領議政李元翼回自燕京，上引見勞行，仍問：「天朝有何消息？丁應泰詆毁我國及各營將官，恐朝廷因此有撤兵之議也。」對曰：「丁之再參我國，路逢崔天健聞知。蓋到帝京聞之，衆議莫不以丁應泰爲妄。十三道御史及六科給事皆以丁爲非。雖吏胥亦以爲風丁妄言，何必對辨云。況東事聖意牢定，異論不得横生，雖或有之，皆不得行。閣老趙志皐，臣之在京有撤兵之議。

失火殿閣土役未畢。

聞其在告，臣於路上聞有撤兵之奏云。然撤兵之事，不爲明言云。」上曰：「予得見通報中趙之上本非欲永撤，請半撤半留，而適以賊退議寢不行。大概趙之爲人如何？」對曰：「何得以知之。第聞其議論，以爲不可疲弊中國，遠救東藩。害於我國，趙爲根本。而皇恩罔極，獨斷東事，敗報雖到，略不動撓。故調兵運餉等事，下人不敢少緩。」上問：「有封太子之報乎？」對曰：「門禁甚嚴，異於昔年，主館之人，亦不肯言，又不見文書，何得知之。槩聞册封不遠云。」上問：「失火殿閣其已復立乎？」對曰：「乾清、坤寧宫土役未畢，而貌様已就。」上問：「禮部尚有闕，他大官亦窠其填差乎？」對曰：「禮部尚未差，兵部尚書則田洛爲之。然一應公事，蕭大亨主張。大亨年已七十，沈一貫亦年過七十，而精采動人矣。」上曰：「卿辨誣於各衙門，引春秋列國年紀之下細書周某王某年之事而爲證，與此處辨辭暗合。」對曰：「欲因丁主事之本逐條辨正，恐彼此或相乖角，略辨之矣。禮科給事中羅敦先將年號一事大言曰：『聞貴國大鐘記永樂年，此豈用倭年號者乎？』」上曰：「見卿狀啓之後，始覺以鐘爲證，我反從中朝人而學之。」上曰：「丁之所誣之事，皆可一言辨之。但廟號一事，無辭可明。此間有不欲辨之義，而予以爲近於自欺，故直言於奏文耳。」對曰：「我國之事，中朝無不知之，蓋凡事拙直可也。臣之進辨於各處之際，廟號一款，幸不問及。臣亦恐與此處辨辭有違，不敢一一辨明，而謂丁謂非公共之論。各處上本，皆請免朝鮮無端之勘云，第未知聖旨如何。勘與不勘，徐給事處，想有報來。」上曰：「予屢問而給事不肯明言。予早知其爲人，不能定天下之是非。」對曰：「臣聞之於裏面，當初侯慶遠以爲徐、丁一體，徐不當去，深恨之云。」上曰：「關外㺚子聲息如何？」對曰：「臣行到山海關，聞㺚子再犯，萬經理被圍於杏山，僅脱由他路東來。然虜異於倭，不能陷城，只掠在野人畜禾穀以去。」上曰：「李如松何以敗没？」對曰：「其處人皆以爲輕進。」上曰：「遼東一路疲弊乎？」對曰：「凋弊極矣。」上又問「我國西路何如？比卿爲方伯之時，何如？」對曰：「臣經宿官舍，民間疾苦所不能周知，而民聞賊退，庶有再生之望。財殫力竭，萬無生理，聞見慘然。」上曰：「萬里霜雪，爲國多勞。」遂辭謝而退。軍門接伴使盧稷啓曰：「軍門、經理皆蒙皇賜蟒衣云。」上遣近臣賀之。

主戰者都被參。

二月庚申，左議政李德馨啓曰：「今朝戴中軍謂臣曰：『丁應泰上本參在此諸將，裏面則蕭尚書大亨、張給事輔之、姚給事文蔚諸人，九卿中主戰者都被參。』」

己巳，兵部等衙門一本：「題爲奉職無狀，横被惡名，席藁待罪，無地自容，懇乞聖明早加刑章以謝人言，仍賜諒察以雪冤痛事。兵部抄出朝鮮國王李奏前事等因。奉聖旨『兵部會同府部九卿科道看議了事説，欽此欽遵。』各衙門註籍諸臣不到外，臣等遵奉明旨，於本月初五日齊赴東闕看議，朝鮮該國是否通倭應勘與否，煩各出一草，直書簡明類語，以便入疏具覆，謹此啓知。」

庚午，左議政李德馨上辭職以德馨毀詆劉綎之無功，綎常欲殺之，故請解其職以洩提督之怒。劄。……答曰：「省劄，卿爲國前後盡瘁，不幸以直見忤於人，以致如此。但不須綴拾雜言，過爲疑懼，聽若不聞可也。夫國之成敗，人之生死，天乃爲之，非人之所能爲之。劉氏之子其安能害於國，凶於人乎？横逆之侵，惡言之來，古人所不免。心事青天白日，狂風怪雨雖或發作，其體固自若也，何與於我哉！雖然，接應之際，言不可不遜，禮不可不厚。至於事之無害於聖旨：倭奴横肆，近始蕩平。

聖旨：倭氛已平，宜叙功次。

義者，曲意而從之以悦其心，則不得不爾，深體予言。」軍門接伴使金命元啓曰：「中軍頗有喜色而言曰：『丁主事到義州亦不見准，九卿會議亦以好意思停當。蕭大亨題本，聖旨亦甚好。』仍出示聖旨三道，謄書入啓。」刑部尚書蕭大亨一本，異常奸險事。奉聖旨：「朕念倭奴横肆多年，近始蕩平，實大地祖宗眷佑國家，釋朕憂勞至意，宜早舉告謝大典，以答靈貺。且將士冲冒矢石，辛苦萬狀，朕深加憫恤。累旨催叙功次，何爲忽生煩言，互相争執。勘事官職主嚴密，有聞固宜馳奏，但自古功疑惟重，罪疑惟輕，朕今參酌事理，獨斷於心，還着從優叙録。不必苟詰，以示朕慶賞德意。今後各官不必懷執一己私争，妨誤國家大事。卿秉忠竭誠，朕所倚注。國計已定，勿以人言介懷，宜安心供仕。吏部知道。」勘科徐一本竭忠報國等事。奉聖旨：「朕念朝鮮恭順數年，不惜供費，一意驅勦。倭氛今已蕩平，宜叙功次以慰將士血戰之心。你原奉查勘，秉公持正，仰體朝廷寬恤，勿得苛求，事竣即回。便着督撫會議善後事宜，上緊班師以省勞費。該部知道。」户部一本東師未撤，芻餉未繼事。奏兵馬芻糧或本部量助。奉聖旨：「覽奏，具見卿籌國至意。頻年用

皇上愛錢不愛人。

兵，費煩難獲，今已蕩平，宜早議善後。若復遷延時月，費餉何窮。奏內事着總督、經理上緊定議來説。」

閏四月辛巳，平安監司朴弘老馳啓曰：「奉聖旨：『這所奏遼東地方礦洞及馬市方物開採，有裨國用。准差奏內高淮督率原奏官民前去彼處，會同按撫等官，照例開採銀兩及馬匹解進，不許擾害地方。寫勅與他，該衙門知道。』」

辛卯，陳奏使右議政李恒福、副使同知中樞府事李廷龜復命。上御別殿引見之。上曰：「太監出來云，然耶？」恒福曰：「玉河館夫言『太監當往汝國，我亦欲隨去』云。以此見之，出來無疑。」廷龜曰：「聞太監後臣行二三日云，以日月計之則今已渡江。而尚無的報，未知何故。」上曰：「十三省已爲開礦云耶？」恒福曰：「不獨十三省，太監分出天下，言利之道大開。臣行一路處處設皇店，榜曰『奉諭聖旨徵收國助』，雖一蔬一菜亦皆有税。道路之人争相怨詈曰『皇上愛錢不愛人。未有如此而享國長久之理！我等不久亦將流離如汝等』云。」……上曰：「石尚書、沈惟敬未釋耶？」恒福曰：「未釋云矣。」上曰：「乾清、坤寧之役未畢乎？」恒福曰：「皇極殿材木尚未鳩聚，畢欲退之倭，又得厚賂，必有後患。

役無期云。聞之道路之言，則以沈檀爲屑，和龍腦以飾壁云矣。」上曰：「天將來此雖有作弊之事，其氣象渾厚老實，非我國人所及。」恒福曰：「地之所生，致使然矣。中朝人非但禀賦甚厚，其文章地步廣闊，行文則論兩漢以上，詩律則稱蘇武、李陵，宋朝之學置而不論。其首倡者李夢陽也。夢陽爲尚古之學，爲一代大儒。其後王世貞輩和之，風習大易。又有號爲處士者，如策士、相公之類。以高談大言，取名一世，人皆折節下之。其中有俞承宗者，其名最著。此輩雖不事功名而坐致富貴，所謂春秋時處士横議者也。」上曰：「此如東漢節義之流乎？」廷龜曰：「此輩名雖處士，節義掃地，豈敢與東漢之士比乎？」恒福曰：「蕭尚書辟人謂臣曰：『你國須多備方物助工』云。大概中朝私獻之路大開，欲以此悦皇上也。」上曰：「皇太子册封之説，未聞之乎？」恒福曰：「婚事則已定，而册封則未之聞也。」上曰：「倭退之事，中朝議論如何？」恒福曰：「皇上以爲七年屯據之賊，豈以五千兩銀可使之退去乎？以此群下揣知上意，攻應泰者紛紜而起矣。」上曰：「皇上豈知此間曲折。諺曰『欲哭之兒，杖之使哭』，欲退之倭，又得厚賂，不退何爲。此後必有兵部差官訪使臣。

難處之患，卿等勉之，此則大臣之憂也。」恒福等起出，上曰：「至冤極痛，賴卿等伸雪，予甚嘉焉。」〔修正實録〕陳奏使李恒福等還自京師。禮部回咨曰：「奉聖旨：『國體軍情，皆朝廷大事，朕豈以一小臣私忿妄計，不念將士久戍勞苦與屬國君民泣籲苦情。丁應泰舉動乖謬，威制勘科，幾誤大事。姑着革職爲民，回籍聽戡。你部移咨慰諭朝鮮王，俾知朕始終字恤德意。仍令戒訓國人，益堅恭順之節。欽此。』合行移咨，煩爲欽遵明旨，安心釋慮，力圖善後，用光王業，仰副皇仁。仍曉諭臣民，咸使知聖明洞然遠覽，業有處分。各宜恪修職業，永矢忠誠，毋得妄自疑畏，有辜德意」云。右議政李恒福、同知中樞院事李廷龜啓曰：「臣等既辭堂於禮部，回來館中，方收拾行李，將爲發行。是日館門無禁，任自洞開，館夫及他雜人紛然出入。忽有一人巾服，似非賤隸之類，自外之前。臣等起揖問之，則乃是兵部聽差官把總楊應春者，於石尚書最親且厚。前日臣等往兵部時，應春適遇通官李彦華於部裏，言及石尚書，故其人乘館門無禁、雜人出入之時，微服而來言：『俺昨昨往刑部見石尚書，言朝鮮通官李彦華處傳説老爺之事。老爺一聞其言，眼淚流下。言「我專爲朝鮮，既不費朝鮮糧，又不妄殺官軍。今以東征一事，妻子遠配廣西。只有一子，年纔十二歲，骨肉不相見者累年」云。其言豈不悲哉！今朝廷亦知老爺情事，萬一爾國王上本，事或可解。爾國幸則進一綫路，如何？必須宰相傳報國王，後次使臣之來上本何如？』觀其辭色，似非自己來言之事矣。」

進獻方物。

　　癸卯，聖節使尹安性赴京，上出正殿行拜表禮。以土紬五千匹、人參五百斤付其行獻於皇上，以前日蕭尚書言於李恒福索助工也。

萬曆皇帝詔書。

　　五月丁卯，經理都察院世德謄黃有曰：「奉天承運皇帝詔曰：『朕纘承洪緒，統理兆人，海澨山陬，皆吾赤子，苟非元惡，普欲包荒。屬者東夷小醜平秀吉，猥以下隸，敢發難端，竊據裔封，役屬諸島，遂興荐食之志，窺我內附之邦。伊岐、對馬之間，鯨鯢肆起，樂浪、玄菟之境，鋒鏑交加。君臣逋亡，人民離散，馳章告急，請兵往援。朕念朝鮮世稱恭順，適遭困阨，豈宜坐觀。若使弱者不扶，誰其懷德，强者逃罰，誰其畏威？況東方乃肩臂之藩，則此賊亦門庭之寇，遏徂定罪，在予一人。於是小命偏師，第加薄伐。平壤一戰，已褫驕魂。而賊負固多端，陽順陰逆，本求伺影，故作乞憐，册使未還，凶威復煽。朕洞知狡狀，獨斷於心，乃發郡國羽林之材，無吝金錢爵賞之費，必盡卉服，用澄海波。仰賴天地鴻褒，宗社陰騰（隲），神降之罰，載殞其魁。而王師水陸並驅，正奇互用，焚其芻糧，薄其巢穴，外援悉斷，内計無之。於時同惡就殲，群酋宵遁。舳艫付於烈火，海水沸騰，戈甲積如高山，氛祲浄掃。雖百年僑居之寇，舉一朝蕩滌靡遺。鴻雁來歸，箕子之提封如故，熊羆振旅，漢家之威德播聞。除所獲首功，封爲京觀，乃檻致平秀正等六十一人棄尸藁街，傳首天下。永垂凶逆之鑑戒，大洩神人之憤心。於戲！我國家仁恩浩蕩，恭順者無困不援，義武奮揚，跳梁者雖强必戮。兹用布告天下，昭示四夷，明予非得已之心，識予不敢赦之意，毋越厥志，而干顯罰，各守分義，而享太平。凡我文武内外大小臣工，尚宜潔己愛民，奉公體國，以消萌孼，以導禎祥。更念彫力殫財，爲日已久，嘉與休息，正惟此時。諸因東征加派錢糧，一切盡令所司除割，務爲盡撫，勿事煩苛。咨爾多方，宜悉朕意。』」

辛未，謝恩使韓應寅書狀有曰：「臣等進行見禮。邢軍門解送平秀正等

明神宗萬曆二十七年，一五九九

萬曆皇帝御午門，獻俘訖受賀。

萬曆皇帝敕書。

降敕獎勵。

六十一人，皇上親御午門，獻俘訖，仍受賀。臣等亦參賀班。同日遣官祭告郊廟。皇上深居静攝，不接臣民至於十餘年之久，而今因沈閣老揭請，勉强出御。在庭軍校瞻望龍顔，或有垂涕祝壽者。禮部題請例賜臣等賞物，皇上特下別旨曰：『該國王宜有回賜，你部裏查擬來看。』禮部始乃參考前例，更稟聖裁，且請給敕。仍奉聖旨：『當初禮部似當考據嘉靖三十一年等欽賜之例，並爲稟旨。而置而不察，只請題給陪臣等賞賜，大是欠典。』而查擬之命特出於聖恩，其顧念本國可謂至矣。將平倭獻俘之由頒詔天下，臣等受欽賜蟒衣、綵段於禮部。敕書有曰：『皇帝敕諭朝鮮國王：比者倭奴平秀吉肆爲不道，懷狡焉啓疆之心，以兵蹂躪爾邦，蕩無寧宇。朕念王世共職貢，深用憫惻，故兹七年之中，日以此賊爲事。始行薄伐，繼示兼容，終加靈誅。蓋不殺乃天之心，而用兵非予得已。安疆靖亂，宜取蕩平，神惡凶盈，陰殲魁首，大師乘之，追奔逐北，鯨鯢戮盡，海隅載清。捷書來聞，憂勞始釋。今王令陪臣奉表稱謝，貢獻方物，且悉王懷德之意。特降敕獎勵，仍賜綵幣表裏，就令陪臣賫去，以答忠誠。只可收領。先曾陳籲所誣。朕以心體亮，本無疑於王，廷臣雜議，又具言王必無他，已有别旨昭雪，想能悉知。惟念王雖還舊物，實同新造，振彫起弊，爲力倍艱。倭雖遁歸，族類尚在，生心再逞，亦未可知。茲命經略尚書邢玠振旅旋歸，量留經理都御史萬世德等分布偏師，爲王戍守。王可咨求軍略，共商善後，臥薪嘗胆，無忘前恥。華路藍縷，大作永圖，務材訓農，厚樹根本。吊死問孤，以振士卒。尚文雖美事，而專務儒緩，亦非救亂之資。忘戰必危，古之深戒。吾將士思歸，輓輸非便，行當盡撤。爾可亟圖，務令倭聞聲不敢復來，即來亦無復慮；東海之表，屹如金湯，長垂襟衛之安，永奠藩維之厚。惟忠惟孝，纘紹前休。王其懋之懋之，欽哉故諭。』」

七月庚申，謝恩使行護軍黃璡書狀官禮曹佐郎趙守寅奉表如京。

八月乙酉，賫詔官遼東鎮撫杜良臣爲人貪黷，所經郡邑徵索物貨，恣行猥濫之事。捧皇詔到迎詔門，上出慕華館祇迎。

十月己丑，謝恩使申湜狀啓：「臣八月初七日，始達北京，即欲見朝。而以初九日有宣捷之儀，鴻臚寺不接報單。初十日始得見朝。十一日見堂表文及方物，並無事驗納。九月初六日受賞賜。十一日辭朝，禮部不坐，免辭。

石尚書病故。

同日北京離發到通州。通事車敬仁、理馬卓永男先爲出送。中朝別無所聞見。辭朝之日，闕中方有審囚之舉，多官會集，聞石尚書在獄中病故，而時未上聞云。此天朝主和之人。且聞東征叙功，昨已下，楊經理則起用，陳提督則世襲，劉提督陞都督同知，徐給事亦起用，丁應泰只賞銀五十兩云。其他則未及詳聞云。」

癸巳，吴都司宗道來拜於時御所。都司曰：「前因揭帖，貴國人物盡爲刷還云，故俺與太守共爲查覈還送矣。」上曰：「分付，多謝。」都司曰：「沈惟敬論斬云矣。」此人自亂初出入賊中，終始主和者也。上曰：「全未知之。」都司曰：「石尚書此謂石星，主和之人，以此被罪。已死於獄中，而惟敬之論斬，纔一月矣。」上曰：「石尚書有功於小邦，而竟至於此，不勝驚惻。」都司曰：「惟敬不足道也。石尚書只爲國也，可惜。」

十一月乙巳，謝恩使申湜啓曰：「伏奉傳教，乾清、坤寧繕修尚未畢工，皇極殿則時未起役云。封太子事未得聞之。八月間選擇淑女，禮部接出聖諭，郭延壽姐年十四歲，六月十三日未時生人，皇子妃定親云。他餘奇別未開採銀，加征稅。

敕賜銀用太僕寺儲銀。

《朝鮮王朝實錄》宣祖實錄

爲援朝鮮，耗費千萬。

得詳細聞見。大概以開採征稅等事，府部科道等官連章以諫，而聖旨未下，輿情悶迫云云。太倉餉銀告匱，各鎮自夏間未得受月糧云。我國使臣賞賜，自壬辰以後，折給銀子以資盤纏，而始自今行，聞以本色給之。今次降敕欽賜銀子，亦以太僕寺所儲題請云，其匱乏可想。敢啓。臣自遼路病甚，僅僅扶曳，過江之後，再罹寒疾，累日臥痛，緣此稽滯，趁未復命，極爲惶恐待罪。」傳曰：「知道，勿待罪。」

十二月朔丙子，聖節使尹安性、書狀官權盼奉皇敕來到西郊。申時上出迎，酉時還宮。敕至闕上，行四拜後，陞殿開緘進覽，又行四拜。

丁丑，傳曰：「封太子奇別如何？李宗城何以處之乎？」回啓曰：「封太子時無所聞。李宗城方在盤候，當以功勛之子免死云。」

庚子三十三年（明神宗萬曆二十八年，一六〇〇）

五月丙午，通判沈思賢揭帖曰：「……我皇上爲援朝鮮，錢穀耗費者不礦、税、鹽三課，民怨騷然。

啻千萬計。幸而掃蕩巢穴，恢復故土矣。試思往事，兵部尚書石爲貴邦而死于獄矣，臨淮侯李爲貴邦而獲譴矣，御史曹爲貴邦而論死矣，兵憲蕭、許爲貴邦而謫戍逮獄矣，撫院楊、閣臣張爲貴邦而遞(褫)職矣。」

六月乙亥，謝恩使李好閔以中朝聞見事書啓曰：「中原地方近以礦、税、鹽三課，民怨騷然，物貨不通，關津蕭條。淮、碭之間，劇賊趙撫民、趙古元、唐雲峯等妖術聚衆。朝廷之連章累牘，率皆留中。左璫横恣，干預外政。至本國方物，前則驗納禮部，禮部自爲謹護，内監不爲誰何。而今則漸加刁蹬，方物解進之日，公然出票叫去通事，又哄禮部曰：『今後不可不驗于内監。』前頭之事可慮矣。」

辛丑，陳奏使南以信先來馳啓曰：「臣於五月初二日到通州，逢回還陳奏使李時彦，問及使事准否，因見户科給事中李應策參題，則以天朝運去軍糧耗損，指爲本國欺罔，而且多有未安之語。臣等驚惶痛憫。本月初六日詣闕，待沈閣老入來，令李彦華呈文進告曰：『陪臣等聽得本國被科官欺罔之參，欲呈文爺前耳。』老爺曰：『呈文事曉得，年少科官章疏中雖有閑話，無礙兵可多給，銀不可給。

萬曆皇帝仍不視朝。

焚毀宫殿，快修完，民怨甚多。

也。你國豈有欺罔天朝之理乎？』呈文于户科給事姚文蔚，則曰：『本科之參，不是指你國也。』陳尚書曰：『水兵三千則不多，兵可多給，銀不可給。你國不爲自强，每靠天朝。況前日出送銀子，歸于何地？盡投海底耶？』……詣沈閣老，則閣老賜以温言曰：『此事在此不得停當，必待那邊議來，約留多少，然後可定』云。皇上依前不視朝，封皇太子事，皇上以爲『醉裏所言，都忘却了』云云。」

七月辛酉，奏聞使南以信啓曰：「臣等還越江翌日，伏聞大行王妃昇遐之奇，成服前登程未安，與本州留在使臣等相議，成服後發程，今始入京。且臣等一行盤纏用餘銀兩不多，還爲賫來，亦似零星。與書狀官曹倬相議，换得漢書評林五十本，史記評林三十本以來，敢此並啓。」傳曰：「知道。去時急遽而往，好爲還來，良喜。封太子事何如？兩宫修完亦幾何？一路有何奇乎？清河堡近處，妖人聚衆，故至于遣祖總兵伐之云，是何如人也？其奇如何？」南以信回啓曰：「封太子事，初因謝廷贊題本，有准許聖旨，故請擇日，則皇上以醉中所言，忘不記憶答之，遂寢不行。其後别無所聞。兩宫則幾盡修完，而輸材輦瓦，民怨甚多云。」

八月甲戌，冬至使朴承宗赴京。

辛丑三十四年（明神宗萬曆二十九年，一六〇一）

萬曆皇帝近患眼病，不覽文書。

萬曆皇帝登午門樓，獻俘樓下，千官陳賀。

二月丙子，陳奏使辛慶晉狀啓曰：「使朴大根連日打聽覆題發落，則聖上近患聖目，未覽文書。十四日始下兵部，即爲行文于督撫衙門云。總督奏報則來到十一月二十八日下該部。經理奏報亦于十二月十一日來到，二十四日始下，二十五日即爲覆題。而因督撫等奏報之意，將葉靖國量加把總職銜，暫留訓練事入奏。二十八日奉聖旨。十二月二十六日皇上親臨午門樓上，錦衣衛官以逆酋楊應龍妻子及僞官屬等獻俘于樓下，千官朝服陳賀，臣等亦爲進參。皇太子册封事，則禮部禮科册封、冠、婚三禮並舉事奏請，而聖諭內閣必待明年舉行云云。」

四月壬辰，上迎詔後，先詣太平館入幕次，詔書至，上出迎行拜禮。讀詔萬曆皇帝詔書。

畢，上行拜禮如儀。皇帝詔曰：「朕嗣承歷服，式奉先猷，欲人並生，庶幾不擾。八年以來，俄煩兵革，賴天地廟社之靈，將相臣民之力，內攘外却，無損國威。然彼皆文告不來，自投釁鑊，朕甚閔之，非爲快也。惟此播州故有楊氏爲夷長率，受我冠裳，子孫之仍籍有年，廟廷之覆露良深。夫何其末胄應龍者安忍無親，大逆不道。當其嬖寵戕嫡，淫刑禍民，毒痛一方，凶殘七姓，人皆曰可殺。朕心不忍加誅，因其漢官，疆以戎索，曲從贖死，爲德甚弘。而乃下愚不移，肆行無忌，敢爲嫚辱，妄意荐窺；既逋重慶之囚，遂決跳梁之志；收藏亡命，構煽苗夷，震駭兩川，恫疑四海。朕猶時覃在宥，未即移師。而賊因撫成驕，因驕成亂；內則潛越王章，無復人臣之禮，外則矜詡物力，有輕中國之心；掩不備于恭江，梗塗道于湖貴。爲臣若此，孰其堪之。帝王之道，推亡固存。邇者東西之故，胡不聞焉？是用一勞師徒，四徵饋餉，天休人力，涌霧屯雲。發蜀、楚、黔、滇土堵之兵；下秦、晉、吴、楚如林之甲。婁山崖門之隘，平地九衢；湄潭河渡之深，崇朝一葦。賊徒鼠竄，僞社飈焚，穴擣塗躬，登高塞向。伊自謂重關百仞，可敵萬夫，困獸千群，堪資一戰。豈知夫

明神宗萬曆二十九年，一六〇一

逆酋剉屍傳首。

天心既吐，地險何憑；死門未能，詐降不可；百道圍而飛鳥絶，九攻合而蹇兔啼，突士盡而鼓聲衰，騅歌悲而艷妾訣。夫應龍已極惡就經，一死何贖，是用剉屍傳首，龔天嚴誅。其妻孥黨與七十餘人檻來闕下，重者分裂，輕者鉗奴，自餘在播者下傳近獄，有司報治。千年守土，一朝丘墟，伊誰實然，豈朕之意。嗚呼！漢封遠矣，代有棄置。蠻夷君長，人安與安。惟虔劉無度，予一人實不忍於赤子。亦明天地雖廣，日月無私，穢無遠而不疏，惡無微而可蘊。苟有昏暴淫虐，蔑常亂紀，朕雖欲赦，如天不容。其明中外，有土有臣，視爲前車，各戒爾後。氛慝初消，瘡痍未起，師之所處，荆棘生焉。邑里蕭條，哀此煢獨。凡蜀、楚、黔、滇有因用兵加派錢糧及一切可緩積逋，若詿誤輕條，並令有司酌量蠲宥救乏。振滯蕩，滌煩苛，咸與維新，安生樂業。布告中外，俾共聞知。」

乙未午時，上進拜賀表。賀討平楊應龍，使鄭光績，書狀李安訥。

五月辛丑，「萬曆二十九年八月十七日朝鮮國王臣姓諱（李昖）謹奏，爲誥命冕服等件，因亂淪失，懇乞聖明敕下該部照例補賜，以彰恩典事。」

皇長子封太子。

中國貪風大振，賄賂公行。

十月壬辰，聖節使趙挺馳啓曰：「九月初八日皇上下諭内閣，皇長子封太子，餘四皇子並令封王事入啓。」

十二月庚寅，冬至使柳根馳啓曰：「到京陳奏文，奉聖旨『兵部看了來説。』兵部即爲覆題，有「具由陳奏，俱見恭順」之語，似有欲許之意。兵部給事中洪瞻祖上本有「倭以和嘗鮮，而鮮遽以許嘗我，許與不許，自此不可指揮」等語。並謄書上送。呈方物時，禮部郎中招譯官曰：『前日太監言「方物白苧布、席子品粗。歸語該官，更擇精細者」云云。』」

壬寅三十五年（明神宗萬曆三十年，一六〇二）

二月辛未，聖節使趙挺等回自京師，帝賜誥命、冕服。壬辰播遷，命服莫守，至是往請而補賜焉。上親迎于郊外，至闕内行四拜禮，受中外賀，加百官資，頒教于中外。

六月甲辰，史臣曰：「是時天朝貪風大振，賄賂公行。頃年大軍之來，諸太監當國，托言帝命，國力益竭。

將官皆納銀圖差，及到我國，先事誅求，至于賫詔差官之往來，得紬子數百匹，人蔘百餘斤而去。以此西路民生疲于應接，膏血已盡，土崩之勢，在于朝夕，可勝痛哉！將官武夫也，差官下賤也，不足深怪。頃日天使顧天峻以翰林學士奉天子命來臨外國，公然責受銀子千餘兩，飲食器皿亦皆換銀而歸，爲外國人所唾鄙，中原之事可知矣。」

癸卯三十六年（明神宗萬曆三十一年，一六〇三）

正月乙酉，太監高淮差官鐵九奏來索皇幕所鋪龍紋席。史臣曰：「自太監當國來，托言皇帝之命，差官接轍，道路如織，需索日急，責讓繼至，民用國力以是益竭矣。」

二月己酉，太府高淮以皇帝密旨來索冠頂龍席等物，仍送四端綵段、五百息香。

三月甲子，上親迎皇敕于西郊。前月二十八日冬至使金玏、副使金時獻朝鮮奏請調兵，以壯聲勢。未准。

奉敕還自帝京。上將親迎于郊，以雨而止，留敕于村舍。是日又雨，禮曹欲請退卜日。上以久滯帝命，殊爲失臣子之義，遂冒雨出慕華館迎之。皇帝敕諭曰：「王以倭使數至，脅言興兵，奏請遣調，以壯聲勢。朕覽之惕然，謂宜體悉。但遣將一員，調兵數百，以戰則寡，以守則弱，亦何濟之有。惟爾恭順有年，世稱藩服，向既再勤師旅，哀存式微，豈忍今日而置度外。夫綏懷以文，戡定以武，古之經也。爾國北有遼東之蔽以無虜憂，南有大海之限以無寇憂，久享太平，尚文其可。今倭既生心而無變計，吾雖歲歲勤戍，聲盡形見，終不能久乖敵而幸無事矣。故莫如自强，一改弦轍，大修耕戰。國内沿海地方逐一料理，某處寇可登犯，某處險隘難入，某處應修築城堡，某處應設墩臺瞭望，某處應哨防，某處應戍守，一如天朝昔日制禦之法。某可訓練水兵，某可訓練陸兵，分投演習，教以槍筅刀牌及鴛鴦三疊常用陣規，一如天朝昔日留官訓練之法。慶尚、全羅兩道，田土果否荒蕪，作何開墾，或招徠土著，賦粟餉師，或撥派防兵，就近耕種，一如天朝留屯之法。核實誅名，信賞必罰，時遣使者巡行，譏督不逮。王亦夙宵憂勵，增修未備。昔老子貴慈，猶封朝鮮王繼妃誥文。

萬曆皇帝敕書。

萬曆皇帝所賜物目。

不諱戰；文王明德，亦肆鈎援。鄭僑、葛亮皆以嚴理，豈以儒緩爲弘仁，苟安爲休息哉。壬辰之事，至今毛竦，可不戒歟！夫一旅中興，於今爲烈，千里畏人，舉世所笑。王其勉之，毋辜朕焉。」大統曆一百本來自天朝。

四月癸丑，誥命奏請使行僉知中樞府事臣李光庭、副使上護軍臣權憘回自京師。封朝鮮國王姓諱（李昖）繼妃金氏誥文。奉天承運皇帝制曰：「朕惟屏翰之重，伉儷是資，謂之内主，以紹壼政，相宗祊也。禮本通于遐壤，恩可靳于褒倫。爾朝鮮國王姓諱（李昖）繼妻金氏，毓中自閨，嬪于東國。雞鳴警有，夙嫺雜佩之風，燕譽嗣徽，克贊維藩之業。宜令從爵，用示優嘉。茲特封爾爲朝鮮國王繼妃。爾其祗服訓詞，益敦敬戒，佐憂勤于薪胆，綿基緒于河山，翟茀有光，龍章增賁。」皇帝敕諭朝鮮國王姓諱（李昖）：「得奏，王已娶陪臣金悌男女爲繼室，乞賜誥命冠服，特允所請。茲封爾金氏爲朝鮮國王繼妃，並賜誥命、冕服、綵幣等件，就付差來陪臣李光庭等賫回，至可收領。王宜祗承恩錫，永效忠貞，以副朕寵賚之意，欽哉故諭。」計開：紵絲暗素細花四匹，大紅一匹，翠藍一匹，鸚哥緑一匹，青一匹。綿羅暗細花四匹，大紅一匹，青一匹，鶯哥緑一匹，翠藍一匹。西洋布十匹。冠服一副，珠翠七翟冠一頂，金事件全。内金簪一對，金鳳一對，金寶鈿花九個。象牙女笏一枝，大紅素紵絲夾大衫一件，青紵絲綵繡圈金翟鷄夾褙子一件，青紵絲綵繡圈金翟鷄霞帔一件，緑暗花紵絲綴綵繡翟鷄補子團衫一件，紅暗花紵絲夾襖一件，青暗花紵絲夾裙一件，舄珠六顆，沉香色素禮服匣一座，黄銅事件鎖鑰紅線圓縧杠同，木紅平羅銷金夾包袱二件，紅木綿袱一件，礬紅紬板箱一個，所索鎖鑰同。紵絲暗素花細花四匹，線羅暗細花四匹，西洋布十匹。誥命匣玉軸二個，玉籤三筒。鎖鑰紅羅鎖金夾袱二件，紅木綿袱一件。敕書一道，誥命一道。珠翠七翟冠一頂，金事件同。象牙女笏一枝，大紅素絲夾大衫一件，青紵絲綵綉圈金翟雞夾背子一件，青線羅綉圈金翟雞霞帔一件，緑暗花紵絲綴綵綉翟雞補子夾團衫一件，紅暗紵絲夾襖一件，青暗花紵絲夾裙一件。紵絲暗素細花四匹，線羅暗細花四匹，西洋布十匹。沈香色素禮服匣一個，事件鎖鑰紅線圓縧杠同。木紅平羅鎖金夾包袱一件，礬紅紬板箱一個，索杠同。

五月辛未，册封奏請使金信元、副使張晚等賫禮部咨以來。咨曰：「奉朝鮮請封王次子琿。

萬曆皇帝仍不視朝。

雖立太子，萬曆皇帝意在福王。

聖旨『方物着進收。請封事還行與該國王詳議的確來奏。欽此欽遵』等因到司。通查案呈到部，看得朝鮮國王李諱（昖）次子琿賢而有功，欲乞聖慈早賜請册封，以慰舉國臣民之望一節，奉聖旨：『請封事大，難以輕率。還移咨該國王詳加擬議，務求至當來奏。欽此欽遵。』擬合就行。爲此合咨前去朝鮮國王遵照，本部覆奉欽依内事理欽遵施行，須至咨者。」

六月甲辰，上迎皇敕於慕華館，受敕于太平館，中殿受誥命冠服綵段于別殿。

十二月戊子，謝恩使南瑾馳啓曰：「臣等到玉河館，打聽奏請使，而中朝縉紳間論議，無路得聞。只問禮部下吏，則以爲從與不從在朝廷，請與不請在爾國。連續來請，未爲不可云云。中朝別無所聞，皇上如前不視朝，十月十三日福王皇上第二子，寵姬所生者也。自闕内搬移外第。十六日上冠，明年正月十六日成親會。」時中朝雖立太子，而皇上意在福王。故我國册封奏請，正犯所忌，每爲禮部所沮，謂福王就國後來請，則可從云。故赴京之行，每爲打聽。

没有出門票，使臣不能出館。

甲辰三十七年（明神宗萬曆三十二年，一六〇四）

閏九月辛卯，册封奏請使李廷龜等狀啓：「臣等八月初二日見朝，聞閣老將爲進閣，臣等持呈文預待三閣老入來。臣等于路左跪進呈文，則閣老沈一貫覽畢語之曰：「此事俺已熟知。」仍謂他閣老曰：『上年則這邊事體妨礙，今則可以處置。』慰諭辭語，極其款厚。臣等進禮部呈文，則獨有左侍郎李廷機，而侍郎辭氣落落，厲聲語之曰：『立嫡以長，萬古常經，你國何以不可爲之事每爲來請耶？』呈文亦不詳見。臣等更爲措辭懇陳，侍郎言辭愈厲。臣退而往主客司及儀制司，則兩郎中辭意極其和暢。臣等亦欲于明日更進闕内，呈文于科官，而提督主事不許開門票。翌日臣等既未得出去，令林春發隨押物通事往禮部使之稟訴，則侍郎曰：『此事重大，俺不得主張』云云。初四日、初五日鎖在館，吏館夫等曰：『册封之事，論議未定。』有一郎官攘臂大言。臣問其人爲誰，則乃提督主事聶雲翰也，與丁應泰嘗同爲職方主事，相交甚切云云。初七日臣等始得出票往禮部，再次呈文于侍郎前，則謝恩于午門外。

曰：『吾之所見，斷定不撓，吾只知立嫡以長而已。你國所陳，雖或實情，天朝豈可因你國而輕改祖宗舊法。』臣等再三哀懇，則侍郎曰：『此事朝中之議雖不可知，吾則斷不可改其所見。』臣等且以婉辭懇請，則侍郎曰：『聖節過後，當替你上本。』臣等謝退，又呈文于主客司及儀制司，則儀制司郎中招林春發語之曰：『封事部議初欲准許，朝中之議亦多以准許爲是，而聶主事力主己見，倡言沮撓。大概此事於天朝甚有妨，一人倡言以爲不可，則難于主張，奈何』云云。翌日又呈文于科官，則科官曰：『俺已曉得，但事體重大，不可輕察』云云。晡後三閣老自闕出來，臣等于路左跪陳呈文，則三閣老移時覽訖曰：『你國實情如此，天朝亦難阻抑。』臣等復懇告，則三閣老曰：『這裏似有相妨，當從容議處。』沈閣老鯉曰：『此事于你國極爲重大，天朝亦是大段事體，你等其知之乎？』臣等叩謝而退。十三日臣與千秋聖節三起行次齊往于禮部再三懇告，則所答如前不撓。二十一日謝恩于午門外，值首閣老沈一貫入來，呈文齊告，則閣老低聲俯語曰：『此事今番訖可准請。適又論議不一，蓋以自去冬以後，此間又有不好的事，事體極相妨。俺之意初欲准萬曆皇帝欠安，不覽公事。

請；論議如此，難於主張。你國何必以不准爲憂。這裏耳目甚煩，吾不好盡說，陪臣亦必想知。』刑部尚書蕭大亨要見臣等，臣廷龜與林春發馳往，則尚書在闕内，只招林春發謂曰：『本國群情既如此，則禮部何爲至此遲難』云云。厥後聞禮部於二十五日已上覆本，而無路得見其稿本，未得其詳。九月十八日臣等行上馬宴，跪告侍郎，侍郎曰：『已覆本而未知聖旨如何。』侍郎且曰：『陪臣不須以今番不准爲憂，天朝事勢適如此，且姑待旨意之下，吾當再上催本』云云。慰諭辭色極爲和順，覆本則隨後謄書上送。計料大槩聞見，則廷議不一，或以爲上年既令再奏，今番不可不許云。而自去冬奸書之後，獄事雖纔定，而朝臣多在指目之中，各懷疑貳，以此難于主張。皆以爲此行恨不少遲云云。聖旨至今不下，未解其由。或云皇上近日聖候不平，凡公事久不省覽。或以爲如此重事，則必經商度，故例爲久置云。未知畢竟如何，極爲悶慮，詮辭善啓。」

癸卯，奏請使李廷龜、閔仁伯等在北京馳啓封世子事，且謄書禮部所奉覆題及聖旨以送。其覆題曰：「禮部署部事左侍郎李廷璣一本，奏爲朝鮮儲再三請封世子。

議斷不可從，懇乞聖明主持立長之常經，以安夷藩以杜後弊事。本年本月初七日内府抄出朝鮮國王姓諱（李昖）一本，爲儲嗣已定，册命久稽，懇乞聖明，亟加恩典，以鎮人心事等因。奉聖旨『禮部知道，欽此。』隨該禮科參看得『朝鮮國王請封世子，蓋不啻再三切矣。但備覽敕書之責成，與禮部之覆題，移咨該國之語，丁寧反覆，計深慮遠。良以世及立長，乃有國之常經，即世亂先功，亦必監有奇勛，邦家底定，瘡痍盡蘇，國勢丕振，而後可議，誠慎之也。據奏白第二子光海君諱（琿）先後爲本國經營，效有勞績，實諸將官之所共見。目今戡勦稍定，疆域已復，人心之推戴已久，陪臣之申請至再，似不可以不議封矣。顧倭奴之蓄謀未已，窺伺有形，且該國之儲積尚虚，人民之瘡痍尚弱，所思防範保全宜何如者。該國昨年既具疏復請水兵以爲防禦計，正宜率光海君再殫經營，遏彼狡倭，戢寧各道，于以保久遠而振國勢，以益結國人推戴之心。即再俟二三年優處議封，亦未爲晚，而何今復請急以世子封哉。又不知伊第一子臨海君珒果憂病迷失心性否也。抄出酌之』等因。該禮部覆『看得國之大事莫過立嗣。自古兄弟得序者謂之順，以少加大者謂之逆，去順取再三難其立嗣。

逆，所以敗也。朝鮮國王無嫡出，僅有已故妾金氏二子，長珒，次諱（琿）。曩倭訌之際，皇上特賜諱（琿）敕書責其成功，許其優處，而再三難其立嗣之請。蓋以光復之功望諱（琿），亦以萬世繼嗣之義爲該國計長久耳。今東國粗定，珒之失德，未有的據，而諱（琿）之奇功，亦無灼然可紀。不意國王復申前請，請又益勤。臣等竊謂該國臣民有忠愛之心，則當翼戴冢嗣以固國祚。光海君有興復之能，則當先輔母兄，以重天倫。國王有長久之圖，亦當善處二子，使之得宜。況倭奴窺伺未已，該國積弱未振，一朝亂常拂經，恐東國之憂不在日本，而在蕭墻矣。』伏奉聖旨『復令該國詳議的確』。臣等往見皇上慎重建儲之典，體悉外藩之情，復何容喙。合無恭候命下臣部，移咨該國，使之宣諭臣民，俾知倫序不可紊，國本不可輕，父子兄弟之間不可使小有猜嫌，無輕廢置以啓禍本。如或長珒委果病悖，憒亂不堪托國，國王果非溺于愛憎之私，通國臣民果皆出于推戴之公，萬不得已，方許據實具奏以聞。臣等一面咨行遼東督撫訪察明白，候國王另有奏請之時，一時具奏到部，方行會官定議請旨定奪，則以長以賢，各得其當，藩維幸甚。奉聖旨『是，請封事大，難以輕率。

次子聰敏，長子凡近。

移咨該國王詳加擬議，務求至當來奏，欽此。』是四請不許也。臣仰稽曆年之明旨，深惟萬世之大經，惟有立長之説，確乎不易。夫有國家者惟嫡長是立，則生而人皆曰『是爲異日國主矣』，人心定矣。若立不以長而以賢，則權將不在上而在下，一世作俑，後世效尤，如逐鹿，如瞻烏，如舉棋不定，非亂道乎？况子之賢庸，國所代有。天之生人，中下最多。據國王初疏，止言其次子頗聰敏，堪付托耳。及見部覆，又未曾開載長子有何失德之語。而國王再疏，始以長子凡近，久陷賊中，驚憂成病之説來矣。事重初情，臨海君不過凡庸，無失德也。且倭奴之遁，朝鮮之全，將以爲光海君功乎？即今歲尚請將乞兵，求爲成守，無事而周章如此，則光海之才可知，而往者之功又可知。光海無季歷、武王之賢，而欲其父太王、文王之權，其兄爲太伯、伯夷考之讓，臣以爲過矣。據姓諱疏但撮節次部覆末段姑俟之緩辭，而删去參駁百千言之正論，蓋彼見吾未有毅然斬釘截鐵之意，輒生觀望覬覦之心。臣以爲此事已十餘年，持疑已久，今兹之請，不可不斷。惟有立長子臨海君珒，則名正言順，而事成在今日，立之爲據經，即或他日助之亦爲助順。大抵事惟顧理何如，倫序不可紊，常經不可變。

他不必問也。臣愚見如此，伏乞聖明裁察。如臣言不謬，特賜乾斷，敕諭朝鮮國王以倫序不可紊，常經不可變，國本不可輕動，一心屬意臨海君而誨訓之。令臨海以德自勵，光海君以分自安，該國臣民毋有攜貳，然後聽其請封立，則禍亂不生，夷藩永固。不然，如國王所引永樂年間二百年一見之事，即陛下可方成祖，而臣駑下遠不逮永樂時諸臣，且恐自今以後，該國之費天朝處分不止此一代也。臣不勝悚息待命之至。二十四日奉聖旨『該國屢請建儲，朝廷久不與決者，正以立長爲古今常經，不可輕議故也。你部裏所執甚正，便行與國王，再加繹思，務爲享國長久之計，勿貽後悔。欽此欽遵。』擬合就行，爲此合咨朝鮮國王。」

十一月辛丑，大明禮部爲朝鮮儲議，斷不可從，懇乞聖明主持立長之常經，以安夷藩，以杜後弊事：「該本部奏本年八月初七日內府抄出朝鮮國王姓諱(李昖)一本，爲儲嗣已定，册命久稽，懇乞聖明，亟加恩典，以鎮人心等因。奉聖旨『禮部知道，欽此。』該禮科參『看得朝鮮若謂立儲一事，中國業已許之，惟是封典未行耳。第查前後部疏及屢奉明旨，丁寧反覆，無非爲該國計光海君民望攸歸，長子琿病廢無出。

慮長久，欲其善處，以杜禍本，實未嘗的然許之也。光海君賢而有功，人心屬望，中國豈不曲體。顧事體重大，未易輕忽。三十一年聖旨復令國王詳議的確，尤有深意。今據奏止是再申前説，未見所議何在，更難即謂的確而遽可議封也。况光海君果民望攸歸，長子琿果病廢無出，稍待異日請封，夫誰得而禁之，切恐今尚非時也。抄出酌之』等因到部。臣看得長幼之序，禮莫大焉，儲嗣之立，禮莫重焉。舍長立幼，於禮不順。若令之自中國，是以非禮令也；若徇之自臣部，是以非禮徇也。况歷查數年以來並無許者，臣安敢當臣之身，爲亂常拂經之事，生厲階爲戎首乎？豈諱（琿）嘗莅全、慶軍事，而執世亂先有功之説耶？據奏第稱性聰敏，亦未見其有戡亂定難之功。且不明言長子所以不堪承繼之故，則彼國臣民果否繫心第二子諱琿，亦不可知。獨念朝鮮國王當此播遷之餘，正宜事事謹慎，念念警惕，若彼國宗社臣民長久之計，而立後大事，豈宜輕率若此，抄出駁查之』等因。該禮部覆『看得世子之立，凡以嗣統而承祧也。我國朝稽古定制，其於立嫡立長之義，尤首重焉。一切宗親以及藩國，鮮不由之者，非直以名分攸關，不容假借，誠謂不如是，則啓聖旨：請立世子，未可輕許。

争端而階禍亂，非細故耳。朝鮮向奉正朔，累代傳襲，俱以嫡長請封，蓋其秉禮不踰，真有聖朝正名之遺化焉。姓諱（李昖）遭國多難，請立世子，以繫人心，即其自爲宗社計者未爲不可。但據稱王正配無出，金氏生有二子，謂宜分别長幼，以定名號。迺遽以第二子諱琿請封，倫序之謂何？若謂邦家未靖，繼體至於擇賢，此亦一時變通之説，非亘古常經之道。及查陳請疏中，曾未開載長子有何失德，不堪付托。而所稱第二子性頗聰敏，繫屬人心，又未委其虚實。臣等反覆思維，朝鮮雖藩國，業已請命天朝，自當律以天朝繼統大義，名器非輕，似難濫畀。伏候命容臣等移咨該國，俾知長幼分定，毫不可僭差，以後陳請務遵典章，不得踰制。倘復念其播越之餘，軍機國事，統御需人，則光海君諱琿先經督撫奏議，已奉欽依容令總督全、慶軍務。今或仍賜專敕一道，稍假便宜，俾得一意節制，事權不分。俟彼國寧謐，果有戡亂奇勳，不妨另議優處。其封典不宜輕畀，則倫紀不紊而機務亦不虚矣。』奉聖旨：『朝鮮王請立世子，你部裏既這等説，未可輕許，可便行文與他知道，請敕依擬，欽此。』是初請不許也。又查得二十四年朝鮮國王第三疏爲再疏未蒙俞允，下情益長子臨海君曾爲倭所虜。

恐給日本侵犯以借口。

迫切懇，乞聖明特許亟封世子，以定小邦危疑事等因。奉聖旨『禮部知道，欽此。』隨該禮科參『看得朝鮮國王姓諱（李昖）易嗣之請，一至再，再至三矣。始終不過以長子臨海君肆性資凡近，且曾爲倭所擄；次子光海君諱琿好學聰明，又能號召散亡；遂謬襲以賢以功之説，決意捨長立幼矣。不知此敗道也，國王未之深思耳。蓋立嫡立長，萬世常經，亘古亘今，未有紊常而不釀亂者。臨海君縱性資凡近，未聞有失德可指，奈何便謂不堪繼承統。光海君賢矣，名分所關，賢者必不敢僭，彝倫所係，賢者必不忍僭，又安得以幼奪長，而冒不韙之名耶？當王京既陷，即國王亦且播遷，自不當獨以臨海君被擄爲辱。雖光海君曾莅全、慶軍事，然卒未見戡亂定難之勳。此謂五十步之走則可，若謂國家由光海君再造，可藉口于世亂先有功也，誰則信之。況當此臥薪嘗胆之時，欲爲此亂常召變之事，無論内難將生，倘日本假此爲由，稱兵再犯，則向年猶侵疆之寇，今此爲有名之師矣。中國即欲復爲撻伐，亦將何辭之執。恐非朝鮮社稷之福也。抄出慎之』等因。該禮部覆『看得主器必長子，禮之常也；亂世先有功，事之變也。然所謂有功者必其業屬中興，事同再一則失德未彰，一則大功未建。

造，安危所係，愚智相懸。未有一則失德未彰，一則大功未建，遽可舍此而立彼者也。今朝鮮國王爲次子光海君諱琿請封世子，至再至三矣。朝鮮當臥薪之時，爲當璧之請，諒非曲徇愛憎，自階喪亂。但臨海君長子也，既未有顯然可指之過；光海君次子也，又未有赫然可見之功。遽欲紊亂典常，舍長立少，秉禮之國，恐非所宜。且倭奴狡詐多端，情形無定，留兵觀望，屢見傳聞。光海君若能獎率三軍，枕戈待旦，外捍桀黠，内靖郊圻，民望所歸，國將焉往？若當擾攘之會，先拂長幼之經，此既以弟而先兄，事原不順；彼既以强而凌弱，兵豈無名。臣等之執持，非但爲萬世守典禮，亦爲本國計長久也。伏乞敕諭本國暫停此議，令光海君仍遵前奉敕諭行事。俟倭奴既靖，四封宴然，容臣等咨行遼東撫按再加詳覈。要見臨海君果爲疾自廢，甘守退讓之高，光海君果爲衆共歸，絶無要求之迹，據實上奏，請自聖裁。庶父子兄弟之間，雖遇變而不失其正，而君國子民之寄，將守經而兼得其權矣』等因。奉聖旨『是，你部裏便行與朝鮮國王知道，欽此。』是三請不許也。又查得三十一年朝鮮國王姓諱第四疏，爲懇乞聖恩，曲諒微悰，亟封世子以定國本事等因。

聖旨：立長爲古今常經。

臣念朝鮮此議經今十餘年，請已五次，遲疑不定，恐有他虞。况天氣漸寒，陪臣久候，伏乞皇上早渙綸音，敕下臣部，轉行該國遵奉施行等因。萬曆三十二年玖月二十日本部署部事左侍郎兼翰林院侍讀學士李廷璣具奏。二十四日奉聖旨：『該國屢請建儲，朝廷久不與决者，正以立長爲古今常經，不可輕議故也。你部裏所執甚正，便行與國王再加繹思，務爲享國長久之計，勿貽後悔，欽此欽遵。』擬合就行，爲此合咨朝鮮國王遵照本部覆奉欽依内事理欽遵施行。須至咨者。右咨朝鮮國王。」

乙巳，聖節使書狀官成均館典籍兼司憲府監察閔德男聞見事件中一款：「本年八月初九日留玉河館，使上通事李善吉押物官宋禮修等領進表文及方物貢馬于禮部。儀制司郎中蔡獻臣招宋禮修屏人問曰：『你國何以不立臨海而欲立光海乎？』禮修對曰：『臨海自陷賊之後，失性嗜酒，處事顛倒。光海則夙著仁孝，且有功勞，一國群情，咸爲屬望，人心所歸，不得不立矣。』郎中曰：『知道。』同月十三日，奏請使李廷龜等與千秋使韓壽民、聖節使安克孝等齊往禮部聯名呈文曰：『謹呈爲不避煩複，冒死陳辨事。職等累四奏立世子事。

將悶迫之懇，瀆冒台慈，閣下一向嚴諭，未見許可。職等回惶憂憊，聚首相語曰：「自我國之陳請茲事也，天朝雖未快降封典，而許之之意則前後不啻丁寧，蓋嘗有待而爲也。是故其於萬曆二十一年之奏也，則皇上特降專敕于光海，許以另議優處。又于二十二年之再奏也，則貴部回咨有曰璽書既布，國人又何疑焉。又于二十四年之三奏也，則貴部回咨有曰民望所屬，國將焉往。又于三十一年之四奏也，則貴部回咨又曰著令詳議再奏，方行會定奪。是知天朝于小邦之情事，益已燭之，而其所遲難者，似若有姑待者然也。」今者之來，君臣上下皆以爲必蒙恩許，而閣下之辭意比前落落，至于例進方物亦不即收。職等驚疑靡定，莫省所以。抑又相語曰：「若使天朝諸老爺，親臨小邦，目睹臨海之決不可托後，真知舉國之愛戴于光海，洞察寡君父子兄弟毫髮無他之實情，則必將上告天聰，催降封典，固不待小邦之煩奏也。」惟是疏奏雖勤，而情事之曲折或未盡覼縷；吁訴雖煩，悶鬱之哀悃尚未暴白。而其他憂危切迫，日甚一日之狀，又有文字難形，口舌難憑者。天門萬里，事機萬端，其肯爲小邦深思徐究，而得知遠外之情事，至於此極哉。不然，則天天朝家法，立子以長。

往國子監謁聖。

朝之于小邦，既不憚動十萬兵，又不惜發十萬財，以拯濟奠安于垂亡之日，而今乃於定儲之請，獨靳應行之典，有若任其安危而莫之省念者然。以寡君十年血奏爲皆非實情，以陪臣前後懇祈爲皆不足信。嗚呼！講尋常事尚有自審，對平人語猶不可欺；繼嗣之重，是何等事，君父之前，是何等地，而敢行誣罔之計，自貽覆亡之禍哉！寡君毫無愛憎之私，一心公共之狀，天地鬼神臨之在上，質之在傍，只恨職等識意淺薄，不能上格仁人君子之聽耳。情隘而不能盡言，嗚急而無暇擇聲，伏惟閣下垂察焉。』侍郎覽訖，書其尾以示曰：『立子以長，萬古之常經，天朝之家法，此外非本院所知也。本部覆題此事，當書之史册，傳之後世，決不敢徇夷使之求，貽禍爾邦，取議異代。』其他答問之語，詳在奏請使狀啓。大抵天朝事勢，適會相妨，其峻辭斥之者恐以此耳。」一款：「往國子監拜謁先聖。聖廟之北又有一廟，扁曰啓聖祠。其祠五間，而當北有一位版，書曰啓聖公孔氏之位。東有二位，版書曰先聖顔無繇之位，先賢孔鯉之位。西有二版，書曰先賢曾點之位，先賢孟孫氏之位。東西祠各三間，而東則書曰先儒周子神位，先儒程珦之位。西則書曰先儒朱兩平貿易方物。

松之位，先儒蔡元定之位。」

乙巳三十八年（明神宗萬曆三十三年，一六〇五）

三月丁亥，高太監淮送揭帖曰：「殿下端拱東藩，以勦我聖天子垂衣至治，四方屬國，孰有傑最于殿下者哉。今名已彰彰旂常竹帛間矣，欣仰曷既。客歲潄委張謙旋，沃荷注存，兼叨崇貺，厚德雅誼，濡洽層髓，有未易以唇吻竟者矣。唯我聖朝玉帛萬方，既窮隅絶嶼，靡不執貢，願效涓埃。而殿下爲屬國首，産多珍異，肯恡於效一臂哉。敢復遣原委官張謙踵叨殿下，幸嚴諭於該産地方物處所，令謙得兩平貿易，乘時解過，以便輸進，是即殿下之惠也。軫戢何依，外楮不腆，用布遠思，惟慈涵揮頓，臨楮曷勝瞻遡之至。謹具大紅五綵蟒段一端、翠藍五綵蟒段一端、大紅潞紬一端、官綠潞紬一端、息香一千枝、棕竹金扇四柄奉引敬，侍生高淮頓首拜。」

五月丁丑，上御別殿，親行聖節謝恩拜表禮。聖節使禹俊民，謝恩使姜皇太子第一子生。

萬曆皇帝詔書。

籤，書狀官俞昔曾。

十二月戊辰，冬至使李尚信、鄭協馳啓：「十一月十四日皇太子第一子誕生，頒詔天下。而天使翰林院修撰朱之蕃、禮科左給事中梁有年已爲欽差，當於明年二月初起身云」事。

丙午三十九年（明神宗萬曆三十四年，一六〇六）

四月己酉辰時末，上先到太平館，入幕次，兩使隨後入來。上祗迎詔敕，行宣詔禮畢，上入幕次。副使曰：「皇帝所賜之物，固當照數而受之。」承旨二人進跪點閲而受之。上詣天使前行拜禮後，上曰：「皇孫誕生，大人來臨，視同内服，皇恩罔極。大人又許留詔，尤極多謝。」天使曰：「帝命也。」上曰：「留詔雖是皇恩，而如非大人，安得以致此。」上請拜，天使曰：「已行拜禮，作揖可矣。」上曰：「不須强，請各行再拜。」詔書，奉天承運皇帝詔曰：「朕惟自古帝王祈天永命，咸曰子子孫孫，至於萬年。蓋申命用休，惟此爲萬曆皇帝敕諭。

琉球國咨文：關酋肆逆，神人共憤。

大。朕以眇躬，嗣登大寶，三十四年於玆矣。睠惟國本至重，懋建元良，具舉婚儀，廣生綿緒。恭荷皇穹純佑，列聖厚培，於三十三年十一月十四日皇太子第一嗣生。克昌胤祚，朕心載寧，上慰聖母之徽懷，下發民心之悦懌，詔爾海國，咸使聞知。」皇帝敕諭：「玆朕皇孫誕生，覃恩宇内，念王世守東方，恪守職貢，宜加恩賚，以答忠誠。特遣翰林院修撰朱之蕃、禮科左給事梁有年充正副使，捧賫詔諭，並賜王及妃綵幣、文錦，至可受賜，見朕優禮之意，故諭。頒賜朝鮮國王。」

〔修正實録〕敕曰：「往以倭情叵測，朕令遼東撫鎮差人到爾國哨探，經今三載，督撫稱邇來海上，並無動静，遣官徒自煩擾，令爾國自行探報，以省供應之需。王宜及時淬勵乃心，嚴督着實修舉，仍遠偵密探，不論有無警息，每兩月一報鎮江遊擊衙門轉報。如有重大情形，不時馬上馳報。」

琉球國中山王世子尚寧移咨以聞，爲申酬厚儀事也。其咨曰：「關酋肆逆，神人共憤，天亡驕虜，海宇騰懽。矧今天朝神武大振，貴國威靈更張，則餘孽既行勦滅，凡爾醜虜，莫不喪魄落膽，日後豈復有如匪茹之關酋。間或逆萌，進獻士物。

未允世子封典。

敝國職在藩封，誼屬友邦，自將猷念共分，遥偵豫探，馳奏天朝，轉左右以聞，幸無遠慮。」仍獻綿紬二十端，黄石紬十端，花文紬十端，土扇二百把。癸卯年冬至使宋駿自北京賚來。至是付送回咨及回禮物件於冬至使李尚信之行。

〔修正實録〕甲辰，夏遣李廷龜奏請世子封典，禮部以光海非嫡長，覆題不許。

五月癸酉，天使回程後，謝恩使韓述、黄廷喆、書狀官宋仁及等如京師。降敕焰焇許貿謝恩方物文書，順付於頒詔謝恩使韓述之行。

丁未四十年（明神宗萬曆三十五年，一六〇七）

閏六月癸亥，謝恩使柳寅吉、崔濂啓曰：「上年臣等赴京時，楊經理畫像購得事有傳教矣。臣等到玉河館，多般訪求，則經理時在河南，距京師數千里，雖懸重價，得之不易。屢次使臣之行，聖教丁寧，而尚未購得者，蓋以此也。臣等以見堂事往禮部，適有河南舉人姓名曹鐸者亦到部裏，臣等使譯官擬請楊鎬畫像。

問之，則居河南歸德府商丘縣，與經理親戚云。臣等即將經理老爺曾臨東土，民蒙其惠，小邦至今思之，國王欲得老爺畫像之意，使譯官傳之。答曰：『口傳似泛然，若得數行文字，俺當憑此傳告』云云。臣等書小紙以付其人矣。且聞京中有河南主人，又使譯官問曰：『你可往還河南，模得楊經理肖像乎？』其人答曰：『若得信帖付之，則當往圖』云。大概若通此意於經理，則或有可得之路，而非徒未有朝廷指揮，小邦陪臣送帖於經理，似爲未安，故不果矣。畫像價物則因該曹公事傳付聖節使行次上通事處矣。臣等親承聖教，不能奉行自上誠求之意，不勝惶恐。敢啓。」傳曰：「知道。」

光海君日記

編者注：光海君李琿，宣祖李昖次子，生母爲恭嬪金氏。早年受封光海君，明萬曆二十年（一五九二）壬辰倭亂爆發後封爲王世子，但未能得到明朝承認。萬曆三十六年（一六〇八），宣祖薨逝，李琿即位，翌年獲明朝册封爲朝鮮國王。天啟三年（一六二三），其侄綾陽君李倧發動宫廷政變，史稱「仁祖反正」。光海君被廢。崇禎十四年（一六四一）死於濟州島，時年六十七歲。

朝鮮國王薨逝。

李成梁擬舉兵襲取，建置郡縣。

萬曆皇帝罷黜李成梁。

光海君即位年（明神宗萬曆三十六年，一六〇八）

宣祖大王四十一年大明萬曆三十六年二月朔戊午，上薨。

二月戊寅，遣告訃、請謚、請承襲使延陵府院君李好閔、行龍驤衛上護軍吴億齡如京師。

壬午，上大行大王徽號曰「昭文毅武聖敬達孝大王」。廟號「宣宗」，殿號「永慕殿」，陵號「肅陵」。

五月乙巳，告訃請謚請承襲使馳啓曰：「臣等一行，四月十二日到北京。請封事大意已許，而以奏本不明白，令改奏前來，一面移文鎮撫差官查明具奏。請謚事，祠祭司未及查考，尚未覆題。」

七月癸丑，時廣寧總兵李成梁見朝廷不准册封，與都御史趙濈密奏，朝鮮兄弟相争，請舉兵襲取，建置郡縣。兵科給事中宋一韓、給事中史學遷言：「朝鮮雖有此釁，無泉蓋蘇文弑君之罪，服事天朝，臣節不虧，成梁不宜有此請。請罷其兵權，歸老京師，並罷趙濈，以戒生事邊疆之罪。」帝從之。

冬至使申渫方朝京，在途馳驛以聞。

九月庚子，中朝嫡庶兄弟之分甚嚴，故不即准封。使臣再行，然後許之，此非好閔等之失也。初好閔到禮部，禮部張郎中、馮郎中等皆言臨海若有廢疾，當具臨海讓本來，則立可完准。好閔等曰：「臨海安敢上本，此不可爲也。」郎中言「可於王妃奏文中並開政府臨海兩事以來。」好閔遂以啓聞。

十月辛未，告訃使李好閔、副使吴億齡復命後啓曰：「臣等奉使無狀，以致物議峻發，但意兼程回詣歸命司敗。惟請謚一款，非後頭使臣所受命之事，不可不留完云。故謚號停當之後，即爲奔回矣。」

十二月庚午，陳奏使李德馨、黄慎回自京師，秘啓陳奏周旋之事，日以貿來新書及冠服制度進。答曰：「知道，因國事艱虞，勞卿等遠行，深用未安。幸賴盡力周旋，得完大事，豈非宗社之慶。且貿來書籍及各樣冠服等物，足見好禮變陋之誠，當令禮官議處。」初李好閔等周旋封典事垂成，而李德馨等繼至，遂許准封降使。

辛未，陳奏使李德馨、黄慎啓曰：「臣在北京時，聽中朝物議，則以奴酋萬曆皇帝敕諭光海君。

爲憂。且觀此胡情狀，數年不爲進貢，今年乃遣麾下八百名于京師，争賞銀之多少，其侮踐中朝者甚矣。」

己酉元年（明神宗萬曆三十七年，一六〇九）

三月癸卯寅時，上率百官出迎敕于慕華館。辰時還宮，受敕于時御所西廳如儀。冬至使申湜回還也。皇帝敕諭朝鮮國權署國事光海君姓諱（李琿）：「該禮部題稱：『據該國奏：「慶尚道觀察使李相信哨獲天朝遭風敗舡人民，俱係浙、福等處原任把總戴朝用等共四十七名，差陪臣禮曹參判申湜等順便轉解來京。」』具見爾忠勤恭慎，朕甚嘉尚。兹特賜敕奬勵，仍賜文錦白金，以示優奬。就令陪臣申湜等賫回，至可收領。」

四月乙卯，王御視事廳。王謂德馨曰：「上年卿爲國事，冒暑遠涉，成大事而歸。其時予在疾床中，未即引見。今始見之，其時之事，卿其言之。」德馨曰：「當其時小臣未及入去之前，其事垂成，小臣别無所爲之事矣。但在朝鮮國王服色。

中原聞之，則老酋益强盛，中原方豐亨，有識之人，皆以老酋爲憂矣。」王曰：「李成梁、趙楫被參是何事耶？」德馨曰：「成梁老妄，處事多誤。趙楫亦不嚴猛，人皆怨咎，故彈論及之耳。吴宗道貽書於小臣曰『遼廣二老總兵李成梁、御史趙楫也。締結高太監，且與老酋相親，圖免其罪，欲掩襲二百年忠順之國，故渠罪益重，人言尤起』云。小臣於壬辰年以請兵事往遼東，見軍容肅肅；前年往廣寧見之，則軍馬疲殘，殊異昔日所見。問於其地之人，則高太監多取貿馬之價，以其駑馬防弛，而李成梁締結高太監，受馬代立，故如是疲殘云。」王曰：「昔年來此邢軍門玠、楊經理鎬方在何處云耶？」德馨曰：「邢軍門方在山東本家云。臣來時適見黃應陽，楊鎬管下人也。則楊經理無恙，方在河南，鰥居一室。今年二月與渠約往嵩山云。」

癸酉卯時，王以白袍素翼善冠出御于視事廳，行賜謚賜賻祭習儀。

丙子，王幸慕華館，天使到迎詔門，王以黑袍烏翼善冠黑角帶出幕次，鞠躬祗迎後。令御前通事姜弘立、李民宬往告天使以先到館裏伺候之意。王舉袖，天使亦舉袖；天使又舉袖，王亦舉袖。王先到南別宮祗迎誥敕後，行臨海君被殺。

萬曆皇帝詔書。

萬曆皇帝敕書：封光海君爲朝鮮王。

四拜禮。

庚辰，殺臨海君于圍所。臨海在圍牆中，只有一官婢在側，穴通飲食。至是守將李廷彪迫以飲毒，不肯，遂縊殺之。臨海之死，人莫能明，亦不知死之日。戊申反正後，臨海家人招其婢問之，始知其實。夫人許氏啓棺視之，肌膚如生，其項尚有絞索紅痕。

六月辛亥，駕幸慕華館迎詔，行禮如儀。奉天承運皇帝詔曰：「朕凝乘符，聲教既及，雖在遐方異域，莫不尊親。矧茲禮義之邦，久荷帡幪之德，置君司牧，所以溥皇仁也。彝典俱存，推行宜準。故朝鮮國王某，早年嗣爵，藩守東方，易危爲安，朕實有造。邇者陪臣告訃，例當請封，順舉國之民心，推立賢之大義，特封故王之次子某爲朝鮮國王，俾承先緒。本國大小臣民，其悉奉教令，以佐王修身立政，纘服安民，振揚累葉之休聲，沐浴中朝之雅化。特茲詔示，咸使聞知。」上跪聽訖，行拜禮如儀。敕曰：「皇帝敕諭朝鮮國權署國事光海君某：得奏，爾父王諱（李昖）薨逝，爾兄病廢，通國臣民，合詞請命，應爾承襲。朕順輿情，特從所請。茲特遣司禮監管文書內官監太監劉用賫詔示爾國人，封爾爲朝鮮王，繼理國政。仍封爾妻柳氏爲國王妃，佐理內政。並賜爾及妃誥命冕服綵幣等件。爾宜服茲新命，紹爾舊封，益堅忠順之心，永保藩垣之業。欽哉，故諭。」

乙卯午時，王親臨視事廳，拜賜祭謚、賜賻、册封、謝恩表箋如儀。

十一月辛丑，以世子册封事，遣上使申欽、副使具義剛、書狀官韓纘男赴京奏請。

庚戌二年（明神宗萬曆三十八年，一六一〇）

朝鮮請封王世子。

四月丙戌，奏請使申欽、具義剛等還自京師，賫持禮部咨文右侍郎吴道南等題曰：「朝鮮國王請封世子，查有前例。皇朝相應題請，合照例准請封王長子桎爲朝鮮國王世子。」

壬辰，備邊司啓曰：「因奏請使下人得聞楊經理鎬起廢爲廣寧都御史，麻提督貴爲廣寧總兵。茲二人者俱有大功於我，似不當闕然無問。」

萬曆皇帝受暑濕，遍體生瘡。

七月庚戌，册封世子天使入京。王迎詔于慕華館，詣昌德宮讀詔，行禮如儀。

八月癸酉，幸南别宮行上馬宴，贐銀一千兩。

十二月乙未，冬至使先來譯官權克中管押使先來譯官朴庚生還自京師。管押使辛景行馳啓曰：「臣等在北京時，聞皇上自十一月十七日聖候未寧。廷臣問安，則司禮監傳内閣聖諭曰：『覽卿等問慰，朕知道了。朕自夏受暑濕，七月遍體生瘡，敷藥過多。昨日聖母親至朕宫俯視。朕甚加調攝，親承慈訓，見今服藥調治，特諭卿等知。』厥後二十二日四日間，證候似重，近日則因進藥小差云矣。」

丙申，王以進獻把參，命該官申飭。進獻人參，中朝許以代把參，本朝因謝恩之行，奏請故也。

庚子，命以皇朝欽賜世子綵段，頒賜于東宮賓師僚屬。頃日敕使冉登賫來也。

《朝鮮王朝實錄》光海君日記

辛亥三年（明神宗萬曆三十九年，一六一一）

六月戊子，冬至使兼奏請使李尚毅、李晬光啓曰：「王世子冕服之請，有奏輒准，保無攔阻之患。而伏見謝恩使李時彥聞見事件，則禮部郎中陳德元謂曰：『大明會典、大明集禮俱無世子冕服之規。景泰元年曾賜朝鮮世子冕服，而但自此以後未見請給近例』云。其言雖不迫切，其意似無快許。所謂景泰元年即我世宗大王末年也，距今百六十餘年。我國不復奏請，天朝亦無欽賜，若查近例，恐無所據。今此奏請之事，或不無以此執言而見阻。臣等受命，不勝私憂過慮。仍念近來奏請之行，各衙門徵索人情百倍于前，已成近例。中朝之人習熟聞見，必有甚焉者。臣等一行所費人情，請令該曹各別磨鍊以給。」傳曰：「依啓。別人情令户曹優將磨鍊。」

十一月壬子，回還使臣李順慶等奉敕出來，王出迎於西郊。其敕曰：「皇帝敕諭朝鮮國王諱（琿），該禮部題稱據王奏：『全羅道觀察使尹暉等哨獲天朝遭風敗舡人民，供係福建興化等處商人林潤臺等共三十二名至王境内，萬曆皇帝敕賜銀等。

差陪臣刑曹參判李順慶等順便押解來京。』具見王尊奉天朝，忠順不懈，朕甚嘉之。茲特降敕獎勵。仍賜白金、文錦、綵段，以答勤誠。就令陪臣李順慶賫回，至可收領。其書狀通事等官金夢虎及從人金得春等巡海員役楊秀津等各效勤勞，賜賚有差，并諭知之。王其體朕至意，故諭。賜朝鮮國王諱（琿）銀一百兩，錦四段，紵絲十二表裏。萬曆三十九年九月十二日。」

壬子四年（明神宗萬曆四十年，一六一二）

九月癸巳，王接見黃應暘。王曰：「黃指揮中朝爲何官耶？」李德馨啓曰：「指揮無實官爲軍職，若我朝司正、司果之類也。」王曰：「在何地居住耶？」李德馨啓曰：「本浙江人也，初隨宋經略出來，而與楊經理最切，故經理常置諸幕下矣。及時撤回留住北京時，訪經理于河南，蓋以意氣相許者也。此人乃永樂間太學士黃淮之後，亦是閥閱，故縉紳間多有知之者矣。」鄭曄啓曰：「石尚書伸冤事，大臣既已啓定，而事機重大，先朝之所不爲。到今

明神宗萬曆四十年，一六一二

石星收復三京，平壤立生祠。

六〇三

朝鮮感戴石尚書之德。

聽黄應暘之言，卒爾陳奏，恐爲未安，請更議施行。」王曰：「卿等之意何如？」李德馨啓曰：「先王朝亦嘗欲伸救石星，至于下備忘收議，小臣亦在獻議之中矣。石星首發兵馬收復三京，其功最大，故平壤生祠，亦以此人主塑。先王至欲留畫像以來。而只以其時戰和兩議角立，丁應泰等方主和用事，故勢難而中止矣。」李恒福啓曰：「小臣以卞（辯）誣事赴京，將還，有一人着帽子，托稱買賣，而觀其舉止則非常人也。語及東征，歷詢將士之賢否，仍言石星事，問其爲人。通事李彦華適在其行，伶俐解事，謂臣曰：『此非尋常買賣的，蓋欲探視吾國之意』云。臣對曰：『石尚書之德，東方之人皆感戴矣。』其人便有喜色。仍慷慨下泣曰：『石尚書以爾國之故，將被極刑。爾國既知其賢，則何用不救？』臣對曰：『中朝禮嚴分絶，非外邦所敢陳救也。』其人乃教臣以奏文之意，及語勢節次。臣還朝細陳于榻前，先王沈吟久之，竟無發落矣。」

《朝鮮王朝實録》光海君日記

皇太子妃薨。

癸丑五年（明神宗萬曆四十一年，一六一三）

二月戊午，冬至使趙存性、李成吉等還自京師，賫到皇敕。王出迎于慕華館。

十二月甲午，恭聖王后策封奏請使朴弘耉、李志完發行。王既追崇恭聖，欲祔太廟，問于鄭仁弘。仁弘言須奏天朝，受天朝策命，然後方可議祔廟之事。

甲寅六年（明神宗萬曆四十二年，一六一四）

三月辛酉，皇太子正妃郭氏十二月廿四日薨逝訃至。

五月壬戌，王出于慕華館迎誥，仍幸昌德宮舉哀。

丙寅，進香使閔馨男、陳慰使吕祐吉等奉表如京師。

十月乙酉，奏請使鄭岦辭朝，王引見以送。王以私親册封請于天朝，乞口不可道語公然書達。

萬曆皇帝已十年不視朝。

遣册使賫得誥命、冕服以來。使岦優賫金銀，倍道馳進，要與朴弘耈等同請。

丁亥，政院啓曰：「今見千秋使許筠書狀，狀内之事極爲痛駭。所當秘密馳啓，而以口不可道之語公然書達，其疏漏不密甚矣，請推考。」

丁未，奏聞使尹銳行。

乙卯七年（明神宗萬曆四十三年，一六一五）

六月戊子，謝恩使尹昉等回自京師，賫恭聖誥命而來，王出郊迎之。傳曰：「今茲迎誥之禮，誠前古稀闊之大慶，而天且降雨，頗洽迎誥敕出宫。還大内時，並依前例用樂。」

閏八月己酉，王引見海昌君尹昉、行司直李廷臣于宣政殿。王曰：「中朝景象如何？」昉曰：「不詳知也。」王曰：「皇上何以不視朝耶？」昉曰：「皇上不視朝已過十年矣。」王曰：「冠服事何如也？」昉曰：「當祈誥命冠服事，謂傳教已去矣。問于姚給事，則科官止之，故不得爲之云矣。」廷臣曰：

弇山集。

「如尹昉所述矣。但林郎中極力周旋，而受制于姚給事，事終不諧矣。」王曰：「中朝事勢然也。奈何？冠服事今欲更請何如？」昉曰：「無姚給事，然後事可成矣。」廷臣曰：「今者事幾暫易于前矣。臣等之行，誥命、冠服二者並請似難。今則既奉誥命而來，若請冠服，則豈有不許之理乎？」王曰：「辨誣事何如？」昉曰：「臣在京時未知其詳也，非徒居于深館，中朝人以外國事爲歇後而不爲言之矣。」廷臣曰：「其事皇上降敕，宣詔丁寧，則是亦昭雪也。天下書何能盡改耶？」昉曰：「聞見奴酋事，則形勢甚爲强盛矣。」王曰：「老酋何以强盛也？」昉曰：「老酋年老，死則無憂，不死則必有患于中國矣。軍卒衣繡，着明銀甲，少無困乏者。其强盛可知矣。」王曰：「方從哲、何宗元用力于我國事耶？」昉曰：「皆用力矣。小臣呈文即爲准下矣。」

壬子，王引見各至兼陳奏使閔馨男、副使許筠于宣政殿。王曰：「王世貞所述何册耶？」許筠曰：「弇山集也。」王曰：「此集中朝盛行耶？」閔馨男曰：「王世貞文章大家也，家家皆有之矣。」王曰：「王世貞文集可以刊改耶？」許筠曰：「禮部之竣請與否，未可必也。」閔馨男曰：「竣請之事，事在林居漫録。

吾學編等四種書記載朝鮮。

中朝，未可從心所爲也。」王曰：「四件書覓來。」許筠曰：「林居漫録則小臣赴京時與金中清觀之，非刊本也。大臣之意，非刊本故不欲刊改矣。非小臣所可專爲也。未知何以爲之也。」閔馨男曰：「其書中事臣未嘗見之，聞其曲折，臣子之心豈可一刻安心以緩其奉命之意乎？」王曰：「劉氏鴻書何鴻字何書耶？」其書期于必得，如不可得，林居漫録覓來可也。」閔馨男曰：「請冠服事，小臣奉聖旨而往，姚永濟若在朝，則未知何以爲之耶？」王曰：「姚永濟若無，則事可易成耶？」閔馨男曰：「姚永濟雖無，事未易完了。聖上至誠請之，臣等之意謂聖孝感天，或可以成也。」王曰：「誥命已成，姚永濟雖存，呈之無妨。」奏本曰：「朝鮮國王臣姓諱（李琿）謹奏爲痛辨誣冤，乞賜昭雪事。先該萬曆四十二年十月初十日，奏請陪臣朴弘耇等馳啓節該：『臣等蒙差來到京師，仍留該館等候聖旨間，適因循例討買書籍，得見吾學編、弇山別集、經世實用編、續文獻通考等四種書內，有紀載小邦事跡一款，委與皇朝會典所録，乖錯殊甚，而又以不近情理之説，橫誣先王。臣等驚愕痛悶，不暇奔告于本國，而粗陳一二實狀于禮部衙門，請將各册原款訛謬等處，盡行删改等高皇帝命朝鮮國號詔旨。

因，列名呈禀。就蒙堂旨，要令歸報國王賫奏呈來，蒙此具啓。』據此，臣私切惶惑。隨該進賀千秋陪臣許筠回自京師，又將各樣書册，通共一十一種啓來。」高皇帝其改命國號詔旨曰：「朝鮮之稱美，且其來遠矣，何以本其名而祖之，休天牧民，永昌後嗣。」又該禮部右侍郎張智等官於華蓋殿欽奉聖旨：「三韓臣民，既尊李氏，民無兵禍，人各樂天之樂」，乃帝命也。

查洪武二十七年，小邦始以宗系辨明事具奏天朝。而永樂元年禮部尚書李志剛等于奉天門欽奉聖旨「朝鮮國王，既不係李仁人之後，是比先傳説差了，准他改正」等因，欽此。正德十三年敕書曰：「爾祖李太祖御諱（李成桂）原不係李仁人之後，特允聽諭以朕意，其欽承之，欽此。」嘉靖十八年奏請陪臣權撥等欽奉聖旨：「該國奏詞，並奉列聖明旨，此後纂修宜付録之，欽此。」嘉靖三十六年陪臣趙士秀賫奏赴京，禮部覆題節該「仍候會典頒布之日，續行昭示」等因，奉聖旨：「是，欽此。」嘉靖四十二年陪臣李陽原回自京師，賫捧到敕諭：「咨爾朝鮮國王，作朕東藩，屢以祖系陳乞釐正，朕特允所奏，宣付史館。因會典之舊文，載爾祖之真派，滌瑕傳信，炳如日星。朝廷自洪武二十七年至萬曆十七年近三百年間，朝鮮爲大明會典宗系一事與中國交涉修改。

之與爾國，皆知出于李子春，而不出于李仁人也。欽此。」萬曆元年敕曰：「爾國太祖舊諱（李成桂）久蒙不韙，荷我列聖垂鑑，已爲昭雪改正。兹者纂修實録，欲將前後奏聞備行採録，以垂永久。朕念爾係守禮之邦，且所關君臣大義，特允所請，抄付史館，備書于肅祖實録内。竢後修新會典以慰爾籲雪先世改正，欽此。」萬曆十二年敕書曰：「先該爾以乃祖李太祖御諱（李成桂）久蒙不韙，屢請昭雪，已許于新修會典内詳載，纂輯有緒，尚未告成。前爾復申前請，命史館録示。今據新修會典稿内載稱云云，前項事由與你原奏相合。俟書完進覽頒行之日，差官賫送爾國，先諭爾知之。欽此。」萬曆十七年陪臣尹根壽回自京師，欽蒙皇上頒降會典全部，敕諭曰：「朕惟會典一書，祖宗舊章，國家成憲，藏之内府，副在有司，其在外藩，未嘗輕示。以爾世修職貢，夙秉忠誠，備屏翰于東藩，襲威儀于上國，雪累世未明之系，既遠愬祈，纂昭代不刊之書，仍思快睹。朕視猶内服，嘉與同文，特賜全編，俾傳永久。原奉兹圖籍，式是章程，既顯被于光榮，宜遵藏于秘密，尚念綏懷之寵，益堅翼戴之忱，欽此。」

丙辰八年（明神宗萬曆四十四年，一六一六）

正月丁丑，冬至使閔馨男、許筠在北京以秘密馳啓「國史、野史，皆有本國誣枉之語，臣等呈卞（辨）禮部」云云。所謂國史即大明會典，光國諸臣所已卞（辨）明者。其野史或先已行于東國，筠家本有之書，其言有不足卞（辨）者。筠或以其贋（贗）作雜其中。又有伍員萃所述林居漫録草本尤可疑。筠掇拾上聞，以中王意，遂以卞（辨）誣自任矣。

辨誣自任。

十一月辛未，遣使申請恭聖王后冕服，其奏曰：「謹奏爲更陳危懇乞蒙恩命事。先該萬曆四十三年六月十二日，謝恩陪臣尹昉等回自京師，賫捧到追封臣生母金氏誥命，欽此欽遵。除將小邦應行事例奉行外，只緣所有冠服，未蒙欽賜。臣不勝悚缺之懷，再封瀝血之疏，冒達宸陛，專候旨下。」

追封誥命。

萬曆四十四年十一月初四日差陪臣議政府左議政李廷龜、工曹判書柳澗等賫進。閔馨男之行賫銀萬餘兩，兼請誥、冕，筠盜用其半，禮部嫌其賄少不許。至是復賫萬數千兩而行，皆譯舌等與禮部郎吏分書者也。

請誥、冕事，補賄方辨。

迎受皇后冠服。

丁巳九年（明神宗萬曆四十五年，一六一七）

六月丁巳，冠服奏請使李廷龜、柳澗書狀官張自好等蒙欽賜冠服。是月十二日發馬北京，二十五日當到遼東，馳啓以來。傳曰：「皇恩如海，冠服又降，感結幽明，徒自涕泣。謝恩使速爲擇差，迎受冠服，即爲發送。」

八月辛亥，王晨時出御于慕華館幕次，迎恭聖王后冠服。王出謝皇恩，百官陳賀。

十一月庚午，皇帝敕諭朝鮮國王：「據禮部題稱，爾父昭敬王諱（李昖）副室金氏乃王之生母也。自王嗣位以來，篤念劬勞，復興大業，奏請封典，已經如制追封妃號，給與誥命，慈孝俱彰，忠禮兼著。仍照條例，令自備冠服。王復差陪臣奏請再三，情詞懇切，准下部科酌議。以庶難匹嫡，未合允從。朕念爾母誕育藩王，贊承東國，母以子貴，情理攸宜。既荷鴻休，宜膺象服。茲特破格貤恩，允給冠服、綵幣等件，就付差來陪臣金存敬等賫回，至可收領。聿承綸綍之華，永慰杯棬之慕。王宜精白乃心，鞏固藩采，副朕體孝表萬曆皇帝敕賜物目。

忠至意，欽哉故諭。」計開：朝鮮國王生母金氏一位，珠翠七翟冠一頂，次香色素禮服匣一坐，象牙女笏一枝，木紅平羅銷金夾包袱二條，礬紅紬板箱一個，大紅素紵綠夾大衫一件，青紵綠綵繡圈金翟夾褙子一件，青線羅綵繡圈金翟鶴霞帔一件，綠暗花紵絲綴繡翟補子夾團衫一件，紅暗花紵絲夾裙一件，青暗花紵絲夾裙一件，紅布包袱一件，紵絲暗細花四匹，大紅一匹，青一匹，鸞影綠一匹，翠藍一匹，線羅暗紅花四匹。」

戊午十年（明神宗萬曆四十六年，一六一八）

五月己酉，遣聖節兼陳奏使朴鼎吉奉表如京師。

六月丁卯，續遣聖節使兼陳奏使尹暉如京師。

癸未，謝恩使申湜等被侵遼東，罄盡行橐，本月十八日始得發向北京，馳啓以聞。

八月辛未，遣禮曹參議朴思齊以管押使朝京獻馬七百匹。

《朝鮮王朝實錄》光海君日記

敕賜白金等。

萬曆皇帝敕諭。

丙子，遣户曹參判尹義立、工曹參判睦大欽以冬至使朝京師。

九月戊戌，聖節使狀啓：「兵部覆題，將我國兵馬慎守沿江要地，以防奴寇奮突，另賜勅諭特賜焰焇，以示皇上撫小之意事，皇上已爲准許。臣等之行，待受勅離發，聖旨謄本，别爲上送。」

己未十一年（明神宗萬曆四十七年，一六一九）

二月丁卯，謝恩使申湜、聖節使尹暉等捧勅回自京師，王出迎于慕華館。勅曰：「皇帝勅諭朝鮮國王，該禮部題稱，據王奏，有漂海人民薛萬春等四十一名至王境内，今差陪臣申湜等管送前來，具見王尊奉天朝，忠順不懈，朕甚嘉之。茲特降勅奬勵，仍賜白金、文錦、綵緞，以答勤誠。就令申湜等賫回，至可收領。其押解陪臣申湜等、書狀通事等官尹知敬等、從人巡海員役等，各效勤勞，賜賚有差，並諭知之。王其體朕至意，故諭。萬曆四十六年九月十七日。」皇帝勅諭朝鮮國王：「朕治垂一統，守在四夷，當重譯貢琛之時，息鳴鏑控弦之警。迺建州遺孽，款塞窮首，犬羊未饜于貪饕，狼豖不虞其奔突，蕩摇我邊鄙，荼毒我士民。漢過不先，朕怒斯赫，爰整張皇之旅，用宣撻伐之威。惟爾朝鮮國王，恪守箕封，祗供藩職；憤兹醜類，逆我顔行；奉大帥之檄文，集陪臣之謀議；藉兵一萬以上，賦馬七百有奇；遣間諜以偵虜情，購焰焇以飭火器。爾之不憚征繕，慮難勤王，亦足嘉已。兹特准部覆題給發馬價、焰焇，用佐軍實，仍遵憲廟舊例，頒賜勑書。爾命將提兵，申嚴紀律，聽經略相機調遣，尅日進征，務成犄角之形，遄奏蕩平之績。朕當不靳殊錫，以酬爾勳及爾將士。其分兵海島，備禦非常，尤宜戒嚴，俾無崩震。於戲！祖廟之厚誣已雪，世德重光，天朝之封殖惟殷，邦基再造。勉效劻勷之力，用攄報塞之忱，欽哉故諭。萬曆四十六年九月十七日。」

六月丁丑，陳奏使李覺在京師馳啓曰：「臣賫來奏文，已奉聖旨，兵部差遊擊張萬春奉勅前往遼東，奬諭本國，使經略差官送至國中云矣。」

七月壬午，謝恩使李弘胄在燕京馳啓，言虜兵又陷開原鎮。

八月乙卯，差官袁見龍等奉皇勅賞銀入京，王出慕華館親迎。皇帝勑諭萬曆皇帝敕賜賞功銀。

朝鮮國王姓諱（琿）：「朕撫有萬邦，綏茲屬國，既安危之相倚，宜休戚之與同。頃者奴酋逆天，稱兵犯順，陷我城堡，戕我軍民，惡貫既盈，神人共憤。朕赫然震怒，爰興問罪之師。惟爾朝鮮國王姓諱（琿）志切同仇，計圖勦逆，整搠兵馬，裹糧相從，戮力齊心，誓清大憝，勤王之義，朕甚嘉焉。緣我大將寡謀，王師失利，以致爾軍雖有斬獲，無救損傷。兩帥之被擄未還，士卒之創殘幾盡，按臣奏至，良用惻然。已令所司，查明優恤。茲特遣官頒賜勅書，賫御前所發賞功銀一萬兩，馳送爾國，量行褒賞，吊問死傷。慰忠義之魂，撫創痍之衆。凡爾君臣將士，宜悉朕懷。今騎虎之勢已成，犄角之局須結，尚益挑選精鋭，分布沿江，據險列屯，相機戰守，一以壯我聲勢，一以固爾藩籬，俾狡夷不得肆吞噬之謀，庶遼左亦終藉應援之助。勉圖後效，毋棄前功，雪恥除兇，務期殄滅。朕當不靳殊錫，以酬爾勳，欽哉故諭。」

九月癸巳，頃奉敕書有曰『挑選精鋭，據險列屯，相機戰守，庶遼左亦終藉應援之助』，敕旨所在，從可知矣。不此之圖，而徑自請救，誠有所未安。」

乙未，袁差官賫來賜銀敕書，李覺許買焇角等事告廟後教書。

十月壬子，千秋使李弘胄、聖節使南檖等在燕京，以徐光啓、張至發等奏本馳叩。

庚申十二年（明光宗泰昌元年，一六二〇）

敕賜賞銀。

四月戊午，奏聞使黄中允奉表如京師。先是告急使洪命元之行奏請留兵鎮江，兵部許之，而且題請特送欽差頒敕宣諭，又賜犒賞銀二萬兩。蓋其時一種論議，有宣諭爲名監護爲實之意，洪命元因此呈文兵部請停天使，順賫以去。兵部即依所願，敕書及銀給付命元以送。本國廷議大以爲非，急遣黄中允馳奏還請敕使。

皇后崩逝。

癸酉，告急使洪命元在燕京馳啓曰：「四月初六日皇后崩逝，敕書、賜銀二萬兩順付以來。」

五月丙戌，政院啓曰：「伏見義州府尹狀啓，皇上崩逝之奇，極爲驚慟。其狀啓請速還下，令大臣及該曹急議處何如？」傳曰：「允。」秘密傳曰：

明光宗泰昌元年，一六二〇

萬曆皇帝崩逝。

萬曆皇帝遺詔。

「皇帝崩逝日子，太子登極，建號德勝（時訛傳改號德勝云。）等語，非浪傳之訃音，依禮文聞訃日即當爲舉哀矣。」

七月丙申，神宗皇帝崩時，陪臣李廷龜在京師馳啓以聞。略曰：「皇上聖候，自六月望後添得暴疾，二十日大漸，閣老入宿内閣。二十一日放御醫，皇上御弘德殿引接閣老方從哲、英國公張惟賢、兵部尚書黄嘉善、吏部尚書周嘉謨等八人，將手指面教各臣看一看，病至如此，又慮憂東事。方從哲等奏用人發帑等事，皇上將手連握數次，不久斷氣。是日酉時崩逝。臨崩遺詔曰：『朕嗣祖宗大統四十八年，久因事焦勞，以致脾疾，遽不能起，有負先皇付托。惟皇太子青宫有年，實賴卿與司禮監協心輔佐，遵守祖宗，保固皇圖。卿功在社稷，萬世不泯。』是夜御史四員巡視皇城，嚴守衛，禁出入。皇太子發令旨，着禮部會同翰林院議喪禮。二十二日發喪小斂，二十三日頒遺詔後仍大斂，奉安梓宫，立銘旌。臣等鎖在館中，百官及館夫等皆在闕裏，門禁益嚴，無由出入。不得已呈文於禮部曰：『大行皇帝賓天，千官自明日哭臨，而職等出入不得自由，不勝悶鬱。竊念皇上訃至本國，則國王有率百官舉哀發萬曆皇帝發喪之禮。

喪之禮，況職等來在輦下，豈可退在館中，乞隨參于千官哭臨之列。凡于應行禮節，一一指教』云。則閣老謂禮部曰：「朝鮮同内服，不可以外國區别，此言有理，可謂禮義之邦。』乃許隨班行禮。因于儀注中添入朝鮮使臣行禮一款，至有進香之禮，行文工部，造給孝服，發票許出。是夕工部先送臣等三人衰服，制頗違家禮，呈文禮部而改之。二十四日曉，臣等白帽白衣往闕門外，着斬衰腰經帶麻鞋從午門西掖踰會極門，進思善門外，即武英殿之左而大内之差備門也。見萬歲山，松栢蒼蒼，其下即宸居，乾清、坤寧在其左右。隨千官行成服禮，前後舉哀成禮而罷。二十五日曉，隨千官先詣文華殿上箋于皇太子，勸即帝位。乃詣思善門外行朝哭禮，仍與千官進香祭一壇而罷。二十六日曉如前進參，上勸進箋于文華殿，行朝哭禮於思善門外。皇太子令旨大概：一則諭内閣六部竭忠供職，一則收用大臣賢士有民望者，一則發内帑銀一百萬兩，解赴遼東等九邊各鎮以作犒賞，一則天下鑛税太監盡行撤回，一則又發帑銀一百萬兩，專送遼東犒賞將士。仍檢發未下題奏，大官缺窠亦多填補，中外洽然聳動。二十七日群臣三上箋，答曰：『文武群臣耆老

《朝鮮王朝實録》光海君日記

新皇帝朱常洛登極典禮。

軍民等合辭陳請至三至再，已悉忠懇。天位至重，誠難久虚，况遺命在躬，不敢固遜，勉從所請。』因諭禮部曰：『皇考大行皇帝上賓，予哀慟悲號，五内摧裂。而文武群臣耆老軍民等以祖宗基業之重，皇考遺命之嚴，上箋勸進，義正辭懇，不得已勉從所請。茲當祗告天地宗廟社稷，即皇帝位。你部擇日具儀來聞。』欽天監奏八月初一日午時吉。是日早遣官祗告天地宗廟社稷，皇上以孝服臨大行皇帝几案前，祗告受命畢，即于文華殿前設香案酒果，具衮冕行告天地禮，隨赴奉先殿謁告祖宗畢，仍具衮冕詣大行皇帝几筵前行五拜三叩頭，詣孝端皇后几筵前行五拜三叩頭，詣温肅端敬純懿皇貴妃即上生母。神主前行四拜禮畢，詣文華殿即位。文武官具朝服入丹墀内，臣等與千秋、聖節兩使臣隨班入參。午時皇上升寶位，傳旨免宣表，免賀。只行五拜三叩頭訖，千官出承天門外。翰林院官于御前詔書用寶，置雲□至承天門上宣讀，千官五拜三叩頭，讀訖山呼蹈舞而罷。改元泰昌，自明年爲始行用。初二日賫詔差官行人司及序班等分往十三省頒詔。是日皇城六門四營指揮等六千八百餘員名把守禁城，四門勇力士二千八百餘員名把守。而各門皆以鹵簿儀仗陳久破污。

大行皇帝在殯，值新皇帝生辰，免賀。

兩象分立，侍衛龍轡駕象立于午門外，錦衣衛官親執儀仗召侯、伯、閣老、尚書，皆不得帶率下人，班行肅然。而文華殿庭狹窄，多官分立内外，所謂鹵簿大駕儀仗，陳久破污，所見埋没，皆云先皇帝時不爲致備，故如此云。初二日、初三日千官連行賀禮，大學士方從哲以亟補閣臣事上本，則奉聖旨：『覽卿奏具見忠悃。况今邊方多事之時，正賴卿運籌帷幄，主持匡襄。所謂補閣員准爲先點閣臣二員充用，還着吏部再推見任在籍素有才望的七八員來准用。』仍諭吏部曰：『吏部右侍郎兼翰林院侍讀學士史繼階、南京禮部右侍郎沈漼俱升禮部尚書兼東閣大學士，差官行取來京，同從哲在閣辦事，故諭。』蓋史繼階、沈漼俱以首望會推以入，今三年，方從哲上催本數十度始爲下點，而亦不批發故也。初七日禮部以十一日萬壽聖節事上本。則奉聖旨：『大行皇帝梓宫在殯，朕兹值生辰，倍切哀慟，賀着免行。』又一本請策立東宫以培國本事。奉聖旨：『策立東宫，謹遵遺詔，於釋服後舉行，你部須擇日具儀來奏。』欽天監以九月初九日擇吉。是日禮部接出聖諭：『朕生母升天年久，當追尊爲皇后，祔葬于皇考新陵。合行事宜，查例具奏。』又于前月十五日諭新皇帝視事儀禮。

內閣曰：『父皇遺教曰：「你母皇貴妃鄭氏侍朕多年，勤勞茂著，可進封爲皇后。」應行禮節，禮部具儀來看。』禮部上本峻辭請寢。初八日上本：『皇上嗣登寶位，萬機攸繫，伏望念宗廟社稷之重，小節哀情，請于文華門視事，百官行奉慰禮。』奉聖旨：『朕哀慟方深，豈忍遽離喪次，其以本月十二日視朝，你部具儀來看。』禮部查議『歷朝舊制服制，于二十七日內服衰服視事，二十七日外易素翼善冠麻布袍腰絰，至祔廟之後，始易常服，御朝如常儀。今亦依此。本月十二日皇上服衰服御文華門視事，百官素服素冠腰絰行奉慰禮。今月二十一日服制已滿之後，上易素翼善冠麻布袍御文華門視事，百官素服烏紗帽黑角帶皂靴。』奉聖旨：『是。』十二日視朝後，照舊于三、六、九日視朝事命下。」

八月乙卯，千秋聖節使在京師以皇帝崩逝事馳啓以聞。

新皇帝敕書。

戊午，奏聞使李廷龜在京師以皇帝崩逝及皇敕一部謄書馳啓以聞。其敕曰：「皇帝敕諭朝鮮國王李（琿），朕惟大恩不蓄小嫌，孚在形迹之外，至明恒見萬里，智居聽睹之先。惟爾朝鮮僻處東隅，世遵箕範。維我夙推心腹，新皇帝亦崩逝。

肆爾世濟忠貞。憤茲奴酋，棄信速禍，索厥國賦，戮力從征，仁推父兄，勢捍頭目，師雖暫衄，志愈靡他。寧俟戒嚴輔車，洒奮同仇之愾，況肯觀望蚌鷸，轉懷兩袒之私。是用再降璽書，荐錫金幣，聊示優恤，爰助隄防。儻以道路傳諜之言，輒爲投杼，差胡往來之跡，不釋飲弓，爾固何堪，我亦安忍。原無陰翳，詎待晛消。矧夫上兵伐謀，豈必焚書斬使；弭謗不辨，無庸泣血剖心。然猶介介靡寧，皇皇求雪，精能貫日，氣欲吞胡。匪啻明王之疏，義勃于志；抑且陪臣之懇，情見乎辭。茲益見悃誠，愍爾憤惋，弘爲開布，嘉與昭宣。載申羽翼之盟，更訂犄角之誓。我天克定，聿睹張皇；彼貫已盈，終就殄滅。互援協濟，襄撻伐于一朝；湔恥除兇，垂勳名于千古。爲此俯慰，爾其欽哉，故諭。」時兩帥既以密旨投降，差胡之往來不絕，天朝致疑日深，遼廣諸鎮莫不疑阻，故王遣文臣陳奏，而有是勑焉。

九月庚子，平安監司狀啓「即聞天朝新皇上又爲崩逝」云。

十月壬子辰時，王出幸慕華館，迎奉天承運皇帝哀詔。王還宮入仁政殿，差官奉哀詔入置殿上，行讀詔禮，禮畢王升階上行擧哀禮。初萬曆皇帝哀聞至楊經略正軍刑。

本國，上下舉哀成服，滿日而除。至是差官奉哀詔出，乃舉哀七日而除。

庚午，虜情告急使洪命元等還自京師。王出慕華館迎詔。

癸酉，傳曰：「楊經略已正軍刑云。極爲慘惻。自我國別無致祭于生祠之事乎？且熊經略已遞去云。今此陳慰、進香使赴京時，禮物揭帖若已遠去，則勿爲强傳，還爲賫來。」

十一月己卯，王出迎神宗顯皇帝册謚。

戊午，陳奏使李廷龜等還自京師，王出郊迎敕書。皇帝敕諭朝鮮國王：「朕光膺泰運，正當熙洽之麻；爾再造箕封，甫釋匡勷之慮。蠢茲醜虜，發難東陲，賴爾賢王，同仇北伐。何圖左次，驟失中權，兵氣不揚，虜氛倍惡，不憚鴨江之險，將翻鯨海之波，爰走陪臣，乞師上國。朕仁宏字小，義切扶危，念爾往遭日本之憑陵，幸邊境宴安，得遣全軍拯救。今遘天驕之蹂躪，會封疆搖蕩，僅用一旅周旋。已屬經臣，速遴偏師，戍守寬奠以及鎮江，並資犄角之形，各壯應援之勢，保爾屬國，固我外藩，在此一舉。茲特賜敕宣諭並賚帑銀二萬兩，犒爾將士，用示醪纊之恩。爾國文治有餘，武功不競，朕屢行中諭，光宗皇帝朱常洛登極詔。

熹宗皇帝朱由校敕書。

《朝鮮王朝實録》光海君日記

實啻丁寧。爾尚黽勉詰戎，拮据禦侮，鼓舞戰士，令十可當千，籌畫軍機，須百不一失。沿江要害，設伏隄防，傍塞關津，嚴諜覘探。虜進則或摧其鋒，或挫其殿，務使狼顧而不前；虜退則或擊其惰，或邀其歸，勿致鹿挺而走險。攻守互用，奇正迭更，立殲兇胡，以雪國恥，俾三韓不聳，百濟攸寧。惟爾國君臣與我文武將吏盟心勠力，異城同舟，以樹此不朽之令名，無前之偉績。爾其欽哉，故諭。」

十二月壬戌午時，王以迎泰昌皇帝登極詔出敦化門外迎詔後，還仁政殿行宣詔禮。

甲子正午，王出迎恩門迎哀詔，還于仁政殿行宣詔禮，禮畢，升階舉哀。

辛酉十三年（明熹宗天啓元年，一六二一）

四月癸酉，義州府尹狀啓，熊經略領兵二十萬過山海關云云。

甲戌，冬至使任碩齡、崔挺雲，書狀官高傅川奉敕入來。敕曰：「皇帝敕天啓皇帝敕書。

國王以陰陽拘忌，推遲迎詔。

諭朝鮮國王姓諱（李琿）。該禮部題稱，據王奏有漂海人丁陳明等十四名至王境内，今差陪臣吏曹參判任碩齡等管送前來，具見王尊奉天朝，忠順不懈，朕甚嘉之。兹特降敕獎勵，仍賜白金文錦綵段，以答勤誠。就令任碩齡等賫回，至可收領。其押解陪臣任碩齡等、書狀通事等官高傅川等、從人金中禄等各效勤勞，賜賚有差，并諭知之。王其體朕至意，故諭。」癸未，登極詔使劉鴻訓、楊道寅入京，敕曰：「皇帝敕諭朝鮮國王姓諱（李琿）。朕纘紹鴻圖，君臨天下，車書一統，聲教四敷，正朔所加，罔不覆露。矧惟國王秉修禮義，職貢虔恭，作我東藩，冠于諸服，宜有錫賚，以示優隆。今特遣正使劉鴻訓、副使楊道寅賫詔敕諭，并〔賜〕王及妃幣帛文綺。王其益篤忠勤，保固封域，用昭有道之守，咸荷無疆之休，欽哉故諭。」時王以陰陽拘忌，屢退迎詔之日，輒行千金賂給詔使。兩使皆貪墨無比，陽示怒意，要索貨物，然後乃許之。是日迎詔，誥敕上殿。兩使纔入正門，忽白雲自闕内湧起，大雨暴下如注，須臾深尺許。自王以下未及入幕，霑服如沐，上下驚愕，無不股栗。俄頃雨止，詔使始上殿行禮。闕門外則雨勢甚微，鍾街以南，往往點滴而已。

詔使劉、楊貪墨無比；張、許清風峻操。

甲申，赴京使臣朴彝叙、柳澗回自京師，遭風漂没。時遼路遽斷，赴京使臣創開水路，未諳海事，行至鐵山嘴，例多敗没。使臣康昱、書狀官鄭應斗等亦相繼溺死。自是人皆規避，多行賂得免者云。

五月壬寅，詔使劉鴻訓、楊道寅西還，王餞于慕華館，仍過慶德宮，申時乃還。鴻訓，濟南人；道寅，嶺南人：貪墨無比。折價銀參，名色極多，至于發給私銀，要貿人參累千斤。捧參之後，旋推本銀四兩，松都輦下商賈號泣徹天，大都收銀七八萬兩，東土物力盡矣。詔使之至我國者，如張寧、許國清風峻操，雖未易見，而學士大夫之風流文采，前後相望。至於要銀參饍品折價，則自顧天俊始，而劉、楊尤甚焉。

九月癸丑，王接見陶軍門差官張守備翅、張哨官汝德。王曰：「小邦陪臣等既蒙撫院大人護恤，得達帝京，誠爲感激。上年進香、陳慰陪臣亦未回還，前後陪臣出來時，撫院大人更加憐恤，擇給完固船隻，使之無事涉海，則大人終始之惠，小邦君臣豈不銘感。願以此歸告撫院大人，十分宣力，幸甚。」差官曰：「陪臣前往帝都時，撫院別遣差人護送，差人已還矣。陪臣所敕賜賞銀三萬兩。

乘船隻，多有被毀之處，撫院即使修葺。陪臣回還時，亦當覓給完固船隻，以護涉海，何待殿下勤教而後爲之耶？」王曰：「多謝多謝！聞前往陪臣等特蒙皇上厚賜云，然耶？」差官曰：「兩詔使宣力各賜銀一萬兩，寵遇非常云矣。」王曰：「楊經略李總兵今在何處？朱梁兩使今爲何官？」差官曰：「楊李既已回家，朱梁已補外官。俺七月來到軍門，不得詳知。」

十月己丑，傳曰：「金應河死于國事，忠烈可想，而其妻子將不免于飢寒，皇上降詔賜銀，皇恩罔極。其家屬月俸優給。」

壬戌十四年（明熹宗天啓二年，一六二二）

四月戊寅，王迎勅于募華館。

癸未，梁監軍入京，王迎敕書于慕華館。監軍名之恒，字孟監，號丹崖，登州人也，丁未進士。至是起復爲河南按察副使，充遼東南路監軍，越海以來。天子以我國敵愾，降敕奬諭，欽賜銀三萬兩，使之分賜戰亡將士，兼爲陣監軍貪污。

上軍兵犒饋之用。王留置宫中，竟不出。監軍貪污無恥，作色自巧取，多至累萬兩銀，還朝之後，爲科官所論，削職爲民，追徵銀七萬兩云。華人亦唾罵，至有作詩嘲之。敕書曰：「敕河南按察司副使梁之恒，兹者奴酋犯順，天討方張，三方布置，既分登、萊爲南路，特命爾爲南路監軍，一方軍士屬爾主管。賫敕宣諭朝鮮，爾其稟成經撫，多方開諭鼓舞，使其住兵要害，以襄撻伐。遼衆逃竄者，一面宣德振恤，仍董率將官，招納東土一帶拒賊良民，選鋭充兵，共爲防勦。麗兵犒賞及軍中錢糧器械等項，並要清查明白，報該撫總覈。務期音息時通，以成犄角，候大師既集，約期進討。爾須躬督以陳，鼓勵朝鮮、登、遼各將，奮勇勦殺。一切功罪，逐一記録，聽候處分。戰守方畧，會同南路道鎮討議，取裁該撫以行，仍聽經畧節制。如事可自決者，遠在閫外，許爾相機行事。爾既專涖一隅，責任尤重，須悉心審畫，集事奏功，用副委任至意，爾其欽哉故敕。天啓元年八月十七日。」甲申，王接見監軍于南别宫，行下馬宴禮。王曰：「熊經畧、王巡撫今在何處？」監軍曰：「熊經畧聽勘，王巡撫待罪。而廣寧失守，則專由于將官輕敵出戰，或致墮馬，終見失律國王上尊號。

敗衄，此其熊、王之罪哉！」

十月己卯，登極使吴允謙馳啓，九月初六日北京離發，二十六日到登州。

十一月庚子，王以天朝賜敕奬諭，兼賜金幣，上尊號曰「建義守正彰道崇業」。因御正殿受百官諸道賀。

仁祖實録

計五十卷。起仁祖元年癸亥（明熹宗天啓三年，公元一六二三年）三月，至仁祖二十七年乙丑（清世祖順治六年，公元一六四九年）五月。李敬與、金堉等撰，順治十年書成。

仁祖憲文烈武明肅純孝大王諱倧，字和伯，小字天胤，在位二十七年，壽五十五，葬長陵。

明熹宗天啓三年，一六二三

中國給焰硝萬斤。

癸亥元年（明熹宗天啓三年，一六二三）

六月辛酉，備邊司啓曰：「天朝於冬至使李顯英行特給焰硝累萬斤，請於冬至使趙濈行申謝。」上從之。

甲子二年（明熹宗天啓四年，一六二四）

三月己巳，奏聞使李慶全、副使尹暄在北京馳啓曰：「臣等到京師進呈奏本後，因查出來之舉，朝廷論議未定。臣等呈文於禮部，則尚書林堯俞曰：『陪臣上本，事無規例，我當據此轉奏』云。十二月十三日朝命閣老、六部、九卿、科道、御史諸官商議定奪，致得朝議歸一。十六日詣禮部請速行題封，則尚書答曰：『廷議始妥當。』乃於十七日上本請封，聖旨即爲准下。正月初八日，臣等將並封王妃、差遣詔使兩件事呈文，尚書曰：『封王妃事，遣使之日一時册封』云。初九日詣西長安門外，又呈文於葉閣老向高曰：『准封國詔使文臣不願渡海故朝議未決。

天啓皇帝敕書。

王，則王妃自當偕封，詔使何以尚不差出？』答曰：『翰林科官例當差遣，而以浮海之故，皆不要去。不得已差遣武臣，而又妨於事體，以此朝議未決』云。」

四月癸卯，上幸慕華館迎皇敕。敕書若曰：「朝廷封殖藩邦，用以屏衛疆城（域）。近因建酋未靖，爾邦誼切同仇，屬當多事之時，宜定軍國之主。名位以正，號令乃行。兹據該國昭敬王妃及臣民奏結，爾倫序相應，人心攸屬，且翼戴恭順，輸助兵糧，戮力圖功，允宜褒錫。特用封爾爲朝鮮國王，統領國事。仍令整兵索賦，同平遼總兵官聯絡聲勢，策應軍機，偵探情形，設奇制勝，固以壯我外徼，亦以奠爾提封。先此敕諭，便着該國陪臣賫賜，爾其承之。其以正妃韓氏封爲王妃。俟東事稍平，查照舊例，仍遣勳戚重臣持捧節册，完此封典。爾宜纘祖忠勞，益監臣節，務期殄逆保疆，克修藩職，以副朕意，欽哉故諭。」

甲辰，上引見奏請使李慶全、副使尹暄、書狀官李民宬曰：「卿等無恙還來，且完使事，予甚嘉悦。」暄曰：「孟推官不得所欲而去，故做出無根之言，賴葉閣老鎮定。福建御史李命承亦毁斥我國，而聖旨嚴峻。閣老等曰：『今詔使不願渡海，詔書明年才能送出。

此流言，皇帝皆已洞燭，即准封典，何必更言』云。皇子誕生儀注中，有『朝鮮則方在查勘中，准封後當出詔使』之語。臣等即爲呈文于禮部曰：『朝鮮禮義之邦，凡有慶賀，先送詔使，例也』云。則禮部答曰：『准封詔使出去時，當一併發送。』詔使欲以科道、翰院送之，而浮海之行，人皆厭憚云。然明年當爲出來矣。」又曰：「皇上勵精圖治，鳴鼓聽政，中外想望矣。中原亦有變故，徵兵於黔中，黔中人作『毋向遼東浪死歌』，遂起兵作亂，衆至十餘萬。王軍門爲此賊所擒，朝廷將發四省兵擊之云。」慶全曰：「變異亦多，地震非常，太白晝見，熒惑入南斗，天狗墜落云矣。」上曰：「聞中朝之人，舉喜皇子之誕生云，似無怨上之心矣。」上又曰：「西㺚之事如何？」慶全曰：「甚盛云。」

五月戊辰，令赴京使臣乘船於安州。一自遼路斷絶之後，朝天之行，每於宣、鐵之間留滯，候風而去。裝船夫馬之弊，種種難支。至是金藎國啓於筵中曰：「即今清川以北，凋弊已極，若於安州乘船，則可省平安一路之弊。」從之。

七月甲寅，訓鍊都監請於赴京之行，例貿焰硝一千斤外，別付二千斤所貿之價，使之貿來。從之。

乙丑三年（明熹宗天啓五年，一六二五）

中國送曆書晚，故私造小曆。

正月壬戌，毛都督求新年曆書，朝廷許之。諸侯之國，遵奉天王正朔，故不敢私造曆書。而我國僻處海外，遠隔中朝，若待欽天監所頒，則時月必晏，故自前私自造曆，而不敢以聞於天朝，例也。都督願得我國小曆，接伴使尹毅立以聞。上令禮曹及大臣議啓，皆以爲若待皇朝頒降，則海路遥遠，遲速難期，祭祀軍旅吉凶推擇等事，不可停廢，故自前遵倣天朝略成小曆，以此措語而送之爲便。上從之。

六月朔丁丑，詔使到開城府，名以開讀禮，徵索不已。贈銀一萬二千兩，猶有不滿之意。儐使約以到京添給。

天啓皇帝詔書。

己卯，天使監文書太監王敏政、忠勇軍提督太監胡良輔奉詔敕入京，上率百官郊迎，頒詔訖，上與兩使行茶禮。中殿自内備禮受冕服如儀。詔曰：「維爾朝鮮，世著忠勤，每當纘緒嗣服之初，輒以詔封上請，示不敢專也。念我皇祖曾册封前國王李琿，不意頃者以失德見棄。爾昭敬王妃金氏具奏國天啓皇帝敕諭，頒賜誥命、冕服等。

情，應以爾李諱(倧)嗣立，佇承大統，用鎮東隅。今特封爾爲朝鮮國王。命出天朝，爰正位號，爾爵爾土，自茲有屬。其該國大小臣民，共體朕慎重簡畀之意，其務佐王修政飭備，固圉遏奴，光弼朕撻伐之烈。庶予一人，非有私於爾新王，故茲詔示，咸使聞知。」敕曰：「諭署朝鮮國事李諱(倧)。該昭敬王妃金氏奏爾叔李琿以不德自絶於國，臣民繫心，倫序相應，實在爾諱(李倧)。總兵官毛文龍復爲代請。茲特遣太監王敏政、胡良輔等賫詔示爾國人，封爾爲朝鮮國王，並封爾妻韓氏爲王妃，特頒賜爾及妃誥命、冕服、冠、綵、幣等件，王其祇承，無替朕命。」

丙寅四年（明熹宗天啓六年，一六二六）

皇子誕生。

二月丙申，謝恩使朴鼎賢、鄭雲湖等上年十一月十六日在北京馳啓竣事行止。且言十月初一日，容妃任氏誕生皇子，頒詔天下，而本國詔使翰林院編修姜曰廣、工部給事中王夢尹已爲差出，開春後當爲發去云。

明熹宗天啓六年，一六二六

詔使接受人參三十萬斤。

天啓皇帝詔書。

《朝鮮王朝實錄》仁祖實錄

三月己巳，接伴使鄭斗源馳啓曰：「都督言：『上年詔使胡良輔之還朝也，以受貴國人參三十萬斤，斥退南京。而楊總兵亦以替其馱載，並被參。天朝多官，皆言朝鮮極其富厚云。而至謂俺亦於其時得貴國銀四十萬兩云，只可一笑。』臣答曰：『老爺被四十萬銀子之誣，則本國必當辯白於天朝。』」

六月甲申，上幸慕華館迎詔敕，還詣崇政殿受詔敕如儀。禮畢，上以翼善冠衮龍袍由西門陞殿拜詔使，問皇上起居，賀皇子誕生。上仍曰：「不穀方在憂服中，而今日乃頒詔大慶，況大人有命，何敢違也。」詔使曰：「今日之事，普天同慶，不可以素服相會，聖天子制禮亦如此，故敢有所請矣。明日後則自當以素服行禮，一以盡忠於皇上，一以盡孝於私親，豈不美哉。」詔書：「奉承運皇帝詔曰：朕惟帝王保世承家，道存燕翼，惟禎祥之長發，斯胤祚之永昌，廟社有靈，篤生非偶。朕屬承鴻運，嗣守丕基，蚤夜兢兢，思所以覲揚先烈。惟是仰循成憲，毖肅朝常，癉惡陟明，奉若大道，庶幾惟新治化，以無墜於厥緒。而皇穹純祐，祖澤厚培，以今年十月初一日第三子生。震出協符，離明啓輝，知列聖在天之懌悅，宜萬方率土之歡呼。詔爾海邦，俾同慶

明熹宗天啓七年，一六二七

天啓皇帝敕書，賜采幣文錦。

戴。天啓五年十月二十五日。」敕書：「皇帝敕諭朝鮮國王李諱（倧）。茲朕皇子誕生，覃恩宇內。念王世守東方，恪修職貢，宜加恩賚，以答忠誠。特遣翰林院編修姜曰廣、工科給事中王夢尹充正副使，賫捧詔諭。並賜王及妃綵幣文錦，至可受賜，見朕優禮之意，故諭。」

乙酉，上幸南別宮行翌日宴。上謝不受禮單之事，詔使答以「貴國疲於接濟遼民，俺等之節損蓋爲除弊而然。」

丁卯五年（明熹宗天啓七年，一六二七）

五月辛未，冬至聖節使金尚憲等回自京師，至灣上馳啓曰：「三月初九日，臣等在燕京，始聞本國被搶。呈文於兵部，以爲『小邦爲天朝守職盡分，向年深河之役，與虜結釁。又以毛鎮籍在小邦，奴之必欲吞噬小邦之心豈頃刻忘也。直以內憚關門寧遠之勢，顧念巢穴，不敢逞計。迨新酋用事之始，因喪示弱，無故請款，乘機驟發，悉銳東向，此其勢豈獨欲吞小邦而止乎！小聖旨：奴兵東犯，大兵涉河，以助屬國。

邦一日不支，則毛鎮亦無所依。毛鎮無所依，則彼將專力西犯，皇朝疆域之憂，必不止於今日也。誠及此時，速發偏師，乘其空虚，擣其巢穴，使賊首尾牽掣，則一舉而全遼可復，屬國可全，此乃兵家不可失之機會也。』本部題本，奉聖旨：『奴兵東犯，朝鮮必不能支。朝鮮折入，則奴勢益張矣。着馬上差人説與寧遠撫臣，乘奴遠掠巢虚之時，挑選關、寧精鋭，擇智勇之將，輕兵直擣；大兵涉河，相機續濟，以牽奴後，而紓屬國之急。其糧糗犒賞，師行必需，户、兵二部亦宜急速處置，毋得遲緩，坐失事機。』又呈兵部曰：『伏聞毛鎮搪報有云：「麗人恨遼民擾害，暗爲導奴奸細，欲害毛鎮。」噫！此何言也。小邦之失歡於毛鎮，不過參刀紙束之微，而常時搆捏，亦已甚矣。至於今日，共受兵禍，軍民糜爛，疆域潰裂，而乘人之厄，反以爲幸，張皇虚説，加以不測之名。噫！天下寧有仇視同胞，欲害一家，與仇奴謀，引入門庭，肯畔君父，而自甘禍敗之理乎！昨者舌官又言閤下問及小邦與倭爲婚。夫倭奴本戾氣所鍾，四海夷狄之中，未有如此別種也。不幸與之爲隣，視之如豺狼毒虺而不敢痛斥。至於萬曆壬辰之歲，欲犯天朝，假道爲名，陷我八路，覆我三都，與日本百世不忘之深仇。

夷先君三墓，擄國王兩子，此乃小邦百世不可忘之深仇也。只緣小邦兵微力弱，未易自强，天兵撤回之後，奉朝廷權宜之策，復許關市，要戢寇掠，亦非小邦無故自通於仇虜也。小邦僻在海隅，而久沐東漸之化，其於君臣父子夫婦之道，講之有素，豈忍與異類忘仇結親，以辱其祖先，以羞其臣民，以貽醜譏於天下後世也。』又呈禮部曰：『職等以一被攜貳之誣，再被導奴之告，剖心瀝血，叩首哀鳴。天門九重，無路自達，伏聞聖旨，以小邦愛戴中朝爲教。瞻望九重，感淚盈襟。第念攜貳之誣雖蒙快雪，導奴之寃尚未暴白。陪臣既聞此言，惡名未湔，何以歸見寡君乎？近日又聞關上搪報有云：「奴酋之生也，麗人送米十二包，及其死也，一同送喪。」至疑小邦日後有畏奴觀望之慮云。惡，是何言也！昔者萬曆壬辰之歲，倭酋秀吉禍我小邦，宗社爲墟，生民無遺，先寡君昭敬王西奔義州，乞師天朝。當時之勢，可謂汲汲然，未嘗一言通好於虜庭也。奴賊犯順，今已十年，方其陷遼陽，入廣寧，又飲馬鴨緑，將爲蹂躪三韓之計，其勢亦可謂盛矣。且毛將之擊後，藉小邦以爲聲援，奴之切齒小邦以此尤甚。然亦未嘗一介往來於虜庭也。小邦舉國殫財以奉毛鎮，聖旨：毋自猜阻，勠力同仇。

尚患不能贍，何暇發運軍食遠餉仇讎乎？至如送喪之説，則亦或可疑。向年深河之役，小邦元帥姜弘立等全軍陷虜，至今不歸，此輩久在賊中，不無奴死從喪之理也。尤可恥者，以二百年忠順之屬國，而遽見畏虜觀望之疑也。夫市有虎，聽者惑之；曾參殺人，慈母投杼。自古忠臣孝子不幸遭此者，未有不飲恨而抱冤也。欲望大部敷奏痛辨，仍賜宣示，再使天下知小邦初無是事，然後三韓之民，禽獸而爲人，夷狄而爲華矣。不然，寧死於北闕下，何忍久蒙惡名，容息於覆載之間乎！』禮部題本，奉聖旨：『覽朝鮮陪臣辨雪該國攜貳通奴甚晰。豈其累世敬恭，一朝背順效逆。朕實推心，度其無足。該國群臣，毋自猜阻，尚其益堅乃心，勠力同讎，以明無他。朕亦永鑒爾忠貞無替，柔懷於爾國。陪臣金尚憲等，具見輸誠可嘉，該部知道。』又呈欽差巡撫登萊等處地方備兵防海贊理征東軍務兼管糧餉都察院右簽都御史云云。題曰：『登鎮已發兵一千，今復發三千，寧遠發陸兵一萬二千，水兵二千五百，俱下於三月内東向應援矣。至於該國夙矢忠貞，竭事天朝，不爲奴奸細，不與倭姻親，業已洞察周知，烏用辨諭之諄諄也。仰本官啓知國王，毋以小挫聖旨：傳訛之言，不足介意。

自沮，毋以人言灰心，其惟收拾餘燼，捲土重來，期清凶氛，共圖恢復。』其奏本奉聖旨曰：『覽王奏，佩昭敬之遺言，懷壬辰之舊德，和協東鎮，愛戴中朝，忠貞之忱，溢乎言表，朕甚嘉之。鎮軍懸居，遼衆雜處，久客累主，生寡食多，縱微王言，朕不可坐照萬里之外乎？雖然，奴亦非愛王之國不攻也。毛帥在中朝牽製之着，其在王國則亦唇齒之形也。海上蒭輓，朕近責之該部，多方區畫，刻期接濟匪難。遼民或丁壯可籍，或別島可分，或内地可徙，亦令毛帥悉心節次計處，俾無重爲王累。並力合心，王亦勉之。奴酋已斃，休息有期，王行萬里，豈半九十乎？奏中所開尹義立等事情，一一明晰，傳訛之言，不足介意。朕之注意屬國，當不減於王之傾心於朕也，王其悉之。』」金尚憲聞本國被搶，泣血呈文，辭語慷慨，中朝人皆謂朝鮮有臣。

癸未，使臣金尚憲等奉詔書回自京師，上出慕華館迎詔。大司諫金尚憲啓曰：「臣在京裏，三月初四日詣闕將行欽賞謝恩禮。至東長安門，守門閹寺要索土物，傾賫應副，猶不滿意，再三刁蹬，不許入門。徘徊良久，致延時刻，纔到内庭，未及進班，至被糾班御史參奏。雖蒙皇上恩旨免究，而臣奉使朝廷魏忠賢等內宦專權，賢士見斥。

無狀，虧失朝儀之罪，合被重譴，請金罷斥。」答曰：「勿辭。」持平金地粹亦以此引避，諫院請並出仕，上從之。引見金尙憲、金地粹，上曰：「中原事情如何？」尙憲曰：「毛將以義立事積年致毁，故凡干事情一皆秘諱。虜賊東搶之報亦不言及。臣等於長安道上逢一童子，私語：『朝鮮被搶，君臣上下，移棲海島云。行人若是晏然，何耶？』臣等始得知之。我國之被讒見疑可知也。朝廷擧措雖未得其詳，而內宦專權，賢士見斥，言官之削籍辭朝者無日無之。魏忠賢之姪以功封伯，且賜二千頃田。王夢尹論之，語洩被謫云。我國被誣事情，詳在臣等禮部呈文。」上曰：「毛將之構毁，一至於此，夫復何言。」尙憲曰：「虜賊請和於中朝，帥臣則有羈縻之計，朝議則皆以爲不可和。臣等到登州，金地粹所知士人范明鏡出給秘密小紙，取而視之，非人臣所可忍見，此皆毛將之所構捏也。」上曰：「太監之軍如何？」尙憲曰：「軍容頗盛，皆用募軍。臣於椵島得見太監，爲言當與貴國協心討賊云。」上曰：「中原待使臣何如？」尙憲曰：「外稱禮義之國，而內實欲得土物。西㺚使亦言『中朝待外國人頗無禮，專索土物。東胡之叛，良以此也。明年我且不來』

云。琉球國使臣行裝凉薄，不能應索，進班之日，不得乘馬，冠帶徒步，多有怨色矣。」

天啓皇帝崩逝。皇弟朱由檢登極。

十月戊午，金起宗馳啓曰：「本月二十三日，遊擊張魁自安州來見臣，書給小紙曰：『天啓皇帝七月晏駕，親弟一十六歲登極，改號崇禎』云。」備局啓曰：「皇朝有喪，必待遼東謄黄之至，方始舉哀。今則遼路不通，雖無謄黄事例，而若真有是事，則毛營文書亦必來到。其間虚實，未能的知，請差遣譯官於毛鎮探聽的報。」上從之。

十一月乙丑，鐵山府使安景深馳啓曰：「鄭思讓、張得賢一時出來，言『登州糧舡八艘，初十日到泊椵島。其舡人皆言皇帝七月崩逝，皇弟即位，年十七，改元崇禎。大小人皆言之。都督私居變服，不用酒肉，待的報發喪』云。」

新皇帝首黜魏忠賢。

庚午，接伴使南以恭馳啓曰：「十月二十九日，都督出示小紙于臣曰：『八月二十三日天啓皇帝崩逝。皇弟年十八，本月二十四日登極』云，都督白衣行公，以待謄黄之來。又因都司沈世魁聞新皇帝即位，首黜魏忠賢，遞改十三省内七布政，且罷貂璫之爲監軍者，天下想望太平云。」禮曹啓曰：「皇

「崇禎」新年號所報三種不同，故仍用「天啓」。

上崩逝，的報已至，請行舉哀之禮。」上率王世子百官舉哀於崇政殿階上。

十二月戊戌，聖節兼冬至使邊應璧馳啓曰：「九月二十三日到登州，書狀官所乘第二舡及第三舡十四日到廣鹿島遇大風漂流，不知去處。天啓皇帝八月二十二日崩逝，新皇帝即位」云。

壬戌，上下教曰：「明年大年號仍用天啓未安，且新大年號不能詳知，而用之亦似未安，何以定之？」禮曹啓曰：「大年號似當用新皇帝年號，而但新皇帝年號各處所報不一。金起宗所報則曰『崇鎮』，南以恭所報都督書給小紙則曰『崇禎』，冬至使邊應璧、團練使所報則曰『寵禎』。三處之報不同。不知其的號而用之，反有甚於仍用天啓之未安。賸黄雖未及來，都督衙門必能的知而用之。徐觀都督衙門文書年號，然後用之，似當。」

戊辰六年（明思宗崇禎元年，一六二八）

正月己丑，奏聞使權帖、書狀官鄭世矩還自京師。上引見問曰：「中原新皇帝斥魏黨，用士類，朝政清明。

索賄之弊無好轉。

會館失火。

事情，未知如何？」帖曰：「臣去時或見阻於毛將，或久留於登州，八月始到北京。則皇上已於八月二十二日崩逝云。新天子雖已即位，而初喪未即呈文，既過後乃始呈文。三日而回下，即欲回程，而又有順附其詔敕之教，故未即發程矣。新天子即位後，多有改紀之事，引用士類，退斥魏宦之黨，朝著清明云。」帖曰：「天子在潛邸時，已知我國事情，少無信謟之患云矣。」

二月癸卯，奏聞使權怗馳啓曰：「臣等前年八月二十日到京師，二十二日皇帝崩逝。皇弟信王即位，二十五日行成服禮。中外章奏一切停留。過十四日後，九月初六日，皇上親御皇極門受慰。厥後連值支干忌諱，不得呈奏文，初十日始入啓，十三日奉聖旨而來矣。新天子聰明邁古，十行之札，皆出宸翰，總攬權綱，天下想望太平。而漢人需索之弊，與前無異，倒盡行資，難以塞應。起程之際，小甲王有德、朱應祥等持小帖來，拆見則乃禮部之差送詔使於我國之題，而皇上特命令陪臣順帶以去之事也。且臣所館處，竈突炎上，烈焰燻空，行資及館宇十餘間盡被燒燼，臣等僅得穿穴跳出。禮部提督中城察院枚舉上聞，皇上寬仁，謂以無心之失，特免究問矣。先皇帝葬期

明思宗崇禎元年，一六二八

魏黨崔呈秀自縊。

魏忠賢自縊。

崇禎皇帝登極詔書。

《朝鮮王朝實録》仁祖實録

初定於臘月，而以聖母園役並舉一時之故，退卜於二月。兵部尚書崔呈秀，黨凶擅權，給事中楊孔修首請罪之，監察御史楊維垣繼之。呈秀出還原籍，中途聞拿命，自縊死。其妾蕭氏亦自刎。盡没其家。閻鳴泰代判兵部。宦者魏忠賢初配鳳陽，行至阜城，亦自縊死。并其子良卿誅之，籍没家財。十三省總督宦官盡令撤回。故胡良佐等皆罷。太學生胡煥猷上疏論閣臣黄立極、施鳳來、張瑞圖、李圖楣等附會忠賢之罪。四相皆引入，署敕無人，以此臣行更遲一旬矣。皇上以煥猷出位妄言爲罪，四相還出視事。而黄立極七疏乞退，許之。豐城侯李承祚上疏褒毛將，極言其功鉅賞微，顯有欲遏移鎮之議。皇上以浮談市德爲教，兵科又參其狂譟。皇上之明見萬里，於此亦可見也。登極詔書曰：「奉天承運皇帝詔曰：朕荷皇天眷命，列聖洪庥，遵大行皇帝遺詔，暨内外文武臣民合辭勸進，屬以倫序，纂承大統，謹于八月二十四日，祇告天地宗廟社稷，即皇帝位，以明年爲崇禎元年。深惟一人嗣曆之初，爰厘四方攸同之念，爾朝鮮國，恪遵聲教，世守忠貞，雖外憂方殷，而内向滋篤，朕甚嘉焉。茲者虜氛未清，咆哮荼毒，朕之與王，各有薪膽未雪之仇，人稱皇帝聖明。玉河館索賄倍增。

插兵，即元兵遺種，攻陷大同。

行祭天啓皇帝陵寢。

有輔車相依之誼。尚其固牖綢桑，康茲舊服，協心畢力，翼我新猷，是安是攘，起瘡痍於衽席，永屏永翰，鞏帶礪之河山。稽諸典彝，時用詔示，所當特遣使臣，慮以脯資餼牽，重勞候人，尺一附宣，尚咸知悉。」

五月丙寅，引見回還冬至使邊應璧。上曰：「新天子聖明云，中朝之事大異於前耶？」對曰：「人皆稱皇帝聖明，而玉河館需索之事，倍於前日矣。」

五月己丑，都承旨金尚憲啓：臣前日赴京時，得聞進貢西㺚等欲貿大段，而中朝嚴立禁令，外國人不許貿易，故館夫雖貪重利，終不敢公然買賣云。

九月丙戌，上引見進香使洪霶、書狀官姜善餘，問曰：「中朝事情如何？」霶對曰：「今七月初一日，皇上親行秋享，大祭于太廟。初二日館夫持禮部移工部咨文一度以來，乃山陵進香時陪臣所着冠服裙鞋造給事也。光禄寺則備祭物，鴻臚寺則定鳴贊，兵部則發驛馬，皆有部司移文，而以十三日上陵行祭矣。初五日館夫等來言『插兵又來攻陷大同堡，參將一員自縊而死。』所謂插兵，乃大元遺種，密邇皇都，故皆以爲插胡之患甚於東胡云。十三日詣天啓皇帝陵寢，譯官輩與守陵宦官較計賂物多少，以致進香差晚。太崇禎皇帝重用袁崇煥。

崇禎皇帝賜袁崇煥蟒龍衣等。

監一員，招臣等使之行禮。臣等進立於門外，序班引入殿庭當中設席，使臣等序立，鳴贊二員立於臣左右，太常寺執禮官二員立於殿門外階上，執事官在殿内。設祭物於卓上，而殿陛甚高，不得仰視，品式器數未能詳知，只見外行實果十器，次行餅數器，而皆插銀花，又於二樽插銀花，置諸神位前。殿外階上以全體羊猪盛于一卓。鳴贊贊引各一員，又立於階上行祭，節次與我國略同，而以臣主祭，行禮執事諸官約可十餘人，太監專掌檢察而行之矣。」上曰：「陵寢石物及階砌制度同於我國乎？」霶曰：「天壽山即燕山也，歷代陵寢皆在焉，殿閣、丁字閣皆蓋以黄瓦，山之左右，繚以周墻，御路兩邊多植樹木，排立石虎石人於門内矣。長陵下有大碑，問之乃紀述太宗北伐時事蹟也。」上曰：「中朝政令如何？」霶曰：「新皇帝庚戌生也。人皆言勵精圖治，且倚重袁崇煥，召見於便殿，慰諭備至。崇煥對曰：『皇上假臣便宜，則五年而東夷可平，全遼可復。』皇上曰：『苟能五年滅虜，朕不惜封侯之賞。卿其努力，以解天下倒懸之苦。』對曰：『謹遵明旨，鐫之肺腑。』皇上特賜蟒龍衣玉帶銀幣云。且聞朝臣以毛帥冒餉，多有上本者。平臺召對時，適毛將遣使

《朝鮮王朝實録》仁祖實録

崇禎皇帝敕書。

獻俘，皇上召兵部尚書問曰：『文龍獻俘，似或非實。前者冒餉亦多，該部詳查以聞。』於是黄户部中色、王兵備廷式、孫軍門國楨皆曰『文龍有軍二萬六千，一年之餉，殆十餘萬，而不能收復遼陽一尺土，國家虛費至此，敕令兵部酌處』云。毛帥若不得如前冒受糧餉，則其勢不得不責辦於我，前頭必有難處之患矣。」

壬寅，引見回答使鄭文翼、朴蘭英，上曰：「劉海果死耶？」蘭英曰：「臥海於積薪上而燒之，海取紙筆書其意而死云矣。」上曰：「聞賊大舉向居庸關云，居庸距瀋陽幾許，而蒙古之種又幾何？」文翼曰：「居庸不遠云。而蒙古則其類甚繁矣。」

十一月己巳，登極使韓汝溭、閔聖徵還自京師，上詣慕華館迎敕。敕曰：「皇帝敕諭朝鮮國王：朕祇膺天休，懋纘祖烈，恤民勤政，罔敢不虔，用是法度維新，紀綱丕振，日月所照，咸耀光明。睠爾之國，茂篤忠貞，世作屏翰，朕初登大寶，業頒敕諭，以旌爾勞。近者奴孽鴟張，洊肆蠶食，爾不以倥傯廢節，不以危險摧心，航海乘濤，奉使修貢，申謝進賀，接踵於闕庭，丹誠可嘉，忠順益著，宜弘錫賚，以風有邦，茲特賜文綺白金，以示優眷。王終承寵命，克壯藩籬，協力同心，滅彼凶胡，偉績冠於一時，遼左蕩平，洪勳垂於千古，有光朕命，永鎮東土，爾其欽哉。故諭。」賜國王紵絲織金陸側金蓮實相花三匹、大紅一匹、鸚哥綠一匹、翠藍一匹、熟絲藍青絹三匹、銀一百兩。崇禎元年九月十九日。」

庚午，上引見登極使韓汝溭、副使閔聖徵、書狀官金尚賓等。上曰：「新皇帝明聖云，中朝舊習頓變乎？」汝溭曰：「異於前所聞，凡錢貨皆入內庫，且過於察察云矣。」聖徵曰：「雖似察察，事多疎漏。關上軍兵，專不給餉，軍中遂作亂，袁帥來斬其魁，今則稍定云矣。」上曰：「天啓時多有廢置之人，又多得罪者，今則盡令還朝乎？」汝溭曰：有韓廣者人皆倚重，而方廢黜于外，若起而用之，則必多更張，人皆望之云。」上曰：「中國以新皇帝比之天啓，則何如云耶？」汝溭曰：「豈可比於天啓乎？初政先誅魏宦，人皆想望太平，今則漸不如初，故失望云矣。」

新皇帝至察却疏漏。守關軍兵無餉而作亂。

人對新皇帝失望。

己巳七年（明思宗崇禎二年，一六二九）

崇禎皇帝詔書。

五月丁亥，冬至兼聖節使宋克訒、書狀官申悦道等奉詔敕回自京師。奉天承運皇帝詔曰：「朕紹承天序，統御萬方，凡在寰瞰，咸均慶戴。矧爾三韓屏蔽，聲教素孚，佩箕子之八條，夙稱秉禮，效華封之三祝，果膺多男，嘉爾恭誠，宜同福喜。茲朕仰荷皇穹眷佑，祖德垂庥，於今年二月初四第一子生，爲皇后周氏所出。瑞溢長秋，恩覃函夏，星耀海潤，震祥遍諭于中邦，日照月臨，涣號環周于外服，爰頒闓澤，宣布德音。朕方念徹遐邦，爾尚恪守藩職，神嵩錫鎮，永盟礪于王圖，鴨緑澄波，世朝宗于天派，特茲詔告，惟爾欽承。」敕曰：「朕纘承鴻圖，誕生皇子，覃恩廣被，海宇咸霑。念王東國世藩，修職奉貢，恪恭久著，賫予宜膺。復以多事之餘，恐滋煩費，即將詔諭發付陪臣順賫，并賜王及妃綵幣文錦，王可祇受，以彰朕優禮體悉之意，故諭。」

袁崇焕忽斬毛文龍。

六月癸未，金時讓馳啓曰：「六月初五日，毛都督文龍往會袁經略崇焕于寧遠衛，還到雙島，經略設餞宴待之，忽出聖旨及令箭於袖中示之，命左右聖旨：毛文龍十二罪狀，袁崇煥躬親正法。

推出都督斬之。許監軍者以經略差官來到椵島，安頓軍兵。島中將卒聞其死皆哭云。」

八月庚申，袁經略移咨曰：「兵部咨奉聖諭：『朕以東事付督師袁崇煥，固圉恢疆，控御犄角，一切閫外軍機，聽以便宜從事。島帥毛文龍懸軍海上，開鎮有年，動以牽制爲名，案驗全無事實，勦降獻捷，欺誑朝廷，器甲芻糧，蠹耗軍國，屢捧移鎮明旨，肆慢罔聞，奏進招降僞書，辭旨驕悖，而且剛愎自用，膽勢滋長，彈劾炰烋，節制不受。近乃部署夷漢多兵，汎舟進登，聲言索餉，雄行跋扈，顯著逆形。崇煥目擊危機，躬親正法，據奏責數十二罪狀，死當厥辜。大將重辟先聞，自是行軍紀律，此則決策弭變，機事猝圖，原不中制，具疏待罪，已奉明綸，仍着安心任事。一切善後事宜，委任道將料理。仍先大書榜示，曉諭東江各島，元惡既正典刑，逆節尚未及發，姑從寬議。家屬子弟在島在籍，悉放寧家，冒姓查照歸宗，併親暱用事諸人，咸從赦宥。將領量才授任，洗滌維新；軍士清伍給糧，勿致飢困。久役勞苦願除名者聽。遼民丁壯，收伍給糧；老弱西歸，量資濟渡。朝鮮聲援相聯，亦與移諭。其餘部署金兵入關，到處大捷。

兵將，區畫營伍未盡事務，悉聽督師相機措置。向聞文龍行賂廣交，中外呼應，傳布流言，疑惑人心，乃今事跡彰明，疑機可釋。除在京潛黨，敺遣緝拿外，軍中島中，嚴加禁戢，一體申明。該部便馬上差官傳與督師、道將等官，通知告諭。欽此欽遵外，並移文朝鮮國，一體欽遵施行。』」

庚午八年（明思宗崇禎三年，一六三〇）

正月戊申，金人高牙夫來言：「金汗領兵入關，到處大捷。寧遠大軍迎戰而敗，天朝拿袁軍門以去，一眇目大將收散卒退住山海關云。」上曰：「通州距皇都幾許？」洪端鳳曰：「四十里程也。臣曾聞我國壬辰被兵時，萬曆皇帝至於避正殿云。今此皇都被圍之説，雖未知其真的，而此豈君臣上下晏然之日乎？自上宜避正殿，以示不安之意。」

己巳，陳副總接伴使李碩達馳啓曰：「前冬虜兵入喜峯口，掠密雲直犯昌平，一遊擊逆戰敗績，奴兵死者亦多。祖總兵大壽方鎮玉田，袁督師進軍金兵入紅山口、馬來口。

袁崇煥繫獄。

此必行間之言。

崇禎皇帝親臨督戰。

《朝鮮王朝實錄》仁祖實錄

闕中，登州守將點兵將赴援，而島中尚未聞的報云。」

丁丑，春信使朴蘭英在瀋中馳啓曰：「臣問汗入關之事，則言『汗從蒙古地方入紅山口，大王子入馬來口，或襲長城門，或穿長城而入。自前冬十月晦所向克捷，連陷遵化、永平、薊州等三十餘城，與北京兵戰於皇城外五里地敗之。過北京西北七十里許，秣馬於梁縣，使蒙兵守樓哥橋，進圍北京二十餘日。至今年正月，汗盡領軍馬退駐永平府，天朝大將多死，袁經略亦繫獄』云。越數日，忽哈、龍骨大、仲男等謂臣曰：『使臣來何遲也？此必以我國與南朝方戰，故欲觀望勝敗而然矣。』臣答以『聞汗之出兵，恐無傳命處，仍致稽滯』之意。則骨大辟左右附耳語曰：『袁公果與我同心，而事洩被逮耳。』此必行間之言也。」

戊寅，朝廷聞皇城解圍，請上復御正殿。從之。

三月乙酉，陳副總接伴使李碩達馳啓曰：「漢人崔志高自登州來言于副總，以爲『去年冬，皇上親臨督戰，時總兵祖大壽、滿桂功第一，劉興祚次之。督師袁崇煥坐縱賊入關之罪，方被逮，閣老孫承宗代領其衆』云。」

袁、祖力戰北京城下，金兵敗退三十里。

袁崇煥革職聽勘。

四月癸丑，進賀兼謝恩使李忔在北京馳啓曰：「臣行入寧遠，值袁軍門出巡錦州，留待踰月，始向前路。奴賊於十一月二十七日夜，自棚路潘家口毁長城而入，克漢兒莊，進圍遵化縣，京外震驚。袁軍門領兵過關，臣令譯官問安，仍探賊報，則曰：『奴賊竊發，本來如此，不足憂也。然不可輕進，須更觀勢發行』云。軍門領諸將及一萬四千兵發向西路，而遵化已陷，總兵趙率教遇賊戰死。軍門入薊門，賊到城外不攻，往赴西路。軍門由間路馳進北京，與賊對陣于皇城齊華門。賊直到沙窩門。袁軍門、祖總兵等自午至酉，鏖戰十數合，至於中箭，幸而得捷。賊退奔三十餘里。賊之不得攻陷京城者，蓋因兩將力戰之功也。大同總兵太子太師左都督滿桂、宣府總兵右都督侯世禄領兵來援，賊少退。宣召入對，遽有袁軍門革職聽勘之命。標下諸軍號哭於城外，乞恩不許，亦不給軍糧，軍情憤怨，遂皆潰歸。祖總兵、何中軍、張副總等亦還向錦州，關内多官勸留不從。至於馬總兵世龍，持孫閣部題奉聖旨憲牌召還，亦無來意。孫閣部承命出鎮山海關，屢諭以招之。祖總兵三將始領馬步兵四萬一時到關，閣部甚喜，皆厚遇之。祖總兵等發回西路，至袁崇焕被囚原因。

紅花店。 閣部聞永平失守，還與祖總兵劄營西門外，使其弟祖可法、參將劉應選、黄惟正、孟道等領兵五千前往撫寧縣。 奴賊圍之，知遼兵來守，乃退。自今年正月，賊專力於東路。 劉興祚遇賊先鋒於永平北太平路，夜擊之，斬首五六百級，歡聲震動。 未數日，又與賊猝遇，脱甲力戰，中箭而死。 今聞永平之陷也，賊酋四王子來圍之，城中有内應者，遂陷。 前布政白養粹受僞署爲兵備道，以其女嫁賊酋。 兵備道鄭國昌、知府張鳳奇皆自殺云。 撫寧去此僅百里，四將領遼兵與地方兵把守，而賊以城小不足畏，不攻而過。 祖總兵領數萬軍在外，朱總兵梅在内，晝夜戒嚴，而孫閣部逐日巡城，檢督諸將，慰撫士卒，嚴戢奸細，群情稍定。 昌黎知縣統率鄉兵固守，以火砲多中，奴賊乃退，下營於永平東。 黄、劉、祖、孟四將自撫寧從盧峰口追賊大捷，斬首一百四十餘級。 又聞滿總兵及黑、麻二總兵等遇賊於京城外，皆大敗，麻、黑被擄，滿總兵不知去處。 其後馬世龍又領大兵追賊；又有總兵吴之晃、楊肇基等統兵數萬到薊州； 三河、玉田、豐潤等處俱有兵守； 京城近處時無賊兵云。 又聞袁軍門被囚之由，或云與守城諸將争功誣陷之致。 以孫閣部城上崇禎皇帝遣醫給袁看病。

放砲城下厮殺之言觀之，則此言似不虛也。舉朝上本請釋之，皆不從。近日則上怒稍解，聞其有疾，遣醫視之，且賜衣衾，諸將等詣閣部衙門叩賀。祖總兵還住西門外，臣將長劍油芚等物，以備軍中之用，總兵受之。後數日送謝帖于臣，曰『日者本鎮親提大兵，正欲趨守永平，西援神京，東控山海、遼東，漸圖恢復，遵化盡殲虜賊，使隻輪不返。不意虜賊先攻永平，守禦失策，竟爲所據。爲今之計，惟以山海爲根本矣。連日設計邀擊，大戰屢捷，斬馘雖不多，而虜氣已奪。撫寧去山海百里，已遣前鋒四將固守。奴賊連攻，火砲亂發，失利而南向。昌黎、樂亭業已發撥前往偵探，俟有的確情段，另當相機援勦』云。此近日虜情之大概也。」

祖大壽兼太子少保。

甲寅，進賀使李忔馳啓曰：「兵部差官從天津浮海而來，傳言以祖總兵兼太子少保，發銀四萬兩，頒賞軍兵，又書『壯烈忠膽』四大字以賜之。閣部刻諸板，送于祖總兵營。以此觀之，則朝廷已知祖將之有功，寵錫至此，而袁軍門尚未蒙恩云。奴賊差人賫書請和者三，而閣部皆斬使焚書。」

冊封皇太子詔書。

七月戊子，上出慕華館迎皇太子冊封詔。詔書曰：「自古帝王秉籙膺立朱慈烺爲皇太子。

崇禎皇帝敕書。

譖袁通敵。

圖，光前裕後，靡不首重建儲。所以承宗廟，係人心也。昨歲皇太子肇生，中外忻悦，已下明詔，頒示爾國，以詔普天胥慶之意。邇者禮臣上言，請及時册立。朕以皇子尚在幼齡，大典未遑即舉。乃文武群臣暨軍民耆老人等，咸以嫡長之分既昭，元良之建宜早，合辭懇請，至於再三。朕不能固違，特用俞允。爰命禮官定儀於仲春之月，祇告天地宗廟社稷，授册寶，立慈烺爲皇太子。祥開蒼震，萬國之本以貞；照普黄離，四表之光斯被。惟爾忠順，共此休嘉。涣北極之明綸，曁東藩以篤祜。誥告爾國，咸使聞知。」敕辭云：「皇帝敕諭朝鮮國王某：兹朕建立皇太子，臣民胥慶，海宇覃恩。念王藩屏東方，世修職貢，宜加錫賚，以答忠誠。爰念多事之時，免遣皇華之使，特頒詔諭，並賜王及妃綵幣文錦，王可祇受，見朕優禮至意，故諭。」

己未，上曰：「崇煥被囚，物情何如？」（崔）有海曰：「中朝朋黨之弊爲痼疾。韓爌者與崇煥相親，推荐而用之。錢象坤者則自侍讀入閣，締結宦官，譖袁爲通奴，故袁帥被囚。而袁非行賄貪黷之類，得人死力」云矣。

辛未九年（明思宗崇禎四年，一六三一）

崇禎皇帝欲賜黃金免死牌。

五月乙亥，平安監司閔聖徽馳啓曰：「黃都督差官唐堯弼等出來。問其事情，則皇上於劉興治處欽賜蟒龍衣、玉帶、黃金免死牌，將載船發送。聞其作逆，半途而回云云。且黃老爺職銜則欽差鎮守登〔萊〕遼東江等處地方都督府僉事，其名黃龍，江西人云。」

符驗七部。

六月丙寅，冬至使高用厚回自帝京。洪武初我國奏請符驗七部，每使臣入朝賫持爲信，柳澗、朴彝叙、尹安國之渰没也，失其三部。及用厚行，以補賜之意具奏得請。用厚欲侈其事，馳啓曰：「臣祗奉符驗，重封賫去。蓋天朝之頒賜符驗，非但洪武以後創有之事，其織綾既有皇帝聖旨四字，又書年號而安寶，竊恐朝廷其於受欽賜之新典，似有别樣講定之節。」

朝鮮使臣歸獻千里鏡、西砲等。

七月甲申，陳奏使鄭斗源回自帝京，獻千里鏡、西砲、自鳴鐘、焰硝花、柴木花等物。千里鏡者能窺測天文，覘敵於百里外云。西砲者不用火繩，以石擊之，而火自發。西洋人陸若漢者來中國贈斗源者也。自鳴鐘者每十二時孫承宗總裁軍務。

努爾哈赤好戲嬉言笑。

其鐘自鳴，焰硝花即煮硝之鹹土，紫木花即木花之色紫者。

八月甲辰，上召陳慰使鄭斗源、冬至使書狀官羅宜素入對。上問：「中原之事何如？」斗源對曰：「臣聞道路之言，皆曰皇上聖明云。且砲聲連日不絕，想銳意討賊矣。」上曰：「當今名將有幾人？」斗源曰：「孫承宗以首將總裁軍務，如登州軍門孫元化等皆稟裁於承宗，而諸將樂爲之用矣。」上曰：「中原之城亦以石築之歟？」斗源曰：「或有甓築者，或有土築者矣。」上曰：「陸若漢何如人也？」斗源曰：「似是得道之人也。」上曰：「孫軍門何如人也？」斗源曰：「清儉疎雅，雖威武不足，可謂東門得人矣。」上曰：「登萊之兵何如？」斗源曰：「皇朝專力於燕京、山海關，故山東則兵勢寡弱矣。」

閏十一月壬戌，上引見秋信使朴簹，上曰：「張春之被擄明白耶？」簹曰：「設宴之時，每令張春出坐，形體短小，年可五十許。朱之蕃之弟亦被執，終始不屈。張、朱兩人不爲剃頭。城外有長興寺，張、朱着漢服居於寺中云。」上曰：「此可嘉矣。」上又問曰：「汗之容貌動止如何？」簹曰：「容貌則比諸將稍異，動止則戲嬉言笑，無異群明，飲食及賞物必手自與。每於宴飲

明思宗崇禎五年，一六三二

皇太極容貌不凡。

置酒器數十餘，呼愛將於床下，親酌而饋之。蓋收合雜種，故患不能一其心耳。」上曰：「汗子與其父何如？」簪曰：「其子名好古伐於年二十餘，容貌不凡，頗有弓馬之才。且貴榮介有子六人，皆有兵權。但八王互相猜疑，豈得久安乎？臣之妄見，必有相殘之事矣。」上曰：「何以知其然耶？」簪曰：「一高山若差人於某處，則其餘七高山亦各送一人以爲證參之地。我使之入去，八高山輪回供饋，事必務勝，此亦猜疑之致也。龍骨大，汗之最信愛，而見臣時，必與八高山之人偕來，恐其見疑以告陰事也。」上曰：「汗之待遇與鄭文翼何如？」簪曰：「其時不知文與武，故諸胡不通姓名而直入。今則必卜馬大門外，通其姓名，入云則入，禮之甚恭。汗亦於私室設別燕，坐臣于坐，傍鋪氈五重，以金鉢、玉盃酌酒而勸之矣。」

壬申十年（明思宗崇禎五年，一六三二）

六月乙酉，冬至兼聖節千秋使李善行如京師。

皇朝賜免死牌，不受。

崇禎皇帝敕書。

聖旨。追贈謚號。

庚寅，初登州叛賊毛有功、毛有華、孔有德、耿仲明等，嘯聚徒黨，攻殺長吏，勢漸熾張，而皇朝方以虜爲憂，不加誅討。至是陷萊州，皇朝特賜免死牌，使之歸順。賊不受曰：「朝廷所恃者萊州。今已陷萊，何必受牌苟活耶？必進京城而後已。」

十月丙戌，冬至使金著國自京師奉敕還，上方在哀疚中不得出迎，大臣率百官迎於郊外。其敕書曰：「惟爾世守海藩，久著恭順，茲以邊氛未靖，來獻鍋、銃、舡隻，急公誼切，朕甚嘉之。特賜銀兩、文綺，以示旌獎，到日照數祗領。尚宜共修固圉，益篤忠貞，欽哉故諭。」

癸酉十一年（明思宗崇禎六年，一六三三）

四月癸酉，奏請使洪靌、李安訥等還自京師，到甑山，馳啓曰：「登州改貢路一本，則聖旨題曰『奏内事情，朝廷非不體念，但方嚴海防，難爲該國開端，致生他虞，宜體此意，祗遵前旨。』又追封一本下禮部，禮部奉聖旨以爲

『該藩世効忠順，國王承襲有年，所請誥敕封謚，既查有成例，俱准給與』云云。内閣撥進謚號五：曰恭靖，曰恭純，曰恭恂，曰恭良，曰恭懋。皇上點下恭良。謚法曰敬事奉上曰恭，小心敬事曰良云。」

追封國王、王妃。

五月丁酉，上幸慕華館行迎敕禮。敕書曰：「惟爾世守東藩，夙稱忠順。爾父未應襲爵，蚤已云亡。兹者奏請追封，孝思可念。特允部議，追封爾父爲朝鮮國王，母具氏爲朝鮮國王妃，錫之誥命，予以謚號。爾被兹榮，光昭藩服，尚其益堅誠節，勿替前休，欽哉故諭。」奉天承運皇帝制曰：「朕惟率職賓庭，忠著樹屏之重；疏榮禰廟，典隆報本之懷。追爵既崇，易名壹惠，賁鳳啣於松隴，昭燕翼於醴源。爾定遠君乃朝鮮國王之父，譽播白眉，才雄紫電。承家屬望，宜膺堂構之貽；享世不長，蚤謝寢門之侍。乃象賢有子，纘緒來王，即其蒸祖之孝思，敦請光前於考烈。特俞篤念，予以褒嘉，是用追贈爾爲朝鮮國王，謚曰恭良，賜之誥命。於戲，自文命誕敷，爾國首輸誠款；即要荒遵度，爾子克勵忠勤。固爲一德之歸，寧靳重綸之赫。靈其祇服，勿替攸麻。」奉天承運皇帝制曰：「江漢風行，則頻蘩叶詠；河山度緯，則瓜瓞綿榮。

謚號恭良。

追封王妃。

故彝章體卹於藩臣，而渥眷昭慈於賢母，栝棬興慕，綸綍斯皇。爾具氏乃定遠君之妻，朝鮮國王之母。爾肅雝有度，静正無違，鍾寶婺而毓奇，嬪璇閨而配德，慶符麟趾，忠纘鰲維，父既有子以承祧，婦宜從夫而偕爵，是用追贈爾爲朝鮮國王妃。耀帶礪之鴟（鴻）庥，機教不遺於繼世；闡珩璜之懿範，圭符上泝於仁親。冥漠有知，欽承無斁。」

中國貪風大振。

壬寅，上命召奏請使洪霶、副使李安訥、書狀官洪鎬等。安訥病不進。上問於霶等曰：「中朝形勢比前如何？」霶曰：「譯官等皆言物力不如昔日之全盛，而士大夫貪風大振云矣。」

甲戌十二年（明思宗崇禎七年，一六三四）

崇禎皇帝敕書。

六月甲戌，上曉出郊外迎敕，行五拜三叩頭禮。敕書曰：「朕惟有國承家，莫不豫定繼序，典隆立長，以繫群情之望，蓋其重也。近得王奏，本國臣民議欲立王嫡長子某爲世子，王不敢專，請命於朝。具見恪守忠敬。事下該部，特賜俞允。兹命司禮監太監盧維寧賫敕並紵絲紗羅等物，封爲朝鮮國王世子。夫王世屏東藩，秉禮遵義，恭順之傳，必能纘服，而封疆多事，須亟綢繆。今既立世子，王宜明示此訓，俾率由罔替，以保邦家，毋斁朕命，欽哉故諭。」

乙亥十三年（明思宗崇禎八年，一六三五）

六月壬午，冬至使宋錫慶、副使洪命亨、書狀官元海一等回自京師。

丙子十四年（明思宗崇禎九年，一六三六）

敵軍進犯昌平。

八月乙酉，義州府尹林慶業馳啓曰：「虜賊進犯中朝昌平縣，昌平之距皇城七八十里云。」

崇禎皇帝敕書。

九月朔壬寅，監軍黃孫茂奉敕來。上幸慕華館迎之，至仁政殿，拜敕書如儀。敕曰：「皇帝敕諭朝鮮國王：朕惟天道無私，逆凶惠吉，王化無外，鋤中國勢窮力弱。

東搶之報，匿不明言。

《朝鮮王朝實錄》仁祖實錄

暴顯忠。蠢爾奴酋，負固頑梗，尚稽天討，罪已貫盈。邇據邊臣奏聞，彼敢復逞狡謀，脅挾該國，王能嚴辭峻拒，義切同仇，忠順不渝，深可嘉尚。已敕沿海各將整勵舟師，連絡犄角，設奇制勝，撻伐用張。王其益篤忠良，奮揚武略，叶謀合力，共建殊勳，永清遼海之波，懋樹藩屏之烈，克光世守，佇錫崇褒。」

丁丑十五年（明思宗崇禎十年，一六三七）

六月朔戊戌，冬至使金堉、書狀官李晚榮還自北京。上召見之曰：「國事至此，復何言哉！」金堉曰：「國事罔極，不勝嗚咽。」上曰：「天朝以我國之事爲何如？」堉曰：「天朝洞知我國情事，故每言勢窮力弱，至於此云。兵、禮兩部及沿路帥臣亦厚待使臣矣。」上曰：「皇帝明見萬里，天恩何可量也。」上問：「去年東搶之報，在燕京聞之乎？」堉曰：「雖聞有變，而中朝之人匿不明言，故未能的知。始於聖節賀班，方得備聞矣。且聞祖大壽義子被擄在於瀋陽，故數傳虜報於大受云。」上曰：「陳都督何不救椵島耶？」堉朝士貪婪，宦官驕横。

皇太極言甚浮雜；和易近仁，敦睦兄弟。

曰：「陳都督之兵不過萬餘，其勢不得救矣。」上曰：「陳都督爲人何如？」堉曰：「温雅人也。」上曰：「天朝之治亂何如？」堉曰：「中朝物力雄富，故似無朝夕之急，而但朝士之貪風日甚，宦官之驕横莫制，内賊蜂起，雖無窟穴，而聚散無常，已爲心腹之疾。西㺚數千，方向化内附，故處之于寧遠城中，將來恐不無難處之患矣。」

戊寅十六年（明思宗崇禎十一年，一六三八）

二月甲辰，左議政崔鳴吉回自瀋陽。上引見曰：「卿見汗至再，其爲人何如？」對曰：「言甚浮雜，然此亦未必不出於戲慢。」上曰：「似不及於先汗乎？」鳴吉曰：「聞先汗所定法制，則或有暗合於古者矣。」

八月甲午，賓客朴篬將還赴瀋陽，上引見之，問曰：「汗之爲人何如？」篬曰：「和易近仁，無悍暴之舉，且能敦睦於兄弟矣。」上曰：「諸將中用事者誰乎？」篬曰：「范文程、普太平古祈清高等用事，而東事則專委於龍、馬兩清國敕書。

明軍精鋭已盡。

將矣。」上曰：「張春之爲人何如？」簹曰：「年過七十，而精綵動人。正朝賀禮時世子適過其所寓而入見之，則張春言我不東向坐久矣。其談論琅琅可聽，虜中亦極尊敬，比之於蘇武云矣。」史臣曰：「朴簹張皇辭説，謂之威行漠北，和易近仁。昔宋使還自金，盛稱金國之人，登山如虎，涉水如獺，今古一轍，良可痛也。」

癸未二十一年（明思宗崇禎十六年，一六四三）

八月丁丑，賓客李昭漢還自瀋陽，傳清國敕書。其略曰：「朕於去冬以多羅伯楊貝勒爲大將軍，大臣兔兒格副之，將畿内八高山、漢人八高山、蒙古八高山之兵分爲兩路，往征南朝，斬關而入，過北京，敗其援兵三十九陣，取三府十八州六十七縣，歸順者一州五縣。魯王朱以沛、樂陵王朱弘植、東原王朱以源等六王皆死於兵，所獲人畜共九十二萬。朕觀明朝自軍門洪承疇等全軍淪陷以來，精鋭已盡，故我兵長驅，所向無敵。朕與王休戚相關，故宣皇太極暴亡。

立福臨。

京城被圍。

京城空虛，征丁十歲至七十歲者。

皇城已陷，崇禎皇帝自縊。吳三桂請兵清廷。

捷音，以昭同樂之意」云。

九月朔壬辰，文學李袗在瀋陽馳啓曰：「清汗於本月初九日夜暴逝，九王廢長子虎口王而立其第三子，年甫六歲，群情頗不悅」云。

甲申二十二年（明思宗崇禎十七年，一六四四）

四月丁卯，輔養官金堉、賓客任絖等馳啓曰：「聞沙河、寧遠自潰，皇城又爲流賊所圍，諸鎮皆入援，故九王將乘虛直擣云。」

庚辰，遠接使鄭太和到安州，遇清使問答後馳啓曰：「『頃日九王聞中國本坐空虛，數日之内，急聚兵馬而行，男丁七十以下十歲以上，無不從軍，成敗之判，在此一舉。』臣問：『所謂本坐空虛者何事耶？』曰：『爲土賊所陷』云，而更不明言。所謂本坐似指中原皇帝而言矣。」

五月甲午，文學李稵馳啓曰：「世子之行，自發瀋陽連日作行，十五日早發，隨至山海關。總兵吳三桂遣將官二人請兵于九王曰：『皇城爲流賊所吴三桂投清之事。

陷，皇帝自縊，后妃以下皆自焚。關内諸城，盡皆見陷，惟山海關獨存。朝暮且急，約與貴國致討』云。二十日到錦州城西止宿，漢人又來告急。清兵遂疾馳，二十二日朝進迫關門。吴將率諸將出城納降，開門迎入，則漢人已與賊兵接戰于關内數里許大野中。清兵直衝賊陣，一食之頃，僵屍蔽野，賊皆奔北，追殺于海口，至夜還陣關内五里許。二十三日朝行軍，直向北京云。世子則常在九王陣中，交兵之際亦不得出陣。領兵將朴翰男領錦州軍五百五十四人到寧遠衛，以九王之令使軍官金忠壽先率善放砲手一百人，二十二日已到山海關矣。」清國付敕書于譯官之出來者，有曰：「四月十三日有明總兵官吴三桂差副將楊新、遊擊柯遇隆至軍請降，言流賊已尅北京，崇禎皇帝及后俱自縊。賊酋李志誠三月二十三日即位稱帝，國號大順，建元永昌，屢差人召吴總兵。吴總兵不從，率家屬及寧遠民兵堅守山海關，欲附清國以報故主之仇云。九王答書付來官，許以裂土封王，遂兼程前進。二十一日至山海，賊酋李志誠領馬步兵二十餘萬，執崇禎太子朱慈照並其第二第四子及太原府晉王、潞安府瀋王、西安府秦王、平凉府韓王，又有西德王、襄陵王、山陰清軍追擊李自成軍。

王及吴三桂之父吴襄於陣前，欲降三桂。三桂不降。賊恐奔投我國，差僞總兵官唐通率兵數百從一片石出，要截其路。是晚遇我前鋒，殺死百餘，唐通夜遁入關。次日，吴三桂開關出降。我兵入關，正值賊兵陣於關前，北至山，南至海。時值大風，塵土飛揚，對面不相識，而賊兵多近海。九王向海迎敵。吴總兵隨右側布陣進兵。大風即止，不意直抵賊營，敗其兵，追殺四十餘里，橫屍遍野，晉王被我所獲。今大兵帶神威大將軍砲及吴總兵馬步兵前驅北京，故諭。」是時我國與大明絶不得相通，及聞此報，雖輿臺下賤，莫不驚駭隕淚。辛丑，漢人九口自瀋陽逃還，乘桴渡江，泊于碧團鎮，僉使金南鳳執之以聞。上命義州府尹別定領將押送于瀋。

戊申，洛興府院君金自點、禮曹參判李必榮、書狀官沈廧以謝恩進賀使發向瀋陽。

庚戌，世子遣禁軍洪繼立以手書馳啓曰：「九王以下諸陣大破流賊之後，已得破竹之勢，而且吴三桂先移文帖于前路州縣，使皆迎降，故兵到撫寧縣，城中之民迎候五里程，開門請入。九王撫諭其民，且給告示一張，各安其多爾袞入北京之事。

皇城失守之事。

業。九王不入城内而行到縣西十里地下營。翌日早發，不由永平大路，直向縣西下路而行，蓋以流賊往返之後，沿路無寸草，下路雖稍遠，取便喂馬之故也。夕到昌黎縣止宿。二十七日宿永平府灤河下流灤州之南。二十八日到開平衛城西十里地。二十九日到玉田縣前。三十日到薊州之南二十里地止宿。五月初一日涉通州江淺灘，夕至通州西二十里地止宿。每日之行殆一百二三十里。前在薊州，流賊百餘人來降，言山海關見敗之後，知清兵之來追，倉黄收掠財貨婦女，二十九日夕以焇藥燒宮宇城門逃走云。九王抄諸陣鋭兵，使八王、十王及吴三桂等急追之，而九王亦倍道以進，故一行輜重未及通州，臣蓐食而過，講院以下皆闕二日之食。初二日早發而行，繞出皇城，九王以皇帝前所受黄儀仗前導，乘轎鼓吹而行，入自朝陽門，至闕門近處，則錦衣衛官以皇帝屋車儀仗迎之。九王乘黄屋轎，排儀仗于前路，入自長安門，到武英殿下轎陞榻，以金瓜、玉節羅列殿前，臣與九王幕官列坐東西，招宦官問賊中形勢，皇城失守之由，則曰：『流賊自二月念間來圍皇城，以大砲火箭攻逼城中。而守城之兵，以累月不給餉米，皆無戰心，散處於外，未及入城，清軍入北京。

以一人守四五堞，不能抵當，皆棄城而走。賊遂梯城以入。皇帝與皇后自縊，太子及皇子三王被執。都民以皇帝皇后之喪，葬于北鎮山百里地』云。賊既入城，國號大順，改元永昌，稱皇帝者四十二日，欲收人心，禁止侵掠。及山海關敗歸之後，盡括城中財寶而去，以火藥燒殿宇諸門，但不害人命。九王入城，都民燃香拱手，至有呼萬歲者。城中大小人員及宦官七八千人，亦皆投帖來拜。宫殿悉皆燒燼，唯武英殿巋然獨存，内外禁川玉石橋亦宛然無缺。燒屋之燕，差池上下，蔽天而飛，春燕巢林之説，信不虚也。九王處臣于武英殿前廊，地窄人衆；告于九王，得殿東一室，比前稍寬，且有床卓器仗矣。九王入城之後，使龍將等管門，嚴禁清人及我國人毋得出入，故清人及臣行人馬皆在城外矣。值清人回瀋之便，忙遽之中草草馳啓，不勝惶悚」云。

六月戊午，文學李䄷馳啓曰：「清人入北京之後，事機甚密，不能詳知。而槩聞漢官連續來投者，姑令仍察舊任，而又使清人總攝。人民之在城中，盡令剃頭。清兵之追擊流賊者，至保定府，人馬疲困，不能追及，只得所棄宫女百餘人，綵段數萬匹而還。賊兵尚有六七萬，遁向山西。皇子八歲兒被執清人將移都北京。

於流賊，留置軍中云。以大家一區定爲世子所館處，即隆慶皇帝駙馬侯姓人家也。以五月十三日移寓，諸從者及軍兵等始許入城陪衛，而公私儲積，蕩然無餘，芻糧俱乏，人馬飢餒，自衙門給以若干料米，糠土居半，觸手作屑，不堪糊口，食輒腹痛。蒙古兵則許皆姑還，使之及秋來會，大舉南侵云。所謂侯姓人，即王世貞文集所載侯拱辰是也。」

癸未，賓客任絖、輔養官金堉等在瀋陽馳啓曰：「清人將於八月望日移都北京，兩宮亦將一時入往。」

八月戊寅，上問文學李䅘曰：「世子何以支保耶？」對曰：「世子頃自北京還，重感風寒，今則快差矣。」上曰：「上國何以不備流賊，終至敗亡耶？」對曰：「中原宦寺弄權，士卒離心，遂致伊賊隳突，終乃滅亡云。」上曰：「兵部尚書内應之説信否？」對曰：「然矣。」上曰：「卿相亦有來降者耶？」對曰：「臣聞譯官之言，有兵部、禮部之官，或投刺於衙門而來謁云，亦未知其真的。䅘聞有識士大夫先已遠避云。」上曰：「宦官幾何？」對曰：「在闕内者萬餘人，分掌職事者八千人，而其在於街巷之間出入闕内者，不知其幾萬皇極、文淵兩殿焚毀，武英殿存。

剃頭之舉，民畢憤怒。

人云。」上曰：「宮室之燒燼者幾何？」對曰：「皇極、文淵兩殿並皆灰燼，唯武英一殿巋然獨存。故九王方在武英，列立軍卒作爲軍門矣。」上曰：「萬壽山其高幾許，而離宮別館亦無餘存耶？」對曰：「山在後苑而不甚高大。山前別館五六處，幸免延燒，如公廨則尚多餘存者矣。」上曰：「山海關迎戰之賊，其數幾何？」對曰：「結陣於平野，連亘數十里，及到北京聞之，則迎戰之賊，騎兵十萬，步卒二十萬云。」上曰：「賊兵與胡兵孰多？」對曰：「以臣所見，胡兵似倍於流賊。清人亦言前後興師，未有如今日之大舉云。」上曰：「清人擒兵部尚書云，何許人耶？」對曰：「擒兵部尚書時弼等十二人，駐軍半日，梟首軍前，此乃明朝之尚書而爲流賊內應者也。」上曰：「入關之後，九王措畫，可以成大事耶？」對曰：「以臣淺見，何以知之。雖未知其果合於事理，而蓋多決斷之事矣。」上曰：「事雖決斷，若不合理，則何足取也。」對曰：「入關之初，嚴禁殺掠，故中原人士無不悅服。及有剃頭之舉，民皆憤怒，或見我人泣而言曰：『我以何罪獨爲此剃頭乎？』如此等事，雖似決斷，非收拾人心之道也。」上曰：「爾等出來之時，城中人心其已鎮定耶？」對得北京後，八王欲退守，九王欲進取。

曰：「連經兵火，又值大旱，遠近田疇，盡爲兵馬所蹂躪，城底數百里，野無青草，城中之人，相聚爲盜，多有殺越奪掠之患云。」上曰：「倉儲幾何？」對曰：「明朝畜積甚富，而盡爲流賊所取，餘存者皆積年陳腐之米而已。清人或飼其馬，或自食之，而胡俗多以肉酪充飢，我國之人則纔吃數匙，輒腹痛數三日矣。」上曰：「八王則不欲留北京云然耶？」稶曰：「八王言於九王曰：『初得遼東，不行殺戮，故清人多爲遼民所殺。今宜乘此兵威，大肆屠戮，留置諸王以鎮燕都，而大兵則或還守瀋陽，或退保山海，可無後患。』九王以爲先皇帝嘗言，若得北京，當即徙都，以圖進取，况今人心未定，不可棄而東還。兩王論議不合，因有嫌隙云。」上曰：「清人之搬移北京者幾何耶？」稶曰：「率其家屬搬移者相續，而並與鳳凰城胡人而遷之。人皆安土重遷，且瀋中禾稼頗登，故多有怨苦者云。」上曰：「清兵入燕之後，何不追擒賊酋云耶？」稶曰：「自北京至保定府凡七日程，八王疾馳三日纔及於保定，馬困人疲，不能遠逐云。」上曰：「中原之人以大明之亡爲痛耶？」對曰：「永樂皇帝之後裔有世襲太原郡王者，被執入都，父老多有攜持而涕泣者云。」上曰：「三百三百年宗社，一朝丘墟。

清順治帝一行向北京。

北京米價極貴。

無人爲明朝死節。

年宗社，一朝丘墟，宜有死節之臣，而至今無聞，良可歎也。」錫胤曰：「如有伏節死義之人，則雖愚夫愚婦必皆稱道，而寥寥如此，必是皇帝不辟，宦寺執政，禮義掃地，廉恥頹廢，士夫之有志節者先已去位而然也。」

甲申，文學李棶還向北京。

九月辛卯，賓客任絖陪世子發瀋陽向北京，八月二十三日到遼河馳啓曰：「皇帝西行已發於二十日，西宮及鳳林諸孫一時作行，而館中輜重，不得盡輸，故翊贊金是聲、內官趙邦璧姑留于其處。而二十一日宿遼河，二十二日渡遼河，止宿烟臺。帝行在前，諸王八高山及其家屬輜重繼之，彌滿道路，兩宮之行最在於後，寸寸前進。以此計之，則前路一千六百餘里，一朔之內，似難得達。暴露跋涉，上下艱苦之狀，有難盡陳」云。任絖又啓曰：「比聞北京消息，則皆言米價極貴，以此罄出鳳城以西各鎮所儲米運下三叉河，以爲轉輸關內之計，而此非長久之道云。」

十月丁丑，上引見大臣及備局堂上、三司長官，謂曰：「今觀大明之事，不勝痛歎。人有自北京來者，皆云無一人爲國家死節者。豈有二百年禮義南明建都南京。

清順治帝祭天、登極。

之天朝，一朝覆亡，而無一人死節之理乎？至如宋朝寄寓於島嶼之間，而猶有忠臣義士抗義樹節者，國家雖亡，而聲名聞於千古，以此觀之，人才豈不重嶼(歟)！」右議政徐景雨曰：「聖教誠然，豈知大明天下曾無一個男子，提一旅奉朱氏耶？試以寧錦之事觀之，如祖大壽、洪承疇輩亦皆甘心屈膝，其餘不難知也。」上曰：「大明立國，最爲正大，建文之時，死節者甚多，而今乃不然，良可怪也。」

十一月丁亥，賓客任絖馳啓曰：「竊聞道路之言，則皇都見陷之後，朱氏即位於南京，改元弘光云。南方路絶，漕運不通，燕京米價極貴，斗米直銀三錢，柴草之難，比來尤甚。且聞衙門之言，則累十萬兵經夏留屯，既失農事，秋捧無計，所食陳米，亦且告罄，世子館所料饌柴炭等物，不得不減云。員役料饌，無以支給，以門外菜田二十五日耕折給館所，誠極悶慮。」

十二月戊午，徐祥履等又馳啓曰：「十一月初一日，皇帝率諸王祭天壇告登極。還御皇極殿，受賀頒詔，世子、大君亦隨參。初五日朝參時，又頒蒙漢字新曆。初十日皇帝大會諸王及漢官、蒙將於皇極殿前，以清、蒙、漢音讀封多爾袞爲攝政王。

新經亂離，騾價騰貴。

詔書。諸王拜訖，招九王跪于階下，又讀『敕爾叔父，粵自東事暨于北京之平定，皆爾之功，今賜印璽，使之攝政』。賞賚裘帽諸具，金一萬兩，綵段十萬匹，馬百匹，駝十匹。九王領謝後，張樂設宴，世子、大君亦進參。十一日早朝，九王招世子、大君使龍將及孫伊博氏等傳言曰：『未得北京之前，兩國不無疑阻。今則大事已定，彼此一以誠信相孚。且世子以東國儲君，不可久居於此，今宜永還本國。鳳林大君則姑留與麟坪相替往來，三公六卿質子及李敬輿、崔鳴吉、金尚憲等，亦於世子之行，並皆率還。而待本國夫馬入來即發』云。臣等以爲行次入來時，夫馬纔還，勢難旋復調發，且本國人馬雖得入來，數千里驅馳之餘，萬無回程之理。以此意言于衙門，收拾館中牛、馬、驢、騾若干，且欲雇騾作行，而新經亂離，雇價騰踊，自燕京至瀋，一騾之價多至三十五兩，百匹之價至於三千五百兩，因館中所儲罄乏，未得備給，相約帶行，請令該曹急送其價于瀋陽。且本國夫馬即令調發以送，期於中路相值，俾無狼狽之患。敕使三人亦與之偕行，專爲平定北京登極頒詔等事，而上使則禮部侍郎南所伊，副使則屎所伊，三使則鄭譯，敕行時凡干節目及設宴用

清世祖順治二年，一六四五

清順治帝將蒙、漢人送入館所。

清順治帝敕書。

《朝鮮王朝實録》仁祖實録

欒軒架等事一依前例云。皇帝以蒙漢人男女等送于館所，衙門以爲皇帝所賜，不可落留云，故不得已率一兩人而去以塞其責」云。

乙酉二十三年（清世祖順治二年，一六四五）

正月庚子，時燕京爲清人所有，藩王即位於南京。或云福王，或云福王之子。福王，神宗之子也。改元曰弘光云。而道路阻梗，正朔未頒，其詳不可得以聞也。

庚戌，正朝使鄭泰齊入燕京呈貢幣，龍骨大以九王之意傳言于鳳林大君曰：「既得中原，勢將混一，自此事無可疑。世子既令永還，大君亦許東歸」云。

二月辛未，世子還，清使偕入京。清使傳言于世子曰：「皇帝新得天下，移都北京，乃莫大之慶。國王禮當郊迎，而以病不行，事甚未妥。第以重臣大臣相繼來言，不得已從之」云。於是上扶掖而出迎于闕庭，都承旨尹順之、右副承旨李行遇奉敕書拆封于前，其敕曰：「今朕平定中原，誕登大位，恩及蠲免或減少歲貢。

六八一

清順治帝詔書。

九州，海内欣戴，特頒詔旨，大赦天下。咨爾朝鮮，霑化已久，既列外藩，宜均大賚，特布寬恩，將世子遣歸本國。從前罪犯，悉皆赦宥。其原本旨罪罷官員内李敬輿、李明漢、李景奭、閔聖徽四員因世子乞恩求用，姑允所請，其餘仍不許叙用。念歲貢幣物，盡屬民膏，今將舊額苧布四百匹，蘇木二百斤，茶一千包，准與蠲免。各色綿紬二千匹量減一千匹，各色木綿一萬匹量減五千匹，布一千四百匹量減七百匹，粗布七千匹量減二千匹，順刀二十口量減十口，餘悉照舊輸納。其元朝、冬至、聖節賀儀如舊，因途道遥遠，三節表儀俱准於元朝併貢，以彰柔遠之意。欽哉。」其詔曰：「粤稽古昔帝王茂建鴻圖、維新鼎運者，豐功大業，既垂裕於後昆，顯號隆名，必推原乎本始。國之令典，實惟至公，恭惟皇考寬温仁聖皇帝德合乾坤，功參覆載，統承皇祖，開基弘神武之規，經始中原，繼世焕欽文之略，東沿駒麗，西被龜兹，方御龍圖，攬九州而在宥，及兹燕翼，貽一統于眇躬，祐命自天，監臨華夏，此皆神明之啓佑，峻德之流光者也。朕初膺實録，追念先猷，惟大烈之既彰，懼徽名之未彰，特敕文武群臣，稽古禮文，博參輿論，恭荐崇稱。乃於十月初七日祇告天立法七十餘條。

地宗廟社稷，上尊謚曰應天興國弘興彰武寬温仁聖孝文皇帝，廟號太宗。於戲，天高地厚，固巍蕩而難名，日照月臨，與臣民而共仰，布告中外，咸使聞知。」又曰：「我國家受天眷佑，肇造東土，列祖邁圖鴻緒，皇考彌廓前猷，遂舉四方，誕應新命。迨朕嗣服，雖在冲齡，締念紹述，永綏厥位。頃緣賊氛愈熾，極禍明朝，是用托重親賢，救民塗炭。方馳金鼓，旋奏澄清；既解倒懸，非富天下。而王王列辟，文武群臣，暨軍民耆老合詞勸進，懇切再三，廼於十月初六日祇告天地宗廟社稷，即皇帝位，仍建有天下之號曰大清，定鼎燕京，紀元順治。緬惟峻命不易，創業尤艱，况當改革之初，更屬變通之會，酌今準古，揆天時人事之宜，吏習民安，彰祖功宗德之大，有所條例，臚列如左。於戲，天作君師，惟監臨於有土，民歌父母，斯悦豫於無疆，惟爾萬方，與朕一德。」其法條云：「大兵入關，倡先募義者，通行照賞；枉法受賂者，罪不在赦。養老恤孤，徵逸禮賢。旌孝子、節婦、忠臣、義夫之門，禁帝王陵寢名賢之墓。明朝進言被謫者收用，投順立功者叙録。各處軍民錢糧盡行蠲減，賦役不均者准免一年。曾經兵火之處，不在免半之例，有司徵收，嚴加禁約。

要朝鮮向北京運米二十萬石。

收取南方稅銀三十萬兩。

祖大壽舊宅。

崇禎皇帝之子女。

禁妖術，崇學校。」凡七十餘條。

癸酉，都監啓曰：「鄭使言于臣等曰：『北京運米二十萬石，不可不准數入送，而若過七八月，則雖億萬石，終歸於無用』云。臣等以我國物力不逮之意，苦口争辨，則鄭使聲色俱厲，略不動聽。」

三月庚寅，聖節使金素馳啓曰：「八王從他路行軍，未及入長安四白里餘，又取南方，收稅銀三十萬兩，輸入北京。此乃崇禎時稽滯中路而未及來納者云。」

庚子，聖節使金素等入來，其聞見事件曰：「行過祖大壽舊宅，則高大門閭，大書曰『元戎』，又書曰『忠貞膽勇』，皆崇禎爲大壽旌表也。大壽世受國恩，身爲元戎，終作降俘，冒受王號。若使大壽念『忠貞』二字，其無愧乎？」又曰：「福王爲李自誠所害，其子即位于南京，而荒淫無度，難望其恢復」云。崇禎有三子二女。當其自決時，教三子出走以全性命，刺其一女而死。又刺其一女而誤中不死，今爲九王姬。一子爲李自成所擄，二子逃去。九王欲得其一子以爲駙馬，使奉大明之祀，購求中外。有一僧自萬壽山寺率一兒來言：「此乃崇禎太子也，年可十七歲。」使前朝舊臣見之，或曰是，或曰不知也。使九王姬見之，則抱撫痛哭曰：「此真吾甥也。」使明朝宦者輩見之，二人曰：「此乃崇禎之子也。」老宦盧有寧獨曰：「吾則不知也。若是崇禎之子，則豈不知崇禎之名乎？使之書則可知真假也。」其兒搥胸曰：「汝在宮中，豈不知吾面，吾雖死不忍書。」又使前朝内院表貴妃見之，則表貴妃不認得太子，其兒亦不認得表貴妃。貴妃云：「崇禎太子則口有虎牙，牙根甚黑，今見此人殊不相似。」又使侍奉太子者宮女秦栢壽見之，則亦不認得曰：「太子身最長，且口有虎牙，足有疤痣，此則不然矣。」太子宮僚張大紀、李喬等皆言：「崇禎太子通文能書，嘗以詩書諸扇面以賞人，而今此兒不識字，此豈真乎？」九王於是辨其真假，盡收其諸言太子者二十六人，皆斬於順城門外。乃揭榜於城門，使中外皆知其僞，復申購求之令。仍囚其兒，用挾棍之刑以鞫其僧。僧雖折脚，終無一言而死云。今聞衙譯韓巨源之言，則觀其兒手足纖細，皆用宮範，似非長養於閭閻者也云。

四月丙辰，宰臣韓興一在北京馳啓曰：「朝參時有四人具冠帶肅拜，問其何人，則乃文官自南京來投者云。護行將户部郎中亞赤、刑部郎中羅車一、衙譯韓巨源。」

順治皇帝餞大君等於武英殿，送返朝鮮。

辛未，宰臣韓興一馳啓曰：「三月二十五日，皇帝坐武英殿，招大君以下使之入坐殿内。皇帝親執爵以賜，又以貂裘二領、鞍具馬二匹贐行，命送禮部尚書及龍將餞于門外。九王以錦段、黄金鞍具贐之，且以咨文一道付送，即會寧開市一事也。初欲敕諭，而恐以此致擾而停止云。臨發，龍將密言曰：『世子、大君之東還，皆九王之力，須以倭劍、清蜜、粘米、青黍皮等物以致謝意』云。且『今此護行，乃是欽差，無異奉敕，若不以敕使接待，則便自中路徑還』云云。」

七月辛未，初昭顯世子自北京還，清人以所獲大明宦官李邦詔、張三畏、劉仲林、谷豐登、竇文芳等五人及大明宫女與之，世子以爲皇帝所賜，遂皆帶來，皆有廪給。世子既卒，上以爲不必留置此輩，遂付清使之行以還之。

漢人盡令剃頭。

八月戊申，謝恩奏請使金自點馳啓曰：「臣行到中和，逢領舡差使員鄭埏，問北京消息，則閏六月清人迫脅北京漢人，盡令剃頭。自北京以東，凶歉弘光皇帝被執。

明臣左毛弟等不降被殺。

清廷開科取士。

《朝鮮王朝實錄》仁祖實錄

太甚，關內土賊群起，殺害官吏云。」

十一月癸亥，謝恩使金自點如北京，到深河驛馳啓曰：「道遇運米差使員金瀅，問納米之數，則未納者將五萬石。法國回咨，責以追納。又曰：『清人陷南京，弘光皇帝出奔南邊。李自成敗走陝西，入據險阻』云。」

十二月辛丑，奏請使書狀官趙壽益以北京聞見書啓曰：「弘光皇帝奔於海上，爲清人所執，幽之一處。諸王及總兵以下大小將官降者亦百餘人。漢人言弘光即位之後，荒淫日甚，良家女十五歲以上，皆選入宮中，人莫不憤慨。弘光之弟年二十餘稱帝於南邊。張顯忠（張獻忠）、李子誠（李自成）方據陝西、四川等地，顯忠兵勢勝於子誠。」又曰：「前年弘光帝遺陳弘範及左毛弟請和於清國，不許，弘範還，左毛弟被拘。及南京陷，清人謂左毛弟曰：『今則南京已降，天下一統，汝獨不屈何爲？』左毛弟曰：『我以大明之臣，豈有臣事讎賊之理乎？須速殺我。』罵不絶口。清人諭以利害，終不屈，漢人無不悲之。從者四人，亦不屈而死。」又曰：「去秋清人設科於皇城，賜第百餘人，遠近赴舉者甚多」云。

多爾袞喜烟草、良鷹。

丙戌二十四年（清世祖順治三年，一六四六）

二月辛巳，冬至使李基祚至北京馳啓曰：「臣等以乞減補運及林慶業出送兩款言於衙譯，則龍將招臣等言之曰：『爾國凶荒，人將相食云。再運之米，盡數蠲免。而瀋陽等處米穀，欲自牛莊運致通州，爾國舟楫不得不借用』云。龍將又密言於李仍叱石曰：『今番減米乃九王之力。九王喜吸南草，又欲得良鷹，南草良鷹，並可入送，以致謝意』云。」

壬辰，冬至使李基祚自北京還到義州馳啓曰：「臣等往來時，見中朝士子及故老密問事情，則皆言李自成爲八王所敗，復依張顯忠于南鄭，方據四川。南方都督軍務楊姓人，將率明朝舊臣推宗室唐王，恢復雲南、貴州、廣東西，改元龍武。宗室魯王又據兩浙，聲勢相依。洪承疇明將之降於清者也。獨守南京，勢將難支，請兵糧于北京，清人方有調兵向南之舉。」又曰：「瀋陽農民，皆令移居北京，自關内至廣寧十餘日程，男女扶攜，車轂相擊」云。

六月戊寅，清人以林慶業及其從者六人付送於謝恩使李景奭之行，仍賜順治皇帝敕書。

弘光皇帝遇害。

傳李自成被殺。

向湯若望學曆法。

《朝鮮王朝實録》仁祖實録

敕曰：「皇帝敕諭朝鮮國王：朝鮮歸順之後，林慶業煽惑離間，潛遣奸細，私通別國，及領舟師，故意推諉，致誤軍機。推問之時，尚不輸服，卸責於王，徑行逃脱。後與叛逆結黨，謀害本王。自知事洩，竄投明朝，罪惡多端。朕先不發慶業回國，原非姑息，因平定中原，施恩大赦，一應罪惡，槩行解網。今王欲得慶業以靖亂萌，理所宜然，即將慶業發與陪臣解回，特諭。」李景奭等馳啓曰：「臣等在北京得於傳聞，有云蒙古王爲大王先汗洪太始兄貴榮介也。女婿者，居在瀋陽之西，多有兵衆逃入故地。今五月初二日，清人大發兵使十王先汗弟也。往擊之。是日洪光皇帝遇害，漢人亦多被殺云。又聞明朝宗室唐王者即位於浙江，兵馬最盛，與福建聲勢相倚，又與流賊相通。其所信任者，有明朝聞人王道直，以此人多屬心云。又聞朱氏一人走入蒙古，謀爲復讎之計，清人深以爲憂云。又聞李自成自中生亂，見殺於其下，此則衆口皆言，似非浪傳云。臣等又以時憲曆密買之事，廣求於人，而得之甚難。所謂湯若望者，又無路可見。適逢本國日官李應林之子奇英被擄在彼，其人頗通筭術，且慣華語，臣使之學習曆法於湯若望，約以他日當遣其父傳學以來。

唐王在福建即皇帝位，改元隆武。

且給白金數十兩，使買曆法之書於湯若望，以爲他日取來之計，其書凡一百四五十卷云。」時憲曆者西洋國人湯若望所造也。我國使臣之入北京也，俾得一本，較之舊曆二十四候氣至之日頗有不同。聞湯若望仍在北京，景奭之行，使求其法而不能得。

八月癸卯，義州府尹金壽翼馳啓曰：「譯官趙孝信回自北京，言『中江開市，清人只令鳳凰城近處三堡許貿，而北京商賈，則不許出送。』」

丁亥二十五年（清世祖順治四年，一六四七）

附：丁亥七月丁巳，統制使金應海獲福建商賈漂流者五十一人，得孔雀三、劍槍八。應海使譯官問之，其中有徐勝者自言：「我是舡主，而福建泉州府晉江縣人也。中原大亂，兩京皆没，崇禎皇帝既崩，福王亦以乙酉五月繼陷。鄭芝龍、芝鳳等奉唐王以七月初一日即皇帝位，定都于福建，改元隆武。唐王即神宗第二十四子，母曰李妃，於崇禎叔父也。天下攝政王命歲貢大米等永減。

十三省，而虜陷其九，隆武所統只浙江、福建、廣東、廣西四省也。宰相則内閣馬士英者出將入相，今已死，有何吾騶、蔣德璟等十餘人存焉。武將則鄭芝龍、芝豹、林察等，乃其尤者也。寧粤，軍門林察守之；兩廣，軍門丁魁楚守之。帝拜芝龍爲太師，封平虜侯，統兵四十萬，欲以恢復南北京。南軍皆步卒，少騎兵而多火手矣。李自成見敗於清兵，走死陝西。而其子闖往依雲南四川沐國公所，請罪於皇帝，有詔召沐國公合兵以圖中原，而赦闖罪，許其立功以自贖矣。芝龍以經用不足，請於皇帝，令我等領官銀貿販，以助軍餉。」

八月辛巳，謝恩使麟坪大君㴭在北京馳啓曰：「鄭命壽以攝政王命來言：『歲幣中大米九百石，木綿二千一百匹，綿紬二百匹，弓角二百桶，順刀十柄，胡椒十斗，及方物中黑細麻布代白細苧布，今特永減。此處鮮米極貴，故仍存百石，其七十石以粘米代送。』云。且言：『户部郎近將出去催納樺、鐵，樺皮三萬張，鐵三萬斤，此則不可減數。』云。」

清廷送時憲曆。

湯若望略教曆法。

戊子二十六年（清世祖順治五年，一六四八）

二月壬辰，謝恩使洪柱元回自北京，清人移咨送曆書，所謂時憲曆也。其曆法與我國不同，即西洋國新造者也。節氣稍有先後，且我國則以三月爲閏，而所謂時憲曆則四月也。

九月辛巳，遣日官宋仁龍學時憲曆算法於清國。

己丑二十七年（清世祖順治六年，一六四九）

己丑二月甲午，冬至使吳竣在北京馳啓曰：「日官宋仁龍專爲學得曆法，而曆書私學，防禁至嚴，僅得一見湯若望，則略加口授，仍贈縷子草册十五卷，星圖十丈，使之歸究其理云。」

孝宗實録

計二十一卷，起己丑年（清世祖順治六年，一六四九）五月，至孝宗十年（清世祖順治十六年，一六五九）五月，李景奭等撰。

孝宗宣文章武神聖顯仁大王，在位十年，壽四十一。

己丑（清世祖順治六年，一六四九）夏五月丙寅，仁祖大王薨于昌德宫之正殿。越五日，世子即位。王諱淏，仁祖大王之第二子也。母曰仁烈王后韓氏，萬曆己未（一六一九）五月甲辰，誕王于漢城慶幸坊之私第。崇禎丁丑（一六三七），隨昭顯世子入質于瀋陽。及赴燕，清人以金玉綵帛遺詔顯及王，王獨不受，願以我人之俘擄者代之，虜皆歎服而許之。俄而東還，行李蕭然，沿路士民嘖嘖不已。時昭顯已卒，中外皆屬望於王，是年五月，仁祖大王遂定策立王爲世子。

順治皇帝敕書。

孝宗即位年（清世祖順治六年，一六四九）

五月壬申，以洪柱元爲告訃請謚請承襲正使，金鍊爲副使，洪瑱爲書狀官。

十一月丙辰，謝恩使仁興君瑛，副使李時昉，書狀官姜與載赴北京。

庚寅元年（清世祖順治七年，一六五〇）

二月辛卯，謝恩使仁興君瑛、副使李時昉等馳啓曰：「臣等既到北京，牢閉館門。鄭譯等來言曰：『俺等之出去也，接待大異於前。西路則減饌品，嚴譏察；入京則通官受辱於守門之人。彼此無間之意安在？本國必有可諱之事而然也。今之牢鎖，勢亦宜然，勿怪也。』」

三月戊午，上行迎敕禮。其敕云：「皇帝敕諭朝鮮國王：前謚爾先王，爾不耑疏謝恩，兼乏謝獻之儀，皇叔攝政王贈賵，亦不曾有謝恩本章，雖具有禮物，而單上不書皇叔父攝〔政〕王，此皆失禮之處。及閱王奏内有云『倭情萬分可慮，倘遇警，没奈何，欲修築訓鍊。又議政府據報云「如有漂到倭國沿海漢人船隻，不送於咫尺倭館，直爲解送上國，其蓄憾於我，比前必甚。」』等語，其具報官員，將欲以漢人作倭人而與倭國歟？抑以爲明朝猶在耶？抑强欲以朕之漢人而捕送倭國耶？似此官員，顯是啓亂壞國之人，王不將此官拏問重罪，而徑云奏，是爾之失也。即宜拏問，加以重罪。又遣來陪臣李時昉向部臣云『今歲不收綿，請緩一年貢布。』部臣爲之轉奏，朕節次憫念朝鮮苦累，軫恤平民，曾於歲貢之物，及饋遺使臣之禮，大爲裁減。此豈爲爾有求而然耶？槩觀情詞，具奏雖係王本，而本内語意，實非出於王心，必由奸臣造意也。若倭果恃强侵犯爾國，大兵拯援，斷無遲誤之理，爾國奸臣，料天下未盡平定，盜賊未盡滅息，恐調爾國兵馬，以故致設虚揣，詐誘倭情耳。今天下業已混一，億兆盡歸版圖矣，向曾有漂到倭船，朕心惻然，不忍拘留，尚且付爾國送還，爾今欲以所獲朕之漢人船隻，不送於此，而遂倭館，又欲修築訓鍊，此皆亂臣所出之言也。思昔爾先王，不忘我朝恩德，竭盡忠誠，今王豈有不欲竭盡忠誠之理？不特此一時，即爾朝鮮嗣王，子子孫孫，無間世代，永如山攝政王敕諭。

結親之事。

河之不改易，豈應有渝忘之時乎？此皆是在下奸臣朋比結黨，啓無窮之亂源者也。凡百語言，悉在遣去大臣面言之。特諭。」其二曰：「皇父攝政王敕諭朝鮮國王：予之諸王暨貝勒衆大臣等屢次奏言，自古以來，原有選藩國淑媛爲妃之例，乞遣大臣至朝鮮，擇其淑美，納以爲妃，締結姻親。予以衆言爲然，特遣大臣等往諭親事，爾朝鮮國業已合一，如復結姻親，益可永固不二矣。王之若妹若女，或王之近族，或大臣之女，有淑美懿行者，選與遣去大臣等看來回奏。特諭。」

五月甲子，上幸西郊迎清使，接見于仁政殿。清使傳攝政王之書曰：「諸王大臣合稱喪事雖重，王上悲痛不已，當念國事重大，妃位不宜久虚，屢次陳請，予勉從衆議。因於遣户部尚書宗室巴屹乃、内院大學士祈青古等之時，曾令擇看來説。結親之事，另行遣官，梭紅等至説王女淑美，予意先行通信，隨具六禮，然後迎親。諸王大臣又復合稱朝鮮路遠，如依循禮節，恐往復之間，稽延時日，予復勉從，諭令速行進送，恐王以爲輕褻，特茲諭意，王其知之。」又送紵綵六百匹、赤金五百兩、銀一萬兩。

擇日官來京學新曆法。

秋七月庚午，觀象監啓曰：「前年委送日官於北京，得見湯若望，則畫字質問，辭不達意，只學日躔行度之法，不啻一斑之窺。竊念西洋之書，自是異域之術，雖與舊曆之法不相髣髴，而其所參差者，只在節氣一二日進退而已。未詳其間訣法，而舍舊從新，似難率爾斷定，莫如別擇日官中聰敏者，令治新曆之法，日加程督，待其開悟，然後資送北京，質正其疑處，恐或得宜。」

八月戊申，護行使元斗杓等自北京還，上召見之，問曰：「彼國以李景奭、趙絅事爲何如？」斗杓曰：「觀其辭氣，其凶且秘，每因事歸責於君上，故臣等不敢言兩臣之事矣。彼人每言倭使之往來，只給糧饌，別無他事云，而爾國動以倭喝我，其欺罔可知也。李景奭自當其罪，當令本國處置云。且問我國主張此論者，而輒舉金尚憲、全（金）集等姓名，但集則言其名字訛誤矣。九王初見公主，頗有喜色，待臣等亦厚。及至北京，以公主之不美，侍女之醜陋，詰責萬端，此甚可慮矣。九王云：『自先汗施恩本國甚厚，我亦有私恩於國王，而每以倭釁請築城鍊卒，必爾國上下皆有異志也。且侍女之選進，自明朝已有舊例，今日之舉，欲觀爾國之所爲，而爾國不肯精擇，公主既不滿

清世祖順治七年，一六五〇

皇明在兩廣改元永曆。

意，侍女亦多醜陋，爾國之不誠，於此益可見矣。李、趙兩臣之罪，既已成案，不必自此處置，結末惟在本國』云。」斗杓又曰：「在北京時，聞皇明朱氏保有廣東、廣西數省，改元永曆，而清人甚秘之，不得其詳矣。」

冬十月甲申，上幸西郊迎清使，接見于仁政殿。敕書曰：「皇祖妣皇后尊謚祔享于太廟，兹因慶典，特遣啓心郎額色黑、學士賚功等賫詔前往，並賜蟒段織金幣帛，其祗承之。」詔曰：「徽音端範，飭内治於當年，壼則貽庥，協鴻名於萬禩，典章具在，孝享宜彰。欽惟皇祖妣皇后光贊太祖，成開闢之豐功，默祐先皇，擴纘成之大業，篤生皇父攝政王，性成聖哲，扶翊眇躬，臨御萬方，迦重闈之厚德，敉寧兆姓，遵京室之遺謀，慶澤横被於後昆，禮制必隆於廟祀，仰成先志，俯順輿情，於順治七年七月二十六日，祗告天地宗廟，率諸王貝勒文武群臣恭奉册寶，上尊謚曰孝烈恭敏獻哲仁和贊天儷聖武皇后，祔享太廟。典禮綦隆，覃恩宜普，特赦天下，以廣鴻慈。應行事宜，條列於後。於戲！馨薦明禋，報慈仁於有永；宣昭義問，著聖善以無疆。式古訓行，彰兹懿美，布告天下，咸使聞知。」

慎獨齋之語。

攝政王多爾袞病死。

丁未，上引見大臣及備局諸臣。上謂户曹判書元斗杓曰：「卿往北京時，果有『慎獨齋』之語乎？時清人有清陰、慎獨齋當國斥和之語，李回寶疏中以爲此必自點所通云，故上有是問。所謂『慎獨齋』，未知指某而言耶？」斗杓曰：「『慎獨齋』即金集齋號也。臣在北京，只聞誤稱其名，而未聞『慎獨齋』之説也。前年清使之來，飛語紛紜，至有金尚憲、金集等斥和之語，而未知某人做出，今回寶指以爲自點所爲，必有所聞處矣。且殿下於山人初以禮聘之，今有不承權輿之歎，領府事金尚憲即國之元老，而一出春明，亦置相忘之域，臣恐待賢之道，不當若是也。」上曰：「此豈予之本心哉！誠因形勢之不得已也。」

十二月丁巳，義州府尹蘇東道馳啓曰：「攝政王十一月初九日病死，清使以傳訃出來，追送侍女，亦自中路還送云。」

丙子，冬至使麟坪大君㴭自北京馳啓曰：「白馬山城安置兩臣李景奭、趙絅，皇帝已許放還，而領議政李敬輿永不叙用，使之退處田里云。」

表文「乾清坤夷」被詰問。

追封攝政王爲皇帝。

辛卯二年（清世祖順治八年，一六五一）

正月乙巳，上下教曰：「昨見陳奏使狀本，以賫去表文中『乾清坤夷』之句，至有詰問之舉，誠極寒心。今者進香使文書中，亦或有此等文字乎？該房承旨詳察以啓。」時陳奏使麟坪大君㴭等馳啓曰：「漢人之仕於清國者，萬端窺伺，必欲生釁於我國，使臣賫去表文中有『乾清坤夷』之語，漢人飜以清語，告于清主曰：『此謂天則清而地則胡也。以我爲清夷，顯有譏斥之意。』清主令詰問於書狀官鄭知和曰：『何不云乾清坤寧，而必曰清夷，乃敢譏我耶？』知和初答以偶然用之，旋又生㤼，乃以誤書二字爲對。清譯鄭命守私語使臣曰：『今則事機異前，此等文字，切宜詳察。』」

二月戊午，上幸西郊迎清使，接見于仁政殿。赦（敕）。清國追封攝政王爲帝，上號於其母，遣使頒赦。

乙丑，遠接使李時昉、平安監司鄭維城馳啓曰：「臣等問鄭命守曰：『清使四人所幹何事？』答以尊封清主生母爲太后，且屬本國歲幣，爲此頒詔。

順治皇帝削攝政王封號，抄其家。

挖掘攝政王墓，金銀冥具换爲陶器。

順治皇帝赦書。

《朝鮮王朝實録》孝宗實録

又密言：『攝政王生時，陰懷篡奪之志，預備黄袍，叛形已具，又有告之者，清主大怒，削號黜廟，籍其家産於官，分其諸姬於諸王。義順公主亦歸於白陽王之子』云。」

戊辰，知經筵李基祚曰：「臣纔自北京回，敢陳聞見。清主年今十四，而坐殿上指揮諸將，傍若無人。且清將之中，只巴訖乃時有顧護我國之色，明朝之人仕清國者，如洪承疇、馮銓、劉守涣諸人，皆懷害我國之意。承疇則專以大陵河之敗，歸罪於我；銓則累上書請令朝鮮一體剃頭。在我之計，不可不出捐金帛，交結此輩矣。」

三月己卯，進香使柳廷亮等行到牛家莊，馳啓曰：「攝政王之以謀逆黜廟，一如鄭命守所言，而攝政王葬處，掘去其金銀諸具，改以陶器云。」上於是召見承旨而謂之曰：「彼國之於攝政王，既斷以謀逆，爲其喪進香之行，何可仍徃！」承旨等急令備局馳通于使臣，使之停行。

辛巳，上幸西郊，具龍袍玉帶迎清使。赦（敕）。以清國上號頒赦故也。其赦曰：「帝王統御寰區，撫綏億兆，莫不正名彰德，致隆於所生，乃仁孝之至情，推還攝政王追封敕書等。

順治皇帝敕書，列陳攝政王罪行。

尊養之彝憲也。欽惟我聖母翼贊皇考，勤修内則，克諧宫壼，以御家邦，誕育眇躬，劬勞啓迪，纘承鴻緒，混一多方，揆厥本原，實惟慈庇。王公臣庶謂宜崇上尊號，兼晉徽稱，以孚中外之心，協古今之禮。察兹公議，允愜朕衷。謹告天地宗廟社稷於順治八年二月初十日，即本國正月初十日也。率諸王貝勒文武群臣恭奉册寶，上尊號曰昭聖慈壽皇太后。隆儀備舉，愷澤覃敷，所有恩恤事宜，條列於後。朝鮮歲額進貢各綿紬五百匹、綿布五千匹，以後永免綿紬一百匹、綿布六百匹云。於戲！立愛惟親，孝思不匱，惟我聖母，丕隆名壽，於萬斯年！土公臣庶，偕兹大慶，其各祇乃身，裕乃心，勤乃事，敬迓天休，以共臻於郅理。布告天下，咸使聞知。」

癸巳，延接都監啓曰：「大通官韓甫龍言，『攝王之傳訃，與追崇敕書，自北京有推還之令，宜即入送于館中』云矣。」

甲午，上幸西郊迎清使，接見于仁政殿。敕書曰：「鄭親王、巽親王、端重親王、敬謹親王同侍衛大臣合辭奏言：『太宗文皇帝賓天時，諸王貝勒大臣等，同心堅持，舍死誓盟，扶立皇上。彼時臣等並無欲立攝政王之議。惟伊弟豫郡王唆調勸進，彼時皇上尚在幼沖，曾將朝政付伊與鄭親王共理，逮後獨專威權，不令鄭親王預政，遂以親弟豫郡王爲輔政。叔王背誓肆行，自稱爲皇父攝政王，以扶立皇上之功，盡爲己功。又將太宗文皇帝素日恩養諸王大臣官兵人等，爲我皇上捐軀竭力，攻城破敵，勦滅賊寇之功，不歸朝廷，全爲己功。其儀仗音樂侍衛之人，俱與皇上同。蓋造府第，亦與皇上宫殿無異。府庫之財，任意糜費。織造段匹，庫儲銀兩珍寶，不與皇上，伊擅自用。又將皇上侍臣宜而登陳泰一族，及所屬牛録人丁剛林一族，把爾達七一族，盡收入自己旗下。又親到皇宫院内，以爲太宗文皇帝之位，原係奪立，以挾制皇上侍臣。又吹毛求疵，逼死肅親王，又納其妃。將官兵户口財産等項，既與皇上，旋復收回，以自厚其身。又欲皇上侍臣厄而克歹青歸己，差吴拜、勞什、剛林、祈充格封以侯爵，因歹青不從，復罷侯封。又差勞什傳言，誘皇上侍臣什諾卜庫云：「我疼你，你可知道麽？」凡一切政事及批票本章，不用皇上之旨，槩用皇父攝政王旨。又悖理入生母於太廟。凡伊喜悦之人，不應官者濫陞，不合伊者濫降。又將伊妻自行追封。又不令諸王、貝勒、貝子、公審問核實罪行，追罷封號等。

順治皇帝敕書，册立皇后等事。

等伺候皇上，竟以朝廷自居，令其日候府前。昨伊之近侍額克沁、吴拜、速拜、勞什、鉢羅會口稱亡王遺言，欲亂國政，被端重親王、敬謹親王暨侍衛大臣等，公同首出。遂將勞什、鉢羅會正法，額克沁、吴拜、速拜，從重治罪訖。以此思之，顯有篡位之心。臣等俱畏，吞聲不敢出言，此等情形，皇上不知，謹冒死奏聞。今以伊功大祔享太廟，這本内一應乖謬之事，皆臣等畏隨唯諾之故，以致如此。伏願皇上重加處置，罷伊母子廟享。』朕隨命在朝大臣詳細會議，衆口僉同。反覆詳思，諸王大臣豈有虚言？不意伊之近侍蘇沙哈占代木几勒首言：『伊主在日，秘造帝服，藏匿御用珠寶。曾向何羅會、吴拜、速拜、勞什、鉢羅會商議，欲背皇上，帶伊兩固山移住永平府。』又首言：『何羅會曾遇舊主肅親王子，罵云「該殺的鬼種」等語。』朕聞之，即令諸王大臣詳細審問，逐件皆實，故將何羅會正法。據此事蹟看來，謀篡之事果真，謹告天地宗廟社稷，將伊母子併妻罷追封，撤廟享，停其恩赦。布告天下，咸使聞知。」

十月己未，上幸西郊迎清使，接見於仁政殿。敕書曰：「朕惟帝王治天下，尊養隆備，鴻章顯號，因事有加，乃人子之至情，古今之通義也。朕丕承大命，奄有萬方，揆厥所由，實承懿訓，至於有成。兹爲朕慎擇淑妃，端範宫闈，嘉禮之始，深惟聖母洪慈靡極，是以參稽典禮，合布歡心，謹告天地宗廟社稷，於順治八年八月二十日，率諸王貝勒文武群臣，恭奉册寶，加上聖母昭聖慈壽皇太后尊號曰昭聖慈壽恭簡皇太后，允協群情，覃敷愷懌。所有恩宥事宜，並列於後，有恩賜赦宥條件。於戲！正家及國，愛親達民，惟我聖母保佑申重，克盡顯德。凡爲臣子，宜敬承天庥，祝聖萬年，以底於太平。布告中外，咸使聞知。」又曰：「朕惟聖化始於二南，作配協鳳鳴之盛，天庥垂於萬世，于歸廣麟趾之祥，正位中宫，勤宣風教。朕纘承鴻緒，祗荷丕基，慎擇淑儀，覃延後嗣。邇者昭聖慈壽皇太后特簡内德，用式宫闈，仰遵睿慈，謹昭告天地宗廟，於順治八年八月十三日，册立廓兒沁國招凌兔親王吴商之女爲皇后。貞順永昭，奉尊養之令典；敬恭匪懈，應天地之隆施。爰合德於陰陽，期賜類於仁孝。昭告天下，咸使聞知。」又曰：「頒賜禮物，其祇承之。」

閣老馮銓首倡剃頭。

壬辰三年（清世祖順治九年，一六五二）

十一月戊戌，上曰：「亡國非一道，而至若崇禎皇帝則內無聲色之娛，外無遊畋之樂，然猶不免於顛覆，蓋以不明之故也。閣老馮溥（銓）明人，得幸於九王，首發剃頭之論，可勝痛哉！」洪命夏曰：「崇禎之世，內無賢相，外無名將，崇奉異教，寵任宦寺，其亡不亦宜乎！」

十二月丙辰，上幸西郊迎清使，接見於崇政殿。其敕曰：「盜蔘事小，封疆事大，若不禁約，後犯必多。今差內院學士蘇納海、梅勒章京胡儍、理事官谷兒馬賚帶被獲人至王前訊明擬議具奏。」

癸巳四年（清世祖順治十年，一六五三）

正月癸酉，觀象監啓曰：「時憲曆出來後，以我國新造曆考准，則北京節氣時刻，與時憲單曆一一相合。而日官金尚範還自北京，累朔推筭，幸而得永曆皇帝在雲南。

順治皇帝敕文：皇后降爲靜妃。

永曆皇帝軍號「白頭兵」。

之；非但術業通明，且有竭心成就之功。其時同事譯官李點亦多周旋之勞，似當有論賞之典矣。」

三月庚午，冬至使賫去歲幣，沉水燒火，見詰於清國。備局請治使臣不能檢飭之罪。命拿使臣李瀣、鄭攸，書狀官沈儒行等于禁府。

五月戊子，謝恩使麟坪大君㴭、副使俞㮴在北京馳啓曰：「臣等得聞永曆皇帝方在雲南，四川有流賊遙附永曆。吳三桂在漢中，與流賊交戰，清人出兵助之，流賊閉關固守云。」麟坪大君㴭以使臣赴北京也，彼以王弟優禮之，引入殿内，置酒與飲。又與黑色蟒龍衣，㴭即於坐上衣而謝之。

十一月壬寅，上幸西郊迎清使，接見於仁政殿。其敕曰：「今后乃墨勒根王之女，於朕幼冲時，因親定婚；而自册立之始，與朕志意不協，宫壼參商，已歷三載，事上御下，淑善難期。兹降爲靜妃，改居側宫，諭王知之」云。

壬戌，謝恩使洪柱元，副使尹絳、書狀官林葵回自北京。柱元等探問燕中事情：「清主以明降將吴三桂爲平西王，以妹妻其子，專委以南方事云。玉田城中偶逢漢人李連城者，密問南京消息，則言：『崇禎皇帝兄魯王之子順治皇帝十七歲，常遊太液池。

清敬景王於湖廣戰死。

建都于廣西，年號「永曆」，軍號百萬，皆以白布裹頭，號「白頭兵」』云。臣等留館頗久，使人密問於韓巨源，則言：『皇帝兄紅旗王廂南征敗死，餘軍輿尸而歸。上下憂慮，不遑他事，以此遲延』云。

甲午五年（清世祖順治十一年，一六五四）

二月丙寅，韓巨源詣闕告還，上曰：「皇帝年今幾何？」巨源曰：「十七歲也。」上曰：「北京兵甲尚精利乎？」巨源曰：「與前無異，而近日專尚學文，不事畋獵。」上曰：「皇帝所爲者何事也？」巨源曰：「每遊太液池，冬則戲於冰，夏則蕩舟於水。且作木偶人以戲之。」

丁亥，冬至使沈之源等馳啓曰：「清國敬景王出戰湖廣，大敗而死。又遣王子率兵七萬出征，右真王請勿勞師於新喪之餘，清帝不從。永曆皇帝方在湖廣，以張得一爲大將云。」

三月丁酉，冬至使沈之源、副使洪命夏等還自北京，上召見之。

明軍喪敗。

四月庚申，特進官洪命夏曰：「臣之奉使北京也，清譯韓巨源以衙門意問曰：『何不請册封世子乎？』臣答曰：『世子年幼故也。』」領議政鄭太和曰：「彼若先發，則事有難便，不若自此請之也。」

五月庚寅，知經筵沈之源曰：「臣之奉使北京，覘察彼中形勢，則危亡之兆已見。彼若失關内，則我國之憂尤大矣。」

乙未六年（清世祖順治十二年，一六五五）

正月辛丑，觀象監啓曰：「曾因聖教，再遣術官金尚範于北京，傳學其法，而中途病死。請更擇精於曆法者，隨使行以送。」從之。

三月丙戌，謝恩使麟坪大君㴭、副使李一相馳啓曰：「臣等探問彼中事情，則洪承疇經略湖廣、兩浙、兩廣、江南、福建等地，主南方之戰。吴三桂駐劄漢中府，總督潼關以西，秦、隴、泗（四）川、甘肅等地，主西方之戰。永曆兵勢只依湖廣險阻，與清人相爭，累獲戰勝。清兵誘出大野，然後以鐵騎蹂躪，故大清軍與明軍作戰事。

北京有朝鮮文書，國情盡知。

順治皇帝敕書，送還義順公主。

明全師喪敗。而清國又發八旗精甲萬餘，與其妻子南下，爲鎮守兩廣之計云。」

六月庚午，賫咨官黃珽還自燕京，到義州馳啓曰：「詳問彼中事情，則甲軍於上年隨往南方戰所，南兵佯敗，誘引北軍挾擊之，北軍全没，王子一人死焉。南軍太半步卒，以鐵甲裹頭及身，手持大刀，俯身直趨，但斫馬足，先鋒則多有騎象者云。漢人有鄭高同者，入來館所，問及明國形勢，則曰『清國雖稱已得南京，而只蘇、杭州而已。明國行用之錢以「隆理」年號爲文』云。」

八月庚申，特進官許積曰：「吴挺一自北京還，謂臣曰『在北京之日，聞彼之言，則得見備局政院文書，我國事情，無不備知』云。誠極驚駭。自今備局緊重公事，則堂上或文郎廳親書之。且機密文書，則藏鎖櫃中而出納爲當矣。」從之。

丙申七年（清世祖順治十三年，一六五六）

四月甲戌，上幸西郊迎清使，接見于仁政殿。其敕書曰：「朕撫育萬方，順治皇帝敕書，加上皇太后尊號。

心存博愛，原無分於內外。爾國稱藩奕世，效順有年，至情相關，亦宜體恤。陪臣錦林君愷胤之女，孀居邸第，骨肉遠離，朕憫惻久矣。且此女於王既屬宗支，又經撫養，王之懸念實深。今愷胤進貢來朝，奏請欲見其女，朕夙昔矜憐之意，仍之愈切。特遣太子太保議政大臣哈什屯則令送歸國，俾依親自守。王其悉之。」義順公主還自清國。

丁酉八年（清世祖順治十四年，一六五七）

三月丁未，上幸西郊迎清使，接見于仁政殿。其敕曰：「自古帝王統御天下，首重尊親，故嘉禮告成，必晉崇顯號，推厥洪澤，洽於四海，所以廣孝思昭錫類之仁，甚盛典也。朕承聖母昭聖慈壽恭簡安懿皇太后慈訓，撫輯萬方，於今逾紀。茲更遴選賢淑，俾佐壼教，弼成內治。仰惟至德，高厚難酬！匪藉鴻稱，曷伸孝悃！是用祇告天地宗廟社稷，於十一月二十四日，率諸王貝勒文武群臣恭奉册寶，加上聖母尊號曰昭聖慈壽恭簡安懿皇太后。隆儀順治皇帝敕書，違禁買硝藥事。

清俗重事佛祈神，公事遲滯。

爰舉，湛惠斯覃云云。於戲！榮號洊加，用闡慈闈之聖善，宏恩遐播，庶合海宇之歡心。」辛未，上幸西郊迎清使，接見於仁政殿。其敕曰：「禁買物貨，定例昭然，向經禮部咨行爾國。昨爾弟李淯，因寬宥越境殺人之罪謝恩來京，理宜痛改前非，益盡忠敬，乃事畢回還，隨行員役違禁擅買硝藥，行至鳳凰城，被城守章京搜獲。據稱李淯不肯縛送私買之人，反哀求容隱。李淯先時未能禁約，事發又求隱蔽，亦難辭咎。今特遣多兒吉昂邦阿魯哈、少傅兼太子太傅內翰林國史院太學士額色黑、太子少保都察院左參政能吐、吏部左侍郎千代前往該國，同王察審私買情弊，詳確議罪具奏。特諭。」

戊戌九年（清世祖順治十五年，一六五八）

三月戊申，冬至使兼謝恩使沈之源、副使尹順之、書狀官李俊耉還自清國，上召見之。仍問彼中事情。之源曰：「其俗之事佛祈神，甚於梁武帝時；齋日常多，故公事遲滯矣。所謂於應巨大，即其國之用事者，而再求溺貪風日甚。

器於使行。其他大小之官，見輒有求，此必貪風大熾矣。於應巨大且言于臣等曰：『皇帝生子，太后經疫，雲南、貴州皆已歸順，慶莫大焉。國王聞之，必以爲喜。前頭進賀使，不可循例差送。國王雖不能親進，世子、大君中不可不一來。』臣答曰：『世子尚未經痘疫，雖宮門之外，不敢出入。』於應巨大曰：『有命在天，豈以此拘忌耶。』臣答曰：『臣子之心，其忍委之於天，而不修在我之道乎？』於應巨大不復强請矣。」

八月己卯，謝恩使柳廷亮等還自北京。

己亥十年（清世祖順治十六年，一六五九）

二月己丑，冬至使許積、副使姜瑜、書狀官金益廉還自清國。清國送白金、綵段。

顯宗實録

計二十八卷。起孝宗十年（清世祖順治十六年，一六五九）五月，至顯宗十一年（清聖祖康熙十三年，一六七四）八月。

「顯宗實録」修過兩次：第一次名「顯宗實録」，成書於肅宗三年九月（簡稱甲本）；第二次名「顯宗改修實録」，成書於肅宗九年三月（簡稱乙本）。兩本内容大致相同。其中關於中國史料，乙本較爲詳細，因以乙本爲主，參以甲本補之。

孝宗大王十年己亥（清世祖順治十六年，一六五九）五月初四日甲子，孝宗大王薨于昌德宫之大造殿。　己巳，王世子嗣位。

王諱棩，字景直，孝宗大王之適嗣，仁祖大王之孫。母妃仁宣王后張氏，以皇明崇禎十四年辛巳二月初四日己酉丑時誕王于瀋陽質館。甲申始東還至國。至己亥五月，孝宗昇遐，王嗣位。

明季遺聞。

鄭成功兵掠江淮。

行軍傷稼，出銀補償。

顯宗即位年（清世祖順治十六年，一六五九）

六月甲辰，告訃正使右議政鄭維城、副使柳淰、書狀官鄭榏如清國。

十月丁未，告訃使鄭維城復命，請對。上引見，因問彼中事情。維城曰：「今日所進『明季遺聞』，乃南京人所述，而僅得買來矣。」上曰：「此記李自成時事耶？」維城曰：「隆武、弘光時史記。而時君荒淫無道，土木之役大興，君子退而小人進，此所以亡國也。今見此史，崇禎則無失德矣。」上曰：「由天啓失德而亡乎？」維城曰：「然矣。」又曰：「得見彼中通報，則發政施令，皆是恤民之舉，人民少無思漢之心。人心之向背可畏如此也。」上曰：「彼之出遊海子，狎近女人，事信然乎？」維城曰：「此是傳説。而雖云日遊海子，見通報則亦無一日廢事之時矣。臣等初入去時，北京洶洶。問其由，則鄭芝龍之子率舟師三十萬，剽掠江淮而來，及其勝捷，廷臣以統一請賀，不許云矣。」上曰：「聞清人今番南役，只留蒙古兵三千，而北京更無他兵云，然否？」維城曰：「果有此言。而北京人民極盛，此皆兵也。蒙古作弊，行路禾穀損傷，彼乃出銀二十萬兩，分給被害農民，其恤民如此也。永曆皇帝則不知所在，而通報有曰：『國死於亂軍中。』國姓云者，疑是朱氏之爲王者。芝龍之子，以其父見擒於清國，故改姓名爲郭信，及其全師陷没，脱身而走，不知生死云矣。」上曰：「彼境農事如何？」維城曰：「極豐矣。」

庚子元年（清世祖順治十七年，一六六〇）

大學衍義序文。

三月甲戌，召對侍讀官李翊進講「大學衍義」序文，即皇明世宗皇帝所自製也。右參贊宋浚吉曰：「世宗年纔二十製此序，可謂奇矣。然以藩王入承大統，以非禮之禮追崇私親。而張璁、桂蕚皆被奬進入閣，譴斥忠直，至有殞於杖下者，未免後世之譏，豈非可惜乎？」翊曰：「皇明官制，與我朝同者，經筵官也。蓋時時賜對，有所講問矣。」檢討官洪柱三曰：「真西山所述之書，世宗撮其要爲序，而語意淵深，實有超詣之見矣。」

順治皇帝殂。

皇帝喪禮服色。

不明言帝喪，且無變服事。

辛丑二年（清世祖順治十八年，一六六一）

正月乙亥，清主殂。傳訃使出來，義州府尹李時術馳啓以聞。以工曹判書金南重爲遠接使。禮曹啓曰：「癸未崇德之喪，百官以白團領、烏紗帽、黑角帶郊迎行禮，以迎敕在成服前也。今則方在國恤中，似當以白帽、白布帶迎勅。」仍請令廟堂議處。備局以爲：「皇帝之喪，自有應行服色。成服前則當用『五禮儀』所載烏紗帽、黑角帶、白團領，而與彼相接，若在成服之後，則以其成服之服行禮似當。」上從之。是夜，上引見大臣及備局諸臣。領議政鄭太和曰：「崇德之喪，勅使亦猝至，其時鄭命壽以其主微意識察大小事情而去。今者使行之急遽如此，又未知北京事機，誠可慮也。」

丙子，義州府尹李時術馳啓：「清使已於二十三日越江。而既不明言帝喪，且無變服之事，定以六日計程入京」云。

己卯，清使入京，上御興政堂，領相及承旨二人、翰注各一人御前通事入侍。清使入，上以黑袍立御床前，令內侍扶掖行拜禮訖。清使奉敕書傳於敕書仿遺詔。

康熙皇帝八歲。

朝會官員大半不來。

上，上覽訖。舉哀。入幕次，易素服，仍行接見禮。請行茶禮，清使固辭。復奉敕詣崇政殿宣敕，百官皆舉哀行禮。所謂敕書，蓋倣遺詔，自數十一罪。又曰：「朕子玄燁佟妃所生。年八歲。岐嶷穎慧，克承宗祧，茲立爲皇太子。即遵典制，持服二十七日，釋服即皇帝位。即命内大臣索尼、蘇克薩、遏必隆、鰲拜爲輔臣。伊等皆勳舊重臣，朕以腹心寄託，其勉矢忠藎，保翊冲主，佐理政務。布告中外，咸使聞知。」

七月朔日戊申，進賀使元斗杓等還自清國。上引見，問以彼中事勢。斗杓曰：「聞諸被俘人金汝亮，皇帝年纔八歲，有四輔政擔當國事，裁決庶務；入白太后，則別無可否，惟諾而已。以故紀綱號令，半不如前。朝會時千官例皆齊會，而今則大半不來云。」

壬寅三年（清聖祖康熙元年，一六六二）

正月朔日乙亥，清國改元康熙。

永曆皇帝被執。

〔甲本〕清兵入小雲南，執永曆皇帝以歸。大明絶，不祀。謹按自弘光皇帝就擒之後，有隆武、永曆兩年號，漂漢輩或傳隆武即萬曆之第二十四子云。永曆即魯王云，而亦未詳於萬曆爲何等親也。其後隆武無所聞，永曆又被擒，更不聞朱氏保有郡縣者。噫！永曆即大明之西周君也。可勝痛哉！

庚午，上引見大臣備局諸臣。時清使以頒詔行查事出來，上出示兩度咨文謄本於大臣曰：「未知頒詔乃雲南告捷事也？所謂永曆果何人耶？」承旨沈世鼎曰：「臣曾以書狀官赴燕，其時已有永曆之説，此必不虚矣。」

敕書：告雲南之捷。

五月癸未，清使入京，上迎敕於慕華館。歸至仁政殿，行受敕禮。仍與二使對坐殿中，布敕書與咨文於榻前。敕則告雲南捷也。

七月乙未，引見大臣及備局諸臣於熙政堂，領相鄭太和曰：「譯官李芬新自北京還，永曆皇帝爲清兵圍逼，至於自縊云，而彼中夸言，亦何可信！」

義順公主病逝。

八月甲寅，上下教政院，錦林君女子之喪，令該曹優給喪需。蓋孝宗朝清國九王欲與我國婚媾，遣使要得公主，孝宗重違其意，以宗室錦林君愷胤女，稱以義順公主，送與九王。九王死，遞與他親王。親王又死。愷胤適奉

清聖祖康熙元年，一六六二

永曆皇帝遇害事。

清人侵虐漢人，罔有紀極。

三田渡碑。

七二〇

《朝鮮王朝實録》顯宗實録

使入燕，呈文請還，清人許出送。至是病死。

十一月庚寅，陳奏正使鄭太和、副使許積、書狀官李東溟等還自清國。路聞大明永曆皇帝爲清兵所執遇害，朱氏子孫之逃生於小雲南者皆被殺。按「明季遺聞」，永曆即神宗之孫，桂王之子，諱由榔。初封衡陽王，以寇亂徙居於梧州，及隆武太祖後裔也。被執，廣西總督丁魁楚、廣西巡撫瞿式耜迎立，保有雲南，乃戊子夏也。庚寅冬，清兵入雲南，永曆率數三臣遁去，不知去處，至是被擒云。

癸巳，上引見領議政鄭太和、左議政元斗杓、右議政鄭維城、户判鄭致和，上曰：「彼中形勢如何？」太和曰：「彼中事無路詳知，而輔政大臣專管國政，一不禀達於兒皇。清人之自瀋陽入去者，則溺於富貴，奢侈日甚。甲申後生長者，皆脆弱無力，異於真㺚，此乃衰弱之漸也。」上曰：「人心何如？」太和曰：「真㺚之侵虐漢人，罔有紀極，人多愁怨，故清人亦無久遠之計。工匠婦女及財寶軍器，移送於瀋陽、寧古塔等處，項背相望。如有事變，則將欲爲北走之計云矣。」斗杓曰：「聞清使欲見三田渡碑閣，乃丁丑出城後清汗立碑處也。雲南漢事誠可慮矣。」

十二月癸卯，清使入京，上詣慕華館迎敕。爲上尊號於崇德皇后及清主所生母也。

癸卯四年（清聖祖康熙二年，一六六三）

三月朔日己巳，冬至正使呂爾載、副使洪處大、書狀官李端錫等回自清國，啓彼中事情曰：「清人皆言，雲南、貴州、南京、西蜀皆已平定；吴三桂方在貴州之境；鄭芝龍孫莞入據海島請降，則清人曰：『欲來來，不欲來不必來』云。貴州白文先與李守昌共爲水賊，歸順於永曆。守昌爲安南王，先死；文先爲貴州王。永曆敗後，與清兵戰，數敗不能支，遂降清，封公爵云。臣回到豐潤，逢着一漢人，稍解文字，言：『永曆不死，尚保南方。清人誇大之言，不可信』云。」

辛卯，謝恩使右議政鄭維城、副使完原君李㬇復命入對，言：「夷齊廟有題詩曰：『苦節跡難踐，求仁心可同。』蓋薊州人李孔昭所作也。孔昭崇禎間進士，因亂遯居山中，教授爲業，不仕於清國云。」

甲辰五年（清聖祖康熙三年，一六六四）

六月甲辰，陳奏正使洪命夏、副使任義伯、書狀官李程等回自清國。上問命夏曰：「清國形勢如何？」對曰：「聞兒皇節用，故府庫充溢，年穀屢登，人物繁盛。道路皆用驢車，問之，則以爲馬者用於戰陣，不可用於運載，以竭其力。自四月初一日駕車用驢，而不得用馬。今行往返路上，不逢一馬，可見其令行禁止矣。且見今年榜目，則十三省之人皆得參榜，統一之言，似不虚矣。」上曰：「其設科如何？」命夏曰：「科制一依大明，設場亦至累日，策、表、論及他文皆入格後參榜。而其文不至如我國科文之太拘程式也。臣在通州逢一舉子，問何以落榜，則舉子答曰：『無銀不能做進士』，此言不虚，則其不公可知也。」太和曰：「我國舉子之落榜者，亦有如此之言，未可信也。」

四月初一始駕車不得用馬。

科制一依明朝。

清康熙皇帝册封皇后。

康熙皇帝十二歲。

蕃漢人不許佩劍。

乙巳六年（清聖祖康熙四年，一六六五）

二月癸未，冬至使鄭致和、副使李尚逸、書狀官禹昌績還自清國。時清主幼冲，大小政令皆出於四輔政。將以二月十二日册首輔政孫伊之孫女爲後；册封之後，當有頒赦敕使之行云。

三月壬辰，上引見大臣及備局諸臣。上謂禮曹判書鄭致和曰：「卿歸自彼中，有何所聞？」致和曰：「虜中非但彗出，其他天變，不一而足。漢人皆以爲變異之慘，一如戊午，不久必有兵禍云。聞蒙古之女，曾爲順治君之後，失寵黜還其國而生子，年今十四。清人屢請於蒙古，而終不送還。蒙古素恃强不用命；蒙女所生子亦賢。若擁立而爭天下，則必爲大患。故清人甚以爲慮云。」上曰：「清主何如云耶？」致和曰：「年今十二，何能自斷。聞輔政頗善處事，攝政已久，而國人無貳心，誠可異也。但自謂天下大定，使蕃漢人皆不得佩劍；專事遊宴，奢侈無度；大小除拜，無不行賂。以此觀之，則其敗可立而待也。」朴長遠曰：「以致和之言觀之，則彼中形勢，蓋可知矣。自上必須以彼爲戒。如聞彼之奢侈，則必尚儉德；如聞彼之忘武備，則每以安不忘危爲心；幸甚。况我國與燕同分野，每有咎徵，輒與相符；今此彗星之變，豈非可懼之甚乎？」上然之。

十一月丁未，清使工部侍郎柯郎中石來。傳清主納内大臣噶布剌女黑舍里氏爲後，以頒詔爲名。

丙午七年（清聖祖康熙五年，一六六六）

二月丙午，冬至正使金佐明、副使洪處大、書狀官李慶果等歸自清國。

九月丁酉，謝恩兼陳奏使許積、副使南龍翼、書狀孟胄瑞如清國。上引見。上曰：「彼人來此，我國事無不知之；而我國使臣則不能探知彼國事情，何也？」積曰：「蓋由我國譯官等獻諛於彼，以售己私。至於彼國事情，則我國使臣或與漢人相接，而畏邦禁不敢輕説也。且觀其爲政，危亡可以立至，而至今維持者，大明自神宗迄於崇禎，誅求無藝，故民無思漢之心。彼且順治皇帝好漢語。太后厭漢語，抑漢俗。

皇帝有過則罰金。

方用貊道，寡取於民，年且屢豐，此所以維持也。」上曰：「彼國朝會禮法何如？」積曰：「臣前日奉使入參朝班，大臣在殿西，學士列於楹外；殿上衛卒幾數千，又有蝦及內大臣，此則不與朝議，而以狎客與清主戲謔者也。常時則班行不多，而册後賀禮時序立者可近萬。拜禮叩頭等事，整齊可觀。而但任意平坐，或亂吸南草矣。」上曰：「順治好漢語、慕華制云，今則如何？」積曰：「聞其太后甚厭漢語；或有兒輩習漢俗者，則以爲漢俗盛則胡運衰，輒加禁抑云矣。」

丁未八年（清聖祖康熙六年，一六六七）

正月丁亥，陳奏使許積、副使南龍翼、書狀官孟胄瑞還自清國。上謂積曰：「查事終至順境，卿亦無恙旋歸，誠可喜也。」積曰：「彼國之規，雖皇帝之尊，有過則罰金。今此罰金，蓋用寬典云矣。」〔甲本〕龍翼曰：「臣聞士人之言曰：『即今兵革永息，生民樂業，而獨清人之日夜所憂者，只在西㺚也。』臣問：『所謂西㺚不知何者？而明之子孫無有耶？』其人即成絶句以示曰：『西㺚即蒙古，明孫如落花。漢儀不復見，何日變中華。』」積曰：「彼之失人心，專在於剃頭變服。見臣等着冠耳掩，指示其兒曰：『此乃明朝舊制。』垂頭而泣，見來慘然矣。」

量田不均，多至民怨。

二月庚申，冬至使鄭知和、副使閔點等還自清國。〔甲本〕〔鄭知和、閔點等〕在中路狀啓云：「臣等入往時，行到薊州境，有量田之舉。及至北京聞之，則户部尚書及布政二人囚繫絞死。蓋以量田不均，多致民怨故也云。」

九月庚戌，清使入京。上迎敕於慕華館，入幕次，引見遠接使趙珩，領相洪命夏曰：「聞清國誅殺輔政大臣，今來清使，多有危懼忌諱之色云矣。」上曰：「誅殺輔政，未知何事也？」珩曰：「被誅者乃第二輔政，而專權七年，且有七子三孫，俱在要路，多有不法之事云矣。」

清主親政。

辛亥，以清主親政，頒赦國内。

康熙皇帝年少體壯。

遊宴等奢侈。

戊申九年（清聖祖康熙七年，一六六八）

正月甲子，清使二人入京。上出迎於慕華館。宣敕於仁政殿。蓋清主曾以順治主配享於天壇。至是又上尊號於其母及祖母，故遣使頒敕也。

二月辛巳，赴燕副使前參判李翊漢暴卒於北京。使臣狀聞，上下教悼惜，命三道護喪以送；該曹題給喪需。

三月壬寅，鄭致和復命，上引見。上曰：「副使事極慘，緣何而死？」對曰：「別無疾病，而上馬宴時，禮部郎中歡飲數盃而罷。微醺醉睡，仍(乃)至不起。彼國爲祭文，祭以犧牲，且張樂燒紙錢矣。」又問彼主賢否？對曰：「年雖少而頗壯大。往年宮女中有生男者，今年又有懷孕者，外人無不知之，而甚諱之。蓋先出者當爲長子，故嫌其妾出也。」上又問彼主舉措，對曰：「非但遊宴，甚奢侈，馬鞍以純金爲鐙，酒盃器皿，皆以黃金爲之。改作五鳳門而一依舊制，所費至累萬金。用人之間，亦有行賂之事云矣。」上又問北京亦見彗星乎？對曰：「聞我國則長僅六七丈云。而彼中所見，則其長數十十三省布政使皆用清人。

仍奢侈之風，未必亡兆。

丈。白氣之根又有星，其狀若懸筐，漢人皆以兵象憂之。」上又問彼中事情，對曰：「得見縉紳便覽，十三省布政，皆以清人差遣。以此觀之，幾盡得天下。而唯鄭經據有南海島中，清人攻之而不勝。鄭經又嘗請兵於日本，且約爲婚姻。而日本不許云矣。」

己酉十年（清聖祖康熙八年，一六六九）

三月丁酉，冬至正使李慶億、副使鄭鑰、書狀官朴世堂自清國還。上引見，問彼中事狀。慶億等俱以所聞見對曰：「我國人每以彼中奢侈已極，必易覆亡爲言。而此有不然。彼中既無兵革，盡得南方之地，物貨輻輳，安享富貴。以正朝時見之，雖下官皆着黑貂裘。服御器物，華靡奪目。以我國寒儉之目見之，故以爲過度，而此不必爲其亡兆。最可危者，侵虐漢人，罔有紀極；皆有曷喪之歎。若有桀驁者一呼，則將必有土崩瓦解之勢矣。」領相鄭太和曰：「向之所憂者，蒙古作變，梗於貢路，此則不然乎？」慶億曰：「喜峰口部落甚强，故清人畏之。而至於謀反，則未有實狀。西㺚亦無朝夕作亂之事。所可慮者，皇帝政令苛虐，漢人有積怨深怒也云。」

甲辰，使臣之自北京還。清國例送銀段於朝廷，稱以賞賜。至是，冬至使賚來銀一千兩。上以賜明善公主，即上第一女也。左參贊宋浚吉白上曰：「臣曾請以彼國例送下於户曹，作接待時所需。而今聞用於他處，未知何故也？自上不可以此爲公得而私用。依前下於户曹可矣。」

蒙王之母往浴湯泉。

六月癸亥，執義申命圭、持平趙聖輔啓曰：「往年冬至使一行諸臣留在燕京之日，聞彼中豪貴家觀燈之擧，使臣三人，相率豔觀，設薦街塵，雜於徒衆，爲彼戲侮，自貽羞辱。且於出來之時，逢着蒙王之母往浴湯泉者，無端踵詣，要得一見；接席相對，受其飲饋。其不思敬重之道，隨處妄作之狀，不可置之。請其時上使李慶億、副使鄭錀、書狀官朴世堂並罷職。」

蒙古王被拘瀋陽。

九月庚申，走回人崔吉自蒙古來言：蒙古王被拘瀋陽，太子往赴北京。禁令解弛，故乘時逃來。且言彼中事情曰：「蒙古王即順治皇帝妹夫也。其妻生時謂王曰：『我死之後，無往瀋中，往必爲所擒。』妻死，王思其言，一不

七三〇

瀋陽築棘城囚困蒙王。

蒙王子不得與父相見。

《朝鮮王朝實録》顯宗實録

往瀋。清國使人責之曰：『瀋有爾祖先墳，何不一來展掃！』王不得已來赴。清人設機擒之，拘留。使立其子爲王。其子年方十六，揚言曰：『以非罪拘執父王，不可；罪父立子，不可。』王遂馳往清京。蒙古十二部中此最長。十二部各擁精兵數十萬，以爲事已則俺等亦無事，有不然者，將舉兵相向。蒙古王年雖幼，而魁偉而群云。」

十月庚辰，義州府尹李東稷狀報：「梨栢清持去差使員麟山僉使金得善、清譯崔厚元來傳所聞曰：『瀋陽城中，別築一城，狀若烟臺，高可五六丈許，上以荊棘圍之。問其故，則清人言：「蒙古自前難制，故爲羈縻之計。」曾以帝女妻其王，於順治爲同生妹夫。厥後蒙王不謹侯度，順治之喪，亦不來吊，北京積怒而隱忍者久矣。往年蒙王妻身死火葬之時，國俗例焚其平生衣服珍寶，而此則不焚。且不待北京許娶，而以其亡兄之妻爲後妻，仍給其前妻衣服珍寶。以此尤致忿怒。今年六月，設機招致北京，初欲安置於南方。所謂皇太后者懇請止之。別設囹圄於瀋陽囚禁，而封其子爲蒙古王。八月間，其子及蒙古他王四五人，載酒饌俱來瀋陽。守將不許相見。則其子發怒而歸，且多恐喝之言。因是瀋中騷屑，以爲必不無事云云。』且言：『北京大臣東沙河及半夫乙於弓與薄豆里弓有隙。上年秋，薄豆里弓讒殺兩人，而東沙河父子三人同時被戮。而其一則平西王吴三桂之女婿也。三桂因其女細聞實狀，再上疏章，輒爲薄豆里弓所寢抑，故三桂别生秘計，今年七月馳啓云：「方内有可合將帥者，願皇上招見進退之。」如其言招見，則其人自懷中親納吴三桂密疏，備陳東沙河等被讒冤死之由，且訴薄豆里弓前後壅蔽之狀。即以甲軍圍其第捉致，初欲殺之，以其功存先世，減死安置。其兩子並皆就戮。其他大臣之株連被誅者四人。且自今年鍊甲治兵，頓異於前』云云。蓋得善則聞於我國被擄人爲僧於蒙古地者，及我國被擄人崔貞立爲名者。厚元則聞於遼東護送中軍云矣。」

十二月丙戌，清國以殿閣重修頒赦，遣内大臣巴昂邦霄等來。以李慶億爲遠接使，金德遠爲問禮官。

清主猜疑群下，每事必親。

永曆帝曾奔緬甸國。

庚戌十一年（清聖祖康熙九年，一六七〇）

閏二月乙未，冬至使閔鼎重、副使權尚矩、書狀官慎景尹等，還自清國。上引見鼎重等。上問清國事。鼎重曰：「清主自輔政得罪後，猜疑群下，每事必親，務爲察察，國人甚苦之公然怨罵，少無忌憚。性又喜射，故日事出獵，必有蕭墻之患也。』上曰：『南京、雲南各留，萬兵云何也？」對曰：「南京留清兵、蒙古各五千。又於雲南亦置重兵，以爲鍊習鎮守之計，以禦鄭經。」上問：「鄭經果在何地？而兵衆幾何？」鼎重曰：「在海島中，而不能詳知其衆多少矣。」上又問曰：「彼盡收海船何也？」鼎重曰：「前者漕運船則相通矣。自去年漕運船不許相通，故物貨騰踴矣。」上又問：「他國使有來者乎？」對曰：「只有回回國使臣三人來，而服色與蒙人同，皆碧眼矣。」書狀官慎景尹進聞見事件曰：「玉田縣遇士人王公濯，問永曆皇帝事。則曰：『永曆初所倚仗者，孫可望、李定國。定國戰敗死，可望降於清，永曆奔緬甸國。緬甸人聞清兵欲移擊，縊弒永曆獻清』云。

清聖祖康熙九年，一六七〇

清國兵制。

清廷派員欲招撫鄭經。

北京遇朴順者。順我國人，被擄爲兵。問清國兵制，則曰：『高山凡八，其一皇帝自領，其七則親王戚屬領之。自八王、九王死後，皇帝並領三高山。又有所謂蝦者一千人，又有所謂佐銀大者五六百人，皆皇帝扈衛親兵。他高山各領蝦二十人。一高山所領，通許二千餘人；其中放砲者二百人或三百人。而又有巴野多者，乃極精兵之號。一高山各有一千人，步兵則一年給銀二十四兩，有功加給。馬兵則給銀四十八兩，有功亦加給。馬步兵各給田，十五日耕，收其税而養之。將校一年之俸，或銀三百五十兩，或一百八十兩，或一百五十兩。舊時只有八高山，今又有蒙、漢二高山。後漸增加，今至二十四高山。每年二月十五日，始聚軍試藝，至五月初一日而罷。七月十五日又試藝，至十月初一日而罷。射三矢不中，則笞二十五，砲亦然。』問：『京中人民多少？』則曰：『京城東西南北皆可十里，宫闕居三之一，官舍又居三之一。丁口則實不及東國之都城』云。又問鄭經事，則曰：『在福建海島中，凡七十二島。其中一島，長數百里，廣七十里，即鄭經所居。去年五月送大臣招撫，則曰：「若割一省而封之，且不剃頭，襲衣冠如朝鮮，則當服從」云。每出掠蒙王被囚瀋陽，城中懼蒙古朝夕且至。

海邊，故沿海三百里，清野無人。所謂相王者，率兵居福建，以防不虞。自去年沿海一帶，並不許乘船漁採』云。又問蒙古部落名號，則曰：『寧遠衛北百餘里，有郭子公。廣寧北有色論公。又有伊州玉。伊州之北有獨凌公。又其北有答束汗。又其北有丸單公。又其北則烏龍江。其外部落不能詳』云。」

三月庚申，〔閔〕鼎重新自清國還，故上問彼中形勢。鼎重曰：「北京留軍十餘萬，以此無敵於天下。而山海關外，則有同無人之境矣。」上曰：「關內則富實乎？」鼎重曰：「明朝兵力，皆委此地，故昇平時繁盛過於北京。今則不然矣。」又曰：「自遼東以後，烟臺星羅，非天下物力，則不能如是，而猶未制敵。以此見之，則不能以關防禦敵明矣。」上又以曰可（曰可，北胡一種名。）事謂群臣曰：「無乃有徵兵之憂耶？」太和曰：「似不能無憂矣。」鼎重曰：「此爲羅先也。」時北胡曰可擾攘北方，清人往擊，全數覆没，故上以此爲憂。上曰：「蒙古王被囚者，以聞見事件見之，則非伊州部落也。」鼎重曰：「清人則以爲伊州部落，而他人則以爲蒙古四十種之中，此爲統領云，此説似是矣。」平壤人被擄爲僧者，來傳甚悉矣。譯官趙東立入瀋，則瀋中洶懼，言蒙古朝夕且至。及入北京，則宴然矣。」上曰：「彼人最所畏者，蒙古之在西凉以西者耶？」對曰：「然矣。西凉蒙古，則清人多以金帛賂之云。且彗星出自西方，故彼中亦以是爲慮矣。」

七月丁卯，冬至使閔鼎重回還時，從人梁廷燦犯書册之禁，清人以事在赦前不問。

辛亥十二年（清聖祖康熙十年，一六七一）

清康熙皇帝於乾清宮召見朝鮮使臣。

二月壬寅，冬至使福善君柟、副使鄭榏等還到山海關，馳啓曰：「正月初一日，清帝將往城隍祠焚香，東西班序立於午門之外，臣等亦參賀班。禮畢還入，千官姑爲罷出，臣等亦欲出來。禮部郎一人，以帝命召臣等趨入乾清宮。清帝在門正間，坐於平床。命臣等上堦，進跪於平床前數步之地。清帝先問臣柟之年次，與國王幾寸親，次問發程日子，次問讀書與否，次問名字。又問臣榏姓名，各隨其問以對。清帝且曰：『汝國百姓貧窮，不能聊生，皆將良田被八旗所占。

餓死，此出於臣强之致云。歸傳此言於國王。』臣等對曰：『豈有臣强，致此民飢之理。比年以來，小邦水旱相仍，連值凶歉，國用罄竭，民生塡壑。君臣上下，晝夜遑遑，至於内供之物，亦皆蠲減，以救垂死之民，而猶不廢事大之禮。今此進獻，竭力以備，僅免闕貢。豈有臣强以致民窮之事乎？』皇帝即微笑，顧語侍郎中一人。又傳語曰：『正使乃國王至親，故言之耳。』言訖，仍令退出。臣等隨一善出來。其侍郎亦出來，相語而去。問其所言，則一善曰：『侍郎言使臣對帝問之語甚善云。』且云：『今日之召見使臣，至念本國民事，且命歸告國王者，皆出於親厚國王優待使臣之意。使臣亦知此爲特恩乎？』蓋彼之招見臣等，有所勞問，似是優待之意；而猝然贅入剩語於民窮之下，及聞臣等辨白之語，又笑而只令歸告，其無深意，則可見矣。臣等行到關外，逢一漢人，問清主寬猛。答曰：『漢官甚恐。』又問：『關外賦役煩重，良田皆被高山所占云然乎？』其人點頭而已。譯官所得通報，有曰：『上年水患，百數十年所無之災。』且有賞賜段及御衣資不足之語。欲措一年兵食，而議者皆難之云。其國用之貧乏，紀綱之頹圮如此，而欲修舉文治。雲南之康熙皇帝今十七歲。

清國人物衆盛，生息甚多。

人，以有七十歲母請歸養而許之。且在喪者有不計閏，二十四月而復官之議。又有滿州衛三年喪之論，以爲人皆行三年之制，使渠獨不然，非以孝治天下之道也云。」金佐明曰：「招見使臣，而謂之王室至親有所云云，似是慇懃之意，而臣强之説，豈無深憂乎？皇帝年今十七歲矣。外國之事，銘記於心，招使臣言之，其意有所在也。」

十月庚子，以朗善君俁充問安使，如瀋陽進表問候，且獻土物，以清主方有省墓之行也。比至彼境，清主已返矣。俁仍轉入燕京。

壬子十三年（清聖祖康熙十一年，一六七二）

正月丙子，問安使朗善君俁還自清國。先是清主來拜其祖陵墓於瀋陽，故送俁以問，則清主已還，俁乃追往北京而還。

三月辛未，謝恩兼冬至上使鄭致和、副使李晚榮等回自清國。上又問彼中形勢，對曰：「人物衆盛，生息甚多。臣甲辰年奉命入去，至今八年之間，明朝路多乞丐，而今不見。

人民倍多，路上肩相磨，一行人相失，則不得跟尋矣。」晚榮曰：「臣明朝丙子及去辛卯年，皆以書狀往來。辛卯則比丙子殷盛，今則比辛卯又十倍殷盛。明朝則道上丐子甚多，數步之內，輒逢數人。而今則未得相逢；市肆亦甚富盛矣。」

蒙古爲三國。

十月戊辰，謝恩兼冬至使昌城君佖、副使判尹李正英、書狀官司藝姜碩昌如清國，明年春乃還。其聞見事件云：「蒙古奇握温之後，兵雄馬壯，清人畏之，歲輸三百六十萬金以與之。名雖羈縻，實未臣服。近日要割大同地放牧，勢將搆釁，故方有揀將鍊兵之舉云。蓋此形勢，早晚終爲清國切近之害，而我國之憂，亦非細矣。前此丙午謝恩使許積等入燕也，逢着蒙古使於闕庭，使譯官探問，則答云：『我蒙古今爲三國，一曰項朵顔，一曰大朵顔，一曰山朵顔，其餘近塞底部落，盡屬於清國。我項朵顔即大元之後也，雖附於大國，猶有帝號。大朵顔服於大國，甚見親待。而山朵顔自恃兵强，無服從之事矣。』又曰：『北京即吾國所有，而見失，今已累百年。山朵顔一名雙環獐子，據險自守，雖以上國之威，不敢加兵』云。」

癸丑十四年（清聖祖康熙十二年，一六七三）

三月乙酉，謝恩兼冬至使昌城君佖、副使李正英、書狀官姜碩昌還自清國。

甲寅十五年（清聖祖康熙十三年，一六七四）

吴三桂反。

王輔臣向清廷舉報吴三桂。

三月丙寅，謝恩使金壽恒等，使譯官金時徵先來以清國事情狀聞曰：「吴三桂鎮守滇蜀，不欲北還，拘執使者而舉兵叛。三桂子應熊，曾爲順治主妹夫，留仕北京；清人拘囚闕中，後竟殺之。西山有朱姓人，詐稱崇禎皇帝第三子，聚衆萬餘，謀以十二月二十三日放火北京城中，因作亂，事覺就擒。清主以八王之孫多夏所紅王爲上將，領兵十萬，往討三桂。三桂密送書陝西提督王輔臣，約與共叛。輔臣執其使，馳奏燕京，清主降旨獎諭云。」

六月壬子，領議政金壽興請對，言北京城内失火事，則通官輩言之不諱，南方事則不肯明言。譯輩問雲南之改元廣德者，是吴三桂之自稱耶，抑有所康熙皇帝年少性急，不能自定。

立耶云？」則答以果有所立，而不知其誰某也。至於鄭經，則以爲漠然不知。譯官所傳大抵同然矣。

八月甲午，右參贊權大運、工曹判書李正英、禮曹判書張善瀓、知事柳赫然、右尹申汝哲、吏曹參議李端夏、右承旨金錫胄、副護軍俞瑒、應教李藼入侍。上謂瑒曰：「爾自燕京還，彼中事有可聞者耶？」瑒曰：「北京訛言，朝鮮與鄭錦合勢，互相驚動，及見臣等，訛言姑息云矣。」上曰：「鄭錦或謂鄭經者何也？」瑒曰：「錦與經，漢音相近故也。聞北京將以八月大舉擊吴三桂，清兵十一萬，蒙兵一萬五千，皇帝將親征云，而未知其必然。三桂之擁立朱氏子孫，雖未見文報，人多言之，而亦未能詳也。」

十一月丙寅，陳慰兼進香使靈愼君瀅等還，先來馳啓曰：「初到館所，使譯輩私問於漢人鄭國卿以南方事，則答以『南方若有捷報，則輒即印出頒示；至於敗報，皇帝親自開見，只與皇后父率哈及兵部尚書密議之，諸王諸大將亦或不得聞。但東華門夜不閉以通南撥。且皇帝年少性急，近因喪患兵亂，心氣暴發，不能自定；諸王諸將亦無智慮之人，吾輩不知死所。』申金南北相持，清兵多敗。

之奴楊姓者，言於譯官張炫曰：『吴三桂立朱氏後，渠方在雲貴地，使鄭、耿兩將水陸相抗，三桂已據有南方三省之地，而處處起兵應之。』又有漢人曲科年七十，素與張炫親密，言彼中事曰：『南方勝敗，姑未詳知。皇帝嘗有東西兩皇后；所謂西後，蒙王之女，東後漢人之女。而惑於黑舍氏，黜西後於本國，有娠而往，聞已生子。請兵於蒙古，得正軍一萬四千，送於南方，戰陣死亡及不習水土死者過半。蒙古既憾其女之被黜，兵馬之折傷又如此；心懷忿恚，前頭事不無可慮。』」

壬午，上引見大臣備局諸臣，回還陳慰使靈愼君瀅、進香正使閔點、副使睦來善亦入侍。上問北京事於點，點曰：「槩聞南北相持，屢戰而清兵多敗，盡發寧古塔、瀋陽之兵；敵兵若近北京，則想有土崩之勢矣。臣等持方物入闕，有一女子持酒饋譯官曰：『北京夏間有朝鮮興兵入來之説，吾屬將欲避亂，使价頻來，今無憂矣。』以此推之，彼之不信我國可知矣。」

肅宗實録

計六十五卷，起顯宗十五年（清聖祖康熙十三年，一六七四）八月，至肅宗四十六年（清聖祖康熙五十九年，一七二〇）六月。

顯宗大王十五年（清聖祖康熙十三年，一六七四）甲寅，八月己酉十八日顯宗大王昇遐。　甲寅，王世子即位於仁政門。

过去車馬連屬，今則十室九空。

乙卯元年（清聖祖康熙十四年，一六七五）

正月乙酉，前秋使臣沈益顯、閔蓍重、書狀官宋昌等，至是還自清國，上引見。上曰：「自外視之，形勢何如？」益顯曰：「皇城中未見乘馬之人，行者亦少於前。朝參時班列，僅如我國陳賀時。百官及軍兵頒料亦減半云。」

六月己未，遣昌城君佖、禮曹參判李之翼如清，謝致祭贈謚册封。

十月甲子，上引見謝恩使昌城君佖、李之翼、閔點等，問彼中事。佖曰：「臣於壬子赴燕時，車馬連屬於道路，今則十室九空。蒙古亦多可憂之端，我國之憂，亦豈小哉！」上曰：「皇帝何如主也？」點曰：「皇帝亦非大昏暗，而以朝臣之貪風大振，國不可支云矣。」

丙辰二年（清聖祖康熙十五年，一六七六）

二月壬申，進賀兼冬至使左議政權大運先來狀啓，有曰：「臣等去十二咨文修改四次，多所疑慮。

吳三桂無大志。

月二十一日入北京，以倭情咨文事，使倭譯傳於衙門，則頗有致疑之意。臣等密密探知，則衙門以爲今此咨文，意在修繕，疑訝多端，論議不一。正月十四日，得聞兵、禮部同議云，故密得草本而見之，則盛陳分道征勦之意；末端仍及該國若有警報，急發精兵應接之意。其後改構，略爲添刪，有『無因逆孽流言，自貽伊戚，移師進時，朝發夕届』之語。十九日又聞其咨文回題，前日兩本皆棄不用，别爲改構，誇張威耀，比前倍加；仍及有急當救之意。似聞一種論議，宜調發六七千兵馬，留駐我國地方，以爲鎮守之地，槩出疑訝之意也。二十二日得聞兵禮部更爲會同，復加添删，大同小異。二十三日，以第四草本入奏，依施批下。調兵之説，不復提起。餘外所聞，則諸道出兵，勝負未決，危亂之狀，人頗傳説云。」

三月戊子，權大運等回還，上引見，問曰：「北京事何如？」大運曰：「變異疊出，兵連禍結，而姑無朝夕危急之事矣。三桂苟有大志，掃清中原，則必已深入，而尚據一隅而不進，其無大志可知也。但王輔臣在陝西，而只隔山西一省，此乃北京切急之憂也。清人調兵，猶不用漢人，故漢人之於清人無怨無德矣。」

丁酉，清使入京，以其國所謂太皇太后、皇太后加上徽號頒詔事也。

王輔臣剃髮出降。

八月己巳，義州府尹尹以濟馳啓：「開市清人出來，遣譯學等往問北京聲息，則以爲吴三桂事情，姑未詳知。而王輔臣子在北京，清皇以爲留之無益，送於輔臣處。輔臣見其子之來，且以獨守孤城，終難有成，剃髮出降，清皇亦不殺害云。」

十二月癸亥，先數日辨誣使先來，入來謄送咨文，禮部議奏，略曰：「『明史』修正，是非一出於至公，筆削務歸於允當。該國癸亥事實蹟，自有定論，并無旁採野史之事。又私買史記犯禁，請遣大臣往查。題本到日，臣部將該國王一併查奏，仍令繳還此册」云云。清皇命勿遣大臣，只令本國行查，餘依奏。

耿精忠父子降。

尚可喜病死。

辛未，辨誣使福善君柟、副使鄭晳自燕還，上引見。辨誣使别單云：「陝西王輔臣已於九月剃髮降款於清國，納吴三桂所授印顆盔甲。且曰：『何面目復見皇帝！』夜自縊，其妻妾及子覺之，救解僅甦。耿精忠父子亦降，鄭錦大怒，移書責之，舉兵攻之。尚可喜病死，以其次子之孝襲封。長子之信怒，清皇淫嬉日甚。

與其妹夫馬化豹同叛，勾連祖大壽之孫澤清，攻陷惠州。之孝亦苦兵，與之信連和。孫延齡侵逼廣東，譚姓人作亂鄖陽。清將四王攻長沙府，吴將馬寶襲擊大破之。時或傳三桂已死，清將使細作探之，吴兵縛致之帳下，三桂認其來意，遂解遣曰：「送人遠問，多謝厚意」云。五月初一日大風，聲如雷。正陽門外家舍傾倒，人畜飛去。欽天監奏妖星見，主外臣私入，請譏察。清皇不從。九門提督爲撿奸細，驅逐商民。清皇大怒，親踢之，厚加責罰。自順治八年以八股文試取八旗子弟，而滿人以滿文，蒙人以蒙文，至是禮部請停之，以勵武功云。清皇不恤國事，淫嬉日甚，每往哭沙河宫殯後之所。貨賂公行，衙譯輩言及辨誣事曰：『非二萬金決不成』云。」

丁巳三年（清聖祖康熙十六年，一六七七）

三月甲午，冬至正使吴挺緯、副使金禹錫、書狀官俞夏謙還自燕。上引見，問彼中事，挺緯曰：「王、耿降後，關内晏如。吴三桂則彼此相持，俱不得搜驗苛刻。

和碩安親王戰死。

進兵云。索閣老者，乃前皇后之叔也，專權用事，賄賂公行，人多怨之。索也於我國疑阻特甚，歲幣方物輸納時，必欲生梗。衙譯輩皆言：『朝鮮設萬科、募壯士、修城池者何也？』臣等使譯官答之曰：『萬科自前行之，今因慶大科規甚歇，故如此』云。則渠輩反曰：『只吾等知之，豈告知於清人乎？』臣等又言辨誣事，答云：『清人以爲前朝史記，不可增減，朝鮮非不知之，而謂我勢弱，欲以此探試，決不可許。索閣老之意如此，故前亦欲拘留辨誣使而送查使』云。今番山海關搜驗時，極爲苛刻，至於脱衣卸笠，并搜使臣駕轎衣籠，故買來通報册至於投火，而天下地圖一件見捉，以法所不禁，爭之而不得。挺緯曰：「所賣物貨，除出若干以給衙譯，已成規例。今若塞此路，則生梗必大。其所購得密報云，吴兵十萬逼彝陵州，劫奪糧草，放火營寨。尚之信等結連故楊富之妻藺氏，到龍泉合戰；清兵將勝，不意藺氏領兵殺出，清兵大敗，龍泉遂陷。吴將陳震與藺氏連兵逼饒州，清將和碩安親王拒戰大敗，親王中砲死云。」挺緯曰「此題本得之於北京。到永平府又得方姓人家所有題本，與此相同，似非虚傳。題本中雖告急請援，而北京之應接甚緩，雖言吳三桂與清軍對持，互有勝負。

康熙皇帝遊泳太液池，出入無度。

當送援兵，而亦不調遣云矣。」

八月丁卯，臺啓元禎言：「比年赴燕，商賈車輛，倍蓰於前，彌亘數十里。此由於八包之法廢閣，商賈賫銀，靡有限節故也。所貿唐貨，轉販倭館，而倭館物力不能抵當。目今倭人之未償者百萬餘兩。此皆各衙門生息之物，而收捧無期。申飭八包之法，使無如許煩雜之弊，似可矣。」上命嚴明申飭。

九月庚寅，陳奏使福昌君楨、權大載、朴純等自燕還，命引見。楨曰：「吳三桂方在長沙府，清將兩親王兩郡王率大兵拒守饒州、荆州等地，彼此相持，互相勝負。北京則人民按堵，小無騷屑。而但得見王輔臣題本，輒以國儲匱竭爲慮。且聞清人皆赴南征，故宿衛太半漢人云。此可知國內虛耗也。」大載曰：「聞其政令舉措，有同屯聚無賴之盜，皇帝率蝦輩常同浴於太液池，遊泳爲戲；且耽樂遊觀，出入無節，與蝦同其服色，而并騎馳逐，人不知何者爲皇帝。其無度如此，而下未有諫之者。自執政大臣以下，貪黷成風，賄賂公行。皇帝只知清書，不解文字，故凡干文書，漫不省何事，一任該部之低昂云。是安能久有天下乎？南方事情，雖未能詳知，而國內形勢，似不得長久矣。地圖事彼人不以爲關緊。閣老明珠則當初查問，亦以爲不可。而禮部侍郎拜姓者，於我國事輒爲生梗，初欲罰金，而幸得無事。吳挺緯以下三使臣，只令革職；地圖持去者愼行健，則論以邊地充軍。至於史冊事，大有所持難。故使譯官輩多方周旋，而猶有罰金之議。其論奏措語，亦多痛駭者。皇帝特減罰金，而使臣以下犯禁者，皆以赦前事勿論矣。」

十月癸酉，清國以冊封皇后遣使頒詔。

戊午四年（清聖祖康熙十七年，一六七八）

三月丁丑，冬至正使瀛昌君沉、副使沈梓、書狀官孫萬雄回自燕京。沉等至燕，清皇以玉河館宇狹隘，不合使臣之居，亟令改造；方物一起，特爲還送；使行在館時，令左右厨房備供饋，皆前例所未有也。萬雄進沿路聞見事件，略云：「以吳三桂事問於門將，言三桂方在長沙，頭髮已長，衣冠比漢制，雖有百萬之衆，率多烏合。但手下有五六千敢死之兵，即所謂苗奴也。涅齒

吳三桂已蓄髮、漢制衣冠。

重興通寶。

南方敗報相繼。

漆膝白布裹頭，其目深而黑，其劍長而廣，其勇如飛，其戰無敵。且於江邊高處埋伏大椀砲，丸大如拳，觸者盡碎。清人四親王十大將，率八萬兵，方爲掎角。而上年糧絶，人相食，獵獐鹿并其毛食之。清皇命勿添兵，待民力之稍蘇。且言三桂地險兵利，堅壁不出，今無奈何。自甲寅以後，南征之兵，至於百二十萬，時存征戍者僅八萬。三桂改國號周，稱重興四年。雲南、貴州、四川、漢中、湖南諸邑，皆用重興通寶。清兵糧匱，令各省武生納銀者，賜生進貢生、廩生，生進俊秀，書吏納銀補職。文武官員各納銀一千兩，以助軍餉。待三桂平定停止云。」

癸巳，清使二敕來傳皇后鈕祜盧氏訃。

五月己未，清使以其國皇后鈕祜盧氏册謚後頒敕來。

八月戊子，陳慰兼進香使李夏鎮、鄭樸等，回自清。夏鎮等以五月抵燕，其國俗六月節内不祭，不許進香，至七月始行祭。又留館一旬，始許離發。蓋以南方敗報相繼，方議攻御，不遑餘事云。書狀官安如石進聞見事件，略言：「吳三桂與耿精忠、鄭錦連結侵軼，前後七城見陷，漳、泉被圍。清將宜吴三桂稱帝。

吴三桂死。

滿水戰大敗。副都統拉色巴你等又大敗於岳州被禽。廣西巡撫馬雄鎮戰敗自縊。廣東總兵祖澤清叛，與三桂合，侵陷諸城。福建大將海澄公黄芳世素雄勇多戰功，以病死。自是清兵有敗無勝。三桂稱帝，國號大周，改元紹武。立其孫世霖爲皇太孫。清主荒淫無度，委政於其臣索額圖。兵興以後，賦役煩重，民不堪命，國内騷然云。」

辛卯，引見大臣及備局諸臣，刑曹參判李夏鎮亦命入侍。夏鎮又言：「臣在燕，見彼中事勢，常有警急之憂，未暇念及他事。前頭使行，雖請辨誣，必無得許之理，徒爲靡費而已。」

己未五年（清聖祖康熙十八年，一六七九）

三月壬寅，冬至使先來别單。㮉等探彼國情形别單曰：「撫寧縣榜文云，吴三桂八月十七日身死。又言衡州府城内城門四日不開。二十一日僞將軍馬寶、胡國柱、王將軍從永興來，開城門。又聞差人往岳州，唤吴應期、

清聖祖康熙十八年，一六七九

吴三桂葬於雲南。

三娘娘於岳州，唤吴世琮於廣西云。而金巨軍曰：『長沙府既已得之，四五月間，當以吴賊之平，將頒赦。』此言難信。又得房姓人册子，上年四月，三桂即位，定都長沙。又言馬寶奉吴世霖密旨，葬三桂於雲南，同都督陳壽組練軍馬。其後陳壽殺破清兵，而至稱陳壽以神出鬼没。又言清兵爲馬寶所敗，急請援兵。又言應期三桂之姪，世霖三桂之孫，三娘娘三桂之姬妾，而鞠育世霖。漢人或云三桂實不死，清人做出誑人。或云三桂雖死，世霖勝於其祖，馬寶、陳壽等亦頗獲勝。梧州陷没，廣西全省歸吴輔臣，屢爲吴之茂所窘。鄭錦跳梁海上，而耿精忠敗走。况上以盤遊無度，漁色無厭；下以貪饕成風，賄賂公行。國之危亡，迫在朝夕云。」

丙辰，賀至使福平君㮒、副使閔黯等還自清國，上引見。上因問彼中形勢，㮒曰：「曰哈數萬來住瀋陽。自北京善遇，一日所需，多至牛數百頭。皇帝遊戲無度，不聽政事，至於掠人妻妾。其亡徵敗兆，不一而足矣。」

七月壬子，遣朗原君偘、工曹參判吴斗寅如清，賀胡皇太子痘疹差愈，兼謝犯諱罰銀寬免。

北京地震，死三萬多人。

十一月己未，〔領議政〕許積曰：「中原事情，使臣所聞，雖未知信否，而至於因地震室屋頹圮，人民壓死之狀，乃其目見也。壓死人至於五萬七千，而未及查出者，又不知其幾云。胡元時亦多有此變，而未有如此之多者。此必天厭穢德，運氣垂訖之數，正我修德待時之秋。」

庚申，謝恩使朗原君偘、副使吴斗寅、書狀官李華鎮自燕回。上引見勞勉，仍問地震之變，偘對曰：「通州、薊州等處無一完舍。通州物貨所聚，人物極盛，而今則城堞城門無一完處，左右長廊皆頹塌，崩城破壁，見之慘目。北京則比通州稍完，而城門女墻及城内外人家多崩頹。殿門一處及皇極殿層樓，及奉先殿亦頹。玉河舘墻垣及諸衙門亦多頹毁；改造之役，極其浩大。自此以後，人心汹汹不能定矣。人口壓死者三萬餘。蓋白日交易之際，猝然頹壓，故死者如是云矣。臣等回還時，通官輩謂首譯曰：『此乃前所未有之變，皇帝大驚動。朝鮮似有慰問之舉』云矣。」上令問大臣處之。上問南報，斗寅對曰：「吴三桂死生，姑未可知。而辰州纔復，旋爲馬保所奪。岳州、長沙雖曰攻取，三桂之將，燒其室廬，掠其人民而去，所得者不過空城耳。

康熙皇帝敕書。

西㺚亦叛，而姑未接戰云矣。」上曰：「曾聞索額圖擅權，今亦然乎？」對曰：「索額圖尚擅權，而都察院魏尚周以皇帝信任之人，不畏强禦，地震之後，彈論索額圖及兵部、刑部循私受賂之罪。皇帝大怒，擲其奏於地，仍黜魏尚周。後數日取其彈章，使尚周面奏，仍令近侍扶出；額圖兵、刑尚書亦黜門外。其後事竟無實，故復額圖諸人之官。而亦不治尚周風聞之罪云矣。」

庚申六年（清聖祖康熙十九年，一六八〇）

二月壬午，胡使入京。遠接使閔黯先還，上引見。黯曰：「臣聞譯輩言，今此上勅昨年致祭白頭山而還，則執政以皇帝命招問白頭南邊接朝鮮何邑之境，地勢夷險復何如。會地震大作，上下遑遑，不得畢說而罷云。且聞南方消息，四川既復，吳兵不足憂。而索額圖以皇后祖父久執政貪縱，天灾時變又如此，人心洶洶云矣。」其勅書曰：「奉天承運皇帝詔曰：『朕躬承天眷，統御寰區，夙夜祗承，罔敢怠忽。期於陰陽順序，中外敉寧，共樂升平之化。

康熙皇帝於乾清門召見使臣。

乃於康熙十八年十二月初三日，太和殿灾。朕甚惶懼，莫究所由，固朕不德之致歟？抑用人失當而然歟？兹已力圖修省，挽回天意。爰稽典制，特佈詔條；消咎徵於已往，迓福祉於將來。於戲！朝乾夕惕，答上天仁愛之心，錫極綏猷，慰下土瞻依之望。布告天下，咸使聞知』」

三月己亥，冬至使李觀徵、李端錫等自燕迴。上引見，問彼中形勢，觀徵曰：「吴三桂必不得滅北京，清人亦不得滅三桂，所可憂者蒙古也。」

閏八月乙巳，命以庚戌、乙卯年事探問李一善。户曹判書閔維重探問後請對，大臣亦同入。上曰：「問於一善則云何？」維重曰：「臣問一善曰：『皇帝之與柟言者云何？』曰：『皇帝坐乾清門，招使臣入。皇帝問使臣登程幾日，年歲幾何。又言「爾國臣下不善，侵困百姓」云。而引外無他説話。』」

丙午，謝恩兼陳奏使沈益顯、副使申晸等自燕還。其别單曰：「大通官李一善發行前一日來到館所，臣等使首譯安日新及韓錫祚、金時徵、李慶和等，以庚戌年柟狀啓中語，問皇帝所言本意。則一善以爲『當其招見時，俺在前傳語。皇帝謂柟曰：「爾國之臣『於透應於虚』，侵困百姓，使不得聊生。」

清語所謂「於透應於虚」者，即强惡之稱』云。」

辛酉七年（清聖祖康熙二十年，一六八一）

三月辛未，冬至兼謝恩使金壽興等還自清國。上引見，問彼中事情。壽興言：「豐潤人李有倫，曾任湖廣知縣，詳知南方事，爲人頗純實。臣以文字書問吴三桂存没，答言：『三桂即位於衡山之陽，國號大周，改元弘化，而元無立朱氏之事。今則三桂已死，其子死於北京，故其孫代立。』仍盛稱吴兵規模已定，氣勢尚强。臣又問：『鄭芝龍後裔存否？』答言：『芝龍孫錦，今在島中，兵勢甚盛，求得朱氏後之在河南者立之。正統所歸，似在於此也。』」

附：八月丁亥，書報備局曰：「靖南王耿精忠鎮福建，聞吴三桂舉事，亦叛，約與鄭錦同心。旋聽其將徐都尉之譏，不許。錦遂與之不睦。日尋干戈。後錦攻廣東，得潮州、惠州等四府。精忠亦有浙江、江西等州；又得江南徽州、寧國府。士馬强盛，南方震動。徐都尉密通於清内應，以此清兵大孔有德死。

平南王降清。

捷。所得州府，盡爲清有。靖南勢蹙投清，清仍使攻退鄭錦以自效。故福建、廣東皆平。三桂據有雲南、貴州、四川等三省，又得陝西、湖廣。乃於湖南長沙長（常）德府等處駐兵不進。清遣親王常交戰於岳州等地。康熙十六年，吴王病死於成都府。十七八年間，岳州之間，吴兵大敗，退保四川。湖南諸府復歸於清。邇年以來，則各守邊圉，未聞有交戰之事。所用錢號，謂之裕民。而未聞有國號。定南王孔有德無子而死。有一女襲封王；以其夫孫延齡爲將軍，駐廣西。延齡見三桂之變，亦叛。後與三桂不睦，被殺。後未聞聲息。平南王則死後子安達公襲封，亦叛於清。後因醉剃髮，衆將亦從之。酒醒仍投降。鄭錦（鄭經）即國信（姓）之子。國信（姓）奉弘光帝守南京。清兵追至福建，弘光殁，國信（姓）仍據浙江海中。順治十七年，率兵三十萬攻圍南京，清不能抵當。國信（姓）遂取南京。清遣兵二十餘萬趣南京，國信（姓）敗。以殘兵十萬走入臺環，自造城池，用永曆年號。十八年，國信（姓）死，子錦嗣守其島。康熙十三年，因靖南王請見，錦來到福建，得泉、漳二州，又得廣東潮、惠等四府。十六年，被靖南王與總督姚希之並力攻退，退清帝出獵。

歸本島。而清萬提督者，鎮四明海口，有兵馬十餘萬，戰船千餘，故錦不敢出兵來犯。臺環島在海中極遠之地。臺環與大菀南音相近，故或互稱之。又問朱氏有無？曰：『永曆與一子爲吴三桂所執，被殺於雲南。朱三太子清人遍國搜捕而不得。屢有拿得之説，而皆僞也。去歲彗出光射於南。有人謡言天子當出其方，清國欲推治謡言者而中止』云。」

十一月丁卯，押領漂海人譯官等自清國還。平安監司柳尚運先以譯官所探得清人事情狀聞，略曰：「清帝出獵海子、冀州等處，九月始還北京。靖南王耿忠方在囚，勘以一罪，姑未允下。吴三桂之孫世蕃，稱國號曰大周，改元弘化。已而爲清兵所敗，走保雲南一省。清兵圍住三匝。清兵往征者相續於道。世蕃之將馬寶拿京被殺。王輔臣敗，以其大將圍海來詣京師，飲藥自死。」

壬戌八年（清聖祖康熙二十一年，一六八二）

正月乙卯，謝恩使昌城君佖等，還到鳳凰城馳啓：「聞四川、雲南次第平吴世蕃死。

康熙皇帝容貌碩大而美。

康熙皇帝詔書。

定，吴世蕃傳首北京，應有赦敕。」又曰：「皇帝率甲騎四五萬，以去月望出獵於玉田、薊州，至蒙古地界，而今月初還都。清太子年八歲，能左右射，通『四書』云。」又曰：「皇帝欲與太后以明春巡向瀋陽，清漢人异議不決云。」

壬申，謝恩正使昌城君佖、副使尹堦、書狀官李三錫歸自清國。上引見，問彼中消息。堦曰：「其國多變异，地震特甚，城郭宫室，至於傾圮。五龍鬬於海中。」上問皇帝容貌。佖曰：「皇帝容貌碩大而美，所服黑狐裘矣。」堦曰：「今年朝賀，吐魯蕃、琉球國皆遣使來。琉球貢千里馬，其人狀如倭人，而但不落髮，頭戴如箕者。即今天下無阻，但鄭經尚保海島。清人素憚馬輔、耿精忠、王輔臣三人。馬輔見執，死而不屈。耿精忠納賂乞命於索額圖得不死，囚係以待；既平吴世璠，亦見殺。王輔臣反覆無常，見諸叛漸平，飲藥自盡。」又曰：「即今蒙古太極㺚子最强盛難制。雖云臣服於清，其實清人反事㺚子。言欲拜陵、欲會獵，則清人恐懼，多賚金帛誘止之云矣。」

二月乙亥，清使一等侍衛加二級儀圖額真篆伱達、武備院堂官羅、二等侍衛品級布岱達莫出來，上郊迎，還宫接見。其所賚詔書略曰：「逆賊吴三康熙皇帝到瀋陽。

桂負國深恩，倡爲變亂，竊居疆土，滇、黔、閩、浙、楚、蜀、關隴、兩粤、豫章所在繹騷。三桂僭稱僞號，逆焰彌滋。朕恭行天討，三桂既膺神殛，逆孫世璠猶復鴟張。朕策勵將士，進迫城下。凶渠授首，邊境晏如。悉剪蝨賊，永消隱憂。用是蕩滌煩苛，維新庶政。」

癸卯，遠接使李觀徵狀啓言：「後敕以太皇太后上尊號出來云。」又言：「皇帝與中宮、東宮偕來，三月旬前當到瀋陽。三處墓所，擇吉行祭。仍向兀羅地方混沌江打漁而還。」所謂中宮、東宮，皆皇帝之淑儀。

三月乙丑，瀋陽問安使左議政閔鼎重還到鳳凰城，狀聞清國事情曰：「皇帝本月初四來到瀋陽。從行者幸姬三人，侍妾百餘人，親王八人，蝦六百人，蝦即清官名，如我國宣傳官。大臣索額圖、明珠以下雜色從官共二十餘萬。八固山各出兵三千。或云將相之妻七八百，亦從幸姬而來。皇帝出關以後，日行百餘里，或曉或晩，不定行期。故扈從諸人必於三更整待，不得休息。馬駝道斃者多至累千匹。又將迤向兀喇地方，遵海而東，轉入山海關。瀋陽留鎮將軍安湖珠素廉潔公平，得關外民心，因進見力諫兀喇之行。皇帝大怒，索額圖、明珠互相傾軋。

馬畜蔽野，雄盛極矣。

幸姬又激之，湖珠方待罪。關外之民恐其獲罪去職。且聞比年以來諂諛成風，賄賂公行。索額圖、明珠等，逢迎貪縱，形勢相埒，互相傾軋。北京爲之謠曰：『天要平，殺老索；天要安，殺老明。』且聞陝西總督張勇乃吳三桂之義子，而勇之子爲西㺚之婿。姑爲羈縻，而叛形已具。雲貴間亦有未盡歸順者云。」

戊辰，冬至兼謝恩使東原君濮、南二星、申琓等還。命引見，問曰：「卿等別單雲南方已盡平定，此説信然否？」二星曰：「其言似不虛。但其赦文有『山海間餘孽，當與維新』之語。或者敗亡餘種，亡匿山海之間，未盡就服也。清主自平南之後，妄自夸大，謂天下事無復可慮。瀋陽之行，託以報祀其祖，而多發軍民，專事遊獵。故所經五百里，怨聲載路，此必胡運將盡而然也。」琓曰：「以其舉措觀之，則朝夕可亡。而馬畜蔽野，雄盛極矣。」二星曰：「臣等頃所進文書，已經睿覽。鄭錦書中有『南極高遼，北指東瀛』等語。東瀛似指日本，高遼似指我國。而此特外爲大言，其實窮蹙不能自振云，於我似無可虞矣。」琓曰：「臣與琉球使臣共參太平宴。聞琉球通官是福建人，北京城門、太和殿頹破。

使譯輩問鄭錦事，初諱不言。固問之後，始言錦在臺灣島，距福建不遠云。此寇非鬱鬱久居島中者，若能得志於中國則已，不然亦安保其不爲我國患乎？」三星曰：「雖不可臆斷，鄭錦形勢似難越海侵人國矣。」

十一月己酉，清國以我國奏文中不書御諱，只稱國王，謂之大干法紀，欲遣使查問，改以罰銀一萬兩，又減五千兩。陳賀使瀛昌君沉等自清國回程，先以此啓聞。

己酉，瀛昌君沉等歸自清國。上召見，問彼國事情。副使尹以濟曰：「彼人自謂南方已定，而太極㺚子兵力極盛，每請與皇帝會獵。清人畏之，歲給金三百五十萬兩彌縫之。清將張勇方守陝西，設計羈縻，故姑無動兵之事，而蓋爲腹心之疾云矣。」上曰「蒙古猖獗，則天下將大亂矣。我國安保其獨不被禍耶？他日之憂，有不可言。」以濟曰：「瀋陽則城郭完全，人民富盛。而山海關以北，撫寧、永平、通州等處，則城廓邑舍之頹毀者，全然抛棄。北京城門及太和殿亦皆頹破而不爲修葺。蓋將有退守之計，故關內諸處，置之度外。專意於瀋陽、寧古塔，以爲根本之地。以此觀之，南方平定之說，未可取信。且與大鼻㺚子連兵，遣大學士明珠之子領數千兵馬往戰，如不講和，期於勦滅云。且聞清帝將大獵於喜峰口，自北京離發，第三弟諫而不聽云。蓋喜峰即蒙古地方，其意欲誇示兵威於蒙古也。彼國近甚凶荒，途路有賊患，禁人不得夜行。市價登踴，米貴如金。朝紳之貪風大振，奢侈無度。李一善亦以爲前頭有難支之勢云矣。」上曰：「凶荒如此，貪饕成風，賄賂公行，摘抉文書，唯以罰金爲事，誠可慮也。」

癸亥九年（清聖祖康熙二十二年，一六八三）

清主遊獵五臺山。

三月己酉，謝恩使金錫胄等自清國以彼中事情啓聞，有曰：「清主自從南方平定以來，驕淫日甚，以遊戲爲事；稱以天下已平，臘月許臣民宴樂，各衙門預爲封印。新年廢事尤多。既遊獵五臺山，又將出畋居庸關外矣。大鼻㺚子所居之地，山高而且多泥坑，不種五穀，惟食生畜，并習用砲槍云。去秋遣大臣招撫而不受皇旨，出言强暴，今將發兵討之。鄭錦居臺灣，病不能任事。使其弟鉉代領其衆，改名明舍，以示不忘明朝之意。或云錦已死，其長子被用事者縊殺，立其次子云。又有朱國棟、朱世英者，皆稱明朝後裔，據海島出没，而兵勢皆不及於錦云。」

四月辛丑，右議政金錫冑新自清國還，進白彼中情形曰：「向日清主親率兵出巡代州，其意蓋慮西㺚。而出巡時使其兄監國，凡有大事必奏聞而行之。以此觀之，紀綱不至大紊矣。即今南方人多爲達官，浙江人爲吏部尚書者，即明朝死節臣宋學周之孫也。楊漣之孫，孫閣老之孫，皆仕於朝，天下之忘大明久矣。設令有真英雄出而混一之，若太祖皇帝之一舉而驅出沙漠，亦未易期也。以此觀之，人心不至大危矣。南方戰士之未得還者，纔七分之一。耿精忠父子，尚知孝兄弟，並其家累百口皆被獲。斬耿、尚諸人於市，而安置其家僮。以此觀之，兵力不至大弱矣。惟海防之虞，有不可測者。或言鄭錦已死，其弟代領其衆。雖未知其言之必信，而以日本所報觀之，猶可信也。」

鄭克塽受撫。

太平宴。

太子年十三。

甲子十年（清聖祖康熙二十三年，一六八四）

三月庚辰，賀至正使趙師錫、副使尹攀等，歸自清國。上引見，問彼中事情，師錫曰：「鄭克塽受撫時，願住南方，不欲北遷，故將軍施琅稟命而許之。年少諸議皆以爲南人狡黠，若置南方，必爲後患，不如移之北方，絶其禍根。科道交章而上下皆以失信爲慮。留兵三千，以守其島。又遣禮部侍郎蘇拜往審島中形勢云。克塽歸順，誠非虚傳也。歲出行太平宴，而諸王大臣及臣等坐檻外，蒙古使臣及八高山之屬皆在庭下。三人共一盤，而光禄寺不能辦，分命諸王使備酒食。而所謂御供，則出自宫中。且八高山所屬，順治以前，號令嚴明，人無怨言。而今則減其稍食，出獵之時，自備糇糧，故人心漸離，怨聲頗騰云。可想其虚耗之甚矣。清主破吴三桂，取美女三百，貯之離宫，日事荒淫。徒尚文辭，政令多舛。太子年十三，剛愎喜殺人。皆謂必亡其國矣。」

辛巳，使臣之還，清主例送銀錦。上命下其銀於有司，賜錦於明安公主。

六月壬子，告訃使李濡等歸自燕。上引見，問事情。濡曰：「臣等始至燕，翌日曉引一行入闕中。閣老明珠立堦上，問曰：『爾等來時，國有何事？』對稱：『小邦不幸遭國恤，國王經疸之餘，因大喪添疾，舉國憂遑。此外無他事。』又問：『日本有文書來到事否？』對稱：『小邦之於日本，素爲隣交，文書徃來，固非一再矣。』又問：『國恤在何月？國王病患，始於何時，差於何間而止？』日本事更不提問。臣等恐或模糊見疑，復言曰：『倭情本詐，或有求索，輒多恐動之言，因此愚民不無騷屑云。』則明珠又問：『倭之恐動求索者何事？今其聽許否？』仍曰：『伱國有修治軍器事否？』臣等對稱：『差倭徃來時，船隻有定數，船各有所給。倭必欲加其數，每來强請，小邦據例終不許，則倭或托他事以恐動之。小邦與倭國只隔一海，留意海防，修治軍器，固何可已也。』明珠聽訖點頭，備奏於清帝云。此必由閭里間繹騷孔極，流入异國，政此盤詰之舉矣。蓋聞寧固塔守將有所馳聞，朝議甚多，獨清皇以爲甲寅年間天下騷擾，惟朝鮮如故。到今寧謐之後，必無背我之理。及臣等奏對無差，群疑始釋云矣。寧固塔所報文書在内閣，令譯舌賄館夫約以追後覔送。前頭敕行，似必欲詳知虛實。自上接見之際，致謝其屢問病患之臺灣置一府三縣。

擎天柱。

康熙皇帝親執杖。

意似好。鄭克塽已盡歸順，臺灣地方，置一府三縣。禮部侍郎蘇拜前秋下去安頓云。在前彼人畏法，不敢言國事。今則全不顧忌，至曰皇帝盤遊無度，如是而未或不亡，性且貪貨，有功吝不肯賞云。」

十二月甲午，都提調金壽興曰：「兵判趙師錫曾往北京時，有郭朝端者，以曾爲吳三桂管下，頗解文字，師錫與之相熟。」（郭朝瑞）書曰：「康熙出喜峰口避暑。次日朝中大殿中柱名曰擎天柱，聲若霹靂，崩壞五尺許。在京大臣奏聞，即令修補。又近日宮中夜聞鬼哭恠號，作祟非常，此亦妖孽之事。又於行獵之時，忽然狂風大作，從晨至午，風息之後，沙石約有尺許，將康熙所着衣服吹去，渺無踪影。共餘官員人等，丈房衣帽，吹去甚多。於八月内回京。有劉巡撫家臣陳姓者進本内云：天變不足畏，人事不足憂等語七款。言目今百姓困於征輸，官兵勞於巡幸。宜内遠聲色，外絕遊田，息兵養民，人事得而天變可回云云。康熙大怒，廷杖不已，又親執杖以撞之，體無完膚。隨遣戍烏喇地方矣。有征雲南木將軍因隱匿平西王歌妓珠寶，威逼自縊。今因薏苡之疑，搜求者尚有數人。雲南總督蔡毓榮亦在搜求之中，雖已上疏昭雪，不知將來如何結局。雲南十八家土司，因撫綏不善，俱有負固之心，且招納流亡，收留平西王下舊人更多，是有待時而動之意也。有陜西提督張勇，業已病故，今敕興安鎮總兵孫斯克代任其事。西狄深爲慶幸，已將邊内黄草坪占去牧馬，窺視中原，將有内侵之舉。廣東海内尚有平西王下水師將軍謝厥福之子謝昌，領兵三千，出没海上。於今歲五月内，將廣東福山一帶，大肆劫掠而去。風濤萬里，踪跡不定。有臺灣鄭氏歸順清朝者，十有七八。仍有二三有氣槩者，隨帶家口，浮海而去，不知何往。朝瑞亡國臣僕，身陷泥中，逆旅得遇高明，披瀝肝膽，對談多時，亦意外之邂逅也。獨奈行邁忩忩，別後暗結，惄焉如擣，流離之子，矯首雲天，惟有西風斷猿而已。使至承教，謹以知聞最確者，秘録奉覽。其餘風影，不敢贅入。常聞士爲知己者死，朝瑞方寸，以許知己。何不將此鄙私，轉爲達知貴國主，俾朝瑞作偵事之人，少加賙恤，以濟涸轍之魚。從來布大德者，不惜少費，廣見聞者，寄耳目於異邦。不識以爲如何？此上子雨、圓仲二位李先生，更冀叱名致意大宗伯趙老先生閤下。故周通政司左通政郭朝瑞頓首拜。康熙於九月二十四日幸山康熙皇帝封禪泰山。

清主擯斥諫臣。

東，封禪泰山，扈蹕之衆數萬，供應浩繁。封禪事畢，即上揚州，渡大江，詣南京，由蘇州、杭州而還。自限往返四月之期程。有茅盧山法寶招集流亡，約有萬人，仍盤踞茅盧山，守其險要，自耕而食，待時而動。」朝瑞書止此。子雨，告訃使李濡之字；圓仲，書狀官李蓍晚之字。趙老先生即指師錫。壽興讀訖，仍曰：「此書雖不可盡信，而亦不至虛妄矣。此人情理，實爲矜惻。且探問彼中事情之道，亦難得如此人者。」

乙丑十一年（清聖祖康熙二十四年，一六八五）

三月丙寅，謝恩使南九萬還到瀋陽，啓言：「清主好畋獵，擯斥諫臣。使北監征㺚軍。鄭錦已死，其子克塽已降，而尚有弘光帝子孫深據海島，出没剽掠。大鼻㺚勢甚鴟張，清人方添兵戍瀋陽，期以今春大舉以伐。北京地震，黑氣漫空，有聲若砲，掀撼天地。」順安人曹禮男，發狂走入鳳凰城。守柵人執以告清主。清主以其病狂，令勿問。付使臣還之。

四月辛卯，謝恩使南九萬等回自燕。上引見，問燕中情形。九萬曰：「聞大鼻㺚子謀反，其勢甚盛，清人方欲興師往征，悉發山西、山東、廣西、廣東兵數十餘萬，勒取戰馬於民間，以是大起民怨。且聞有魚皮㺚子者，介在大鼻㺚子之間，皮物之貢，皆從此出。而自大鼻㺚鴟張，路梗不復貢，清主憤之，必欲盡滅乃已云矣。」上曰：「曾聞太極㺚子，亦頗崛强，今果何如？」九萬曰：「上年春西㺚率數萬騎，誘以入貢，馳到關外。清人只許以數千騎入朝。且欲誇示軍威，大張兵於城外。西㺚大笑曰：『此不足多，吾何畏哉』云矣」。

八月甲辰，謝恩上使朴弼成、副使尹趾善、書狀李善溥回到弘濟院，仍曰：「聞彼中事情，有大鼻㺚歸順之語，而只是若干，非盡降附也。皇帝荒淫無度，賄賂公行，政令大乖，動作無常。巡行之際，劫奸觀光女子，怨聲頗多矣。」

丙寅十二年（清聖祖康熙二十五年，一六八六）

三月辛酉，冬至兼陳奏使朗原君偘等自燕回，先送譯官馳奏禮部回咨。

鄭克塽在北京受爵。

有均敵之禮，無臣服之事。

十月甲子，左議政南九萬自清國回還，其別單曰：「鄭克塽方在北京受卿爵，其子弟各授五品官。臺灣、澎湖諸島，設立府縣，兵將住劄。」

丁卯十三年（清聖祖康熙二十六年，一六八七）

三月辛巳，謝恩使朗善君俁等回自清國，中路先爲狀聞。其別單略言大鼻㺚子之事，曰：「購見大鼻㺚子抵清國書，則有各立界址，永遠修好之語。有均敵之禮，無臣服之事。歸順之言，似出誇張。吴三桂部曲黄進爲名者，竊據海島，仍稱永曆年號，據險不服。清國方議勦撫云云。見此文書，則果如所聞云。」

庚子，引見回還謝恩使朗善君俁、金德遠等。德遠曰：「漢人郭朝瑞以吴三桂之臣配周流河，臣問太極㺚子消息，答以此來使者以爲陝西、山西元是我地，若不給，當以干戈從事云。皇帝怒且懼。諸處屯田甲兵，既皆撤還，各鎮添兵八千，姑留不送。不肯割地以與，只增裘馬幣帛以和。恐因此遂成寡端云矣。」

太皇太后死。

政令簡便。

戊辰十四年（清聖祖康熙二十七年，一六八八）

正月甲申，清國太皇太后死，傳訃敕使出來。

四月甲辰，冬至使東平君杭等回還。上引見，問彼中事。副使任相元曰：「太極㺚子叛逆，域中不安，故太后之死，秘不發喪。而太極〔㺚〕子雖叛，不至於兩軍交鋒，則似不必以此秘喪，而所聞則如是。」上曰：「太極〔㺚〕子兵力强盛，故胡皇於其入覲時畏不能出見云。彼勢如是，則天下終未定其安靜矣。」杭曰：「黄台吉兵力大盛，建國號之説，頗行於彼中矣。」相元曰：「文治五年之説，稍稍傳播云矣。」

五月癸丑，進香使洪萬鍾等還，上引見。萬鍾等曰：「彼中政令簡便，公私無事。而西㺚中號台吉者，在北京三千餘里，國號大興，改元文治，爲彼中所畏憚。且雲南守將與吴三桂餘黨及回子國相連，有作梗之漸。故使人往探叛狀，待還當出征云矣。」

十二月辛酉，胡使以其太后祔廟，頒敕而來。

己巳十五年（清聖祖康熙二十八年，一六八九）

五月丁酉，胡皇至鳳城，看龍山，仍由瀋陽歸燕都。丙午，平安觀察使李之翼狀言：「胡皇曾不到鳳凰城，前日之言，傳者妄耳。」

八月辛未，胡使爲告其皇后喪來。

十二月辛巳，命招諸大臣入對。時奏請使（東平君）杭等馳狀言其竣事。且曰：「清人以奏文中後宮二字，謂諸侯不當用。且有玄字犯其所諱，頗責之。至有贖金之罰。」

庚午十六年（清聖祖康熙二十九年，一六九〇）

九月乙未，義州府尹狀言：「聞之江邊過去清人，則云皇帝自將與山西總兵合兵，八月初一日擊破於乙、於大等羯哈地方，勦殺殆盡。十六日間當撤還北京。而於乙、於大非太極韃子種類，所居距北京二千餘里云。」

「玄」字犯諱，有贖金之罰。

使臣「濬」改名「混」以避諱。

十月辛未，謝恩使全城君濬、權愈等還自清國。上召見，問蒙古形勢。愈曰：「清兵數敗，而蒙古四十八旂坐視不救，遼瀋甲卒還歸之日，路經蒙古地方，蒙古乘夜劫掠其戰馬。以此觀之，蒙古之叛可知也。」愈又曰：「禮部差人來言：『上使名字與國王諱音相似。』臣等答以『我國字音，則本不相同』云。而彼既出此言，似當改之。」濬亦請改名，上許之。遂改以混。

甲申，領議政權大運請待前去賫咨官之還，詳聞彼中消息。大運曰：「使臣狀啓，雖是塗聽，皇帝之死生未分，而與㺚子兵連禍結，彼已有敗亡之漸。」

辛未十七年（清聖祖康熙三十年，一六九一）

二月乙未，引見大臣備局諸臣。領議政權大運曰：「彼中消息，雖難盡信，至行太平宴，則人心似不至搖動矣。」上曰：「文書何可盡信乎！」左議政睦來善曰：「譯官有目見皇帝之面者，生存則無疑。且吳三桂叛時，北京文書二處所得或有相符，亦不可全諉虛疎矣。」

「大明一統志」貿來被捉。

三月甲辰，冬至正使瀛昌君沉、副使徐文重等復命。上引見，問清國事情。沉等曰：「彼常習講技藝，選擇勇士，以此知用兵，而人心强悍，少無憂畏之色矣。」又曰：「『大明一統志』貿來之際，被捉於搜括，臣以爲史記外約條無禁令，此是地家書之類，不必禁之，衙譯終不肯聽矣。」上問永宗子孫有無，文重對曰：「數年前建國號，及永宗被虜，其子孫不知其去處云。」

四月己未，胡使入京，上幸慕華館迎敕。引見遠接使尹以濟。以濟曰：「上敕輕佻，頗有徵求之色。索菱花紙四千張，又求真墨。行路供設鍮器之屬，或取來，或令依樣造納。且索東方文集及五色紙，要見善寫人，蓋欲示能文之意也。且到松都，欲展謁聖廟。臣以爲我國謁聖之禮，必數日致齋，方許入廟，不然則不可。彼頗有慍色而止。副敕年少能文，自以爲皇帝親屬，故每以遵皇帝意除弊爲言矣。『納清亭記』文有『上曰』二字，副敕問藩王何以稱『上』？答以國人於皇帝則稱以『皇上』，國王則稱以『君上』。副敕又以敕使之『敕』字何以書平行爲言，故令去其板矣。」

閏七月丙寅，兵曹判書閔宗道曰：「江都新造倉舍，其制甚好，穀氣踈命廣搜明神宗皇帝御書。

通，可支累年。蓋留守申厚載赴燕時見通州倉舍之制，倣而爲之云。」

癸酉十九年（清聖祖康熙三十二年，一六九三）

二月辛巳，左議政睦來善請對入侍，大司成權瑍同入，言：「明倫堂額，乃朱子筆，黃㦿赴燕得來，而吳竣以爲明是朱子真跡，陳達懸揭，金益熙以爲非朱子筆，塗墨於板，今宜改懸。」上許之。仍命廣搜神皇御筆以入。後玉堂白以廣搜不得，上命日後燕行覓來。

三月庚戌，冬至使先來還來。清國敕令，永減歲幣中金一百兩、綿布六百匹。

庚申，命招湖堂被薦人閔昌道、洪塈等賦詩，上出御題「披衣憶皇恩」，七言十韻律詩。下教曰：「宣祖朝大明神宗皇帝所賜蟒龍衣一領，屢經兵燹，至今猶存。每當披見，追憶皇恩，一倍傷神，未嘗一日忘也。茲以此題揭示，嗟爾學士，其各言志。」

設太平宴。仍停正月觀燈宴。

庚午，朗原君偘、閔就道、朴昌漢等，自清國使還。上引見，問彼中事情。就道曰：「臣於中路聞鳳凰城次通官韓二男之言，北京有繕兵事云。蓋阿魯德托以凶荒，率數千兵馬出來，故將欲應變，有此繕兵之舉云矣。」又曰：「使臣之私獻未安，而聞皇太子好我國真墨云，故以行中油煤墨五十錠呈納而來矣。」又曰：「聞敕奇於序班，則以爲皇太子既已受賀，豈可使朝鮮王不知乎？科道以此意陳達，而皇帝姑無發落云矣。」上命今後各别申敕。就道曰：「渠之氣象晏然，至設太平宴。而第正月觀燈宴，則自有吴三桂觀燈日作變之説，仍爲停止，而亦有節損浮費之意云矣。」

甲戌二十年（清聖祖康熙三十三年，一六九四）

二月辛巳，引見大臣備局諸臣。權大運白上曰：「己巳朱漢源等之領還也，北京回咨既曰，今後漂到者，宜勿押遣。只將人數貨物俟進貢使開報而已。其意蓋爲我國除弊事也。可補其破船，由海道而遣之。」

賦役甚簡，民不知苦。

乙亥二十一年（清聖祖康熙三十四年，一六九五）

三月壬午，冬至副使李弘迪、書狀官朴權等還。上引見，問以彼國事情。對曰：「皇帝荒淫遊佃，不親政事，用事之臣，又皆貪虐，賄賂公行，且蒙古别部喀喀一種甚强，今方舉兵侵境，人多憂之。而但年事雖荒，賦役甚簡，故民不知苦矣。」

十月癸丑，謝恩使全城君混等馳啓云：「皇帝以本國上太子箋文中誤用『幹蠱』二字，下禮部察議。禮部以罰銀一萬兩、停三年賞賜議奏，仍用賂於皇帝信幸臣佛保，幸得寬免云。」

十二月辛卯，謝恩使全城君混、李彦綱等回自清國。上引見，問事情。彦綱曰：「阿魯得時未交兵，清國今方整飭戎務，春來必將動衆云矣。」上曰：「阿魯得形勢何如云耶？」彦綱曰：「部落衆多，頗强盛云矣。」彦綱又言：「彼地凶荒，與我境無异，行路甚艱窘。」

謄示會典中藩王封典一款。

丙子二十二年（清聖祖康熙三十五年，一六九六）

三月乙亥，冬至使臣李世白、洪受疇、書狀官崔啓翁復命。上引見，使臣等陳燕京事情。

十一月乙卯，奏請兼冬至使徐文重、李東郁、金弘楨等，以世子册封奏請事如清國。

丁丑二十三年（清聖祖康熙三十六年，一六九七）

三月壬戌，回還奏請使徐文重、李東郁等先來狀啓，略曰：「當初奏議旨下之後，序班輩謄示會典中藩王封典一款，故約賄二千金，使序班力圖於起草諸郎中矣。二月初七日，以領賞赴闕，則禮部郎中招譯官書給小紙，問國王王妃年歲於臣等，臣等以爲此非使臣所敢告，往見郎中，以探其意，則不復酬酢，徑起而去。臣等意甚驚慮，下馬宴時，送言於左侍郎王澤弘曰：『俺等克捷阿魯特，皇極殿成。

奉國王命入來，留館四十日，文書尚未了當，願蒙軫恤』則以本部當以諸王例回題，惟俟皇帝處分爲答。臣等蒼黃還歸，使通官輩力乞於提督，往圖清尚書佛倫，約賂六千金，則提督還言，佛爺以爲此事明有典例，不敢左右云。臣等計没奈何，構出呈文，備陳外國與内服不同，先朝已行之典，今不準請，君臣觖望之意，而無路自達矣。上馬宴時，王澤弘又爲來參。故臣等親納呈文，則澤弘以爲俺難獨受，過宴後，呈於提督，回示諸堂云。罷宴後提督又拒而不受，許賂之後，始爲强起。翌日朝會，持示諸堂，則答以既引諸王例入奏，得旨再議，可得見施云。本部回題，果以『會典』諸王條例爲結語。初十日送皇帝所，十四日以『依議』旨下。」

八月己未，奏請使先來狀啓入來，以爲：　皇帝召見閣老，有所問答，以「準請」旨下。

甲戌，王世子封典敕使牌文出來。

乙未，清使永吉壽耐等，以克捷阿魯特，皇極殿成，賫敕書來。

康熙皇帝欲以米穀救活東民。

戊寅二十四年（清聖祖康熙三十七年，一六九八）

七月丙申，平安道觀察使馳報，皇帝出來瀋陽。

十一月朔壬申，清皇問安使馳啓，言：「皇帝所親任内大臣有病，深以爲憂，以曾因本國醫官治療而得效，俾於今番冬至使行時，以善鍼醫官入送。」

丙戌，引見回還瀋陽問安使，勞慰之，仍下詢彼中事。全城君混曰：「聞諸通事文奉先，則去夏私市事，皇帝只欲以米穀救活東民，而吏部侍郎陶岱私持物貨，以一併放賣之意禀於皇帝，皇帝不答。嘗語曰：『吾欲救東民，而陶岱乃敢私市，殊極未安』云。岱聞即惶懼，急急入去，幾未免罷職矣。今則皇帝意雖稍解，今番之行，必有所問，須善爲説辭，切勿以作弊爲語云。」

己卯二十五年（清聖祖康熙三十八年，一六九九）

三月甲戌，引見大臣備局諸臣。時我國漂人十八人至燕，胡皇親見慰清國科獄之事。

撫，資送甚厚。

十一月丁酉，謝恩兼冬至正使東平君杭、姜銑、俞命雄等如清國。

庚辰二十六年（清聖祖康熙三十九年，一七〇〇）

三月癸丑，引見大臣備局諸臣。是日，冬至使東平君杭、姜鋧、書狀官俞命雄入來。上命引見，問彼中事情。銑曰：「彼國亦有科獄。蓋聞三閣老子與孫皆參榜，而文既不好，又有違格，故因臺言囚禁試官，而一試官死獄中。閣老張詠、王熙等即皇帝親臣，而因此久不行公，故皇帝憂之，改試親策，而閣老之子與孫復爲入格云。彼我國科獄，適與相符，未知此亦氣數而然耶？」

十一月壬辰，冬至使李光夏、李壄、姜履相如清國。

派員來京學曆法並購其書。

辛巳二十七年（清聖祖康熙四十年，一七〇一）

三月壬辰，冬至副使馳狀先至。正使李光夏以二月初六日卒於玉河館。

七月甲辰，觀象監言：「節使赴燕時，請擇本監官員聰敏解事者同往，尋問曉解曆法之人，學其七政推步之術，且貿其方書以來。」

壬午二十八年（清聖祖康熙四十一年，一七〇二）

三月己亥，冬至正使姜鋧、副使李善溥、書狀官朴弼明復命。上引見，問虜中事情。鋧曰：「臣等在彼時，廣東湖廣有土賊，今方動兵。而其所大畏者，西北方蒙古太極㺚子，兵力最强，故賂以金帛，恐失其歡。日後之憂，惟在於此云。皇帝東巡事，虛實間所當詳探，故所謂内閣真本文書，購得見之，則乃庚辰秋間事，而别無目前之憂矣。」善溥曰：「臣於乙丑年以書狀官赴燕，十七年後更往見之，則沿路聞見，别無頓異者。而關外十三站，前甚凋禮部奏草，須賄賂以金。

弊，不成貌樣，即今生齒物貨，比前十倍。皇帝雖荒淫無道，姑無侵虐之故，民間晏然，而但紀律則大不如前。鳳凰城人家比前甚盛，而我國人負債多至十萬金。臣等出栅門時，彼人環立馬首，以爲日後當生嫌隙云，此甚可慮也。」

癸未二十九年（清聖祖康熙四十二年，一七〇三）

四月丙戌，奏請使臨陽君桓、副使李墪、書狀官黄一夏等還。上引見，慰諭。桓等謝曰：「意外遭逆境，多費賂物，幸得竣事，不勝怕恐。」初桓等於先來狀啓，略曰：「禮部序班王哥特示禮部議奏草本二稿，一則援辛酉例，一則援己巳、甲戌例，且問欲從何年例。臣等願據辛酉例，仍許以賂五千金。居數日，大通官金四傑自懷中出示議奏草本，臣等不勝驚駭，使首譯等傳言，議奏辭意，殊極無謂，豈可不問使臣而直以此議奏耶？四傑言，清堂上三人之意如此，既已定稿，勢難容力。臣等意謂此非渠白地撰出，必有所藉之處，再三開諭，以求善處之道，則乃曰禮部堂郎用賂處多，非三千金則難諧。其間揆叙能詩。

情狀有難測度，而百爾思量，不如姑從其言，遂約給二千八百金。翌日四傑來言，往見諸堂上懇乞，則今始準許云。」

六月乙酉，册封敕使明揆叙等來。是日雨勢翻盆，向晚始少霽。上幸慕華館迎敕，引見遠接使趙相愚於帳殿。遂還仁政殿，受敕誥及「藩封世守、柔遠恪恭」八字。胡皇手筆云。接見如例。仍頒赦。揆叙即其國相明珠之子，官翰林學士，清王寵任之，自求奉使而來。且上表請頒皇帝手筆於朝鮮云。揆叙自負能詩，大有驕傲之色，在途多作詩示儐使，又求宰相詩甚力，朝廷許之。

甲申三十年（清聖祖康熙四十三年，一七〇四）

正月庚戌，引見大臣備局諸臣。領議政申琓曰：「曾聞漢人見東國衣冠制度，撫玩咨嗟，或至下淚。及臣赴燕，漢人皆已剃頭，見使行全無欽艷之意，反有嘲笑之色。蓋人情久則易忘，後生多不知前事故也。」

三月乙巳，司直柳成運上疏，言：「甲申之歲，回於今日，而又逢三月之考崇禎自盡在三月十九日。

朔，今三月十九日，即皇都淪陷之日也。毅皇身殉之後，死義之臣，大學士范景文、都御史李邦華、尚書倪元璐以下四十五人，自古立慬之盛，未有若是。」鎮厚曰：「皇城淪陷，在於三月十八日，而柳成運疏以爲十九日，宜令儒臣廣考。」從之。玉堂奏言：「更考明史，則甲申三月朔爲己丑，而丙午有陷京之語，丁未有天將曙象泣之文。毅宗自盡之時，天色將曙，則十九日爲是矣。」

丙寅，謝恩使礪山君枋、副使徐文裕、書狀官李彦經還自清，上引見慰諭，仍問彼中事。枋等以得於道路者奏云：「山東數被水灾，民皆流離，其中强壯者聚而爲盜。於州有回回賊，廣西有洪苗賊，所謂張飛虎者，衆號十餘萬，有船累百艘，未離海中，而先自建年僭號，其無大志可知也。」

乙酉三十一年（清聖祖康熙四十四年，一七〇五）

正月辛酉，引見回還使臣臨昌君焜、李世載、李夏源等。世載曰：「清主好畋獵，賄賂肆行，用人不均，人心不悦。而但能惜財云。且彼之最所畏者購得籌勝必覽四冊。

黄台吉，台吉若動，則不可爲也云。且遇田生琦者問之，則以爲季氏之憂，在於蕭墻，而不在顓臾云。雖未知何事，而似有内憂矣。」

四月己巳，冬至正使李頤命、副使李喜茂、書狀官李明浚還自清國，上引見。頤命曰：「臣欲知海賊張飛虎的報，使譯官艱得内閣張翮飛文書，則果是山東巡撫使題本真本文書也。海賊勦滅一事，萬口一談，以爲果敗云。且北京距海不過一日程，若有賊患，則北京必擾亂，而即今無事，可知其必敗矣。」上曰：「見其文書，則可知海賊之勦滅無疑矣。」

癸酉，知事李頤命上疏，以爲：「臣在燕時，購得皇明末年所纂『籌勝必覽』四冊，備記遼薊關防。又得山東海防地圖，係是禁物，不敢買取，令行中畫師追寫於紙。」

丙戌三十二年（清聖祖康熙四十五年，一七〇六）

正月癸酉，回還冬至使別單書啓，以爲「張飛虎子萬鍾，聚衆屯住三山使臣李寅燁須改諱「燁」字，故不作使臣。

島。又有言萬鍾爲官軍勦滅，真僞虛實，有難測知」云。

甲申，回還謝恩兼冬至正使鄭載崙、副使黄欽、書狀官南迪明入來，上引見，問虜中事情。載崙等略陳「虜中繁華，倍蓰於前，家家擁美姬，不勤國事，逸豫無備，因此可想」云。

八月庚寅，引見大臣備局諸臣。領議政崔錫鼎以吏曹判書李寅燁差冬至使，而名犯彼國寅燁之燁字，與胡皇名玄燁之燁字同，故云。事當改名。而卿宰改名未安，請改使任。上允之。

丁亥三十三年（清聖祖康熙四十六年，一七〇七）

三月戊寅，冬至正使俞得一、副使朴泰恒、書狀官李廷濟復命，上引見。得一等略陳彼國紀綱解弛，名分紊亂之狀，仍及西路戍備疎虞之弊而退。

清國廢太子胤礽咨文。

戊子三十四年（清聖祖康熙四十七年，一七〇八）

三月甲戌，引見回還冬至使，問彼中事。上使晉平君澤曰：「廣西有朱安世者，自稱大明後裔，大開宮室於真安府，屯聚十萬餘兵，改元定始。浙江有張一廉者，據四明山，詐稱大明後裔，亦屯聚軍兵云。而真僞不可知矣。」

十一月庚寅，皇曆賫咨官韓重琦賫來清國咨文。清國廢其太子胤礽，本朝方物之贈太子者，勿令賫來。其廢黜詔制略曰：「荒淫無度，私用內外帑藏，棰撻大臣以下，欲爲索額圖胤礽之外親名。報仇，傍伺朕躬，若不於今日被鴆，明日遇害」云。

己丑三十五年（清聖祖康熙四十八年，一七〇九）

三月甲戌，冬至使先來狀啓入來。其啓有曰：「槩聞皇帝廢太子之後，旋即悔悟，復立爲太子。將以來月初告廟頒赦，發送敕使。張飛虎之子萬

「愛銀皇帝」。

鍾，據有海島，兵勢頗盛。崇禎皇帝第三子，流落村間，近來起兵浙江，或云已爲平定，而餘黨尚存。此外海賊亦多云。」

甲午，冬至使閔鎭厚、金致龍、金始煥等自清國還，引見勞慰，仍問虜中事。鎭厚對曰：「聞朱三太子兵勢稍盛，而大抵漢人知我國之不忘皇朝，時時來言朱三事，此不可准信。所謂海浪賊强弱不可知，而似是勦劫村落之賊也。臣於歷路見金州衛海村一空，問其故，則皆云海賊常出没於此。張萬鍾事，得見漢人所示巡撫奏本，有曰：『十二月二十日寇登萊。』又曰：『二十三日寇青州。』萊、青之間，雖曰接界，而其所去來，豈在數日之間乎？又見所謂廷臣會議草，有曰：『請調發江南兵四十萬，浙江兵三十萬赴戰。』若然則七十萬兵赴戰之際，沿海必騷擾，而居民晏然無憂懼之狀，此可疑也。蓋聞譯官之言，皆以爲虜中形止，漸不如前，胡人持皇帝陰事告外人無所隱。如乍廢太子旋復其位，敺曳馬齊仍官其子，處事已極顛倒，而又貪愛財寶，國人皆稱曰『愛銀皇帝』。且太子性本殘酷，百姓公傳道之曰不忠不孝，陰烝諸妹。若其諸子之暴虐，乃甚於太子云，胡命之不久，此可知矣。又聞皇帝與九卿

清聖祖康熙四十八年，一七〇九

復立太子胤礽。

會議。問其故則以爲有南訛僧者，以神術惑衆，交通太極㺚子，前者刑而失其屍，至是又來，而欲殺則必逃去，不殺則必爲亂，故方會議於暢春園云矣。」上曰：「虚誕矣。」

四月丁巳，清復立其太子，赦天下。虜使儀度額真、頭等侍衛敖垈、内閣學士年羹堯將赦書來。

五月辛巳，上出西郊迎虜使，引見遠接使姜鋧於幕次，問上副敕人物。鋧對曰：「上敕即胡武，而爲人稍沉晦。副敕年羹堯即内閣學士，以文見用云，而見其詩句，僅知押韻而已，人物敏而頗苛。有一人隨來，踪迹殊常，試令物色，則應天府人殳敏也。爲觀東方出川，以家丁名數出來，而爲人倨傲。副敕以丈人行待之云矣。」

八月丙寅，義州府尹權惝以開市時所聞彼中事馳啓曰：「皇帝方留蒙古地方，九月間當還北京云。」

康熙皇帝即位五十年，理極數盈。

庚寅三十六年（清聖祖康熙四十九年，一七一〇）

三月乙酉，特罷冬至三使臣。冬至使至玉田縣止宿之夜，表咨文所盛櫃見偷，尋得正本而亡其副。禮部議奏請檻車出送，清皇判曰：「朝鮮使臣趙泰耆等，遠路進貢，已到内地，副本被盜，從寬免交該王治罪。」

十一月庚申，持平吕光周上疏曰：「康熙享國五十年，理極數盈，而近來奢淫已極，舉措顛倒，國内乖亂之狀，亦可想矣。雖無外患，康熙死後，兵亂可翹足而待。」

辛卯三十七年（清聖祖康熙五十年，一七一一）

三月甲午，使臣於通州狀啓，以爲：「今年是皇帝即位五十年，士民朝官請上尊號，聚會多日云。下馬宴時，使臣問禮部侍郎胡恩以海寇情形，答以姑無可慮。」

皇長子在囚四年。

四月壬戌,謝恩使鄭載崙、朴權、書狀官洪禹寧復命。上命引見。載崙以海賊事劄録進之。蓋載崙軍官田井一,即東來明人田好謙子也。其族屬田維樞,詳解文字,與閣老李光地及其門生誠明之相識,因探得海賊情形,累次來報。大略以爲此賊忽有忽無,朝南暮北,其移咨朝鮮者,恐其犯大國不得而侵小國耳。彼不過烏合之衆,何足爲深慮。

六月丙子,慶門又陳所聞曰:「皇長子在囚四年,尚不許放。第三公主所嫁蒙古哈爾秦王又叛,今春捕囚京師。此外諸子,多有不合意事。故皇帝心甚不快,頻有乖常之舉。大小臣僚如在針氈云。」

壬辰三十八年(清聖祖康熙五十一年,一七一二)

四月丙辰,陳奏謝恩使礪山君枋、金演、俞命凝等入來,上命引見。演等曰:「彼中景象晏如,海賊既盡勦滅,而但皇帝在京日少,常周遊於暢春苑、熱河等處,闕内寂然無人矣。」

七月丁未，謝恩使朴弼成、閔鎮遠、柳述入來。上引見慰諭。弼成曰：「彼皇貪財好貨，拜官皆以賂得，商賈之潤屋者，輒授職級。民不聊生，怨聲載路。往來館中者，無不斥言如是矣。」又曰：「皇長子幽囚已久。其子已長成，而未有婚娶。故皇帝促令成婚。而明年乃皇帝年六十，宜有大赦，赦行當往朝鮮云。」鎮遠曰：「臣到薊州，有一老人，動止異於他胡。臣招來問其姓名，則答以朱言。又問姓貫，則以『不敢言』三字。書掌以示曰：『俺是皇親。』槩問之則以爲神皇第四子名毅然，爲其曾祖。毅然子思誠，思誠子倫，即其父也。問革代之際，何以得免禍耶？曰：『俺父東征流賊，不得還，仍居此地，變姓名爲丁含章也。』仍諦視臣等衣冠，有感愴色，墮淚嗚咽。又問南方有警云，信否？答以廣東海賊，實則皇明之孫，張飛虎、張萬鍾皆其將也。出没海中，軍聲大振。清將四人敗降，而福建地已有其半云。胡人一言，便索其價，而此人不爲索價，其所愴感，似出誠凡。且問於主人，則以爲其人乃丁含章云。變姓名之説亦似可信。但神宗子即泰昌，而其諱常洛，毅然以神皇之子名字不同，是可疑而未及詰問矣。且在北京時，聞序班所傳，張萬鍾之子作梗山東。又有鄭元軍率海上軍，以『定胡扶明』四字揭旗，所向無敵，略與朱言所傳相同矣。還到山海關，又聞教授井姓者言，以爲外患不足憂，而皇長子與太子仇隙轉深，蕭墻之患可憂也。」

十一月己亥，引見大臣備局諸臣。上曰：「彼國廢其太子，故禮部咨文中，啓箋方物使之俱爲停止。依其言勿爲付送似好矣。」

癸酉，謝恩使金昌集等到瀋陽馳啓，以爲「課官李樞出去時，既有敕使歲前出送之説，故使譯官探其遲速，則册後建儲後，始可出送云。」先是，李樞以彼中事情報備局曰：「皇帝在熱河時，部院重臣，相繼下獄。回駕後面諭大臣，放置太子，而姑無頒詔之舉云。故詳探則以爲太子經變之後，皇帝操切甚嚴，使不得須臾離側，而諸弟皆在外般遊，故恨自己之拘檢，猜諸弟子閒逸，怨恨之言，及於帝躬。而皇帝出往熱河，則太子沈酗酒色，常習未悛，分遣私人於十三省富饒之處，勒徵貨賂，責納美姝，小不如意，訴譲遞罷。皇帝雖知其非，不得已勉從。而近則上自内閣，下至部院，隨事請託，必循其私而後已。皇帝自念年邁，而太子無良，其在熱河時，部院諸臣曾受太子請託屈太子無良，放置于別宮。

康熙皇帝節儉惜財，民皆安堵。

意循私之人，鎖項拘囚。回駕後，放置太子於別宮云。其後仍付其禮部咨文，而我國所獻太子方物，亦令停止矣。」

癸巳三十九年（清聖祖康熙五十二年，一七一三）

三月壬辰，引見大臣備局諸臣。領議政李濡又以咸鏡監司李善溥狀啓進奏曰：「皇帝要見我東詩賦，而近世之文，多有嫌礙，宜取久遠文集中無觸諱者，或寫或印，付使行，令玉堂抄出爲宜。

丁未，謝恩兼冬至使金昌集、尹趾仁、書狀官盧世夏復命。上引見，慰諭之。問彼中事，昌集等對以清皇節儉惜財，取民有制，不事土木，民皆安堵，自無愁怨。又言書册出送事，固可謝恩，而所求詩文，亦不可不副。」

五月壬辰，平安監司俞集一以敕使牌文出來事啓聞。其文曰：「欽差正使頭等侍衛阿齊圖、護獵總管穆克登奉命前往朝鮮國，五月初二日起行。詔書一道，御杖一對，欽差牌貳面，回避、肅靜牌四面，黃傘貳柄，五官司歷前例所太子云：古今天下，豈有四十年太子乎？

無也。六品通官三員，跟役十九名。」

閏五月甲子，遠接使朴權狀啓，言：「敕使自言皇帝有別旨，故使首譯覔來謄上，其文有云：『爾等至朝鮮諭國王：自王嗣國，歷有年歲，而略無事端，坐享太平，可謂甚少。想王之顔貌，亦必少減於昔，鬚髮亦必漸白矣。朕此處亦無此事故，頃因慶朕六十壽禮儀，特遣大臣，齎詔往頒。朕乃統御天下之大君，惟以致普天下人民於太平安樂爲心耳，餘無他願。爾等以此諭王可也。』」

十一月丙寅，上與提調李頤命、趙泰耉論康熙太子處置事。頤命曰：「聞太子性甚悖戾，每言古今天下，豈有四十年太子乎？其性行可知。十三王第三王又稱以撫軍監國，此致亂之道也。」泰耉曰：「太子無狀，多受賄賂。且諸王互相樹黨，康熙若死，則國事可知。」

甲午四十年（清聖祖康熙五十三年，一七一四）

正月乙巳，謝恩使臨昌君焜、權尚遊、韓重熙等自清國還，探得事情別單皇清會典。

論奏，略曰：「廢太子幽之别處有年矣，清皇中有悔意，人或謂將復位，會有德琳販蔘獄，辭連於太子，故姑止云。」

三月辛亥，泰采又聞有德琳獄，探問以啓曰：「德琳以太子之蝦，多智善謀，善結黨羽。復廢太子之後，命發德琳於關東，則擅自出入，偷挖積銀人蔘。皇帝以密旨拿來，使其父處。殺其父假斂焚化，將德琳改易姓名，潛自出海，哄誘海賊，往來山東。皇帝密旨將德琳送刑部處死」云云。

戊辰，冬至使趙泰采等自清國還。上引見，問胡皇太子事。泰采曰：「皇帝當初防禁甚嚴，而近來少寬之。且以『放太甲於桐宫』出試題，故彼人亦謂終當復位。而但太子不良，雖十年廢囚，斷無改過之望。締結不逞之徒，專事牟利，財産可埒一國。德琳之獄，亦由於此。然皇長孫頗賢，難於廢立云。且聞三月十八日，乃皇帝誕日，太子當獻壽，故其時似當變通復建，而今年爲皇帝周甲，必有再度赦使云矣。皇帝雖喜盤遊，而獨無虐民之事。專尚文華，若朱子陞祔事可見矣。又自作『皇清會典』，而郊祀祭天皆以三代典禮爲準則，蓋多讀古書，明習國家事者也。然荒淫日甚，四月輒往暢春院，轉至海邊。蓋其所爲，雖若難保久安，而若以其排置氣勢觀之，姑無危憂之端。」

〔補闕正誤〕五月癸卯，「儀象志」及圖成。初，觀象監正許遠入燕，購得而來。觀象監刊志以進。書凡十三册，圖二册，亦依唐本模出焉。

乙未四十一年（清聖祖康熙五十四年，一七一五）

貿來曆法補遺方書等。

四月癸未，初朝廷命觀象監官員許遠，從節使赴燕，見五官司曆，貿來其曆法補遺方書，及推筭器械。遠見司曆，仍得其日食補遺、交食證補、曆草駢枝等合九册，及測筭器械六種。

八月戊子，都提調李頤命奏言：「平安監司閔鎮遠以關西義士崔孝一等贈職事啓聞。孝一丙丁以後，歸心天朝，全家浮海，歸正中國，始爲吳總兵把總官。及清兵入山海關，知事不濟，往赴崇禎皇帝墓前，七日不食而死。外藩陪臣，爲天朝立節，雖學士大夫，固已奇矣，況此邊荒武士乎？」

陳尚義復叛。

丙申四十二年（清聖祖康熙五十五年，一七一六）

十二月壬辰，全羅道珍島郡民金瑞等九人，漂海到琉球國，其國送至清國，自清國移咨出送瑞等至京師。今十月二十三日達北京，留接於玉河館外五里許寺刹。以日寒之故，使不得作行，勸令俟本國冬至使偕還。瑞等對以父母妻子念我全没，晝夜號哭，豈忍暫時留滯，通官輩憐而許歸。各給禦寒之具，謂是皇帝所賜。十一月初十日離皇城，以驢車二乘分載，十一月初二日渡江而來云。

丁酉四十三年（清聖祖康熙五十六年，一七一七）

四月朔乙酉，謝恩兼冬至使礪山君枋、李大成、書狀官權熀等歸，復命於水原。上引見，問清國事情，枋曰：「陳尚義復叛之事，沿路輒加搜訪，皆以爲叛去後杳無蹤迹。臣屢經使行，前則彼中人物甚盛，闤門嗔咽矣。今則闤得明太祖御筆以獻。

國王眼疾，康熙皇帝賜空青滴眼。

外人家多有撤毁處，關内人物頗稀疎，馬畜甚貴，或騎牝騾而行，蓋以征討西㺚之故，如是凋弊云耳。」上曰：「西㺚實爲彼國大憂矣。太子尚被拘囚耶？」枋曰：「或云太子之子甚賢，故不忍立他子而尚爾貶處云矣。」

丁酉，赴燕驛（譯）官得皇明太祖皇帝御製御筆以獻。上命加資。

十月丁未，上接見敕使於熙政堂。沈宅賢讀旨意，言：皇帝駐蹕行宫，召翰林學士阿克敦、治儀正張廷枚入，諭曰：『朝鮮王安静奉法，人民愛戴，四十餘年，國中享太平之福，未有如此之久者，朕甚嘉之。覽禮部奏稱王因病籲請代題購買空青，朕聞王之疾，深爲軫念。空青朕處有之，仍即於行在特簡爾等賫賜。此係格外之恩，凡一應禮節，爾等到時，令王不必拘於成例，隨處可以相見，可傳諭之。』讀訖，上行禮，與敕使行茶而罷。敕使既出，藥房提調閔鎮厚亦入侍，上命招工人取空青，其形團圓，大如銀杏。鑽穴似有濕氣，而全無漿汁，試點眼部，只得微潤睫毛。

十二月，清國皇太后殂。清遣使阿克敦、張廷枚來告訃。

皇太后之喪，無變服之節。

康熙皇帝詩歌凄凉。

戊戌四十四年（清聖祖康熙五十七年，一七一八）

三月丙寅，冬至正使俞命雄等一行，離發燕京至山海關，遣先來譯官至狀言：「臣等未到北京，聞皇太后之喪，而到彼之後，別無變服之節。禮部使通官傳言，且以小紙書示儀節，入城及領賞之時，不用公服，而只着黑笠青袍。至於呈表咨則事體自別，故臣等屢次賢執，只袪胸褙，具公服行禮，而正朝日不行朝參，上下馬宴亦不設行矣。」

四月辛巳，冬至正使俞命雄、副使南就明、書狀官李重協還自清國。上引見。上曰：「皇帝詔書辭旨荒雜無歸宿，而太子無復位之理矣。」就明曰：「歸時得見皇帝所製歌詞，語甚凄凉，其志氣之衰耗可見矣。」命雄曰：「臣來時聞太后葬後，當有建儲之舉云，及到瀋陽聞之，則有建儲會議之舉云。」重協曰：「命九卿會議，則以請復太子爲請云矣。」

皇后、太子虛位已久。

己亥四十五年（清聖祖康熙五十八年，一七一九）

正月己亥，清遣使内閣學士兼禮部侍郎德音、副使治儀正張正枚來，以皇太后祔廟頒赦也。

三月丙子，清使言：皇帝憂念國王病患之如何，即今證情加減，所用藥餌，欲爲詳知，歸去奏達云。迎接都監以聞，上命録示其概。

乙未，冬至正使俞集一、副使李世瑾、書狀官鄭錫三等，還自燕京，世子召見。集一言：「彼國形勢日蹙，紀綱解弛，莫可收拾。而以西㺚作梗之故，兵連禍結，財力蕩然。皇后及太子虛位已久，至今無建立之意，日以佃獵征伐爲事。皇帝生存之時，僅僅支撑，而其人死後，則必有變亂矣。」

庚子四十六年（清聖祖康熙五十九年，一七二〇）

三月癸巳，清國所送綵段銀子下於户曹，命補用於經費。

九月丁丑，告訃使李頤命等抵瀋陽，以沿路所聞馳啓曰：「清主尚在熱河，太子事依舊無他聞。燕中地震，屋宇頽陷，人多壓死。西征之兵，屯戍多年，西㺚遠遁，不得交戰，病死相續云。」

十一月丁丑，告訃使李頤命等在燕京，以諺書附奏敕行，言「封典表咨呈禮部，則郎中以堂上意來問，世子未及奉旨封王，追封與邀封何以一併舉請。答以前例皆然，則其後久無聲息矣。會同館提督尚崇坦自初頗示殷勤之色，密示侍郎慶一陳所撰覆奏結語，有王妃册封，俟其聲名奏請之日，再了議封等語。崇坦仍言，此人作事不良，我方宣力，以回其心，顯有索賂之意。譯輩彌縫而答之。甲寅年使行時，亦有此執頉之事，至於呈文禮部辨争，特旨準請，而不無他徑周旋之事矣。其所執爲釁端，極涉痛駭，而事勢如此，不可不參用甲寅之例云。」

癸未，平安監司權㦖、遠接使俞命雄等狀聞：以爲「在安州時，譯官張文翼等來傳上敕之言，渠發燕京時，皇帝有旨，使渠直往山陵，設行吊奠之禮。抵宿弘濟院後翌日，當往陵所行禮云。申飭譯輩，善辭防塞，而敕使固執前説，此不康熙皇帝聖旨。

過藉重索賂之計。更加嚴飭諸譯，使之極力爭執，期於回聽，而先此馳啓。」

庚寅，清使奉皇旨致上前，上跪受。李健命展讀，其辭曰：「爲朝鮮國王溘逝緣由，奏聞亦表請旨，奉旨：朝鮮國王襲封將五十載，伊國從未有似此歷爵年久者。且國王甚是謹愼，進貢無不以誠心將之，供職五十有年，從無踈忽處。防守伊國邊界，太平歲久，毫無事故，伊國無不感激者，忽聞患病溘逝，朕心不勝痛惻！除遣臣致祭之處，着該部照例儀奏外，朕於聞時，遂遣大臣馳驛往唁，這表章傳於朝鮮國王妻子姪均諭。」

景宗實録

計十五卷。起肅宗四十六年（清聖祖康熙五十九年，一七二〇）六月，至景宗四年（清世宗雍正二年，一七二四）八月。

「景宗實録」修過兩次：一次成書於英宗朝，名「景宗實録」（今稱甲本）；一次成書於正宗朝，名「景宗修正實録」（今稱乙本）。甲本較詳，今以甲本爲主，以乙本補之。

肅宗大王四十六年庚子（清聖祖康熙五十九年，一七二〇）六月初八日癸卯，肅宗大王昇遐于慶德宫隆福殿。戊申，上即位于慶德宫。

康熙皇帝敕諭。

辛丑元年（清聖祖康熙六十年，一七二一）

二月壬寅，清使查柯丹、羅瞻等入城，上具吉服出迎於慕華館。還宮，受敕行禮於明政殿訖，改具視事服，與清使相見，行茶禮。其詔敕曰：「皇帝敕諭朝鮮國王姓諱（李昀），覽奏爾父王諱（李焞）薨逝，朕心惻然！據王妃金氏奏稱：爾自幼歧嶷，且有長人之德，爲國人所願戴，請册承襲。朕俯順輿情，特允所請。茲遣官賫詔，誕告爾國，封爾爲朝鮮國王，繼理國政。封爾繼妻魚氏爲國王妃，佐理内治。並賜爾及妃誥命綵幣等物。爾宜永矢靖共，懋纂承於侯服，迪宣忠順，作屏翰於天家。爾其欽哉，毋替朕命！故諭。」

三月戊辰，回還冬至使先來軍官持狀啓出來，有曰：「皇帝在位六十年，太學士九卿等累度陳奏請行稱慶之禮，纔得聽許，以三月十八日將爲設行。而頒赦一節，姑未準許，當於其日，更爲陳請云。」

康熙皇帝過問國王病證。

壬寅二年（清聖祖康熙六十一年，一七二二）

〔乙本〕王世弟册封奏請使李健命先來啓曰：「正月二十日，清主以奏本問大學士馬齊等後，旨意令大學士等傳集朝鮮使臣，將王病證，詳細問奏。二十二日，清主往南海子後，提督來言：『使臣趂明朝來會於午門外。』二十三日曉，臣等率堂上譯官三人進詣闕中，差晚，閣老松柱以下内閣學士禮部尚書侍郎以下並十一人，列坐午門外，臣進前，則書出内旨，問曰：『王何年紀？係何病證？病之形勢若何？嗣續之路，何至絶望？從前不曾生育，或生而不育？用何醫藥？王弟只有延礽君一人，或有諸弟否？延礽君有何年紀？與國王是同母否？』臣等書對曰：『國王今年三十五歲。病證形勢已載於奏本中，陪臣有不敢贅陳。而國王自少多病，氣甚痿弱，積年醫治，廣試求嗣之藥，終無效驗。前後兩妃，左右媵屬，一未有胎育。此可見嗣續絶望之實狀也。國王親弟原有延礽君及延齡君昍，而延齡君已於己亥冬病故，見今只有延礽君一人。今年二十九歲，即國王異母弟也。國王念病患之深痼，憫康熙皇帝敕書。

後緒之無繼，爰舉先祖封弟之舊規，仰恃大國字小之至德，備陳血懇，冀被恩典。此等情狀，宜蒙矜恤。今茲特詢，實出曲念。陪臣等惶隕感激，不知所達。』閣臣又問：『延礽君係何人所生，伊母在否？』臣等答以『延礽君係先王後宮崔氏所生，崔氏已於戊戌病卒矣。』二月初三日始以該部議奏下旨。二十一日儀制司措辭防塞。二十三日文書留中。二十四日引見，大學士曰：『朝鮮奏本，禮部防塞何如？』大學士馬齊對曰：『外國情懇，如是切急，惟在處分。』清主即令特準。今此所幹，實是莫重莫大之事，初幾順成，中忽沮格，一行上下，莫不隕惘失圖矣。畢竟賴閣臣善對中旨，特旨特準。實是萬萬奇幸，莫非王靈所暨矣。」

五月庚子，以全城君混爲謝恩正使。

辛亥，清人遣使册王世弟。上與世弟出迎清使於慕華館，還至仁政殿，設金字闕位，南向，上北向。清使阿克敦及其副佛倫捧敕，敕曰：「皇帝諭朝鮮國王姓諱(李昀)，朕惟父子相傳，有國之常經，兄弟繼及，一時之權道。茲覽王奏請，以沉痾日久，嗣續維艱，將親弟延礽君諱昑爲世弟，情辭懇至，朕勉允康熙皇帝崩逝。

所請。遣大臣賫捧誥命，封諱爲朝鮮國王世弟，賜綵幣等物。惟王勖弟諱敦乃彝倫，永懷忠順，衍本支之休慶，保宗社之安寧。王如兆叶煤祥，吉占熊夢，王其再奏。欽哉！無替朕命。故諭。」誥命曰：「奉天承運皇帝制曰：朕惟帝王綏遠，聿弘繼體之恩，禮制從宜，用篤孔懷之慶，眷藩維而綿舊服，保延本支，錫嘉號而紹前修，光生綸綍。爾姓諱（李昑）乃朝鮮國王之弟，身居貴介，質本冲和，生長文物之邦，嫻習威儀之教。惟元昆尚艱於嗣續，而同氣克協夫象賢，爰俞陳請之虔，特賁彝章之渥，茲封爾爲朝鮮國王世弟。於戲！弟道而兼子道，彌敦孝友之誠，事兄必以事君，務盡忠勤之節。丕承誥命，勿替寵休。欽哉！」

十一月辛亥，義州府尹李夏源、平安監司李真儉以胡皇崩逝馳啓。雖得之於傳聞，而〔未〕知其真的，故有此狀聞。繼又以傳訃敕牌文出來馳啓。而問於彼人之出來者，則胡皇今月十九日崩逝，二十日敕使自會同館離發云矣。大臣備局堂上請對入侍，領議政趙泰耈曰：「胡皇意外喪逝，訃敕將至，西路洊飢，客使壓境，其憂誠不細矣。臣於昔年奉使燕京，聞彼人稱胡皇爲

清聖祖康熙六十一年，一七二二

康熙皇帝第四子即位。

康熙皇帝遺詔。

朝鮮皇帝，蓋以胡皇顧恤我東，有別故也。繼之者每加顧護，有未可必。且彼國不豫建太子，似必有五公子争立之事。彼若有事，我國亦難免延及之患，豈可不深憂而預慮哉！今此請對，非欲急急有作爲以致騷擾也。今西路常加意於軍務，似不可已，臣等退與商確，當有所禀處矣。」上曰：「唯。」

乙卯，謝恩使全城君混等入彼境，馳啓曰：「入送軍官於鳳凰城，探問敕奇，因甲軍馬姓人聞之，則皇帝去月十三日崩逝，十五日第四子即位，十六日發喪，敕使當於三十日問到鳳城云矣。我國每以胡皇死必有變亂爲慮，及見此狀啓，崩逝日子與灣尹所報相左，敕行又過期不來，人皆疑懼，都民有駭散之心，而西路尤甚云。」敕書即康熙皇帝遺詔也。有曰：「從來帝王之治天下，未嘗不以敬天法祖爲首務，敬天法祖之實，在柔遠能邇，休養蒼生，共四海之利爲利，一天下之心爲心。保邦於未危，圖治於未亂。夙夜孜孜，寤寐不遑，爲久遠之國計，庶乎近之。朕年届七十，在位六十一年，實賴天地宗社之默祐，非朕涼德之所至也。歷觀史册，自黄帝甲子迄今四千三百五十餘年，共三百一帝，如朕在位之久者甚少。朕臨御至二十年時，不能逆料至三爲前代帝王剖白言之。

十年，三十年時，不能逆料至四十年，今至六十一年矣。『尚書』『洪範』所載一曰壽，二曰富，三曰康寧，四曰攸好德，五曰考終命。五福以考終命列於第五者，誠以難得故也。今朕年已登耆，富有四海，子孫百五十餘人，天下安樂，朕之福亦云厚矣。即或有不虞，心亦泰然。念自御極以來，雖不敢自謂移風易俗，家給人足，上擬三代明聖之主，而欲其海宇昇平，人民樂業，孜孜汲汲，小心敬慎，夙夜不遑，未嘗少懈，數十年來，殫心竭力如一日，此豈僅『勞苦』二字所能該括耶？前代帝王，或享年不永，史論概以爲酒色所致，此皆書生好爲譏評。雖純全盡美之君，亦必抉摘瑕疵。朕今爲前代帝王剖白言之：蓋由天下事繁，不勝勞備之所致也。諸葛亮云：『鞠躬盡瘁，死而後已。』爲人臣者，惟諸葛亮能如此耳。若帝王仔肩甚重，無可旁諉，豈臣下所可比擬！臣下可仕則仕，可止則止，年老致政而歸，抱子弄孫，猶得優遊自適。爲君者勤劬一生，了無休息之日。如舜雖稱無爲而治，然身没於蒼梧。禹乘四載，胼手胝足，終於會稽。似此皆勤勞政事，巡行周歷，不遑寧處，豈可謂之崇尚無爲，清静自持乎？『易』遯卦六爻未嘗言及人主之事，可見人主未敢妄費,皆小民脂膏。

無宴息之地,可以退藏,鞠躬盡瘁,誠爲此也。自古得天下之正,莫如我朝。太祖、太宗初無取天下之心,嘗兵及京城,諸大臣咸云當取,太宗皇帝曰:『明與我國,素非和好,今欲取之甚易,但念系中國之主,不忍取也。』後流賊李自成攻破京城,崇禎自縊,臣民相率來迎,乃翦滅闖寇,入承大統。稽查典禮,安葬崇禎。昔漢高祖泗上亭長,明太祖皇覺寺僧。項羽起兵攻秦,而天下猝歸於漢,元末陳友諒等蜂起,而天下猝歸於明。我朝承席前烈,應天順人,繼有區宇,以此見亂臣賊子爲真主驅除也。凡帝王自有天命,應享壽耇者,不能使之不享壽耇;應享太平者,不能使之不享太平。朕自幼讀書,於古今道理,粗能通曉。又年力盛時,能彎五十石弓,發十三把箭,用兵臨戎之事,皆所優爲。然平生未嘗妄殺一人,平定三藩,掃清漠北,皆出一心運籌。户部帑金,非用師賑饑,未敢妄費,謂皆小民脂膏故也。所有巡狩行宮,不施綵繢,每處所費,不過一二萬金,較之河工歲費三百餘萬,不及百分之一。昔梁武帝亦創業英雄,後及耄年,爲侯景所逼,有臺城之禍。隋文帝亦開創之主,不能預知其子煬帝之惡,卒致不克令終,皆由卞之不早也。朕之子孫百雍親王皇四子胤禛繼朕登基。

胤禛第二子必封爲太子。

廢太子第二子朕所鍾愛，特封親王。

有餘人，朕年七十，諸王大臣官員軍民以及蒙古人等，莫不愛惜。朕年邁之人，今雖以壽終，朕亦愉悦。至若太祖皇帝之子禮親王、饒餘王之子孫，現今俱各安全，朕身後，爾等各能協心保全，朕亦欣然安逝。雍親王皇四子胤禛人品貴重，深肖朕躬，必能克承大統，着繼朕登基，即皇帝位。則遵典禮持服，二十七日釋服，布告中外，咸使聞知。」遠接使金演迎敕而歸，以聞於譯舌者言於户曹判書李臺佐曰：「康熙皇帝在暢春苑病劇，知其不能起，召閣老馬齊言曰：「第四子雍親王胤禛最賢，我死後立爲嗣皇。胤禛第二子有英雄氣象，必封爲太子。』仍以爲君不易之道，平治天下之要，訓戒胤禛。解脱其頭項所掛念珠與胤禛曰：『此乃順治皇帝臨終時贈朕之物，今我贈爾，有意存焉，爾其知之。』又曰：『廢太子皇長子性行不順，依前拘囚，豐其衣食，以終其身。廢太子第二子朕所鍾愛，其特封爲親王。』言訖而逝。其夜以肩輿載屍還京城，新皇哭隨後，城中一時雷哭，如喪考妣。十二日喪出，十五日發喪，十九日即位。其間日子雖多，此非秘喪也，新皇累次讓位，以致遷就。即位後處事得當，人心大定。遺詔二十七日除服，而新皇以太短，不忍遵教。

清世宗雍正元年，一七二三

新皇帝敕書：朕及昆弟所奪民財，併還原主。

康熙後宮德妃，以新皇之所生母，尚今生存。十四王雍重兵西征，素有威名者，而新皇之同母弟也。新皇即位後，即命召還，必無跋扈之慮」云云。

癸卯三年（清世宗雍正元年，一七二三）

二月己卯，陳慰正使礪山君枋、副使金始煥行到瀋陽，以道路所聞馳啓曰：「康熙皇帝昇遐翌日，急馬通訃於十四王，而使同征之宗室公延新代領其衆。又使以陝總督年羹堯協助軍務，十四王則撥馬還京，同在喪次。」又曰：「康熙皇帝子女衆多，不能偏令富饒，諸子女受賂鬻官，若漕總監務等職，隨其豐薄而定賕多少。且於京外富民之家，勒取財産，多至數十萬，小或累萬金，而田園人畜，亦皆占奪，人或不與，則侵虐萬端，必奪乃已，而不禁。新皇帝亦嘗黷貨致富，及登大位，前日所占奪者，并還本主，而敕諭諸昆弟曰：『朕在邸時，雖不免奪人利己，而未嘗傷害人命。他餘昆弟則殺人傷人，朕甚憫之。朕既悔過改圖，諸昆弟果有貧窘者，則户部之物，係是經費，朕不廢太子之子封王，新皇移給王府等。

新皇帝罷鷹犬之貢。

敢私用；而內庫所儲，可以隨乏周給。爾等所奪民財，限一年併還其主。若久不還，致有本主來訴，斷不以私恩貰之也。』又諭廷臣曰：『朕久在閭閻，稔知官吏之善惡，某也廉，某也貪，聞之亦詳，宜可斥退，而朕姑含容以開自新之路，各自敕勵，以遵朕旨，當擢用。如不然，復踵前習，當以法重勘，當其時無謂朕少恩也。』」又曰：「康熙皇帝既封廢太子之子爲王，新皇以在邸時宮室服御金銀藏獲及王府官屬一併移給。又放廢人使之詣哭殯次，旋即就錮。」又曰：「幾內飢荒，三王、五王、九王貿米積置，不許發賣，以待市直之踴登。即令米一斛，價至銀八兩，而米無有處，民不得買食矣。登極之初，乃發倉米二十萬斛，廉價許賣。又令三王等隨市價出賣，自此都民賴以不飢。」又曰：「康熙皇帝以遊獵爲事，鷹犬之貢，車馬之費，爲弊於天下。朝臣若隸於臂鷹牽狗，則以得近乘輿，夸耀於同朝矣。新皇帝詔罷鷹犬之貢，以示不用，而凡諸宮中所畜珍禽異獸，俱令放散，無一留者云。」

九月癸未，進賀正使密昌君樴、副使徐命均、書狀官柳萬重復命，仍進皇帝所贈書册筆墨器玩，皇帝特減年貢中綿布八百匹、獺皮一百張、青黍皮三

清世宗雍正元年，一七二三

雍正氣象英發，語音洪亮。

百丈、白綿紙二千卷。且召見正使優禮之。自今宗班使价，則定式接見云。丙戌，回還三使臣入侍，因大臣所達也。密昌君樴奏：「雍正繼立，或云出於矯詔，且貪財好利，害及商賈。或言其久在閭閻，習知民間疾苦，政令之間，聰察無比。臣亦於引見時觀其氣象英發，語音洪亮，侍衛頗嚴肅。且都下人民妥貼，似無朝夕危疑之慮矣。至於蠲貢一事，多是常明之力也。」都承旨金始煥仍陳常明本末曰：「此乃我國義州人子孫也。其曾祖丁卯被虜，而其母於康熙有阿保之功，故其子孫爲康熙所愛恤。常明仍襲世職，方帶鳥鎗，總管通官輩，皆其部下也。亦爲新皇所偏愛，新蒙寵擢，昵侍左右。譯舌輩居間往來，渠言身雖在此，心不忘本，本國凡事，極力周旋云。觀其氣色，則似與十二王及執政大臣隆科多通議商量矣。」

十月乙卯，下西洋國問辰鐘於觀象監，令新造。是進賀使密昌君樴回還時清主送於我國者也。其法極精妙，晝夜雨陰，易以推測晷刻。

己巳，移咨燕京，請罷攔頭，許之。先是我國使臣回還之時，一行員役所市物貨，隨便雇車，遲速在我。自己巳年間，遼人胡嘉佩等請設攔頭，獨專雇革除「攔頭」之弊。

利，每歲除額徵稅銀二千兩。自此行留淹速，唯意所欲，動滯多月，浪費盤纏，裘褐愆期，廢不貿遷。或穿包竊貨，許多侵剥，逐年滋加。人衆雜遝，且有潜相買賣之弊。至是移咨禮部，請加禁斷。清主令户部侍郎吴爾泰、刑部侍郎馬爾齊、給事中繆沅等查奏。我國亦送譯官韓永禧、劉再昌、金澤、金慶門四人，同胡嘉佩、董名珩、李顯龍等辨明於鳳凰城，果如咨文語。遂將嘉佩等革職，枷號三月，各鞭一百。以鳳凰城城守尉專理我國事務，而並不嚴查揭報，除前任守尉吴爾都二級。使行時貿易包子聽如前從便傭載。其進貢包子，仍令動驛站車拉運。攔頭之弊，自此始革。而當初設置，出於康熙之旨，故攔頭納稅皇帑，締結宮掖，一失其利，大生恚怨，造謗無所不至云。

甲辰四年（清世宗雍正二年，一七二四）

二月乙卯，清使一等伯欽拜入京。上及世弟迎敕於西郊。先從敦義門還宮，敕使至仁政殿，上受敕如儀，百官序立於庭，讀敕宜宣詔。其略曰：

崇禎皇帝自盡之事。

「雍正元年十一月二十五日冬至恭祀上帝，奉聖祖仁皇帝配享。雍正二年正月初六日，上幸祈穀祀上帝，五月一日夏至恭祀天皇地祇，並奉聖祖配享。」

三月辛卯，清使等以皇后册立頒詔入京。

十月己巳，謝恩兼奏請正使礪城君楫、副使權𢢜、書狀官趙文命歸自燕京。上命入侍。文命奏曰：「臣入北京，望見萬壽山，山則掘通州江而取其土造成矣。崇禎甲申城陷之日，毅宗皇帝殉烈於山上煤山閣。其日，皇帝手刃公主及諸妃嬪曰：『汝何爲生吾家！』仍曰：『我非亡國之主！』辭甚憤惋。蓋自萬曆朝廷有大東、小東等色目，傾軋進退，至崇禎轉輾沉痼，戈戟相尋，寧息無期。國計民憂，置之相忘，而流賊李自成起矣。及流賊迫近皇城，皇帝急召群臣問戰守之策，一閣臣對以當今妙策，莫如考選科道。蓋其時主黨論者非科道無與爲力故也。不數日而城陷，黨論之亡人國如是矣。」

李朝實錄中的北京史料

楊宇　劉朝霞　主编

北京燕山出版社

下册

英祖實録

計一百二十七卷。起景宗四年(清世宗雍正二年,一七二四)八月,至英宗五十二年(清高宗乾隆四十一年,一七七六)三月。

大王諱昑,字光叔,肅宗元孝大王之子,景宗宣孝大王之弟,母毓祥宫淑嬪崔氏。肅宗大王二十年甲戌九月十三日戊寅,誕降于昌德宫之寶慶堂。己卯封延礽君。景宗大王元年辛丑,册封王世弟。甲辰即位。丙申昇遐。在位五十二年。壽八十三。

己巳元年（清世宗雍正三年，一七二五）

十月己巳，謝恩兼奏請正使礪城君楫、副使權𢢜、書狀官趙文命歸自燕京。上命入侍。文命奏曰：「臣入北京，望見萬壽山，山則掘通州江而取其土造成矣。崇禎甲申城陷之日，毅宗皇帝殉烈於山上煤山閣。其日，皇帝手刃公主及諸妃嬪曰：『汝何爲生吾家！』仍曰：『我非亡國之主！』辭甚憤惋。蓋自萬曆朝廷有大東、小東等色目，傾軋進退，至崇禎轉輾沉痼，戈戟相尋，寧息無期。國計民憂，置之相忘，而流賊李自成起矣。及流賊迫近皇城，皇帝急召群臣問戰守之策，一閣臣對以當今妙策，莫如考選科道。蓋其時主黨論者非科道無與爲力故也。不數日而城陷，黨論之亡人國如是矣。」

己酉五年（清世宗雍正七年，一七二九）

四月丙申，冬至使尹淳、趙翼命、權一衡復命。淳曰：「聞皇帝以黑爲白，則群臣莫能矯其非。明察摘發，以此御下，故大小官只以告訐爲能事。税租只以四百萬石入於户部，餘皆作錢。且聚銀貨，内帑充溢，至於露積，自外望之，有若冰山。居民皆貧困，問之，則曰：『財聚於上，民散於下』云矣。」

九月戊子，上曰：「雍正本有愛銀癖，且有好勝之病，向日辱我，亦由於我國人不以渠事爲善故也。」

「財聚于上，民散于下。」

庚戌六年（清世宗雍正八年，一七三〇）

十一月戊辰，洪致中曰：「今番彼地地震，前古所無，城内人家陷没幾至四萬。我國與彼國分野同，故灾異亦每相似，此可慮矣。」金在魯曰：「聞皇極殿一隅頽壓云，此是亡徵矣。彼中有亂，安知不及於我國乎！自上有自反戒懼之教，國之福也。」上曰：「以萬乘之主，避地震設幕泛舟而居處云，擧措可謂駭異矣。」

北京地震，陷没人家近四萬。

壬午，上諭致中曰：「卿見賫咨官李樞耶？」承旨鄭羽良曰：「自政院招問，則以爲渠親見地震，北京皆用沙器，自相撞破，渠出來後，地震尤甚云辨誣改「敕修明史藁」。

矣。」上曰：「皇城外亦然云耶？」羽良曰：「城外亦然。圓明、暢春等宮闕，無數頽壓。且關東大雨，陷没數千里。」上曰：「胡無百年之運，灾異如此。我國雖有雪耻之心，脣亡則齒豈不寒乎！清皇每顧護我國，我國玩愒以度矣。」致中曰：「大明嚴刻未能固結人心，故民無思漢之心矣。」

辛亥七年（清世宗雍正九年，一七三一）

四月朔癸巳，謝恩使西平君橈等復命。上召見。教曰：「辨誣之舉善成矣，彼史未及見刊本，而所欲改者改之云，誠邦國之幸也。」橈曰：「皆聖上誠孝所致，臣等何力焉！」仍出櫃中謄本一卷以上之。其卷扁以「勅修明史藁」。橈曰：「留保是彼國主文之人，與常明姻好，且是總裁官張廷玉之親友也。常明於我國素所盡心者，邀留、張二人，涕泣請改，兩人感而許之。常明言於臣曰：『國史中所欲改字句，並即拈示云』，故臣等以朱筆點『簒』（簒）字、『攫』字及『自立』等字而送之。常明示留保，答書曰：『丙午年皇上已特許之，可隨意改之也。』由是事得順成。但『自立』云云，常明云是野史中語，而『明史』則無之。既云無之，則何必請改。蓋彼言既可信，文勢亦非倉卒間搆出者。譯官金時瑜與常明相面，則常明曰：『刊本當出送於冬至使之行，當以五六千金爲謝也。』仍求善馬及明珠兩個。胡人雖有文學者，於財則甚吝，獨留保不受賂遺。曰：『送史册而國王有禮謝，則不當辭云矣。』」上曰：「留保盡磊落，然亦厚索意也。史局重大，留保雖權重，獨何以私見擅改也。大臣以爲疑。然予則曰，彼人性本不欺人，而筆削之權，更歸别人，則豈無他慮。」橈曰：「兩人之外，他無主史之人。且彼不受賂，何苦而誑我也。」上仍問彼中有何事。橈曰：「聞復有西征之役，穆克登方選馬蒐兵云矣。」上曰：「彼地亦地震否？」橈曰：「二十日亭午，忽然如大風雨，掀動坐椅，急出以免。而其日以地震死者爲二萬餘人。聞常明言，胡皇乘船處幕，以避崩壓。且太和殿即明時所建，而階石之如新築者，亦皆頹圮矣。」橈曰：「命除謝恩使之行，非爲我國也，亦除彼國之弊也。今番吊敕，禮部侍郎傅德，性極狂暴，通官亦肆惡者也。」

北京地震死二萬餘人。

崇禎皇帝曾曰：「我非亡國之君，諸臣是亡國之臣。」

十月己酉，禮曹啓言：「敕使爲傳皇后訃出來。而取考謄録，則傳訃時，自上御黲袍翼善冠烏犀帶，百官以淺淡服迎敕。而宣敕後，有擧哀之節，今當依例也。」上曰：「可。」

十一月癸亥，北使大理寺少卿巴德保等將入京，上具布裹翼善冠烏犀帶白袍幸慕華館。入幕次，改具黲袍翼善冠烏犀帶，百官以淺淡服迎傳訃敕先從敦義門，還宮。入明政殿庭幕次，北使至，上上殿受訃。其書云：「皇后那拉氏九月二十九日崩逝。」

辛未，上御晝講。講「禮記」，至國君死社稷章，特進官李廷濟曰：「國君之死社稷者，漢唐以後未有，而獨皇明崇禎皇帝行之也。」上曰：「崇禎皇帝嘗教曰：『我非亡國之君，諸臣是亡國之臣』。」

壬子八年（清世宗雍正十年，一七三二）

三月丙子，清謚皇后那拉氏曰孝敬，頒詔於我。清主慮詔使之爲我弊，付敕書於兵部。

四月己丑，冬至使臣洛昌君樘等在燕京馳啓，略曰：「皇帝以史事特下察例議奏之旨，又下謄頒本國列傳之命。仍以遵請厘改之皇旨，先送於内閣，宣付循環簿，遍示十三省。三月十五日，始頒本國列傳謄本於臣等。而漢侍郎王圖炳，招首譯李樞語之曰：『皇上感國王誠孝，全史刊佈之前，有此特頒，歸告國王可也。』史册臣等當陪往，而太祖、仁祖兩朝事厘改處，謄作四紙，先爲封進。而始也廷論不一，或主防奏之議，或倡駁回之議，或持從實録之議，事之難諧十八九。而獨禮部尚書三泰，力主遵請，總裁官張廷玉傍加贊決，許多異同之説，一併妥貼。」

五月甲子，冬至正使洛昌君樘、副使趙尚絅、書狀官李日躋奉「明史」「朝鮮列傳」還自清國。上御時敏堂受册披覽。仍下問曰：「我太祖朝事，不可釐正云者，是誰之議耶？」尚絅曰：「即漢人汪由敦也。」上曰：「此皆『明史』本文乎？」尚絅曰：「因『明史』而清人修之也。」上曰：「自立之『自』字終不得改矣。」尚絅曰：「明本紀亦有此二字。自古開國之際，此是例用之語也。」

上曰：「蜀漢即正統，而朱子特書漢中王自立。我朝事亦類此。然予心猶未釋然矣。」樘又奉進「熹宗本紀」曰：「『太祖本紀』載我太祖朝事，『熹宗本紀』載仁祖朝事，而皆略書大綱矣。」上曰：「諸臣以謄本謂不如印本，而予意則不然。雍正既御門親頒，豈非信史乎？第必得全部刊本，然後方爲成功矣。」尚絅曰：「臣等必欲購全部以來，而張廷玉難之。蓋『明史』編摩，自康熙時熊賜履、王鴻緒等始，而只撰進列傳。康熙問『何不先撰本紀』云，則對曰：『明朝文字多有忌諱。』康熙曰：『如奴字即辱說，可削。如虜字從古有之，可存。』仍成本紀二十餘卷，列傳七十四卷。而今則張廷玉總裁，續修志表云。全部之姑未頒，似以忌諱字之尚未盡改也。」樘曰：「此冊未見之前，憂慮實多。今則宗系事、列聖朝事，俱如意釐正，不勝萬幸。實多常明及留保之力。銀貨及果下馬真珠等物，常明責徵，故臣等使首譯彌縫答之，而不可無致謝之禮矣。」上曰：「文王囚羑里，武王有美女玉帛之用。既欲辨先誣，則何可避行貨之嫌乎？銀則名以潤筆之資而給之。珠馬則是無名之物，辭以耳目之煩可也。」

明史忌諱字。康熙：「奴」可削，「虜」可存。

宗系、列聖朝事俱已釐正。

七月辛卯，洛昌君樘因任斑疏上疏對辨曰：「臣等留館時，通官來言，十二王願見東人云。而譯舌輩言此舉自前比比有之，請送一驛卒，俄即退還。必欲見編髮模樣，故以雇軍定送，而不移時還歸，問之則有裸浴聚觀之舉云。臣等聞甚驚怪，嚴飭驛輩，不使之更通來往矣。言出異域，易於增添，一行下輩轉相弄笑，口口遞傳於萬里之外，而不爲之斟量，容易説去，臣不勝其訝惑焉。」

癸丑九年（清世宗雍正十一年，一七三三）

四月戊午，上引見回還冬至正使李真望、副使徐宗爕，下詢彼國事情。宗爕曰：「清皇每責其臣之不一進規，而及其有規輒疎斥。且惡聞灾異，欽天監雖有灾不敢奏云矣。」

七月己亥，命觀象監官安重泰加資，因本監提調啓請賞典也。我國曆法與彼國有相左處，使重泰隨冬至使行入彼國，與欽天監官善推步者何國勳，購得七政四餘萬年曆等書。

北道開市。

講討推考之法，盡得其未透解者。捐私財購得七政四餘萬年曆三册，時憲新法五更中星紀一册，二十四氣昏曉中星紀一册，日月交食稿本各一册，及西洋國所造日月圭一坐。諸書最緊於曆家，日月圭亦儀器中簡要，有補於夜中測時，而皆今始得來者也。

十月庚午，時賫咨官手本言：「我國人犯越彼境而見捉。」知事尹遊曰：「江邊爲奸民逋逃藪，蓋人蔘多産於廢四郡，故彼我皆采於此地。當其時彼人持票文二千餘張出來，所率既多，而初不賫糧，以輕貨換穀於我人，此爲彼我之大利，終難禁斷矣。」上曰：「今此回咨，清尚書三泰受賂周旋。而漢尚書吴襄則曰：『一種頑民，不遵王法，前後已有緝拿之皇旨，而何不遵行乎？』侍郎任芝蘭則曰：『爾國咨文云，十四口越來，必是目睹，而歸之於昏夜倉猝，要掩邊禁之不嚴』云。其言皆有理。此兩人若聞，則安知無執言生梗之端乎？」

乙亥，檢討官吴瑗曰：「臣於昨年往北京，聞通官輩言於譯官曰：『北道開市，爾國若欲罷，則大國亦當罷之。』

甲寅十年（清世宗雍正十二年，一七三四）

三月丁亥，清國禮部以我國人殺越事移咨曰：「前來查朝鮮國人金世丁等擅入内地搶殺一案。其被殺之人，或係旗人，或係民人，應令盛京將軍及寧古塔將軍確查具奏。仍飭令該國王，將在逃之金永昌等嚴拿務獲，同金世丁等一並確審具奏請旨。至於踈防之該地方官，與約束國人不嚴之該國王，俟查明到日，一併交部照例查參議處，等因。於雍正十二年二月初四日奏，本日奉旨『依議』云。」我國冬至使臣等在彼中，先使首譯李樞探問諸本措辭於禮部，序班輩言，殺越事當援康熙二十九年事。使臣等以爲其時回咨辭意甚重，非今可引，使更周旋。序班輩又以作稿郎中張若靄之意來言，當爲删節，務從平順。及見咨本有辱國語，使臣等圖囑禮部挽止回堂，因常明轉通於清尚書三泰，三泰即招張若靄，使之删改。漢尚書吴襄云，決不可全没舊例，必欲删改，我則不得署押，仍又迫令入奏，竟以依議準下。

清皇爲人自聖，多苛刻之政。

清主殂。

乙卯十一年（清世宗雍正十三年，一七三五）

正月甲戌，上引見回還陳奏三使臣。正使徐命均曰：「彼言使本國議律，乃待汝國之道也。曾令勿遣別使，今何來耶？議律後只送賫咨官爲宜矣。」副使朴文秀言：「清皇爲人自聖，多苛刻之政，康熙舊臣死者數百人。置五星御史，譏察朝臣，故人皆惴惴。殖貨無厭，怨聲載路。年近六十，不立太子，其勢不久，然則將爲我憂。而即今西路，作一風流場，防守之道，蕩然無可恃，此誠慨然。」

九月己酉，清主殂於八月二十四日，是日禮部咨到。故例，清國有喪，訃敕牌文必先到，而今則禮部先啓，且印色不用朱而用青，非例也。上召問大臣及禮堂，皆慮彼中有亂。

十一月丁未，清使兵部侍郎鎮國將軍宗室德沛、散秩大臣覺羅海格來頒乾隆新主登極詔。

丙辰十二年（清高宗乾隆元年，一七三六）

二月甲午，上引見大臣備堂。時敕行到平壤府，遇進賀使，招首譯問曰：「今番使行有兼否？」首譯答曰：「尊崇兼進賀。」通官曰：「尊崇事俺等方受敕來，何可兼付乎？」首譯引雍正癸卯，皇太后尊崇時無敕，故據咨文進賀例。通官驚曰：「是例大不襯矣。癸卯尊崇時，既送咨文，未及發敕，而皇太后崩，故遂無敕焉。今引此例不祥，禮部必不受矣。」至是左議政金在魯等言：「癸卯尊崇咨文來後半年，不送敕使，似非因喪而停也。然彼言既如此，不可援例，以觸忌諱。」

丁巳十三年（清高宗乾隆二年，一七三七）

四月丁卯，冬至使還，上引見，慰諭。副使金始烱進曰：「北事未能詳知，而新主政令無大疵，或以柔弱爲病，邊境姑無憂。閣老張廷玉負天下重

「明史」將成，議謚建文帝。

望，有老母，乞歸養而不許。彼人皆以爲張閣老在，天下無事云。」使臣之還，例以彼國聞見先具啓聞。有曰：「清主即位，初如雍正故事，召九卿等諭以早建之意，親書密旨，藏於乾清宮，不許宣佈中外。又以「明史」將成，下詔大學士九卿等，議謚建文皇帝曰恭閔惠皇帝。西邊自康熙時每被侵擾，至雍正連歲來伐哈密國，雍正大發遼左兵擊之，十年之間，兵革未已。後西賊先遣使請和，雍正許之。只留萬餘兵防戍云矣。」

五月辛丑，上引見大臣備堂。左議政金在魯言：「蒙古種類最盛而强，實有他日之深憂，而其語音有古今之異，故譯舌之誦習蒙書者，遇蒙人全不通言語。頃年譯官李纘庚赴燕也，與蒙人相質言語，作册以來。近又得清蒙文鑑，自此蒙學可以通解矣。」

十二月庚戌，奏請上使徐命均、副使柳儼、書狀官李喆輔復命，上引見。曰：「大事順成，予帶笑而迎矣。」仍問彼中事。儼曰：「乾隆方在諒闇，政頗柔弱矣。」儼曰：「譯官韓壽熙得來康熙文集，而康熙三歲封太子云矣。」

中國蕩盡禮樂文物，始生真人。

戊午十四年（清高宗乾隆三年，一七三八）

二月丙申，上引見大臣備堂。上曰：「頃者出來西䩾請和清國書，卿等見之乎？」領議政李光佐曰：「臣則見之矣。」上曰：「曾聞彼國每有西征之事，今見此書，可知其桀黠難制矣。」光佐曰：「臣於乙未以副使赴燕，雖無料事之智，竊謂此後中國，未必即出真主，似更出他胡，蕩盡其禮樂文物，然後始生真人矣。蓋周之煩文已極，有秦皇焚坑之禍，然後承之以漢初淳風。清人雖是胡種，凡事極爲文明，典章文翰，皆如皇明時，但國俗之簡易稍异矣。奢侈之弊，至今轉甚，如輿儓賤流，皆着貂皮。以此推之，婦女奢侈，必有甚焉。且巫風太熾，祠廟寺觀，處處有之，道釋並行，貴州淫祠多至於七十二座，至有楊貴妃、安禄山祠。蒙古雄悍，過於女真，若入中原，則待我之道，必不如清人矣。」左議政宋寅明曰：「清主立法簡易，民似無怨，不必促亡矣。」寅明曰：「元時正門之號，乃大明門。明時則改以太清門。今清則又改以太極門。而䩾之國號爲極云。此説雖似傅會，亦不無慮矣。」

雍正有苛刻之名，乾隆有寬大之政，可謂賢君。

大權歸清人，漢人得官少。

己未十五年（清高宗乾隆四年，一七三九）

二月己卯，寅明以史册頒賜，請送謝恩使。上命以陳慰使兼之。時方以皇太子喪，當送使陳慰故也。

七月壬戌，陳慰謝恩正使密陽君梡、副使徐宗玉、書狀官李德重復命，上引見，問史册印否。宗玉對曰：「十三套内十二套已印之，一套則皇帝内入，始令勿印云矣。」上問彼中事，宗玉曰：「雍正有苛刻之名，而乾隆行寬大之政，以求言詔觀之，以不論寡躬闕失，大臣是非，至於罪臺諫，可謂賢君矣。」

庚申十六年（清高宗乾隆五年，一七四〇）

四月甲戌，上召見回還冬至正使綾昌君橚、副使李匡德、書狀官李道謙等，慰諭遠役之勞。上又問彼國事何如。匡德曰：「聞諸國子監士人，則彼自得天下，大權皆歸清人，而漢人之得官者少。自順治以後，告變者無歲無之，漢人死者相繼，舉惴惴若不保云矣。」上曰：「皇朝後裔，終不得見乎？」匡德曰：「殆無遺也。」

壬戌十八年（清高宗乾隆七年，一七四二）

十月乙未，改築江華城。留守金始煐言：「江華土城，遇雨則圮，請依北京燔甓築城之規，改築之。」上問大臣及諸將臣，皆曰：「便。」遂許之。

癸亥十九年（清高宗乾隆八年，一七四三）

四月戊子，上引見大臣備堂。諸臣將退，上命留三相，教曰：「頃聞節使之言，胡皇將其太后，自居庸關過蒙古地，當來瀋陽云。百年之運已過，乾隆之爲人，不及康熙，而今乃遠來關外，甚可慮也。」

賂五兩銀，回咨中可不書御諱（國王名）。

甲子二十年（清高宗乾隆九年，一七四四）

六月丁巳，謝恩使陽平君檣、李日躋、李裕身等復命，上召見之。問日躋以彼中事情及沿路所聞。日躋曰：「臣等在館時，胥班言於譯官曰：『若賂五兩銀子，則回咨中當不書御諱。』臣等以事體則不當，而彼既發此言，不可自我防之云矣。十張國書，并不書御諱，即此一事，其紀綱可知也。」上取覽回咨文，笑曰：「果不書之矣。藩國咨文，可不書國王名乎？分付譯官輩，後勿如是也。」

八月，清國新改奏皇太后、皇后表文式送于（於）我，而我國本無表奏皇太后皇后之例，大臣請以此意回咨。上可之。

九月庚寅，月食。先是，領觀象監事金在魯啓言：「今番月食，不過一分，彼國不以爲灾，故初無救食之事云，我國救食，亦不必親臨也。」

上無苛政，下無怨言。

丁卯二十三年（清高宗乾隆十二年，一七四七）

七月丁巳，上引見大臣備堂。上曰：「判府事俞拓基欲去婦人髢髮，而髻則金鎮商家用之，奉朝賀閔鎮遠家亦然云。右相之家所有之乎？」閔應洙曰：「臣從祖故相臣閔鼎重得花冠於中國而來矣。先正臣宋時烈家亦用之。」尹汲曰：「髻一件，今於今行亦得來，而制度無异花冠矣。」應洙曰：「臣赴燕時，欲見皇明舊制，求之而無復餘存，只於戲子堂有之，先王畜（舊）制蕩然矣。九鳳冠、五鳳冠朱貝純金，極其侈麗。」

戊辰二十四年（清高宗乾隆十三年，一七四八）

四月癸亥，清皇后死，傳訃牌文來，以金尚魯爲遠接使。

壬午，冬至正使洛豐君楙等還，上召見，問楙等以燕中事。對曰：「清皇荒淫喜巡遊，然上無苛政，下無怨言，姑未見有危亡之形。」上曰：「玉泉、暢大學制度。

春等處，皆見之乎？」書狀官趙明鼎對曰：「臣往見之，而玉泉山如我國三角山。暢春苑在於玉泉山下，引水爲池，列植花樹，甚爲景致矣。」上曰：「紀綱何如？」副使李喆輔對曰：「一政一令，皆遵皇上之令，莫敢違逆，不可謂無紀綱矣。」

己巳二十五年（清高宗乾隆十四年，一七四九）

四月乙未，冬至正使鄭錫五道卒，副使鄭亨復、書狀官李彝章復命。彝章白上曰：「彼國賞賜正使者，臣等以其死屢辭，禮部終不許。故來傳其家，則其家亦不受。不得不仰稟。」上命譯院分給員役。上問彼人朝儀。亨復曰：「東西班自持席分入左右夾三拜九扣頭，少無喧嘩矣。」上問：「太學制度如何？」彝章曰：「廣九間，長六間，與我國規模無異。位版漆以朱，以金書曰：『至聖先師孔子神位。』十哲亦諱各稱子，陞配朱子於殿内矣。」上曰：「民心如何？」對曰：「康熙之時，兵權委之清人，吏治委之漢人，宥密之任，崇儒之道。

清、漢參半矣。 今則兵權宥密專委清人，治民之職，漢人僅參其半，而如客如奴，以此之故，愁怨太甚矣。」上曰：「乾隆獨何心，而分別清、漢，予則苦心蕩平，猶未調劑矣。」彝章曰：「苗蠻遍於陝西、泗（四）川之間，而種落有生熟之別。 熟蠻世世服屬於中國，生蠻形雖類人，性如蛇蝎。 故康熙之時，頻服頻叛，而不用兵革，以利誘之，羈縻而已。 乾隆則聞其叛，使將伐之，必欲滅種。而生蠻既無定居，聚而爲兵，散在山谷，何能勦滅耶？是以徒費財力，而一未勝捷矣。」

庚午二十六年（清高宗乾隆十五年，一七五〇）

正月壬申，上召謝恩正使趙顯命等，問彼中消息。 顯命曰：「㺚子事虛聲大捷，而不過若干俘首。 清皇行役無藝，往五台山，風急，舟子無數致斃，不時渡云。」上問彼國崇儒之道。 書狀官申暐曰：「朱子則曾已陞配於十哲位，而後又陞配有若。 且崇佛甚矣，而清皇每托以太后有教，此必憑藉而避奉佛之嫌也。」

四月乙酉，冬至使臣洛昌君樘等自燕還。上曰：「彼國消息如何？」對曰：「所謂和親王即清皇之弟，而特加待遇矣。」上曰：「太平樂如何？」對曰：「如我國役夫聲，而雅樂則與我國無異矣。」上曰：「紋緞嚴禁耶？」副使黄晸對曰：「紋緞今無所慮，京鄉人皆不用矣。」

癸酉二十九年（清高宗乾隆十八年，一七五三）

正月丁卯，内局入侍，命迴還三使臣同入，下詢曰：「彼中事如何？」正使海運君槤對曰：「近來土木之役，連延二十里。皇太后壽宴後，十三省皆設水陸齋云矣。」書狀官俞漢蕭曰：「皇帝不肯一日留京，出入無常，彼中有『馬上朝廷』之謡矣。」又曰：「『吕晚村集』欲爲購來，而彼人不肯賣，只得詩抄一卷，雖非全集，出處事蹟，亦有可觀矣。」命入之。

乾隆有「馬上朝廷」之名。

「吕晚村集」欲購不賣，得詩鈔一卷。

甲戌三十年（清高宗乾隆十九年，一七五四）

四月壬寅，以洛昌君樘爲瀋陽問安使，沈鏽爲書狀官，以清主將以七月到瀋也。

丙子三十二年（清高宗乾隆二十一年，一七五六）

四月壬寅，上引見回還冬至上使海蓬君橉、副使鄭光忠。上曰：「清皇幸山東云，然否？」光忠曰：「二月已發行，而皇太后同往云矣。」上笑曰：「皇太后之有行輙隨，恠矣。山東亦多文士云耶？」光忠曰：「彼國所尚，全是弓馬，寧有蔚興文士之理哉！」上曰：「太學所置石皷，其大幾何？字畫亦可下否？」光忠曰：「其大如缸，字畫亦可見矣。」

七月乙卯，參覈使李彝章復命，上召見之。彝章奏曰：「諸罪人入彼國，依前納供無變辭。彼中兩查官，務從順便，故查事順成矣。」上嘉之曰：「不參覈查事，查事順成。

負去時之言，可謂不辱君命矣。」仍問：「查官是滿人耶，漢人耶？姓名云何？」對曰：「北京郎中名四達，瀋陽員外名觀音保，又有筆帖式伊里拾，皆清人也。」「查時坐次何如？」對曰：「郎中主壁居中，員外居左，筆帖式居右而少退。參覈使居右壁，刑曹假郎廳居參覈使之右而少退。彼國通官居左壁而近南，不敢與參覈使相對。」

壬午三十八年（清高宗乾隆二十七年，一七六二）

十一月丙戌，上命讀崔孝一傳。教曰：「孝一哭於毅宗梓宫七日，而自縊於林下，其節義不下於三學士矣。」命是書曰：「樹烈千秋傳」，令户曹寫二本，一件内入，一件藏之史庫。謹按崔孝一即義州人。丁丑後欲爲雪耻之計，乘舟入中州，爲吴三桂幕下。及毅宗皇帝殉社，孝一不食七日，自縊於毅宗陵樹。

乾隆皇帝幽囚皇后。

丙戌四十二年（清高宗乾隆三十一年，一七六六）

四月癸丑，承旨入侍，命讀使臣書啓，至乾隆幽囚皇后，而刑部侍郎阿永阿極諫。上曰：「予曾聞其幽囚皇后，以爲廷臣若無諫者，乾隆必亡矣，果有諫臣矣。大抵乾隆之政令無可言者，而然而有臣矣。此亦康熙培養之遺化也。」

丁亥四十三年（清高宗乾隆三十二年，一七六七）

四月庚子，内局入侍。冬至正使咸溪君櫄、副使尹得養同入。櫄以彼國東坡冠、浩然巾事仰奏。上笑曰：「河水不清，而只聞可笑之事矣。」

辛卯四十七年（清高宗乾隆三十六年，一七七一）

九月辛酉，引見大臣備堂，使藥房提調蔡濟恭讀奏陳奏使先來所賫回陳建「通紀」、朱璘「輯略」。

咨。其文曰：「禮部爲議奏事。查朱璘『輯略』，於乾隆二十二年經陞任浙江督撫臣楊廷璋等奏請，將板片書本通行查繳銷燬在案。其陳建『通紀』，臣等遍訪京城内外書肆，并無售者。是二書在中國久已不行，更何所容其改削。至該國王所稱書中誣衊其國祖康獻王世系及其四世祖莊穆王事蹟二條，伏查雍正四年，經該國王奏請昭雪，蒙世宗獻皇帝宣付史館，詳加稽核釐正。今恭閲欽定『明史』『朝鮮列傳』，載其始祖世系及國人廢琿立(倧)仁祖御諱。處，考據已極詳明，所有從前野史無稽之談，悉已剖白删除。復於乾隆三年，蒙我皇上允該國王所請，將『明史』内『朝鮮列傳』刷印頒給。凡該國之受誣於當時者，業邀伸雪於聖世。今此奏辭雖甚懇切，亦何必過費無窮之慮乎？至該國既奉有頒發史傳，自當欽遵刊佈，使其子孫臣庶知所信從，以敬承天朝德意。若陳建『通紀』、朱璘『輯略』二書，該國或尚有流傳，自行查禁焚銷，永杜疑竇，則直史垂萬世而日月常昭，屬國守一編而蒙翳盡釋矣。是否有當，伏候皇上訓示，俟命下行知該國王欽奉遵行等因。於乾隆三十六年八月二十日具奏，本日奉旨：『依議。欽此。』於本月二十二日由行在禮部移送到部，除抄録原議並欽奉諭旨，行文直省各督撫，將前項曾經禁止書籍，或有銷燬未盡之處，再行申禁，毋許私藏，通行曉諭外。相應知照朝鮮國王，遵奉施行可也。須至云云。」濟恭讀訖。上疑其未盡善，問濟恭曰：「明白乎？」濟恭對曰：「語意明白，似無加此矣。」上曰：「似特旨乎？」對曰：「其曰由行在禮部移送云者，明是特旨矣。」時清主在熱河，距京數日程，故行在云耳。

壬子四十八年（清高宗乾隆三十七年，一七七二）

四月甲午，時李宅鎮奉使清國而還，上聞漢、清人相爲嫁娶，愀然良久。曰：「若使河水復清，其將如何？」

正祖實録

計五十四卷。起英宗（即英祖。——編者注）五十二年（清高宗乾隆四十一年）三月，至正宗（即正祖。——編者注）廿四年（清仁宗嘉慶五年）七月。

大王諱祘，字亨運，英宗大王之孫，莊獻世子之子。母惠嬪洪氏，籍豊山，領議政鳳漢女。以英宗命爲真宗大王之子，母妃孝純王后趙氏。籍豊壤，左議政豊陵府院君文命女。

英宗大王五十二年丙申（清國乾隆四十一年，一七七六）春三月丙子，英宗薨。越六日辛巳，王即位于慶熙宫之崇政門。王以英宗二十八年壬申。秋九月己卯二十二日丑時。誕降于昌慶宫之景春殿，即日定號爲元孫。三十五年己卯。春二月癸亥，册王世孫。四十年甲申。春二月壬寅，命以王爲孝章世子嗣，承宗統。五十一年乙未。冬十二月庚戌，代聽庶政，受朝賀于景賢堂。

乾隆謁東陵、西陵。

正祖即位年（清高宗乾隆四十一年，一七七六）

夏四月戊申，冬至正使樂林君埏自燕馳啓曰：「皇帝以金川之征，將不日告功，申達集勳，二月初九日先謁薊州東陵，三月十六日又幸易州西陵。禮成後，奉皇太后巡幸山東，趂將士凱旋之期回駕云。」

八月丁巳，陳奏正使金致仁等以使事告竣，馳啓曰：「臣等一行，本年六月十八日始到北京。詣禮部呈各項文狀，則皇帝已於前月往留熱河，故表奏文自禮部付撥轉達，還下内閣翻清，更奏之際，自致遲延。同月二十九日，始爲批發。皆以察例具奏，循例下該部。而追崇奏文，則以大學士會同該府議奏，别爲題下。留京内閣舒赫德等，禮部諸堂當合坐會議。而會議前數日，自禮部招致首譯李湛，以追崇之請，當在承襲之後，今者一時并請，事涉如何，在本朝亦無可據之例云。故臣等以宗廟之禰位，不容暫曠，先王之遺教，不可不遵，且在明朝累有已行之例等語，書給首譯，使之往對。則禮部郎官以爲言簡而意盡，當據此往告於諸堂云。其後又爲馳通於在館通官，以王妃大行大王謚「莊順」。

真宗大王謚「恪愍」。

中外印信以清書篆字改鑄。

金氏於故世子爲生母與否，問於該國使臣，即令來報云。故臣等以故世子即靖嬪李氏誕生，而王妃徐氏取而子之，具在行狀之中云，則仍無更問之事。而閣部會議之後，臣等周旋，謄見草本，則引例據義，直請准許。而奏稿到於熱河，則陪從閣臣於敏中以爲此事須令恩出於上，在下惟當駁議以俟。一邊通議於留京內閣，直以其意改撰以奏。而今月十二日，皇旨隨下，特許準請。吊祭及承襲覆奏，俱以依議批下。賫來方物，以軫念之意，特令移準於來年正貢。謚號則自內閣撰撥。而大行大王謚號，以『莊順』擬定，履正志和曰莊，和比於理曰順。真宗大王謚號，以『恪愍』擬定，温恭朝夕曰恪，使民悲傷曰愍。咨付於臣等之行。此外事情，則平定兩金川之後，已於五月初一日，加上皇太后徽號，頒赦天下。而禮部以朝鮮則姑寢頒赦，以待封敕之意題稟依施。會議，批下後始差出敕使，以散秩大臣副都統萬復、內閣學士兼禮部侍郎嵩貴爲正、副使。吊祭、封典、頒赦等項，兼付於一敕。似於開月念間起程。而乾隆十三年因大學士傅恒等所奏，中外印信，俱以清書篆字改鑄改頒。而外藩則留俟該國承襲之時，改鑄頒發於封敕之行。所有舊印，該敕回時，使之收還事，已成定例。故今番敕行，新鑄金印，當爲賫往云。臣等使事告准，仍於本月二十六日詣午門領賞。而至於例宴，則遵照甲辰前例，稟承皇旨，不爲設行，而以素饌送之館内。」禮部會議草本：「大學士臣舒赫德、協辦大學士公臣阿桂、協辦大學士臣程景伊、禮部正堂臣曹秀先、左堂臣李宗文、右堂臣沈初等謹題，爲遵旨會議事。禮科抄出朝鮮國王妃金氏奏文云云等因，於乾隆四十一年四月十九日題。六月二十九日奉旨：『大學士會同該部議奏，欽此欽遵。』抄出到部。臣等伏查雍正三年，該國王請封其子真宗大王御諱（李緈）爲世子，又乾隆二十八年該國王請封其子思悼世子睿諱（李愃）之子爲世孫，俱經覆准在案。我皇上加恩外服，用繼藩封，俾得建立儲嗣，以定國本，而係人心。柔遠之典，至優極渥。今該國王大行大王御諱（李昑）薨逝，王妃金氏奏請册封世孫御諱（李祘）。承襲國王。復以已故世子真宗大王御諱（李緈）請追賜爵謚，及故世子婦趙氏誥命。查外藩國王已故，世子並世子之婦，向無追封賜謚之例，原未便以榮及泉鄉之私，乖夫典禮。但據該國王妃金氏所奏，故世子真宗大王御諱（李緈）系屬長子，先受誥命，已正宗統，當在禰位。先臣王在世時，以爲宗

清高宗乾隆四十一年，一七七六

「明史」追贈封典事。

乾隆聖旨。

廟繼序之禮，不宜以祖當禰，於國中文武諸臣議定，以世孫御諱（李祘）繼其後。及至臨薨之際，又屢以欽請皇朝追舉封典，叮嚀付囑遺意，仰請乞恩。情詞懇切。且檢查『明史』該國列傳内載，成化十年，追贈成宗大王御諱（李娎）父世子德宗大王御諱（李暲）爲國王，謚懷簡，母韓氏爲王妃之事，并康熙五十九年，有追贈沈氏爲王妃之案。雖一則事同而時異，一則時同而事非，要皆准乎天理，酌乎人情，折衷一是。所有該國王妃金氏奏請追賜故世子爵謚及故世子婦趙氏誥命，應否俯如所請，俾該國統序以承，祖禰以正，恭俟命下，臣部遵奉施行。臣等未敢擅便，謹奏請旨。」改本：「以外藩國王已故，世子并世子之婦，向無追封賜謚之例。乾隆二年真宗大王御諱（李縡）之弟思悼世子睿諱（李愃）封爲世子，現在請襲之世孫御諱（李祘）係已故世子思悼世子睿諱（李愃）之子，并非該世子真宗大王御諱（李縡）所出，與請封之例，亦屬不符。應將該王妃奏請追賜故世子真宗大王御諱（李縡）爵謚及故世子婦趙氏誥命之處，毋庸議。臣等未敢擅便，謹題請旨。」七月十四日，抄得十二日奉旨：「朝鮮國王大行大王御諱（李昑）已故長子真宗大王御諱（李縡）前經封爲世子，因其早逝，未及襲爵。今該國王妃金氏，請以世孫御諱（李祘）。襲封國王。因爲故世子真宗大王御諱（李緈）陳請追賜封典，照例議駁固是，但念其以宗統繼序爲請，情詞懇切，揆之禮制，事屬可行。著加恩照所請，給予爵謚誥命，該府遵照辦理，以示朕優恤藩封之意，欽此。」禮部題奏：「臣部查雍正二年十月內，朝鮮國信順王妃金氏奏稱，國王景宗大王（李昀）薨逝，請册世孫大行大王御諱（李昑）。承襲國王，妻徐氏爲王妃。查例題請頒詔誥敕，遣正副使各一員，前往行敕封禮。賜王黑色狐皮褂一件，三等貂皮百張，馬一匹，各色緞共十匹，內有大蟒緞二匹，四團補緞二匹；賜王妃各色緞紗紬共三十匹，等因在案。該臣等議得故朝鮮國王大行大王御諱（李昑）之孫御諱（李祘）先於乾隆二十八年四月內，准該國王具奏請封爲世孫。欽奉諭旨，交臣部詳核覆奏。奉旨准照所請，封爲世孫在案。今該國王妃金氏，請以御諱（李祘）承襲國王，妻金氏爲王妃等語，應請照例頒詔敕封世孫御諱（李祘）爲國王，妻金氏爲王妃。俟命下之日，詔誥敕由内閣撰擬，所頒賜朝鮮國王御諱（李祘）及其妃金氏禮物等項，於該部院衙門移取。臣等未敢擅便，謹題請旨。奉旨：依議。」「照得定平兩金川，大功告成，例遣使頒詔朝鮮。但

定平兩金川大功告成。

查該國王現在薨逝，將來册封賜恤，應遣大臣前往。若復遣使頒詔，未免滋擾外藩。臣等酌議，請將頒發朝鮮詔旨，即交封王使臣，一并帶往。是否有當，伏候欽定。奉旨：所奏甚是，欽此。」該臣等議得朝鮮國王薨逝，例應致祭一次，並賜謚號。所有香帛祭品，及折價銀兩等項，自户、工二部移取。祭文翰林院撰擬，謚號由内閣具題。康熙十三年朝鮮國王顯宗大王（李棩）薨逝，五十九年朝鮮國王肅宗大王（李焞）薨逝，具蒙恩加祭一次，用祭文二道，除銀壺、銀爵照例備辦外，其香帛及牛犢折價銀兩，均加一倍給與。又雍正二年，朝鮮國王景宗大王（李昀）薨逝，照例致祭一次。奏准所有恤典，即交與册封嗣王之正副使帶往，等因各在案。今朝鮮國王大行大王（李昑）薨逝，應請照例致祭一次，恭候命下。臣部行文各該衙門遵照辦理。至所給謚號，交内閣具題請旨。所有恤典，照例交與册封嗣王之正副使帶往，臣等未敢擅便，謹題請旨。謹將致祭朝鮮國王。」

十月乙丑，清敕來。正使散秩大臣兼鑲白旗漢軍副都統世襲雲騎尉世襲佐領加三級覺羅萬復，復本作福。副使經筵講官武英殿總裁内閣學士兼禮部侍郎署鑲藍旗蒙古副都統加一級嵩貴，萬復漢軍，嵩貴蒙人也。六品通官烏林乾隆皇帝册封詔書。

册封誥命。

賜禮物目。

佈福貴，七品通官寶樹，八品通官四格伍十泰。賫吊慰封典敕，討平兩金川頒赦詔。册封詔：「奉天承運皇帝詔曰：分茅胙土，萬國之車書攸同；式訓守成，一方之民社永奠。况忠貞之世篤，帶礪常存，念禮義之開基，屏藩首重。爰稽彝典，宜沛新綸。故朝鮮國王姓諱（李昑），前猷克紹，臣職彌恭，保障三韓，方貢與丹忱偕至；旬宣八道，天威與正朔同嚴；用彰翊戴之誠，久著忠勤之節，方期遐壽，遽殞長年。世孫姓諱（李祘），聰明早著，仁孝克敦。篤生文物之邦，允愜臣民之望。特俞奏請，襲封爲朝鮮國王。寵命維新，鴻庥伊始。撫山河而飭王度，慎封守於東藩，明天澤而勵臣心，抒悃誠於北極。特兹詔示，咸使聞知。」乾隆四十一年八月初七日。册封誥命文：「奉天承運皇帝敕諭朝鮮國王世孫姓諱（李祘）：覽奏爾祖王李昑薨逝，朕心惻然。據王妃金氏奏稱，爾自幼聰明，性敦仁孝，夙有長人之德，爲國人所願戴，請册承襲。朕俯循輿情，特允所請。兹遣官賫詔，誕告爾國，封爾爲朝鮮國王，繼理國政。封爾妻金氏爲國王妃，佐理内治。并賜爾及妃誥命綵幣等物。爾宜永矢靖共，懋纘承於侯服；迪宣忠順，作屏翰於天家。爾其欽哉，毋替朕命。故諭。」賜乾隆皇帝恩詔。

朝鮮國王禮物：黑色狐皮褂一件，三等貂皮一百張，全備玲瓏鞍轡馬一匹，大蟒緞二匹，粧緞一匹，錦緞一匹，大緞二匹，肆團補緞二匹，石青緞一匹，小蟒緞一匹。賜朝鮮國王妃禮物：大蟒緞二匹，粧緞二匹，錦緞二匹，倭緞二匹，閃緞二匹，帽緞二匹，衣素緞二匹，大緞三匹，彭緞二匹，石青緞二匹，紡絲紬四匹，紗四匹。祭品：檀香一炷，帛一匹，白綾六匹，白紡絲六匹，藍紡絲二匹，銀壺一把，重二十兩。銀爵三隻，每隻重四兩。牛犢一隻，羊二首，猪二首，卓席二十張，酒二罈。以上五項共折給價銀二百兩。恩詔：「奉天承運皇帝詔曰：朕懋膺景命，寅紹丕基，殫夙夜以勤求，準仁義而並用。惟期遐爾嚮化，海宇乂安，益臻熙洽之隆，長享昇平之福。兹當殄靖藩落，掃蕩蠻氛，定一勞永逸之模，際偃武敷文之會，鴻勳既集，慶典宜申。兩金川者，錯居蜀徼，久隸土司，毒實等於虺蛇，惡更甚於梟獍。懷以德而不知感，藏其奸而無所懲。索諾木則貙又生羆，僧格桑則蛩還附蟨。始猶諒争其蝸角，尚無庸取彼鯨鯢，乃敢違約而噬隣，浸至借恩而拒命。無可赦當定其罪，不得已斯加以兵。爰收鄂什之侵疆，倒懸是解；遂入美諾之深穴，傳檄而平。兇渠竟喙走以潛應行之事二十條。

逋，逆豎敢顔行之顯抗，輒爾逞謀於射影，公然徼糺於僨轅，尤覆載之所不容，誠神人之所共憤。於是申命元戎，俾專薄伐。簡八旗之勁旅，分兩道以徂征。勇勵則所向無前，算勝則有攻必克。梯峻若從天而降，履險或折地以登。賊衆每悉力以負嵎，我軍屢出奇而扼險。殲厥徒醜，非竄即誅，摧乃卡碉，靡堅弗破。勒烏圍先翻其狡窟，噶喇依旋擣其窮巢。諸寨因次第翦除，群凶亦駢聯就縛。是役也，帑藏幾費七十餘萬，閭閻未煩粒粟寸絲。師武臣歷百戰之辛勤，餘一人經五年之籌畫。仰賴昊蒼昭貺，列祖洪庥，事恒集於因難，幸玆揚武，功克底於可久，願永洗兵，入桃關而星弧載櫜。謁橋山而露佈適奏，遂乃祗奉安輦，言擧東巡，禮岱宗而祝慈禧，告闕里而宣鴻捷。郊臺循勞還之典，午門行受俘之儀。紫閣酬庸，第勳績而膺懋賞；璇闈送喜，歸美善以晉尊稱。謹告天地宗廟社稷，於乾隆四十一年五月初一日，率王公文武群臣，恭奉册寶，加上聖母崇慶慈宣康惠敦和裕壽純禧恭懿安祺皇太后徽號，曰崇慶慈宣康惠敦和裕壽純禧〔恭懿〕安祺寧豫皇太后。寧常受福，符來備於箕疇，豫永延和，叶利行於羲畫。用光大禮，特沛覃恩。所有應行事宜，開列於後：一、五嶽四瀆，應遣官致祭，著照例舉行。一、歷代帝王陵寢，應遣官致祭，著照例舉行。一、凡嶽鎮海瀆廟宇及歷代帝王陵寢，該督撫查看有應行修葺者，動項報銷。一、在京文武各官，俱著加一級，其任内有降級處分者，即予抵銷。一、承辦軍需之户部軍需局，兵部議功所量予議叙。一、軍營自將軍參贊至將弁等，其勞績懋著者，所有革職降留處分，槩予開復，其無出衆勞績，而曾身經戰陣者，所有降級留任處分，亦著加恩寬免。一、官兵經過地方，辦差官員，俱屬急公黽勉，著各該督撫查明，咨部議叙。一、大兵所過州縣，除侵盜錢糧及貽悮軍需外，一切降罰處分，事在五月初一日以前者，槩從寬免。一、川省軍營前後所調馬步兵丁，借支行裝銀兩，例應於餉銀内分扣還項者，著加恩展限。一、傷病回營，兵丁不能充伍者，該管將弁查明本家如有子弟至戚，可以教鍊差操，即令頂食名糧，免致失所。一、滿兵跟役脱逃，如無偷竊軍械馬匹等項情事，著照前降寬免餘丁諭旨，交部一體楷擬發遣。一、臺站官員，已有旨查明交部議叙。其驛站夫役等，軍興以來，甚屬勞苦，著該督撫加意撫恤。一、在京滿洲蒙古漢軍馬步兵丁，俱著加恩賞給一國子監免監一個月。

皇太后殂。

月錢糧。一、京城巡捕三營兵丁，著加恩賞給一月錢糧。一、滿洲兵丁，披甲隨征効力，被傷不能披甲，及年老有疾退閒者，俱加賞賚。一、國子監貢監生及各學教習，俱免監期一月。一、直隸山東軍流以下人犯，業因蹕路徑由，降旨減等發落。其在京刑部及各直省軍流以下人犯，並着加恩，槩予減等發落。一、凡流徒人犯，在流徒處所身故，其妻子情原（願）回籍者，該地方官報明該部，準其各回原籍。一、各省要路橋梁，間有損壞者，地方官查勘應修之處，詳報督撫，奏明修理。一、各處養濟院所有鰥寡孤獨及殘廢無告之人，有司留心，以時養贍，毋致失所。於戲！峅鴻禧於六幕，揚徽昭耆定之祥，頒鳳詔於十行，會極傳平康之治。布告天下，咸使聞知。」

丁酉元年（清高宗乾隆四十二年，一七七七）

二月癸卯，清皇太后殂，頒訃敕牌文來。

庚申，進賀兼謝恩正使李溵，副使徐浩修等狀啓，略曰：「臣等一行，昨年十二月初六日到瀋陽。八起方物，依例交付於押車章京明寶處。同日得接冬至正使錦城尉朴明源私書，乃是表式咨文出來後，表咨改書付送冬至使行之委折，故留置上通事趙達東等，賫奉追到於連山驛。故皇太后加上徽號進賀表正副本各一度，皇太后前無進表例緣由咨文一度，臣等祇受，與書狀官臣吴大益眼同查對。十八日到山海關，二十六日到北京，住接於正陽門内南館。當日詣禮部進呈表咨文，則禮部侍郎李宗文祇受。三十日，臣等與冬至三使臣詣鴻臚寺，演正朝朝參禮。本年正月初一日五更，臣詣午門外，皇帝幸堂子，少頃回駕，臣等送迎於皇道右。天明，臣等隨三品以下西班，先行皇太后朝賀於午門外，仍由右掖門入太和殿庭，行禮如儀。皇帝還内，臣等則仍還館中。瀋陽方物，十二日畢納於太和殿前殿御庫。賠還銀事咨文，則前年十二月二十八日，禮部已據咨文中辭意奏文末請遵前諭旨仍交該使臣帶回，而即日以『知道』旨下。正月二十二日，自禮部送來許多文書中，此回咨之獨先來到，事甚疑惑，故使任譯輩問於禮部，則答以爲此是有事之咨，而此事顛末，又皇上之曾已俯燭者，故先爲奏聞。其他循例文書，必待開印後皇太后喪事。

喪至第五日頒哀詔。

奏聞云云。上、下馬宴，則臣等初以方喪在身，不敢領受之意送言。禮部則引乙巳謝恩使前例，執而不許。臣等屢費往復之際，以皇太后喪仍爲停宴。皇帝前月初八日，奉皇太后幸圓明園，十一日還宮，十三日親行祈穀大祭，十四日又幸圓明園，二十三日以皇太后喪，奉梓宫當日還於慈寧殿。臣等得見其儀註，則始喪日已稱梓宫，而皇帝即日成服，二十七日不辦事，如有緊要暨軍務，則用藍印。親王以下大臣文武官員，一年不作樂，百日不嫁娶，二十七日釋服；在京軍民人等，摘冠纓、穿素服二十七日，百日不作樂，一月不嫁娶；各直省朝鮮國均照例以誥書到日爲始，成服二十七日；外國使臣，則二十七日内至京者，自工部給布制服，免其齊集。自始喪至第五日，乃頒哀詔於各直省及我國，而他外國則初無頒詔之例。哀詔則皇帝親制以下，故一通謄上。我國頒詔勅，前月二十七日已差出。而正使散秩大臣隆興、副使内閣學士兼禮部侍郎永信、通官則烏林佈、金福貴、金東陽、朴寶樹等隨去。今初六日或初八日，當爲發行云。初二日自禮部送來咨文一度，有曰：『向來朝鮮國進貢使臣，頒賞筵宴事宜具題，於二月初旬，令其回國，今遇大行皇太后大事，若仍照例具題，誠恐來使守候，有需時日，理合繕摺具奏請旨，將筵宴來使之處停止，仍照例頒賞，即令其起程回國，所有賞賜國王及來使等物件，分晰開單，恭呈御覽，伏候訓示遵行。謹奏。於乾隆四十二年正月二十七日奏，本日奉旨：「知道了。欽此。」云云。』又自禮部催促領賞，故臣等一行，與冬至使一行，詣禮部領賞。而回咨度數，方物數目，今來咨文中初無舉論之事，故臣等領賞時使首譯往復。則侍郎李宗文答以爲回咨則二十七日公除後自當成送，而使行之先令回程，出於皇旨云云。故臣等初三日回程。在前領賞皆於午門之外，而今番則以公除前領賞於禮部。領賞服色，則以烏帽、黑角帶、白袍團領舉行。『四庫全書』求購事，詳探於序班輩，則所言不一，故更從他歧屢次往復於編校翰林，則以爲此書近累萬卷，而鈔寫居多，刊印十之一。經傳子史之編於『圖書集成』者，初不刊印，只取人所罕見有益世教之書，以聚珍板刊印於武英殿，而並鈔寫之本，分作四件，一置大內，一置文淵閣，一置圓明園，一置熱河。鈔寫則四部外無他本，刊印亦若干本而已。勿論鈔寫與刊印，工役尚遠云云。聚珍板即我國之鑄字板，而編校官之所傳如

「四庫全書」。

「圖書集成」。

風俗：事無論大小，全以喧聒爲事。

此。臣等且見昨年十月初七日所下皇旨，則以沈初、錢如誠等差出四庫全書副總裁，尤信其工役之未畢。伏念『四庫全書』實就『圖書集成』廣其規模，則『集成』乃『全書』之原本也。既未得『四庫全書』，則先購『圖書集成』，更待訖役，繼購全書，未爲不可。故問於序班等，覓出『古今圖書集成』，共五千二十卷，五百二匣，給價銀子二千一百五十兩，今方載運。」

戊戌二年（清高宗乾隆四十三年，一七七八）

二月己亥，承旨李鎮衡曰：「常時有所疑訝者，蓋中國天下之都會，人物之府庫，而雖朝聘會同，無喧譁之聲。我國則無論大小事，全以喧聒爲事，此何故也？」家焕曰：「風俗一成則難變。自唐堯至周千餘年，冀州獨有陶唐之風。我國慶尚道至今有新羅務實遺風。東方自古素無紀綱，因成風俗，喧譁躁動，久而不變矣。」

三月癸亥，陳奏使河恩君垙等以陳奏事情馳啓，略曰：「臣等一行，昨年

清高宗乾隆四十三年，一七七八

皇太后喪二十七朔内不行元朝賀禮。

皇旨。

十二月二十七日到北京。詣禮部呈表咨文，則侍郎范時純領受。以皇太后喪二十七朔之内不行元朝賀禮，故鴻臚寺演禮，自在停免之中。臣等既任陳奏之事，將於入館之後，相機另圖。當日表咨文呈納後，禮部尚書永貴招通官朴寶樹，先問陳奏事情。寶樹詳傳其顛末。則永貴以爲如此逆變，往牒所無，固當即爲奏達，而未見文跡之前，似有輕遽之嫌矣。寶樹以爲陵幸已定，若待回駕舉行，則差遲可慮，朝鮮使臣之持來黑草，及今取見爲好。永貴取去黑草。翌曉適值太廟祭班，陳稟於皇帝。即命持入奏文。親覽後，以爲『朝鮮本自恪勤侯度，且聞兩敕之言，新王動容周旋，有義有節，朕甚嘉之。其謀逆者，想以權貴專恣之類，憚王英明，潛懷異圖也。謀逆之惡，豈有大小國之別乎？奏文字畫極爲精細，此亦尊敬之意。而朕今眼昏，未能詳視，自該部改書以入』云矣。午後特遣中官催促入之，留中不下。將與準制司諸臣議定，而雍正六年戊申謄録，已爲取入云云。禮部侍郎阿肅、兵部侍郎金輝、户部侍郎金簡適有夤緣之路，皆示相念之意。金簡、金輝以爲『俺之先墓，在於朝鮮，何敢忘本，當爲出力善圖』云矣。翌日，序班等謄示皇旨，有曰『該國乾隆皇帝往祭天壇。

年節行方物。

有不幸之事，而該國王所辦，極爲允協，朕心嘉慰。至摺内陳辭，有不合式處，該部咨王知之。其所請内地邊境爲該國王詰緝餘黨一節，已諭盛京將軍、山東巡撫實力妥辦』云云。所謂不合式者，使任譯等探問於該部，則謂以奏文中有『儲君嗣位』等字，不當用而用，故上諭即指此云云。本月初九日，皇帝往祭天壇，翌曉回駕。時禮部以外國使臣祗迎事，照例啓奏。只令正使臣垙、副使臣坤、首譯朴道貫祗迎於午門外。琉球國進貢正使耳目官翁宏、副使正議大夫鄭鴻勳亦爲同參。方物移準咨文中餘剩數相左，序班等來言。任譯曰：『奉旨移準之物，如是舛錯，方有題奏行咨之議云。』故臣等使任譯等密密周旋，取考内務府會計元册子，則丙申年節行方物，移準咨中餘剩數。及謝行，皇帝前八起，皇太后前節行三起，謝行八起，合十一起。方物移准數爻中，餘出今行方物移準之數，更爲參考，則筆墨青黍皮水獺皮四種外相左，或落漏之數，至於十二種之多，事甚疎忽，勢將生梗。不得已以官銀中三百兩，密結内務府及禮部主事人等。而咨文以開印之前，未及入奏，故推出改書。本月二十一日，禮部成送回咨，有曰『本部細看原奏内有「儲君」及「國王

「儲君」「嗣位」不宜入奏牘。

乾隆皇帝易州上陵。

乾隆皇帝幸圓明園。

嗣位」等語，未爲合式。蓋此等語在該本國自稱，原屬不禁，而叙以上告，則乖禮制。且該國前此請立世孫及國王嗣爵，皆系請命天朝，遵奉敕旨而行。可見「儲君」及「嗣位」之語，斷不宜列於奏牘。大皇帝因該國素稱恭順，其措辭不合，自由外邦未識中朝體式，亦姑不深究。特諭本部咨知該國王，嗣後一切表奏辭意，務留心點檢，毋再違舛』云云。皇太后新陵，在於易州，距皇城爲三百餘里。而本月二十三日，即皇太后小祥也。十九日皇帝前期上陵，二十六日回駕。歲幣米本月初九日先納，歲幣方物則以移準相左之事端，不免遲延。本月二十二日始得准呈。二月初八日，皇帝幸圓明園姑未回駕。表咨文自内閣翻清，正月二十一日開印後，始爲啓奏。二月初五日，旨下，禮部領賞。文書二月初二日啓奏，初六日旨下。故初十日詣闕領賞，上、下馬宴，亦爲停免。受回咨十五度，十一日仍爲離發。而陳奏一事，初則事機湊合，將有順成之望矣。當日所下皇旨之外，更無節拍，故臣等不勝悶鬱。連爲採探於阿肅諸人，則以爲皇上初既嘉之，戊申謄録，且已取入，不久似有特恩云。臣等亦信其言，徒費虚佇。至於今有不可一向伈伈，故多般斡旋，終乾隆皇帝不問國王起居。

未得力。至遣諸譯於禮部尚書永貴家，垂涕齊訴。則答以『皇上非不軫念，而爾國咨文既有所失，故畢竟無格外之典，俺亦無可奈何』云。故更送任譯於阿肅家，問其前言無實之由。則答謂『前例既入，而尚無處分；且爾國使臣祇迎時，皇上不問國王起居，必有所未安而然也。若無言端，則不敢自下更奏，到今誠未如之何』云云。臣等起程之時，奏文謄録適有賫來者，故取而考之。順治七年奏文，有國君之「君」字；康熙十九年奏文，有儲嗣之「儲」字。則「儲君」二字，可以照此辨之。至於「嗣位」二字，則康熙十九年奏文與雍正六年奏文，皆有「嗣位」之句，前後規例，斑斑如此，則不可不一番明暴。故將欲呈文禮部，先通於提督。則以爲『皇上敕諭既出於特旨，非陪臣所敢擅議。此文若呈，則必大段生梗於爾國。俺以相念之義，不得受去呈文』云。則頒賞之時，禮部堂上例爲來坐。故頒賞之日袖往，以傳於禮部侍郎王杰。則其言槩如提督所答，而以爲『本事曲直姑勿論，既是皇上特旨，則初不奉覽於國王，徑自請改者，越分極矣。將自禮部有行咨之舉。且今日不得頒賞，而先爲參論，如是之際，將有許多不好之事，使臣何爲此妄率之計』云。半餉往奏文字句違式。

聖旨。

復，辭氣轉益不平，而呈文則退而不受。觀其頭緒，決無得成之理，故不得不中止。回咨文二度，先爲謄書上送。」召見時任大臣，教曰：「使事雖幸順成，但以奏文中字句之違式，禮部聞有移咨，不可無謝過之舉也。」仍命差遣謝恩兼陳奏使。使臣盤纏，依辛卯、丙申年例優給。以蔡濟恭爲謝恩兼陳奏正使，鄭一祥爲副使，沈念祖爲書狀官。

乙亥，召見謝恩兼陳奏正使蔡濟恭、副使鄭一祥、書狀官沈念祖。辭陛也。奏文曰：「謹奏爲仰謝皇恩，俯訟辜愆事。本年三月二十日，進賀陪臣河恩君李垙等回自京師，承准禮部節該：『乾隆四十二年十二月二十九日，准朝鮮國來咨，並奏摺一件，經本部代爲恭進。奉聖旨：「覽王奏，該國有不幸之事，而該國王所辦極爲允協，朕心嘉慰。至摺内措辭有不合該部式之處，咨王知之。」欽此。』本部細看原奏内有「儲君」及「國王嗣位」等語，未東巡撫實力妥辦矣，欽此。」本部細看原奏内有「儲君」及「國王嗣位」等語，未爲合式。蓋此等語，在該本國自稱，原屬不禁，而叙以上告，則乖體制。且該國前此請立世孫及國王嗣爵，皆係請命天朝，遵奉敕旨而行。可見「儲君」及要事唯皇旨。

皇上特降明敕。

「嗣位」之語，斷不宜列於奏牘。大皇帝因該國素稱恭順，其措辭不合，自由外邦未識中朝體式，亦姑不深究。特諭本部，咨知該國王，嗣後一切表奏辭意，務留心檢點，毋再違舛。爲此合咨朝鮮國王，遵奉施行可也。」等因。臣欽此欽遵。竊照小邦，世守藩封。前後皇恩，淪浹肌髓。蠲弛之典，每出特眷。控籲之奏，輒蒙曲副。施及臣身，叨襲封爵唯皇旨，誥印煒煌唯皇旨，賜賚便蕃亦唯皇旨，歷選前代遭逢之盛，未有若斯者也。臣雖顓蒙，叨守未久，然其拱北之誠，根於秉彝之天，享上之體，得之家庭之訓。凡諸奏御文字，别設一司，簡畀乃僚，每當使行，前期撰次，齊會陪臣八九查準，焚香而拜表，出郊而送使。其所以致敬盡禮，靡不用極者，一惟成法，罔敢荒墜。則豈敢於遺辭之際，有一毫之未盡，甘自取其違越之罪也哉！唯是小邦壤地僻陋，見聞謏寡。謏寡則以非禮爲禮，僻陋則以非敬爲敬。倘微我大朝如天地之覆燾，而善惡並育，如山藪之包涵，而瑕瑜俱藏，則小邦之自底郵罰，必無幸矣。顧兹小邦逆孽之詷緝，雖據古例，敢有所請，然語則支蔓，事涉瀆屑。方以僭猥踰濫，是恐是懼。乃蒙皇上特降明敕，布諭於盛京、山東等處，使之查詰其潛逸，盤獲其竄入。皇威一播，邊關震肅。唯此尺紙詔命，其爲小邦之帡幪，果如何哉！北望九頓，已不勝其感結之私。而至其所上奏文，不覺字句之襲謬，自歸體制之違式。雖被譴何，所不敢辭。今我皇上以柔遠之德，推庇物之仁，不唯不加之罪，乃命該部譬解誨諭，以警來後。從古藩邦得此異數於天朝者，未知打幾。命下之日，小邦臣民，聚首攢祝，益仰皇賜之逈越常格也。雖然，包荒之大度愈恢，惶愧之私心深切。何者？使小邦若能博考中外之儀式，通曉文字之體段，則豈有是哉！秖緣委巷之孼認，乖明廷進退之節；窮谷之言辭，失公門達順之理，終自陷於違式之科。臣於是含恩畏義，不遑寧處。謹敢復差陪臣，刻日裝發，披露誠悃，冒瀆崇高。一以頌天朝曲庇之寵，一以追小邦謬妄之罪焉。臣翹首雲天，無任兢惶悚慄之至。緣係仰謝皇恩，俯訟辜愆事理，爲此謹具奏聞。」

六月乙丑朔，陳奏使蔡濟恭等馳啓，略曰：「臣等一行，於本年四月十五日入北京。當日即詣禮部，呈表咨奏文。臣等賫來奏文三本，不可不探問物議停當入呈，故到瀋陽後，逢着習知事情者，使任譯輩試言使行所來之由。

皇上政令日嚴。

皇旨。

則以爲謝恩訟愆，誠爲得體，而前奏改呈，雖異常規，不害爲畏敬之道。至若循襲舊例等語，似涉分疏。顧今皇上政令日嚴，無敢違拂，奏御文字，種種生梗，十分審慎爲宜云。及到皇城，臣等更爲商量，則插入本之語涉分疏云者，或不無慮，故只奉尾附本，及不爲尾附本，直詣禮部，以尾附本進呈。而臣等立於受咨床前，對面傳語於禮部尚書謝墉曰：『前奏既已不合式，致勤皇旨，今此奏文，能無違式之慮耶？』謝墉曰：『好矣。』仍即領受。臣等退坐行閣，任譯姑留楹外矣。謝墉更閱附呈前奏，與提督及諸郎中相顧耳語，而仍謂任譯曰：『貴國前奏，業蒙聽準，致今改進，不但無例，恐有礙於皇覽。禮部之受而上徹，固爲未安，在貴國使事亦必無益云。』故臣等更令往復曰：『未知中朝體式之如何，第以慎重之意，同一奏文之中，只去寫進前奏一段而又爲賫來云爾。』則謝墉使之取來，屢回詳閱，以爲此則盡好，還給初呈本。故臣等退還館次矣。十六日午後，提督蘇楞自圓明園來言於任譯等曰：『奏文呈後，；軍機大臣之言，則皇上覽奏，深以爲喜，必有溫旨云矣。』伊日皇旨即下，有曰：『該國王以前摺措詞有不合式之處，深自引咎，感激陳情，誠懇可嘉。

乾隆皇帝夏至大祀於方澤壇。

朕素不以語言文字罪人，而該國王如此，遇事知儆，益見其恭順自將，足以永受恩眷，深爲該國慶幸也。』提督等見此，以爲此實皇上心裏之語云云。奏文回咨，先爲謄書上送，以備乙覽。方物自瀋陽到卸館所，而二十三日表文始爲批下。謝恩及陳奏方物，俱爲移準於來年正貢，待禮部知委，本月初四日，照數交庫。皇帝以皇太后喪期未畢，今夏則不往熱河，連在圓明園。去月二十四日入闕，二十七日親行夏至大祀於方澤壇。自禮部題奏，只令朝鮮正、副使率首譯接駕。同日曉頭臣等詣方澤内門外跪迎路左，則皇帝祭罷出來，至臣等祇迎處，問侍臣曰：『彼爲朝鮮使臣乎？』侍臣來問於禮部侍郎之祇迎者，還以跪對。則皇帝於步轎中轉身見之，行至十餘步，猶諦視，顔色和悦，若有所語。而轎行甚疾，已出門外，直還圓明園。臣等入柵以後，大風無日不吹，旱乾自春孔酷，各府州縣連爲祈雨。而五月望皇帝親禱天壇間，雖雷雨而不過浥塵而止。瀋陽陵行，則定以七月二十日起程，故得見其印出路程記，排日計站，則八月十四、五日，先詣興京永陵，十九日、二十日間，當到瀋陽，詣福陵、昭陵。而興京之距瀋陽，爲二百餘里，在於瀋陽東北云。」

皇上年老，惡見「老」字。

乾隆皇帝年老，政令苛嚴。

華夏重甲兵、貨利，文物掃地。

七月己丑，召見回還謝恩正使蔡濟恭、副使鄭一祥、書狀官沈念祖，問燕中事情。濟恭曰：「臣等入境採問，則彼人以爲咨文之改書以呈，雖無已例，前本既有錯誤，則其在敬謹之道，不可不更呈云。故臣往禮部，見尚書謝墉，以爲小邦不能檢察文字，以致皇上之嚴教，不敢以舊本久塵天陛，有此專價之行，仍出示改本。墉受置卓上，良久視之，頗有趦趄之色。臣問譯輩，譯輩以爲皇上年老，惡見「老」字，而咨文中有「老」字，故尚書以是難處云。臣等更謂謝墉曰：『萬里上表，事當慎密，故有此副本，願以此呈之。』墉始大悦。仍即呈納而來矣。」上曰：「今番使行不可已乎？」濟恭曰：「初則皇帝多有未安之意。臣等入去之後，氣色欣悦，促入咨文，極加稱賞，以爲朝鮮禮節，他國所無云矣。」　丙申，召見玉堂沈念祖。上問曰：「書狀聞見録之外，彼中有何可聞？」念祖曰：「乾隆蓋英主，而近因年老，政令事爲，間多苛嚴，故人懷不安矣。」上曰：「中州之文物何如？」念祖曰：「萬里中土，盡入腥羶，所尚者城池甲兵，所重者浮屠貨利。華夏文物，蕩然掃地。甚至大成殿廊，便作街童遊戲之場。簷廡荒頹，庭草蕪没，而未見一介青衿之在傍守護，見乾隆皇帝騎馬上問詢使臣。

之不覺於悒。而或逢江南士人之能文者，則雖在薙髮左衽之中，識見贍博，辭令端雅。江南之素稱文明，儘非過語也。」

八月癸未，問安正使李溵到瀋馳啓曰：「皇帝行駕到中後所，滯雨一日。今十二日始到老邊城留宿。而十一日初更，自禮部知委駕到邊城時，使臣率正官出來祗迎云。故達宵疾馳，未及邊城十里許，急撥迎來，出示禮部知會文。皇旨以爲朝鮮使臣不必遠來，姑待十三日大台過鑾時，祗迎爲宜云。不得已還歸館所。禮部又爲知委曰：『使臣祗迎，更以邊城近處新臺子爲名地改定，即爲來待爲宜』云。蓋因近臣啓奏，皇旨改下矣。十三日二更，更與一行蒼黄前進，於祗迎所以待駕。至十三日天明後，通官引臣等，使之列坐於皇途右宗班之末。鴻臚寺正卿永信、禮部侍郎全魁亦爲來接，指揮坐次。俄而軍馬雜遝，前馬盡過，皇帝乘馬執鞭過臣等所坐處，間不過五、六步，顧謂侍臣曰：『彼是朝鮮使臣乎？』有一衣黄者對曰：『然矣。』衣黄者聞是吏部侍郎和珅云。皇帝遽曰：『通官前來。』仍攬轡回馬近前而問臣等曰：『爾國王平安乎？』臣對曰：『平安矣。』又問曰：『爾國王年紀幾何？』對曰：『二皇旨。

十七歲矣。』又問曰：『爾國向來之事，今果如何？』通官仍傳語於臣曰：『此是昨年奏文事矣。』臣對曰：『今幸掃清，莫非皇恩攸暨矣。』又問：『爾國今年年事何如？』臣對曰：『僅免歉歲矣。』又問曰：『爾年爲幾許？』臣對曰：『五十七矣。』又問曰：『官職何如？』通官不言於臣，直以渠意對曰：『朝鮮閣老矣。』如是屢問之際，氣色和好，連爲含笑。臣曾聞故相臣俞拓基奉使瀋陽，每當皇帝發問，輒離次而對。故臣於問對之時，亦爲離次。則衣黄侍臣謂通官曰：『使臣何爲起對？』皇帝笑曰：『朝鮮禮法，例如此矣。』仍回馬策鞭而去。皇帝前向大臺，仍爲宿所。臣等還歸館中。通官輩來言，表文翻清啓奏之後，方始旨下。仍示謄本皇旨，有曰：『王恪守藩封，因朕恭謁祖陵，遣使遠來，具表進獻方物，具見悃忱。知道了。該部知道。欽此。』奉旨『知道了。貢物俟到盛京，伺候看（着）。欽此』云云。正本雖未及得見，而所示謄本，若是的實，方物既將順納，措辭又復如此，誠極多幸。皇帝到瀋日子，使任譯輩更爲詳探，則二十二日到天柱山下謁福陵，二十四日轉謁昭陵，二十五日始當到瀋陽。回程日子則又退以九月初二日，提督所言如此」云云。

乾隆皇帝明年七十歲，擬表賀節。

乾隆皇旨。

己亥三年（清高宗乾隆四十四年，一七七九）

夏四月戊午，領議政金尚喆啓言：「皇帝明年洽滿七十，彼中物議，皆謂不可無陳賀之舉云。我國當有表賀之節，而若待明年八月皇帝生日始遣別使，則恐未免太晚。臣意則冬至正使仍兼別使，以陳賀歸重，似爲便宜。康熙年滿七十，雖無表賀之舉，今不可膠守前例。」從之。

庚子四年（清高宗乾隆四十五年，一七八〇）

三月丁酉，冬至兼謝恩正使昌城尉黃仁點在燕馳啓言：「臣等於入燕時，聞本年正月初一日，皇帝依康熙皇帝六旬萬壽特頒恩詔之例，將坐殿頒赦，仍賜宴文武各官云。既得此報，則使名宜以進賀歸重。故先於呈禮部報單，書以進賀、謝恩兼冬至使。十二月二十七日到北京，並呈咨表於禮部。正月初三日，奉旨：『覽王奏以本年朕届七旬，該國王遣使於春正慶賀，進獻乾隆上諭。

禮物，具見悃誠。所有方物，不必收受。若令帶回，徒滋往返。着暫行留貯，準作正貢，以示朕柔遠之至意。』二十三日亥時，所住館宇失火，延及臣等所住房屋，頃刻燒盡，臣等僅保性命。當初所受詔筒，奉安於臣仁點房内，不得找出，翌朝呈禮部引罪。方火作時，兵部尚書蔡新、禮部尚書德保躬率兵丁，一齊來會。多用水車及救火器具，極力撲滅。且送通官問慰。人命幸無傷損，而卜刷馬二匹燒斃。工部尚書富勒、禮部侍郎阿肅相繼來問。禮部招提督傳言於臣等曰：『詔旨與館宇不幸被災，今方提奏於行在所。若待回旨，則歸期難定，使臣之久滯，實系矜悶。故本部以他省繳到之詔旨仍前賫回事，已爲折奏。』」

夏四月乙卯，回還冬至兼謝恩正使黄仁點等進别單：「一、臣行入去時，道聽傳説皇帝將有禪位之舉云。而到京後細探，則元無是説。第内閣奉上論有曰：『朕自踐阼以來，恭遇郊壇大祀，一切儀文典禮，悉本誠恪之心，敬謹將事，以期昭格。歷四十四年如一日，不敢稍有懈弛。惟是越歲庚子，朕春秋已届七旬，雖自信精力如舊，凡升降拜獻，尚可不愆於儀。但迎神進爵，儀典繁重，若各位前俱仍親詣，轉恐過疲生憊，於精意或有未孚，非所以展精禋以答洪貺也。因思正位上香薦爵，朕當恭晉申虔。至列祖列宗配位上香，朕仍親致，其獻帛爵諸禮，著自今年冬至南郊爲始，令諸皇子代進。此非朕之敢萌怠念也，會典開載郊壇之祀，原可遣親王恭代。敬憶皇祖六旬以後，因步履稍艱，壇門茌跪，以將誠意。今朕幸拜登尚可如常，只期壹志明禋，並非耽安逸而倦於對越。凡天下臣民，皆可諒朕本意。上帝祖宗，亦必鑑朕忱悃。且不特此也，嗣是而至八旬，能常如今日而不衰，亦不敢因年歲屢增，於禋祀稍有或軼。若蒙上蒼眷佑，得遂朕之初願，至八十五歲歸政，惟當始終不懈，以伸朕敬天法祖之深衷。著各該衙門敬遵辦理，並通諭中外知之』云云。諭旨所云『遂朕初願』者，皇帝嗣服之初，乾清宫内默禱上天，享位若如聖祖仁，皇帝六十年之久，則壽當爲八十五。到此年不親萬機，預有所定，故至發於綸音云。一、皇子質郡王永瑢，素精數學，皇帝諸子中最信愛。近年以來，皇帝凡居處飲食器用之類，皆以九數辦造。至於敕建寺院金佛斤重，亦以九數鑄成。假如金銅重八十一斤，則是爲九九之數，七十二斤則是爲八

清高宗乾隆四十五年，一七八〇

初願：至八十五歲歸政。

乾隆皇帝信愛永瑢。

八十歲以上赴舉者賞給舉人。

五龍亭後太湖石山，厚給工費。

九之數。戚里之居於各省腴職者，或獻萬壽禮物，必備九數，此是數學中所推得云。一、正月十二日天壇祈穀祭罷齋後，皇帝啓駕南巡，而適際上元放燈之節，元宵前後三日，所經接駕州縣，競尚燈爆，進呈雜戲。新城知縣申允恭別設十層鰲山爆燈整待，誤觸燈爆機括，知縣與掌燈者數十人同時被燒，皇帝大加惻傷，優給恤典，仍令停止前路之放燈。一、昨年秋恩科初試時，福建士人郭鍾岳年九十九，能赴場屋，皇帝特加褒典。仍令各省赴舉人年八十以上者，毋論入格與否，並加恩賞給舉人，初試，使之直赴會試。一、皇城内樓臺之窮極華麗，不可殫數。而以臣等所見言之，則宮城内紫禁城之間有太液池，環池左右前後，寺院佛塔横亘連絡，殆至眩目。而五龍亭後又營一大刹，工役之費不啻累百萬，而皆出内帑云。領賞歸路，逶迤作行，欲見其基址，而門者禁不得深入。只見五龍亭挾宮墻數里之間，左右堆積者，無非太湖石。石皆奇古，而玲瓏嵌空，大小不一，一塊非一車所可運。問諸彼人，則皆是新造寺觀所粧點之物，而趁皇帝五月初九日圓明苑回鑾之前，當完訖云。爲遊觀之娱，役民興作如此，而以帑儲厚給工費，故民不爲怨云。一、直隸保定府長蘆隘口，即各省富商輳集之所。衆商預輸蘇、杭間綵緞與奇玩，路傍結棚如物形，或樓臺狀，窮極眩采，横亘數十里。店鋪之間，待皇帝經過，衆商山呼如雷。皇帝駐蹕而觀，即地賜諭曰：『朕巡幸江浙，道經畿輔，長蘆衆商，踴躍抒忱，用宜一體加恩，俾霑慶澤。將長蘆商人應徵税銀五十餘萬兩内十分之一，鋪作五年常税，俾商力益資饒裕，該部即遵行。』」

庚午，冬至兼謝恩使書狀官洪明浩進聞見事件：「一、自瀋陽始有城郭。平地方城一面五里，周爲二十里。築之以甎，間用白灰，高近數十丈，廣可列數騎。門必設甕堞，環城深塹，其堅如鐵，猝難攻破。比諸我國之城，不可同日而語也。至於皇城則高且廣倍之。而引通州之江灣，白河之水，環爲海子，鑿玉泉之流，匯爲湖水者三。又引之入城，貫通闕中，用閘儲水，能行大船，仍通于海子。城設九門，兩門之間，附城築甎爲路，作上城之階，邊設女墻，使不得超越。而當頭爲門，設鑰，黜入守城之兵，持糧汲水以上，外鎖其門，不得上下，而十日論番云。一、宫城亦以甎高築，上蓋黄瓦，面塗紅灰。城底空隙地，使兵丁之貧窮無家者居之。而每一丁自官造給五間瓦屋，幾至漢人苛刻，清人純樸。

兵政：滿人十六歲編入八旗。

環城一面。一、山海關之外，明朝所築州縣衛所屯堡之城，革命之際，攻破崩毁，一無全處。自去年皇帝有詔，沿海及直路在前所有之城，若海州、蓋州、鳳城、遼陽、廣寧、寧遠、巨流河、中前、中後等十八處，舉皆修築。故方伐石儲灰，大爲經營，限以三年云。而所費財力，小城則二萬銀，大城則倍之。一、自鳳城至山海關外，民俗蠢强，專尚弓馬。父母之喪，火葬者多。或暴骸原野，視若尋常，殊未可以人理責之。關内則人物豐碩，稍有敦龐之風。然漢人皆苛刻，清人多純樸。而婚喪之禮，不遵文公家禮，自王公及庶人，悉用時制。蓋最尊佛道，次敬關王。一、關外皆旱田，無水田。以五畝四分畝之一爲一晌。每晌賦二升米納之。州縣又徵百文錢爲喂養官馬之費，使驛丞管之。關内則田廣五尺長二百五十步爲一畝。量腴瘠分五等。賦徵，或銀或米，大槩通計則爲二十分而取一。商税直一兩銀之物，收三分銀。自各處關口税局，輸納京師，歲定之數，計出千百萬。一、兵民之政，則滿洲人自十六歲編之於八旗之下，歲給二十四兩銀，隨級加之。娶妻則不論貧富，必給二十兩銀以助之。漢人則聽其自願，名曰漢軍，並與其子孫充之行伍。蓋兵抄没李侍堯事。

皇子皇孫七歲受文學、習弓馬。

無老少，皆善騎射。一或出征戰死，則世襲封爵，榮其後裔。一、閣老李侍堯，即明將李如松之支孫，本屬於鑲紅旗漢軍，眷遇殊常。未入閣之前，皇帝特移之於正黄旗，蓋欲近侍駕下之意。而以第九公主尚其第二子，又以莊親王之女妻其第三子。繼拜閣老。入閣四年，以總督出鎮湖廣。今年南巡時，廣東科道以貪虐劾之。皇帝震怒，使駙馬福隆安晝夜馳還京師，先籍其家。所畜寶貨，直九十萬銀。仍囚其在京二子於刑部。其長子以近侍隨駕，亦將押到京獄云。一、西藏即古之西番也。有稱活佛者，今年二十餘歲，自稱轉生四十二世。皇帝使皇子迎之，要於五月引見於熱河幸行時。一、皇帝南巡時，隨駕官員及所帶兵丁，自官一日給二錢七分銀，爲盤費之用。所騎盡用官馬，按官品高下爲差。大官八匹，小官三匹。而各自其衙門斂出銀兩，以助行裝。隨往軍兵，則自閣老以下，無非親兵。而統而計之，不滿五千。所過州縣，駐蹕城內，則發本地兵環城護衛，設幕露宿，則亦以本地兵屯守。一、皇子皇孫自七歲始受文學，習弓馬。而皇長子緬王已死，有子二人。第二子今年二十歲，最善詩文，武藝絶倫，故皇帝鍾愛，不離左右，恩眷出諸皇乾隆皇帝召見朝鮮使臣。

子上云。一、鄂爾斯性本强悍，數違條約。年前界上交市之際，擅殺邊民，皇帝震怒，誅戮其國守邊之吏，遂絶交易，於今三年。鄂爾斯之君長謝罪請款，故將更許貿遷。而其所産貂尾鼠皮明琉璃猩猩氈之屬。」

九月壬辰，進賀兼謝恩正使朴明源、副使鄭元始狀啓言：「臣等一行，八月初一日到北京，詣禮部呈表咨文。漢侍郎莊存與率諸郎官領受。陪臣寬免謝恩表文及陳奏奏文，備局有所指揮。故臣等行到豐潤縣，先送首譯試探禮部諸議，則皆以爲向者陪臣之寬免，既出於皇上特恩，在該國之道，只當陳謝而已云。故乃以謝恩表文呈納，而奏文還爲賫去。南小館失火後，尚未修葺，住接臣等於西館。皇帝已於五月初九日自南京回駕，二十二日幸熱河，尚未還京。而聖節陳賀，只文武百官之扈從者行禮於熱河，留京諸臣，則當行望賀禮。而臣等亦擬隨參。初四日二更，大使張文錦持禮部知委文書來示曰：『奉旨：朝鮮正、副使，着來熱河行禮。帶往從官從人，皆寫姓名報單，明日巳刻起身』云。故使任譯問書狀官之同往與否，則禮部以爲不可落留，而從官則使之減數率去。故臣等與書狀官臣趙鼎鎮、通事三人、從官四乾隆皇帝再次召見朝鮮使臣。

人、從人六十四名，初五日自北京離發。提督那蘭泰、通官烏霖佈、朴寶樹、徐宗顯等，亦爲隨去。初六日到密雲縣。軍機主事富查善自熱河來到，謂通官曰：『方以皇旨來接朝鮮使行。今番使臣之來，皇上甚喜，使臣不可緩行』云。故臣等罔夜作行。而道路險隘，初九日辰時，始到熱河。距京爲四百五十里，即易州承德府地界。臣等館於本府太學。皇帝特遣軍機章京素林諭臣等曰：『使臣等之着來行在，即前所未有。而該國以朕萬壽，奉表陳賀，故使之前來行禮。正使序於二品之末，副使序於三品之末，係朕格外之恩』云云。晚後禮部尚書送通官，以爲朝鮮使臣之與天朝二、三品大臣同爲行禮，實是皇上曠絶之恩，使臣當以叩謝之意，呈文本部，以爲轉奏之地云。臣等以爲皇恩曠絶，感謝之忱，已不可言。而陪臣之私謝恩命，事體屑越，不敢呈文之意言送矣。禮部又以爲皇上遣官特諭於使臣，則使臣何可不以文字先爲叩謝？速速撰呈之意，縷縷不已。觀其催逼之狀，似不專出於禮部之意。故臣等不得已，略以叩謝之意書送呈文。則『知道』旨下之後，禮部即令臣等詣闕謝恩。故臣等曉入闕中，則皇帝頒賜三器饌。臣等謝恩後，仍歸館次。

十一日曉，提督以爲今日則皇帝必當引見云。故詣闕等待矣。又頒三器饌。卯時，皇帝出御宫門。禮部清尚書德保引三使臣及三譯官進跪御座前。皇帝問曰：『國王平安乎？』臣謹對曰：『平安。』又問：『此中能有滿洲語者乎？』通官未達旨意，躕躇之際，清學尹甲宗對曰：『略曉。』皇帝微笑，仍命退出。臣等以皇帝未及遠内之故，立於班行。皇帝使軍機章京問：『爾國亦敬佛乎？寺刹有幾處，而亦有關帝廟乎？』臣等對曰：『國俗本不崇佛，而寺刹則京外或有之。關帝廟則城外有兩處。』皇帝還内後，臣等歸館。又頒生荔枝酒一壺。十二日，皇帝御戲臺設戲，使文武三品以上入觀。朝鮮三使臣亦令觀戲。當日曉頭，臣等隨入班次，未正而罷。皇帝賜觀戲諸臣緞匹有差，而亦賜臣等。十三日，臣等隨班參賀禮，又入戲場，又有壺茶之賜。禮部知委留待闕中，以皇旨特送别禮單十八匹，仍賞臣等及從官緞匹。從人六十四名，亦各給銀二兩。禮部仍令呈文謝恩。臣等以今番則既有别禮單所送，尤非使臣之所可私謝，屢次争執。則禮部以爲只以使臣等别賞，呈文斷不可已云。故臣等只以祇受别賞之意，構送呈文。十四日旨下。謝恩。又入戲觀火砲、雜戲。

乾隆皇帝上諭。

除正貢，其他免進。

場，蓋聞設戲之規準五日乃罷云。而未正退出，則又令往待於後園埋砲處。皇帝御帳殿，觀火砲及雜戲，昏後始罷。而禮部以爲皇旨才下，使臣等明日發還北京云。故十五日臣等自熱河起程，二十日還到北京。表文五度，自内閣翻清入奏。十一日以『知道』旨下。而聖節表文，則以『該國恪守藩封，以本年朕屆七旬，遣使遠來，具表慶賀，具見悃誠。知道了。』旨下。十二日，皇帝特諭内閣曰：『朝鮮國世受藩封，素稱恭順，歲時職貢，祇慎可嘉。間遇特頒敕諭，及資送歸國等事，如琉球等國，亦俱奉章陳謝。惟朝鮮國備具土物，附表呈進，藉達悃忱。向因耑使遠來，若令賫回，徒滋跋涉。是以歷次例准留作正貢，以示優恤。而該國恪貢職守（恪守貢職），屆應貢時，仍復備物呈獻，往來煩複，轉覺多一儀文。我君臣推誠孚信，中外一體，又何必爲此煩縟之節？今歲朕七旬萬壽，該國具表稱賀，業已宣命來使，前赴行在，隨朝臣行禮宴賚。其隨表方物，此次即行收受，以申該國慶祝之誠。嗣後除歲時慶節正貢，仍聽照例備進外，其餘陳謝表章，所有隨表貢物，概行停止，毋庸備進，副朕柔惠遠人以實不以文之至意。着禮部傳諭該國知之』云云。以使臣到乾隆皇帝謁東陵、西陵。

乾隆皇帝送金佛一軀。

京後，不爲直送熱河，禮部諸臣，越俸一年。蠲貢皇旨，熱河頒賞文書，八月二十日已自兵部出送云。故臣等探問其不付使臣之回，先交兵部出送，而不令相知之委折。則禮部以爲皇旨中有『着禮部傳諭該國知之』之語，故行在禮部，果令先爲知會云。皇帝於八月二十八日自熱河起程，九月初三日到密雲縣。仍向遵化州謁東陵，又詣易州謁西陵。二十二日當爲還京云。禮部以使臣等接駕密雲縣之意，按例奏文『知道』旨下。故臣等與書狀官、三通事、六從事二十九日起程，九月初一日到密雲縣，留一日。初三日巳時，皇帝駕到。臣等跪接於行宮數里許路上。初五日歸到北京。今十五日，臣等詣午門前領賞後，受回咨六度。十六日詣禮部，行下馬宴。回到館所，又行上馬禮。十七日離發。我國人李再晟等男九口、女三口，漂到琉球國，轉送閩縣之意，自禮部成給咨文，而不言某處居住。再晟等來期，當於十月間到北京云。」皇帝付送金佛一軀於使臣，以寓祈壽之意。上聞之，馳諭使臣，置之妙香山佛寺。

十一月戊寅，回還書狀官趙鼎鎮進聞見事件：「一、熱河在於易州承德避暑山莊。

蕃僧飲酒食肉。

府。自燕京北行二百餘里，到南天門，峻嶺横塞，上有小缺，築城障之，亦塞北之一大關阨。而出南天門一里許，有古北河。渡河十餘里，疊嶂插天，奔馳東北，城堞逶迤於石角，即萬里長城之古北口也。城外又有重城，周迴可七八里。重城之外，路轉山腰，車不方軌。從此至熱河二百餘里，兩山挾路，或闊或狹。至熱河地形稍廣。蓋自熱河東抵山海關外大凌河，爲五百餘里，北接蒙古地百餘里。行宫不施丹雘，扁以『避暑山莊』，只有短墻而無城。一、京城内有佛舖子，互相賣買。朝臣用此作爲貢獻，皇帝亦以賞賜貴臣。千秋節晨朝，有進貢覆黄帕架子，盛以金佛一座，長可數尺許，舁入闕中，聞是户部尚書和珅所獻。西蕃僧額爾德呢，自稱四十二世轉身。皇帝遣六皇子及内閣學士永貴厚幣邀致，置之金屋，同坐御床。内務府供饋，一與皇帝等。貴臣閣老以下，莫不趨走服事。蕃僧年方四十三，釋名道行，亦不持戒，飲酒食肉。其徒到京者千餘人。一、蒙古四十八部落，最爲强盛。蒙王新立，則以公主嫁之。蒙人與清、漢通同仕宦，而爲駙馬者亦數人。每蒙王入朝，則陰令旗下伺察其動静，蓋畏之也。其俗尤敬蕃僧，畏之如神明。皇帝乾隆皇帝尊重蕃僧，令其鎮壓蒙古。

和珅報復李侍堯事。

之尊重蕃僧，士民之稍有知識者，莫不巷議，以爲皇上欲令此僧鎮壓蒙古，故有此非常之禮。一、皇帝行幸時所乘黄屋四人轎，與朝臣所乘無異，只有黄、黑之別。帶弓矢佩劒騎而前導者，未滿十雙，從官不過五、六十人。最後後宫所乘太平車，二輛而已。輜重幾至數千輛，槖駞不知其數。治道則編茅篩土，轉磑磨堅，數百里内丁夫裹糧赴役，最爲民弊。所經各縣，蠲其租税，而不過一畝數十文，不足爲惠。一、熱河戲臺，在行宫之内，層閣宏敞，左右木刻假山，高與閣齊。仙果珠樹，剪綵爲之。戲本有五，一本共有十六枝（折），卯而始，未而罷，凡五日而止。大抵多祝壽之辭，而率皆雜亂。如虞庭八佾，只有武舞。武士六十四人，皆着金盔錦甲，右手持劒，左手執戈，爲坐作擊刺之狀。甚至以堯、舜爲戲，乘之黄屋，着以冕服，爲華封、蒼梧巡幸之狀。樂無土革之器，其聲噍殺，無寬緩和平之意。一、兵部尚書福隆安、户部尚書和珅，貴幸用事。閣老阿桂之屬，充位而已。和珅，滿洲人，屬鑾儀衛，不次陞擢，寵倖無比。爲人狡黠，善於逢迎。年方三十一，爲户部尚書九門提督。而以最所鍾愛之六歲皇女定婿於其子。性又陰毒，少有嫌隙，必致中傷，人和珅與查抄于敏中家事。

皆側目。原任閣老李侍堯，李如栢之後孫，而爲皇帝所信任，年老位高，平日兒畜和珅，珅銜之。年前侍堯爲雲貴總督，而貴州按察使海明爲瀋陽奉天府尹入京謝恩，歷辭和珅。珅私問侍堯動静，海明言，侍堯貪濁無厭，畏其誚責，嘗賂黄金二百兩爲壽於生日，珅乘間奏之，仍請按驗，執贜累萬，力請斬之。皇帝命囚刑部，籍其家貲，有黄金佛三座，真珠葡萄一架，珊瑚樹四尺者三株，此是侍堯進貢物件而還給者也。蓋藩鎮貢獻，有九種物則每以三種還給。大抵侍堯貪贜中，五之三入於進貢，故皇帝心欲宥之，而重違珅意，詔諭各省總督及州縣官，議其置法當否。以海明之賂金，亦令充軍於黑龍江。侍堯之貪，雖合置法；和珅之奏，亦出私嫌。及其按查，務從深刻，故人皆不直之，畏其勢不敢爲傳生之論。一、閣老于敏中素以廉直聞，皇帝信任之。入閣數十年，事業雖無可言，民譽亦頗不衰。身故之後，其妾張氏，私分家財，潛給敏中之從子士格，而其孫則所分甚少。其孫訴之福隆安，隆安以聞。皇帝使和珅查其家貲，并計第宅田園及釵釧衣服之屬，與士格之所藏金銀，合爲二百萬。皇帝大怒曰：『朕任敏中數十年，知其爲廉直，安得有許多貲？』命籍没聞凌遲上書者事。

琉璃廠失火。

漕運之制。

其家産，奪張氏三品夫人誥命，爲婢於曲阜夫子廟，使之觀感云。一、臣於燕京離發前數日，聞有罪人之剮臠於順直門外者。使任譯探問，則山西省士人上書行在，論七條皆是直陳闕失。而其中三條，即土木之不息也，巡遊之無節也，番僧之過禮也。皇帝震怒，即付在京刑部，生而臠割之。書本秘不宣佈，姓名亦無傳説。」

辛丑，回還副使鄭元始以承旨入侍。上曰：「善覘人國，自古爲難。況我國之於彼國，尤不能覘得其一二，此蓋象譯之不得其人也。卿今行有聞見者須陳之。而其城郭濠池之制何如？」元始曰：「皇城則周匝横亘，不知其幾里，而以大石磨礱四隅，交齒以築；交石之際，鎔鐵貫中。外面用油灰鏝塗，絶無罅隙。高過十丈，廣容五馬。」上曰：「市肆之制何如？」元始曰：「自琉璃廠失火之後，今纔重建。而累萬架廛閣，分隊成行，或施畫繪，或加雕綵，或層屋上湧，或飛梯下垂。且見簷插綵旗，門揭畫板，各書以貨名。賈胡商蠻，鬪轂摩肩，繡幰綵車，交絡其中。誠天下之大都會，一代之極繁華也。」上曰：「漕輪之制何如？」元始曰：「自通州河鑿入都城，舟楫舳艫，直乾隆皇帝禁士人與外使相通，罪至死刑。

泊門外。臣亦見千檣簇列，一望迷津。而舟人相告曰：『江南貢稅初泊』云矣。」上曰：「近日則胡漢通媾云然否？」元始曰：「迄於乾隆之初，而漢嫁於漢，胡娶於胡。漢人主清官，胡人主權職，各自爲類，不相易種矣。自近來始通婚嫁，而胡漢無別，胡種始滿天下。朝廷則胡多漢少，胡爲主而漢爲客。」上曰：「大鼻㺚子，狀貌何如？」元始曰：「深目龐眉，羯鼻驢面，如鬼魅，如禽獸。臊穢之臭，人不堪近。勇力絶人，喜怒無常，胡人亦甚畏之。納於質館，以甲士守之。每出行，則甲士持兵器隨之。而亦往往有滛人戕人之患云矣。」上曰：「蒙古有復入之慮云。土俗强弱何如？」元始曰：「蒙古即幽朔莫强之種也。其人短小精悍，其俗躁暴强忍，無城郭，無宫室，遂水草，鳥聚獸散。而近日部落漸强大難制。東八站盡是蒙古界也。使行往來之時，其接應之節，求索之習，與胡俗大異。聞皇帝亦甚憂之，只拊摩羈縻而已云矣。」上曰：「卿之今行，逢江南文士否？」元始曰：「江南古稱多文學才行之士，時逢東使，每有謳歌歎咜之意云。而近日皇帝禁不與外使相通，犯者論以死律。故留館時，不見士子來訪者矣。聞象譯所傳，南士之入于上舍者，乾隆皇帝出行儀節太簡率。

與一譯相熟，頗聰明，解文字，盛稱朝鮮文華之治。酒半至於投兜循髮泣下云。以是觀之，南方之俗，尚能思漢。」上曰：「皇帝出行時，威儀何如？」元始曰：「儀節太簡率，自皇帝至從者，各控一騎，初無驂御之儀，只衛仗數十，相對前行，從官百餘人擁後。而御馬數雙，無牽分隊而行。皇帝面方體胖，小鬚髯，色渥赭。所着衣章，初無貴賤之表矣。」上曰：「近來象譯之無人，誠非細憂。」元始曰：「使行得失，只仗譯舌，譯舌檢飭，惟在首譯。而雖以今行言之，首譯矇不了事，誠可悶。」

辛丑五年（清高宗乾隆四十六年，一七八一）

二月庚戌，謝恩正使茂林君塘、副使李崇祜，以自燕離發，馳聞曰：「十二月二十八日，皇帝祭太廟禮成，向曙回來。鴻臚官道臣等立於左翼門外儀仗之內，距輦路不過一二間。朝臣則俱立儀仗之外。皇帝乘步輿而來，至臣等祗迎處，乍停輿，傍一侍臣奔到傳皇命曰：『國王平安乎？』臣等對曰：

皇旨：隨進貢物，概令停止。

『平安矣。』其人即隨輿去，問是駙馬福隆安。朝鮮使臣之立於百官之前儀仗之内者，亦出自皇旨云。謝恩方物回咨中，奉旨：『覽王奏謝，知道了。前經降旨，所有陳謝表章隨進貢物，概令停止。今該國王奉到此旨，具表稱謝，復具表恭謝加賞緞匹，仍各具方物隨進，本不必收受，但既耑使遠來，仍令賫回，徒滋往返。若照例留作正貢，該國王届正貢之期，仍以向年備物呈獻，非所以示推誠而昭禮恤。此次貢物，着收受，仍加賞鞍馬、綢緞、貂皮等物。嗣後務宜恪遵前旨，毋庸備進。若再進必令賫回。該國王其善體朕柔惠遠人，以實不以文之至意』云云。昨年十二月十七日，全羅道漂人李再晟等十二人，自福建解至北京。而因臣等歸期之尚遠，派定通官徐宗顯，同月二十四日領送義州府云。」

福隆安、和珅見寵。

壬申，召見回還謝恩正使茂林君塘、副使李崇祐，問燕中事情，塘等曰：「皇六子最爲寵愛，皇帝方屬意云。而皇六子以皇帝之優待我國，有不愜之説云。朝臣之見寵者，福隆安、和珅。而皇帝政令甚嚴急，人心不無思漢之意云矣。陝西一儒上疏，極言和珅怙寵賣權之事，至被赤族之禍云矣。」

人心少淳實之風，政令多苛急之事。

四月辛亥，召見回還冬至正使徐有慶、副使申大升，問彼國政令風俗。有慶曰：「視三十年前大不同，人心少淳實之風，政令多苛急之事云矣。」上曰：「清皇今在何所？」有慶曰：「往五臺山，未及還矣。」大升曰：「乾隆之所畏憚者蒙古。故班禪之寵待，以其蒙古人也，故厚遇之，而非真寵愛云矣。」

壬寅六年（清高宗乾隆四十七年，一七八二）

二月辛卯，冬至正使黄仁點、副使洪秀輔在燕馳啓曰：「臣等十二月二十七日到北京。二十八日皇帝親祭太廟，臣等詣午門外，留待皇帝回駕，問臣等曰：『國王平安乎？』正月初五日，入太和殿庭，參正朝朝參。皇帝問於禮部尚書德保，外國班次。對以朝鮮爲首，琉球、南掌、暹羅三國次之。及初八日臣等正、副使入皇帝所住靈壽閣外聽皇旨。初九日，入紫光閣内庭參歲首宴，頒賜緞匹、色囊、酒盃，及退詣午門外，謝恩。初十日，皇帝幸圓明園，臣等祇送，隨詣圓明園。十二日參筵宴。十三日入後園戲臺觀火戲。十四和珅傳旨：上元節各進七言四韻詩。

日入御座前參班觀戲子。臨罷，户部尚書和珅傳皇旨，節届上元，設戲放燈爲題，即刻製進七言四韻詩。臣等各賦一首，使軸奏。十五日又設筵宴，臣等入正大光明殿庭參宴。以應製别有賞賜緞匹，引臣等謝恩於階上。午後又設上元火戲，臣等入參於御座前，頒賜紙軸筆墨。傳言曰：『今者外國之來貢者甚多，你們獨能詞律，朕庸嘉尚云。』」

癸卯七年（清高宗乾隆四十八年，一七八三）

二月丁亥，行皇壇親祭誓戒。

戊子，冬至兼謝恩正使鄭存謙、副使洪良浩在燕馳啓曰：「臣等一行，昨年十二月二十日到北京。二十九日皇帝親祭太廟，自禮部奉旨，特令朝鮮使臣祇迎於還宮時。故臣等詣端門内廟門外祇迎。皇帝輦過班前，使户部尚書和珅問國：『王平安乎？』臣等對曰：『平安矣。』又問臣等行役安否？又問使臣爵秩。本年正月初一日，入太和殿庭西班，行朝參禮。而我國外他國則不值年限，故無來貢者。臣等入闕時，禮部尚書德保遣通官委問，而致款於班次。其後赴闕，則輒如之。初二日來到館外，招出任譯，勞問臣等，意頗勤摯。

紫光閣參宴事。

禮部知會内，初五日朝鮮正副使臣赴紫光閣參宴云，故當日臣等詣紫光閣外等候。平明，皇帝乘黄屋轎出，臣等祗迎於閣外儀仗内。皇帝陞御座，張樂陳戲，臣等隨入班次，於王公之次。進宴桌，酪茶二巡後，皇帝還内，而參宴諸臣，并皆賞賜，亦及於臣等。賜臣存謙錦三匹、漳絨三匹、小卷八絲緞五匹、小卷五絲宮紬五匹、荷包囊子十個、畫磁杯一個；臣良浩錦一匹、漳絨一匹、小卷八絲緞三匹、小卷五絲宮紬三匹、荷包囊子六個、畫磁杯一個。

乾隆皇帝幸圓明園事。

禮部知會内，十一日皇上幸圓明園，相應傳知朝鮮正、副使臣送駕，即於是日赴圓明園恭候，十二日入宴可也云。故十一日臣等入西安門等候。黎明，皇帝出宫。禮部尚書引臣等就坐西班末。皇帝到臣等祗送處，開轎諦視曰：『朝鮮使耶?』侍衛者對曰：『然矣。』轎過而猶傾身回視者良久。十二日，臣等赴圓明園，則高張黄屋於山高水長閣西北邊。日出時，皇帝乘步輦，由水長閣出御幄次。臣等隨諸臣祗迎，仍陞幄内，就坐於王公之下。宴桌則預爲使臣作七律，乾隆皇帝特爲頒賞。

排陳，覆以紬袱。皇帝御座後，以次開袱，設樂張戲，仍進酪茶一巡、酒一巡後，皇帝命朝鮮正使進前。禮部尚書引臣存謙至御榻上椅子前。蓋御榻之制，設九級納陛，上設御座。進前之時，皇帝先問使臣之解漢語與否，而通官則不得上陛。故禮部尚書即回身俯問於通官之在下者，對以未解。皇帝賜臣以御桌玉杯之酒，仍問曰：『使臣能詩乎？』禮部尚書傳語通官，通官傳語於臣，故臣對曰：『文詞鹵莽，未能工詩矣。』皇帝顧禮部尚書多有酬酢，臣雖未諦解，而皇帝之和顔喜色，溢於觀瞻。少頃，禮部尚書導臣就坐，皇帝旋即還内。禮部尚書邀見臣等於路左，使通官傳語曰：『外國陪臣引至御榻，饋以御酒，今番恩數之隆異，前所未有，使臣宜一一歸奏於本國。俄者皇上問使臣能詩否，吾奏必能之。則仍命制進。兩使臣須速製進云。』故臣等各製七言律詩一首，送禮部。十三日晚後，皇帝出御山高水長閣簷楹間，命召朝鮮使臣。禮部尚書引臣等進御座前，皇帝曰：『你等所製詩，予庸嘉之，特爲頒賞。』仍賜臣等各紋緞一匹，絹紙一軸，描金牋一軸，貢筆一匣，貢墨一匣。户部尚書和珅、侍郎福長安各捧一函來傳。故臣等領受謝恩，出就外班。仍觀光慶豐圖。

陳諸般雜戲，又設各樣燈砲，賜臣等餅糖果肉等饌，遍給於從官從人，而俱係內辦云。每宴輒設諸戲，以至於回獍金川苗蠻之類，各着其國之服，各奏其國之樂，舞蹈歌唱，俱是新年祈壽之意，蓋示賓服四夷，賁飾太平之象。而其他火戲，每日異觀，亦出鼓發陽和之意云。十四日晚後，又入山高水長閣，則引就內班，觀御前諸般奏伎。行酪茶一巡後，出就外班，設燈戲，及頒賜內饌，一如十三日。又於十五日依禮部知會，詣正大光明殿外等候。平明，入參殿上內班。少頃，皇帝出御殿上，奏樂、陳獻俘、放生等諸般雜技。設宴桌，酪一巡酒一巡後，罷宴退出。而諸王貝勒大臣額駙清漢尚書清侍郎等官進參，而漢侍郎以下，不得與焉。當日晚後，又詣山高水長閣外，張燈設戲，最爲盛麗。而先入內班，賜酪茶，陳戲出就外班，設燈賜饌，亦如十四日。又於十六日晚後，入山高水長閣前，依前觀戲賜饌。前後賜饌之際，和珅、〔福〕長安每到臣等坐處，故久立，視所食之多少。又問臣等科名職品。故臣等謝以不安之意。即答以此是皇命，非私自來視云。十九日，禮部尚書招通官傳言曰：『皇上命朝鮮使臣今日水長閣參宴後，使之隨入慶豐圖觀光。』仍言此是深嚴之地，從官不可隨入云。當日臣等詣山高水長閣，燈砲之盛，賜饌之節，亦如十五日。而初昏皇帝起身還内，侍衛與參宴諸臣，一齊退出。禮部尚書即引臣等由水長閣右邊複道而入，上下數岡，則前有冰湖，預待雪馬，使臣等乘之，有數人挽曳。而夾岸左右，奇巖環峙，畫閣相望，處處張燈，頗覺眩耀。透迤行數里，穿過三虹橋，始卸雪馬，歷重門層階而入，即所謂慶豐圖也。棟宇之華麗，過於水長閣。皇帝坐於綵閣，而背後環設燈架，有若屏障。扁曰『瀛洲不夜天』。庭前立畫欄，扁曰『珠宮瑞綵』。皆懸各樣花燈。閣内則年少貴人十許輩侍坐，笑語如家人禮，似是諸王額駙也。禮部尚書引臣等坐於閣前階右氈席上。與臣等列坐者，只是和珅、福長安輩若而(干)人而已。禮部尚書則立於臣等之後，而亦不入坐。所設諸技，多是祈豐獻壽之狀，皆水長閣所未見者。少頃，皇帝起身還内，禮部尚書引臣等退出，又乘雪馬，由他路而行，越數阜，歷重門而出，乃是福源門前路。蓋此處即皇帝自内讌遊之所，號稱同樂園，而慶豐圖即其閣名也。苟非貴戚之臣，則未嘗許入，而特令臣等入參，彼人莫不動色。二十日，禮部尚書因旨意始令退歸，故當

清高宗乾隆四十八年，一七八三

乾隆皇帝謁泰陵。

隆宗門失火，乾隆皇帝親自指揮救火。

日臣等還館所。正月二十九日，皇帝自圓明園回闕。本月初六日幸太學。初十日詣易州，謁泰陵，即是雍正皇帝陵寢也。瀋陽幸行，自禮部奉旨行會，故使任譯探其日期。則五月旬間，皇帝幸熱河行宫。七月旬前，自熱河起駕，不由山海關，仍從口外地方作路，先詣興京，謁永陵。八月初旬間，回到瀋陽，謁福陵、昭陵，仍過聖節於瀋陽。日子旨意姑未下，故詳問於禮部，則以爲待其旨下，本部當以接駕日期，更爲知會。而過聖節於瀋陽，則的實云。」

三月乙卯，冬至兼謝恩正使鄭存謙、副使洪良浩馳啓曰：「臣等一行，二月初六日自燕京離發，二十四日到巨流河。則瀋陽所去『四庫全書』領運之行，已到河邊。……昨年十一月初十日二更，闕内隆宗門北廊失火，延燒二十餘間，火勢熾盛。隆宗門即乾清殿右掖，而皇帝寢宫至近之地，皇帝親自指揮救火，不至於延及宫殿。守直侍衛蘇隆阿等，以不謹失火之罪，並置重勘。即令户部侍郎金簡督令改建。簡晝夜董飭，告成於十日之内，皇帝稱奬厚賞。……昨年秋漳泉縣人聚衆搶掠，閲月不息，以至於縱火官府，官員被傷。漳泉即四縣之一也。臺灣知府蘇泰、漳泉知縣冷震金俱懷惶㤼，姑息爲事，不敢督捕。該省撫具由奏聞，皇帝大怒。蘇泰、冷震金及武職等官，一並革職，交刑部議處，將置重典云。」北京禮部以今年皇上駕詣盛京，恭謁祖陵，移咨知照。命差出瀋陽問安使，以八月聖節之過行於瀋陽，仍兼聖節問安使。

七月丙申，盛京禮部以皇帝盛京行幸，退定于八月十六日，移咨。

附：七月丁未，大司憲洪良浩上疏曰：「臣於向來猥膺專對之命，往來燕薊之間。山川城邑，皆是堯禹舊跡，而衣冠文物，非復昔日。顧瞻寤歎，益恨未及見皇王盛時也。然地是中華之舊，人是先王之民，流風餘俗，尚有可徵。至於利用厚生之具，皆有法度，蓋是周官舊制，百代相傳。雖有金火之屢嬗，華夷之迭入，而民國之大用亘古不易，終非外國之所可及者。臣嘗於簡編中，粗有一二究揣者，而耳聞不如目見，乃今身履其地，蓋有犁然可信者。夫觀風詢俗，使臣職也。謹取其有裨於國計，最切於民用者，分爲六條，開列於左，惟聖明垂察焉。一曰車制。昔黄帝氏始作舟車，以濟不通，號以軒轅者，可見萬世之功，莫盛於造車也。禮問國君之富，數車以對，可見有國之用，莫大於車也。『周禮』『考工記』，百工之事，各一其官，而獨於車也，有

有裨國計民用之六條。

一曰車制。

道路險、牛馬少。

輪人、輿人、車人、輈人等職，徑圍尺寸之制，長短崇博之式，纖悉如畫，足令人手按而斤斲焉。先儒之言曰：『車有天地之象，人在其中，法易之，三才六畫。』又可見生民之器，莫重於車也。夫如是故行則有乘車焉，戰則有戎車焉，任載有大車，農家有役車，灌田有水車，千百其制，各致其用，內而中國，外而四裔，莫不用車也。試以今行所見言之，燕京之內，輪轂相擊，填街溢巷，苟非賤隸窶兒，則舉皆乘車而行。自燕至遼，千餘里之間，軌轍相連，如印一跡，鑾鈴相聞，日夜不絶。關陜川蜀之險，江浙閩廣之遠，豪商鉅賈，如行門庭。此不但通道大國，財貨殷富之致，足見用車之利，什百於馬也。今以行用商車觀之，一乘所駕，不過五六騾馬，而所載之任，可敵數十匹之力。至於一驢輕車，三人并乘，獨輪小轅，一夫後推，亦可見事半而功倍也。蓋車者不食之馬、行路之屋也。生民之大用，有國之利器，無大於是。而獨我東方不能用車者何也？人之恒言，大約有二：一曰道路之巖險也，一曰牛馬之鮮少也。臣請逐一辨之。夫天下之險，莫過蜀道，而相如之赤車駟爲，嘗過成都矣；諸葛之木牛流馬，亦行劍棧矣。直以臣之所經言之，則青石、摩天服牛乘馬。

之峻，殆過於我國之洞仙嶺，而車行無礙，商旅相望，舉一而可推其餘也。然則道路之險，不足憂也。夫我東牛馬之鮮少，非生畜之不殖也，特由牧養之不得其方，服乘之不順其性也。耽羅之產，素稱大宛之種；北關之馬，不讓冀北之駿。島場沙苑，棊置雲布，豈真無馬耶？職由牧子之耗蠹，監守之疎惰也，是謂失在於牧養也。至於牛畜之蕃，莫如我國。京外屠殺，一日不知幾千，而生生不息，則土風所宜，不言可知。經曰：『服牛乘馬』，蓋謂牛宜於服箱，馬宜於騎乘，未嘗言用馬載物也。傳曰：『牛以引重，馬以致遠。』引重者引車之稱，非謂以揹負重也；致遠者行致之稱，非謂致物於遠也。於以見馬宜騎行，而引重之力不如牛；牛可服箱，而致遠之健不如馬也，亦未嘗言用牛載物也。我國則不然，牛馬皆任其背。牛則尚可，馬其殆矣。由是之故，江上載米之馬，率半年而一易，城中運柴之蹄，過三冬而力盡。大抵不斃而躄，以之屠肆矣。此豈馬之罪哉！是謂失在於服乘也。然則二者之說窮矣，何苦而不用車也。臣則謂非不能也，乃不爲也；非不爲也，蓋未嘗求行之之術也。豈惟是哉！君子安於循常，不欲爲變通之論；衆人狃於見聞，不車制取法中國。

樂爲稀異之一事，故國家未嘗設法而禁之，終無一人刱行者。雖或有慨然有志，而苟非朝廷之令，則力有所不及，行之有不便焉耳。臣嘗宦遊諸路，亦見國中多用車之處：嶺南之安東、義城，海西之長淵、信川，關北之咸興以南六鎮諸邑，皆用一兩牛之車，運穀載柴，往來數百里之間。而制樣粗鈍，不能行遠，專由於未得其法，而亦可見車無不可行之理也。今欲行車，莫如取法於中國。先令諸軍門及兩西監兵營義州等處，送付車工於燕使，模來諸車之制，各造幾輛，先使行用。各見便利，則列邑效之，他道效之，富户效之，不過幾年，遍於一國，而其利之博，不可勝言矣。試言其大者：一則商賈轉輸，百貨流通也；一則貢獻賦税，雇賃費省也；一則馬力不困，騎馬可裕也。以至戎車備而武威自壯，傳車成而馹騎少閒，水車行而田野大闢矣。且以使行言之，三價所帶驛馬刷馬，至於數百匹之多。及到柵内，歲幣乾糧，輒雇車運，其直費銀數千，此皆逐年尾閭之洩也。豈若我車我載，可行可止，既賓雇賃之費，又除遲淹之弊，利害豈不較然乎？誠自灣府較量使行馬匹，造成幾輛輕車，以備載運往來，則所把之馬，可減三五之一，而彼之雇價，因此自除。

二曰甓法。

蒸土爲城，堅不可拔。

計一年造車之費，不過捐數年雇馬之資，而永除無窮之費矣。『易』曰：『不言所利大矣哉！』王政不必言利，而節用所以愛民，苟便於民，則國受其福矣。此所謂不言之大利也。故一行車制，則國不期富而自富，民不期足而自足，兵不期强而自强矣，豈少補哉！惟是治道之政，不無少費，而嶺阨橋梁，則自官治之，衢路阡陌，則使民修之，不過一號令之間耳。『詩』曰：『彼岨矣岐，有夷之行。』又曰：『周道如砥，其直如矢。』治道一事，亦是王政所先，不獨爲行車地也。二曰甓法。夫甓之所起，不見於經傳，而陶器肇於虞帝，瓦屋始自夏後。則燔土之法，瓦甓一也。以甓爲城，亦未知昉於何代，而城之爲文，從土從成，蓋謂築土以成也。甓之爲文，從壁從瓦，蓋謂以瓦成壁也。城者墻壁之大者也。『易』曰：『城復於隍』，言城崩而復於土也。『詩』曰：『土國城漕』，亦見城以土而不以廣石也。所謂土築者，不當以散涣之土，成仡仡之墉也。都城百雉，見於春秋，雉堞之形，非燔土則不可。由是觀之，甓之爲城，厥惟舊矣。史言：『夏王勃勃，蒸土爲城，堅不可拔。』蒸土者燔甓之謂也。秦之長城，曾聞用甓，而猶未之詳。臣於今行目見舊城之周絡山頂者，皆是甓也。夫巫閭之石，不可勝用，而必用甓焉者，誠以甓之勝於石也。蓋石非不堅也，惟其太堅，故可斲而不可礱。萬石之衆，長短不可盡齊也，累仞之築，縫線不可盡合也。風雨之所蕩擊，丸礮之所撞撲，一石或缺，全堞皆動。曷若燒土爲甓，範出一型，長短廣厚，均齊方平，千層萬疊，鑿鑿相合者乎？夫如是故内而宮城都城，外而州府郡縣，小而烽臺譙樓，虹蜺之門，睥睨之宇，皆用甓築。其制則一縱一横，長短互錯，若左若右，厚薄齊等，犬牙相啣，魚鱗相聯。而兩甓之交，填以泥灰，混合膠固，泯然成石。直如斤削，滑如礪磨，雖猿猱之捷，不可攀緣，其堅完精緻，非累石之比也。夫以中國之富，築城之法，大抵如此，則古人規畫之意，豈徒然哉！甓之爲用，不寧惟是，宮室焉，倉廒焉以此，墻壁也，階庭也以此。花甎紋甃，錯落枝梧，機巧百狀，不費人工。故大廈之材，不過棟椽牕牖而已。用木既寡，釘鐵隨省，其費至簡，其制極完。外絶穿窬之患，傍無延燒之憂。官舍民居，亦惟甓是賴，甓之爲器，豈不大哉！其利之博，正與車等矣。蓋嘗思之，車者以木爲質而成器於金，甓者以土爲質而成器於火。此乃天地生成之材，爲生民之大用者也。

取于無禁之土，成於不窮之薪。

三日牧驢羊。

故『虞書』曰：『水火金木土穀惟修』；『春秋傳』曰：『天生五材，民并用之。』生之者天也，修之者人也。古昔聖人觀象制器，備物致用者，皆所以財成天地之宜也。且夫車者形圓，而以動爲用，甓者形方，而以静爲利。方圓動静，而陰陽具焉。一陰一陽，而萬化生焉。此殆天地造化之寓於器，而自然爲萬世生民之利者，實非人力所能爲也。況甓與車其利雖均，而其費至微。取具於無禁之土，責成於不窮之薪，是真斯民之無盡藏，而天下之所公共者也。惟我國不能用焉，豈無土也，豈無薪也，人顧不用耳，寧不惜哉！臣於今行目見甓窰，大略如我國之瓦窰。而所燔之土，亦與瓦同，處處在在，初非難得。至於印割燔造，别無奇方，而但爇火之法，非燒乃蒸。故一窰之薪，不過蜀黍幹數十擔而足，其費可謂至薄矣。史所稱蒸土云者，誠得其實，而古人名言之不苟蓋如此。然則用甓之易，尤非用車之比。臣請亦令軍門遣人取制於燕行，如法蒸造。先從宫城始，隨缺改築，仍頒其制於諸道，凡關防州郡有城而當修補，無城而可新築處，悉令用甓。而捄築之法，一倣華制，其爲固國壯圉之道，豈不大哉！至若公私室屋，生民日用之資，乃是次第事耳。三曰牧驢羊。夫地上之用，莫大於牛馬，故以畜物之微，應乾坤之象，聖人之重之也如此。然牛馬之生息有數，生民之需用無窮，必有以繼之，然後斯乃不匱。繼之維何，驢羊是也。蓋驢羊者馬牛之同類異族也。故三牲之享，柔毛亞於大武；四牡之馳，劣衛或補下駟，此亦畜物之良者也。古禮國君無故不殺牛，而我國之俗，宰殺無藝，蓋由賓祭之羞，無物可代故耳。特以牛產素蕃，不至絶乏，而農家耕犂，每患不備。今若多畜羊羔，以代俎實，則牛不過耗，而耕有餘耦矣。況羊之爲物，最稱易生，列於六畜，偏於四方，皮毛腸角，靡不中用。故臣於出疆之前，已有陳白，今行略有貿來。而每年曆貢之行，邊門之市，輒令和買，漸致孳息，則可以救萬牛之命，開三農之利矣。驢之爲物，健不如馬，而性馴易使，價輕易求。故中國之人，家家畜之。以之駕車，以之載物，以之服犁，或令磨粟運水，惟意指使，如僮僕然。其代人勞而分馬力甚大。至若騾者，出於驢而健於驢，真同雀生鸇而貙生狼也。任重致遠，兼牛馬之長。故明皇幸蜀，常乘青騾而疾馳。宋之姚平仲乘白騾，一日踔八百里，信蹄物之奇品也。況又其性易長，墮地半年，輒勝騎馳，故華人之愛之也，有甚於馬。我國驢騾雖有自北來者，未嘗孳長，力盡而斃，是不閑牧畜之過也。誠能多貿燕市，放諸牧場，取其種息，以備國用，則服乘有餘，戎馬自足。而車制若行，用以駕載，可當牛馬之半。商旅流行，民蒙其利矣。大抵畜牧之政，費少而利遠。畜驢羊乃所以畜牛馬也，牛馬蕃則民富而兵强矣。

四曰禁銅器。

四曰禁銅器。且觀中國之法，不但銅也，惟鐵亦不妄用。農具之外，雖於宫室之構，專用土木，用鐵至少者，蓋以鐵是兵器之材也。欄檻廳壁，皆需瓦甓，盤盒櫃篋，多用紙皮，用木至少者，蓋以木是舟車之材也。筆管烟莖，亦用蘆藤，而不用竹者，蓋以竹是箭弩之材也。此皆中國理財之法，古今相傳之秘訣，百姓日用而不知者也。國安得不富，民安得不阜，兵安得不强耶！至於耕織碓磑之具，筆墨膠漆之類，亦是生民日用之不可闕者。而簡易精利，皆有自然之巧，不易之矩。經曰『智者刱物，巧者述之。』百工之事，皆聖人之作也，豈不信歟！中國者聖人之舊居也，制作之妙，所由來遠矣。臣於禁銅之利，竊有推類而默契者，並此附陳焉。謀國計者，皆不可不知也。

五曰罷帽子。

五曰罷帽子。夫交隣互市之法，各以所有，易其所無，欲其兩利而俱便，可久而無弊焉耳。宋與夏市,以茶易馬,元昊尚幼,諫其父勿許。當時識者憂其爲他日患,亦可見互市之不可不慎也。今我西北之市,便同貢獻,不可較挈多寡。而至於使行時商譯交貨,則一從和買之例,不可不計其得失也。我國所挾之貨,惟銀爲長物。而前時倭銀通行,將此入燕,既去既來,如環之轉,故雖有物貨之貴賤,貿遷之輸贏,而本國自無所失矣。挽近以來,倭銀路絶,代送曠銀,是則一渡鴨水,永不還來,殆同投金於淵,非計之得也。以故國中之銀貨日耗。試以臣行言之,員譯包銀,大半空虚,商貨之涸枯,可推而知。爲今之計,政宜稍節北人之銀,以備逐歲之貲。而盤纏公用,不可減也,譯員定額,不可缺也,無寧就其交易之物,換來實用之需,則猶不失互市之本意也。蓋惟是帽子一物,最爲無用之費,耗國漏財,莫甚於此,不可不急塞其孔也。帽子者經史之所不載,天下之所未有,而獨我國用之。男子則冠上加冠,已失禮意,婦人則非笄非巾,實爲無稽。不過爲禦寒之資而已。只爲禦寒,豈無他物,而何必遠求於異國乎?中國則無所用之,故遼商一肆,聚毛打造,專售我國,坐收大利,豈不爲華人之所笑乎!一年帽價,動費鉅萬。以不貲之六曰肄華語。

華語之不可不習。

活貨，易無用之毳物，甫經秋冬，弊而投地。今年如此，明年如此，山川之寶藏有限，天下之氊毛無盡，將何以繼之乎？臣謂亟罷帽子之貿，仍下國中之禁。而入燕之包，代貿有用之物，如騾馬布絹之類，則庶有補於利用厚生之具，而日計不足，歲計有餘矣。至於帽稅之充補公用，稍爲通變之端，惟在廟堂之商確區畫耳。六曰肄華語。夫漢人之語，即中華之正音也。一自晉代以後，五胡交亂，方言屢變，字音亦僞，而猶可因其似而求其真矣。我國之音，最近於中國，而羅麗以來，既無翻解之方，每患通習之難。惟我世宗大王，睿智出天，獨運神機，刱造訓民正音，質諸華人，曲盡微妙。凡四方之言語萬竅之聲籟，皆可形容於筆端，雖街童巷婦，亦能通曉，開物成務之功，可謂發前聖之未發，而參天地之造化矣。以此翻出漢音，迎刃縷解，於以諧字韻，於以叶聲律。故當時士大夫多通華語，奉使迎詔之時，不假譯舌，酬答如響。及至壬癸之際，如乞靈辨誣，國之大事，多賴其力，華語之不可不習也如此。挽近以來，漢學之講，便成文具，能通句讀者絶少。故使臣之與彼相對也，耳褎而口噤，片言單辭，專仗象胥。所謂象胥，亦堇解街巷例話而已，將何以通情志盡辨難乎？今幸兩國交好，使事無阻，而設有奏請陳辨之事，則恐無以責辨，非細憂也。至於蒙學一科，徒擁虚名，全不講習。蒙之與我，今雖不與通信，而疆域甚邇，兵馬最焊，他日之事，有未可料，庸詎忽而不省乎？臣謂董飭譯院，嚴課諸學，激勸有方，從以賞罰，期使通熟。而學士之被選漢學者，亦宜申明科條，專意肄習，俾養專對之才焉。噫！天下之平久矣，不幸值疆場多事，冠蓋旁午，國之輕重，繫於辭命。若不及此閒暇，預爲之備，則將何以應卒乎？語曰：『醫不儲藥，無以治急病；農不溉種，無以食嘉實。』言物不可不素具也。又曰：『水則具車，旱則具舟。』言事不可不早圖也。爲國之道，亦如是矣。今臣所陳，俱是切近易知之事，初非闊遠難行之法。車制則故相臣金墳嘗陳使臣乘轎之弊，請令乘車，以寬駟騎之力。甓法則故相臣李恒福盛稱城郭之制，亦言燒造之易，並載遺集。先輩有識之論，槩可見矣。其餘一二通變之政，亦非有咈於人情，而實爲民國經遠之謨。伏乞聖明恕其煩猥，而留神澄省，詢於卿士，採而行之，則庶有補於足國裕民之道矣。」上下其疏於廟堂，使之稟處。備邊司啓言：「車制刱行事，車之爲用，兩國通情，專在語言。

實關民國，請令各軍門另擇巧藝之人，節使赴燕時，使之帶去，各樣車制，一一模來，效而行之。土甓燔造事，燔甓之論，自古有之，而未得其要。有意模試，請令軍門取制於燕中，詳探燔造之方，以爲需用之地。驢羊畜牧事，先使灣府貿來驢羊略（若）千頭，驢則放牧於閑曠牧場，羊則分屬於關西各邑，倣彼牧法，以爲廣殖之道。至於銅器禁用事，爲補鑄錢之需，永禁行用之需，則不無生擾之慮，請置之。帽子禁貿事，使行公用，專靠帽税，請待税代區劃更商處之。華語肄習事，兩國通情，專在語言，請申嚴譯院舊制，修復三學講規，飭文臣習華語，勸象胥熟蒙學，俾無如前抛棄。」從之。

附：八月壬午，盛京禮部咨曰：「乾隆四十八年八月十四日，准行在禮部咨開，據情代奏事。本部具奏，内開八月初三日，准盛京禮部咨稱，准朝鮮國王咨稱，伏承皇上駕臨盛京，時值聖節，幸際塗山執玉之辰，佇效唐臣獻鑑之忱。東土群情，舉懷欣聳。謹替一价賤使，兼修兩度賀儀。菲物別具於土貢，葵悃猥陳於琅函。恭修起居之禮，且伸舞蹈之情。瞻天虎拜，指日鰲抃。廼者獲奉貴部知照粘單，皇上前往盛京日子，改期於八月十六日。竊念小邦皇旨。

區區盡誠之道，惟有儀物之享，慶賀之禮而已。啓鑾日子雖在萬壽令節之後，呼嵩一念，炳然如丹，不敢以行幸之改期，有所自阻。況於鄙价裝發之時，致齋之潔，選日之良，躬率臣僚，百拜遠將。星軺在途，罔敢留滯。載馳載驅，將涉中土。文字將塵於乙覽，理難追改；貢獻式遵於方物，禮宜兼進。茲庸不避煩瀆，仍令依前趕到。擬待駐蹕之日，俾展祝華之悃。爲此合行咨請照詳施行等因，相應將朝鮮國咨報接駕貢獻之處，咨明行在禮部等因前來，理合據情恭摺代奏代候，命下臣部，行文盛京禮部照例辦理等因。於乾隆四十八年八月初六日奏本日奉旨：『朝鮮列在外藩，勤修職貢，最爲恭順。今以朕臨幸盛京，遣陪臣賫表修貢，迎駕請安，並祝萬壽，藉抒忱悃，甚屬可嘉。届時當加恩賞賚，以示優眷。着禮部堂官傳諭知之。欽此欽遵。』相應行文盛京禮部，欽遵諭旨辦理等因准此，相應知照朝鮮國王欽遵可也。」

附：九月辛丑，瀋陽問安使李福源等在瀋陽馳啓曰：「臣等七月三十日到瀋陽。八月十三日，詣大政殿行聖節望賀禮。九月初二日，行在禮部移咨盛京禮部內軍機大臣面奉皇旨，盛京官員，初七日祇迎於噶巴街，朝鮮使臣乾隆皇帝上諭。

乾隆皇帝祭昭陵。

乾隆皇帝賜國王御書七律等。

初五日祗迎於老邊城卡倫門外事知會。故臣等當日馳進老邊城待候。皇帝到臣等祗迎處，令臣等進駕前，問國王平安，年事豐歉，言笑款款，顯有和悦之容。皇帝入幄營後，召臣等至幄外，以皇旨賜酪茶。初六日，皇帝自老邊城離發，前進大台，臣等還瀋陽。十一日得見行在禮部移盛京咨文，則初五日奉上諭：『朝鮮列在東藩，忠貞世篤。歷届臨幸盛京，並朝貢之禮。此次朕恭謁祖陵，原定期在盛京過萬壽，該國王情殷感戴，奉表修貢，於七月間即先遣陪臣，在盛京祗候，迎駕請安，恭祝萬壽。着照例加賞，并御製詩一章，用昭優眷。所有陪臣及隨從人等，守候日久，着照上次加賞之例，再行加倍賞賜，以示朕柔惠遠人有加無已之至意』云。十七日，皇帝祭昭陵後，仍進盛京宫。有正副使臣來待之皇旨，故臣等馳進。則鴻臚寺卿明喜，引臣等使立於大清門之右翼門。少頃，軍機大臣和珅、福常安、福康安三人出來，以皇帝御製詩一章，德符心矩一帖，玉如意一副，傳授臣等曰：『皇上特賜國王』云。臣等祗受開見，則深黄畫龍紙，以皇筆書御詩七言四韻律一首，年月下印『古稀天子之寶』及『惟日孜孜』兩御寶；德符心矩帖，即學士彭元瑞所進古稀九乾隆皇帝宴樂之事。

頌，而上有皇帝御製古稀説，下有户部尚書梁國治跋文，俱是搨本；玉如意以降真香造成，而嵌以鏤玉三枚。傳授之際，和珅以爲古稀天子之寶，非出於皇上夸大之意，實有意義存焉。而或慮爾國之未能詳悉，并賜此帖，見此則可知皇上聖意云。仍令臣等謝恩。故行三跪九叩禮後，使任譯致語於和珅曰：『皇上恩賜，實係曠世異數，小邦君臣，頂戴感祝，非言語可諭』云。則和紳又以皇旨使臣等賡進，故臣等退歸館所，各賡一首，送納于軍機處。皇帝御製詩及德符心矩帖、玉如意，臣等復命日，謹當奏御。而御詩一通，先爲繕謄以上。御詩賫去時，沿路迎接之儀，一遵戊戌年皇筆賫去時例舉行。事關飭義州府尹平安監司處。二十日，因禮部知會，臣等與書狀官正官詣崇政殿西庭，另爲一班，立於盛京諸官之後，參陳賀。王公大臣陞殿賜茶時，臣等亦令入參，出於特例云。行禮時，兩班整肅，終事無一喧譁。堂上堂下樂雖未詳，曲譜節奏，略有雅樂之意。禮畢，臣等退待於大清門外。宴禮時至，通官引臣等進詣大政殿西堦上。東西班皆已來會，宴桌亦已排列。少頃，皇帝乘黄輿至大政殿，臣等隨東西班諸官降階祗迎。皇帝陞殿，各就座。大臣進酌，諸臣宣醞，堂下樂止。殿上有豹皮衣者數十人，或奏樂，或唱歌，或齊聲和之。又有起舞於楹内者四五對。舞者是進酌大臣云。舞退，設角觝戲於階下。戲畢，皇帝還宫。東西班諸臣皆於本坐起立，别無祗送之節。諸臣罷退時，宴桌亦不撤。大抵班行之整肅，不及賀禮時，樂音亦甚噍急，不如賀禮時所奏。臣等欲退歸之際，禮部侍郎宜興以爲又將頒賞云，引臣等至大政殿東廊。和珅、福常安、福康安出立，以皇旨頒銀緞，自臣等至正官諸員，及從人騶人等，各有差。蓋是參宴後賞典云。又以筆墨紙硯傳於臣等曰：『此則賡詩後恩賞』云。」

附：冬十月壬戌，瀋陽問安正使李福源、副使吴載純馳啓曰：「皇駕回鑾時，臣等馳進三家子盛京官員齊會處待候。有一官走馬來傳軍機大臣和珅之言曰：『朝鮮使臣宜更爲前進祗迎』云。臣等使任譯傳語曰：『外國使臣進退，只遵禮部指揮。昨日禮部以三家子祗迎知會，故來待矣。今使更爲前進，未知有何旨意？』其官答曰：『此非文字頒出者。而皇上有朝鮮使臣必遠送我之諭，故軍機大臣使俺走報矣。』仍曰：『隨俺而來，則當示祗乾隆皇帝御黄屋小轎。

迎處。』其官即内閣侍讀松筠云。此雖與禮部公文有異，既稱皇旨，故臣等隨松筠前進。未及老邊城數馬場，又有一官傳語禮部侍郎宜興曰：『朝鮮使臣宜於卡倫門外祇迎，此乃皇旨』云云。遂進至卡倫門外待候。皇帝御黄屋小轎至臣等祇迎處，側身諦視，使和珅傳諭曰：『你等今番久留矣。歸去你國，傳問安於國王可也。』皇駕入幄營後，和珅使其屬官送酪茶數十器於臣等及正官以下曰：『朝鮮遠勞，以此爲饋』云。祇送後，臣等坐處與宜興坐處相近，故使任譯傳致感戴皇恩之意。宜興曰：『國王事大之誠極至，所以今番恩典，特爲優渥也』云云。臣等十月初一日還渡江，所經八站及遼瀋等處，今年秋事大抵免歉。今番巡行，令下已久，盛京宫殿之外，道路橋梁，無不一新，公私廨宇，亦多修飾。後宫及年幼之皇孫皇女，亦皆隨來。隨駕軍兵，數不甚多，而輜重之車，運駝載者，連亘道路，不可勝數。兵民勞費，市店收斂，頗有嗟怨之聲。明年南巡，聞以正月十二日定期，姑未知端的與否。」

使臣住北京南小館。

乾隆皇帝賜書「古稀說」等。

甲辰八年（清高宗乾隆四十九年，一七八四）

二月癸酉，回還謝恩正使洪樂性、副使尹師國狀啓曰：「臣等一行，於昨年十二月十三日到北京，住接於南小館。當日詣禮部呈表咨文，則清侍郎德明祗受。臣等傳語於德明曰：『乃者盛京請安使之回，所被皇恩，曠絶今古，叩謝之禮，不容少緩，專價修表，兼進不腆土儀。蓋此事情，已悉於敝邦咨陳，懇乞善爲導達，以便交納』云。則答以曲爲周章云。後聞德明果與朝堂備及委折於清尚書德保，以摺子具奏。則十九日批旨有曰：『今歲秋間，朝鮮國王因朕臨行盛京，特遣陪臣迎鑾祝壽，誠敬可嘉，是以加恩賞賚，并賜扁額詩章及「古稀説」。令（今）該國王接奉後，具表謝恩，兼輸忱進獻方物，尤見恪恭。所有此次呈進物件，非尋常隨表備貢者可比，俱着收受，仍加恩賞賚，以昭優眷。嗣後謝恩表章，該國王務體朕意，仍遵前旨，不必備進貢物。禮部堂官傳諭該國王知之』云云。二十二日，自內務府招致通官及上通事譯官，出給加賞鞍具馬一匹，表緞四匹，裏綢四匹，粧緞二匹，雲緞二匹，貂皮五使臣入保和殿習儀，次日除夕筵宴。

十張。方物雇車如期入來，故二十四日無弊交納。十二月二十一日冬至使臣入來。二十六日與冬至使臣同詣鴻臚寺寺，行正朝朝参演禮。而琉球國使臣毛廷棟、蔡世昌等，亦於二十四日進京，而同時演禮，班次在於臣等之末。每年臘月二十八日，皇帝例詣太廟行辭歲禮，而外國使臣瞻仰於闕内路左矣。今番則因禮部尚書口傳諭旨，朝鮮、琉球二國使臣停止瞻仰。着于二十九日，入保和殿除夕筵宴。并令兩國通官于二十八日黎明，帶領正、副使赴保和殿，伺候演禮云云。故二十八日，臣等與冬至使臣同入保和殿習儀。二十九日，復入保和殿，則命各官參宴。而皇帝御座訖，鳴贊等奉皇旨，引臣等上殿，跪叩於殿門楹外。則命近侍先問『國王平安乎？』臣等對曰：『平安矣。』復問臣樂性年歲，後命退出，還坐於東班。宴桌前動樂呈戲，移時乃罷。本年正月初一日四更，臣等與書狀官季魯春率正官等詣午門前等候。黎明，從右掖門入太和殿庭，立西班末，與各官同時行禮而出。因禮部知會，正月初五日，上辛祈穀祭親行時，朝鮮使臣當爲送迎於午門外云。繼得見内閣所頒上諭，則有曰：『朕臨御以來，祗承寅畏，於郊壇大典，罔不恪恭將事，親詣派皇六子永瑢恭代行禮。

中正殿参宴事。

放花砲盒燈等火戲。

行禮。本年正月初五日，上辛祈穀。因去歲所患氣滯舊恙偶發，登降儀節或愆，轉不足以申誠敬。此次着派皇六子永瑢恭代行禮』云云。故臣等送迎之節，亦隨而停止。南巡之行，定在本月十一日，而禮部知會内，謝恩使臣送駕後，當治發還國，領賞領宴，前期爲之。初七日又下旨曰：『朕今歲巡幸江浙，原擇本月十一日啓鑾，但節候在立春以前，天氣尚寒，着諏吉日二十一日啓鑾』云云。初九日設宴於中正殿，而朝鮮正、副使當入参云。故伊日曉頭，臣等與冬至使臣入東華門，歷過數重掖門，到中正殿前。則殿庭設黄幄，次侍臣列立。俄頃，皇帝乘黄屋步輿，出坐幄次，動樂呈戲，一如前日。而臣等則賜坐於王公之下，賜餅果酪茶熱鍋。皇帝還内，賜正使臣樂性、冬至正使黄仁點各緞十六匹，色囊十個；副使臣師國、冬至副使臣柳義養各緞八匹，色囊六個；到太和門前，行謝恩禮。琉球使臣亦如之。十三日，自軍機處諭四譯館，於十四日未刻，帶領朝鮮、琉球二國正、副使在中正殿賞燈，十五日亮鐘，在保和殿筵宴，未刻到中正殿賞花砲云云。故十四日未時，臣等又與冬至使臣入中正殿前，則皇帝復出御幄次，賜坐賜饌。殿庭放花砲盒燈等火和珅宣諭。

戲，又呈各技。十五日五更，入保和殿，隨參元宵庭宴，如除夕之例。當日未時，入中正殿，待皇帝御坐，看砲燈之戲。因主客司知會，本月二十一日，皇上起鑾南巡，所有朝鮮、琉球各使臣出城預備。二十一日，着館卿通官大使等帶領送駕云云。故二十日午後，臣等與書狀官及冬至使臣率任譯等數人，由正陽門出廣寧門外，止宿於店舍。翼日平明，提督通官等導臣等出待於路傍。俄而皇帝乘步輦到臣等祗迎處，露面諦視，命户部尚書和珅宣諭曰：『爾們回國，以朕意傳言曰：「國王安過。」』仍即過去。禮部之議，以爲向日除夕宴時，皇上已問國王平安，故今當遠巡，又有『安過』之面諭云。當日回到館所。二十四日受回咨八度，離發北京到通州。」

癸酉，冬至兼謝恩正使黄仁點、副使柳義養狀啓曰：「臣等一行，上年十二月初三日到瀋陽。故落留任譯歲幣中紅紬一百匹、生上木三百匹、好大紙一百五十卷、好小紙二千一百一十卷、粘米三石五斗四升，依瀋陽禮部公文，使之呈納。二十一日到北京，住接於西館。當日詣禮部呈表咨文，則漢侍郎莊存與祗受。二十六日，臣等詣鴻臚寺，與書狀官李東郁謝恩三使臣及琉球乾隆皇帝御保和殿，引見使臣。

國使臣，演正朝朝參禮。二十二日，自禮部知會内，除夕宴設行於保和殿，而兩行正、副使及琉球國使臣，特下皇旨，同爲參宴云云。故二十八日昧爽，臣等與謝恩正、副使及琉球國使臣，同入保和殿，演除夕宴禮。二十九日曉頭，又與謝恩正、副使及琉球國使臣，入保和殿庭東班。平明，皇帝殿座訖，引見兩行正使副使，及琉球使臣，陞殿陛上。皇帝問於臣等曰：『爾們國王平安乎？』謝恩正使臣洪樂性謹對曰：『平安矣。』參宴後退出。本年正月初一日五更，臣等與書狀官李東郁及謝恩正使臣率兩行正官四十九員，詣闕入太和殿庭西班，與彼東西班及琉球國使臣一體行禮。初九日未時，臣等又與謝恩正、副使及琉球國使臣入中正殿庭東班。皇帝使内務府官頒餅於兩行正、副使及琉球國使臣。已而皇帝乘步輦出殿，行茶訖，賞賜緞匹於諸王貝勒，而亦及於兩行正、副使及琉球國使臣。正使各賞錦三匹、漳絨三匹、小卷八絲緞五匹、小卷五絲緞五匹、大荷包一對、小荷包八個；副使各賞錦一匹、漳絨一匹、小卷八絲緞三匹、小卷五絲緞三匹、大荷包一對、小荷包六個。宴罷詣太和門，行三跪九叩頭禮，謝恩後退出。歲幣方物，初九日呈納。」餘同謝恩使臣狀啓。

乾隆皇帝還到圓明園。

冬十月丙戌，謝恩兼陳奏使右議政金熤、副使金尚集以封典準請馳聞：「奉旨有曰：『朝鮮於藩服最爲恭順，是以恩賚便蕃，疊加優厚。兹因誕育冢嗣，懇請封號，殊堪欣慶。着準其所請，俾益綿宗緒，永守藩封。』所有應封典禮，該部察例具奏。』前後封典之行，每待議奏始爲旨下，而今番則禮部直爲稟奏，皇帝之不令議奏，特爲準請者，實爲萬幸。皇帝會蒙古諸酋，行獵於熱河，九月二十二日，還到圓明園。二十七日當入京。明年即皇帝即阼五十年，自下諸議云，有稱慶之舉，姑未稟定。回子田五等，今年夏率衆作亂，侵掠城堡。遣太學士阿桂、兵部尚書福康安討平之。回子即西戎之在甘肅省西者，唐之回紇餘種，故或稱回部云。」教曰：「企待之餘，封典竣請。使行到柵，敕行發程，俱在今月旬後云，殊甚欣幸。先來軍官，待入來依例施賞。」

庚寅，關西道臣以義州府尹啓上禮部咨二度，咨文曰：「恭録雍正十三年欽奉上諭：『朝鮮感戴我朝之恩，虔修職貢，甚爲恭敬。凡大臣官員差往彼國者，向有餽送儀物舊例。朕以厚往薄來爲念，若令使臣照例收受，恐該乾隆皇帝上諭。

乾隆二十八年上諭：欽差騎馬，肩輿永行停止。

國不免繁費，若概不收受，又恐該國王以使臣遠涉，缺餽遺之禮，有歉於心。著從此次詔使始，凡餽送白金儀物等項，悉照舊裁減一半，永著爲例。該部即行文該國王，遵此欽此。』乾隆元年，欽奉上諭：『朝鮮歸順我朝，恪守藩封之職，蒙我列祖皇考，怙冒深仁，至優至渥。即如貢獻一節，屢經裁減，厚往薄來，無非加惠遠人之至意。朕即位以來，又將該國餽送使臣儀物諭令減半，以示體卹。乃兆德等於正禮之外，復照舊日陋規，開都請別請兩單，私相授受，其罪固不可逭，而該國王即照陋規應付，亦屬不合。若該國王能體朕心，自當以恪遵諭旨爲恭，不當以私厚使臣爲順也。著禮部行文該國王，嗣後凡有使臣奉差彼國，務宜遵朕前旨，將餽送正禮，如銀兩物件之類，裁減一半。至陋規所有都請別請等項，悉行禁止，不得私與一件，既干功令，復負朕懷遠之恩。欽此。』乾隆二十八年，欽奉上諭：『向來欽差出使高麗，聞入京時，該國王備輿迎候。此固屬國敬禮天朝敕使，以昭恭順，但滿州大臣，素嫻鞍馬，而身膺使命，四牡宣勤，尤不應乘用肩輿，自圖安適。著該衙門行文該國王，嗣後欽差到境上，須豫備馬匹，其舊用肩輿之處，永行停止。在奉使千叟宴。

者，既不耽逸一時，致忘習勞之義，而外藩亦稍省繁文，以示體卹，著爲令。欽此。』凡襲封儀注，既命正、副使。使者將入境，國王遣陪臣祇候。恭迎詔敕龍亭，行三跪九叩禮。見正、副使行一跪三叩禮。至國日，奉詔敕及頒賜器幣安於使館。行禮訖，其陪臣入謁使者，俱三叩，正、副使受之。擇日宣讀詔敕，國王率世子陪臣至館肅迎。奉詔敕於龍亭。行禮畢，國王乘輿馬先回。詔敕龍亭及頒賜器幣乃輿行，鼓樂儀仗前導，正、副使隨行，由中門入。正、副使從奉詔敕升殿，置正中黄案上，奉頒賜器幣陳於旁案。國王就拜位，率世子陪臣行三跪九叩禮，興，詣受詔敕位，跪，使者乃宣詔敕。宣畢奉置於案。國王俯伏，行三跪九叩禮，興，正、副使出，國王率屬出送，乃返。國王世子既受封，親詣使館謝封，宴勞。禮部爲知照事：『朝鮮國王請封世子，正使著派内大臣公西明，副使著派翰林院侍讀學士阿肅。欽此欽遵。』禮部爲知照事：『朝鮮國進獻年貢陪臣，向例於歲週底到京。明正舉千叟宴，中外大小臣工耆庶年逾甲者，咸得預宴，用普壽祺。以朝鮮素稱恭順，比於内臣，其陪臣亦應一體入宴，〔用〕昭寵眷。着禮部即速行文該國王，所有今歲年貢乾隆皇帝加賞別單。

正、副使，酌派年在六十以上者一二員來言（京），俾得預兹盛宴，共沐光榮，以示朕加惠遠邦，優禮耆年之至意。』」

十一月辛未，遠接使趙時俊馳啓曰：「皇帝九月二十六日還自圓明園，有旨：『特差正使西明、副使阿肅，仍令斯速起程。凡千贐物，切勿濫受，以體朕愛恤東藩之至意。』又曰：『朝鮮恪謹侯度，朕甚嘉尚。今番之錫，宜有別般賜物，以表朕意，兼期長壽。其令内庫奉旨舉行』云。而拆見加賞別單，則大殿玉如意一柄，片金二匹，錦二匹，大綵二匹，漳絨二匹，大緞二匹，寧紬二匹，紅洋氊一板；世子宫長壽玉佛一尊，玉如意一柄，湖筆二匣，貢墨二匣，歙硯二尊，絹箋十二束，玉插花器一件，錦椴四匹，裏緞四匹，紗羅四匹。」冬至正使狀啓：「敕行今十六日止宿松站。通官烏林佈、朴寶樹、徐宗顯、玉十泰、太平保，跟役十九名。儀物：詔書一度，誥命一度，節一柄，黄傘一柄，龍旂一對，御仗一對，牌三對。敕行十七日止宿鳳城，計其路程，二十日當渡江矣。」

乾隆皇帝連日加賞。

瀛臺觀冰戲。

乙巳九年（清高宗乾隆五十年，一七八五）

二月甲午，正使李徽之、副使姜世晃狀啓言：「臣等十二月初八日到北京，住南小館。當日詣禮部呈表咨文。同月初十日禮部知會，正、副使以下，當參十五日殿座云。故十三日與書狀官李泰永率正官等往於鴻臚寺，行演禮。至十五日曉頭詣闕，由午門入太和殿庭西班。卯時皇帝陞殿，故臣等行禮退出。十八日禮部奉旨，加賞朝鮮國王玉如意一柄，玉器二件，錦四匹，大緞四匹，閃緞四匹，漳絨四匹，紅洋氈一板，紅羽緞一板，雕漆盒四個。蓋因表文中有進賀表文及方物，故即施加賞云。同月二十日禮部再給十一月十六日奉旨賞賜朝鮮國王仿澄心堂紙二十張，梅花玉版箋二十張，花箋二十張，花綃二十張，徽墨二十錠，湖筆二十枝，朱澄泥仿唐石渠硯一方。此乃皇帝以臣等不日起程，嘉尚而施賞云。二十一日，皇帝於瀛臺觀冰戲。當日曉頭，臣等到西華門外，暹羅使臣序臣等之次。須臾，鑾輿出，問國王平安，臣等對曰：『平安。』臣等步隨至瀛臺邊，有頃，皇帝乘冰牀，狀如龍舟，左右牽紫花閣歲初宴受賞。

拽，沿冰而行。冰上設紅箭，門懸紅心，使八旗兵丁，各着其方色衣靴，底着木片鐵刃，持弓箭跪冰而仰射紅心，有若我國之騎蒭。行至西苑門，因爲入闕，臣等退歸。禮部知會，參二十九日保和殿除夕宴。是日入殿庭，平明，皇帝出御殿上，設獅子角牴雜戲，移時乃罷。本年正月初一日，臣等詣午門等候，黎明入太和殿庭，行禮。初二日入參紫光閣歲初宴。臣徽之處錦三匹，漳絨三匹，小卷八絲緞五匹，小卷五絲緞五匹，花大荷包一對，小荷包八個；臣世晃處錦一匹，漳絨一匹，小卷八絲緞三匹，小卷五絲緞三匹，花大荷包一對，小荷包四個賞賜。因知會臣等製千叟宴詩四韻一首以進，賞賜各緞一匹，絹紙二筒，筆一匣，墨一匣。初六日，臣等入參千叟宴於乾清宮，至有一百五歲之人。皇六子永瑢來問國王年歲，臣等紀。少頃，皇帝御殿上，暫施風樂雜戲，略設湯果，每二人并一桌。賞賜臣等御製千叟宴詩一張，壽杖一根，錦二匹，閃緞二匹，漳絨二匹，各色絹箋二十張，湖筆二十枝，硯一方，商絲茶盤二件，如意一柄，蟒緞二匹，大卷緞二匹，倭緞二匹，貂皮十六張，硃紅綃福方二十張，徽墨十錠，文竹香盒一件，象牙火鏈包一件。初十日，皇帝幸

清高宗乾隆五十年，一七八五

入山高水長閣等參御宴。

天壇，行祈穀祭。禮部奉旨，引使臣祇迎。十二日，皇帝幸圓明園，因禮部知會，詣圓明園。十四朝，皇帝賜退膳，因知會入山高水長閣參御宴。庭設西洋鞦韆及各國雜戲，燃燈設砲。十五日入正大光明殿參元宵宴。和珅奉旨招臣徽之陞殿，坐於諸王貝勒之下，賜饌。又入山高水長閣，參燃燈宴。禮部奉旨，十九日更爲來待，故即還館中。十八日，臣等又到圓明園。十九日，入山高水長閣，皇帝自閣中出御殿閣簷下，設各戲棚燈。和珅自殿角出，引臣等二人至御床下，行叩頭禮，即曰『國王平安云，爾等須知之』。又詔『爾們年老，連日參宴，得無勞憊乎？』臣等叩謝。有賜饌，即爲掇給於暹羅使。而臣等處，再給御桌。退饌，命臣等隨入慶豐圖。抵數馬場，乘船而行一里，登岸數百步入殿庭，庭有若干燈戲，雙林引臣等出。二十二日領宴領賞，二十五日起程。禮部奉布告敕書來館所，臣等祇受，即登極五十年稱慶頒詔也。禮部又出付加賞朝鮮國王賞緞六十匹，粧緞十匹，宮絹十一匹，永綃三匹，羽緞十匹，冒緞七匹，裏紬三十匹，合一百三十一匹；敕書一度，上諭一度，御製千叟宴詩一首，臣等應製詩二首，暹羅國表文一度，謄報備局。二十五日，暹羅國漢字表文。

受回咨。二十七日離發北京。」上諭：「朝鮮國於藩封中臣服最久，每遇萬壽、元朝、冬至、年節，俱備方物進呈。朕鑑其忱悃，俱令該衙門收存，仍優加賞賚。此外遇有奉賀奉謝及陳奏等事，亦均有隨表貢物，向例皆稱不收受，準爲下次正貢，并經降旨，令作尋常陳奏事件，不必再具貢物。而該國王仍前備進，以致備抵之物，轉輾存積。在該國王恪守成規，固屬恭順之道，但存積日久，轉相抵計，且仍有餘出者，非朕厚往薄來、體卹屬國之意也。所有朝鮮國歷年留存各物，竟着該衙門悉行收受，仍案照原物，從優加賞。嗣後該國於每歲正貢及如千叟宴等類特舉曠典，自應照舊備物呈進，朕亦必收受，厚加賞賚。此外凡遇尋常奏賀奏謝陳奏等事，祇須備具表文，其隨表貢物，該國王務仰體朕意，恪遵諭旨，概行停止，毋事多儀，以副朕柔惠遠邦以實不以文之至意。該部即行文該國王知之。欽此。」漢字表文：「暹羅國長鄭華叩首叩首，上貢大皇帝陛下萬歲萬歲萬萬歲。伏以皇恩浩蕩，澤及遐荒，聖德宏敷，光臨海隅。今故父任政暹羅，遣使朝貢，業蒙容納，不勝榮幸。何期更邀隆遇，格外加恩，懷遠屬國，無微不照，使華感激無地，補報無門。茲華暹羅國進呈貢物目。

繼嗣父業，當續父志，供奉貢典，不敢少忽，聿修厥職，永效忠誠。但華僻處海隅，遐荒粗定，今備方物，來朝貢禮，誠難合式。俯思鴻慈，鑑華悃忱，必沾涵育。茲謹虔備金葉表文，公象一隻，母象一隻，龍涎香外一斤，內八兩，金剛鑽外七兩，內三兩，沈香外二斤，內一斤，冰片外三斤，內一斤八兩，犀角外六介，內三介，孔雀尾外十屏，內五屏，翠皮外六百張，內三百張，西洋氈外二張，內一張，西洋紅布外十匹，內五匹，象牙外三百斤，內一百五十斤，獐腦外一百斤，內五十斤，降真香外三百斤，內一百五十斤，白膠香外一百斤，內五十斤，大楓子外三百斤，內一百五十斤，烏木外三百斤，內一百五十斤，白荳蔻外三百斤，內一百五十斤，蓽撥外一百斤，內五十斤，檀香外一百斤，內五十斤，甘蜜皮外一百斤，內五十斤，桂皮外一百斤，內五十斤，藤黃外三百斤，內一百五十斤，蘇木外三千斤，內一千五百斤，特差貢使帕史滑里那突朗喎汶悉呢霞喔撫突朗扶察那丕汶知突汶丕匹滂遮辦事甸赴恭進金闕，懇蒙容納，華不勝感激榮幸之至。冒呈。」

甲午，謝恩正使朴明源、副使尹承烈狀啓曰：「臣等正月二十六日到北劉墉等建太學辟雍。

乾隆皇帝賜仿宋板五經等。

京，住接於南小館。當日詣禮部呈表咨文，漢侍郎陸費墀祗受。臣等聞皇帝曾於再昨年間，命户部尚書劉墉、禮部尚書德保、工部尚書金簡建辟雍於太學之西，將以今二月上巳日，親行釋菜，仍幸辟雍講學。二十八日，禮部知會，諭旨二月初七，朝鮮使臣接駕觀禮，令臣等先參演禮。故二十九日臣等詣國子監。禮部尚書德保坐於辟雍内，另致款洽曰：『謝恩方物，庚子聖節陳賀之行，下旨蠲減。嗣後非如千叟宴等盛舉，則無得更進方物。該部既奉聖諭，今番方物，亦係謝恩，有難收受云。』故臣等又曰：『今番封典，實係小邦之慶。仰感皇上之恩，一分展誠之道，惟在方物，若不得呈納，則職等無以歸奏國王。』尚書曰：『當以此意轉奏』云，故臣等仍爲辭退，遍觀辟雍殿，仍參演禮。本月初二日，因知會又參演禮。皇帝覽謝恩表文，下旨曰：『覽王奏謝，並隨表貢獻方物，俱見悃忱。所有貢物，該衙門知道，着加恩賞賚。再前遣使西明、阿肅回京復命，具奏該國王即席賦詩，頗知好學，並所賦詩章呈覽，朕閲之，深爲嘉奬。着加賞内府仿宋板五經全部，並筆墨等物，以示優眷。此乃尋常優賚，不必專使謝恩。欽此。』自内閣特頒仿宋板五經全部十乾隆皇帝御辟雍講學。

二套，硯一方，花箋紙二卷，徽墨四匣，湖書四匣，嵌玉如意一柄，文竹盒四個，玻瓈器四件，磁器四件，羽緞四匹，程鄉繭四匹，紅絲寧紬四匹，紅氊氇四個，禮部招任譯傳給，故臣等一一祗受。賜物謝恩表文二道，俱以『覽王奏謝，並隨表貢物，已有旨了，該衙門知道』，旨下。初七日五更，臣等與書狀官臣李鼎運任譯三人，詣辟雍殿庭，則別設臣等之班於兩班之後，舉人之前。黎明，皇帝親行釋奠祭，仍御辟雍講學。東西班數百人，貢生、監生、舉人、秀才入庭者數千人，孔子七十二世孫世襲衍聖公孔憲培，亦自曲阜縣來參，俱行三跪九叩禮後，始令臣等行一跪三叩禮。殿上參講諸臣，俱賜酪茶一巡，臣等及任譯處，亦賜酪茶一巡。東西班及貢生、監生、舉人、秀才等處，無賜茶之事。少頃，皇帝罷講，仍幸圓明園。臣等仍於班次行祗送禮，皇帝自轎內顧視曰：『此是朝鮮使臣乎？』侍臣對曰：『然矣。』侍臣即大學士和珅。初九日，行臨雍筵宴於禮部，令臣等來參。故臣等亦爲赴宴。與宴者即衍聖公及大學士各部堂官、國子監官員、先賢後裔，計爲三百三十餘人。」別單：「一、方物雖是禮部所管，例於交貢日，内務府官員計數受納於太和殿前廊各上敕不解文字，難以筆談。

庫而已，禮部堂郎初無會衙之事。 故臣等於表咨文呈納禮部時，與侍郎陸費墀相對而立，使首譯洪命福傳言於侍郎曰：『今番封典，既出特旨，格外珍賚，尤係異渥。 竊照外國稱謝之節，方物一路外，無他展誠之道。 菲薄土宜，不過按例而止，國王不勝歉悵，申申教諭使職等面陳於貴部大人矣，故敢此冒煩致敬。』侍郎答以『貴國事大之禮，不在於方物，今此按例之貢，誠爲得宜』云。 辟雍演禮日，臣等與書狀官李鼎運及首譯洪命福、上通事趙達東等，仍與禮部尚書德保相見。 尚書先布皇帝柔遠之德，仍致慇懃延接之意。 故臣等使首譯傳言於尚書曰：『欽差臨宣小邦，皇恩曠絶千古，便蕃珍貺，迥出尋常。 國王以不得別修進貢，恭伸謝悃，益切耿耿，申教職等，俾陳此意矣。』尚書曰：『方物固有先定之例，貴國不須另進。』一、臣等入燕以後，連因敕使之有公，故使首譯先送略(若)干幣物於上敕西明家。 仍與約會初二日辟雍演禮罷後，臣等與書狀官臣李鼎運直詣上敕家。 上敕出重門外，延入客室。 臣等揖讓再三，上炕而坐。 上敕素不解文字，難以筆談，故使首譯傳言曰：『大人遠臨小邦，平安還朝，深爲欣幸。』上敕答曰：『托庇好好歸來矣。』臣等入京次日皇上引見。

曰：『一自大人回旋之後，國王未嘗弛慮，特使職等躬造貴第，奉候起居矣。』上敕曰：『俺們在貴國時，多蒙國王厚待，今又使三使臣特爲俯問，誠極感謝矣。正月十六日入京，十七日皇上引見。故俺與副敕以貴國款待等節，一一詳奏。頃於首譯來訪時，詳細言及，果已聞知否？』臣等曰：『首譯來傳，故果爲詳聞。而大人以小邦事，跋履原隰，小邦接待，未免齟齬，國王以此爲念。大人曲賜恕諒，反命之日，善爲奏達。今番謝恩表所下皇旨，極爲鄭重，特頒内府書册筆墨等物，此莫非兩大人開奏之力也，其爲銘感，何可容諭。首譯所傳之外，若有可聞皇旨，并賜詳道何如？』上敕曰：『此外貴國山川、飲食、宫殿大小，無不細詢，俺等亦隨問仰奏。皇上曰：「宫殿比諸吾之太和殿何如？」對曰：「何敢比擬於太和殿乎！」皇上又問：「何如勤政殿？」對曰：「亦不及遠矣。」勤政殿皇上視事之便殿也。』仍向首譯言曰：『皇上所賞之物，何物也？』首譯歷舉物種以答，則上敕又曰：『皇旨中墨刻皇筆事，亦有所提者乎？』首譯答曰：『皇筆一款無之，而皇旨中有曰：「前遣使某某回京後具奏」云云矣。』上敕曰：『然乎？皇筆一帖，亦爲進覽，而皇上果還給俺內閣學士車馬填門，無隙可通。

們矣。』臣等曰：『國王因副敕大人詩句，始知皇上得五世元孫，而禮部無知會文蹟，小邦不得奉表稱賀矣。』上敕答曰『天下各省，俱無奉表稱賀之舉，而亦無言端，故不敢轉達矣。』仍設饌勸酒，意甚款洽，以至隨去下屬，亦皆饋饌。臣等所送之物，上敕再三稱謝，臣等曰：『土宜菲薄，何足稱道。』臣等仍爲辭歸。一、副敕阿肅連在圓明園，正月二十九日，始爲還歸。而首譯前此屢往虛還，副敕知其虛還，送家丁言曰：『初三日以前，連有事故，初三以後，當邀見云矣。』初二日特除內閣學士，車馬填門，無隙可通。首譯歷數日伺候，初五日始爲招見，接待甚厚，慇懃叙話。首譯先傳三使臣名帖，兼致如（若）干幣儀。則副敕以爲『向來貴國所贈既甚夥，然今何可更受使臣之厚禮乎？』笑而受之，仍曰：『三使臣奉國王命欲來見，則明日公退後，可以相邀。而俺等入侍説話，有箚録者矣，明日使臣相見時，當面傳云。』初六日午後，副敕果送人邀之。臣等即與書狀官臣李鼎運詣副敕家，則副敕着上衣，俱朝珠，出迎中門外，引入書軒中，設四椅子，每椅各置高桌。副敕立西邊椅子前，揖臣等就椅先坐，臣等再三推讓。副敕以爲上國接賓之禮，本自如此，舉乾隆皇帝御極之五十年。

手因（固）請，臣等力辭不獲，仍爲就坐，使首譯傳言曰：『皇華遠臨，輶車穩返，深爲欣幸。』副敕答曰：『托庇好好歸來，而僉使臣長路跋涉，想亦勞止。』臣等曰：『大人還朝未幾，旋蒙晉秩，恭喜恭喜。』小（少）頃，副敕使侍者鱗次設饌，殆滿一桌。副敕下椅執酌，臣等仍詣筆談，書狀官書示曰：『國王自別星軺之後，聲光漸遠，嚮慕深切，謹使職等躬詣門屏，敬致耿結之意，兼候原隰之勞矣。』副敕書答曰：『三位老大人降宅，得接光儀，實爲厚幸。上年（往）貴國叨王厚惠，至今感切於懷。復命之日，陪（倍）細陳奏，粗具一紙，以便三位老大人復命啓王。』書狀官書示曰：『今年即皇上御極之五十年也，當海内稱慶頌韶之日，大人復命，又在此時，仰惟歡忭深切。況小邦偏被鴻私，前來陪臣，既參千叟盛宴，明日職等將覲臨雍上儀，舞蹈之餘，繼之以榮感矣。頃蒙芝蓋遠辱，華誥誕宣，小邦之人，獲覲君子之儀範，厚承德意，供億齟齬，曾又不能略表情悃，國王不勝歉悵。而大人過加稱賞，至有歸奏之舉，益仰繾綣之盛意也。』副敕書答曰：『國王加厚敕使，皆念皇上屢及恩澤，若此等壅於上聞，不但負王美德，臣子事主之初心，亦當有愧。是以不揣冒昧，國王詩思高妙，皇上命謄入覽。

俱以實入告，何敢當老大人之稱讚也。』書狀官書示曰：『大人盛什虹光貫月，鰈域生輝。國王謹步瓊韻，廼蒙大人歸奏天陛，至有嘉尚之聖諭，兼侈便蕃之珍貺，事曠往牒，榮溢左海。苟非大人盛眷，小邦何以得此於皇上耶？謹當歸告國王前矣。』副敕書答曰：『王雅度雍容，詩思高妙，敬慕之下，於召對時，背誦王佳章，未免作書生迂態。仰蒙皇上命謄入覽，深入嘉奬，王之學問，自當得聖明洞見矣。我輩何能，不敢當大人過譽。』仍向首譯言曰：『國王詩章，不但皇上稱賞，諸皇子及軍機大臣，無不謄見傳誦矣。』書狀官書示曰：『今此封册之典，係舉國臣民之顒望。特旨準請，亟命頒誥，殊渥逈出於尋常，珍賚至及於貳邸。國王感激銘鏤，思欲別修謝悃。而外國稱謝之節，方物一路外，無他展誠之道。不腆之幣，不足以酬報絲毫；盈尺之表，不足以仰謝萬一。果有以見諒，而爲之替奏否？』副敕書答曰：『此事於召對時，開首即奏。旨查向例，國王有謝貢，俱準作正貢，未免拘泥。嗣後交軍機諭該部，不必拘泥故套，一切核實辦理。』書狀官書示曰：『皇恩愈往愈摯，不勝感激，謹當歸奏國王矣。』書狀官又書示曰：『大人於安州問安使之還，薦枉朝鮮藥料多從中國貿取。

華翰，中使不敢專撥，躬自賫來。瓊函纔到王城，仙槎已到鴨江。國王欲修回敬，無以及矣。瞻望行塵，尤增悵黯。謹令職等面致此意矣。』副敕書答曰：『感王垂念綿長，足使人敬佩無已，阿肅頓首再拜。』書狀官書示曰：『小邦藥料，專靠上國，每年使价之回，内醫院所需，貿取以去。至於肉桂、藿香兩種，坊肆所售，俱非珍品。仄聞此兩種南徼所産，肉桂則交趾爲最，藿香則安南居甲云，然否？』副敕書答曰：『肉桂出交趾，安息則出安南。此二種爲極品。「本草」註：肉桂引火歸元，味甜而香。今廣西省潯州府多生此種，味辣而辛，與交趾大遜。安息化痰爲水，「丹經」曰：焚之其香除鬼留仙，服之能啓（起）死還生。藿香中國各處全有，但能清暑，别無可取。』時舉燭已久，更柝屢傳，臣等起而辭歸。副敕復至椅前，握手致款曰：『俺當回謝館所。』仍送之重門。臣等每遇一階一門，輒舉手勸入，副敕終不還入，踵至外門。臣等曰：『職等不過小邦一陪臣，何敢當如此厚禮乎？』副敕曰：『國王每於接見之時，先使俺等乘轎。今念使臣以國王命來見我，三使臣乘車，然後我當還入云。』還歸館所，副敕箚録一件，以原本並爲呈上，以備睿覽。一、今番敕行，隨來通官烏林佈、朴寶樹、徐宗顯、太平輔、玉十泰等五人，臣等到燕後，即爲招致，以傳教慰諭。三使臣各以紙扇丸藥等屬給之，則渠輩皆以爲敕行既蒙無前之澤，入京又荷勞問之恩，惶感之極云。一、通官朴寶樹來言於首譯曰：『渠於日前往圓明園時，見禮部尚書德保，則德保以爲近來皇上特軫朝鮮，格外之恩，愈往愈摯。國王所和詩章，亦被皇上睿覽，下旨嘉獎，特頒書籍，曠前盛事，吾亦有光矣。國王詞學，令人欽歎，故吾方步韻送贈使臣。不但使臣同見而已，若以此詩轉奏國王，則幸矣』云云。十七日，德保自圓明園奉和御製韻二首，各書一紙，分送臣等；又饋餅糕四盒。臣等亦各贈和章，兼致薄儀。而德保詩原本，謹此付進。一、臣等使首譯洪命福密探於副敕家丁之隨敕出來者，則以爲『大人奉使貴國時，每於遞馬處錚盤只偏嗜引截餅，棗中賫來七、八塊，入京後並腐傷，不能食』云。故因此而問曰：『大人在館所時，國王所賜饌盒，俱是别味，何以爲之耶？』答曰：『來路元不開封，還京後開見，則婦女輩争先啖喫，皆稱好味』云云。家丁又曰：『大人入侍時，皇上曰：「前後之臣，歸奏之語，率多模糊，而爾們所奏，甚纖悉云。」』

乾隆皇帝笑大臣而贊國王詩章。

又曰：『皇上笑謂大人曰：「爾看朝鮮國王詩章，爾之拙作必見笑」云。』通官謂任譯曰：『敕使處銀子二百兩贐行事，雖已聞知於敕使，而餞宴日，細裹袱之送於敕使，尚不知爲何物。我們之一百銀子，敕使亦尚今不知。』一、江南狄翔名以漢人，臣行帶來中人以彼之能文，與之相識。此人素與柯肅甚親切，筆談問以爲『欽差阿公，自貴國回，盛稱東國接待，逾於常格，文華彬彬，禮儀濟濟，令人起敬，素稱小中華，盡非虛語。』又有江西人戴均元，現官翰林，稱阿肅爲老師，自稱門人。話語間以爲『老師回京後，往見，則盛道東方禮義之彬蔚，接待之隆厚』云。大略與狄翔言別無差殊。一、皇帝御小殿，招立通官於第一門密邇之地，使黃門傳授書册筆墨等物種。而傳授之際，黃門還入復出者，爲二三次，蓋擇其優者而贈錫，故如是云。一、上敕醇謹無表襮，堂屋不甚宏大，器用朴素。家丁輩見臣等顯有欣色，若曾所熟知者。然副敕家頗富饒，器用之几椅鋪陳，華而豐侈，家丁亦似豪健。一、臣等送遺若干物種於上、副敕家，厥後俱有回謝之物。西明、阿肅於正月十七日至圓明園，遞奏恭請聖躬萬安一摺，連名進朝鮮紙各三九一摺。西明另摺恭謝天

清高宗乾隆五十年，一七八五

乾隆皇帝御勤政殿東暖閣。

百餘年來，不知有倭人。

恩，入千叟宴。阿肅另摺進獻貢物三九。於卯初二刻，皇上御勤政殿東暖閣，即召見西明、阿肅。上問：『國王年紀幾何？』西明仍奏：『該國王以冲齡世子請封，蒙皇上準封，更加賞賜甚厚，王甚感激。且蒙恩準年老陪臣入千叟〔宴〕，屢邀聖恩，王實感激無地。』問：『倭子近日如何耶？明季倭子常欺擾朝鮮，今時如何？』阿肅奏：『明季吏治廢弛，武備不修，是處疎防，及失事後，徒爲虚張，妄邀功績。臣愚以爲以倭人據一隅之地，何能衆多如「明史」所載？倭寇顯係漢奸海賊從中生事。至明兵助朝鮮，兵餉繁重，朝鮮未必不兩處受累。本朝天威遠馭，百餘年來，不但中國不知有倭人，即閩粵濱海之地，亦不知有倭人。現在國王英敏勤政，邊防强固。該國三面臨海，從不聞有走洋貿易之事。臣曾詢之該國官員，據云倭人窮苦，嘗以鐵器辣椒兑換米穀，大有仰食該國情形，不能爲患。』問：『國王給贐儀若何？』西明奏：『給銀一千兩。』上再問阿肅，阿肅奏：『國王以皇上屢次加恩，此次優待臣等，凡飲食供應，不比尋常。晨夕遣官餽送内饌外，其所送贐儀，係遵旨送一半，五百兩。又加密贐儀五百兩。至其土儀紬布皮張各種紙筍、筆、墨、扇乾隆皇帝所賜詩章，精摹勒石。

子、烟竹、花席等物，亦比尋常較多。更遣中使送銀器等物，通計約值銀二千兩。又於初八日，在郊外宴別席上，密送臣二人各銀二百兩。』問：『朝鮮爲文物之邦，國王亦與爾等講學問否？』阿肅奏：『王以臣進士出身，且在尚書房師傅上行走，令臣作詩。臣勉强作七律二首，王立就和韻四章。詩才敏捷，足見學問深厚。且於座中談及上年皇上所賜詩章，王敬謹精摹御筆，勒石用傳久遠。即將墨刻分送臣兩人各一册。』當下奉旨即命阿肅抄寫，兼取墨刻，一並呈覽。御覽畢，將阿肅詩稿發還，國王詩稿留中，墨刻仍發還。本日西明、阿肅所進朝鮮紙各三九，蒙恩收用。阿肅所進貢物，蒙恩收鑲玉如意，寶輪盒内貯恭録御製五經萃室記册頁一件，玉版雕福壽添籌插屏一件，玉爐瓶三事一件，成窰磁爐瓶三事一件，宋藏經箋十幅，共五件。阿雨齋少宰奉使朝鮮，册封世子，賦詩以贈國王，國王即席答和。使旋奏聞，蒙上褒奬，因用其韻，以誌風雅之盛。『洋洋東土久懷仁，國本初承寵命新，萬里槎乘金馬客，雨齋時以學士奉命前往。大江波湧太和春。嘉賓賢主如投漆，唱玉聯珠若飲醇，五色絲綸天上至，綿綿世德慶休臻。許陳忱悃感吾皇，行館寅賓千叟宴合三千六百餘人。

共泛觴，海國數蒙頒賜重，冲齡正喜沐恩長。褒嘉温語榮華衰，上知王好學，特降旨褒奬。敏捷雄才賦綺章，禮序樂和文采溢，東瀛風雅屬賢王。』禮部尚書德保稿。」

三月辛未，謝恩書狀官李泰永進别單曰：「千叟宴曾於康熙五十年壬寅歲設行。今年亦以臨御五紀，特遵故事，頒詔各省，有爵秩者限六十五歲，爲兵民者限七十以上，皆令赴宴，合爲三千六百餘人。一、去年七月，皇玄孫載錫生，即皇曾孫輔國將軍奕純之子也。皇一子和碩安親王永璜生綿德，綿德生奕純，奕純生載錫，以爲五世同堂，人世所難，况帝王家，尤是罕有。曉諭天下，若有五世同居者，來會京師，有蜀民人應旨而來者云。一、去年太學彝倫堂重修，仍命大起辟雍，即刱設也。制遵古式。今二月六日，親行釋奠，仍臨辟雍。使衍聖公及大學士，率十哲子孫、五經博士行進講之禮，仍使諸生圜橋聽之，倣漢朝故事云。一、甘肅即西涼州也，民甚稀少，地多閒曠。年前屢征回子，擒其民人，徙置於甘肅，徒售强焊之習，每懷叛歸之心。兼以甘肅總督勤爾謹頗事黷貨，使不安業，致有作亂之舉。皇帝即命安置勤爾謹，以李侍堯代爲總督矣。上年夏間，回部酋長田五等又作亂。命陝隴諸路起兵和珅陞爲軍機大臣，勢焰熏天。

《朝鮮王朝實録》正祖實録

討平，分開兩路，使男女各立，男丁則盡數坑殺，婦女則分給軍兵，而亦有執致京師者。又以侍堯之不善禁戢，抄没家産，仍囚於甘肅地方。一、暹羅國在南海中，距廣東水路萬餘里，自廣東距燕京，陸路王千里。其國長新立，遣使請封。貢使即三品官，從者五十餘人，進京納貢。表文名曰金葉表，横寫字行恰似梵書，全不可解，使廣東通事僅僅翻漢以奏。皇帝使九卿會議，閣老阿桂以爲請册重事，不用品高大臣，只送年少微官，殊欠尊敬之義。且其奏文大違程式，不可依準。皇帝則特以柔遠之意，欲爲許施。而群議不一，故只收其禮幣與方物，厚賞其國長及使臣而遣之。臣每於班行見其容貌，無異常人。冠服極其詭異，剃其頭髮，項垂金珠，所着帽子，鏤金爲之，高幾尺餘，上漸尖細，若牛角然，而末懸真珠一枚。衣則金絲織布，雜以紅色，繡以花紋，狹袖長裙，腰纏大帶。所着甚薄，不勝寒逼。雖有言語，亦不能盡解。一、吏部尚書和珅，去年陞爲軍機大臣，子尚皇女，女配皇孫，權勢日隆。皇帝且遣内侍輪番其第，勢焰薰天，搢紳趨附。惟閣老阿桂勳伐既盛，而清謹自持，爲珅敬憚，朝野頗以倚賴云。工部尚書金簡，亦以戚畹，恩寵甚赫，賜歷代帝王廟上奏增减帝王。

與便蕃，爲和珅之亞。一、彼朝上下全没儀節，徒尚便捷，動駕未見劍佩之列，行軍不用旗鼓之屬。惟和珅、福長安輩數人，俱以大臣常在御前，言不稱臣，必曰奴才，隨旨使令，殆同皂隸，殊無禮貌，可見習俗之本然。一、皇帝去年南巡，供億浩繁，州縣凋弊，農民舉未息肩，商船或不通津。雖值豐登，無異歉荒。至於蠶桑，亦失其時。紬緞之屬，天下專靠於南邊，而今年則燕京人衣裳之資，鞋襪之屬，絶貴於常年。」

夏四月戊戌，謝恩使書狀官李鼎運别單，略曰：「歷代帝王廟正統予奪，或多扶抑。前年秋，皇帝諭以既入遼、金二朝，而東西晉、元魏、前後五代獨漏，令大學士九卿更行詳議。伍彌泰等奏：『晉元帝、明帝、成帝、康帝、穆帝、哀帝、簡文帝、宋文帝、孝武帝、明帝、齊武帝、陳文帝、宣帝、元魏道武帝、明帝、太武帝、文成帝、獻文帝、孝文帝、宣武帝、孝明帝、唐明宗、周世宗皆有前人之定論，增入廟祀；西晉武、惠、懷、愍，東晉廢帝奕、孝武帝、安帝、恭帝，元魏孝莊帝、節閔帝、孝武帝，東魏孝静帝，西魏文帝、廢帝、欽恭帝，宋武帝、少帝、前廢帝業、後廢帝昱、順帝，齊高帝、廢帝鬱林王，北齊文宣帝、廢帝明人文字令毁板者七百八十九種。

殷、孝昭宗、武成帝、後主緯、幼主恒，周孝愍帝、明帝、武帝、宣帝、静帝，後梁太祖、末帝，後唐莊宗、閔帝、廢帝從珂，後晉高祖、出帝，後漢高祖、隱帝，後周太祖、恭帝，或因篡奪，或多昏儒，不宜廟祀；漢獻帝、明愍帝、唐昭宗、金哀宗宜一體增祀。』下旨依議。一、曾於戊子，皇帝閲錢謙益文稿，諭以謙益爲勝國既失一死之義，敢做無倫之説，欲掩後人之目，此而不誅，綱常虧矣。即速追律毁板。前後因纂輯之役，又加怒徐渭、陳繼儒、孫承澤、錢謙益、王士禛等文集及箋注諸書，明人文字之語涉譏議者，皆令毁板，共爲七百八十九種。一、廣東省海豐縣黄亞水倡誕妄之説，作符讖之書，煽動人心，師事者數千人。該總督啓奏，捕首倡者，盡行誅戮。一、衍聖公孔憲培，即先聖七十二世孫也。辟雍講學時，以特旨邀致，其兄弟五人，乘金頂轎出入，如皇子儀，班居閣老之上。見臣等移次而來，慇懃施禮，指點衣冠，欣然有喜色。臣又見其弟孔獻圭。聞孔氏之居曲阜者，極爲繁衍。一、我國回禮通官輩謂任譯曰：『皇帝凡有頒賜，雖王公大人，無親授之規。今此書册及各種，纔出復招入，如是者再三，禮遇貴國，年年有加』云。一、李侍堯曾以原任閣老見忤

「四庫全書」每部三萬六千卷。

於和珅，論以貪汚，被抄家之律。出爲甘肅總督，與回匪接境。前年回匪侵擾邊境，殺掠人民，皇帝遣阿桂、福隆安勦滅。諭以『侍堯恬嬉玩愒，坐觀成敗，姑寬一律，滯囚囹圄』云。一、甘肅省從前銀糧輸運之價，年年欠縮，當賠於民者，爲一百六十餘萬緡。皇帝諭以『甘肅之民，因逆回騷擾靡定，心常矜憐，特許停免，以示輕財重民之意。』一、臣回過永平府，關外鄉試適設於府內，應舉者即樂亭、豐潤、玉田、遷安、盧龍、灤州、昌黎、撫寧、臨榆（榆）、遵化十縣人云。一、『四庫全書』四部繕寫之役，前年冬告竣，分藏於文淵、文源、文津、文溯等閣，每部共爲三萬六千卷。就其中抄出奇文，付諸剞劂。盛京統志藏於盛京崇謨各館，纂輯之役，如『滿洲源流考』『日下舊聞考』『契丹國志』『明唐桂二王本末』『河源紀略』『蘭州紀略』等書，今已完竣。三續通『清朝通典』、『通志』、『通考』尚未告訖。職官表、蒙古王公表傳、三流道里表今方始役。『大清一統志』『通鑑輯覽』更令校正云。一、再昨年福隆安家人殺人，隆安威脅刑部，欲以他人替償。皇帝聞之，怒責隆安，隆安惶懼成疾身死。和紳寵遇愈隆，威勢日加，今年又以軍功進封一等男。一、今年御極五乾隆皇帝因日食下諭旨。

十年，頒詔各省，遣官致祭歷代帝王陵、先聖廟、嶽瀆風雲雷雨等神。將以三月初三日幸薊州，省康熙陵，歸路祭皇明陵云，臣於路次逢欽差，使人探問，則內閣侍讀學士尹贊圖奉命往祭北海廟堂，及盛京福昭陵、興京永泰陵。北海廟堂在於長白山，以清朝發祥之地，創建廟堂云。一、臣於歸路，自山海關至瀋陽八百里，一望泥海，行旅幾絶。怪問土人，則以爲二月望間，大雪三日，官馬之分養於關外四十餘州者，一時駢死，至七千餘匹云。」

丙午十年（清高宗乾隆五十一年，一七八六）

二月戊子，平安道觀察使鄭一祥以禮部日食咨文啓聞。咨文中有皇帝諭旨一度，其略云：「乾隆五十一年正月初一日，日有食之，停朝賀。朕仍於內殿恭設香案，以申敬謹惕若之意。至於誕頒詔旨，責躬求言，反涉虛文。而蓋惟事天之道宜以實，爲人君者，敬天勤民，日慎一日，乃職分所當然。即大臣言官應行陳奏事，當隨時入告，詎因日食方始下詔求言耶？至薄蝕日時度數有定，昔康定元年正月丙辰朔應日食，先是日官楊維德等請閏于庚辰年，則日食在前月之晦。帝曰：『閏所以定天時而授民事，其可曲避乎？』不許。所見甚爲合理。凡日食欲以合朔，移于晦日，尤爲非是。君人者當因此益加戒懼，至於以改移爲消弭之説，則尤斷斷不可。朕踐祚之時，即扣天默禱，若蒙天佑，享國至六十年，即當傳位歸政，不敢如皇祖之數逾花甲。今幸五十年，壽踰古稀，康强如昔，惟有宵旰勤求，不遑暇逸，以仰副上天眷顧之殷，祖宗付托之重。設以天變爲可消弭，即於今歲歸政，則是欲移咎後人，圖卸己責。如宋高宗年未六十，傳位孝宗，置軍國大事於不聞，不獨無以對天，並無以對子，朕豈肯出此乎？從前推步天行度數，乾隆六十年乙卯，亦當正朝日食，與今歲同。若於是年歸政，則值嗣子首歲元朝，尤屬非宜，朕心亦有不忍。何如以是歲爲朕臨御六十年，頤和錫福之餘，即以次年爲嗣子迎庥改元之始？國祥家慶，天日重光，以符朕首祚之祈。然此願亦不敢期，惟日孜孜，以静俟上天垂佑耳。將此通諭中外」云。

辛丑，冬至正使安春君烿、副使李致中等馳啓言：「臣等十二月二十二

清高宗乾隆五十一年，一七八六

乾隆皇帝幸松竹寺。

正朝賀以日食免。

日到北京，詣禮部呈表文。禮部言大臣和珅以爲二十四日即張家佛生日，皇帝親幸松竹寺，使臣當接駕。臣等伊日詣神武門外等候。皇帝乘黄屋轎出，禮部尚書德保前奏曰：『朝鮮使臣接駕矣。』皇帝問曰：『爾國王平安乎？』臣等謹對曰：『平安矣。』越三日，禮部令詣鴻臚寺，同琉球貢使演儀。除日參除夕宴於保和殿，坐臣等於琉球使之上。正朝賀以日食免。初八日皇帝設歲首宴於紫光閣，令臣等入參。設倡優雜戲，賜臣等緞匹有差。初十日皇帝幸圓明園，臣等祗送于三座門外，和珅指點而奏，皇帝注視之。後數日，召臣等詣軍機房，禮部侍郎達春，以黄盤盛白玉如意一、玉器二、玻璃器四、硯二、絹箋二束、筆墨各一匣授之，曰：『此乃皇上親揀送于國王也。』臣等祗受。及上元曉，臣等入光明殿陛上班次，觀放生戲。過午又入山高水長閣，達春引臣等至御座前，行一跪三叩頭，謝珍賜也。觀角觝技，乍退，設盒燈炮熣鞦韆諸戲。越翌日，禮部郎自圓明園來宣皇旨，令臣等製詩以進。臣等各製七言律一首以進。禮部尚書德保要見臣等詩，遂和而又要臣等和之。後數日，臣等詣軍機房，德保以皇旨賜臣等各緞、絹、筆、墨等物，賞應製詩也。

乾隆皇帝入慶豐圖。

少頃，皇帝御山高水長閣，德保引臣等入，違御座數步，皇帝曰：『爾們善詩矣。』德保令臣等叩頭。皇帝又曰：『今有贈於國王，而道途遥遠，不必專價致謝，歸傳可也。』臣等對如禮。德保令叩頭，又令坐内班觀燈戲。皇帝賜饌。向晦，皇帝入，德保令臣等隨入。有小湖，春冰未泮，皇帝乘雪馬，狀如龍舟，臣等亦乘雪馬，涉湖登岸。皇帝入慶豐圖，坐於樓下，背設琉璃屏，和珅引臣等坐陛上，設燈戲及倡優雜戲。須臾退。翌日臣等交納歲幣方物於内務府、武備院等衙門，表文自内閣翻清入奏。二十八日旨下，通官言，元朝賀以日食停免。二月五日，皇帝當陞殿受賀，禮部奏朝鮮、琉球使當隨百官行禮。奉旨，及是日入太和殿行禮。禮畢，坐臣等於二品班末，賜酪茶。聞皇帝將幸南海子打圍，又幸西山，又幸太原府五臺山燒香。五臺去燕都七百里云。」

三月辛未，書狀官宋銓聞見别單曰：「一、彼地關内失稔，斗米直一千三百；河道湮塞，舟楫不通，遣大學士阿桂發漕税銀一百五十萬贈給，仍治河道。一、昨年皇帝下旨曰：『朕行幸湯山，詣明朝諸陵致祭，見諸陵多壞損，官員六項考績之法。

今爲之慨然。明中葉以後，國事廢弛，末年流寇擾亂，無人守護，以致頹圮。今國家一統已歷百數年，勝朝陵寢，自應修葺。明世宗曾因尹銓嘉所奏，撤其祭祀。然但明朝不亡於崇禎，而亡於萬曆、天啓，是以歷代帝王廟中撤其位祠，而陵寢則仍前致祭。世宗雖溺意齋醮，猶不至如萬曆、天啓，其陵寢亦應一體致祭，以昭大公。至若修改等工，雖發百萬帑金，亦所不靳。着派吏部尚書劉墉、禮部尚書德保、工部尚書金簡、侍郎曹文植德成使完工。地方官小心防護，嚴禁樵牧。』其考績之法，三年一考，其目有六：一曰不謹；二曰罷軟，並革職；三曰材力不及；四曰浮躁，並降級；五曰疾；六曰老，並勒令休官。是故考績之時，當點名行禮，年老者多染其鬚云。」又曰：「大學士蔡新，閩人也，乾隆初登第，久居台閣。皇帝重其經術，去夏以年八十，上章乞歸，皇帝賜詩寵之。舊賜花園一所，新瀕行交納工部，歸裝蕭然，人服其雅操云。一、盧陵縣生員劉遇奇者，作『慎餘堂集』，集中有清風明月對句及犯諱語，該省囚其孫而奏之。皇旨云：『清風明月乃詞人語，指此爲悖妄，則清明二字將避而不用乎？遇奇係順治進士，安能預知朕名？如錢謙益、呂留良乾隆皇帝行獵殪大虎。

等，其人及子孫，並登膴仕，朕豈推求！』遂赦之云。」又曰：「皇帝乘輿服御，頗尚簡儉，而閭巷侈靡，任其踰制。老商曰：『十數年前，我輩所服，不過大布，而近則人人飾緞，雖欲不着，被人鄙賤，不得不爾云。』」又曰：「皇帝所倚任滿漢大臣，一二倖幸外，皆時望所屬，故庶事不至頹廢，國人方之漢武中歲，梁武晚年云。」首譯李湛聞見別單曰：「去秋皇帝到三嶺行獵，見大虎親放鳥鎗殪之。謂近臣曰：『吾老猶親獵，欲子孫視以爲法，勞其筋骨，亦嫻弓馬云。』」又曰：「到燕見琉球使，其人戴黄帕着黑布，袂闊而短；其國在日本西，周圍五、六千里，有三省，統三十五府，都中山，稱中山王；自明初尚姓相承，今王名穆云。」

閏七月己丑，平安道觀察使趙琰，以禮部諭祭敕差馳啓，其咨曰：「乾隆五十一年七月二十五日，奉上諭：禮部奏，朝鮮國王差賫咨官沈樂洙等赴京投咨，稱該國世子病故，請照例備物遣官致祭等語。朝鮮國王恪守藩封，歲修職貢，於屬國中最稱恭順。今聞其世子病故，朕深爲之悼惜，著加恩於例賞祭品之外，加一倍賞給，以示優卹。該國王正在壯年，亦不必過傷。俟得有子嗣，即行奏明，册封世子，承續宗祧，用延國慶。餘著照該部所請行。欽此。」又本月二十六日奉旨：「朝鮮國王世子病故，著派工部侍郎蘇凌阿爲正使，内閣學士瑞保爲副使，馳驛前往致祭，欽此。」

丁酉，敕使行期牌文至，牌畫虎。凡牌畫式：事急行速者畫虎，尤急速者畫鷹，事緩行慢者畫月。

丁未十一年（清高宗乾隆五十二年，一七八七）

春正月壬辰，冬至正使黄仁點等馳啓曰：「臣等去十一月十六日到北京。十八日自主客司知會於四譯館，明日皇帝幸瀛臺時，帶領朝鮮使臣，瞻仰於西華門外云。故十九日五更，臣等詣西華門外伺候矣。黎明，皇帝乘黄屋步輦幸瀛臺，到臣等祗迎處，駐輦諦視，使侍臣和紳問臣等曰：『國王平安乎？』臣等對曰：『平安矣。』皇帝仍過去。禮部尚書德保亦祗迎於臣等班次之右，與臣等施禮勞問，因謂臣等曰：『皇帝特軫貴國之有服，此次陪臣參宴乾隆皇帝爲免獻方物又下諭旨。

之節并停免；且念久留之有弊，昨下正朝後即爲發送之諭云。』二十日，得伏見諭旨曰：『禮部奏，朝鮮國王因賜祭該國世子，具表謝恩，并進方物等語。向來該國王遇有謝恩事件，隨表備進方物，俱加恩准作正貢。但該國王素稱恭順，誠悃真摯，今業經備物遠來，若不收受，徒滋往返，該國王意必不安。即循例抵作正貢，亦屬虛文，轉非朕推誠加惠之意。所有該國王此次隨表呈進貢物，着該部收受，照例折賞。因傳諭該國王，嗣後遇有具表謝恩事件，遵朕屢次所降諭旨，俱無庸備進方物，以副體恤』云。本年正月初一日，臣等隨班入太和殿庭行禮。初二日受回咨文，自北京離發云。」

二月己酉，冬至正使黄仁點等別單曰：「一、臣等辭陛之日，既承往見敕使之命，故入館使任譯傳道欲見之意。副敕徐保奉命出外，上敕蘇淩阿在家。臣等執幣通刺，則受刺還幣，强而後只留藥丸。出門迎揖，分榻讓座。臣等下榻奉問『皇上安候』，勅使亦下榻問『貴國王爺體内安寧』。臣等言：『大人返節之後，國王馳念懇摯，今於使臣之行，雖未能越例奉書，猶可以替訊探候，兹命俺等敬致繾綣之意。』敕使言：『貴國王爺事大以誠，接人以禮，

清高宗乾隆五十二年，一七八七

乾隆皇帝敕旨：俟得子嗣，即行奉封。

慕仰之懷，至今如一日。』臣等言：『國王又有一言奏叩。向者敕旨中，俟得有子嗣，即行奉封之諭，非但外藩之所未蒙，實是前牒之所罕覯。恩旨之下，國王不勝感泣攢祝之至。曾於大人之行，願以耿耿私忱，替達紸纊之下，未知已數奏否？』敕使言：『俺既承〔貴〕國王爺面託，復命日，先以此意縷縷陳達，次及貴國禮待之狀。皇上一一垂聽，開顔嘉悦，因下「該國王恭順恪勤，必能長受昇平」之諭。此是筵話，有難煩聞，而既感遠託之至意，又係褒諭之異數，兹以誦傳，宜達王爺。』臣等言：『四字隆褒，一邦大慶，而至於大小宴勿參之命，亦係格外之至渥。俺等服制雖云不輕，不過小邦之私事，皇上曲念，特許停免，仰沐洪私，圖報無地。』敕使言：『俺在貴國，見大小持服，禮意嚴重，故果以所見歸奏。今此免宴，蓋諒貴國率禮之風。』臣等告退，送至門，更道惆悵之意。一、臣等留館之日，有人持玉帶一條求售，問其所來，不肯明言，亦不争價，受銀子六十兩而去。見其玉品既美，刻樣亦奇，決非尋常之物，故使諸譯尋見本主詳問，則云是太祖高皇帝頒賜誠意伯劉基，其後傳于外裔，今貧而賣之。臣等竊念此帶，雖不敢謂必合尚方之供獻，而既是皇朝撰『皇清開國方略』事。

乾隆皇帝近年頗倦爲政。

舊物，且念其輕售於我國者，其意似非隅（偶）然，故買取以來，納于尚衣院。一、年前皇帝命内閣諸臣，撰『皇清開國方略』之書，始自三姓河初起之日，寧古塔肇基之時，至于瀋陽之拓疆，燕京之定都，分綱定目，表年立紀，而前後繼承傳授之事，中間戰伐侵并之蹟，無不張大褒揚。纂輯雖久，點竄亦頻，終未脱藁。一、『大清會典』即康熙纂成之書，大學士阿桂等請更續修，皇帝諭曰：『前旨朕年八十六，即當歸政，若膺天眷，獲準斯願，誠爲國家上瑞。自古帝王，有父子内禪者，授受之間，略無典禮可採，將來歸政時，敕下禮官詳議典禮，享天告廟，受朝頒詔，實千古盛典也。則當於是時重修會典，將歸政典禮，一併編入，俾我奕世子孫，有享遐齡而迭相授受者，得所遵循，豈不休歟！』一、甲午年間，山東妖賊王倫，倡爲白蓮，聚徒殺掠，遣兵勦討。昨年秋其黨段文經又起於大名府，殺害長吏，又發關内兵討之。而文經等八人逃命，各省懸榜求索，有獲者賞以千金。臣等往來時，寺刹市街，皆有榜文。且聞文經以妖術幻化，大索天下，終難捉得云。」

癸亥，冬至書狀官李勉兢别單：「一、皇帝近年頗倦爲政，多涉於柔巽，處事每患於優遊，恩或多濫，罰必從輕； 恩濫故啓倖進之門，罰輕故成冒犯之習。 文武恬嬉，法綱解弛，有識者頗以爲憂。 而御位既久，臣民愛戴，朝政雖或有失，皆曰吾君耄矣，未嘗敢怨咨也。 一、皇帝命内閣纂『皇清開國方略』，追述創業顛末，而卷帙頗多，今已累年，尚未脱藁。 故文字雖未得見，其第一卷曰『發祥世紀』，槩紀沙漠肇起時事，其言曰：『長白山高二百餘里，綿亘千餘里，山之上有潭，曰闥門，周八十里。 一日有天女三人下浴潭，長曰恩古倫，次曰正古倫，季曰佛古倫。 忽有神鵲啣墜朱果，季女拾而吞之，浴罷整衣，便覺身重，不能飛昇。 二姊謂之曰：「汝已有娠，此係天命，竢娩下長養，始可歸矣」，遂聳入雲中。 佛古倫入巖穴静處，彌生一男，大耳廣顙，甫過十歲，壯大異常。 天女得一小艇，母子俱載，沿至三姓界河邊，置兒于岸，謂之曰：「汝姓愛新覺羅，汝名布庫默雍順。」言訖飄然飛昇。 時三姓争長不決，見兒端坐，叩問其故，相傳以爲神，迎立爲三姓之長，是爲清人之始祖，追尊爲肇祖原皇帝云。』一、 皇長孫勉德，年前爲人干謁除吏，謫守易州雍正皇帝陵所，三年不返。 再昨年春，始命還居京第。 而召覲漸稀，供奉亦減，憂懼成儲貳以爲皇六子永瑢。

疾，昨冬不起。外議皆以爲頃年儲貳之匾額藏名，或以爲皇六子永瑢，或以爲皇長孫，今長孫既出，而更無改藏之事，始知屬之永瑢無疑云。一、寧遠、廣寧之間，即直路宿站，而蒙古出入之要徑也。舊制大店，數十年來，蒙人結黨投宿，偷擄婦女牲畜，而莫可禁遏，故一村撤移。此非但爲清人心腹之患，我國日後使行往還之時，出没剽竊，不無深慮。一、各省常税米粟，從水路轉運，而道里遼遠，賦納千斛，船費殆過數倍。而皇城旗下放料，一朔爲累萬石，故近年以來，諸州府預送計吏帶價入京，貨買放料米穀，以充輸納之數，故價賤穀貴，民業日困。協辦大學士劉墉欲爲釐革，昨年奏請往審諸路轉運，蒙允。積年謬例，犯者實衆，各懷危懼，共囑和珅奏達皇帝，以爲荒年欽差無端撓民，皇帝即命召還云。一、江西省龍虎山有張真人者，自以爲降伏龍虎，役使鬼神，皇帝賜天師之號，率徒衆住持道觀。或遇水旱，宣旨入京作法禱禳，而不敢呼召。遣官奉請，往來之際，陸乘轎水乘船，有牌前導，朱面金字，書以『諸神免參』四字。嘗渡江遇風，舟幾危，忽若蒼龍護送到岸。或有所禱，種種靈驗，自皇帝以下，至於公卿士庶，莫不崇信敬奉云。一、江南

清高宗乾隆五十二年，一七八七

蔣景福十一歲奉書皇諭，十五歲例除知縣。

乾隆五十五年皇帝八旬。

蔣景福，即蜀漢丞相蔣琬之後裔。而聰明絶倫，數歲善屬文，且精書畫。十一歲以神童應召，皇帝引見，面試大奇之，除内務府供事官，即奉書皇諭之職也。今年爲十五歲，而供職五年，例除知縣，而明年即仕滿之限也。人有問：『稚年作宰，何以治民？』答云：『居官能否，在人不在年。』人或比之孔融、晏殊云。」判中樞府事黄景源卒。景源字大卿，號江漢，忠烈公璿從子。少彊學，深於三禮，力治古文，常以春秋大義自任，見張廷玉「明史」不與弘光以下三帝統，乃撰「南明書」，三本紀四十列傳，起弘光元年，訖永曆十六年。又以崇禎以來，本朝諸臣之爲皇朝立節者，作陪臣傳。世謂其平生文章，盡在此。歷官吏判、典文衡、輔國判中樞府事。疎闊不通世務，所行多爲人所笑。至是卒，年八十。有集行于世。

十一月丙戌，皇曆賫咨官李鎮復手本曰：「乾隆五十五年庚戌，爲皇帝八旬。而内外諸臣齊請慶典，預祝蕃釐，皇帝特爲允請。今年九月初六日奉上諭，定以五十四年己酉，舉行萬壽慶典。」又言：「福建民林爽文聚衆謀叛，去年冬，乘夜猝攻福建省臺灣府，拔之，連陷彰化、諸羅、鳳山等縣，遊擊知府乾隆皇帝上諭。

等官多被害。爽文原係福建省莆田縣富户，稱地方官侵虐，煽動人心，捐財糾衆，戕害官吏，占奪縣城。而臺灣府在福建省東南海島中，與琉球不遠，東西距百餘里，南北距二千八百里，收穫豐盈，無異内地，山盤海險，易藏奸匪。爽文上據諸羅縣海口，地名鹿港。招納叛亡，衆至十餘萬。憑恃險固，出没寇掠。皇帝初命閩浙總督征勦，而勝敗相當，旋復旋失，皇帝深用憂悶。以閩浙總督常青之老不堪任，特命陝甘總督福康安爲將軍，前來行在，面授機宜。又命軍機大臣海蘭察爲參贊大臣，調發廣東、浙江、福建、泗(四)川、湖南、湖北等省兵十餘萬，另選巴圍(圖)魯侍衛章京屢經戰陣勇敢百餘人，并令督率往征云。上諭云：『朕寅紹鴻圖，仰承昊眷，臨御五十餘年，壽躋上耋，五世一堂，錫光篤慶，介景延禧，允爲史策罕覯，昇平盛瑞。兹王公大臣及直省將軍大吏等，以乾隆五十五年朕八旬萬壽，籲請舉行慶典，預祝蕃釐，覽奏具見誠悃。前此朕七旬慶節，内外大臣奏懇恭祝萬壽，朕以徒增糜費，未俞所請。今内而王公大臣，外而將軍督撫大吏，以朕壽届八旬，臣工身際昌期，久承渥澤，感激歡忭，出自積誠，朕若仍不允准，無以申臣下臚懽祝嘏之願，轉似近於矯情。且載稽前史，三代以後，帝王克享大年，莅國最久者，不過六君。其年逾八旬者，僅梁武帝、宋高宗二君，而其在位則不過三、四十年。一則侯景擅權，一則南渡内禪，考其事蹟，殊不足比數。若朕躬膺上壽，海宇乂寧，親理萬幾，孜孜不倦，五十餘年如一日者，實古所未有。此皆朕仰賴上天嘉佑，列祖垂庥，用能膺受純熙，康强逢吉，允宜光昭盛軌，以答景貺，而洽輿情。著照所請，於五十四年舉行萬壽典禮。所有一切儀文，俱恭照朕從前率天下臣民恭祝聖母皇太后六旬、七旬、八旬萬壽慶典之例備辦，毋得稍有加增，致兹繁費。若内外臣工等不能仰體朕意，惟務踵事增華，鋪張過甚，轉非至誠愛戴之心，逮時朕亦必不受也。至此次聖節，率土歡騰，宜特沛殊恩，以光鉅典。除普免天下錢糧一節，前經降旨，俟朕歸政之時，於嗣君元年，再降恩旨蠲免外，所有次應行加恩各事宜，著内閣及軍機大臣擬開條款進呈，候朕酌定，另降諭音。欽此。』」

參宴保和殿等。

戊申十二年（清高宗乾隆五十三年，一七八八）

二月戊午，冬至正使俞彦鎬、副使趙瑍等，在北京馳啓言：「前年十二月二十四日到北京。二十九日皇帝祭太廟還，使臣詣午門前祇迎。皇帝使御前大臣福長安問國王平安，又將令使臣參年終宴；命禮部尚書德保問本國世子服制已訖否，臣等以制訖對。三十日，令參宴于保和殿庭。本年元日，入太和殿庭行朝參禮。初九日，皇帝設宴紫光閣，坐使臣於二品之末。宴罷賜錦緞荷包有差。初十日，皇帝幸圓明園，祇迎于三座門。十二日，詣圓明園之山高水長閣看燈戲者三日。十四日，引入使臣于内班諸王之次，觀御前奏技。翌日，引入正大光明殿上，看獻俘放生諸戲。元宵，詣山高水長閣看燈宣饌。皇帝命和珅問使臣能詩，令即製進。詩成，呈于禮部。賞賜緞紙筆墨。十九日，召見使臣于山高水長閣，引至御座前，命和珅宣諭曰：『使臣好還本國，須致朕意于國王。』因賜坐啜茶，令福長安勸嘗。是夕，皇帝命使臣隨後，歷重門涉冰湖，迤行里餘，至慶豐圖，賜坐看戲而罷。二月初四日，始各省生祠德政去思碑令禁除。

離北京。」上聞彦鎬且還，遣史官勞問。

三月乙亥，冬至正使俞彦鎬、副使趙瑍以還渡江，馳啓言：「彼地事情，則近歲飢饉薦臻，各省失業之民，相聚爲盜。至於臺灣之林爽文，則兵衆勢大，最爲難制，戕殺官長，奪據州縣，皇帝命將討之。自丙午九月至去年十月，互相勝敗。皇帝續遣阿桂等三大將，大加勦戮，幾盡掃清，生擒爽文，今已班師云。」

戊子，冬至書狀官鄭致淳以別單啓言：「皇帝痛祛文具，各省生祠及德政去思碑並令禁除，著爲令典；凡係筵宴辦備之物，亦令裁減。光禄寺奏稱朝鮮、安南、琉球等使臣，供給有等，減少品色，殊非懷柔之意。皇帝覽奏，以爲外藩使臣筵宴品物，豈可拘泥前旨，以乖柔遠之意。該衙門所辦鷄鵝之類，務令精備，毋至虚應故事，有名無實之歸。」又云：「福康安以傅恒之子、隆安之弟，甚見寵幸。而隆安嘗與阿桂出征金川，以武勇見稱。昨年臺灣之戰，皇帝以康安有乃兄之風，授大將軍印，委以征討之任。康安調度得宜，收復州縣，皇帝嘉之，録勳封公，仍令巡視防鎮云。」

八月辛丑，賫咨官洪命福手本言彼地事情：「皇帝八旬稱賀，問於禮部，臺灣林爽文等檻致北京正法。

則以爲今年三月下旨，以五十五年舉行。四月又下旨，五十五年將幸山東，瞻禮岱宗，展謁闕里云。緬甸國在雲南外極南，途道甚遠。今年緬甸酋長遣頭目三人，奉表入貢，到雲南省。所貢之物，則黄金塔一坐，馴象八隻云。安南國有簒弑之變，其王妃及世子浮海到廣西省請援。該總督馳奏，皇帝大怒，令廣西總督詳查其變亂之由，將興師問罪云。臺灣事則今年三月逆魁林爽文等八人，檻致北京，已爲正法。出征之福康安、海蘭泰等，進封公爵云。」

己酉十三年（清高宗乾隆五十四年，一七八九）

三月乙丑，冬至正使李在協等馳啓言：「明年皇帝八旬稱慶之時，自皇都宮殿至圓明園，一並改修，又自京城至西山四十里，復道亭臺寺刹，亦皆重葺之意，大學士阿桂、和珅等已爲奏請，令户部計其容入之數，則爲一百十四萬餘兩云。生番即島夷之别名，而在於極南海洋，與中國絶遠，而羈縻於臺灣者也。昨年春林爽文之敗亡也，逃命於生番，生番人誘以擒之，納于大軍。

安南國簒弑之變，乾隆皇帝派兵平之。

安南國王來朝北京。

皇帝嘉其功勞，使之來朝。而言語不通，故令臺灣稍解其音者，領赴京師，其數爲四十四名，别無君長，只有頭目四人。而面貌皆如小兒，又無鬚髯，剪斷頭髮，纔覆衣領，或於額上口下黥作卦樣。聞其性嗜生魚秦椒，慣於水上，如履平地。安南國有簒弑之變，再昨年冬，該國嗣孫黎維祁將其母脱身浮海來款。廣西省告急，廣西巡撫孫永清馳驛奏聞。皇帝大加矜憐，館穀嗣孫之母子。即命總督孫士毅承制發兵，轉輸滇省等處糧餉，挾其嗣孫，以舟師直擣安南王城。逆魁阮惠敗走廣南。孫士毅留兵鎮撫其國，露布以聞。皇帝仍命士毅策立黎維祁爲國王。士毅進秩一等，封謀勇公。漢人之封公，前所未有。安南之距廣南爲二千餘里，而皇帝又使士毅轉往廣南，追捕逆魁賊黨，盡皆勦滅。安南國王感定國襲封之恩，率其宗室來朝京師，到泊雲南云。」

庚戌十四年（清高宗乾隆五十五年，一七九〇）

二月辛未，冬至正使李性源、副使趙宗鉉馳啓言：「臣等上年十二月二十一日，皇帝設冰戲於瀛沼，臣等於西華門外接駕。皇帝駐轎問：『國王平安乎？』臣等對曰：『平安矣。』皇帝曰：『甚喜。』三十日，行年終宴於保和殿，臣等入參於楹外，琉球、暹羅使臣坐臣等之下。本年正月初一日，臣等入太和殿庭行禮，參宴筵。初六日，參歲初宴於紫光閣。初十日，禮部引臣等至乾清門，軍機大臣阿桂、王杰、福長安列立於皇卓之東，授詔書一度，戰圖二軸，臣等跪受，安于黄亭中，奉到館所。曾前順付詔敕，皆自禮部頒給，而今年則大臣成班於寢殿正門外，具黄亭頒發者，似出皇旨。戰圖則圖十六幅，詩十六幅。又圖十六幅，題詩上端。皇帝曾於乙亥以後，討平伊梨（犁）地方及回子與大小金川，後鏤畫其戰伐納降之狀，繫以詩章，鋪張武功者也。十一日，皇帝幸圓明園，設幕於山高水長之右。禮部引臣等入幕内王公之列，皇帝御座，不過咫尺。禮部尚書常清引臣性源至御座前跪，皇帝手賜卓上之酒曰：『今年以朕八旬萬壽，國人趍早派人奉表稱賀，朕心甚喜，故特賜手巵矣。』臣叩頭。皇帝曰：『國王有斯男之慶乎？』臣對曰：『一國臣民方顒望矣。』皇帝賦七言律詩一首，令各國使臣和進。十三日，皇帝設燈戲於山乾隆皇帝賜手書「福」字等。

乾隆皇旨。

《朝鮮王朝實録》正祖實録

高水長，禮部引臣等入内班，皇帝手招進前，侍臣以兩黄函授臣等，臣等跪受叩頭。皇帝曰：『朕手書「福」字以送者，欲國王遄得螽斯之慶也。』臣等又叩頭。皇帝曰：『國王喜書大字乎？特送福字方箋矣。』臣等叩頭領受。黄函所盛之物：皇筆福字一幅，玉如意一柄，玉器二件，玻璃器四件，磁器四件，絹紙大小四卷，筆三匣，墨三匣，硯二方，福字方箋一百幅，雕漆盤四個。如意玉器之屬，曾有所頒，而至於手書『福』字以寓祈祝者，不但臣等萬萬榮感，彼人見者，亦莫不動色相賀。十九日，臣等又詣圓明園，入山高水長，皇帝令進前曰：『爾等歸國，須以吾言問國王平安。』歲幣方物納於内務府武備院，表文俱以『知道』例下，而八旬進賀表文，則批旨有曰：『本年朕八旬壽辰，萬國臚歡，凡屬庶邦君長，同欣祝嘏。今王特于年例正貢之外，復備物先期呈進，具見恭謹悃忱，着即賞收，并準作爲次年萬壽正貢，以示體恤，該部知道』云。」

三月丙午，清敕赦文至，陳賀頒赦。召見大臣閣臣及回還副使趙宗鉉，上以皇帝所書「福」字示諸臣。左議政蔡濟恭曰：「筆力極其雄豪，特念偏邦螽斯之慶，有此曠古殊異之舉，交隣之間，猶以爲感，况大國之於偏邦乎！」

右議政金鍾秀曰：「此等恩數，往牒所無。繾綣之念，愈往愈摯。抑或天誘其衷，致使眷眷於我國矣。」上謂宗鉉曰：「今行屢被召接耶？」宗鉉曰：「臣等屢次被召，而正月十三日，皇帝召臣等進前，而顧語和珅，出一漆函曰：『爲爾國螽斯之慶，親書此一「福」字，以寓祈祝之意。』又以御卓之酒，手賜臣等曰：『此酒亦出祈祝之意也，并須歸告爾國云。』且聞金簡所傳，皇帝之平日眷眷於我國螽斯之慶，靡不用極。且其晉接之節，禮待之意，比他國自別。班次居先，禮部尚書導而入，上殿之際，使人扶腋。」上曰：「皇帝筋力何如？」宗鉉曰：「無異少年。滿面和氣。」上曰：「金簡爲人何如？」宗鉉曰：「爲人精明，於我國事誠意甚勤。」上曰：「風俗何如？」宗鉉曰：「俗習則强悍。惟利是趨。侈風漸痼，生理極艱矣。」

丁未，召對，召見回還書狀官成種仁。種仁進聞見别單曰：「一、彼地年事，昨年夏秋之交，久潦傷稼，遼陽以東，殆同赤地，方自官散銀賙賑。自瀋陽至山海關，比遼東稍勝，而猶遜於關外。飢民之號丐者至燕京相續。昨冬酷寒，皇城内凍死者甚衆。惟此根本之地，多有失所之民者，縱云飢饉之所阿桂、和珅等總理萬壽聖典事。

乾隆皇帝命孫士毅發兵討平安南。

致，亦似接濟之乖方。一、今年萬壽節，伊犂、烏魯木齊兩處廢員二百七十餘人等，請建萬壽亭經壇，要伸祝釐之悃。皇帝謂以設法邀恩，特旨禁抑。蓋從前遇有慶典，坐事廢斥之輩，或因私建亭壇，至蒙滌用。皇帝深知其弊，斷然不從，只許王公大臣稱慶之請。阿桂、和珅、福長安、金簡等，總理稱慶事務。皇帝雖令節省，而群下奉行，務極侈大，内外宫殿，大小儀物，無不新辦。自燕京至圓明園，樓臺飾以金珠翡翠，假山亦設寺院人物，動其機括，則門窗開闔，人物活動。營辦之資無慮屢萬萬，而一毫不費官帑，外而列省三品以上大員，俱有進獻，内而各部院堂官悉捐米俸，又以兩淮鹽院所納四百萬金助之，方自南京營造，及期輸致云。一、安南國在廣西省之南，即古之交趾也。安南之東，又有廣南，殆若安南之屬國，而亦不臣事。再昨年廣南人阮惠，糾合人衆，攻破安南，戕害其王而自立。安南王之子黎維祈，與其母逃難，浮海至廣西省請援。該省總督福康安以聞，皇帝命該省將軍孫士毅發兵討之，未及一日，收復黎城。黎城即安南都城也。阮惠敗走廣南，而官兵亦多折傷。封黎維祈爲安南國王。官兵纔撤回，而阮惠復悉衆來戰，維祈畏封阮光平爲安南國王。

乾隆皇帝賜安南原國王治第安定門外。

惕，走匿民間，黎城失守。士毅又進兵，阮惠大懼，遣人請降，康安、士毅等却而不納。阮惠改名光平，將被擒官兵厚資以送，遣其親姪厚遺康安，懇請賫表進京。康安條奏光平誠心内附，且陳維祈怯懦不堪狀，皇帝覽奏，赦光平罪，特許來使進京。仍下旨曰：『安南雖僻處海隅，然其國興廢，亦關氣運。黎維祈優柔廢弛，是天心已厭棄黎氏。朕辦理庶務，無不順天而行。阮光平悔罪投誠，匝月之間，屢勤乞降，情詞肫切，出於至誠。且稱明年親自來京，恭祝萬壽，又爲陣亡天朝將士築壇奠祭，尤見小心恭順。黎維祈已棄印潛逃，自無復令立國之理。』即遣官賫敕，封阮光平爲安南國王。光平感激不已，遣其家臣六人，一修賞貢，一謝封典，請於今年三月日自該國起程，趂八月上京。皇帝大加褒美，特賜帶。又令内閣議定該國王上京時，沿途官員相見儀註。來使六人，亦皆厚賜，而每於宴班，許令參坐。其人雖解文字，而貌甚孱劣，俱着戲子蟒袍，與該國舊制大異云。黎維祈失國之後，來往廣西省，其徒屬之隨到者，爲九十户。皇帝賜維祈四品爵，治第於安定門外，將并致燕京而館穀之。此出於爲光平絶後患之意。蓋安南内訌，厥由光平，而始既興師問罪，旋又奪此與彼者，殊非討有罪繼絶國之道，故燕京之人，顯有不平之論。一、安南國王阮光平，以安南僻處炎荒，未曾授時，乞授正朔。且以連年兵燹，物力凋殘，請與交市。皇帝下旨曰：『該國王于締造之初，崇奉天朝，能以奉正朔爲急務，深爲嘉慰。但朝鮮先期赴京，于十月朔祇領憲書，今安南遠在南交，若照朝鮮之例，遣臣到京，已踰春正之期，令該部即將五十五年時憲書，發交該省總督，賫至鎮南關，令安南鎮自轉交該國王。每年着照頒發朝鮮數目，届期頒給，毋庸該國遣使，以示體恤。至於安南交市，本有所禁。而該國王輸誠効悃，已就藩封，其境内黎元，皆吾赤子，兵燹之餘，閭閻弊殘，着該省督撫水口等關，准令交市，以副朕同仁至意云。』一、巴勒布即西邊番子，而在於西藏之西，乃荒服之外也。巴人詣西藏市易，藏人多鄙薄之，不肯市易。巴人恨之，率衆來侵。皇帝令西藏將軍討之，巴酋不戰即降，仍請通貢自效，將軍許之。昨年秋遣頭目二人，從番三十名，封表入貢，十二月到京。其人深目卷鬚，紅布纏頭，狀貌極恠，皇帝以化外之人，始爲輸誠，甚優待之。官給衣袴帽靴，頭目二人賜四品頂帶，從番三十名，賜七品頂帶，使皇女下嫁和珅之子。

之隨參宴班。一、昨年十一月十七日，皇女下嫁於和珅之子，皇女今年十七，和珅子今年十八，有旨約婚已有年矣，乃於昨冬始行婚禮，寵愛之隆，粧奩之侈，十倍於前駙馬福隆安時。自過婚翌日，輦送器玩於主第者，槩論其直，殆過數百萬金。二十七日，皇女于歸，特賜帑銀三十萬。大官之手奉如意珠貝，拜辭於皇女轎前者，無慮屢千百。雖以首閣老阿桂之年老位尊，亦復不免云。一、昨年十一月十七日，省監生同赴於皇城北圍試，有江蘇吴（無）錫縣舉人，與試圍鎗軍和應。事覺，和紳拿獲舉人及鎗軍，盤詰得情，二人即斷絞罪。主考及督廉官並革職。鎗軍口供，亦多引高官子弟，而此則置而不究云。大抵科舉之弊，或循情面，或行銀貨，内庭題目一出，外人登時得知，倩手外場之弊，不勝紛紜，雖用法甚酷，而弊猶不止云。一、一部之内，滿、漢二人，分治事務，滿人主錢穀甲兵，漢人惟簿書期會。爵秩雖同，主客懸殊。以兵民言之，則滿人悉隸旗下，漢人舉爲民户。漢人之願屬旗下者，號以緑旗兵。而凡于傜役，兵輕民重。田畝之税，兵則賦粟，而民或賦銀；賙賑之政，兵則遍及，而民必抄付。以此滿漢、兵民之間，腴瘠判異，怨恨交加。且國中乾隆皇帝恤民，而任臣壅閼。

之人，非仕宧（宦）則行商販，農民益病。近日以來，經用又多出於商稅，逐廛隨肆，征榷甚繁，故商賈亦未免失利。一、皇帝於恤民之政，非不勤懇，而任事之臣，率多壅閼。遼東分賑時，鳳城將只行兩朔賑政，而餘皆歸於私槖。且以賑銀換作唐錢，飢民一月所受，各不過五十文，號訴無階，怨聲載路，臣所目擊者如此。而且山海關、三河縣等處，俱爲行商點閱之所，該地方官，不即檢視，故爲稽滯，行商輩久留客店，盤費浩多，故不得已，逐卜納賂，以圖速發，其弊日滋，怨謗狼藉。大抵爲官長者，廉耻都喪，貨利是趨，知縣厚饋知府，知府善事權要，上下相蒙，曲加庇護，故恣行不法之事，而畢竟倖逭，生民困窮，專由於此。一、凡於朝會百官，各有跟隨，而坐殿時，并皆屏去，雖掖隸胥吏之屬，亦無一人在庭。東西品班，只有侍衛及押班官，列立齊整，寂然無譁，一時行禮，少不錯雜。駕行時羽衛至少，陪導極簡，而行路之上，惟聞蹕響，街巷之間，絶無聚觀，其規模紀綱，可以推知一端。而但尊卑貴賤，名分不明，雖崇品高官，混列於胥隸中，全没上下體貌。」

丁未，首譯張濂聞見別單：「一、昨年十一月，諭宗人府曰：『朕紹膺丕皇旨：皇六子永瑢封質親王；十五子永琰封嘉親王，等之。

安南國王阮光平謝恩奏文。

緒，明年爲朕八旬壽辰，普天臚慶。朕與和親王在邸時，偕受親王封爵。今諸皇子年齒已長，允矣式遵成憲，皇六子永瑢，晉封質親王，十一子永瑆爲成親王，十五子永琰爲嘉親王，十七子永璘爲貝勒。其成親王以下，仍居内庭，緩其分府。』一、昨年十二月諭禮部曰：『郊廟大祀，朕無不祇肅躬行，雖中祀之禮，亦嘗親詣。今荷上蒼眷佑，列聖垂庥，已届八旬，理宜保養，嗣後凡遇中祀，遣官行禮。若太廟社稷時享，候朕酌量親詣，用昭祀典。經筵講學，原不勞神，較衛武之年，尚少十歲，歸政以前，照例舉行。』一、安南國王黎維祈見廢之後，皇帝特封阮光平爲國王，其謝恩奏文，有曰：『臣安南五服之外屏所賜黎王恒之書，元明所徵陳王烜之記，十年信史，事尤可徵。大抵秋肅之也。自前代丁氏啓宇，内屬受封。而地僻桂郊，天遠楓陛，以化外之蹤，宋皇意多，春温之澤少，秪以函封請命，姑賜回容，固未有恩施稠疊，珍珠偕玉諭而寵頒，宸翰輝煌，御書并敕書而榮錫，如今日大皇帝之隆恩，與臣光平之遭遇者也。臣廣南之田舍子爾，天造草昧于黎，强臣搆亂，淪胥以敗，交南無主，臣幸爲同志所推，叩闕請命。雖有恪恭一念之誠，而未得展出入三覲之敬。臣所遣親姪阮光顯賫進投順之表，身未及闕，而恩賜已施。臣嗣遣家臣黄道秀獻上謝恩表文，方當候命在關，而寵綸旋降。臣伏讀前後勑書聖詔，諄諄以順天而行，播諸温諭，聖人之心即天也，栽培傾覆，大都順其自然，造化生機，儘于貞下，起元點出，繼于手串之珠，天子將賜履焉，欲其合璧聯珠，繞北宸而綿延不窮之象也。御賜之詩，諄切以守封疆傳子孫爲訓，而且勉之以欽久道，凛持盈，尤欲其兢業持守，祗承天庥，以長守南服之侯度也。夫春秋之義大一統，聖天子一視同仁，併包遍覆，恩澤聲教所暨，即胥敉蓬艾，咸在蓋容亭育之中，顧臣寔寡昧，膺此榮光，由本國黎、陳以上迄于貉龍建國之初，翔見而曠聞，何以答高厚始生之萬一？臣自聞封旨，即由乂安起程，感激懽欣，急願早承恩命。適勞頓感寒，舊病復作。伏念臣謬膺封爵，即爲南服藩屏，若不自愛其身，病勢增劇，是在臣家國爲小，而辜負大皇帝如天之恩，負罪益重，用敢稟明調治，另改宣封日期。焦急呻吟中，感念無量天恩，實爲至優極渥，淪肌浹髓，夙恙頓除。于十月十五日，敬謹領受御詩敕書，從此司牧南交，臣世世子孫，恪遵聖訓，承奉大清。臣以西山布衣，榮膺封號，自問安南國王謝表。

無可報答，惟于明年三月上旬，起身赴京，瞻仰天顔，恭祝大皇帝八旬萬壽。并得日聆訓諭，稍知政治之本，遵奉施行，俾舉國臣庶蒙庥，實臣之大願也。臣仰感隆恩，俯攄衷素，謹奉遴選家臣阮宏匡、宋名朗、黎梁慎等，賫進謝恩表文，并謝儀款奉進。再奉查照向例，今年正值臣國歲貢之期，任土之禮，不敢稽曠，謹奉家臣陳風大、阮止信、阮偍等，將貢儀一并恭進至闕。伏望聖恩曲垂矜字，準賜臣所遣行價等名恭詣闕廷瞻覲，并將謝儀貢儀上進，庶得恪守舊章，永覃新澤，無缺共球之職，不墜屏翰之修。臣下情無任瞻天仰聖，激切願望之至。』一、安南國王謝表有曰：『太和保合，乾施昭龍德之正中；郅治流行，普錫仰洪恩之溥博。隆瞻逮遠，素悃瞻烏。欽惟大皇帝陛下，豈弟爲綱，中和作則，敬止緝熙穆穆，久道而天下化成；欽明文思安安，惇德而蠻夷率服。北極辰居其所，南溟波不自揚。聖心恢綏附懷來，雨露繼風霆而潤澤。天道申栽培傾覆，山陵因淵谷而推移。蓋洪勻陶鑄之至今，斯皇德訓彝之無黨。尺札千行天詔，賜臣以藉寵靈而資鎮撫，風行融液之春；一章八句宸翰，勉臣以謹持守而保封疆，日朗光明之燭。恩旨降而榮回梅驛，德音宣安南國王貢表。

而慶溢桂郊。臣敢不祗承聖謨，恪遵侯度，天顔咫尺，期明年身親鳳闕之匀韶；地面十三，願奕世承執象方之玉帛。臣下情無任瞻天仰聖，不勝激感之至。謹奉表稱謝。』而恭進儀物：金子二十鎰，銀子一百鎰，土絹一百匹，羅紈一百匹，象牙三對，該重二百斤。一、安南國王貢表有曰：『厥中允執，衣裳咸仰于堯明；惟正之供，玉帛虔修於夏貢。擡頭見日，叩首焚香。欽惟大皇帝陛下，福德聖人，綱常宗主，壽考爲綱爲紀，出乎震見乎離。説乎兑勞乎坎，範圍在久之美成。言行是訓是彝，漸于東被于西，暨于朔訖于南，規矩必先之德行。蓋亭育丕恢于聖度，而寧敷仰體于天心。輸誠曲軫微衷，不忍限暄和于銅柱，作屏寵班新命，遂獲登猥陋于寶書。誠泰山滄海之難量，豈勺水涓塵之能報。臣仰蒙陶造，劇切戴親，琛球恪展微儀，正忻九千里海山之初達，冠帶願借盛會，謹祝億萬年日月之長輝。臣下情無任瞻天仰聖，不勝激切之至。』而所進歲貢儀物，金香爐花缾四部，該重二百九兩，折金子二十一錠；銀盆一十二口，該重六百九十一兩，折銀子六十九錠；沉香八百八十二兩，速香一千九十五兩。一、明朝諸陵，皇帝另加修葺。上年十一月，遣大臣阿彌達陵上殿宇丹雘脱落，令所管之官賠修。仍令工部每三年奏派堂官往審，著爲定式。」

質親王永瑢病逝。

六月辛酉，别賫咨官張濂手本曰：「卑職五月初四日到北京，詣禮部呈咨文，皇六子質親王永瑢，偶以癨氣，本月初一日薨逝，皇帝方在圓明園，痛傷悲悼，故文書數日遲滯。初六日回宫後，初七日禮部始爲轉奏，即日旨下。而禮部諸郎官皆以爲皇上親覽咨文，頗有喜色，爾國之先期咨部，甚得體云云，上諭謄書上送。彼地事情，則二月初八日，皇帝幸薊州，謁東陵。十八日幸易州，謁西泰陵。仍向山東瞻禮岱宗，展謁闕里，而遣官致祭于先聖先賢祠。至海子打圍。四月十六日，還圓明園。冬春之間，點雨不來，京城内外，暵氣太甚。初八日，皇帝幸北郊，祭地壇。初十日往熱河。七月二十八日還京。安南國王阮光平，爲仰祝皇上八旬萬壽，於四月十五日進到廣西南地，皇帝下旨，派禮部滿左侍郎〔德〕明帶領前赴熱河。緬甸、南掌兩國貢使，亦於四月十七日由雲南大理府進京，約以七月二十日前赴熱河，瞻仰天顔。臺灣生番於五月十二日由福建省起程進京，恭祝萬壽。其餘諸國貢使，進京早

乾隆皇帝祭地壇。

乾隆皇帝上諭。

晚，各省總撫，姑無咨報。」上諭曰：「朝鮮國王恪修職貢，恭順可嘉。本年因朕八旬萬壽，普天同慶，特於萬壽正貢之外，另備貢物，輸誠祝嘏，前已命作爲次年正貢，今復咨部，懇請轉奏，仍祈恭進萬壽貢品，情詞肫懇，具見悃忱，着照所請，準予賞收。屆期自當優加賜賚，以示柔懷藩服，加惠遠人至意，該部即遵諭行。欽此。」

甲戌，聖節陳賀使黄仁點等馳啓言：「臣等一行，因備局關文留住義州府，等待回咨，即接盛京將軍因北京禮部咨飭行朝鮮國貢使公文，則安南、南掌、緬甸等國萬壽貢使，俱於七月初十日到熱河，預備筵宴，朝鮮國貢使，妥速趕行，徑赴熱河，務於七月初十日以前趕到，不必到京，再行紆折。並飭鳳凰城、遼陽城守尉，即於朝鮮國貢使徑由處，出派妥員，俟貢使到境，須以部文催令趕行，因將過境日期飛報云。故臣等既伏承備局知委，則事當恭俟回咨之下來，而禮部知委，既以七月初十日前徑赴熱河定限，則到今日子，距七月初十日，未滿二十日，雖明日越江，兼程疾馳，行期萬萬促急，不無未及之慮。故不得不明日渡江，仍爲入柵，而入柵後臣等舍轎乘車，晝夜馳進，必於安南、南掌、緬甸等國恭祝萬壽。

七月初十日前，得達熱河。計料今此徑發，雖緣事勢之萬萬渴急，朝令之下，有此擅便，不勝惶恐。留任譯於義州，待咨文下來，星夜趕到於臣等所到處。」禮部咨鎮守盛京等處將軍衙門：「爲咨行事：左禮司案呈，於乾隆五十五年六月十八日，準禮部咨開，爲咨行事，主客司案呈，本年五月準朝鮮國王差來賫咨官張濂等咨請本部轉奏，該國王謹擬萬壽聖節，仍遣使恭進方物等因，經本部具奏，奉旨準行在案，今安南、南掌、緬甸等國恭祝萬壽貢使，一俱定於七月初十日到熱河，預備筵宴，相應飛咨盛京將軍，轉飭朝鮮國貢使，妥速遄行，徑赴熱河，務於七月初十日以前趕到，不必進京後再行前往，轉致紆折可也。須至咨者。等因前來，相應飛咨朝鮮國王，文到遵照部咨事宜，貴國貢使官務於七月初十日以前，徑行前赴熱河，以備筵宴，勿得稍遲外，仍飭知該國貢使，務須遵照部文，星速遄行，毋誤可也。等情據此，爲此合咨。須至咨者。」

九月甲辰，進賀正使黄仁點、副使徐浩修狀啓言：「臣等由口外取路，直向熱河。他餘任譯及幕屬領率方物雇車，一行人馬，由山海關直向燕京。六賀乾隆皇帝八十大壽。

乾隆皇帝賀喜朝鮮國王有子嗣。

月二十八日到瀋陽，七月初二日到白旗堡，初四日到新店，捨大黑山大路，徑取白臺子路，過廣寧地界及義州府城，初七日出口外，初九日到朝陽縣，十二日到建昌縣，閣老和珅送軍機章京促臣行曰：『若在四百里内，兼程疾馳，可趂十五日大慶，宴禮在十六日，必及其前。』臣等自建昌縣晝夜行，十五日申時達熱河。臣等陪表咨向禮部，滿侍郎鐵保曰：『各國使臣，皆親呈表文於御前。』本國使臣，亦於明日宴禮親呈。鐵保引臣等，先奉萬壽進賀表文入殿庭，和珅以爲表文姑待皇旨親呈，只使臣等先入，鐵保還傳表文於通官，引臣等立殿陛下，閣老和珅、福長安、王杰等，左右侍立。皇上御沉香榻上，後倚沉香屏，下布黃氍毹。和珅出傳皇旨，使臣等進前，臣等進跪。皇帝問：『國王平安乎？』臣等對曰：『賴皇上洪恩平安矣。』皇帝問曰：『國王有斯男之慶乎？』臣等對曰：『今年元正，頒降「福」字宸翰，國王感戴銘鏤，日夕攢祝，果於六月十八日舉男矣。』皇帝笑曰：『然乎？是誠大喜大喜的事也。』又問臣等姓名爵秩，和珅手指歷對。臣等仍就宴班，班位則諸王貝勒閣部大臣坐東序，重行，西向北上。蒙古四十八部王、回回、安南國王，朝鮮、安南、緬甸、南掌使臣，臺灣生番坐西序，重行，東向北上。作樂設戲於殿前三層閣，皆迓慶祝壽之辭。宣饌凡三度，第一、第三分給御卓所排餅肉，第二各具一盤，而卯時始宴，未時止宴。始宴後，和珅取萬壽聖節進賀表、元子宮誕降後移咨，數回奉覽，奉進御前。良久，還傳，鐵保曰：『已經御覽。』他餘表咨，自行在禮部受來，移送留京禮部，又以表咨示安南國王阮光平曰：『字畫整齊，紙品精潔，朝鮮事大之節，敬謹如此，可作他藩之法。』十七日，臣等赴宴班，班位宴儀，一如昨宴。十八日，臣等又赴宴，皇帝曰：『宴畢後，朕當回鑾。爾等先詣京都以待。』十九日，臣等又赴宴班。二十日，因禮部指揮，臣等與安南國王及諸國使臣偕謁文廟，文廟乾隆初新建，壯麗一如燕京太學。臣等留熱河凡五日。臣等及從官從人，皆自內務府供饋，各國同然。二十一日，禮部備送大車十三輛，一行分乘，并載行具而發。翌日，入古北口。二十五日到皇京。二十六日，往圓明園待皇駕。三十日，皇帝始旋，臣等到行宮東門外二里地祇迎。和珅進輦傍奏曰：『這是朝鮮使，這是安南使。』曆數各國，皇帝顧而笑。八月初一日，臣等進參慶豐圖宴班。黎明入闕內，蹌重門，到慶

參宴於慶豐圖。

皇旨：賜遊福海。

豐圖前溪。有四隻小船，諸王貝勒、閣部大臣、回回、安南王及各國使臣分乘，過藏舟閣、金鰲玉蝀橋，行幾三里，到天香齋前下船，由觀戲殿西夾門赴宴班。戲閣規制及班位宴儀，與熱河同。惟蒙古諸王，自熱河徑歸本部。初二日，臣等黎明入闕內，待開宴，禮部郎中來引臣等入勤政殿庭，即正大光明殿之東，慶豐圖之西也。皇帝御降真香榻上，後倚無逸屏，即御筆，諸王貝勒立殿內御座東而西向，閣部大臣立御座西而東向，回回、安南國王、各省督撫立殿陛下西向，臣等及安南、緬甸、南掌使臣立殿陛下東向。文武應遷官各於殿陛下跪告踐歷門閥，武臣抨弓一次後乃告。內閣吏兵部諸臣跪御榻前，隨皇旨仰奏，移時而罷。皇帝御肩輿詣戲殿，諸臣退至昨日乘船處，溯溪詣戲殿前，仍入宴班。阿桂以皇旨牽白麈一雙，示各國使臣，其形馬首牛身，尾角如鹿，夏至解角，茸已長尺餘，盛京將軍所貢。宴撤後，又因皇旨，閣老阿桂、和珅、福康安、福長安、安南國王及朝鮮、安南、緬甸、南掌使副使並賜遊福海。臣百亨退歸館所。臣等與阿桂等分乘二船，不向金鰲玉蝀橋，直溯東南溪泛福海，下船於迎薰亭前。和珅引臣等縱觀。中官又因皇旨分給清茶、乾隆皇帝回京。

西果、蘋果、蒲萄、桃檎等果品，酉時始歸館次。原别賞賜，已自内務府送置御前。初七、初八日，連值齋戒，不設宴。初九日，皇帝幸萬壽山，臣等祇迎於西苑闕外。皇帝先召安南國王，下旨數轉，顧謂臣等曰：『各國使臣并隨駕後。』臣等隨之，歷勤政殿、到昆明池邊，朱漆龍舟已泊岸。船上爲二層樓，船頭建金龍黄旗一雙，皇帝先御上層，阿桂、和珅、福康安、福長安、回回、安南國王及各國使臣登下層。窗外楹内，行船時左右梢工，皆唱櫂歌。中官因皇旨頒給香茶珍果。和珅承皇旨召臣等進前，指延壽寺北麓曰：『此萬壽山』；指昆明池西崗曰：『此玉泉山』；指萬壽、玉泉之西北峰巒曰：『此香山也。』舟到延壽寺前，皇帝命諸臣下船縱覽。中官數十人，各持茶、果，踰阜陟階之時，輒賜之。西山内外殿閣甚多，觀訖，由闕北門出。初十日，臣等赴宴班。十二日，皇帝還京都，臣等祇送于闕外大市街，仍入城内南館。自圓明園至西安門内，夾道左右綵棚綿亘，飾以金碧錦繡。十三日曉，臣等率正官三十員詣太和殿庭，班于右翼九品品級山之傍，參萬壽賀儀。正官還歸館所，臣等由左翼門出，至寧壽宫之東設戲所，參班。戲殿規制及班位宴儀，一乾隆皇旨：所有方物不必收受。

如圓明園。十五日申時，皇帝親祭夕月壇，還宫，以秋分日也。臣等到阜城門外光恒街，祗迎祗送後，轉向圓明園。十六日，皇帝旋蹕圓明園，臣等又爲祗迎。十七日，萬壽進賀表文及謝恩方物表文皆旨下，進賀表文皇旨曰：『覽王奏賀，知道了。本年朕八旬壽辰，該國王先期備物呈進，經降旨賞收，并準作爲次年萬壽正貢。今復具表稱賀，進貢方物，本毋庸收受，但又令賫回，非所以申該國王慶祝之忱，着仍行賞收，該部知道。欽此。』云云。謝恩表文皇旨曰：『覽王奏謝，知道了。所有隨表方物，不必收受。該部欽此。』云。臣等初擬呈文禮部，並請收受，禮部尚書侍郎等，以爲年前皇帝既有此後謝恩方物永爲停進之諭，今番不必收受之皇旨，係是特恩，陪臣何敢呈文云，故仍爲停止。十八日，皇帝又召見武臣陞遷官于勤政殿，臣等進參。二十日，入參正大光明殿宴禮，宴卓皆重行，東西相向，諸王貝勒、蒙古王、回回、安南國王班于殿内寶座東；衍聖公、文武一品滿漢大臣班于寶座西；各省督撫、圖勒布特、土司班于殿庭東；臣等及安南緬甸南掌各國使臣、臺灣生番班于殿庭西。樂用中和韶樂及平章之樂，進茶進酒皆作樂。殿庭設花乾隆皇帝告使臣：見爾王得世子，朕心大喜。

王杰奉皇旨。

文氍毹，爲萬國呈伎所，先設布褲伎，連接各國伎。皇帝賜酒諸王大臣時，侍衛大臣和珅因皇旨召臣仁點、臣浩修陞殿内，立寶座西級下，皇帝召衍聖公賜酒，次召臣等進跪御椅前，皇帝手執玉杯香醞，親授臣等，起而受，跪飲後，還宴班。少頃，皇帝又召臣等，及臣百亨進跪寶座前，皇帝曰：『爾等以朕言歸問國王平安』，又曰：『朕自見爾國王得世子之咨，朕心大以爲喜。』臣等扣（叩）頭，和珅引還原班。封典之前，皇帝先稱世子，左右侍衛大臣，莫不動色。撤宴後，内務府官引臣等至殿庭西黄幄下，頒賞。留圓明園。二十日，臣等及從官盤供，亦依熱河例，自内務府備送。是日午後，一行撤入城内南館。進賀方物，輸納太和殿前御庫。謝恩方物，依前例，權付於南館隣居信實人。所餘補物，各庫郎吏通官大使等處，依例分給。九月初一日，禮部言於臣等曰：『各國使臣既經前月二十日正大光明殿宴筵，故今番無上、下馬宴。安南國王及從臣，已於前月二十四日離發。緬甸大臣亦於今日離發。貴國使臣及南掌使臣，當於初四日離發。』初二日禮部送回咨，十二度，元子宫誕降後移咨皇旨曰：『軍機大臣大學士管理禮部事務王杰奉旨，着照該國王所請，欽此。』云云，即七月十六日熱河宴筵御覽時面奏得旨者。全本一通，別爲謄上。謝恩表文，並循例旨下。初四日，一行自燕離發。」回諭曰：「聞卿等一行穩旋，咨文奏請亦如意，公私萬幸。副使之子闡名於此榜，尤可喜也。卿等復命，當在何間？」指日狀聞。皇帝恩數，愈往愈摯，則我國道理，亦不可泛忽。冬至使行，卿等回還後即當發送。卿等渡江後，咨文先付譯官騎撥上送，以爲趂即精寫回咨之地。」又教曰：「今觀進賀使先來狀本，恩數之外，奏請於咨文者，果即準施，俾許其如願，在我國道理，謝恩之舉，不容泛忽。回咨已令渡江後先爲上送。冬至使行拜表日子，以旬後進定擇吉。」

十月己巳，召見回還使臣黄仁點、徐浩修。上謂仁點等曰：「卿出萬里穩旋，奏請如意，幸甚。」仁點曰：「皇天祖宗眷顧垂隲，聖嗣誕降，臣等到柵外，伏聞喜報，非但臣等之歡抃蹈舞，彼人亦皆來賀。」上曰：「皇帝之引見卿等爲幾番？」仁點等曰：「進前者三，引見殆乎無日無之。」上曰：「昆明池乘船時，座次與皇帝御座相近乎？」仁點等曰：「皇帝在於樓船上層，諸閣老、安南國王及臣等皆坐下層矣。」上曰：「正大光明殿宴筵時，皇帝果親斟法醖

清高宗乾隆五十五年，一七九〇

皇帝親賜玉杯。

以賜卿等乎？」仁點等曰：「皇帝執玉杯以賜臣等，侍衛與大臣等，皆以爲此乃以萬壽杯奉傳國王之意云。臣等起受之際，皇帝手相接，參宴禮部諸官，莫不動色來賀曰：『陪臣昵近寶榻之上，已是曠古之恩典，而親授玉巵，尤爲敻越之異數云矣。』」上曰：「卿等到熱河後，奏請咨文即爲旨下耶？」仁點曰：「臣等辭陛時，既伏承導達『福』字頒降後感祝之意於皇帝，故七月十六日宴筵時，臣等叩頭奏曰：『歲首頒降福字宸翰，即千古異數，舉國臣民，感祝銘鏤，顒俟吉慶，果於六月十八日，有小邦莫大之慶矣。』皇帝喜動顏色，笑而答曰：『然乎？是誠大喜的事，是誠大喜的事。』仍命臣等就宴班。軍機大臣和珅，自御前出奉萬壽表文及奏請咨文，進御前移時，出示表咨于安南國王曰：『字畫整齊，紙品潔精，朝鮮事大之節，敬謹如此，可作他國之師法。』仍傳表咨于鐵保曰：『此表咨已經御覽，此外循常表咨，自行在禮部收聚，送于留京禮部可也。』表咨之已經御覽，因此知之，旨下與否，未能探得。故十七日宴罷後，臣等往見鐵保，語到昨日表咨先爲御覽之由，則答曰：『昨日使臣等召對後，管理禮部軍機大臣王杰奏曰：「朝鮮所進萬壽表文外，又有別乾隆皇帝容貌稍衰，尚如六十餘歲人。

咨文一度矣。」皇上即命取覽後下旨曰：「國王情懇如此，不可不允俞。」今則貴國所奏請，已得旨矣。』臣等又問曰：『然則貴部回咨，何至今不來？』答曰：『文書成貼，則當於還京後，使臣等臨發時成送，舊例然。』臣等始知奏請咨文之趂即旨下，而禮部回咨，則果於九月初二日始爲出給。」上曰：「卿等出疆而登壽筵，復命而賀吉慶，可謂好個八字！皇帝筋力容貌，較年前何如？」仁點曰：「容貌則稍衰，而尚如六十餘歲人。筋力則耳目聰明，步履便捷矣。」浩修曰：「在熱河再次召見臣等時，酬酢頗長，通官啓文之傳語甚生疎，清譯之生疎甚於啓文，此後則清學譯官，另加勸課，每行抄選數人帶去似好矣。」上曰：「清譯之爲目下實用，有勝於漢學，而勸課之道，乃反不如，申飭該院。」加賞別單：玉如意一柄，背有皇帝御製詩書雙行：「日雨日暘總時若，如山如阜齊高旻。」旁鐫「臣彭元瑞敬書」。蟒緞六匹，粧緞六匹，大緞五匹，錦緞二匹，閃緞二匹，大紡絲五匹，絹箋二卷，墨二匣，筆二匣，硯二方。一方松花石，面仿瓶形，匣鐫犀文，頂隅楷書鐫「仿宋德壽殿犀文硯」。底鐫皇帝御製銘：「琴古之産兮星文徽端，異種足珍兮辟塵辟寒，他山可磨兮如瓶斯受，聊以寓意兮取諸德壽。」陽鐫「幾暇怡情」四字，「得佳趣」三字乾隆皇帝聞有斯男之慶，喜悦。

乾隆皇帝咳唾，和珅進溺器。

二圖章。一方端石。教曰：「賀使回還狀本不爲舉論，故未及聞之，今始見之。加賞物件中玉如意有御詩『曰雨曰暘總時若，如山如阜齊高旻』十四字書下者，又有皇製硯銘。

辛亥十五年（清高宗乾隆五十六年，一七九一）

二月壬戌，冬至正使金簣性、副使閔台爀以離燕狀馳聞，上遣史官勞問。使臣別單曰：「皇帝進使臣親問國王安否，聞有斯男之慶，深致喜悦之意。引正、副使登御榻，親酌酒饋之。又使參觀於冰戲、燈戲、鰲山之戲、年終歲首等宴云。」

壬子十六年（清高宗乾隆五十七年，一七九二）

三月辛卯，冬至正使金履素復命，上問彼中所見，履素對曰：「皇帝若有皇十一子永瑆尤係人望。

始刻石經。

咳唾之時，和珅以溺器進之，紀綱可知。皇帝窮奢極侈，故賦重役煩，生民困苦，不自聊活矣。」

壬辰，書狀官沈能翼進別單：「一、見存皇子四人，第八子永璇，爲人輕躁，做事顛倒，故皇帝不以子待之。再昨年諸皇子封爵時，不與於分封之列。第十七子永璘，年少放蕩，不循禮性，故亦不甚愛。第十一子成親王永瑆，爲人愷悌，最著仁孝，故甚見鍾愛。第十五子嘉親王永琰，聰明力學，頗有人望，皇帝屬意在此兩人中，而第十一子尤係人望。一、甲辰年皇帝新建辟雍於太學，選各省貢生數千人，親講『易經』，以倣漢明帝故事。新造石鼓，并與舊石鼓置於太學正門左右。又刊經書石板，置於太學，今方伐石鳩工。一、『四庫全書』共六千一百四十四函，先爲寫就，已經詳校者五千八百五十餘函，係武英殿提調。近以文源、文淵、文津三閣各員看檢詳校，每員每日各看二萬字，而盛京文溯閣藏書亦同考閱。文津閣在於熱河，道路較遠，運送不便，此則前往就近看閱。文溯閣書函卷帙浩繁，令張燾前往抽閱，陸錫熊同往抽查，而并令武英殿查明分別，尚未訖工。」

飢民絡繹不絕。

十二月己巳，憲書賫咨官卞復圭聞見事件：「一、去年十月間，總督福康安往征後藏部落，道路遼遠，山川險阻，兵將皆步行以前。今年五月，乘陰雨進兵，屢戰屢捷，直搗賊巢，番酋廓爾喀勢窘請降，遣頭目堪布等進貢樂工一部，馴象五隻，番馬五匹，孔雀三雙，珊瑚、犀角、寶石等物。九月降表捷書先至，皇帝嘉奬福康安之功，陞爲内閣大學士云。一、八月臺灣三日地震，房屋之頹壓，人物之死傷者，至二三萬云。一、關外稍登，關内失稔，而河南、直隸等地，夏旱秋蝗，歉荒。皇帝憫念，自六月設賑，至明年三月而止。沿道飢民，扶老攜幼，就食關東，絡繹不絕。」

癸丑十七年（清高宗乾隆五十八年，一七九三）

二月乙酉，冬至正使朴宗岳、副使徐龍輔在燕馳啓曰：「臣等一行，去年十二月二十二日到北京，二十三日禮部知會内，奉旨：『朕出西華門，見外國使臣，往瀛臺蘭室用早膳辦事。觀一分冰鞋，仍進西華門。』令臣等祗迎。故乾隆皇帝瀛臺賜食。

乾隆皇帝幸堂子等。

二十四日五更，臣等待候於西華門外，禮部尚書常青、紀昀、侍郎鐵保並來押班。黎明皇帝乘黄小轎以出，到臣等祗迎處，住轎，令臣等進前，問曰：『國王平安乎？』臣等對曰：『平安。』又問：『世子平安乎？』對曰：『平安。』皇帝令臣等隨入西苑門，至瀛臺，有旨賜食。禮部官引臣等坐於勤政門内，内務府官饋以飯卓，並隨行正官一一饋食。皇帝早膳後，出御龍形雪馬，觀冰戲，臣等亦隨後觀戲。二十六日，皇帝令御膳房官，傳頒回回葡萄一帒，形小無核，味甚甜美。二十九日，皇帝詣太廟親祭，臣等詣午門前迎送。午後，御膳房又以皇旨傳頒石榴柑橘一桶，謂是南邊進貢新到者。三十日，皇帝設除夕宴於保和殿，臣等入詣保和殿東陛上。平明，皇帝出御殿内榻上，内務府進饌卓，又進爵，仍設諸國雜戲，殿内諸臣，人各一卓。殿外則二人共一卓。酪茶一巡，酒一巡後，禮部尚書常青引臣宗岳至御榻上，皇帝手賜卓上之酒，臣宗岳叩頭飲訖，還就本班。皇帝撤御床餅糕一器，以賜臣等。本年初(正)月初一日，臣等入午門前朝房，未明，皇帝幸堂子，即爲還内。黎明，臣等入太和殿庭，參正朝賀禮。初七日，皇帝行祈穀大祭於天壇，前一日，齋宿壇乾隆皇帝幸圓明園。

下，仍爲行祭。臣等初六日曉，祗迎於午門前。初八日曉，祗迎於午門前。初八日，皇帝設歲初宴於紫光閣，臣等當日曉頭入紫光閣階下。皇帝未出來之前，賞餅糕豬肉等物，少頃皇帝乘黄小轎以出，臣等祗迎，仍爲陞詣東陛上，設饌陳戲，槩如保和殿宴儀。禮部尚書常青引臣宗岳至御榻上，皇帝手賜卓上之酒，侍郎鐵保次引臣龍輔至御榻上，皇帝亦手賜卓上之酒。問：『爾等現居何職？』臣等舉職名以對。還就班次。皇帝又撤御床餅糕以賜臣等。少頃宴罷，賜臣宗岳緞十六匹，荷包五對；臣龍輔緞八匹，荷包四對。初九日，臣等詣午門前領賞，年例回送禮單之外，加送緞二匹，絹箋四卷，福字紙一百方，漆茶盤四個，湖筆四匣，徽墨四匣，硯二方。十二日，皇帝幸圓明園。臣等詣三座門外，皇帝到臣等祗迎處，令隨後，故臣等隨往圓明園，住接於近處。十三日，皇帝設燈戲盒子於山高水長閣，臣等入參內班，饋酪茶一巡，又饋菓盒元宵等物。十四日晚後，臣等又入山高水長閣，就內班，設戲饋饌亦如十三日。十五日，皇帝設放生宴於正大光明殿。臣等入詣殿陛上。黎明，皇帝出御殿上，設饌行茶，又設放生等戲。禮部尚書侍郎次第引臣等至御榻上，皇帝手賜卓上之酒。宴罷，内務府以皇旨來傳羊肉蜜糕。晚後，又入山高水長閣内班，炮熚烟火燈戲，倍盛於前日。饋饌時，内務府大臣和珅、金簡，每每來視。十六日，内閣知會内令臣等製進紀恩詩，故臣等各製七言四韻律詩一首，送于禮部。十八日，又詣圓明園。十九日晚後，入山高水長閣，就内班，皇帝語臣等曰：『爾等歸國，須問國王平安可也。』又曰：『爾國世子年今幾歲？』對曰：『四歲矣。』又問曰：『國王又有斯男之慶乎？』對曰：『姑未有之矣。』内務府大臣和珅等盛賞物於黃函，諭以製詩賞賜臣等各緞一匹、絹紙二卷、筆二匣、墨二匣，而直自御座前傳授。設戲饋饌，一如前日。至初昏，皇帝自山高水長閣入慶豐圖。禮部尚書引臣等隨詣慶豐圖，坐於陛上，饋茶一巡，設燈棚雜戲，至夜退出。錢幣請貿事，臣等呈納表咨之後，多歧探聽，則事關銅鐵禁條，且無外國已例，猜疑多端，論説不一。正月十八日，再往圓明園之後，又聞管理禮部事閣老王杰，以咨辭提奏，而多被呵責，至今自禮部直送回咨云云。故臣等當日別具呈文，呈于王杰所住處。又於翌日待王杰赴公，呈于禮部朝堂。又於翌日，回到館所，呈于禮部。又於

令制紀恩詩七律一首。

王杰多被呵責。

換貿錢貨帶回本國，不可。

二十四日禮部領宴時，對面往復，則管理王杰及尚書常青、紀昀、侍郎鐵保、劉權之、僧保住等，前後所答，顯有不樂之意，萬無挽回之勢。及至二月初一日，回咨始爲來到，而句語之間，極多未穩。故臣等進往禮部，仍爲達曉，以不敢循例領還之意，再度呈文。多般往復，則侍郎鐵保始若秘諱，末乃以爲此豈在下之人如是遣辭？直由於萬不獲已之致，有所受辭而然，實非本部所敢擅改。只此數句語，陪臣豈不默會，而有此相持云云。細察頭勢末梢，事端實有難言之慮，故不得不受回咨。而臣等誠不足以感動人心，知不足以斡運事機，畢竟咨事來（未）得承准，回咨辭意，又如彼乖常，莫非不能事事之致，惶隕悶蹙，無地自容。」禮部咨文曰：「主客司案呈，准朝鮮國王咨稱：『小邦仰蒙皇慈，民生日用，皆資上國，獨此錢貨，於賤价朝京之時，難（雖）有通用之例。然只行於在途留館之日，莫需於出關歸國之後，仰冀即爲轉奏，於使价之回，隨其多少，換貿錢貨，帶回本國通用』等因前來。本部查『會典』内開：『軍民人等，有代外國人收買違禁貨物，及將一應兵器銅鐵違禁等物賣與外國人圖利者，問罪。』又載：『洋船換買錢，若數目過多，恐有販銷之多載錢出洋者治罪。

弊，令守口官弁，實力稽察。如有奸商圖利，多載錢出洋者，即拿治罪。』各等語，今該國王咨請換買錢貨，殊與定例不符。且錢價低仰，隨時各異，人情趨利，較及錙銖，若准該國換買，必致奸商從中徵貴徵賤，私販居奇，轉滋種種弊端，殊多未便。況名國臣服天朝者甚多，一准該國所請，將來各國中或有計數贏餘，希圖便益，亦復紛紛籲懇，勢難准駁兩歧。事關更易舊章，礙難辦理。所有該國請買錢貨之處，未便代爲轉奏。若該國自具表文，由本部轉達聖聰，仍須降旨交部核議，似此有違定例之事，本部議亦必加以駁斥。不但不能允從，且該國王冒昧陳請，天朝法制森嚴，並恐因而獲咎。相應咨覆該國王，嗣後務宜謹遵定制，毋得恃恩妄有瀆陳，自干未便也。」

甲寅十八年（清高宗乾隆五十九年，一七九四）

二月庚辰，冬至正使黄仁點、副使李在學馳啓曰：「臣等一行，上年十二月二十二日到北京，直至禮部，呈表咨文，漢侍郎劉躍雲率諸郎官祗受後，臣

清高宗乾隆五十九年，一七九四

乾隆皇帝幸永安寺。

等住接於南小館。二十四日，皇帝幸永安寺拈香，臣等因禮部知會，當日曉頭，與書狀官及任譯詣神武門外待候。黎明，皇帝乘黄屋小轎出來，到臣等祇迎處，駐轎問曰：『國王平安乎？』臣等謹對曰：『平安矣。』臣等祇送後，因禮部言，還宫時祇迎停免，故即爲還歸。二十七日，因禮部知會，臣等詣鴻臚寺，行元朝朝參演禮，而琉球國使臣來到，同爲演禮。禮部知會内，二十八日，皇帝親祭太廟，兩國使臣祇送、祇迎。故當日曉頭，臣等詣午門外祇送，而禮成回駕時，亦爲祇迎。二十九日，皇帝設年終宴於保和殿，臣等因禮部知會，當日曉頭入保和殿，鴻臚寺官引臣等坐於殿陛上，琉球國使臣在於臣等之下。平明，皇帝御殿，動樂進饌，設雜戲，臣等亦有宴饌，而兩人共一卓，各賜酪茶一巡。少頃，禮部尚書德明因皇旨引臣等入殿内，至御榻上。皇帝手舉酒盃，親授於臣仁點，臣跪受叩頭；次授臣在學，臣亦跪受叩頭。宴罷後，光禄寺輸送宴卓，又送歲饌各一卓。晚後通官自闕内賫來橘柑石榴，兩使臣及書狀官處各賜十餘枚，而南邊進貢纔到，有此頒給。本年正月初一日五更量，臣等與書狀官及正官二十七人，詣午門前等候。曉頭，皇帝出幸堂參歲初宴於紫光閣。

子，少頃還宫，而文武諸官祗迎祗送，已爲停免，故臣等則禮部亦令停免。平明，皇帝出御太和殿受賀。臣等入殿庭，坐西班末，同行三跪九叩之禮。初二日，皇帝設歲初宴於紫光閣。臣等因禮部知會，當日曉頭入紫光閣，日出後，皇帝乘小轎出來，臣等祗迎，隨入班次。皇帝御閣後，進饌設雜戲，臣等兩人各賜一卓，又賜酪茶一巡。禮部尚書因皇旨引臣等至御榻上。皇帝親賜酒盃於臣等，如年終宴時，臣等跪受叩頭。宴罷後，使内務府頒賞於臣等，正使錦三匹，漳絨三匹，八絲緞五匹，五絲緞五匹，大荷包一對，小荷包二對，内務府大臣和珅監視頒賜。歲幣方物無弊準納。初六日，皇帝幸圓明園。臣等因禮部知會，當日曉頭詣三座門外等候。平明，皇帝乘黄屋小轎出來，臣等祗送後，退歸。初十日，皇帝自圓明園還宫。臣等因禮部知會，祗迎於三座門外。十二日，皇帝詣祈穀壇齋宿。臣等因禮部知會，當日曉頭，詣午門外祗送。十三日，禮成後，皇帝幸圓明園。臣等因禮部知會，當日曉頭，詣三座門班次。禮部尚書記均（紀昀）押班。御膳房官員以皇旨賫來饅頭一器，頒給臣等於班次。平明，皇帝出來，閣老和珅傍奏臣等祗迎之意，皇帝自隨詣圓明園之事。

輤牕諦視臣等。因禮部知會，仍爲隨詣圓明園，住接於行宮近處，午後，通官引臣等入山高水長閣，就外班。向夕，皇帝出御閤門之前，諸般雜技及燈戲，次第設行。內務府大臣和珅、金簡等出來監視。內務府以果盒熟肉元宵餅等饌饋臣等。十四日，臣等又入山高水長閣。皇帝御座後，令臣等入內班，賜酪茶一巡後，山就外班。燈戲及饋饌，一如十三日。十五日曉頭，皇帝御正大光明殿，設放生宴。臣等先就殿陛班次，鴻臚寺官更引臣等坐於楹外。少頃，皇帝出御殿上，動樂設戲，概如紫光閣等宴。禮部尚書以皇旨引臣等至御榻上。皇帝親賜酒杯，臣等跪受叩頭如前日。宴罷後，還歸私次。午後，又入山高水長閣。皇帝御座後，臣等入內班，賜酪茶一巡，出就外班，饋饌與燈戲皆如前。而又設火炮之戲。退歸後，禮部因皇旨令臣等製詩以進，故臣等各製七言律詩一首，書送禮部。十六日，禮部因皇旨使臣等姑爲退去，故臣等還歸館所。十八日，臣等又詣圓明園。十九日，曉頭，禮部知會，令臣等領受加賞禮單。故臣等詣禮部朝房，禮部郎中明善，傳授大緞二匹，絹牋四卷，筆四匣，墨四匣，硯二方，福字方牋一百張，雕漆茶盤四個。臣等上諭：踐祚年滿六十，曾降旨六十一年歸政。

祗受，以授上通事譯官，使之復命日呈納。臣等各賞緞一匹，絹牋二卷，筆二匣，墨二匣。同日午後，入山高水長閣内班。皇帝御座後，應製諸臣皆謝恩，故臣等一體叩頭。皇帝命臣等進前曰：『爾等回還，須以吾意傳語國王平安可也。』臣等更爲叩頭。退坐班次後，賜酪茶燈戲火炮，一如十五日。皇帝入内時，令臣等隨後，通官引臣等歷入數門，前有湖水，方冰，皇帝乘雪馬，從官及臣等亦乘雪馬，隨入慶豐圖。殿宇燈火，與山高水長，概是一樣。臣等坐階上觀燈戲，少頃退出。二十日曉頭，因禮部知會，自圓明園直詣午門前，與書狀官及正官二十七人領賞。二十四日，臣等詣禮部，領下馬宴，回到館所，仍行上馬宴。表文七度，十八日開印後，自内閣翻清入奏，當日以『知道』例下。三十日，受回咨文二十二度。二月初二日，自北京離發。」皇諭：「癸丑四月二十六日奉上諭，仰蒙昊蒼眷祐，纘緒凝庥，臨御以來，海寓敉寧，遐方向化，膚功熙績，幸躋十全，踐祚年滿六十，實二十五即位之人君所難得也。前曾降旨于六十一年歸政，允宜愷澤覃施，與海内臣民歛時敷錫，而嘉惠士林之典，尤應預爲舉行。着于乾隆五十九年秋，特開鄉試恩科，六十年春爲乾隆皇帝健康，一皆如前。

歸政事至嚴至秘。

會試恩科，六十年秋即爲嗣皇帝恩科鄉試，丙辰春間即爲嗣皇帝元年恩科會試。所有應行事宜，着該部照例預備。其各直省舉人大挑，着于六十年會試後，該部奏請辦理。但此時雖距歸政之期不遠，朕惟有日益孜孜，不敢稍存盈滿，以期與天下蒼生，共迓天眷之福。將此通諭知之。欽此。」

三月丁酉，冬至兼謝恩正使黄仁點、副使李在學以回還渡江馳啓曰：「彼中事情，則朝廷無事，邊境安謐，别無可言之事。而來丙辰年歸政一事，已有上年所下皇諭，自今年秋連設恩科。通官輩亦謂大小公事，當於明年内盡爲勾勘，而丙辰年當有赦行。皇帝精力比諸五、六年前，雖似少損，而今亦健康，歲前歲後，屢次動駕，一皆如前。宴筵及燈戲時，御榻升降，不待侍臣之扶腋，聽視諸節，俱無所減於平日，連有勞動，不見憊色。正月晦日，始自圓明園還宫，而二月又將幸天津，觀水圍之戲。所謂水圍者，多排船隻，環繞水邊，打起鵝鴨之屬，令武士齊射，隨獲論賞。而天津在皇京南二百四十餘里。歸政既有定期，皇意必有所屬，而至嚴至秘，無論朝士賤人，不敢開口，故無以探知。而皇子四人中，第八王則沉湎酒色，又有脚病，素無人望；第皇孫綿恩最被恩眷。

和珅、福長安大開賂門。

十二王、十五王、十七王三人中，十五王長在禁中，勤於學業云，而人望所在，亦無以的知。 皇孫定郡王綿恩即皇長子永璜之子，而最被恩眷，前下皇諭有曰：『諸皇孫中，綿恩非但年紀最長，自派管旗營諸務以來，甚爲妥當，着加恩賞。 綿恩當益思勤勉，以期仰承恩眷。』近年以來，海外諸國，無不入貢。上年夏間，極南八國又來貢。 而其中咭唎國所貢測候諸器及冷暖車銅鐵器合十餘種，極其奇巧，西洋國人之所不能及。 而咭唎國俗稱紅毛國，在廣東南，水路屢千里之外，數十年來不通中國，昨年始入貢。 而其人狀貌黃毛鬖髮，醜惡獰悍，朝見之時，不知禮數。 朝政得失，不能詳知，而和珅、福長安之用事日甚，擅弄威福，大開賂門，豪奢富麗，擬於皇室，有口皆言，舉世側目。而船廠將軍即皇族而多行不法之事，擅用公貨，蕩盡府庫，因廷臣奏劾，派送大臣福康安使之按覈云。 而船廠在瀋陽之北，臣歸時見沿路各站，盛備供帳，以待回還。 概聞船廠乃是重地，罪犯又甚不輕，故特遣大臣於屢千里地。」

辛亥，召見回還書狀官鄭東觀。 東觀進聞見別單：「一、皇帝雖在耋齡，精力康旺，每歲正月幸圓明園，三月幸盤山，初夏幸熱河。 秋冬之交，會蒙古劉墉、王杰稱「朝陽之鳳」。

諸番王，獵于口外地方。通計一年，遊幸之日過半。而今年二月，將幸天津縣，觀水圍。每於經過地方，蠲免本年地丁銀糧十分之三云。一、皇子見存者四人，八王、十一王、十七王俱無令名，唯十五王飭躬讀書，剛明有戒，長在禁中，聲譽頗多。皇孫中皇長子永璜之子定郡王綿恩，才勇過人，自八歲已能騎射命中，派管旗營，最承恩寵。今年正月諭旨褒嘉，晉封親王。彼中物議，皆以爲來頭屬意者，當不出此兩人中云。一、閣老和珅，用事將二十年，威福由己，貪黷日甚，内而公卿，外而藩閫，皆出其門。納賂諂附者，多得清要。中立不倚者，如非抵罪，亦必潦倒。上自王公，下至輿儓，莫不側目唾罵。劉墉之劾奏，王杰之却衣，人稱朝陽之鳳。福康安稍欲歧貳於珅，頗自矜持，收拾人望，而寵權相埒，勢不兩立。皇帝欲兩解之，每出康安於外，討平後藏，巡撫四川，上年八月始還京城，旋命巡撫兩廣。康安泣告：『臣非敢辭勞，但皇上年尊，天津行事，又在明春，臣於此時理難遠離。』累次懇奏，僅得准許。康安之意，專在慮珅。而今番船廠按查之行，亦未必不出於珅意云。一、中朝人物，則首相阿桂，功高望隆，上而皇帝委任，下而廷臣倚重。

紀昀、彭元瑞文學最於廷臣。

每於巡幸，則必令留守京師。雖以和珅之憸狡，亦不能售讒間之計，雖無赫赫之事業，忠廉自持，頗有民譽。福康安南征西伐，軍功自著，以才略見推。文學則禮部尚書紀均(昀)、翰林學士彭元瑞，博雅贍敏，最於廷臣。凡有考試之事，編輯之役，兩人必在其間云。一、貴州學政洪亮吉奏謂『禮記』改用鄭註，禮部會議，以爲陳澔集説，頒行日久，若慕復古之名，紛紛請改，徒使士子靡所適從，于經訓學術均無裨益，請依前用陳註，事竟不行云。一、滿漢旗民之勞逸苦樂，不啻懸殊，雖田畝之税，漢人所輸，倍於旗下。名屬旗下，漢人莫敢誰何。臣於關外，見漢人之與我人酢酢者，曰旗下歲食銀二十四兩，雖有當差，不過一時趍役而已。民家則白效勞矣。此是不平之言也。漢人之以謗訕誅殺者，前後相繼，而南方士大夫尚有不心服者。武陵有貢生歐陽緯者，作祛鬼檄文，譏嘲時事，多犯忌諱，因歐陽成梯挾私嫌訐告，照以邪言煽惑之律。知縣閆重鎰以不能查發奏聞，亦爲嚴處云。一、蒙古四十八部落，人皆獰悍，近益强盛，皇帝每羈縻之，與滿漢通同作宦。蒙王新立，則嫁以公主。其俗最重番僧，敬如神明，故既令蒙人之爲喇嘛僧者主在京寺刹，乾隆皇帝健忘，早膳後又索早膳。

凡有番僧之爲蒙古崇奉者，輒加尊禮。年前班禪圓寂之後，蒙古諸部中有欲以汗王子弟謀占其禪教宗派者，皇帝諭旨禁之。以此見之，班禪之格外尊奉，亦非專出於篤信其道。熱河之逐年幸行，或以爲不無微意云。」首譯張濂聞見別單：「一、皇帝一年之内，遊幸無節。歲首在圓明園觀燈；夏往熱河避暑山莊；秋冬之交，會蒙古諸酋，行獵于口外地方云。一、皇帝早膳已供，而不過霎時，又索早膳，宦侍不敢言已進，而皇帝亦不覺悟，其衰老健忘，推此可知。一、大國例於春秋頒定凉帽暖帽換着之日子，上自皇帝，下至軍民，同日換着矣。上年八月念後，皇帝迴自熱河，時日氣稍寒，遽着暖帽，皇帝既已換着，故諸臣隨以換着矣。九月晦間，天氣更暖，皇帝改着凉帽，諸臣又換凉帽，皇帝始覺諸臣改着之由，以爲諸臣之不待定日，凉帽換戴，隨我而行，此是我年老之致，何尤於諸臣，因嗟歎不已云。一、今番琉球國使臣呈稱，該國王因前年福字箋、玉如意等賞賜，恩眷特異，不勝感激，每年節行所進方物，懇請準受，禮部將此轉奏，奉旨遵行。而二月初一日使之迴國云。一、以清人爲名商，無論貴賤，俱屬八旗，例有俸銀。而漢人則除從仕者外，其所爲業，非農則商。道上之車服華麗者，無非清人；儀形困悴者，皆是漢人，則貧富之判異，於此可見。一、清人非但專主兵權，而又擇州縣之腴饒者，盡授清人，故漢人則宦途日窄，登科多年未一命者，亦多有之云。」

乙卯十九年（清高宗乾隆六十年，一七九五）

閏二月己亥，回還書狀官鄭尚愚進聞見別單曰：「一、彼地昨年穡事，關內外俱不免大無，而各省亦皆告歉，特命賙賑，蠲減都民之年久逋欠，盡爲蕩減，數爲銀累萬兩。諸省中水患最甚處，瓦家一間銀五戔（錢），草家一間銀三戔（錢），更搆奠接。一、皇帝以明年傳位之意布告中外，嗣皇帝之當屬，自中必有云云。故使任譯輩試問于朝士及閭巷，則舉皆緘口揮手。蓋聞皇帝之第十五子嘉親王永琰爲人沈重，處事剛明，皇帝寵愛，朝野想望。今正月初二日，皇帝會內外子孫設宴，各有賞賚，而獨不及於永琰，曰：『爾則何用銀爲？』自此物議尤歸於永琰。一、閣老和珅權勢隆盛，貨賂公行，庶官皆有

乾隆皇帝賞賚子孫獨不及十五子永琰。

定價，諸皇子皆以爲和家之財貨若盡取，則天子亦不足貴。年前錢鈔事，亦和珅之沮戲云。一、近來彼中法綱多紊，賄賂成習，貢獻無實。各庫典守之官，憑公營私，緞絹不準尺，金銀亦換色。甚至於頒宣之物，取於市肆，而内庫所藏，盡歸於該官。商賈之交結官長，出入衙門，自是彼中之禁法，而昨春兩淮間汪肇泰、洪廣順往來鹽政司，多有不法，爲法官所摘發，將抵重律，肇泰、廣順願納銀贖罪，各罰銀十萬兩，以爲日後之戒。罰銀納内務府充公用。大臣即和珅。和珅仗倆稱以富國强兵，專尚損下益上，故富民怨之。」

和珅專尚損下益上。

甲辰，召見冬至書狀官沈興永。興永進别單：「一、彼中年事，昨年春夏之間，雨澤乏少，而秋間久澇，關内則殆同赤地，米直騰貴，倍於常年。關以外亦未免歉歲，路上流丐相續。又有赭衣罪人，鐵索係頸，不絶於道，皆是盜賊之現捉者云。一、去夏直隷大旱，皇帝命截江廣漕粟六十萬石，又發部庫銀八十萬兩，賑恤飢民云。一、上年五月因旱祈雨，禮部舉行遲誤，奉上諭：

上諭。

『當此盼澤孔殷之際，朕宵旰焦勞，無時或釋。該堂官乃於祭祀鉅典，辦理遲誤，實有應得之罪，俱應趨赴官門，伺候引咎，又不即來。除王杰在軍機處行乾隆皇帝朝夕進食，不過數匙，氣力康旺。

歸政之期已定。

走，姑從寬免宥，德明、鐵保俱著拔去花翎，紀均（昀）、劉權之、劉躍雲俱著罰俸二年，以示懲儆云。』一、皇子時存四人，而第八子永璇，性行乖戾，屢失上意。第十一子永瑆，柔而無斷。第十五子永琰，度量豁達，相貌奇偉，皇上以類己最愛，中外屬望焉。第十七子永璘，輕佻無威儀。一、皇帝教子孫有法，一日之内，讀書習字，以至騎射，俱有定時，不敢少違課式云。一、皇帝寢食起居，自御極後，無論四時，卯時而起，進早膳後，先覽中外庶政，次引公卿大臣與之議決，至午而罷，晚饍後，更理未了公事，間或看書製詩書字，夜分乃寢。平生不飲酒，不嗜異味，朝夕進食，不過數匙，氣力康旺不衰。而近年以來，屢下歸政之旨，公卿等請俟數年，皇帝聽而不應。蓋歸政之期已定於丙辰之月正元日。而授受儀節，亦不敢禀定，只待皇上之旨。一、皇帝令各省訪求眼通七代之人，以昭盛瑞，江西、河南各上一人。一、上年秋奉上諭：『前代史册，帝王享國久者未可多得，即有一二，或係冲齡。朕則春秋二十有五始即位，迄今八旬開四，康强建（逢）吉，五代同堂，享國之年，幸周甲子，此皆上蒙昊貺駢藩，克膺備福，朕于感荷之餘，彌深兢業。早經欽天監推步六阿桂乞休不許，賜以上殿不趨。

十年元日日食，上元月食，明年元朝，著照五十一年之内不御殿，不受朝賀。是日午後，向有諸王暨皇子皇孫等内庭家宴之例，五十一年元朝食日復圓後，曾經舉行。明歲究係六十年周甲年分，所有内庭家宴，一并停止。朕於是日亦不御禮服，照每年例，恭詣奉先殿堂子及先師齋等處行禮時御龍袍，將届日食時，即换常服，以寓寅畏。而幸蒙天恩垂佑，日月虧食，俱在明年，爲朕即位周甲告成之年，自應祇承無斁。該在丙辰，則爲嗣皇帝即位之元，于吉祥盛事，轉爲未慊，上天之篤祐朕躬，貽我子孫至優厚，益感天恩，信(倍)加乾惕。明年乙卯，本欲于萬壽節前由熱河回京，因中外臣工，懇請舉行慶典，適以上冬雪澤未優，奉又缺雨，業經降旨宣諭，令將明年慶典，停止舉行。若仍照庚戌年八旬之例，于萬壽前回京，則王公外藩以及大小臣工，必有懇請，則朕今春所降諭旨，轉爲不誠，是以明年仍定於熱河駐蹕，過萬壽後，再行回鑾。朕至丙辰正月歸政嗣皇帝，以符元月上日受終于文祖之義。彼時備議授受盛典，光昭嗣皇帝率領臣民以天下養，介禧祝嘏，慶洽敷天，尤爲千古盛事，將此通諭』云。一、中朝人物，則首相阿桂爲人鯁直，今年七十

清高宗乾隆六十年，一七九五

紀昀清白節儉，帝甚敬重。

九，屢引年乞休，皇帝不許，賜以上殿不趨，桂每於上前疾趨。久居相位，小事一任和珅，至於大事，指陳利害，珅亦憚之。皇帝幸天壇時，見黄屋轎後有乘八人轎而去者，問之乃桂也。其子阿迪，今爲郎，亦頗謹慎云。尚書紀昀文藝超倫，清白節儉，雖寵愛不及和珅，而甚敬重之。一弊裘七八年。嘗奉使河源，窮至二萬餘里，始得河源，纂『河源紀略』云。一、荷蘭即西洋屬國，距燕都九萬八千里。其人頭髮皆塗粉，不編不髻，而盤屈於腦後，以緞條束其端而垂之。所戴則以黑氈爲荷葉狀，前後皆卷，以遍插白羽於其上。以白軟皮爲掌匣，裹其兩手。衣服皆紅色，或黑色，金線緞爲之，而上衣下袴，不線縫而懸團，紐句結之，甚狹窄，至不能屈曲四肢。又以紅氈作我國油衫樣，擁覆前身，以手自内執之，着於胸前。及候迎皇駕時，則脫去焉。蓋其深目突鼻，形貌詭恠，所至人皆環立喧笑，作爲異觀。使臣名噫嘶，大班名吨囉嚽。而取見其進貢物件單子，則萬年如意八音樂鍾一對，時刻報喜。各式金裹四對，鑲嵌金小盒一對，珊瑚珠一百八顆，鑲嵌帶板四副，琥珀珠一百八顆，千里鏡二枚，風鎗一對，金眼線三十斤，琥珀四十斤，各色花氈十枚，各色羽緞十板，新皇帝係永琰，改爲「顒琰」。

各色大呢十板，西洋布十匹，地毯二張，大玻璃鏡一對，花玻璃璧鏡一對，玻璃桂燈四對，燕窩一百斤，檀香五百斤，荳蔻一百斤，丁香二百五十斤，檀香油三十瓶，丁香油三十瓶，合爲二十四種。凡諸國之中，緬甸、西洋、荷蘭以程道最遠，貢期無定。荷蘭曾於康熙六十年來貢。今又以六十年稱慶而來云。」

九月丁丑，右議政蔡濟恭曰：「皇帝之於我國，其所優待者，逈出尋常。想其六十年治平，秦漢以來所未有，必有所以然而致之也。」上曰：「間一世俱享六紀治平，而乾隆比康熙尤盛焉。即位之時，已爲二十五歲。且即位回甲之年，傳位於儲嗣者，求之往牒，亦未之見也。康熙則六十年，乾隆則又不知更享幾年。古之漢武帝稱享國最久，猶不過五十四年。至於梁武帝、宋高宗何足道也。」

十一月癸丑，冬至正使閔鍾顯、副使李亨元馳啓言：「臣令譯官探問改元歸政等事，則新皇帝係十五王永琰，曾於癸巳封嘉親王，今年十月初十日，移居於毓慶宫。而原擬冬至傳位，因十二月初一日有日蝕，將於明年元朝歸政。諱『永』字漢書改以『顒』，清書去一點，年號則定以『嘉慶』，已爲刊頒憲上諭。

書，姑未廣布，故憲書一件艱得於鳳城，同封上送。」

丁巳，召見領議政洪樂性、右議政蔡濟恭、判中樞府事李秉模、司譯提調尹蓍東、李時秀于輿前。上謂樂性等曰：「卿等昨見皇帝傳位詔書之謄來者乎？觀其文自出即位時，以爲六十一年不敢比之皇祖，故欲待六十年傳位，今果踐其言矣，豈不稀且異乎！皇太子册封，亦當有進賀之使，而不待禮部指揮，先送賀使，不成事面。且賀使入燕，勢將在歲後，則嘉慶登極之後，皇太子册封進賀，終不免後時矣。」秉模曰：「若於今番皇曆回便，以皇太子册封事付送敕諭，則進賀一節，不可不熟講矣。」上曰：「嘉慶所生妃，以貴妃追尊爲皇后，此亦有進賀之節耶？」時秀曰：「今年則以皇太子之母而尊爲皇后，明年嘉慶定號之後，則當尊爲皇太后，明年進賀使賀表中兼舉此兩件賀語，恐宜矣。」

丙寅，北京禮部咨曰：「乾隆六十年九月初四日，内閣抄出初三日奉上諭：『朕寅紹丕基，撫綏方夏，踐阼之初，即焚香默禱上天，若蒙眷佑，得在位六十年，即當傳位嗣子，不敢上同皇祖紀元六十一載之數，其時亦未計及壽乾清宮正大光明匾。

登八旬有六也。自臨御以來，仰荷昊蒼垂佑，列聖貽庥，寰海昇平，重熙累洽，御宇之年，慶週甲子。敬念維天維祖宗所以付托在予者，至重且鉅，於繼體授受之際，曷敢不倍切兢兢。朕前此不即立儲之由，節經頒發諭旨，反覆申明，蓋以歷觀史册，三代而下，由漢迄明，儲貳一建，其弊百端，前鑑具在。我朝太祖、太宗、世宗俱未預立儲位，惟聖祖仁皇帝曾以嫡立理密親王爲皇太子，後竟爲宵小誘惑，兼患痼疾，不克祗承。其時大臣中曾有以國本應行建立陳請者，仰蒙皇祖聖裁獨斷，訓諭特頒，不復册立，迨傳位皇考，十三年勵精圖治，內外肅清。雍正元年，皇考即親書朕名，貯於乾清宮正大光明扁額之上。又另書密緘，常以自隨。朕纘紹鴻業，六十年間，景運龐洪，版圖式廓，十全紀績，五代同堂，積慶駢蕃，實爲史册所罕覯，此皆仰賴皇祖、皇考貽謀燕翼，用能啓佑後人，綏茲多福。朕欽承家法，踐阼後亦何嘗不欲立嫡，以皇次子爲孝賢皇后所生，曾書其名，遵皇考之例，貯於正大光明扁上。不意其蚤年無禄，不能承受。曾同大臣等啓緘閲看，贈爲端慧皇太子，此中外所共知者。嗣於癸巳年冬至南郊大祀，敬以所定嗣位皇子之名，禱於上帝，並默禱所定嗣位皇子倘不克負荷，即降之罰，俾臣得另簡元良，以爲宗祏延遠無疆之福。又於盛京恭謁祖陵時，敬告太祖、太宗在天之鑒。是朕雖不明立儲嗣，而於宗祏大計，實早爲籌定，特不效前代之務虚文而貽後患耳。夫建儲一事，三代以後，建立嫡嗣，舊制相沿，俱載史册，若以此等歷代踵行名正言順之事爲非，則朕亦非讀書稽古之人矣。設名分未定，或致如前史夜半宫中出片紙之語，其流弊更不可言。方今綱紀肅清，宫府一體，歷代權奸婦寺諸秕政，絶無其事，斷不致因儲位未早宣示，致滋他慮。我子孫果能效法祖宗，及朕之敬天勤民，勑幾親政，即不明詔立儲，實可萬年無弊。然此言即朕自問，亦不敢自以爲是，千萬歲後必有以爲非者。且令其平心觀我祖宗及朕所行，與國家之得實益，政治之享太平與否可耳。朕誕膺大寶，今六十年矣，迴念踐阼時，默禱上帝之語，並追憶朕年五旬後，曾於聖母皇太后前奏及歸政之事，彼時蒙聖母諄諭，以朕躬膺付託之重，天下臣民所繫望，即至六十年，亦不當傳位自逸，次晨，朕即以聖母所諭，默奏上帝，若能長奉慈寧，壽躋頤慶，朕亦何敢復執前願。乃自丁酉年以來，所願既虚，於是仍冀得符初志。

清高宗乾隆六十年，一七九五

乾隆皇帝八旬開五，精神康健。

立永琰爲皇太子。

玆天恩申錫，竟獲週甲紀元，壽躋八旬開五，精神康健，不至倦勤，天下臣民，以及蒙古王公外藩屬國，實皆不願朕即歸政。但天聽維聰，朕志先定，難以勉順群情。玆於十月朔日頒朔，用是諏吉於九月初三日吉日，御門理事，召皇子皇孫王公大臣等，將癸巳年所定密緘嗣位皇子之名，公同閲看。立皇十五子嘉親王永琰爲皇太子，用昭付託，定制孟冬朔頒發時憲書，其以明年丙辰爲嗣皇帝嘉慶元年。俟朕長至齋戒後，皇太子即移居毓慶宫，以定儲位。皇太子生母令懿皇貴妃，着贈爲孝儀皇后，升祔奉先殿，列孝賢皇后之次，其應行典禮，該衙門查照定例具奏。皇太子名上一字改書「顒」字。其餘兄弟及近支宗室一輩，以及内外章疏，皆書本字之永，不宜更改。清書缺寫一點，以示音同字異而便臨文。至朕仰承昊眷，康彊逢吉，一日不至倦勤，即一日不敢懈弛。歸政後，凡遇軍國大事，及用人行政諸大端，豈能置之不問，仍當躬親指教。嗣皇帝朝夕敬聆訓諭，將來知所禀承，不致錯失，豈非天下國家之大慶。至郊壇宗社諸祀，朕年開九秩，於登降拜跪儀節，恐精力稍有未充，不足以將誠敬，自應嗣皇帝親詣行禮。部院衙門並各省具題章疏，及引見文武官員尋常事件，俱由嗣皇帝披閱，奏知朕辦理，爲朕分勞，庶得更遂怡養，幸躋期頤，勉副天下臣民之望，尤所至願。現届歸政之期已近，所有册立皇太子典禮，一切虚文，俱不必舉行。其明年歸政一切典禮儀文，着軍機大臣會同各該衙門敬謹條議以聞，將此通諭中外知之。特諭。欽此。』」

乙亥，北京禮部咨曰：「内閣奉上諭：皇太子率同王大臣等具奏，恭進乾隆六十一年時憲書，預備内庭頒賞之用一摺，覽奏具見悃忱。朕登極初元，即籲懇昊慈，臨御至六十年，不敢上同皇祖以次增載之數，因定例孟冬頒發來年時憲書，特明頒諭旨，建立皇太子，以明歲丙辰爲嘉慶元年，舉行歸政典禮。此實朕祇迓天庥，敬繩祖武之念，數十年如一日，屢經降旨，明白宣示。兹皇太子及王大臣等，以朕歸政改元爲曠古未有之盛典，雖現在頒朔以嘉慶紀年，而宫庭之内，若亦一體循用新朔，于心實有所未安，特進獻乾隆六十一年時憲書，臚詞籲懇，出于至誠，朕已俯從所請，用備頒賞内庭皇子皇孫及曾元輩並親近王大臣等，俾得遂其愛戴之忱。其分頒各直省外藩，仍用嘉慶元年時憲書，以符定制。因思來歲歸政，朕爲太上皇帝，歷稽前典，有上尊

《朝鮮王朝實録》正祖實録

上諭：朕爲太上皇帝。

鐫刻「太上皇帝之寶」。

號之文，殊屬無謂。太上皇帝非若太皇太后，因母儀而崇上徽號者可比。況朕臨御六十年以來，敬天法祖，勤政愛民，及拓土開疆諸實政，彰彰可考，又何藉聖神文武等文字，虛示尊崇。且以臣子而稱揚君父，本屬後世沿用虛文，于理原未盡協。我聖祖仁皇〔帝〕平定三藩，及恭遇慶節，從前臣工等屢有以上尊號爲請者，聖祖皆却而弗許，訓諭煌煌，實可爲萬世法。今朕特預行降旨，將上尊號一事停止，此即朕效法皇祖之心，亦即御極初年齋心默禱不敢上同皇祖紀年之數之初念也。將來嗣皇帝及臣工等，皆當恪遵朕諭，不必瀆請。朕惟敬祈昊貺，精神純固，康彊逢吉，嗣皇帝秉承指示，克肩負荷，海宇熙和，治臻上理，此即國家吉祥盛事。況太上皇帝稱號，已極尊崇，嗣皇帝躬率臣民，以天下養，尤爲古今郅隆盛軌，又何必徒尚繁文，務爲增美耶？至朕歸政後，應用喜字第一號玉寶，鐫刻『太上皇帝之寶』，玉册即將御製『十全老人』之寶説鐫刻，作爲太上皇帝寶册，用彰熙朝盛瑞。將來嗣皇帝亦能如朕之懋承天眷，壽届期頤，再舉上儀，一切典禮，皆可敬謹遵循，實我國家億萬年無疆之福。將此通諭中外知之。欽此。」

千叟宴。

乾隆皇帝召看癸巳年密緘。

《朝鮮王朝實録》正祖實録

冬至使閔鍾顯等，以千叟宴上諭馳啓言：「臣等一行十四日到，十三日止宿，憲書賫咨官卞復圭，自北京發送先來持上諭印本咨文，拆見上送。封皇太子及嘉慶紀元，俱係無前之大慶，而既有禮曹咨文，則恐當有各具方物進表箋之使行，而趂今年内離發，明年正月初間寧壽宮千叟宴設行諭旨，同封上送。」上諭辦理軍機處，計開：「本月十七日，面奉諭旨：『明年正月初間，在寧壽宮皇極殿舉行千叟宴，著速行文各該督撫，將年届七十以上之官員、紳士、耆庶，查照五十年之例，妥爲送京。其不願者聽。』現在爲期已近，遠省地方，計期不能趕到者，可不必來。年過七十之官員、紳士、耆庶如有情願赴京者，妥爲照料咨送，勿得以衰憊之人充數。並按照道里緩程行走，于封印後年（來）到京，亦不爲遲。仍先將州縣鄉里名數咨覆本處，以便垂詢登答。但爲期不過兩月。其遠省路遥計不能趕到者，即應遵旨竟不必來，以省高年跋涉之煩。仍將接奉此啓紙，須將遵辦緣由，及是否可以趕赴之處，咨覆本處，不必紛紛具奏，徒瀆宸聽也。」憲書賫咨官卞復圭，以燕京事情探報備局言：「九月初三日，皇帝御門召皇子、皇孫、王公大臣等，將癸巳年所定皇太子年三十六歲，姿容端重。

密緘，展開公同閲看，立皇十五子嘉親王爲皇太子，以明年丙辰，爲嗣皇帝嘉慶元年，孟冬朔頒發時憲書。特降諭旨，曉諭中外。購得上諭印本一度，同封上送。是日皇太子叩頭流涕固讓。翌朝，皇太子、皇子、王公大臣上章，懇乞不願改元歸政，皇帝不允。又請進乾隆六十一年時憲書，用備内庭頒賞，以遂愛戴之忱。各省外藩仍頒嘉慶元年時憲書，是則皇帝特爲允許，又爲降旨曉諭。九月封皇太子後，即拜東、西陵。東陵是順治、康熙陵，在蓟州；西陵是雍正陵，在易州，明年登極後，又陪太上皇帝幸瀋陽，謁先陵云云。皇太子今年三十六歲，恣容端重，禀性寬厚，故天下人心，屬望已久云。十月初六日，是千秋聖節誕日，王公大臣慶賀時，行二跪三叩頭禮，此是新定儀節，而不敢上同於皇帝前行三跪九叩之禮也。皇太子上請皇帝降旨通諭王公大臣督撫等，自丙辰爲始，年節三貢，無庸備物呈納。又爲條進時政所宜二十一件，頒發中外，此即皇太子之初政，而所仰請者也。旨意一下，民情洽然景仰。湖南地方苗蠻招誘飢民造叛作亂，勢甚猖獗。皇帝使大學士福康安、四川總督和琳統率大軍，累月征戰，連勝黑陀雷公灘等三百七十七寨。九月二十一日，俘獲首逆吴半生，餘黨吴隴登等聞風膽落，將剋期掃蕩，不日奏凱。皇帝特爲嘉賞，晋封福康安爲貝子，和琳爲一等宣勇伯，康安之子德麟，加恩賞副都統職啣（銜）。勑使一款，禮部初定以兩巡頒詔，今年十一月，則以贈皇太子生母爲孝儀皇后之詔頒發，明年正月則以新皇帝登極詔頒發啓奏，皇帝以有弊外國不許云。」

丙辰二十年（清仁宗嘉慶元年，一七九六）

春正月戊申朔，北京禮部以新皇帝登極後應行條款咨文至，命槐院撰送回咨。禮部咨曰：「乾隆六十年十月日，大學士阿桂、和珅等奏，乾隆六十年十月二十日，内閣抄出大學士公臣阿、大學士伯臣和等謹奏：『臣等遵將丙辰年舉行傳位大典，應預飭各省並各該衙門遵辦事宜，分單呈覽，恭候訓示遵行。謹奏。』乾隆六十年十月十八日，奉旨：『依擬行欽此。』一、丙辰年歸政，嗣皇帝登極，頒發傳位詔書一道，鈐用太上皇帝之寶，次用皇帝之寶，所

鈐用太上皇帝之寶，次用皇帝之寶。

萬萬壽慶節。

有恩詔條款，一體叙入。一、太上皇帝諭旨，稱爲敕旨。一、皇帝例應稱『朕』，太上皇帝似應仍稱『朕』字，伏候欽定。一、丙辰年太上皇帝起居注，嗣皇帝起居注，交該衙門敬謹分篆（撰）。一、恭遇太上皇帝慶節稱萬萬壽，嗣皇帝慶節稱萬壽。一、恭遇太上皇帝萬萬壽慶節及元朝冬至令節，慶賀表文交内閣另行恭擬呈覽，俟發下，將表式頒行，一體遵照。恭遇嗣皇帝慶節令辰，應進賀表，即用例進表文，中間酌改一聯，照例頒發，按期呈進。一、丙辰元朝内外臣工慶賀表文，照常呈進。其恭賀太上皇帝傳位表文，嗣皇帝登極表文，交内閣另行恭擬進呈，俟發下頒行，一體遵照。一、丙辰年恭進列祖列宗實録，交内閣循照向例，按期於嗣皇帝前恭進。一、丙辰年恭遇大祀，由各該衙門具題，嗣皇帝親詣行禮。其中祀小祀，應行分别親詣恭代之處，俱循照向例題請。一、經筵、耕耤、大閲、傳臚各典禮，届期由各該衙門奏請嗣皇帝循例舉行。一、恭遇太上皇帝、嗣皇帝慶節令辰及掖輦巡幸地方，内外大臣恭遞慶賀請安摺，俱繕備二分呈遞。其隨奏事摺請安，俱照常繕備一分，呈進嗣皇帝批閲。一、外廷筵宴，由各該衙門循例奏請，嗣皇帝恭奉太上皇陛見文武大員等，恭請太上皇帝恩訓。

帝親御宴座，嗣皇帝侍坐，一切儀注，臨時具奏。一、各部院衙門題本改簽放缺奏派各項差使，俱循例題奏，恭俟嗣皇帝批閱遵行。其各部院衙門及各省題奏事件，俱照常式敬繕『皇上睿覽』字樣，後書嘉慶年號，按照向例呈進，不必繕備二分。一、御門聽政，恭俟嗣皇帝折本示期遵辦。一、鄉會試、殿試、朝考散館及一切考試題目，由各該衙門循例奏請嗣皇帝命題考試。一、嗣皇帝登極後，應請太上皇帝敕旨册立皇后，所有應行典禮及版賀各事宜，交各該衙門循例遵行。一、丙辰元朝奉先殿堂子行禮，在未傳位以前，皇太子隨皇上行禮。一、陛見文武大員，及新授道府以上官員，具摺恭請太上皇帝恩訓。一、丙辰新正遞丹書克仍系奏太上皇帝詞句，且有賀六十年國慶之事，應仍於太上皇帝前恭遞。」承文院提調李晚秀言：「我國表奏咨之書例，自極行至平行凡四格，稱爲四行文書。表奏則每格低一字，咨文則每格低二字矣。今此禮部咨新頒之式，皇帝於太上皇另低一格，凡爲五格，請此後表奏咨書以五格，亦稱五行文書，著爲式。」可之。

丁巳，大寒，樹木多凍死。後聞中國人所傳，天下同日如是。安南國使安南使臣凍死于北京。

和珅宣旨：朕雖然歸政，大事還是我辦。

臣，凍死於北京云。

二月乙未，進賀使李秉模等馳啓曰：「正月十九日平明，因禮部知會，詣圓明園。午後，與冬至正、副使入山高水長閣，太上皇帝出御閣内後，入參内班。禮部尚書德明引臣等及冬至正、副使至御榻前跪叩，太上皇帝使閣老和珅宣旨曰：『朕雖然歸政，大事還是我辦，你們回國，問國王平安。道路遼遠，不必差人來謝恩。』通官以我國音傳於臣等。而不可只憑通官之言，故退後即令任譯往見德明於朝房，詳問皇旨，則德明使通官呼寫如此。賜饌設戲，一如前日人。黄昏時，太上皇帝從山高水長閣後御小舫，嗣皇帝亦御小舟隨之，又令臣等乘舟隨後，行數里許下船，入慶豐圖，太上皇帝御樓下榻上，嗣皇帝侍坐，設雜戲賜茶。使内侍引臣等乘雪馬，行一里許下岸，仍爲引出，退歸，夜近二鼓。安南、暹羅等使，自初同參宴席。二十日還歸館所。二十一日禮部知會領賞，故臣等與書狀官及正官等，當日早朝詣午門前，依例領賞。而御前加賞禮單：玉如意一柄，大緞五匹，錦緞四匹，閃緞二匹，絹箋二卷，硯二方，筆二匣，墨二匣，領受。逢授上通事譯官處，臣等復命日，元禮午門前領受加賞。

單呈納時，使之一體呈納。冬至使一行，亦同爲領賞。而頒詔則當日順付於冬至使行。二十四日因禮部知會，臣等一行及冬至使一行，巳時詣禮部領下馬宴，尚書德明押班，行三跪九叩禮後，依例設宴。宴訖，又行一跪三叩禮。少住於臣等之前，招任譯以請封事有所傳言，故事體重大，謹具單以聞。臣等使任譯問：『從今以後，小邦凡有進奏、進表之事，太上皇帝前及嗣皇帝前各進一度耶？』答云：『現今軍機姑未定例，當自有文書出去』云。申後，禮部又送上馬宴桌于館所。二十六日，禮部知會，有傳諭事件，年貢慶賀各該正、副使，明日赴部。故二十七日巳時，臣等及冬至正、副使與任譯詣禮部，則員外郎富森阿謄示傳諭事件，以爲賀使帶來三起方物，業經欽奉敕旨移準於下次正貢，再現奉敕旨，此後外藩各國，惟頒查照年例具表賫貢，毋庸添備貢物，於太上皇帝、皇帝前作兩分呈進云云。二十八日，因禮部知會，臣等與書狀官及任譯詣午門前，領受御前加賞，各樣緞五十匹，臣等依例行三跪九叩禮，仍即回館，逢授於上通事譯官處，使之一體呈納於臣等復命之日。當日午時，冬至使一行，先爲離發。臣等離發之期，禮部定以二月初一日。移上諭册立皇后。

付來到矣。 其後禮部儀制司又有移付，以爲年貢進賀兩行奏賀各表文，內閣抄出，尚未到部，俟到部咨文由驛遞回，賀使離發，當遵定期云云。 故臣等於二十八日領受加賞時，使任譯傳言於禮部侍郎周興岱曰：『昨日移付，有咨文由驛遞回該國之語，職等於此，決難遵承，陪臣出疆，竣事與否，專在於領受回咨，而況進賀奏表，事體尤重，安有未領受回咨，而空手回國之理乎？雖一日、兩日轉至十數日，未領咨之前，實不敢離發。』屢次往復，則周興岱以爲『科抄尚今未到，故部移有所云云，而今聞使臣之言，事理誠然，俺當轉告內閣，務必周旋矣。』二十九日，送任譯于禮部探問回咨消息，則員外郎富森阿先到，通以科抄纔到之意，提督阿成阿後到，催促儀制司成出咨文。 回咨文十八度，冬至使回咨文八度，賫咨官鄭思賢頒賞咨文一度，同爲受來。 故臣等一行，本月初一日，自北京離發。 冬至使回咨文八度，則授先來譯官傳付於冬至使臣所到處。 任譯所得文書謄本六度，同封上送。」

壬寅，御春塘臺，行皇壇大享誓戒。 北京禮部皇后三大節永停箋賀上諭咨文至。 上諭曰：「乾隆六十年十二月十三日，內閣抄出本日奉上諭，內閣銜門因丙辰正月初四日降敕，册立嗣皇帝元妃爲皇后，照例撰擬恩詔進呈，其似此繁文，所請可不必行。明年元朝歸政後，朕爲太上皇帝，嗣子爲皇帝，其嫡妃自應立爲皇后，此乃宫庭一定禮儀，祇當循照向例，祭告天地宗廟，用昭茂典足矣，何必撰擬恩詔，布告天下，多此縟節繁文？皇后正位端闈，恪修内職，非如皇太后之爲母后，分應尊崇者可比。我朝家法，宫壺肅清，從不干預外事。來歲舉行册立皇后典禮，不特恩詔不必頒發，即王公大臣以及外省督撫等，亦毋庸因立后於朕前及嗣皇帝皇后前呈進慶賀表箋，且皇后壽節暨元朝、冬至，與外庭無涉，嗣後俱當永行停止箋賀，並以爲例。以肅體制，而垂法守。欽此。」

三月壬子，召見回還正使閔鍾顯、副使李亨元等。上謂鍾顯曰：「新皇帝何如？」鍾顯曰：「仁孝端重，在諸王中最有令譽，觀於宴饗之時，侍坐上皇之側，只視上皇之動静，而一不轉矚，觀於此亦可見其人品矣。」

戊午，召見回還進賀使李秉模等。上曰：「太上皇筋力康寧乎？」秉模曰：「然矣。」上曰：「新皇帝仁孝誠勤，譽聞遠播云，然否？」秉模曰：「狀貌新皇帝狀貌和平灑落。

兩湖之役，尚未討平。

和平灑落，終日宴戲，初不遊目。侍坐太上皇，上皇喜則亦喜，笑則亦笑，於此亦有可知者矣。」

五月丙辰，令武庫印頒煮硝方於中外。右議政尹蓍東啓言：「肅廟戊寅年間，故相南九萬建白，以譯官金指南北京往來時所得煮硝新方，令武庫刊布中外，比前法功役甚省，而得硝幾倍。硝品燥猛，雖置之地窖，而十年經霖，絶無潤濕之患。土取路上，柴爇薪草，而仍用其灰，省土之三分一，此其爲簡便可尚之一端。請於華城軍器備置時，以此方煮取。仍又申飭頒布。」

秋七月乙巳，召見大臣，諭右議政尹蓍東曰：「今春閭巷間騷説盛行時，有訛傳嘉慶帝請剃髮朝鮮之語，至有乾隆皇帝僞造批奉朝賀擬疏，亦此類也。」

十一月，賫咨官金在洙以北京聞見具手本于備邊司曰：「兩湖之役，尚未討平。湖南之苗匪，則大學士福康安、總督和琳、福寧、姜晟等領兵進討，相拒歲餘，以其地理之未諳，不得制勝之策。今年夏秋之交，購得詗諜，使之前導，和琳等督兵前進，屢戰屢勝，直擣賊巢，連獲其頭目石三保、石代噶等，亦多殺獲，不出今年內，似可底平。湖北之教匪，則俱是民家，而因飢滋擾者和琳等病歿。

和琳奏湖南捷書。

也。號其黨曰白蓮，稱其魁曰教主，多用邪法，煽惑愚民，四出抄掠。湖南當陽等數十縣，無不被其蹂躪。大學士孫士毅、將軍明亮、舒亮、總督惠齡、成德等，分兵征討，間有俘獲，未得大捷。八月十二日，惠齡、成德等與賊交戰，大敗賊衆，進薄賊壘，燒其寨柵，擒其巨魁張正謨、劉洪鐸等，賊黨勢孤，四散逃竄，亦當非久掃清云云。教匪之一支賊黨，間道徑出，進圍河南省南陽府唐縣，殺害長吏，抄掠居民，警報甚急，皇帝特命副都統台布統領京營兵二千，行收直隸、山東等省兵八千，前去救應，而官軍纔入河南界，賊聞風逃走，官軍則駐劄於湖北交界處，以備不虞。兩湖捷書，購得謄本各一度，煩不付呈，小人復命日呈納。計料，福康安、孫士毅、和琳等，受瘴成病，相繼病歿，皇帝聞甚悼惜，各賜内帑銀一萬兩，贈康安、和琳爵一等公，使子孫世襲，以酬其勞。皇帝憫念湖民之因賊滋擾，不得遂生，特下慰諭之旨意，今明年應征之賦，盡行豁免。皇帝命湖南總督姜晟等，修築近苗州縣之城池，盡收土司苗民之兵器，一並燒燬云。」

十二月乙未，賫咨官金在洙謄報湖南捷書曰：「九月十五日，臣和琳跪奉諭嚴拿就獲。

奏，爲生擒緊要爲首賊目石代礴，嚴訊辦理，並大兵現在圍攻平隴情形，恭摺具奏，仰祈聖鑒事。竊照統兵攻勦平隴，節次奪險而進，已將捧風坳、强虎哨兩路賊巢緊要門户，次第攻克，而附近之三岔坪、勞神寨等處，着各大寨亦陸續出投，臣惟恐平隴賊勢漸孤，首逆石柳鄧等，潛思竄遁，是以令通各路營卡駐劄大員，務期嚴密防堵，毋許首逆賊目乘機逃脱。臣于攻勦强虎哨之次，連據隆團、花園、水樹等處報稱，均有苗匪糾衆攻撲營卡，乘間燒搶民村，當經詳訊降苗，僉稱現在石柳鄧據守平隴，被官兵圍裹日緊，令賊目石代噶糾衆匪黨于花園一路，欲分大兵之勢。臣查石代噶一犯，係與石柳鄧首先起事，肆擾黔川交界地方，〔官〕自官兵勦洗大塘汛地方苗寨，該犯與石柳鄧逃至黄瓜寨，嗣後到處糾合苗匪，抗拒官兵，燒搶降苗，洵爲賊目内第一罪大惡極之人。上年曾奉諭旨，令分派大員，務期嚴拿就獲。茲當大兵深入賊巢之次，尚敢暋不畏死，分投搶掠，必須設法生縛，以除助逆羽翼，當經研訊得寔，密飭花園一帶提鎮等，認真搜捕去後。茲臣於二三月等月，同額勒登保、德楞泰、興肇、阿哈保、西津泰、花連布、達音泰及巴圖魯侍衛將領等，由强虎哨分兵進發，連克後坡新寨、麻里灣等處，大小賊卡十餘處，斃賊甚多，惟距平隴尚有十四五里，周圍山梁，修砌木城石卡，防守甚力，正在設法攻勦。旋據總兵袁國璜報稱，連日花園一路，先爲逆苗無數糾衆而來，當經督率官兵鄉勇擊退。並據降苗探訪，即係賊目石代噶糾約之人，適被官兵趕散，現在老旺寨商量燒搶降苗，以圖脅逼入夥，再來攻撲。該鎮旋即密派熟悉苗地之劉勇、張宗武及降苗石蘊裕，潛購老旺寨苗生張子貴及伊子張廷耀、張廷旺、小寨苗人石士寬、石士禄等，設法圍拏。該鎮督率遊擊楊洪新、守備李時芳、黄塘于天禄、千總張朋、把總夏瑚及隆團糧員、桃源知縣王述周等，由里梅排樓坡一路，星飛帶兵策應，當于老旺寨地方將該犯擒拏。一經得信，即飛派巴圖魯將弁等沿途迎探，迨十六日押解到營。臣親加研訊，據供隨同石柳鄧燒搶起事，抗拒官兵各情節，一一不諱。近因平隴攻圍緊急，石柳鄧潛逞于永綏、花園、隆團、水樹等處，逼脅降苗各處打仗，要想牽掣大兵，不想各處營盤攻撲不動，邀來各苗傷了多少，走到尤旺寨，就被官兵鄉勇拿住。如今石柳鄧手下尚有隴長受一犯，幫同抗拒，並與吴廷義兄弟等，聚衆十數萬，吃血盟主犯臠割梟示。

成德奏湖北捷書。

誓，不許投降，于周圍修砌木城石卡，惟圖屯守，是實等語。除另録簡明供單，恭呈御覽外，現將該犯裝貯木籠，派撥官兵，押令遍歷各寨臠割，于何處垂斃，即於何處梟示。此刻石代礴已經擒獲，不但黔川去一巨逆，可無兼顧，即石柳鄧手下，又除一巨魁，稍堪稱快。臣現仍趕緊督兵分投布置，直搗平隴，務將石柳鄧、吴廷義弟兄及賊目隴長受等，按名一一生擒，肅清苗境，以祈仰慰聖明廑注。除將鄉勇苗人等查明從重獎賞外，所有連督兵打仗及擒賊目石代礴緣由，恭摺具奏，伏乞皇上睿鑑。謹奏。」湖北捷書曰：「九月十八日臣成德、惠齡等跪奏，爲仰仗天威，掃蕩賊巢，生擒首逆張正模、劉洪澤（鐸）等各情形，仰祈聖鑑事。臣等自派兵勇假扮梛坪之人，誘賊出巢，痛加勦殺之後，雖已窮蹙，抵死抗拒。臣等自八月十二日起，分遣將弁兵勇，或東或西，旋攻旋退，我兵輪番更替，賊匪處處預防，如此五晝夜，因於十七日密傳各營，分路預備進勦。一面選派趫健勇兵百人，各持乾草一束，並噴筒引火之物，暗藏火繩，埋伏于賊巢四圍溝內。三更以後，攀援而上，于賊墻以外土鬆各處，堆放草束，旋即追至半山，將噴筒火彈點燃，一齊抛擲，時值西風，登時燃焰飛空，引透地雷藥綫，掀響山谷，延及賊卡，鹿角柵門，全行燒燬。臣成德督率協領岱明、遊擊張會元、都司林朝輔、同知鄭成基、知縣楊千果等，領兵勇往正北進剿； 臣文圖督率候補參將朱思曾、遊擊陳載德、都司蘇老生、知縣楊界傳帶領兵勇由正南進剿； 臣富志那督率副將張時、許文淡、參領塔斯哈、知縣庾泰、曾翕奚等，帶領兵勇由正西進剿； 臣惠齡督率參將程鵬翼、前鋒校倭什琿、都司劉貴朝、通判高舉、知縣鍾應昌等，帶領兵勇，由正東進剿。 復派侍衛關騰先福分帶千把左雜各員，帶領兵勇，來往接應。 我兵正當地雷一發，遂即冒烟突火，蜂擁而上，直前攻撲，各逆匪皆不畏死，舍命抵禦，火彈石塊，排擲如飛，匪伏自岸畔，施放槍砲，我兵率用擋牌遮蔽，槍箭齊發，當即殺斃無數，賊匪仍然抵死抗拒，毫無畏避之狀。 臣惠齡見如此情形，驟難得手，隨密令暫將西南兩路兵勇撤至山腰，使賊匪全數着力東北。並令關騰先福赴箕墻山溝，如該卡賊一出，即行分投攻奪。 臣成德、臣惠齡率兵直撲賊墻里，見西南兩路之賊，潛來接應，臣惠齡飛來繞至筲箕墻賊卡，見賊匪已分往東北救援，隨即督令關騰先福兩路進攻。 我兵始至山腰，賊匪攻入敵墻。

即抛擲石塊火彈，守備朱槐、千總胡報國帶領行營外秀（委）載（戴）興朝、蕭連貴等，奮力直前，扳開鹿角，一擁跳入，前鋒校倭什琿、通判高舉率領兵勇，隨開搶進戰卡，短兵相接，殺死賊約八九百人，餘賊驚慌亂竄，滚巖落澗者，不計其數。 臣惠齡一路徑守備利振紀、千總楊士臣、行營把總李向葵拆毀賊墻，四面蜂擁而入，槍箭齊發，賊匪不能抵禦，隨即退入二道墻内，我兵即將賊屍填平濠溝，殺至二道墻外，燒燬草棚，乘勝進攻，賊匪雖猶招邀抗拒，然人心涣散，勢已瓦解。 臣等因恐首逆等見圍拿緊急，萬一畏罪自戕，是萬死難贖之罪魁，翻得全屍而斃，殊不足以快人心而彰國憲。 看將平時熟識張正模、劉洪澤之人，好言誘出巢穴，庶可解京，明正典刑，並可大壯軍威，使榔坪賊匪，聞風喪膽。 當即帶領鄉勇之紳士内，查得有生員孟宇寧、候補守備所千總周代暄向曾認識該二犯，令其緊隨。 第賊匪男婦大小尚有萬餘之多，若少緩兵力，仍恐又生他變，因即連夜進攻，臣惠齡督率將弁兵勇，由筲箕墻一路，直逼二道賊墻，各路槍砲喊殺之聲，山鳴谷應，賊匪不能支難，紛紛潰亂，當見百餘賊匪在于墻内，跪地哀號，呼求饒命。 臣惠齡以該犯等見官兵已經生擒首逆。

蕩平巢穴。

毁巢直逼，料難抗拒，始行求饒，情殊可惡。惟據孟宇寧稟稱，所跪内應有張正模、劉洪鐸二人，即令招出。孟宇寧恐爲所害，懇派官兵同往，當飭候補都司劉貴朝、候選千總周代暄酌帶兵勇，折毁賊墻而入。經孟宇寧等招認張正模、劉洪鐸等十數人，劉貴朝一併押令前來。臣等隨令捆送大營，小心看守。餘匪見將首逆捆縛，自知不能求生，仍行舍命抗拒。臣命（等）鼓勇直前，隨將二道墻垣，一齊攻破，近者生擒刀斫，遠者槍擊箭射，並將賊巢房屋，盡行焚燬，約計燒死及當場殺斃並跳入水塘淹斃者，總在一萬以外。生擒頭目僧廣寧、聶渭、聶泮及劉芳、萬宗相等四十八名，餘黨男婦大小七百四十九名口，奪獲及搜出大砲二尊，擡鎗八桿，鳥鎗三百七十八桿，長矛一千五百二十一桿，腰刀七十二口，米麥雜穀數百石。計自十七日丑時起，至十八日酉時止，勦殺搜獲，業將賊巢蕩平。仰賴聖主威福，未使一名漏網。隨將生擒賊目等，凌遲處死。其餘各犯内，雖有被擄之人，甘心從逆，殊難寬縱，當即概予駢誅。所有婦女幼孩，另行别辦理。查其首逆張正模、劉洪鐸二犯，臣等查訊供詞，狡不吐實，應解京辦理，未便刑鞫。謹就録供單，恭呈御覽。並委候補同知宣昌府通判高舉、撫標守備利振紀、候選守禦所千總周代暄于八月二十一日自枝江起身，將該二犯解京，聽候查辦。其張正模所供之白培相、劉洪錦、劉芳、萬宗相、李興榜、傅聯陞，劉洪鐸所供之龔金鋤、朝安榮、鄧大才、孔好仁等，或經各州縣拿獲正法，或當場拿獲殺斃，俱經稟報有案，質證明確，應毋庸議。惟查灌灣腦一帶，道路紛歧，山徑邃密，誠恐尚有乘間逸出之犯，現在分遣弁兵，四出搜捕，隨獲隨辦，以期盡絶根株，不留餘孽。所有生擒首逆，蕩平賊巢緣由，理合加緊馳奏，仰慰聖懷，伏乞皇上睿覽。謹奏。」

丁巳二十一年（清仁宗嘉慶二年，一七九七）

二月戊子，冬至正使金思穆、副使柳烱在燕馳啓曰：「臣思穆去年十二月二十七日追到燕郊堡，與副使臣烱、書狀臣翊模會竣使事間，於皇帝宴戲輒進參。太上皇召至榻前，親酌御酒，凡三賜之。又頻賜食物。命撰進觀燈清國近有兵憂。

太上皇老多忌諱。

皇后薨逝，無傳訃敕。

詩，臣等各製七言律詩一首以進。賜緞匹筆墨。圓明園宴時，太上皇使和珅傳言：『爾還以平安以過傳於國王。』又問曰：『世子年紀幾何？』臣等對曰：『八歲矣。』又問『已經痘乎？』臣等對曰：『未也。』」

甲子，召見回還書狀官李翊模。上謂翊模曰：「古人出疆，必有覘國之術，所見何如？」翊模曰：「所聞未必皆信，而近有兵憂。湖南曰苗，湖北曰匪。苗已討平，而匪則聚散無常。且蒙古在皇城者，與滿人相婚，故不甚鷙悍；而其在邊鄙者，桀黠難制，此爲將來之憂矣。」上曰：「新皇帝登極後，人心之嚮背何如？」翊模曰：「人心則皆洽然。而太上皇帝老多忌諱，曆日之頒布者書嘉慶，宮中進用者書乾隆。通寶之印出也，乾隆居七。」

五月己酉，行皇壇望拜禮于春塘臺。

己未，義州府尹沈晉賢私報承政院曰：「本府通事入鳳城，見禮部公文，則嘉慶二年二月皇后薨逝，無咨文、無傳訃敕。蓋奉太上皇〔諭〕，應行典禮并命停免云。」

嘉慶皇帝行太廟祫祭。

戊午二十二年（清仁宗嘉慶三年，一七九八）

二月癸丑，冬至正使金文淳、副使申耆自燕京離發馳啓曰：「臣等一行，文淳病留栅内，臣耆與書狀官洪樂遊奉表咨文，先爲離發。十二月十八日入北京，陪表咨文詣禮部，無弊呈納。清侍郎多永武率諸郎官，依例領受後，臣等退歸南小館。二十一日，太上皇帝觀冰戲。因禮部知會，臣耆及書狀官詣西華門外祗迎。太上皇帝乘黄屋小轎，到臣等祗迎處，使閣老和珅傳旨曰：『國王平安乎？』臣等對曰：『平安矣。』又問曰：『一國安乎？』又對曰：『安矣。』太上皇帝入西苑門，仍令臣等隨來，伺候於瀛臺近處。有旨賜食，引臣等一行坐於殿門簷階上，俱賜飯桌。又賜臣等御桌上克食。少頃，太上皇帝出御兩龍雪馬，設冰戲。臣等亦隨後觀戲。二十三日，賜臣耆及書狀官鱘、鰉魚各一尾。臣文淳一行，則十二月二十五日追到燕京。二十六日賜臣等書狀官回回葡萄各一小帒。二十九日，皇帝行太廟歲暮祫祭。因禮部知會，臣等等待於午門外。皇帝乘黄屋小轎，侍衛甚簡，出自午門，臣等祗迎。黎太上皇帝與皇帝幸圓明園。

明，皇帝還宫。良久，自内賜臣等克食及鹿肉鹿尾，仍令退歸。三十日，設年終宴於保和殿，臣等兩人共一桌。少頃，皇帝先出御殿，候太上皇帝陞殿御榻，皇帝别設小榻，西向侍坐。樂作進爵，文武官亦皆陪食。又饋臣等酪茶一巡。禮部尚書德明，引臣等進御座前跪，太上皇帝手舉御桌上酒盞，使近侍賜臣等。宴罷，臣等退歸。又賜臣等及書狀官榴柑各一桶。又自内務府頒送宴桌二坐，此則朝宴所受之桌云。又自光禄寺輸送歲饌桌於臣等及書狀官。今年正月初一日，因禮部知會，臣等與書狀官及正官等，詣午門前伺候。皇帝乘黄屋小轎，幸堂子。少頃，回鑾，鳴鞭動樂，太上皇帝御太和殿，皇帝在殿内西向侍坐。文武官循序趨入，臣等隨入殿庭，立於西班末，琉球使臣之右，行三跪九叩禮。太上皇帝旋即還内。又鳴鞭動樂，皇帝御太和殿，文武官及臣等行禮，一如初儀。禮畢退出。初五日，皇帝幸天壇，行祈穀大祭。臣等詣午門前祗送。初六日回鑾時，當爲祗迎。而是日太上皇帝與皇帝幸圓明園，兩處迎送，謂難兼行，自禮部只以太上皇帝動駕時祗迎之意知會，故臣等與書狀官俱詣三座門外伺候。日出後，太上皇帝乘黄屋小轎，鰲山製樣。

到臣等祗迎處，顧眄而過。須臾皇帝坐馬而出，御乘鞍具，皆用黄色，左右若干官騎馬侍衛。初十日，臣與副使同往圓明園，住接問舍，則聞已前期設蒙古帳幕於山高水長之前云。十一日，通官引臣等入就班次，太上皇帝乘黄屋小轎而出，臣等祗迎後，太上皇帝入御蒙古大幕，皇帝西向侍坐，動樂設雜戲。親王及蒙古王以下，俱賜宴桌，臣等兩人共一桌，饋酪茶一巡。禮部尚書德明引臣等詣御坐前跪，太上皇帝手擧御桌上酒盞，使近侍賜臣等。宴訖。太上皇帝乘轎還内，皇帝跟後步還。内務府預設賞賜桌於帳前左右，頒賜親王以下及各國使臣。文淳錦三匹，漳絨三匹，大卷八絲緞四匹，大卷五絲緞四匹，大荷包一對，小荷包四個。臣者錦二匹，漳絨二匹，大卷八絲緞三匹，大卷五絲緞三匹，大荷包一對，小荷包四個。歲初設宴於紫光閣，例有此賞賜，而今年則不設紫光閣宴，故移給於蒙古幕宴。而琉球使臣賞賜亦如臣等。通官以太上皇帝特旨，引臣等進詣正大光明殿内，俾觀左右鰲山。行中譯員之黑團領者，俱爲隨入。琉球使臣亦許觀光。此則近年未有之事。自殿内至檻外，皆鋪花紋玉石。鰲山製樣：則正大光明殿内，東西壁俱有層太上皇帝陞殿，皇帝西向侍坐。

桌，桌上作五采蓬萊山之形，巖壑高闊，樓閣層疊，珍禽奇獸，琪樹瑤花，雜還焜煌，不可名狀。 內設機關，而外牽繩索，則仙官姹女，自谷而出，繡幢寶蓋，從天而降。 局户自開，人在其中，急灘如瀉，帆檣齊動。 桌下圍以小帳，帳内設樂器，而機栝乍摇，止作如法，其聲則俱是笙管絲鐘。 臣等退出後，自禮部知會，選進觀燈詩，而以上元賜宴觀燈爲題。 故臣等各製七言律詩一首以進。 十二日朝自禮部還給前詩，又送他題，而以承恩宴賚觀燈恭紀爲題。 此則昨日製進之詩，未及登徹，旋更出題云。 故臣等又製七言律詩一首以進。 琉球使臣亦爲應製。 十四日，旋設燈戲於山高水長，而以風勢之太緊，姑爲停止。 十五日朝先設放生戲，又賜宴於正大光明。 通官引臣等入詣殿檻外，太上皇帝陞殿，皇帝西向侍坐，動樂設戲，各賜饌桌及酪茶一巡。 禮部尚書德明引臣等至御座前，太上皇帝手舉御桌上酒盞，使近侍賜臣等。 本班又賜御桌一器印花長餠及一盤猪羊。 須臾，太上皇帝還内，皇帝隨入。 罷宴，通官來傳，禮部言進詩使臣，今當受賞，留待爲可。 臣等退待正大光明外門，臣等在東，琉球使臣在西。 禮部侍郎多永武傳授御前加賞，蟒緞二匹，大小絹火筒製樣。

紙四卷，福字方箋一百幅，筆四匣，墨四匣，硯二方，玻璃器四件，雕漆器四件。臣等處各賞大緞一匹，絹紙二卷，筆二匣，墨二匣。而琉球國王及使臣，賞賜亦如之。又設燈戲於山高水長，通官引臣等進詣花障子內班，太上皇帝出御山高水長，皇帝如前侍坐，設角觝戲。賜酪茶一巡，饋果盒及猪羊肉鹿尾盤。又以元宵餅各一器，遍及於臣等及從人。燈火雜戲，西洋鞦韆，次第設行，砲熗埋火，尤爲轟烈，聲響如雷，烟焰漲空。十六日還歸館所。十九日，更詣圓明園。飯後，通官引臣等山高水長亭下，太上皇帝出座，皇帝侍坐，德明以特旨即引臣等至御座前，太上皇帝使和珅傳言曰：『你們還歸，以平安以過之意，傳于國王可也。』臣等叩頭，退出班次，各賜酪茶一巡，菓盒餅肉之饋。燈戲砲具之設，一如上元日。宴幾畢，皇帝先入，宴畢後，太上皇帝入內。禮部官皆退去。宦(宦)侍手招通官引臣等隨入山高水長閣之內，從後門出，逶迤數三十步，太上皇帝所乘黄屋小轎，載於小船，船上從官，不過四五人，此時日已昏黑，而無燭炬火，但有一人，以火筒從岸前導，明照左右。火筒製樣：以土作筒形，外施繪綵，内粧火藥，節次衝火，光焰燭地，似因火交泰殿失火。

禁甚嚴，不用燃燭之故。臣等乘小舟從行，琉球使臣亦爲隨入。觀其處地，極爲深嚴。兩岸皆夾造山間，或有石築假山，山亭水閣，合爲六所，舟行幾一里，始泊岸而下，即慶豐圖也。皇帝先已來候於此，侍坐如儀。御屏則紙塗而黄其中，每層安架燃燭晃朗，前設燈架，如御屏樣，而高廣倍蓰。燈架左右，俱設燈棚，如白塔形，下廣而上尖，面面燈影，不可數計。仍賜閣老以下及臣等酪茶一巡，設雜戲於庭前。少頃罷宴，隨入朝官不過數十人。臣等退出後，又乘小舟，順流而下，登岸步行一帳場，此是正大光明之後也，仍爲出來。二十四日，因禮部知會，臣等與書狀官及正官等，詣午門前領賞。御前年例回送禮單外，萬壽聖節表緞四匹，裏紬四匹，粧緞三匹，雲緞三匹，豹皮七十張，馬一匹，玲瓏鞍粘全部，一體祇受，逢授於上通事處，使之一時呈納于臣等復命之日。琉球使臣，二十五日另爲領賞。」

三月丙戌，冬至書狀官洪樂遊進聞見別單：「一、昨年十月，乾清宮交泰殿失火，敕該管大臣，於春融後集料興工。已自臘月廣設簟棚於地安門内，工匠雲集，日夜治木石。而正殿之樑木用楠木，長可九丈，故遍求不得，惟隆福寺佛殿材是楠木，尺數可當，故毁撤佛殿，取其材以建正殿。而計其工役，則今年五六月，可以就訖。隆福寺則更以他材從後更造云。一、皇帝登極後，擇定壽陵，謂之萬年吉地者，例也。太上皇吉地，曾已定在東路孝陵、景陵局内，故昨年新皇帝吉岡選擇時，太上皇有旨，命擇于西路泰陵局内。孝陵、景陵即順治、康熙陵也。泰陵即雍正陵也。蓋以東、西兩陵，世世孫祔于祖，有若太廟之昭穆次序，不復另擇他處，以妨民田，著爲不易之典云。一、昨年二月，皇后薨逝，皇貴妃鈕祜禄氏，當封皇后之説，雖或傳播，尚無文蹟云。一、太上皇容貌氣力，不甚衰耄，而但善忘比劇。昨日之事，今日輒忘；早間所行，晚或不省。故侍御左右，眩於舉行。而和珅之專擅，甚於前日，人皆側目，莫敢誰何云。一、皇帝平居與臨朝，沉默持重，喜怒不形。及開經筵，引接不倦，虚己聽受，故筵臣之敷奏文義者，俱得盡意。閣老劉墉之言，最多採納。皇上眷注，異於諸臣。蓋墉夙負朝野之望，爲人正直，獨不阿附於和珅云。一、苗匪本四川流賊，始因年荒，繼以官長之侵虐，嘯聚徒黨，轉相煽惑，衆至數十萬。自乾隆五十八年，尤爲猖獗，劫掠湖南、湖北、四川等地，作爲巢窟，太上皇帝敕旨：朕籌筆勤勞，皇帝日聆訓政。

前後官兵，屢經征討，不能掃蕩。福康安、和琳戰亡後，賊勢復熾。再昨年遣蘇凌阿往征之，多有功勞，昨年召入爲相。又遣明亮、勒保、鄂輝等，發直隸、山東、山西兵四千五百，又發吉林、黑龍江兵三千，大破之，擒其魁王囊仙、王化明、韋七綹鬚、韋泡渚四人，獻俘京師，太上皇臨門受俘，誅於順直門外。蓋苗匪叛亂，今已五六年，發兵調糧，相續不絶，不知爲幾百萬，而尚未討平。此外又有黔匪、洋匪、教匪之屬，聚散無常，乍平旋叛。中外晏然，少無騷屑云。」首譯張濂進聞見別單：「一、上年四月初一日，太上皇帝敕旨略曰：皇帝臨御初年，耕耤、臨雍、大閱諸典禮，臣工等進獻詩賦，以紀昇平盛典。皇帝紀元初載，即舉躬耕之典，諸臣未及製册呈進，其時軍務未竣，朕籌筆勤勞，皇帝日聆訓政，仰體宵旰焦勞，循例頌揚之文，未敢率行。但湖南苗匪，早經平定，黔楚匪黨，屢經官兵勦捕，勢已潰散，指日首逆被擒，即撤兵蕆事。明歲仲春，皇帝應舉臨雍視學之典，冬間即應舉行大閱，所有一切事宜，着各衙門照例預備。諸臣等雍容揄揚，進呈詩册，用彰黼黻太平之盛云。一、琉球國三年一朝，新皇帝嗣位之後，昨年始來慶賀，正使姓名東邦鼎，中山王之太上皇封皇貴妃等。

阿桂死，和珅代爲首閣老。

舅，二品官，號稱申口座。副使姓名毛廷柱，三品官，正議大夫。從官三人：一曰使者，二曰都通事，三曰王舅通事。該國稱其世子爲太世子，而繼立後五六年，始爲奏請封典，乃是舊例。故該國世子襲位已久，而明年將更專價請封云。一、因苗匪之戰，前後運糧，不知幾百萬斛，而去十月間，因廣西巡撫台布具奏，自南寧宣化縣之三江口至百色地方，計其程途爲六百八十里，發丁疏鑿，每日給雇銀云。」

十一月甲戌，義州府尹李基讓以憲書賫咨官手本彼地事情啓：「太上皇封穎妃爲貴妃，封芳嬪爲妃。上年十月，册封皇帝貴妃鈕〔祜〕禄氏爲皇貴妃，而孝淑皇后二十七朔服滿之後，當爲晉封皇后。新頒憲書，内庭用乾隆年號，外庭用嘉慶年號。大臣阿桂死後，和珅代爲首閣老云。」

己未二十三年（清仁宗嘉慶四年，一七九九）

春正月辛巳，冬至正使李祖源、副使金勉柱，以清太上皇帝崩逝事及儀太上皇引見使臣。

注一度，同封馳啓。以爲「臣等一行，於昨年十一月三十日到瀋陽，歲幣方物，依北京禮部公文，呈納于瀋陽各庫後，其餘物種依例交付押車章京，臣等連爲趲程。十二月初六日到雙陽店，臣祖源身病猝重，落留調病。臣勉柱與書狀官徐有聞賫奉表咨文，先爲發行。到山海關。十七日到邦均，使首譯金倫瑞先期馳進，以正使因病落後之意，呈文禮部。十九日到北京，直詣禮部，呈表咨文，住接於南小館。二十八日，因禮部知會，臣等一行詣鴻臚寺演元朝朝參禮，而暹羅使臣同爲演禮。二十九日，皇帝幸太廟，自禮部知會接駕。故當日五鼓，臣等進午門前祇迎。暹羅使臣亦爲祇迎，而在於臣等之下。禮部尚書紀昀押班等待，皇帝還宮時，臣等仍爲祇迎(送)。少頃，以太上皇旨引臣等入重華宮，太上皇御漱芳齋，引臣等進前，傳諭曰：『國王平安乎？』臣等謹對曰：『平安矣。』仍命臣等退就班次。暹羅使臣亦爲參班，設宴觀雜戲。三十日，設年終宴於保和殿。臣等因禮部知會，當日曉頭入詣保和殿，坐於東陛上。平明，皇帝出御殿內，舉樂設戲，進饌獻爵，而賜臣等饌，二人共卓。禮部尚書德明引臣等進御榻前跪，皇帝手賜御卓上酒，臣等受飮。少

清仁宗嘉慶四年，一七九九

皇帝等行賀禮于太上皇帝。

太上皇帝崩逝于乾清宫。

頃，皇帝入内。本年正月初一日五更，臣等諸乾清門外等候。天明，皇帝率三品以上行賀禮於太上皇帝，而殿庭狹窄，諸王貝勒於門内行禮，三品官及外國使臣於門外行禮。禮畢後，臣等由右上門至太和殿庭。少頃，皇帝出御太和殿受賀，三品以上官至（及）外國使臣，行三拜九叩頭禮，一如太上皇帝前賀儀。蓋太上皇帝自昨冬有時昏眩，不能如前臨朝云矣。初三日卯時，太上皇帝崩逝于乾清宫。當日戌時儀注來到，而主客司移付，以朝鮮、暹羅使臣等處，各頒大布一匹，隨時成服云。而初四日昏後禮部知會朝鮮、暹羅使臣等，每日辰、午、申三時前赴景運閣隨班舉哀云。初五日黎明，臣等進詣景運門外，參辰時哭班，而留待午時矣。禮部以皇旨引臣等及正官一人入乾清宫魂殿門外，暹羅使臣亦爲同入。午時參内哭班，仍退待景運門外。申時又參内哭班而退歸。初六日黎明，臣等又入乾清宫，參三時哭班。而辰時前以皇旨頒鹿肉三斤，似是鮮素之意。歲幣方物，則以闕内外雪塞之故，初四日始爲來到，而禮部及各庫官方在悲遑，未及呈納。臣等值此變禮，即欲急速狀聞，而禮部堂郎皆在闕中，無由相接。故使任譯輩多般周旋，呈文禮部。

傳訃使初七始差出。

今日成服，三日除服。

初七日早朝，纔得公文，修狀啓星火發送。傳訃敕使當日始爲差出，而上敕則散秩大臣侯漢軍張承勳，副使則内閣學士滿人恒傑。通官則一大倭克精額、二大太平保、别大倭昇額、一次繼文、二次保德，自禮部派定。而起程日子，尚未的定云。儀注一度，同封馳啓。」二月十七日申時到皇城，即呈咨文于禮部，仍爲住接於南北(小)館。今二月初七日，詣禮部領賞，受回咨文六道賫去。初八日與冬至使行同時離發。瀋陽將軍報京禮部咨文謄書上送于政院。謹依内閣關，『朱子大全』一帙及『後漢書』二帙，於冬至副使金勉柱處封受賫去。冬至使行首譯金倫瑞，依備邊司關捉去。而修狀啓封授於冬至使先來譯官趙鎮奎處上送。」

丁巳，齋宿于北宛。

三月庚申，上接見上、副敕。迎接都監啓言：「宣敕日仍行成服禮，臣等進參之意，使差備譯官入言兩敕，則兩敕使通官問于譯官曰：『今日成服，則幾日而除之乎？』譯官答以三日後除之云。則又問曰：『中國則二十七日而除之，何以三日除之乎？』譯官答以以日計年，自是前例云。則又問曰：『太太上皇崩逝，皇城宴如平日。

上皇恩眷自别，三日之除如何云？』譯官答以此是自順治時行之如此云。則敕使以爲各有其例，奈何云。而通官又問譯官曰：『三日除服，則仍着具胸褙吉服乎？』譯官答以我國禮制，本自如此云。則更無他言云矣。」教曰：「不但崇德以後前例若此，漢制内服諸侯舉臨，亦不過三日。禮制所在，不敢闊狹之意，更令譯官因言端傳之。」

戊子，書狀官徐有聞進聞見别單：「一、使行自入山海關以後，即聞燕商相傳，太上皇已駕崩，而例於百日内祕不發喪，故外人未能詳知。或云病患。今則少差，而朝或苦劇，夕又差減；夜又呻吟，晝又和平。日日如是，漸不如前。傳説不同，轉相訛誤矣。十九日進京之夕，通官以太上皇旨來傳，朝鮮使臣明日當引見云。其日雖未引見，又於正朝分殿受賀，故都人亦謂太上皇病患快復矣。乃於正月初三日午時，通官之在衙門者，摘其帽上紅絡，道路來往者皆然。問其故，則太上皇於當日卯時崩逝。而皇城之内，晏如平日，少無驚動之意，皆曰此近百歲老人常事。且今新皇帝至孝且仁，太上皇真稀古有福之太平天子云。一、彼中舊制，皇帝駕崩，則限百日祕不發喪，待新皇景山移殯。

帝踐位後，始乃頒發。而今新皇帝之即位，已歷多年，人心歸向，故不拘舊制，即已發喪云。而所謂喪制，元無幾日。成服之節次，自皇帝以下至於王公庶官之一應穿孝者，只去帽上紅絡，着羊皮毛衣。而毛衣之内皆着大布衣，其制如我國周衣。又其内則衣青衣黑自同平人。而始着大布衣則入哭班次，謂之成服，初不待天子七日之限。且滿、漢之喪制不同，滿人則皆穿白衣，漢人則但百日不剃頭，皆無闕下會哭之例。一、順治皇帝葬於薊州，康熙皇帝葬於易州，雍正皇帝繼葬於薊州，太上皇則當繼葬於易州，此是順治遺詔，以爲昭祔昭穆祔穆之制云。一、太上皇葬禮當在七月，而慮有潦水，且山向不利，將以九月定行。而自駕崩日計之，滿百日後軺往陵所，以待因山之期，已以九月十五日擇吉云。一、已議定廟號，曰高宗純皇帝。本當稱祖，而稱宗者，出太上皇遺旨。高宗二字，亦係遺意。而祔廟則當在於山陵事竣。一、景山移殯日，臣等一行迎哭於路左，皇帝轉身回視，仍慟哭俯首，若受吊者然。蓋彼禮受吊時，例爲俯首，即致謝之意云。而尊卑之間，曾無此禮。或曰以禮義之邦，故優待如此；或曰見外國使臣之迎哭，且念太上皇時優待嘉慶皇帝四十歲。

正月初四褫和珅官職。初八下和珅刑部獄。嘉慶皇帝上諭列二十大罪。

之事而然云。一、上年冬初，彼中輪疾大熾，痛（病）者相繼，死亡之數，雖未能詳，而沿路往回時，見村閭民人，掛孝者甚多。相傳以爲今當太上皇末運，有此時令云，而亦即乾净云。一、皇帝欲持服三年。宗室永恩等奏，以爲天子之孝，與士庶不同，依以日易月之制。皇帝諭以皇考鞠育深恩，昊天罔極，雖泣血痛心，哀慕終身，尚難仰報慈恩，易月之制，實不忍行，况三年通喪，載在禮經，惟諸王大臣等毋得再請。其三年舉行之節，詳稽典禮，確議具奏。竟以心喪三年自斷磨鍊云。一、皇帝今年爲四十歲，皇兄弟三人，即第八義親王永璿，第十一成親王永瑆，第十七碩親王永理。皇子只有一人，今十四歲，方定婚於古閣老滿人阿理衮之孫女。太上皇之孫凡十二人，曾孫四人，元孫一人云。一、正月初四日，既褫和珅軍機大臣九門提督等啣（銜），仍命與福長安晝夜守直殯殿，不得任自出入。又召入大學士劉墉、吏部尚書朱珪，珪則爲珅中傷，方巡撫江南。乃於初八日下珅于刑部獄，數珅二十大罪，布示中外。諭曰：『朕于乾隆六十年九月初三日，蒙皇考册封皇太子，尚未宣布諭旨，而和珅即于初二日即在朕前先遞如意，漏洩機密，居然以擁戴爲功，其大罪一。皇考在圓明園召見和珅，伊竟騎馬直進左門，過正大光明殿，至壽山口。無父無君，莫此爲甚，其大罪二。又因腿疾，乘坐椅轎，擡入大内。肩輿出入神武門，毫無忌憚，其大罪三。並將出宫女子娶爲次妻，罔顧廉耻，其大罪四。皇考眄望軍書，刻縈宵旰，乃和珅于各路軍營遞到奏報，任意延擱，有心欺蔽，以致軍務日久未竣，其大罪五。皇考聖躬不豫，和珅毫無憂慽，每進見後，出向外廷叙説，談笑如常，其大罪六。昨冬皇考力疾披章，批諭字畫間有未真之處，和珅輒敢口稱不如撕去，竟另行擬旨，其大罪七。前奉皇考敕旨，令伊管理吏部、刑部事務，嗣因軍需銷算，伊系熟手，是以又諭令兼理户部題奏報銷事件，伊竟將户部事務一人把持，變更成例，其大罪八。上年十二月内，奎舒奏報循化、貴德二廳賊番，聚衆千餘，搶奪達賴喇嘛商人牛隻，殺傷二命，在青海肆劫一案，和珅竟將原奏駁回，隱匿不辦，其大罪九。皇考昇遐後，朕諭令蒙古王公未出痘者，不必來京；和珅不遵諭旨，令已未痘者俱不必來，全不顧國家撫綏外藩之意，其大罪十。大學士蘇凌阿兩耳重聽，衰邁難堪，因係伊弟和琳姻親，竟隱匿不奏。侍郎吴省蘭、李潢、夾墻藏金，地窖藏銀。

太僕寺卿李光雲皆曾在伊家教讀，并保列卿階，兼任學政，其大罪十一。軍機處記名人員，和珅任意撤去，其大罪十二。昨將和珅家查抄，所蓋楠木房屋，僭侈踰制，其多寶閣及隔段式樣，皆仿照寧壽宫制度，其園囿點綴，竟與圓明園蓬島瑶臺無異，其大罪十三。薊州墳墓，居然設立享殿，開置隧道，致附近居民，有和陵之稱，其大罪十四。家内所藏珠寶，内珍珠手串竟有二百餘串，較之大内，多至數倍。並有大珠，較御用冠頂尤大，其大罪十五。又寶石頂並非伊應戴之物，所藏真寶石頂，有數十餘個，而整塊大寶石，不計其數，其大罪十六。家内銀兩及衣物等件，數逾千萬，其大罪十七。且有夾墻，藏金二萬六千餘兩，地窖内並有埋藏銀兩百餘萬，其大罪十八。附近通州、薊州地方，均有當鋪錢店，查計資本，又不下十餘萬，其大罪十九。伊家人劉全，不過下賤家奴，而查抄資産竟至二十餘萬，並有大珠及珍珠手串，若非縱令需索，何得如此，其大罪二十。其餘貪縱狂妄處，尚難悉數，實從來罕見罕聞者。至福長安祖父叔姪兄弟世受厚恩，尤非他人可比。其在軍機處行走，與和珅朝夕聚處，凡和珅貪黷營私，種種不法罪款，知之最悉。伊受皇考重恩，常有獨對之時，若果據實直陳，較之他人舉劾，尤爲確鑿而有據。皇考必早將和珅從重治罪正法，如從前辦理訥親之案，何嘗稍有寬縱，豈當任其貽誤軍國重務，一至於此。其扶同循隱，情迹顯然。如果福長安在朕前有一字提及，朕斷不肯將伊一併革職拿問。現在查抄伊家貲物，雖不及和珅金銀珠寶數逾千萬，但已非伊家之所應有。其貪黷昧良，僅據和珅之次，並着一並議罪，欽此」云云。其子之尚公主者，其婿之爲郡王者，及婢妾奴僕，並同時囚繫。仍封其門弩籍，而使第八王按其事。珅之別業又在西山之海甸，亦令皇孫一人按而籍之。珅之京第寶玩山積，過於王府，皇帝初欲剮殺之，皇妹之爲珅子婦者，涕泣請全其支體，屢懇不止。大臣董誥、劉墉亦乘間言，珅罪雖萬剮猶輕，曾任先朝大臣，請從次律，皇上久乃可之。正月十八日，賜帛自盡。珅臨絶作詩曰：「五十年來夢幻真，今朝撒手謝紅塵。他時水汛合龍日，認取香煙是後身。」遂縊而死。許令其家成禮殯之。珅子在獄數日即放，召置闕中，是日始命往訣，而仍給頂帶，在家閑住。福長安亦同珅係獄，而籍其家，一並議罪，擬和珅之次云。而姑未出場。一、新皇帝自丙辰即位以來，

福長安一併議罪。

和珅自縊。

嘉慶皇帝二次引見上敕。

不欲事事，和珅或以政令奏請皇旨，則輒不省曰：『惟皇爺處分，朕何敢與焉。』是以珅亦恣行胸臆。至是處置明決，衆心悦服。又下一通諭旨，以爲『朕所以重治珅罪者，實爲貽誤軍國重務，而種種貪黷營私，猶其罪之小者。是以立即辦理，刻不容貸，初不肯别有株連，惟其儆戒將來，不復追咎既往，凡大小臣工，毋庸心存疑懼』云云。自有此詔，平日之趨附和珅者，始無疑懼之心云。一、和珅專權數十年，内外諸臣，無不趨走，惟王杰、劉墉、董誥、朱珪、紀昀、鐵保、玉保等諸人，終不依附。及珅敗後，其黨與干連之人，雖不查治，而若其倚仗，專在於王杰等。杰與劉墉、董誥即上皇時閣老，而慶桂、勒保新入閣，上皇第二子之長子綿二新任軍機大臣，朱珪自南方巡撫所承命還京，而閣老軍機大臣中將匪久降旨云云。一、苗教匪自和琳、福康安戰亡後，賊勢亦浸衰，魁已就捕，餘者無幾，乍散乍合。而皇帝特欲使之歸化，姑不窮其巢穴。一、頒敕時，自禮部有順付使行之論，而侍郎多英武，以爲如此重大之事，不可順付。且朝鮮禮義之邦也，國王必當以順付爲缺然，而事竟未諧。一、敕行臨發時，皇帝二次引見上敕曰：『以大臣頒詔外國，意有所在，諸凡貽弊之事，並宜除減。』仍問還歸之期，對以三月内當還歸。皇帝以爲此則期限太促，宜以四月旬間還歸。蓋太上皇梓宫百日後出殯於陵所，故欲於移殯前還歸而然云。以此之故，舊例敕行出去時騎站驛，還歸時騎私馬，而今番則往回時使之並騎驛馬。敕行渡中江時，御史出道人馬雜卜，並令落後，使不得貽弊外國云。而上敕之以漢人欽差，亦係近來罕例，莫非優待朝鮮之意。一、今番使行，適當太上皇駕崩之際，通官輩輒以爲『新皇帝時，與太上皇時有異，爾國舉行，亦當十分小心』云，而每以此爲徵索之端矣。及除夕之引見也，皇帝親手賜酌；初五日參班之日，即令人參乾清宫内班；且於悲撓之中，間一二日，輒以皇旨頒賜奠餘及食物於帳幕，皆出特例，而係是王公大人之所未得之事。通官之接待一行，比初稍勝。及當熊鹿獐豕雉魚等許多物頒賜之日，前擁後遮，觀者如堵。紫光閣頒賞，亦是特例。自此通官輩亦曰：『此是太上皇時所未有之事』云，而更無徵索之計。」

夏四月己丑朔，召見回還冬至正使李祖源、副使金勉柱。祖源啓言：「行中譯員，多不緊額數，使臣從者及乾糧馬馱太多，有來頭難支之慮，下詢大行太上皇帝遺詔頒發朝鮮。

大臣，變通宜矣。」從之。　清國禮部移咨文：「禮部爲移咨事。　祠祭司案呈：恭照本年正月初四日，大行太上皇帝駕崩，經本部具奏，遺詔頒發朝鮮國，請欽派正副使前往一摺，奉旨：『正使著派張承勳去，副使著派恒傑去。欽此。』又經部奏準遣使頒遺詔於朝鮮國，國王率群臣素服恭迎，止鼓樂，使臣就館，不受宴饗各等因。」

五月丁卯，詣春塘臺，行皇壇望拜禮，召見皇朝人子孫及忠良子孫于暎花堂。

上諭。

甲申，咨文曰：「嘉慶四年四月初十日，內閣抄出本日奉上諭：『本年正月內，遣禮部侍郎恒傑、副都統張承勳前赴朝鮮，恭頒大行太上皇帝遺詔。該二員陛辭時，朕曾面諭以伊二人此次奉使朝鮮，係因賫頒遺詔，如非（非如）常時之敕封國王及世子可比。　該國王有餽送使臣禮儀，伊等不得收受，原係朕體卹藩邦之意。　乃昨恒傑等回京復命，奏稱該國王接奉遺詔，極爲恭謹，並曾備送禮物，伊二人堅却不受，該國王復再三懇收，並將原奉高宗純皇帝准受正禮諭旨呈出閱看，伊等仍不收受。　轉令差人將禮物賫隨渡鴨緑江，而於行抵江岸使臣因堅不受禮，被交部議處。

嘉慶皇帝詣太廟行祭事。

時，乃囑令原使帶回等語，所辦殊屬拘泥，不曉事體。伊等充使時，朕未知高宗純皇帝曾經降有諭旨，是以令其勿受禮物。今既據該國王再四懇陳，則伊二人自可酌量收受，以申其恭順之意，於到京後據實陳明，方爲合理。否則一面收受，一面將原奉高宗純皇帝諭旨，恭録賫呈朕覽，亦未爲不可。抑或竟不收受，亦尚屬正辦。豈有徒令彼國差人賫隨到江，復又却回，轉致彼國遠道攜隨，煩勞該國馹站，種種錯誤。現已令軍機王大臣傳到恒傑、張承勳，面同該國差來正、副使臣，將伊二人傳旨申飭，並著將恒傑、張承勳交部議處。其拘泥錯悮緣由，諭知該國王。所有該國賫隨禮物之人，與伊並無不合，該國王毋庸加之責罰。嗣後該國遇有喜慶事件，遣使到彼，該國王仍可遵照高宗純皇帝諭旨辦理，以示懷柔，而申忱悃。欽此。』禮部爲欽奉上諭事，主客司案呈，内閣抄出奉上諭一道，相應抄單知照朝鮮國王可也。須至咨者。」

六月戊申，進香使具敏和在燕馳啓曰：「五月十一日平明，皇帝詣太廟行祭時，因禮部知委，臣等與書狀官曹錫中祗送于午門外。進香日子，以十三日允下，當日臣等率一行正官，各具淺淡服，由東長安門入詣觀德殿殯所，少憩於殿前第二門外設幕處。少頃，皇弟十七王永璘自外而入，問使臣方在何處，仍與通官來到依幕之外，要與相面。路次接見，既出倉卒，難於爲禮，鞠躬而止。十七王亦舉手若相揖然，對通官問臣等官銜而去。問諸從人，則以皇帝命來攝享事云。卯正，進香時至，鴻臚寺官引臣等入詣拜位，開正殿前門，行禮如儀。禮部奏出儀注一通，别單謄上。自正門至殿，約爲數十步，庭左右設祭品四十一桌，又設酒瓶二十一於小桌上，竪一黄傘於酒桌之前，燃畫龍燭於兩傍。殿上正面，左右設素帳，而當中垂繡紋黄幄，黄幄左傍另設小椅子，鋪以黄袱，安金色位牌，中有字形，遠不可記。前設黄案於檻外，排爐盒之屬，讀祭文焚香於其下。燎床則設於殿之大門外十餘步之地，置苧紬及萬卷紙錢，覆以黄袱。床之圍恰爲十三四把，而其積之高，亦不下二丈，前設香桌酒樽。禮纔畢，讀祭文官奉祭文從殿内出，郎中二人撤畫龍燭前導而行，十七王以下哭而隨之，令臣等踵其後。至燎所，置祭文及畫燭於燎床上。禮部尚書德明跪而奠爵，起而叩頭，如是者三，仍舉火於燎床，烟焰漲空，移時不止。見禮部尚書紀昀及侍郎多永武，相顧掩抑，涕淚滂滂。十七嘉慶皇帝詣觀德殿殯所。

王將入闕復命，向臣等動容爲別，乘轎而去。臣等歸館所，自光禄寺輸送餕餘四桌於臣等，每桌數十器，盛以乾餅雜糖羊脚諸種及我國所進果品，而四桌皆同日。十九日臣等因禮部知委，率正官趁曉祗送於東華門外。翌日，禮部修呈賞本，而自内閣繙謄，轉至軍機處，二十一日始爲入奏。二十三日以『知道』准下。二十七日，皇帝詣觀德殿殯所。臣等又因禮部知委，趁還宮時祗迎於神武門外。皇帝衣縞素，乘黄屋步輦，自北上門還。及至臣等祗迎處，轉身出見曰：『你們歸國，告以問安之意』，仍從神武門還内。臣等遂歸館所。太上皇帝移殯吉日，以九月初二日選擇，已爲奏准。葬禮日子，則以九月十五日爲定云，而尚無文跡，未知其的實。故祗迎時，問於押班禮部侍郎多永武，則答云：『文跡雖未及出，便是完定之日』云。二十八日，早朝，臣等率一行正官詣午門。門外設黄案，安頒謚詔書，鴻臚寺官贊唱三跪九叩頭，禮部官引臣等行禮。禮部尚書紀昀跪授吊書，仍頒賞物，又行三跪九叩頭禮，即爲退出。上下馬宴，則依回還冬至使行時例，不爲設行。回咨文十三度，自禮部成送。詔書印本，前已封上，故只順付咨文，別單謄上。臣等一行，當日午後即爲離發。」

秋七月丙辰，召見回還正使具敏和、副使金履翼、書狀官曹錫中。錫中進聞見別單曰：「一、皇帝性仁孝，上皇昇遐，哀毁踰制，欲持服三年。宗室大臣以爲上皇於皇祖昇遐之日，持服百日，請循舊制。皇帝覽奏哀痛曰：『既以皇考已行之例爲言，亦不敢以私情有所踰越。』遂勉從之。在宫内時用素服，將至二十七朔，以寓三年諒闇之義。所謂素服者，非白色，而即去華飾之謂也。故常御青色袍，而親詣几筵日，則又着縞素。以上皇昇遐之日，在正月初三日，每月初三日設行大祭。梓宫移奉於陵所吉日，初以八月二十七日涓擇，命以孺慕之忱，有所不忍，改以九月初二日。陵號即裕陵。而移奉時所過通州、薊州等州縣，以道路修治之役民，命蠲免本年征税云。一、各部院機要之任，皆以滿人居之，漢人則不過備員，自是傳來舊法。而自新皇帝親莅萬機之後，並用滿漢，如劉墉之清謹，王杰之醇確，素所倚毗，而方爲大臣。朱珪自南方巡撫入爲吏部尚書，彭元瑞以工部尚書特兼太子少保，此皆漢人。而其所親寵，則不及滿人。滿人之信用者，即内大臣慶桂及户部尚書

素服。

嘉慶皇帝並用滿漢。

永瑆等在軍機處行走。

嘉慶皇帝好微行，曾至琉璃廠。

豐伸、濟倫，工部尚書那彥成。彥成即阿桂之孫，濟倫即傅恒之孫，福隆安之子也。和珅處分後，即命十一王永瑆、原任大學士董誥、户部侍郎戴衢亨及慶桂、那彥成在軍機處行走。軍機處在乾清宮東墻外，而即機密要地也。十一王以皇帝親兄，承命總理中外大小事務，必皆關白，其所寵遇，舉朝無右。爲人頗聰明，而臨事多疑，人皆畏憚。朝官三品以上，無論内外職，皆軍機稟旨差出，吏部則只差四品以下云。一、前任内閣學士尹壯圖，雲南人也。性峭直，好極諫，素爲朝廷畏憚。曾奏各省倉庫多虧欠，宜皆反閲，以陳奏不實，退歸本鄉，皇帝親政，擢爲給事中。一、皇帝好微行，四月初七日，率掖屬二人，步出正陽門外琉璃廠。吏部侍郎周興岱乘轎而過，知其爲皇帝，蒼黄下轎，皇帝轉身從間路避去。自此以後，大小臣民，舉皆惶懼，而前門外飯店，殆至一空。初政嚴明，巨細不遺。又有意於察民隱，分遣御史，又以近臣踵其後，如是者數三，衆口相合，然後罰有罪者。其或爽實，則罪言者。故人無枉罹，御史亦不敢循私云。一、乾隆晚年，各關各門，征税甚重，定例外又有盈餘名色。雖以都城崇文門言之，南京商貨，舍此門無以入京，故吏緣爲姧，殆無限節，幾至商旅不行。四月初，命嚴盈餘一定税額，毋敢違越，曰：『此乃上皇有意未遑者。』蓋欲無犯於三年無改之戒也。一、川楚教匪，尚未殄平，專由和珅誤軍務，諸營觀望。及珅死，即命四川總督勒保爲經略大臣，使諸營受其節制。自正月以後，擒賊魁五人。夏初試士，以討平教匪發策問之，又下旨申諭，俾爲歸化之方。使行出關時，見車十六輛，各載四五人，自皇城來，即黑龍江官兵之戰川楚歸者也。巨魁已殲，餘氛指日可除，故皇帝特命罷歸云。杭州鹽商，願納銀三百萬，以助軍功賞賜之費，皇帝命受二百萬。前此乾隆庚戌，江南富商，以皇帝八旬，願納銀四十萬，以伸慶抃之忱，乾隆命受之，商人納銀自此始，而新皇帝襲用謬例，爲初政一疵云。一、丁巳十月，以太上皇敕旨，封皇帝貴妃鈕祜禄氏爲皇貴妃，命於孝淑皇后三年之後，立爲皇后。今年四月下旨，以爲孝淑皇后二十七月今已廟（屆）期，應遵敕旨，正位中宫。其父恭阿拉着即照例爲一等侯。而應行册后典禮，則嘉慶六年三月釋服後，擇吉舉行云。一、和珅處置後，人皆謂皇帝有三達德。自即位以來，知和珅之必欲謀害，凡於政令，惟珅是聽，以示親信之意，俾不生

封皇后。

嘉慶皇帝有智、勇、仁三德。

罷永璇總理之任。

疑懼，此智也。一日裁處，不動聲色，使朝著一新，奸宄屏息，此勇也。不治黨與，無所株連，使大小臣工，洗心滌慮，俾各自安；皇妹之爲珅子婦者，另加撫恤，此仁也。珅家有正珠朝珠一掛，此則乘輿服用也，珅常於燈下無人時，潛自懸掛，對鏡把玩，皇帝覈知之，尤痛其罪惡云。一、和珅總理諸部時，凡事務皆稟決，尚書侍郎皆備位而已。珅死後，痛革此習。又命各衙門及省藩，凡奏事直進上前，無得另有副封。及正月二十八日，八王永璇總理吏部時，吏部尚書呈暇，侍郎鐵保專管諸務，八王以侍郎之不隨事稟決責郎中曰：『吾當因事駁奏之。』保不得已，使筆帖式有時往稟焉。筆帖式即如我國之録事也。皇帝聞之，惡其有珅餘習，罷八王總理之任，黜保爲瀋陽兵部侍郎云。一、頒敕副使，例以内閣學士進士出身者派定，而恒傑即未中進士者也。湖廣道監察御史繼善劾奏，朝鮮自是文華之邦，詔使之必以進士派送者，意有在焉。恒傑素乏地望，且無文職，不可送。皇帝以傑曾爲贊禮助祭，意其能知禮，且以發程隔日不許。及復命，因禮物事至有降資之罰。以禮部侍郎新赴衙門，路人唫（嗤）點，皆以爲御史之言，若有先見。禮部郎中伊勒恒傑交部議處。

圖，以恒傑奉使不善，對人有嘲譏語，恒傑聞而惡之，謀欲陷罪。及孝淑皇后終喪行祭時，參班諸臣，例着青袍，而恒傑誤着藍袍，上疏引罪，仍言，該郎〔中〕伊勒圖不先知委，有此錯誤，以致諸臣之着藍袍者甚多，宜加罪罰云云。皇帝以爲恒傑即禮部侍郎，何待郎中之知委，所奏甚糊塗，勒圖勿問。恒傑交部議處，削職差代云。一、外國進香，在前則自禮部舉行而已，元無舉朝百官及使臣齊參之事，今番之張大，出於優禮。十七王之來訪，諸貝勒之俱會，固因皇旨云。皇帝以方在諒闇，不欲引見外國使臣，臨歸前一日，適值殯殿動駕，故特令祗迎，仍致還朝後問安。蓋皇帝間三日詣殯殿，而自内往還，朝臣亦不祗迎，故知其爲特旨也。是日皇帝頒衣資於位高朝臣，皆入闕謝恩，如王杰、劉墉、那彦成、慶桂、彭元瑞諸人，成班坐於神武門外橋頭，外貌皆魁偉，動止俱非常品，知其極一代之彦。一、瀋陽有所謂夏園行宫者，即謁陵時中路所御也。瀋陽將軍奏請修理。皇帝下旨，以爲此雖刱於太上皇時，元非上皇本意。滿州舊俗，每當行幸，攜帶氈廬帳房，以爲習勞尚朴之意。自今撤毁行宫，無爲勞民傷財之歸云。瀋陽諸議，以當初將軍之請修行宫，謂皇下行群工之事，舉朝惴慄。

帝謁陵，似不出數年內云。一、年事關內則雨暘不愆，五穀豐登。關以東自春徂夏，雨水終慳，遂於關內。自瀋陽至柵門，雖旱灾孔慘，而皆是旱田，別無大損。縱不及關內，比之關外，又有勝焉。秋成尚遠，未能預判其豐歉云。」首譯金在和進聞見別單曰：「一、皇帝御極以後，銳意圖治，早朝晏罷，屏退奸黨，升庸名流，懲於和珅，權不下移，雖果斷有餘，而或臨事生疑，下行群工之事，舉朝惴慄，供職惟勤。而十一王永瑆，總理庶務，恣行專擅，士論不韙，頗有漆室之憂。一、皇帝登極以後，雖惡和珅，而無一言相及。一日珅筵奏太上皇減太僕馬匹，皇帝獨自語曰：『從此不能復乘馬矣。』筵臣之在傍聞之者，知珅之必無幸焉。及珅之處置後，馬匹之籍入內廐者，殆過屢百云。一、太上皇晚年，邊徼草寇，種種竊發，皆因官長侵漁，民不聊生，相聚爲盜。而調兵往勦，頻年不解，費用浩大，府藏漸耗。及和珅籍産後，貨財珍寶，充牣官庫，內局蔘料，以其多儲，又於春間發賣屢百斤，故閭市之間，銀錢甚踊云。一、皇帝欲於四月二十七日幸靜安莊，設祭於孝淑皇后殯所。蓋皇后尚今未葬，而四月終祥故也。靜安莊距圓明園不遠，故因欲轉往，第十七王永

清仁宗嘉慶四年，一七九九

雖無今日之諍臣，其奈後世之史策何？

璘奏曰：『靜安之祭，雖係情禮；圓明之幸，殆近遊豫。雖無今日之諍臣，其奈後世之史策〔何〕？』皇帝從其言仍停。一、昨年衆星交流之灾，欽天監諱而不奏。今年日月合璧，五星連珠，欽天監以吉祥奏。皇帝下旨責諭曰：『川陝一帶，尚未殄平，延及數省，民遭荼毒，戒慎之不遑，而敢言祥瑞乎！況灾則諱而祥則奏，大非愛君之道。從今毋敢以祥瑞二字傅會登聞。』仍命外方，禁獻珍禽之屬云。一、自康熙以後，專尚右文之治，而宗室懿親，則守滿州舊俗，俾皆習弓馬。今皇帝皆令讀詩書，課功令，得與生監同應鄉試，頗事文藝，少祖宗崇武之意云。」

冬十月丁酉，進賀兼謝恩正使趙尚鎮、副使徐瀅修以頒赦詔順付形止馳啓曰：「臣等八月二十七日入燕京，詣禮部呈表咨文，右侍郎鄒炳泰率諸郎官出待接受訖。主客司郎官閱方物表咨，問于任譯曰：『別使則勿送方物，前既有先皇上恩旨，而今於進賀之行，方物之依例賫來何也？』任譯答曰：『今此太上皇帝上謚稱賀，乃是至重之典禮。小邦專差別使，另具方物，必趁奉移山陵之前者，蓋與循例稱賀自別故也。』二十九日，皇帝詣觀德殿殯宮，嘉慶皇帝詣觀德殿殯宮行祖奠禮事。

親行別大祭時，禮部知委四譯官使臣等接賀。故伊日五鼓，臣等與書狀官韓致應及員譯等，着黑團領、去胸褙，進詣神武門外北上門内祇迎班俟候。辰時，皇帝乘黄屋小轎，自神武門出，至臣等祇迎處，皇帝傾身俯瞰，開笑顧問于侍衛大臣曰：『朝鮮使臣乎？』轎過之頃，不住諦視。九月初一日，皇帝詣觀德殿殯宮行祖奠禮時，因禮部知委，臣等着淺淡服，進詣觀德殿庭俟候。卯時就殿庭，設鹵簿，辰時皇帝乘黄屋小轎，自北上門出至臣等祇迎處，皇帝自轎中顧視臣等，仍望梓宮舉哀。侍衛諸臣皆行哭，在班百官皆立哭。皇帝由鹵簿行綴之外，逶迤入觀德殿内。哭止，百官皆跪，主客司官引臣等跪於西班散官之下。殿内讀祭文訖，殿内殿庭皆哭。皇帝祭酒三爵，東西班隨行跪叩禮。行禮畢，禮官奉祭文，第八王第十七王隨後，王公百官及臣等，咸從至殿庭東門外鑾輿器服峙積處。第八王奉祭文，安于前卓，哭奠三爵後，並前所峙積者，舉火燎之。臣等遂即退還館所。初二日送殯時，又因禮部知委，臣等着淺淡服，出朝陽門外五里石橋俟候。巳時，皇帝乘黄屋小轎而出，臣等祇迎於路左。則皇帝在轎中注視臣等，又以巾拭泪。轎過後，六輛車子

清仁宗嘉慶四年，一七九九

嘉慶皇帝還宮。

相續出來。最先黃絲絡黑蓋車，云是管房所乘；管房者妃嬪之稱。其次金頂蓋車，云是十公主所乘。其次四車，云是八阿哥、十一阿哥、十七阿哥福晉及綿兒福晉所乘；福晉者娘娘之稱，皆先皇帝子婦與孫婦云。最後梓宮大昇輿出，輿以黃屋黃縵黃杠爲飾，而靈駕册、寶亭及侍衛鹵簿前列。所經橋内，大臣祭酒焚楮帛，留京百官及臣等成班哭送於路左。石橋以東，分治兩路，一爲梓宮所行，一爲皇轎所由，而皇帝步送至門，自門先取别路前行，每站祗俟梓宮者，乃是會典所載，故前此以觀德殿東門爲步送之處矣。新陵陵號爲裕陵，而在薊州屬邑遵化縣之昌瑞山，去燕京爲三百七十里。梓宮入隧吉辰，即九月十五日卯時也。初六日，方物所載車輛無弊入來。初七日，自禮部考例題奏于行在所。十一日，准作年貢事皇旨始下。禮部題奏及皇旨别紙謄上。而間因各該庫郎吏及提督大使通官等處，依例分贈。十八日，皇帝還宮時，又因禮部知委，臣等着黑團領、去胸褙，出朝陽門外五里石橋俟候。巳時，皇帝乘黃屋小轎而來，臣等與禮部右侍郎鄒炳泰、主客司員外郎福克精阿成班祗迎于路左。則皇帝望見臣等，出御轎前，以漢語使侍衛大臣嘉慶皇帝詣宗廟迎神牌。

問于臣等曰：『國王平安乎？』七額駙馬拉綱多羅記出傳皇旨，臣等使通官太平保對曰：『國王仰托皇上之福，連享平安矣。』轎過之後，臣等隨即歸館。而皇帝初政，辭令務主簡重之故，前此屢加晒睞之舉，通官輩猶以爲榮；至是則相與來賀曰：『皇上之惓惓貴國王至此，誠爲可感』云。十九日，皇帝詣宗廟迎神牌時，又因禮部知委，臣等着黑團領詣午門外俟候。少頃，提督使通官引臣等先出大清門外祗迎神牌，故臣等問曰：『昨日自禮部知委四譯館文書中，只使迎送於皇上出、還宮時，今復有此臨期變通，何也？』通官曰：『前例則內朝百官出迎神牌，隨後至廟，而外國使臣只迎送皇駕而已。故禮部按例磨鍊矣。皇旨特降神牌入廟時，朝鮮使臣使之一體祗迎，此出特異之恩數，吾輩與有榮焉』云。而禮部諸官，亦頗動色。臣等遂即出待於大清門外，神牌黃輿至，與百官聯班祗迎，仍隨皇輿後，至廟門外止，轉入端門內前所俟候處，以待皇駕之回。辰時，皇帝自府還宮，臣等祗迎處，如前諦視。二十日宣詔時，又因禮部知委，臣等着黑團領詣天安門外俟候。辰時，頒赦詔書安于黃亭，由正門出，香亭及御仗黃蓋前導，總督及禮部鴻臚寺官後從至午門受賞。

門外正路設案處。禮部官奉出詔書，奠于案上，鴻臚寺官唱跪，在班官及臣等皆跪，宣詔官陞詣案上，二人展詔，五人以滿漢音輪讀。讀宣訖，在班官及臣等行跪叩禮，遂還奉詔書于黄亭，前導後從如上儀，由大清門出向禮部。二十一日頒賞時，又因禮部知委，臣等詣午門外俟候。午時，禮部尚書德明率諸郎官設案于午門外，依例頒賞，臣等跪叩祗受退。頒赦詔書順付今行與否，皇駕還宫後，始得探問于禮部尚書紀昀，則答以爲已奏明交來使云云。二十日宣詔時，主客司員外郎福克精阿謂首譯曰：『今番赦詔，吾輩之所當賫往者，你們大人賫去』云云。二十一日頒賞時，臣等適與禮部郎官聯坐，故臣等使首譯問曰：『似聞頒赦詔書順付於今番使行云，使行還發之遲速，繫於詔下之早晚，願聞其期。』諸郎官答曰：『詔書印出與安寶之役，自費五六日，二十六七日間，當交付使臣』云云。則順付一款，更無可疑。先來事當即日發送。而詔書一通，先爲謄出上送，然後謝表咨可以撰出。以順付事知悉，使行公文亦不可不今便賫上，以爲憑據之資，故數日周旋，今始覔出狀啓一道，及頒赦文禮部題奏謄本二道，知會文蹟，準數發送。而二十一日頒賞嘉慶皇帝敕旨。

後，禮部尚書德明使通官言于臣等曰：『二十六日皇上詣宗廟時，使臣當接駕，仍爲奏辭文書亦當趁此成送，須以此爲行期』云云，則發程似在二十七日，而姑難的知。」禮部題奏：「禮部謹奏爲請旨事。 據朝鮮國王爲上高宗純皇帝尊謚，特差正使判中樞府事趙尚鎮、副使禮曹判書徐瀅修等，恭賫表文方物，來京慶賀，兼謝天恩。 臣等伏查雍正二年，朝鮮國王爲上聖祖仁皇帝尊謚，進慶賀禮物，經臣部議，遵順治十八年、康熙五十二年奏准收受之例具題，奉旨：『這進貢禮物，停其收受，著存留准作年貢。 欽此。』又乾隆二年，朝鮮國王爲上世宗憲皇帝尊謚，進慶賀禮物，臣部議遵雍正二年例，停其收受，准其留抵年貢等因具題，奉旨：『依議。 欽此欽遵。』各在案。 今朝鮮國王爲上高宗純皇帝尊謚，恭進慶賀禮物，該國王除敬謹撰表具題外，仍移咨臣部，據情轉奏，仰懇賞受等情。 臣等不敢壅於上聞，謹抄録該國王原咨及貢物清單，恭呈御覽。 其進獻禮物，應否收受之處，理合奏聞請旨，俟命下之日，臣部遵照辦理。 爲此請（謹）奏請旨。」嘉慶四年九月十日奉旨：「禮部奏朝鮮國王因恭上高宗純皇帝尊謚，遣使呈進表方物一摺，具見該國王恭順悃嘉慶皇帝祭天壇。

恤，其所進貢物停其收受，著存留准年貢，以示體恤。欽此。」主客司知會：「主客司爲移付事，所有朝鮮慶賀謝恩使臣在京恭遇頒發高宗純皇帝、孝賢純皇后、孝儀純皇后升祔太廟禮成詔書一道，奉各堂大人諭，交該使臣敬謹賫回，相應移付四譯館，傳知使臣，守候詔書發下，再行付知，赴部祗領可也。須至付者。右付四譯館。九月廿三日。」

十一月庚午，時憲書賫咨官李光稷以手本呈于備邊司曰：「彼中事情則今冬至日，皇帝親祭天壇，配以高宗純皇帝，禮成後當大赦天下，有頒詔之舉云云。故詳探其外國頒詔有無，則皆以爲祭天頒詔，自是年年常行之規，而今年則純皇帝伊日配天，有異常年，然是係皇旨，有無不可預測。且配太廟上尊號時，朝鮮頒詔，皆已順付，則雖或有之，亦當順付於冬至云。教匪之役，迄未底平。所謂教匪，有白蓮教、紅蓮教、青蓮教之號，匪云者賊也。其魁姓喇者，本以四川士人學得遁甲法，以此邪術惑人民，乾隆六十年造反。今則其徒黨散在湖北、湖南、陝西、河南等地。凡其首領，皆稱教主，皆學是術，雖被官軍拿獲，旋即脱身逃走，以此滋擾，卒難收服。而嘉慶三年，以大那彦成雄健有智略。

臣勒保爲四川省總督，以事罷爲經略，以魁倫爲總督，以台布爲總督，以工部尚書那彦成爲漢軍都統，馳馹往總之。彦成即故閣老阿桂之孫，而身榦雄健，頗有智略云。皇帝下詔，以爲教匪之罪，浮於苗匪。苗匪尚知歸服，教匪則頑不懷恩，終始搆亂，皆由爲民父母者不能子視之致。其脅從者如能脱身歸順，不惟待以不死，亦當加以爵禀云。通官等處卜物傳給事，傳置於鳳城徐哥等處，終涉虚踈，故裝做商貨樣，雜載灣卜車中，輸致燕京館内，囑渠輩使人做商貨買賣樣稍稍持去。其兩敕許欲爲往見，則通官輩皆以爲必無相見之理，況又副敕方在罪中，不如不往云。而以伊時差備官李邦華名作爲小札，袖之而往，上敕果不見，使家人問曰：『來見何事？』答以『大人不受小邦土儀，閣（擱）在邊上，故現有差備官小札帶來禀請。』仍遞與小札。家人出來還傳曰：『書不必拆見，此事明日當與禮部大人相議，即有回報，第還俟之。』明日，使倭克正額覔札而去，還云正使以不必送來之意口傳，終不肯作手字。副敕初則託以不在家，故使其家人遞傳小札，始爲請見，而立與語曰：『李堂手札見之，此物既有皇諭，不必送來。還納國王，則也是皇上恩典。』仍曰：

「大全韻編」。

『不敢留坐。』示欲去之意。語及回信，則曰：『你不必再來。自此送來館中亦不便當。使賓德來討』云，故即爲還館。是夜其家人還傳小札而去。翌朝，通官以禮部侍郎文寧言，來覓小札而去。俄而還爲來傳，故使賓德往討回信，則渠畏不敢去，事無奈何。竊念上敕既有倭克正額口傳語，副敕則又有面聽語，不必强討回信。大抵察渠氣色，則見朝鮮人登門，驚惶失色，舉措蒼黄。以此觀之，兩敕物件，若爲持來，實是進退維谷，處置無路矣。」

辛未，召見回還進賀正使趙尚鎮、副使徐瀅修、書狀官韓致應。上教瀅修曰：「朱書覓來，而果有緊要耶？」瀅修曰：「書下諸册遍問於藏書宿儒，而多不能辨其何等義例，惟禮部尚書紀昀洞悉其源流，如朱玉所編『大全韻編』，事實年條逐編注釋，稱爲『大全』諸本中最善本。黎靖德所編『語録合編』乃是池、眉、饒、徽、建安諸本之合録者，故稱爲全本。而一在建寧，一在淮安，謂當次第覓來，此後使行，便鱗次付送，必當如約。今番所貿者，『朱子大同集』、『朱子實紀』、『後漢書』三帙。而『大同集』中『大全』所不載之句語，間多有之，全集裒輯之際，誠不可無此書矣。」上曰：「黄李真本，則終不可得胡季堂諂諛之罪。

耶？」瀅修曰：「黃李録書以後，屢經後人之重編，真本則必無見在者。南京等處，不知何如，而燕京求之無益，故專以諸録之無遺見收者廣問矣。」上曰：「紀昀聞是陸學，能知尊朱否？」瀅修曰：「紀昀之文學言語，尊尚朱子。且以近日俗學之背朱子，從小品大，以爲憂矣。」上曰：「朱書如是絶貴，必因俗尚之宗陸而然，豈不可慨乎！」瀅修曰：「年來中原學術，果多宗陸，而朱書之絶貴，未必不因於此矣。」回還進賀使趙尚鎮、副使徐瀅修進聞見別單曰：「一、今年年事，關以外勿論山田原田，舉皆登熟，而關以内飛蝗蔽野，各穀無不被灾，故斗米之直，至于唐錢九百餘文之多。皇帝始聞蝗灾，憂形於色，頻問近臣，則胡季堂者，對以蝗有兩種，黃者爲灾，黑不爲灾，而今年之蝗，匪黃伊黑云矣。及今番裕陵之行，自轎拾蝗，親見其並有黃黑，下詔暴其諂諛之罪。牓諸灾邑通衢，免灾邑田租十分之三。一、皇帝正月親政以後，總攬權綱，振刷風俗，發號施令，多有可觀。六月皇帝親祭觀德殿，回路問侍衛以引見官有無，則無其人矣。蓋緣伊時天氣歊熱，睿親王淳穎慮煩酬應，私令撤回矣。皇帝查得其實，諭曰：『從前和珅專政，將各省奏報各衙門奏淳穎交宗人府嚴加議處。

劉墉剛方正直：傳禪必與大寶。

摺，任意壓擱，最爲伊罪之大者。今淳穎將已遞之摺，復行撤去，是欲首先嘗試復和珅之故智矣。仍交宗人府嚴加議處。』五六兩月，連降求言之旨，而又以瑣事空言逞私瀆聽爲戒。至於將局錢易銀之請，責之曰：『以朝廷與小民競利，復成何政體耶？』凡此數事，言足聽聞。一、湖北用兵事，所謂教匪，未知何等種落，而以出於文蹟者觀之，先討後撫，堅壁清野，無策不舉，尚未底平。延及川、陝、楚、豫四省，室廬居民，蕩析云爾，則藉是叢祠狐鳴之盜，未必無首事之慮。臣等自柵入燕之時，屢逢關東兵家屬之送别來者矣。自燕出關之路，又見吉林、黑龍江兵之被徵者，首尾綿亘，不勝騷擾。聞輿卒酬酢之言，則教匪巢穴，林篁之所險阻，獠獞之所攀援，兵至則走匿巖谷，兵去則出掠郡縣，所以勦滅之極難。而前往官軍，一番窮追，幾盡陷没。今行死生，亦不知如何云。總督元帥聞是勒保。一、朝臣中一辭公論，剛方正直推劉墉，風流儒雅推紀昀，而墉則見其爲人視下而步徐，一入班行，位著爲之肅然。去年傳禪時，臨當受賀，高皇帝不肯與大寶，則墉止賀曰：『古今安有無大寶之天子？』遂即入奏高宗曰：『陛下不能無係戀天位之心，則傳禪可已。

罷斥恒傑。

傳禪而不與大寶，則天下聞之，謂陛下何如？』半日力争，卒得大寶而出，始行賀禮。故今皇帝以定册元老待之。昀則近則(以)中原學術，類皆以聲律書畫爲粉飾塗澤之具，而稍進於是者，不過叢書小品之博洽而已。今行購求時，當世所稱藏書名儒，多與之往復質問，則自内閣書下之書目間，或不辨其何等義例，何人編刻，而獨昀一人，取諸腹笥，年經月緯，始終源流，洞如燭照。所著古文，本之以經術，繩之以檢押，純正優餘，無愧爲當世名家。一、敕使贈給物種事，入燕後聞之，則夏間恒傑因誤穿服色，安參司員事，罷斥之時，皇帝並責其奉使時不善處事之罪。仍諭禮部，贈遺之物，萬一人來，勿給該敕使，先爲奏明云。故使首譯探問禮部諸郎，則果有是事，而又謂皇旨既如此，則在貴國道理，恐不當入送云。一、近年以來，使蓋相望，謬例層生，即無論邊上館中，無前之冗費歲增，有限之公貨日耗，而其所矯捄之政，不過我境供億之節損，別行員譯之裁減而已，此亦未必無小益，而其視彼中尾閭之洩，奚啻捐萬而惜千哉！臣等今行試探物情，則前此周旋變通云云，皆通官序班輩，從中舞弄，白地索賂之計。且以今番順付事言之，臣等則因禮部尚書之言，開館監修高皇帝實録。

已聞其奏明得旨，晚後首譯來傳通官輩慫慂之說曰：『禮部不知使行之如是竭來，前以順付歷咨之意題奏旨下，今不可自下移付，有如在館之使行未免空還，追到之咨官反得賫去，則在使行無色當如何？吾輩欲爲之周旋，苟有藉手之物，不無變通之道』云。故臣等謂首譯曰，須勿枉費一錠銀，但答之曰：『在我國道理，只當一聽上國之從便妥辦，不必無色，亦不須周旋』爲辭云矣。伊後數日，多般來嚇，終知臣等之已悉裏面，遂不得言。而大抵所謂周旋變通云者，無往非此等伎倆，其實則事之有例者，可不求而自得之，其無例者，又非序班通官輩所能周旋。」書狀官韓致應進別單曰：「一、再昨年奉太上皇敕旨，命於孝淑皇后二十七月後，立皇貴妃鈕祜禄氏爲皇后矣。今年五月，是爲届期，仍遵敕旨，正位中壼。皇后父恭阿拉，照例封爲一等侯。應行册后典禮，俟嘉慶六年二十七月釋服後，詳查定例，擇吉舉行。一、高皇帝實録，業已開館監修。大學士慶桂爲總裁官。而纂輯條款，一依康熙實録。已將初年五個月政績，編輯成書者爲九卷，先已進御。計至告成之時，約爲一千四五百卷。康熙實録爲三百卷，而開館九年，始得告完。今此卷帙，五擬追究和珅資産寄頓處。嘉慶皇帝不許。

洪亮吉私書無據之言，擬斬決。嘉慶皇帝以阻敢言之風不許。

倍于前，在館各員，若僅照舊額，則不免耽延時月，莫如量加添派，及早告成。故遂添出滿漢纂修官、收掌官、繙譯官、謄録官一百五十餘員，支給捧（俸）銀，按月編摩。一、給事中明繩請開採銀礦，則諭以今以謀利之事，聚遊手之民，生釁滋事，勢所必然。且國家經費，自有正供常賦，安可窮搜山澤，計及錙銖。朕廣開言路，非開言利之路也。聚斂之臣，斷不可用。即命原摺擲還，交部議處云。薩彬圖請追究和珅貲産寄頓之處，則諭以『朕以辦理此案〔爲日已久〕，已覺過當，故諭其速決，不爲已甚，而無識之徒，鰓鰓較計財産，不惟不知事體，實不知仰體〔朕〕之本意矣。朕以天下爲家，豈僅〔以〕藏諸府庫者視爲己有！此項查抄，縱有隱寄，自朕視之，亦不過在天之下地之上耳，何以輾轉根布（求），近于搜括問架税錢事耶』云云。洪亮吉以私書呈遞成親王，而書中有『三四月以來，視朝稍晏，恐爲俳優近習，熒惑聖聽』等語。軍機大臣會同審訊，竟無指據，遂擬以斬決。則諭以『若以此等語言，手疏陳奏，即荒誕有甚於此者，朕必不加之罪。原當借以自省，引爲良規。今以無稽之言，向各處投札，是誠何心！朕方冀聞讜言，豈肯〔科〕以死罪，俾伊竊取直文具繁而元氣損，浮靡勝而實用虚。

名，妄謂賊〔朕〕誅戮言事之人乎？特命從寛免死。所陳雖毫無影響之事，必不因此含怒，以干太和之氣，而阻敢言之風。原書留以備覽，以爲始勤終怠之儆』云。一、中州習俗，大不如古。滿人忘水草之苦，而稍啓宴安之漸。漢人恬衣章之變，而少無含忍底意，此亦世級之一變也。開國既久，漸當崇極之會，文具繁而元氣損，浮靡勝而實用虚。侈習則閭巷市井之間，玲瓏焕爛者，無非不切於用，而只爲玩娱之具。人心之虚假，俗尚之浮靡，據此可見。皇帝於處分洪亮吉之教，有曰：『近日風氣，往往好爲議論，或見諸詩文，自負通品，此則人心士習所關，豈可以本朝極盛之時，而輒蹈明末聲氣陋習哉』云云。此正灼見俗弊之痼，而振刷矯捄之意，屢發敕諭之間。學術則習尚日渝，滅裂益甚，其言則共尊程、朱，而實未嘗窺見門墻。雖稱稍有知識者，並與記録義例而不辨出處者有之。至於王陸之學，亦未聞傳其緒餘云云。所謂西洋邪教事，或與朝紳間酬酢，則以爲堂獄之説，初不過愚惑匹庶之事，而未始至於浸染蔓熾之境。近因邦禁之截嚴，委巷之間，幾乎止熄云云。一、今年八月，因苗匪招諭事下詔，首尾數百言，備述先皇帝涵濡小民，懷綏遠服之諭旨：地方朘削脂膏，激成事變。

德，首稱朝鮮接奉遺詔，專遣使臣，進香致祭，舉哀盡禮，並及安南諸國，抒誠追慕，奔越爭先之事，而該匪等具有人心，毫無感動，只事搆亂，豈六十年受養中夏之意耶？命將宣諭文字，刊刻謄黄，遍行曉示。又下諭曰：『朕宵旰焦思，反覆推究其故，必因連年地方朘削脂膏，激成事變，而今見貪墨之員，尚未盡黜，恐投歸之後，仍遭侵虐，是以觀望逡巡，未敢即行投出。』遂命查出所屬州縣之貪縱虐民者，嚴參數人，以洩公憤。陞擢素得民心之良吏，使之撫諭，若有自賊中捉出者，並依吴隴登前事，賞給五品頂戴之意，更行曉諭。」

丁未，義州府尹金箕象馳啓言：「大國人持禮部咨文出來，拆見則以爲差備譯官李邦華、賫咨官李光稷向副〔都〕統張承勳宅内投私書云。馳通一度，則禮部傳牌，内開前往朝鮮國恭頒高宗純皇帝升配天壇恩詔，欽派正使委署散秩大臣侯田國榮，副使内閣學士兼禮部侍郎英和，並六品通官倭克經額、六品通官雙林、倭昇額、無品級通事寧保，俱于本年十二月十一日起程，所有恭賫詔書一道，並執事等項，合先行知會事，並與咨文還爲監封，上送承政院。而馳通一度，則不過咨文遞送事，故依前留置。今此以鳳城將馳通事意觀之，敕使傳牌一紙，來到鳳城，而只以照牌録文成送，馳通禮部粘紙原牌文初不付來，故牌文聲息，及敕行早晚，探問訓導方世洪，星火入送于鳳城。取考前後謄録，則敕使起程或二十六七日，或二十八九日，渡江出來。今以起程日子計之，則敕使渡江日子，似在來正月初七八日間。」咨文：「禮部爲欽奉事。主客司案呈：嘉慶四年十月初九日，内閣抄出本月初八日奉上諭：『本年正月内，遣副都統張承勳爲正使，禮部右侍郎恒傑爲副使，恭頒高宗純皇帝遺誥於朝鮮時，朕曾面諭張承勳等，以此次奉使朝鮮，非如常時之敕封國王及世子可比，如該國王有餽送使臣禮儀，不得收受。是以張承勳等將國王餽遺禮物，却而不受。復經該國王將原奉高宗純皇帝准受正禮諭旨呈出閲看，伊等仍不敢收受。然不應令差人將禮物賫至鴨緑江濱，囑令原使帶回，以致該國賫送禮物人員，遠道攜隨，徒勞馹站，辦理殊屬錯誤。因將張承勳、恒傑交部議處，並將拘泥錯誤緣由，降旨諭知該國王，又令軍機大臣當面傳諭該國使臣知悉。該國王自應欽遵朕旨，將禮物收回。乃事隔數月，該國差備譯官李邦華推（攜）帶私書，令賫咨官李光稷向副都統張承勳宅内投

高宗純皇帝諭旨，準受正禮。

仍可敬遵高宗純皇帝諭旨辦理。

遞，經張承勳將李邦華原書進呈。朕閲書内所叙情形，其前此賫送土儀物件，以(似)尚在江邊守候，殊屬非是。李邦華此信，或係未經呈明該國王，竟自攜帶來京，而天朝法令森嚴，人臣從無外交之事，斷不敢將屬國陪臣書信，匿不奏聞，亦無將已却之土儀，又復私相授受之禮(理)。該國王應將李邦華、李光稷各加嚴飭，並約束陪臣，嗣後不得帶呈私書。至所留土物，即遵前諭收回，不必再瀆。竢該國遇有喜慶事件，遣使到彼，該國王仍可敬遵高宗純皇帝諭旨辦理，以盡事大之禮也。欽此欽遵。』抄出到部，相應移咨。」

庚申二十四年（清仁宗嘉慶五年，一八〇〇）

正月乙丑，上敕田國榮，散秩大臣，世襲侯，年今六十三，性純謹，間多昏瞀。副敕英和，年今三十，而故禮部尚書德保之子，性明敏，嫺習翰墨，素著名稱，頗爲近幸云。京外宴享及庭排茶啖軍威軍歌舞童遊觀牛駞駱牛别雌牛軒架儺禮瓶花城門結綵城砲上下馬砲並停免。

清仁宗嘉慶五年，一八〇〇

嘉慶皇帝諭旨。

二月己丑，進賀正使金載瓚、副使李基讓以自燕離發，馳啓。進聞見別單曰：「教匪之難，今已五年。臣等纔入關内，傳説極多，莫可憑信。故到館後，廣加探訪，近得的報，則果於十二月捷報已到，餘寇幾盡勦平。蓋丙辰春間，四川寡婦齊二者，自稱齊二寡婦，挾左道惑衆，號爲白蓮教。轉相煽動，窮民響應，衆遂大振，旁掠城池，出没于川、陝、楚、豫之間。官軍屢敗，將卒死者不知爲幾。且軍興已久，經用殆乏，命户部博議于閣老九卿科道等官，遂定鬻官之制。凡知州知縣，各有定價，刊成事例册子，頒于中外。嘉慶四年，經略將軍滿人勒保，率兵五萬，擊斬齊二，擒賊首王三槐，獻俘于京。四月皇帝諭勒保，略曰：『朕閲王三槐供詞，殊爲惻然。朕承付托之重，視民如傷，恐一夫不獲，豈忍令數省蒼生，罹於鋒鏑哉！總緣親民之吏，不能奉宣德意，多方婪索，竭其膏血，因而激變至此。而無非交結和珅，使我百姓當之，能不痛心。且教匪原屬無多，脅迫良民，愚民畏死，被其裹掠，唉彼不得已之苦情，朕已知之詳矣。命將出師，只討不庭，斷無誅戮良民之理。如有縛獻賊首，悔罪立功者，不但宥罪，當格外邀恩。着勒保遍諭各省地方。』齊二既勒保下獄。

嘉慶皇帝諭旨。

賞賜額勒登保。

死，其黨冷天禄謂報齊二之讎，聚衆大掠，其勢甚盛。而勒保恃功驕惰，玩寇自保。四川總督魁倫論勒保縱賊慢軍，偷弄兵食狀。皇帝怒，革勒保職，拿下獄，命内務府覈聞。以滿將額勒登保爲經略將軍，代勒保出征。額勒登保到軍，撫恤將士，得其死心，戰輒有功。冷天禄大懼，走至陜甘，復縱兵大掠。更命户部尚書滿人那彦成帥關東黑龍江兵三千，及官軍數萬，追至陜甘，與額勒登保夾攻。十二月額勒登保遇賊大戰，擒冷天禄及頭領數十人，追奔至千餘里，四川悉平。惟陜甘餘匪，據險出没，那彦成與戰見敗，爲賊所傷，將領數十，兵丁萬餘，皆戰没。額勒登保移兵追擊，斬獲甚多，幾皆討平。見今賊衆只有萬餘人。此在上年十二月二十七日捷至，皇帝諭曰：『額勒登保勦殺冷天禄一股賊匪，並擒頭目數十員，殺賊數千，覽奏之下，深感皇天默佑，實賴皇考靈顯。冷天禄在甘陜一帶，爲禍已久，罪不容誅，着所在該省凌遲處死。生擒頭目，並着即委妥員，拿解來京。其餘投降者，既已悔過自新，毋庸苛治。經略額勒登保着在御庫賞賜大緞金銀。該經略自委任以來，能殺賊數處，克荷其任，今奏凱在邇，仍須分外出力，蕩平一清，庶不負朕委任之嘉慶皇帝信任不附和珅之人。

佇望也。所有當時出力之武弁兵丁等，俱着額〔勒〕登保查奏，賞給官銜錢糧，以示鼓勵』云。」

三月庚申，召見回還進賀正使金載瓚、副使李基讓。進賀使首譯金倫瑞進聞見別單：「一、皇帝既除和珅，即以徒黨罔治之意，布諭中外，咸令自新。然厥後帝所信任者，皆是平日不附和珅之人，而因事廢黜者，無非珅之餘黨。一、皇帝深懲上皇末年，威權下移，事無大小，躬自總攬，每至日宴忘食，夜分始寢。刑賞法制，一遵雍正故事。一、琉球貢使，適在京師，每於皇駕迎送處相會，見其面貌柔順，舉止從容，蓋其國俗然也。爲問『年前貴國人漂到我國，故善護出境，交付上國矣，其果無事返國否？』其從官中一人善華語，答云：『其人即八重山人，我居中山，相距甚遠，不得見面。而聞人傳説，則貴國垂憐殘命，供頓過望，得以生還故土。敝邦之人，莫不知感』云。又問：『我國人亦或漂到貴國否？』答云：『年前有漂到者，故厚給資糧，搭付貢船，護送福建界上』云。一、乾隆名臣，阿桂爲最，皇帝素所敬重。其孫那彦成曾任户部尚書，少有才略。皇帝命出征教匪，官軍大敗，彦成爲賊所傷。民間或云彦成已被傷死，而尚不以聞云。一、上國人帽簷制樣，比前稍異。年前上皇謂以帽簷向上高捲，所戴頂子，爲簷所蔽，朝臣職品，有難驟辨，因命低捲帽簷。百姓效之，無頂子者，亦皆低簷云。」

辛酉，召見回還書狀官具得魯，得魯進聞見別單：「一、皇帝命大臣薦剡賢良，嚴禁各省進獻，優恤被灾人民。其飭督撫之諭，略曰：『各督撫等，若能平日留心體察，遇有保薦，擇其有實政在民者，登諸薦牘，則州縣咸知感奮勉勵。無如各督撫于庸員中，應對稍覺明白，差委尚能勤奮者保奏。列入此等人員，未必真有賢聲惠績，總以巧言便給爲能吏，剛毅木訥爲不曉事，實爲近年惡習。州縣〔而〕親民之官，能知百姓疾苦，培養之（元）氣，方爲稱職。嗣後各省遇卓異保薦，及奏請陞任，務須愼重遴選，察其心術，訪諸輿論，以操守端潔，盡心撫字者爲上。無得以言貌取人，時移風氣，吏治淳而民自受其福矣。』此可謂有愛民之心，知取人之道。然在朝廷者，惟知財利，爲郡縣者，浚民膏血，廉隅日喪，而威信不立，綵綸日下，而徒法不行。蓋升平恬嬉之已久，風頽俗敗者若此，若非大加振刷，其必漸次陵夷。一、皇帝下詔求

清仁宗嘉慶五年，一八〇〇

嘉慶皇帝下詔求言，翰林洪亮吉投書辭涉誹謗。皇帝諭旨：可爲始勤終怠之戒。

言，言之可採者，即令施行，雖有未當，亦不加罪云。一、求言之後，翰林洪亮吉投呈三書於成親王及大臣等處，遣辭多涉誹謗。『憲皇帝嚴明，仁皇帝寬仁』等語，意存軒輊。『皇帝三四月以後，視朝稍晏，恐有俳優近習，熒惑聖聽』等語，顯肆譏訕。又論和珅之黨與不問，大臣之有罪釋放。令軍機大臣會同刑部訊問，擬以不大敬律，皇帝諭略曰：『洪亮吉若以俳優近習等語手疏陳奏，雖荒誕有甚於此，朕必不加之責，當借以自省，引爲良規。今以無稽之言，各處投札，是誠何心！洪亮吉平日耽酒狂縱，放蕩禮法之外，其訕上無禮，雖非諍臣之可比，但朕方冀聞讜言，豈以言語罪人，亦斷不肯爲誅戮言官自蔽耳目之庸主。今因伊言，自省于心，有則改之，無則加勉而已。原書一件，留置以備省覽，雖所陳絲毫無影響之事，朕必不因此含怒，以干太和之氣，阻敢言之風。且可隨時披閲，藉以爲始勤終怠之戒。』洪亮吉從寬免死云。一、苗匪之亂，連年用兵，府庫蕩竭，至於賣官鬻爵，内自郎中主事，外至知州知縣，皆有定價。自戊午印行『善後事例』一册，己未秋始令革罷，而各省之未及聞知，求爵進來者，亦令許施。昨年川、陝兩省軍需，發銀八百餘萬京城前三門外，盗賊潛踪。

拾捕蝗蟲一升給錢一百。

兩，再發銀四百五十萬兩，而十二月捷書奏聞，川陜幾皆平定云。一、以京城前三門外，盗賊各處潛踪，差出左右翼總兵官晝夜巡緝云。一、初以軍機事務繁重，令成親王永瑆入直辦事，尋以未符國家定制，許免，令兵部尚書傅森代之。而寵遇日隆，傾動一世云。一、皇帝今秋幸瀋陽云，而此是傳聞，難此準信。一、德明等奏朝鮮國賫咨官向張承勳宅内投遞書信，四譯館卿郎中明安未能阻止，請交部議處。十一月二十一日，皇旨以爲明安既詢知李光稷投稟情由，當時不即阻止，固有不合，但念明安尚能留心查詢，於次日即行呈張，着加恩免。一、彼地年事，昨年夏秋之間，雨暘不運，關内外僅免歉荒，而時直則無異豐歲云。蓋自兵興以來，轉輸之費，殆累千萬，以此衆貨日貴，歲雖不登，穀不踊價云。山東赤地累百里，關内蝗又爲灾，令郡縣雇民拾捕，每一升給錢一百云。一、自柵内至遼東，雖僻峽深谷，在在人家，處處山田，又見其人多地狹。而自遼陽至京都，廣野數千里之間，烟火相接，鷄犬相聞，或百步一村，或數里一莊，多則五六十户，小亦一二十户。若其大處閭閻市肆，撲地交錯，連亘四五里，人口之繁殖，未有盛於今時云。一、中原器用之利，益於民生者甚多，如彈弓、綿車、獨輪車之類，皆日用之最切者，而一人能兼十人之力。石磨之法，以驢以馬，用力少而得效多。且制甚便簡，造亦非難，苟能仿行，其利必廣，而未易造次行之者，特以不習不便故也。車之用尤不可一日無者，而我國營門所用大車，初不取法於中國，故牛馬之力，倍猶過焉，而不利於日用也。或以爲我東地勢難於用車云，而高麗顯宗時，康兆以劍車破契丹，宣宗時柳洪以兵車勝敵，非獨鄭之有偏伍，楚之有貳廣也。瀋陽以東，山嶺重疊，極其險峻，而商車往來，如踏平地。我國之嶺路，少加修治，亦可通用，此則雖難猝行。而臣見節使一行，刷馬所入，至爲二百餘匹。若代以車載，則每車駕牛或馬五六匹，可以運十五六馱之重，不過用車十五輛，牛馬七十餘匹，有餘無不足，而兩西列邑之許多弊端，亦可省革。一、彼中公私馱運，多藉驢、騾，其他耕田磨穀，汲水打穀等役，皆用驢力。蓋驢之爲物，芻牧既易，字息亦蕃，若貿來牝牡數百頭，散置於西北閒廣之地，待其蕃息用之，則可謂公私永久之利。」

四月戊申，賚咨官金景瑋手本曰：「皇子三阿哥上學日，肅親王永錫備

清仁宗嘉慶五年，一八〇〇

嘉慶皇帝諭旨：停止貢獻。永錫進貢玉器，交宗人府議處。

嘉慶皇帝謁各陵。

進玉器陳設等物，並不奏明，輒令本府太監轉交皇后飯房太監遞進。皇帝下諭曰：『朕於親政之初，節經降旨，停止貢獻，禁絶苞苴，以期還淳返樸，復我滿州敦龐之風，訓諭再三，至爲嚴切。永錫所進物件，並有玉器，且不奏明，私遣太監遞進皇后房，實大不是。著將伊所管旗漢軍都統及管理圓明園事務俱行革退，仍交宗人府議處。此後如有玩好私相餽送者，一經察出，重治其罪之意，通諭三公内外滿漢大臣等，一體禀遵。著傳集各親王郡王，將永錫所進物件，當面擲還云。』」進賀正使具敏和、副使韓用龜狀啓言：「皇帝將於本月初八日，自京起駕，由燕郊大路，初十日至隆福寺。十一日謁各陵，仍駐駕隆福寺。十二日又詣裕陵，行清明敷土禮，還由原路。十五日過燕京南城外。十九日至梁格莊，謁各陵。二十三日從阜城門回駕。東陵在薊州遵化州等地，即康熙皇帝、乾隆皇帝陵。西陵在易州地，即順治皇帝、雍正皇帝陵。十五日皇帝駕過南苑，臣等進詣南苑小紅門外祇迎所，皇帝乘馬至臣等祇迎處，諦視而過。十六日，皇帝自南苑内舊衙門離發，臣等南苑西紅門處祇迎。南苑在皇城南二十里，即皇帝打圍之地。城之周回爲一百六十里。

清仁宗嘉慶五年，一八〇〇

嘉慶皇帝等祈雨不得點雨。

二十三日回駕時，臣等出往阜城門外，則皇帝乘馬至臣等祇迎處，顧視問之曰：『朝鮮使臣乎？』九門提督布彦達賚從傍對曰：『然矣。』皇帝以直隸、山東諸省亢旱不雨，四月初五日幸天壇，致齋一日，翌日曉頭親行祈雨祭，禮畢還宮。臣等詣午門前，皇帝不設儀衛，乘黄屋小轎，至臣等祇迎處，自轎内顧眄而過云。」

閏四月辛未，進賀正使具敏和、副使韓用龜狀啓言：「皇帝四月初六日祈雨後，不得點雨，故避殿減膳，自十三日致齋。十六日分遣儀親王永璇、定親王永瑆、睿親王永璘替行祈雨于天壇、地祇、太歲三壇，其翌日又以風吹雲散，雨意愈漠，十九日派遣綿課禱于風神廟。二十一日幸齋戒宫，致齋三日。二十四日親行祈雨祭于社稷壇事。自禮部知會，臣等祇迎于午門外。故臣等與書狀官柳畊進詣午門前，與漢侍郎曹城、滿侍郎文寧偕詣祇迎所。則皇帝衣素步行，以示自貶，朝臣迎送，一概命免。故排班諸臣，各自退歸，臣等即爲還歸館所。」

五月丁亥，召見回還進賀正使具敏和、副使韓用龜、書狀官柳畊。進賀劉墉隨事規箴，拜體仁閣大學士閑養。

體仁閣在太和殿東廡。

書狀官柳畊進聞見別單：「一、關東貢蔘，一年總爲六百餘斤，而乾隆時每年秋，隨所貯使鹽商王十萬私自販賣，收其厚價矣。今年則以軍需之不敷，先期發賣，而不使鹽商販賣，特揀貝勒、侍衛中親倖者一百六人，分定三等，使之從時價發賣。而蔘商之貿蔘者，先得貝勒侍衛之標紙，然後許入內庫貿取。故一等標紙之價銀爲八百兩，二等標紙則爲六百兩，三等標紙則爲三百兩。而自四月初八日爲始，限四日畢賣云。一、劉墉爲人峭直，隨事規箴，皇帝爲閔(憫)〔其〕年老勤苦，特拜體仁閣大學士，使之閑養，官是創設。而閣在太和殿東廡，別無所管之務，故人皆以爲外示優老之禮，而內售疎遠之意云。一、禮部尚書德明，因清明節以皇子綿寧差送祭官，而皇子則書以阿哥，不書名字，例爲轉奏。而德明既書名字，又爲直奏。皇帝招致德明，切責其違例之罪，交部議處，革職留任，德明惶懼。禮部大小應奏事務，不敢如前，而送于內閣。自內閣送于軍機，以爲轉奏之地。今番方物之遲延呈納，未必不由於此。一、阿迪斯大學士阿桂之子也，前年授成都將軍，迪斯素有足疾，而無一言辭免。到省以後，苗匪渡嘉陵江，侵及川西地方。迪斯以本省將乾隆末，各省奏事先送和珅閲看。

軍，視同膜外，既不帶兵速往，又不舉實奏聞。有皇帝嚴飭，然後自知獲罪已重，心懷恇怯，以冬間足疾復發爲辭，懇請斥革。皇帝疑其有避賊之計，以爲迪斯何不於昨冬以足疾爲辭，而必遲至于今日乎！不料阿桂有此不肖之子。此而不加嚴辦，滿洲勳舊後裔，豈不相率效尤乎？阿迪斯革職，拿問嚴審。迪斯長子輕車都尉那彦瞻，次子中書那彦柱，三子那彦福，四子六品蔭生那彦堪，俱應革職而遣戍。爲念阿桂屢著功勳，恪勤奉職，不忍諸孫均令往戍；且那彦成今在軍營，出力效勞。彦瞻等即彦成嫡堂兄弟，以此加恩，免其發遣，但令革職云。一、乾隆末，和珅勒令各省督撫等，如有奏事，則先送于和珅處閲看，預知所奏事件，作爲應對便捷，而以顯其能。故督撫等先將奏稿私書質問，便成已例。前年正月，皇帝降旨，敕禁此後内外衙門陳奏事件，不許先送軍機矣。廣興以漕運總督有所剖判之事，奏報之外，别有印咨文一件，送于軍機，代爲轉奏。皇帝以爲廣興此舉，顯然違制，實係私行囑托，乃是向來所未有，難以寬貸，交部嚴加議處。一、教匪之黨，尚有十餘萬，而搶入於西川、甘肅之間，各以藍字白字綫字等號，相爲標識，聚居山谷，搶掠州縣，滋蔓難禦矣。經略大臣額勒登保、參贊軍務那彦成等，協心辦理，指揮成都將軍德楞泰，帶兵勦進。自春徂夏，連爲戰勝，而戰士死亡，亦不下幾千。累報捷書，殲其魁首陳得俸、張子聰、冉添元、掌教師傅孫老六等。又下詔書，縱還歸順之類，使之給糧務農，餘黨逃匿解散，而其中頭目之久爲滋擾者，走屯山谷，據險爲守，而聲勢單弱，雖云當指日掃平，然此寇爲患，根據年久，聚散無常，巢穴難可蕩盡云。」首譯金在洙進聞見别單：「一、今春東、西陵行幸時，皇帝下諭軍機處曰：『朕曾諭知該將軍琳寧，俟大功告竣後，於今年七月内恭詣盛京，展謁諸陵祭告，令琳寧預爲辦理。今思本年秋間，尚在二十七朔以内。朕至盛京，一切陞殿筵晏典禮，未便舉行。今特行的定，雖春間勦辦教匪事竣，今秋亦不前詣盛京。俟明年釋服後，駐蹕熱河，八月内啓鑾，由九關臺前赴盛京，恭謁諸陵。禮畢，照例行圍。回鑾時從山海關旋京。所有應行預備之處，暫行停止，將此諭令琳寧知之可也。』一、十一王永瑆，自嘉慶初總理軍機軍務，頗爲稱旨，視事日久之後，漸有自專之舉。故皇帝慮其干法難饒，因事飭諭，免其機務，永瑆聞命惶懼，大加斂戢，凡事不敢郭元兆饋銀謝提拔之恩，依奏革職。

放肆云。一、滿閣老慶柱、九門提督布彦達賚、兵部尚書傅森、川甘參贊那彦成、御前侍衛豐伸、濟倫俱以勳戚兼有才諝，方用事。而布彦達賚、那彦成尤爲寵幸。漢閣老劉墉、王杰、董誥、户部尚書朱珪、工部尚書彭元瑞各以所長，亦荷眷遇。劉墉之勁直，王杰之謹慎，董誥之經學，朱珪之清介，彭元瑞之文章，皆爲一世之最云。一、山東陵縣知縣郭元兆，遣其弟元揆到京，緣夜求見該省巡撫全保子兵部主事阿彌爾達，饋銀三百兩，以謝其提拔之恩。阿彌爾達辭不受，報知全保，全保仍即馳奏，請革元兆職。皇帝褒尚全保，其子阿彌爾達着該部遇有當缺陞用，元兆依奏革職。人皆以爲皇帝深懲和珅專權貪婪之弊，切禁苞苴，多行廉察。若有現發，繩以重法，故全保之自首，非能清介而然，專出於畏罪。一、兩淮商人陳箴遠等，以爲川甘軍務，指日告竣，賞賚撫綏，需用較繁，請捐銀二百萬兩，以助軍需。皇帝甚爲嘉尚，命該督撫等賞收其一半，先于運庫存儲候發。該商人等，亦皆另加議叙云。」

純祖實録

計三十四卷，附録一卷，附録續録一卷。起自正宗二十四年（清仁宗嘉慶五年，一八〇〇）七月，止於純宗三十四年（清宣宗道光十四年，一八三四）十一月。

大王諱玜，字公寶，正宗大王之子。母妃孝懿王后金氏，籍清風，清原府院君時默女。母綏嬪朴氏。籍潘南，判敦寧府事準源女。

正宗大王二十四年庚申（清仁宗嘉慶五年，一八〇〇）夏六月己卯，正宗薨。越六日，秋七月甲申，初四日。王即位于昌德宫之仁政門。王以正宗十四年（庚戌，一七九〇）夏六月丁卯十八日申時。誕降于昌慶宫之集福軒。孝懿后金氏取而子之，定號元子。是年春册封王世子，行冠禮，寶齡即十一歲也。及正宗薨逝，出御仁政門，即位頒教，受宗親文武百官賀如禮。尊王大妃爲大王大妃，王妃爲王大妃。奉大王大妃行垂簾聽政禮于熙政堂。大臣諸臣以上方在冲年，依宋朝宣仁太后、國朝貞熹聖母故事，請大王大妃垂簾同聽政，至伏閤七請，始勉許之。

「殿」「膳」清國應避諱字。

下馬宴以茶禮爲之。

純祖即位年（清仁宗嘉慶五年，一八〇〇）

冬十月乙亥，告訃兼請謚請承襲正使具敏和、副使鄭大容以自燕離發馳啓：「以爲行狀中『殿』字『膳』字，皆是大國應避之字云。故『寢殿』改以『寢宮』，『避殿減膳』改以『裁減常供』，詣禮部呈表奏。二十二日自禮部直奏，本日以照例辦理批下。表文同日自禮部送内閣，使之翻清入奏，奉旨『知道』。行狀自禮部送内閣，則漢中堂王杰、劉墉、滿中堂慶桂會議，以『文莊』『孝恭』『恭宣』『恭愨』擬謚請旨，皇帝欽定『恭宣』。以『孝恭』即康熙皇后謚號，而本閣矇不覺察，有此擬入，該中堂并交部議處。敕使助仍以九月派定。上敕散秩大臣公明俊、副敕内閣學士納清保、大通官倭克精額太平保、別大通官雙林、次通官常善、吉爾通阿，將以今十五日發程。而牌文則前期三日先爲出送。」

丙子，命迎敕時結綵，勿爲磨鍊，下馬宴以茶禮爲之。百官用無揚黑團領，見官禮用布團領。

清兵征交趾等敗績。

辛酉元年（清仁宗嘉慶六年，一八〇一）

二月壬午，召見冬至回還使臣李得臣、林著喆于誠正閣。上曰：「彼中有何所聞？」得臣曰：「聞兵革方張，白蓮、交趾、苗蠻合勢爲盜，割據歸化關。以關東兵三千餘人討之而見敗，僅餘二百人云。路邊見關東人多着喪服，故問之，則以爲出戰敗没者之子弟云矣。」著喆曰：「皇帝瀋陽幸行，亦以此停止云矣。」首譯趙明會進聞見别單：「以爲教匪之役，尚未解兵。去年調兵五千，而中槍受傷及不服水土病斃者三千餘人。故今又調發吉林船廠、關東兵各一千，索倫㺚子兵二千云矣。教匪本非中國人，而逃罪亡命者皆入爲黨。因苗匪之叛，起於四川成都郡，與苗蠻合勢，作亂於四川陝楚湖北等省。而以七八丈苦竹，尖其端而刺人。所乘之馬謂之川馬，體小而步捷，上下峻坂，馳鶩崎嶇，如踏平地。所居絶險，山高路窄，騎不得成列。與官兵相遇，則竪五色旗幟，列於山上。中國人馬，不慣山路行走。而賊兵則驅馳山上，如鳥飛鼠竄。得勝則退去隱匿，失利則散入山谷。官兵追及山中，不見人嘉慶皇帝冊封皇后。

影，故不能深入。以四十八萬兵，分屯於山谿出入之處七十二所。且其接壤州縣四十八城，亦皆戒嚴守禦。而賊徒猶時時潛出，擄略村落，老者及女人盡數殺之，只留壯丁，而威脅從之則帶去，不從則亦殺之。故其黨滋蔓。然近來官兵得勝，擄略亦多，教匪餘數，不過萬名云矣。」

壬辰，推鞫罪人周文謨，言語未熟，請以書告曰矣。身世居蘇州之地，壯年來留北京之天主堂。甲寅春遇朝鮮人池璜，而因冬至使行時，邊門相通，始爲出柵。此是西洋人梁棟材之所紹介，亦有權姓、崔姓人書札之相通。而初與相逢之池璜，乙卯死於捕廳。

五月戊子，謝恩正使趙尚鎮等馳啓言：「皇帝冊封皇貴妃鈕祜禄氏爲皇后，瑩嬪侯佳氏爲華妃，董佳氏爲淳嬪，春貴人王佳氏爲吉嬪。而冊禮體重，不可循例順付，正使以散秩大臣松齡、副使内閣學士吉綸欽點派出去。」

辛丑，謝恩正使趙尚鎮等以自燕離發馳啓言：上敕松齡，年四十五。副敕吉綸，年五十二。而副敕爲人頗明白，職又近密。派出後引見時，皇帝教以松齡未經事，吉綸專管使事往返可也云。

不準西洋人與外人交接。

來京傳教，自系妄供。

壬戌二年（清仁宗嘉慶七年，一八〇二）

二月甲子，冬至兼陳奏正使曹允大等以自燕離發馳啓。兼陳討邪奏覆禮部奏朝鮮國貢使曹允大等賫貢至京，另有奏本一件，抄録進呈：「該國王以沖年襲封，奉職藩屏，適該國邪匪糾連，謀爲不靖，即董率臣工，殄除魁黨，寧謐國都，並將辦理顛末，臚章入告，覽奏已悉。惟本内所稱邪黨金有山、黄沁、玉千禧等，每因朝京使行，傳書洋人，潛受邪術等語，此則非是。京師向設有西洋人住居之所，衹因洋人素通筭學，令其推測躔度，在欽天監供職，向不准與外人交接。而該洋人航海來京，咸知奉公守法，百餘年來，從無私行傳教之事，亦無被誘習教之人。該國王所稱邪黨金有山等來京傳教一節，其爲妄供無疑。自係該國匪徒潛向他處得受邪書，輾轉流播，及事發之後，堅不吐實，因而揑爲此言，殊不可信。該國王惟應嚴飭本國官民，敦崇正道，勿惑異端，自不至滋萌邪慝。至所稱餘孽或有未浄，恐其潛入邊門，所慮亦是。已降旨飭令沿邊大吏，一體嚴查。設遇該國匪徒潛入邊隘，一經盤覈，即發交該國，自行辦理，以示朕撫輯懷柔至意。著禮部將此旨行令該國王知之。欽此。」

夏四月庚戌，召見回還使臣。上使曹允大曰：「咨文進呈于禮部，則禮部以爲得體矣。」大王大妃教曰：「果以得體爲言乎？」允大曰：「彼以今番方物封裹，不用兼使之例，大爲得體。而且曰，周哥決非大國之人，而既有是說，即陳奏誠得體云矣。」大王大妃教曰：「凡事當以無頉爲主，而彼或執頉，則不無日後之慮。今番陳奏，誠以此也。」又教曰：「或有探知洋人之情，而洋人無所言者乎？」允大曰：「臣等既入彼域，不可不探問洋人之情，而我國之人，無慣熟於洋人者，乃於行中募得一人伶俐者，入洋人所住所謂天主堂，某條探問彼情，以筆談有所酬酢者，此則已爲送示於廟堂矣。大抵昨年鋤治之後，孰不知邪類之爲極惡窮凶，而今番聞洋人之言，則其腸肚相連之狀，尤爲昭然。若未趂即鋤治，則滋蔓之慮，將不知至於何境矣。至於西洋大舶云云，我國賊招，以今年正月洋人當有回答云，故以此探問，即彼曰不知幾萬里水路，豈有裝船送軍之道乎！此則萬不成說之事也。藉使有此計，吾道以慈悲爲主，與物無競，此等之說，萬萬恠駭云矣。故且以柵中設鋪交通一款詰嘉慶皇帝判下者謂之上諭。

嘉慶皇帝諭旨。

問，則渠以爲汝國既以此事成獄之後，若有設鋪交通之事，則三四年内，必見綻露，此亦不成説云云。大抵外此節目細瑣事，不能殫奏，而今則大船、栅市等事，似無日後之慮矣。然而設鋪事雖未知日後奸計之如何，而洋人聞我國陳奏之事，氣已沮喪矣。陳奏咨文進呈之後，渠以皇帝判下者謂之上諭，而頗有懲畏之意云矣。」大王大妃教曰：「今番陳奏之後，彼言雖如此，暗地設機，安保其必無也。」允大曰：「皇帝判下，極爲順便，渠必有懲創之道矣。」大王大妃教曰：「日月如久，則雖未知如何，而今若有懲戢之意，目下則似無慮矣。」

癸亥三年（清仁宗嘉慶八年，一八〇三）

閏二月庚辰，召見回還奏請正使沈能建，副使韓晚裕。

癸未，召見奏請書狀官閔命爀。命爀進聞見别單：「一、昨冬入去之路，見關東兵丁之回還者，百十成群，車輛絡繹。問之，則以爲教匪餘黨，潛居山谷，故留兵屯守，大勢漸就平定，而餘黨尚多云。今年正月二十三日平定教陳德行刺皇帝之事。

匪捷書到京，皇帝諭以『據額勒登保等勦捕逆匪，大功勘定，朕與天下臣民，同深欣慰。邪教之始，由奸民假燒香火治病爲名，惑衆歛錢。無知愚民，被其煽誘，黨與既多，脅從愈衆，起于湖北，闌入豫省，由陝入川，蔓延三省。數年斬獲首逆百餘人，頭目數百名，悔罪投出者數萬餘人。三省餘匪，一律殄除，飛章走（告）捷。此係勦捕内地亂民，雖非平定外逆、拓土開疆可比，然辦理已及七載，領兵大臣等沐雨櫛風，艱苦備嘗，並在廷參領機謀之大臣，各殫心力，用蕆鉅功，允宜普霈恩綸，酬庸懋賞。内而自成親王以下，外而自額勒登保以下，至各省督撫總兵及軍校等，各加賞給，洞諭中外，咸使知之。』以此諭旨觀之，教匪之役，于今七年，似已掃平。一、上敕散秩大臣成德，以世襲侯爵，循階推遷，性鄙瑣無檢，未諳事務云。副敕内閣學士兼禮部侍郎明志，初任鴻臚寺鳴贊，以才諝歷少卿府尹。昨秋特拜内閣學士，兼察太常寺事務，以奉職秉公，位至卿貳，方見委用云。」

十一月丙午，書狀官洪奭周進聞見别單：「一、今年閏二月間，皇帝自圓明園回宫，已入紫禁城之神武門。忽有一人拔劍突起於仗衛之間，諸臣皆倉封阮福暎于安南，改國號「越南」。

皇失措，惟親王近臣六人以身捍蔽，其二人身被數創，而後僅能獲盜。其盜即編户民人陳德也。令軍機大臣訊之，則但云迫於飢寒，無以救死，寧求速死耳。又令六部大臣連日刑鞫，始言有吉夢異卜，希覬非望，終不肯招引同情。諸臣並請究問，諭以『猘犬噬人，原無主使。舉朝臣工，皆朕骨肉，何忍令凶犯扳扯乎？即令處決』。惟誅德及二子，懸首藁街，餘雖德至親，並不波及。又以急變之際，百餘侍衛，皆袖手旁觀，降旨切責。一、安南黎氏既亡之後，阮光平代有其國。光平之子光纘，招納閩越之逋逃，劫掠邊郵之行旅。及至昨年，與農耐國長阮福暎互相攻戰，被其所敗，棄國潛逃。福暎獲其敕印，遣使呈繳，表陳其興兵報仇之本末，仍以福暎封於安南，而改國號曰越南云。一、廣東之地，本是猺獞之巢穴，而失業窮民，相煽爲盜，屢行招安，輾轉滋熾。今年春夏間，遣那彦成、瑚圖靈阿等相機勦討，屢戰皆捷，獲其僭號之黄亞程等，今已掃平，奏凱論功云。而川寇未平，廣盜繼起。江南之宿州一境，亦有賊匪之擾，潢池弄兵，可知其無歲無之。一、川楚賊匪，八年爲患，今已次第勦平。前年冬間，既以大捷告廟，論功封賞，而餘黨蔓延，出没山峒。

經略大將軍額勒登保、參贊大臣德楞泰、四川總督勒保等，尚今留鎮，屢經血戰。提督大將，亦多陣亡。春夏之間，復獲連勝。今則西南一隅，無復遺燼云。而臣於遼瀋之路，屢逢戰士之還歸者，傳車遞馬，閭里騷然。其歸如此，其去可知。而陜蜀萬里之路，至發寧古塔黑龍江之兵，則師勞財匱，可以推見。臣於歸路，又得聞永平戰士之調赴川省者爲七千人，而目今生還，不滿三千云。一、近年南邊連爲失稔，流民多出關外。皇帝慮匪徒之雜於其間，特命副都統策巴克前往查察，以今年五月間出關。而適值福建流人有呈文於九門提督者，稱奸民劉文喜等六人，屯據邊外，招募流民，偷斫木植，行劫商旅云。提督據此奏稟，皇帝命副都統仍留查辦，調發旅順水師及岫巖縣兵役，掩捕高麗溝、獐子島等地屯聚賊匪，拿其首犯四名，惟劉文喜、顧學彦二名尚未斯得云。臣於反命之路，行過瀋陽。聞瀋陽將軍富坤方自察邊回還，而前任鳳城將賡寧以其受賂容奸之故，逮繫瀋陽，當籍没竄謫云。又聞高麗溝、獐子島等地方，自瀋陽鳳城調發兵丁，芟去蘆葦，仍欲留兵防守云。而此一款，則事係塗聽，未敢的信。」

避諱代字。

庚申，北京禮部以諱名代寫咨文出送。「聖祖仁皇帝聖諱上一字，爲『書經』『元(玄)德升聞』句内首一字，應以元字恭代。下一字左從火、右從華，應以煜字恭代。世宗憲皇帝聖諱，上一字爲『詩經』『永錫祚允(胤)』句内第四字，應以允字恭代。下一字左從示、右從真，應以禎字恭代。高宗純皇帝聖諱，上一字爲『易經』『含宏(弘)光大』句内第二字，應以宏字恭代。下一字爲『書經』『歷(曆)象日月星辰』句内首一字，應以歷字恭代。皇上御名，上一字爲『易經』『有孚顒(顒)若』句内第三字，應將頁字偏旁缺寫一撇一點，下一字爲『書經』『宏璧琬琰(琰)在東序』句内第四字，應將右旁第二火字改寫又字。至聖諱加有偏旁之字，無論音義是否相諧，俱敬缺一筆，相應知照。」

甲子四年（清仁宗嘉慶九年，一八〇四）

清國痼弊。遣那彥成看審。

三月辛亥，召見回還冬至正使閔台爀。台爀奏曰：「高麗溝子事，臣之赴燕時，既承下教，故詳細探知，則此是彼中之痼弊。當初木商之入去也，不爲納賂，事端始發，前後逮治者，爲四百餘人，革職降資者，不計其數。遣滿尚書那彦成看審獐子島形止，則歸奏以爲彼此兩界各設栅砦，嚴加防守，俾無犯越之弊爲辭，使大臣覆奏，復遣錦州都督更爲看審云矣。」

甲寅，冬至書狀官徐長輔聞見別單言：「高麗溝子事，先派欽差副都統策拔克審辨。又以其未能慎密，輾轉透漏，致使奸犯先機走躱，且多般納賂，物議諠騰，故罰降一級。而及其歸奏也，謂以高麗溝子距獐子島四十里，島係朝鮮地，而現無民人居住，彼此難於巡察。故奸民輩因緣潛匿，爲弊多端。若使該國許民聚入，杜絶潛匿之路；且於高麗溝子山臺上結構房屋，使鳳城甲軍數十名、岫巖甲軍數十名輪回把守。又給官船二隻，使之來往巡察，甚妥當爲言。命下部議，姑未覆奏云。」

乙丑五年（清仁宗嘉慶十年，一八〇五）

三月己亥，首譯李鎭復聞見別單曰：「瀋陽行幸，凡百舉行，皆於春初具嘉慶皇帝謁福陵、昭陵。

劉士興持短戟突入神武門，斃之。

奏預備。關内關外沿路各站，有行宫處，則於路傍築土營，建帳房，號曰大營。溪澗溝瀆之有石渠處則修築，無石渠處則搭造浮橋。至江水則結船作橋，如行平地。大路兩邊，植柳之間斷處，亦皆培植成列。至於城堞寺廟，俱爲一新修補。木石之輸將，絡屬於道路。今方始役，期以五月内完役云。七月二十一日動駕，八月初七日到廣寧北鎮廟。留一日。十七日到夏原興京，留一日。興京即清朝興王之地，古建州衛，追尊四世之陵，俱在此地，而總號永陵者也。二十四日到瀋陽，留五日。謁福陵、昭陵，此兩陵即天命、崇德也。二十九日回鑾，九月二十四日還到燕京。自京至永陵二十六站，自永陵至瀋陽六站，自瀋陽至京二十四站，駐蹕共七日，往返共計六十三日。沿路神廟佛寺之大處，俱爲歷臨。謁陵之路，開國功臣墓亦歷臨賜祭。此是先皇帝已例，而該部按例具奏舉行。」

六月己巳，告訃使書狀官姜浚欽聞見别單言：「二月二十日，有人手持短戟，突入神武門，傷人甚多，且有勇力，勢難生擒，衆卒以劍格斃後，搜其身上，别無所帶之物，但衣服貌樣，疑是山西人，故詗察山西，則果是山西居人劉士興也。拘其家屬，嚴訊究聞，終無可驗之端，故歸之於狂，只戮其身，家屬遠地發配云。」

九月己未，問安正使李秉模以自瀋陽難發馳啓：以爲「八月二十二日皇帝祭昭陵後，詣常寧寺、實勝寺拈香，由外攘門進盛京宮。自二十六日，皇帝陞大政殿筵宴，而朝鮮使臣亦令入參。雖有皇旨，在本國禮制不可參宴之意，使任譯往復於禮部，則侍郎多慶，即爲入奏後與金簡之子工部尚書緼布，自内而出，招任譯等傳皇旨曰：『朝鮮習於禮制，道理當然，特免入宴。』當日宴罷後，仍爲頒賞。故臣等率正官詣大清門外領賞。而禮部侍郎多慶，奉傳皇筆。故臣祗受，開見則黄色絹紙書『禮教綏藩』四大字，上押嘉慶御筆之寶。次授筒介一部，具弓一矢九；次授粧緞四匹，龍襴緞四匹，大緞五匹，紡紬五匹，貂皮一百張，玲瓏鞍具馬一匹。次弟領受。臣等及正官等亦皆頒賞，而雖不入參筵宴，元賞外加賞。所頒詔旨，行在禮部奉旨，行文于盛京禮部，使之順付。皇帝回程日子，進定以二十八日。還京日子，定在九月二十三日。因禮部知會，二十八日五鼓，臣等率正官進方士屯二十里地伺候。平嘉慶皇帝離京，京營兵十五萬護駕。

明，皇帝乘馬而來。侍郎多慶謂任譯曰：『今番頒詔順付，係是特恩，當行叩謝之禮。』皇帝過去時，一行於路邊行叩頭禮。頒詔順付盛京禮部舉行。」辭陛也。

冬十月壬午，召見謝恩正使徐龍輔、副使李始源、書狀官尹尚圭。

癸未，瀋陽使書狀官洪受浩別單：「一、皇帝之駕幸謁陵，康熙十年辛亥，二十一年壬戌，三十七年戊寅，乾隆八年癸亥，十九年甲戌，四十三年戊戌，四十八年癸卯，合今番爲八次。而皇城離發時，京營軍十五萬護駕到山海關。關東軍十五萬交替。御膳所需，出内務府猪羊諸畜。燕京貢人輸置各站，以副官索蔬果。各種皇莊，列在關外。故莊監盡爲策應。隨駕百官，各賫盤纏，元無厨傳。每日糧資，皆以官銀分等計給於從官及軍兵。而州府郡縣户各收錢，田有加斂，富肆饒鋪，亦皆聚銀，以爲公費云。一、隨駕百官，即太學士慶桂、董誥、諸王貝勒，乾隆駙馬二人，並三品以上六十人，三品以下百餘人。所經州縣及各省總管，皆有貢獻方物。蒙古瀋陽烏喇吉林等地，亦皆進良馬、橐駞、貂鼠、珍異之物。至於陪從大臣，亦私獻玩好各種，或七八種，或十一種，俱用奇數云，而未詳其爲何物。接駕秀才二百人，進獻歌功頌德之文，或五七言律詩，或柏梁體，或五七言古詩，或頌或賦，合二十五套云。」

丙寅六年（清仁宗嘉慶十一年，一八〇六）

二月乙酉，召見回還三使臣。上曰：「彼中有何所聞？」正使徐龍輔曰：「以臣魯莽，顧何覘國之可論！而略以所聞言之：教匪果已平定，彼中亦有邪獄，極爲嚴治云矣。」上曰：「皇帝爲人何如云耶？」龍輔曰：「狀貌則肉多骨少，而頗有和氣。政令則憑之傳説，雖未可詳知，然大抵以勤儉見稱。觀於宮殿之多樸陋，可謂儉矣。紀律頗嚴，事務無滯，亦可謂勤矣。但責備則察察以爲明，煦煦以爲仁，或有苛細之病矣。臣於年前入去後，成班於午門外，則頗覺雜亂矣。今番則皇帝之從孫稱以貝子者押班，而極爲整齊，即此而亦可見束濕之嚴矣。」上曰：「然則束濕之嚴，勝於乾隆時耶？」龍輔曰：「乾隆初年，恐必不如晚年之太弛，而今皇則規模蓋尚嚴矣。」書狀官尹尚圭進聞見別單：「一、近來漢人之稍有文學者，各立門户，有所謂考據之

嘉慶皇帝狀貌肉多骨少，和氣、勤儉。

漢人近重考據之學，詆斥宋儒。

學，詆斥宋儒，專主注疏之説。禮部尚書紀昀爲首，而閣老劉權之等從之。有所謂尊朱學者，專主朱子之訓，太學士彭元瑞爲首，而閣老朱珪、尚書王懿修等從之，便成一種黨論。乾隆季年，紀昀、劉權之等相繼登庸。今皇帝御極之後，朱珪、王懿修等一時進用云。」

己巳九年（清仁宗嘉慶十四年，一八〇九）

三月癸酉，以皇帝五旬稱慶敕書順付頒赦，頒教于仁政殿，權停，例也。召見回還冬至正使沈能建、副使趙弘鎮、書狀官金啓河。上曰：「敕書似不能順付矣，何以順付出來耶？」能建曰：「皇曆賚咨官與序班私自成約，以爲今番敕書，若得順付，則當有酬勞云。序班隨來柵門，欲受貨賂。故臣等以使行今纔入柵，不知此事爲答矣。自禮部聞其事端，有查覈之舉，幾至生頉矣。幸賴禮部尚書禮待甚厚，且因首譯金在洙極力周旋，幸得無事順付矣。」書狀官金啓河進聞見別單：「一、臺灣賊蔡牽等，本中土士族，而破落無賴。

切半賊。

李長庚征討中炮死，皇帝敕封伯爵。

商人捐銀補軍需而送部議叙，謂之賣官。

初因殺人亡命，轉至聚徒入夥，打劫公私財貨。每秤分一半而去，故謂之切半賊。其勢浸盛，莫可勦除。又有其徒朱濆等與之勾結，幫合出沒於粤洋等地。福建兩廣沿海諸處，爲之蕭然。官軍每年征討，互有勝敗。再昨年十二月二十五日，浙江提督李長庚中賊砲死。皇帝敕諭曰：『李長庚忠勤勇敢，威聲懋著，身先士卒，趕上賊船，前後勦殺無數。不意臨陣捐軀，覽閱奏章，爲之心摇手戰，震悼之至。長庚追封伯爵，賞銀一千兩，建祠致奠。伊子服闋承襲。』其後蔡牽之義子蔡二來及其徒鄭昌，雖擒獲正刑，蔡牽、朱濆等至今煽亂於南方。巡撫張見陞、許松年等革職被罪。此雖非心腹之疾，然南服騷擾，民不聊生云。」

十二月庚子，進賀使書狀官閔致載別單：「洋匪蔡牽，今七月間中大砲墮水而死。餘黨出沒海洋，官軍逐捕，或有敗没者。宿將德楞泰病死，皇帝特加隱卒之典。廣東遊擊孫全謀屢立奇功，連被獎諭。邪匪即白蓮教餘黨，而至今作梗於江浙間。官兵逐討，勝敗無常。如是之故，洋商輩争爲捐銀，以補軍需，而輒送部議叙，是以謂之賣官。」

庚午十年（清仁宗嘉慶十五年，一八一〇）

三月辛未，召見回還冬至正使朴宗來、副使金魯敬。上曰：「彼中事情，詳知以來，而近則無兵革之事乎？」宗來曰：「苗匪猶未踏平，而海浪賊之患，無歲無之。甚至僭稱王號，巢穴漭蒼，實無打破之勢云矣。」上曰：「掃蕩之難，若是甚乎？」魯敬曰：「出没海島，窟宅難尋，實無拔本之道矣。」上曰：「其巢穴在何處云乎？」魯敬曰：「往往多在於登、萊州海島間。故彼人或有『爲他日貴國之隱憂』爲言者矣。」上曰：「登、萊與我國何道，隔海相接乎？」宗來曰：「黄海道沿海及江華、仁川等地，皆不遠矣。」

壬申十二年（清仁宗嘉慶十七年，一八一二）

十二月乙卯，詣慕華館迎敕，還詣仁政殿受敕，仍行宴禮，送敕使就館所。敕書：「皇帝敕諭朝鮮國王。覽王奏，以伊子年已四歲，請將豫建儲位，嘉慶皇帝誥命，特封世子。

以慰一國之望，情詞懇至。朕念王宗祧遠紹，國本攸關，特沛恩綸，允兹陳請，事遣大臣賫奉誥命，封世子爲朝鮮國王世子，並賜綵幣等物。惟暨世子維藩維垣，益衍本支之慶；如帶如礪，克綿宗社之休。欽哉，無替朕命！特諭。」誥命：「奉天承運，皇帝詔曰：爾世子乃朝鮮國王之嗣子，賦性沖和，秉質聰慧，動容習語，夙生文物之邦；繞膝娱顔，日禀庭闈之訓。爰有陳請之處，特賁彝章之渥。兹封爾爲朝鮮國王世子。於戲！丕承誥命，永守宗祧。欽哉！」

癸酉十三年（清仁宗嘉慶十八年，一八一三）

十一月乙酉，皇曆賫咨官以彼中事情報備局：以爲皇帝七月十八日幸熱河，九月十四日回到薊州，而十五日京城有天理教賊變。所謂天理教，即邪術之徒之稱號也。聚爲賊徒，散在河南、大名、黄村勦掠。其徒七十餘人，作平民樣，自正陽門潛入禁城，傷害如干人，欲進養心門。皇次子綿寧親執鳥鎗，擊斃二賊，賊始退。於是在京諸臣大臣率兵，盡得勦戮，黄村地方亦即討平，逆首林清寸磔傳首。皇次子以身先捍禦之功，封智親王。大臣及官兵之勤捕賊匪者，或加級，或賞銀緞。上諭曰：「賊匪事起倉卒，實屬亂常。數日之間，巨魁就戮，餘孽悉平，此皆仰賴天地宗社之神靈默佑。謹於孟冬朔日，潔享祀謝，遣儀親王代祭天壇，成親王代祭地壇，慶郡王代祭社稷，太廟朕當躬親行禮云。」

甲戌十四年（清仁宗嘉慶十九年，一八一四）

閏二月丙戌，書狀官柳鼎養進聞見別單：「一、皇次子名綿寧，進封智親王，文武雙全，智勇俱備，中外屬望，以爲酷肖雍正帝云。一、賊變時，内應太監六人，東華門劉得財、劉金，西華門張廣幅、劉進亭，在内接應楊進忠、林四，並處死。一、『逆首林清在京拿獲，業已寸磔，傳首三省示衆。尚有李文成、徐安幗、牛亮臣、馮克善、王進道五犯，皆係賊營渠惡，罪孽滔天。又有祝顯即祝現、劉呈祥、董博望、劉第五四犯，皆林清同謀逆黨，情罪尤重，必須按皇旨。林清之事。

名捕獲，明正典刑。茲特明頒賞格，如各處文武官弁，有能擒獲者，立加超擢。兵民人等擒獲者，賞給官職，並給予重賞。各處菴觀寺院僧徒等，有能擒獲者，亦必優加賞賚。其賞格即照平定三省邪匪時拿獲王三槐、徐添德之例。此内李文成一犯，現在滑縣城外李家莊聚衆伏匿，如賊黨内有能將該逆縛獻者，不但赦其已往之罪，亦必一律加賞。倘有人獲賊獻官，而官弁冒功奪犯，將獲賊之人姓名隱匿，準本人據實首告，立將冒功奪犯之人治罪。本人仍照格陞賞。或將獲犯之人戕害滅口，一經查出，立置重典。仍將獲犯之人家屬，厚加賞恤。或窩藏重犯，匿不報官，則其人即係叛逆，罪在不赦。全家悉行誅戮，以儆凶頑』云。一、皇旨曰：『九月十五日，逆匪林清潛遣夥黨，突入禁門謀逆，當經官兵將凶逆殲捕盡浄。嗣訊據獲犯供稱，是日逆匪等在禁城滋擾，恍惚之中，望見關帝神像。該逆衆立時畏懾奔竄，悉就殲擒。此次逆匪滋事，迅即殄除，都城安堵，前于孟冬朔日，蠲潔祀謝天地宗社，敬酬眷佑。關帝廟尚未虔伸祀謝，并著太常寺于冬至前諏吉，在地安門外關帝廟報祀，一應禮節，即照春秋二祀之例，遣皇次子前往行禮，用答神庥』云。」

十一月壬子，賫咨官報備局手本：「壬申年，皇帝以嘉慶二十年定幸瀋陽之意，面諭於軍機處，而旨意則迄今未下。通官處問其委折，則以爲賊變疊出，歲又歉荒，故皇上方有宵旰之憂，務去民瘼，熱河之幸，盤山之登，皆置之。盛京之幸，亦當中止云。」

庚辰二十年（清仁宗嘉慶二十五年，一八二〇）

八月丙午，義州府尹金敬淵以内閣奉上諭謄本啓。其本曰：「朕受皇考大行皇帝鞠育顧復深恩，昊天罔極。聖壽雖逾六旬，天體豐腴，精神强固。朕宫庭侍奉，正幸愛日方長，期頤可卜。本年巡幸灤陽，朕沿路隨扈，聖躬行健如常，蹕道偶感暍暑，仍登陟不倦。乃遘疾三日，遂至大漸。朕搶地呼天，追攀莫及。敬惟皇考臨御二十五年，蕩平寇亂，綏靖兆民，宵旰勤勞，曾無一日稍紓聖慮。薄海臣黎，仰荷仁幈，共享昇平之福。今鑾輅巡方，不數日之間，猝遭大故，龍馭上賓，凡有血氣者，悲哀感戀，罔非出於至誠。況朕之受

嘉慶皇帝上諭。

嘉慶皇帝遺詔。

恩深重，萬倍恒常者乎！欽奉皇考遺詔，喪服仍依舊制，二十七日而除，朕心實所難安，惟有恪遵古制，敬行三年之喪，庶幾稍盡哀慕之忱於萬一」云。

九月癸亥，義州府尹金敬淵馳啓，禮部咨文：本年七月二十五日，大行皇帝昇遐，遺詔頒發朝鮮國，正副使派出散秩大臣瑞齡爲正使，内閣學士松福爲副使。

癸未，義州府尹金敬淵以禮部咨文謄啓言：内閣抄出奉上諭，前派正副使恭賫大行皇帝遺詔，頒給朝鮮，著將登極恩詔，一並恭賫前往，俾該國可省兩次應供之煩云云。睿皇帝遺詔曰：「孟秋中旬，恪遵彝訓，將舉木蘭獮典，先駐蹕避暑山莊。朕體素壯，未嘗疾病，雖年踰六旬，登陟川原，不覺其勞。此次蹕途，偶感暍暑，昨因策馬廣仁嶺，迨抵山莊，覺痰氣上壅，至夕益甚，恐不克瘳。朕仰承列聖家法，曾於嘉慶四年四月初十日卯初豫立皇太子綿寧，親書密緘，鐍置秘匱。十八年禁門之役，賊踰宮垣，皇太子首發火鎗，連斃二賊。餘黨驚墜，禁禦獲安，厥功甚鉅。因建儲之命未宣，先封智親王，以奬殊庸。今疾彌留，神器至重，允宜傳付。乃命御前大臣、軍機大臣公啓密緘。皇嘉慶皇帝崩逝於熱河行宫。

太子仁孝智勇，必能欽承付托，其即皇帝位，以嗣大統。布告天下，咸使聞知。」

十一月庚辰，賫咨官手本：「嘉慶皇帝於本年七月十八日起鑾幸熱河行宫，以痰候本月二十五日崩逝。八月十二日，奉移梓宫。二十二日進京，停安于景山觀德殿。二十七日，新皇帝登殿，即天子位。明年時憲書，改以道光元年。而新皇帝即扈駕隨往熱河之皇子智親王。而嘉慶四年四月初十日封皇太子，密緘鑰置秘匱，先封智親王。九月初八日奉上諭，太學士九卿會同議上嘉慶皇帝尊謚曰睿皇帝，廟號曰仁宗，陵號則昌陵。而在易州地，距京二百六十里，奉安地宫吉日，道光元年三月十一日云。」

辛巳二十一年（清宣宗道光元年，一八二一）

三月丙寅，進香書狀官朴台壽别單：「嘉慶幸熱河，喪出不意，故衣衾棺槨，初不帶去，乃以皇城所在，不時運致，始乃殮殯。皇帝今年爲四十，而兄弟五人。長則早逝，登極追封郡王。皇帝序居第二，而同是孝淑太后出也。

清宣宗道光元年，一八二一

皇太子旻寧。

「通考」。

惇親王緜愷、瑞親王緜忻，即今太后出也。惠郡王緜愉，即貴妃如氏出也。皇子只有一人，而今爲十一歲，頗豐碩有氣力，七歲能騎射。嘉慶特賜黄掛子，以示寵異。太學士九卿會同議上大行尊謚，定爲百世不祧之典。」

五月丁巳，行護軍尹命烈疏，略曰：「臣伏見燕京書籍之東來，名以『通考』，歷叙外國，而至書我朝景廟時事，以故相臣忠獻公金昌集、忠文公李頤命、忠愍公李健命、忠翼公趙泰采直加惡名，誣衊罔極。」

七月，告訃使洪命周馳啓：「以爲禮部奏請欽派正副使前往朝鮮國致祭，以散秩大臣花沙布爲上敕，内閣學士恒齡爲副敕，皆是滿人云。臣等到燕後，聞有追封皇后之事，故探問於禮部，則皇帝前配鈕祜禄氏已於十年前薨逝，而本有孝順之稱，上下憐慕，皇太后特下懿訓，以皇旨已於本月十三日追謚爲孝穆皇后，仍爲頒詔中外云。」

八月甲午，受皇后册謚詔于仁政殿，以權停例頒教頒赦，告訃使順付出來也。書狀官洪彦謨别單：「沿路運氣大行，自山海關以南，近海之地，數千里之間，人民殞傷，殆不可計。或以爲病根所自，始於南蠻之習白蓮教者，遍無名之疾。

行天下，撒毒於汲井，撥藥於瓜田。人之喫瓜而飲井者，舉皆立刻就死，百無一生。月初自灤州府始拿查數人，淘井得實，今方亟令捕獲餘黨云。」

己亥，教曰：「輪行怪疾，尚不寢息，死亡之患，日甚一日云。驚慘悚惕，不可勝言！既是爲民之事，則不可以事例之有無爲拘，山川禳灾祭，遣亞卿，不卜日，虔誠設行。」時有無名之疾，起自西邊，及於都下，蔓延於諸道。遇此疾者，必先洞注，繼之以厥逆之氣，自足衝入腹内。頃刻之間，十無一二生者。家家傳染，疾於熛火。古方所無，醫莫能執症，卿宰以上死亡十餘人，庶僚士民，不計其數。總京外爲累十萬餘，而關西尤酷。明年夏秋之間，此疾又發，八路同然，蓋自遼薊流來，遍於一國云。

壬午二十二年（清宣宗道光二年，一八二二）

二月甲申，召見回還陳奏三使臣。正使李好敏曰：「今番陳奏，事理本直，彼人所見，亦知其忠逆之別。故僉議詢同，即許準請，而猶以所删板本之

「通考」即許刊改。

未得賫還爲欝。呈文禮部，則答以爲既蒙皇恩之准許，則本國似當有謝恩之舉，其時奏文或咨文間，更爲陳請，未爲不可云。故臣等有難强迫，不復呈文而還矣。」

癸未二十三年（清宣宗道光三年，一八二三）

春正月戊子，冬至正使金魯敬等在燕馳啓。以爲「臣等到京後探問，則皇后册封，十一月十六日。翌日頒詔。皇太后加上尊號，同月二十七日。翌日頒詔。而禮部以我國頒詔順付臣等之意，題奏依議，故成出謄書封啓，先爲出送。」

三月丙戌，召見回還使臣。正使金魯敬啓言：「昨年以『通考』事陳奏後，即許刊改，實爲萬幸。而今行取見全帙，則并與『通典』、『通志』而皆有續纂，合而名之曰『皇朝三通』。此書關係大義理，不可不藏之内府，垂之永世。故兹以貿來，庸備乙覽。」

己酉二十五年（清宣宗道光五年，一八二五）

二月辛巳，冬至副使李光憲以自燕離發馳啓。且言正使權常慎病故之由，禮部查例具奏，元賞外加賞銀三百兩，交來使帶回，給該正使家屬，以示皇上體恤遠人，有加無已之意云。

戊子二十八年（清宣宗道光八年，一八二八）

二月丙申，冬至正使宋冕載、副使李愚在在燕馳啓言：「回子之亂，經年未靖。官兵相守，軍費甚鉅矣。昨年十二月，生擒其巨魁張格爾，檻車發送。皇帝極庸喜悦，宣諭中外。臣等領賞日，禮部侍郎舒英使郎中言于通官曰：『今此捷奏，上下同忭。外國使臣，雖已辭陛，皇上自圓明園還宫時，似當有跪迎之節。若有呈請，則當據呈代奏云。』故依知會，略搆文字，送于禮部矣。自禮部轉奏，即有知會。故正月三十日，臣等詣西三座門外伺候。則皇帝自

道光皇帝自圓明園回。

圓明園還，至臣等祗迎處，喜顔駐蹕，諦視。使侍臣禧恩傳語曰：『揚威將軍長齡出卡，活捉賊魁。你們以此意歸告國王可也。』還宫後，自軍機處奉皇旨，使通官奉傳御前別賞蟒緞二匹，閃緞二匹，錦二匹，緞二匹，漳絨二匹。自禮部有敕諭順付之知會。而本月初八日，臣等詣禮部，則侍郎申啓賢奉，傳敕諭臣等祗受。初九日自北京離發。」

三月癸亥，行迎敕陳賀于仁政殿，權停例也。「奉天承運皇帝敕諭：朕寅承昊眷，統馭寰區，奮武揆文，光宅天下，允冀八紘綏靖，九服清怡，祉錫無疆，化昭有截。逆裔張格爾煽惑回衆，擾亂西陲。朕特簡元戎，用彰撻伐，天戈所指，掃穴犂庭。甫三月而克復四城，未一年而生擒大憝。當青陽始化之日，正紅旗報捷之辰。爾國王遣使朝正，適逢斯盛，聞獲嘉之信，歡忭同殷；鑑籲賀之忱。恩施宜沛，用是頒敕獎勵，並錫賚綵幣等物，爾國王其祗承寵貺，益矢恪恭。受兹慶賜之榮，彌光帶礪，副朕懷柔之意，永肅共球。欽哉特諭。」

道光皇帝敕諭：三月克復四城。

八月己卯，進賀正使南延君球等馳啓言：「奉上諭：『向來朝鮮使臣到京，如遇恩賜外藩王公筵宴，該使臣等均得入宴。此次回疆用兵，大功告成，道光皇帝敕書。

該國王遣陪臣李球等來京慶賀，且見悃忱，朕心嘉悦。現值長齡凱旋筵宴，届時着該使臣一體入宴。』及參筵時，皇帝又使禧恩傳語曰：『國王特遣親臣趂時來賀，足見誠悃。朕甚嘉悦，以此意歸告國王。』又指長齡而傳語曰：『爾等見揚威將軍乎？』」

己丑二十九年（清宣宗道光九年，一八二九）

夏四月丁卯，行受敕陳賀于仁政殿，權停例也。敕書順付節使而來。「奉天承運皇帝詔曰：朕誕膺景祚，寅紹丕基，敕命於惟時惟幾，迪光於無荒無怠。鴻運既集，慶典宜伸。張格爾者頑梗凶渠，逋逃遺孽。昔高廟蕩平伊始，未忍浄其根株。維國家休養歷年，總未加之搜捕。而乃妄生逆焰，狡起戎心，肆厥披猖，遂擾莎車之四鎮，變由倉卒，且困疏勒之孤軍。特遣元戎，恭行天討。飛黄合隊，軍令嚴申，太白懸斿，材官率職。當大兵之未集，敵壘先摧；逮精騎之方攻，重圍立潰。兼之番酋效順，伯克輸忱，奮偕作以前驅，四城克復，三捷全收。

矢同仇而敵愾。遂以四城克復，三捷全收，進圍瓦特之莊，直擣河圖之穴。是役也，始自丙戌之夏，訖于戊子之春。雖地極邊陲，興師實逾萬里，而功成神速，蕆事甫閲兩年。挽蒭粟而常充，士皆夙飽；蠲賦租而屢詔，民不知勞。余一人宵旰單心，諸將士馳驅用命。仰賴上蒼眷佑，列聖貽謨，武功遠震於遐方，慈福溥敷於闔寓。同申忭悃，敬上徽稱。謹告天地宗廟社稷，於道光八年十一月初八日率王公文武群臣恭捧册寶，加上聖母恭慈康豫皇太后徽號曰恭慈康豫安成皇太后。安貞協吉，敦仁錫厚載之休，成裕延釐，順德垂永綏之慶。用光大典，特沛恩施。於戲！錫極斂平康之福，合九有以揚徽，緝熙昭耆定之功，奉三無而覃澤。布告天下，咸使聞知。」

庚寅三十年（清宣宗道光十年，一八三〇）

八月己亥，義州府尹宋祥來以都京禮部咨文二度馳啓：「一、奏請欽派正副使前往致祭朝鮮國世子，奉硃筆圈出散秩大臣額勒渾、内閣學士裕誠。

道光皇帝上諭。

世子病故。

道光皇帝敕書：封國王世孫。

奉上諭：『朝鮮國久列藩國，最爲恭順，此次派往正副使，務宜恪守舊章，不准於例外收受。差竣回京，路徑奉天山海關，該將軍監督等留心查察，如於正禮外多帶儀物，即據實奏參，毋稍徇隱事。』一、朝鮮國世子病故，深爲悼惜，著加恩於例賞祭品之外，加一倍賞給，以示優恤。該國王正在壯年，亦不必過傷，俟得有嗣子，即行奏明册封，承續宗祧，用延國慶。欽此。遵查。例載加倍賞給銀壺銀爵，仍照例備辦。其香帛及牛犢折價銀兩，均加一倍給與等語，相應查照事。」

辛卯三十一年（清宣宗道光十一年，一八三一）

五月壬子朔，詣慕華館迎敕，還御仁政殿受敕，仍行接見茶禮。敕書：

「皇帝敕諭朝鮮國王李玜：覽王奏，以伊孫年已四歲，請將預建儲位，以慰一國之望，情詞懇至。朕念王宗祧遠紹，國本攸關，特沛恩施，允兹陳請。專遣大臣，賫捧誥命，封李奐爲朝鮮國王世孫，並賜綵幣等物，惟王暨世孫綸綍寵承，益篤本支之慶，屏藩永固，用延宗社之休，欽哉！無替朕命。特諭。」

壬辰三十二年（清宣宗道光十二年，一八三二）

十二月丁卯，備局啓言：「曆咨官之回，皇褒之隆重，前所罕有。賞賚錦緞，尤爲曠絶事。當具方物專價稱謝，而亦近煩屑。在前如此之時，多有來頭使行，奉表稱謝緣由，别咨入送之例，今亦依此，别定咨官入送北京禮部，以爲轉奏之地。而咨文請令文任措辭選出。」允之。

癸巳三十三年（清宣宗道光十三年，一八三三）

六月丙午，平安監司義州府尹狀啓：「大國人持都京禮部咨文出來，故拆見則皇后崩逝，奏派正副使，恭賫前往一摺，於五月二十二日奏，本日奉硃筆圈出散秩大臣盛桂、理藩院右侍郎賽尚阿欽此。相應鈔録原奏，知照事。」

皇后崩逝。

道光皇帝敕書。

七月壬辰，詣慕華館迎敕。詣明政殿受敕書。敕書曰：「朕統御萬方，勤宣治化，爰資懿德，式範宮闈。兹皇后佟佳氏於道光十三年四月二十九日崩逝。以王職列藩屏，誼關休戚，特用遣官訃知。」

甲午三十四年（清宣宗道光十四年，一八三四）

三月癸未，書狀官李在鶴聞見別單：「一、皇后佟佳氏薨逝之後，全貴妃鈕祜祿氏著晉封爲皇貴妃，彤嬪，而今年十月將舉行册后之禮云。」

憲宗實録

計十六卷，附録一卷。起自純宗三十四年（清宣宗道光十四年，一八三四）十一月，止於憲宗十五年（清宣宗道光二十九年，一八四九）六月。

大王諱奐，字文應，翼宗大王子。丁亥純宗二十七年。七月十八日辛酉誕降，庚寅册封王世孫。甲午十一月十八日己卯即位。己酉六月六日壬申昇遐。在位十五年，春秋二十三。

純宗三十四年甲午（清宣宗道光十四年，一八三四）十一月己卯，上即位于崇政門。奉王大妃行垂簾聽政禮。于輿政堂受朝賀，頒教大赦。

道光皇帝敕書：封金氏爲國王妃。

丁酉三年（清宣宗道光十七年，一八三七）

九月丁亥，上詣仁政殿，行迎敕宣詔儀。詔曰：「皇帝敕諭朝鮮國王：覽王奏稱：『叨襲藩服，壼職不備，念宗祀之重，循臣僚之請，納永興府院君金祖根女爲正室，陳奏請封。』朕以典禮攸關，特允所請。兹遣正使散秩大臣繼勇侯倭什訥，副使内閣學士兼禮部侍郎銜明訓，賫捧誥命，封金氏爲國王妃，佐理内治，並賜綵幣等物。惟王暨妃，共懋肅雝，和琴瑟而衍慶；彌深忠敬，鞏帶礪而承庥。欽哉！毋替朕命。故諭。」計開：蟒緞三匹，粧緞四匹，錦二匹，倭緞二匹，帽緞二匹，素緞二匹，大緞三匹，石青緞二匹，彭緞三匹，紗四匹，紡紗四匹。道光年月日。

庚子六年（清宣宗道光二十年，一八四〇）

正月戊午，平安監司金蘭淳以冬至正使李嘉愚諺書馳啓：以爲「臣等到清國財竭民窘。

皇城留館，而正月十一日，皇后崩逝，雇送彼人，先此馳啓」。

三月乙卯，召見回還使臣于熙政堂。書狀官李正履進聞見别單：「臣自遼東至山海關外，詢問老農及民户一年税納之數。則田十畝爲一日耕，而所納税穀三斗二升，丁役則一年所納爲銀六錢三分。兩役既畢之後，其民終歲閒居營生作業，更無一分追呼徵斂之端。烟户之役，一並無之。自康熙時設常平倉，以爲穀貴時減價出糶之方，至今遵行。有廣濟院以救癃病之人，有棲流所以處流散之民，有恤嫠院以處老而無夫家者，有育嬰堂以養遺棄小兒，又有京都富民，處處設義粥廠，以飼貧民云。故臣嘗身往育嬰堂及義粥廠，屢回看審，則設粥處男女分行，齊整有法。育嬰堂募乳媪，哺養得宜。中土近歲亦患財竭民窘。臣常從容探問於朝紳有知識者，則以爲自乾隆時，寺觀之役，遊幸之費，財用大絀。繼有征勦賊匪之役，歲歲治河之費，且以奇邪巧侈之物蠱民害財者，皆自洋舶來到，故銀貨之流入西洋者每年不下百萬兩，而一往而不復。西番僧遵丹巴呼圖克圖來朝，皇帝待以殊禮，位在親王之上。而於歸時命給黄屋轎子以送之。給轎時，滿洲近臣奕紀並出給黄傘等儀仗，以此爲廷臣所奏，奕紀被道光皇帝特諭：越南、琉球、暹羅均四年一貢。

道光皇帝諭旨：六品以下不得穿綢緞。

重勘，竄極邊云。彼中邪教，浸染民間，爲患漸熾。故自近年以來，痛加禁斷，天主堂一並毁撤，洋人亦爲逐送云。自此邪教根窩，可期痛絶。英吉利國與西洋同習天主邪教，而往來廣東海上，習中國文字，效中國衣服，其火器尤爲巧毒。故海外紅毛吕宋諸島皆已服習其教；亦有海邊奸民，爲之鄉導。初欲交通貿易於海上，而中國堅不許之，以此大致愠怒，歲歲來擾邊境。今年皇旨特送親近重臣，分往按邊，而今又自福建移入臺灣云。」首譯别單：「一、舊例，越南國二年一貢，四年遣使來朝。暹羅三年一貢，琉球間年一貢。皇帝特諭：『嗣後越南、琉球、暹羅均令四年一次遣使來貢，用示朕綏懷藩服之至意。』一、西洋人入中國者，播傳邪教，陷溺人心，挾帶鴉片，戕害身命；而愚民之受其毒者，始則被人引誘，繼則習染邪説，甚至蕩産戕生，罔知悛改。皇帝震怒，屢下諭旨，嚴加禁斷。上自朝官，下至軍民，以此獲罪，不下屢萬。一、承平日久，民習漸侈，皇帝屢下諭旨，八旗軍兵、六品以下毋得穿綢緞衣服。滿洲婦女毋得寬袖纏足矣。貝勒綿譽家丁有穿綢緞者，皇帝大加責諭。」

哲宗實録

計十五卷，附録一卷。起自憲宗十五年（清宣宗道光二十九年，一八四九）六月，止於哲宗十四年（清穆宗同治二年，一八六三）十二月。

大王諱昪，字道升，全溪大院君第三子，母龍城府大夫人廉氏。籍龍潭學生，贈領議政成化女。辛卯純祖三十一年。六月十七日丁酉，誕降于慶幸坊私第。全溪大院君第。己酉憲宗十五年。六月六日壬申，憲宗昇遐，以純元王后命，奉迎于沁都，入承憲宗大統。考純祖，母妃純元王后金氏。籍安東，永安府院君祖淳之女。初封德完君，九日乙亥，行冠禮，即位于昌德宫之仁政門。癸亥六月十七日壬辰，上尊號熙倫正極粹德純聖，十二月八日庚子昇遐。在位十四年，春秋三十三。

憲宗十五年己酉(清宣宗道光二十九年,一八四九)六月乙亥,九日。上即位于仁政門,嗣位。

道光皇帝崩逝。

新皇帝（奕詝）登極。

庚戌元年（清宣宗道光三十年，一八五〇）

正月乙未，義州府尹李裕元以皇太后崩逝馳啓。

二月丙寅，義州府尹李裕元以皇帝崩逝馳啓。

三月乙未，義州府尹李裕元以皇帝登極敕牌文出來馳啓。

庚申十一年（清文宗咸豐十年，一八六〇）

十二月戊辰，備邊司啓言：「即見賫咨官手本，則皇帝熱河移蹕，尚未還都，宜有專價奔問之舉。使名以『熱河問安使』啓下差出。」允之。

辛酉十二年（清文宗咸豐十一年，一八六一）

三月乙卯，召見回還三使臣。上曰：「中原賊匪之何如？人心之何如？

咸豐皇帝崩逝。

隨聞見詳陳可也。」申錫愚曰：「洋夷勒和，外寇滋熾，皇駕至於北狩，天下不可謂不亂矣。城闕宮府，市廠閭里，安堵如故。將屯郊壘，氣色整暇，賊竄近省，控禦綽裕，此民心不先事而騷繹，廟略不致期而窘跲也。」

六月丙子，召見回還熱河使。上曰：「中原事勢何如？」趙徽林曰：「各省賊匪猖獗，猝難勦滅。然總督得人，防禦甚固。賊亦斂兵自守，更不敢侵掠。洋夷則別無侵擾之端，故都民安堵矣。今番別行，以格外恩賞之典觀之，皇上特示優禮之意可揣。而又聞朝士所傳，則今行即列國所無，東國獨有之，一心事大之誠，深可欽歎，真是禮義之邦云矣。」上曰：「當此艱危之時，其在事大之道，豈可無一番問安之禮乎！」

八月乙亥，義州府尹權應夔以七月十七日皇帝崩逝馳啓。

癸亥十四年（清穆宗同治二年，一八六三）

正月乙卯，知事尹致秀上疏，略曰：「臣謹稽國系辨誣，粤自開國之初，

「廿一史約編」。

至宣祖朝始獲準請，宣示『會典』刊改之本，於是吾東方君臣上下二百年隱痛于心者，一朝始爲伸雪。感戴皇恩，慰悦祖靈，亦二百年于兹矣。及至康熙年間，熊錫覆、王鴻緒之纂修『明史』，歷載我國辨奏之文，則『會典』初本之誣，自歸昭晰，永有幸於千萬世矣。至若野乘瑣録之散見雜出者，不能盡改，故朱璘悖史出而誣訨依舊，遂至有馳價辨誣之舉。臣適見近日自北購來書，有所謂『廿一史約編』者，其言本國條宗系禪受之襲訨肆誣，罔有其極，驚心痛骨，如不欲生！正史所編，俱載前後辨奏，則似此荒謬失實之文，疑若不足可辨，而是有大不然者。璘史之作，亦未嘗出於史宬纂次。英宗大王惕然震驚，亟行陳辨，此豈非今日所當監法者乎！臣謂事價具奏，亟請鐫正，即所以繼述祖宗積誠祈懇之義，而可慰舉國臣民崩隕痛迫之情也。伏願先將臣此章下之朝廷，以爲廣詢博議之地焉。」批曰：「今見卿章，驚痛之極，有不敢晷刻自安。辨奏之請，卿言果切當，當詢議時原任大臣矣。」召見時原任大臣，命陳疏，重臣持册子入侍。上曰：「俄者重臣之疏，卿等亦已見之。而其所謂『約編』所載先誣罔測，萬萬

「約編」更正之事。

驚痛。卿等之意何如？」領議政鄭元容、判府事金興根、金左根、左議政趙斗淳等，請專價陳辨。從之。

五月甲戌，陳奏正使尹致秀、副使李容殷以自燕京離發先馳啓。以爲「臣等於去月二十二日呈文禮部，則該部會議，就『約編』中更正事克竣。原册一帙，購去呈納，于復命日計料。」

高宗實録

計四十八卷。起自哲宗十四年(清穆宗同治二年,一八六三)十二月,止於高宗光武十一年(清德宗光緒三十三年,一九〇七)七月。篠田治策、李恆九、小田省吾、鄭萬朝等編纂。由於當時的戰爭,這代實録内缺卷二〇、二一、二五、二九、三四、三六、三七、四三、四五各卷。本史料的輯録,其中因此缺少二十年(清德宗光緒九年)、二十一年(清德宗光緒十年)、二十五年(清德宗光緒十四年)、二十九年(清德宗光緒十八年)的材料。

皇帝諱熙,字聖臨,號珠淵。初諱載晃,字明夫。興宣獻懿大院王嫡己第二子,母驪興純穆大院妃閔氏。三十四年丁酉九月,議政府議政沈舜澤率文武臣庶勸進大號,十七日癸卯告祀天地,即皇帝位,定國號曰大韓，建元光武。十一年七月十九日戊申傳位于皇太子。大正八年一月二十一日戊午十二月二十日癸酉。昇遐。在位四十四年，春秋六十七。葬于洪陵。

后閔氏，丙寅高宗三年。册封王妃。乙未八月二十日戊子昇遐。春秋四十五。光武元年十月十二日丁酉九月十七日。追封皇后，〔葬〕洪陵。

中國禮部咨文。

丁卯四年（清穆宗同治六年，一八六七）

二月二十七日，承文院啓：「即見中國禮部咨文，則『前此朝鮮録送法國回檄内，有欲朝鮮差員面議一節，似注意於和解。第通商、傳教諸事，朝鮮邦禁綦嚴，是否願從，中國斷不能稍有勉强。該國應悉心籌辦，不致稍涉疎虞處，相應請旨飭下禮部詳加酌核，即咨朝鮮國，自行先事妥籌，計出萬全，毋稍大意。至該國別録所稱，未知三十一款條約，何時所成，開載甚事等語，查去歲臣衙門接據法使照會内稱，因於朝鮮構兵，堵塞港口，暫禁商船前往。臣等以法國條約第三十一款内開，將來中國遇有與別國用兵，除敵國布告堵口，不能前進外，中國不爲禁阻法國貿易，及與用兵之國交易。凡法國從中國口駛往敵國口，所有進口出口各例貨物，竝無妨礙。如常貿易無異等語。竝無因兩國用兵、禁止商船前往之條。當經的給照覆，引及此條，以明不能禁止中國商船之意。至此項條約，係於咸豐十年定議。所有法國約條全款及他國所立條約各款，只言中土，竝無絲毫牽涉朝鮮之處，應請一竝由禮部日本與中國，既無朝貢，又不通商。

將前經咨發該部之法國條約第三十一款鈔録咨行朝鮮國，俾其洞悉原委。由臣衙門隨時相機酌辦外，謹將現籌辦理情形，恭摺密陳，伏乞知照朝鮮國，預爲籌畫』云矣。」

三月初七日，議政府啓：「即見中國禮部咨文，則『準總理各國事務衙門咨稱：具奏查閱新聞紙云，法國主因其提督攻打朝鮮，不甚喜悦，令其兵船隊停兵，竝恠該國提督做事粗魯，不應驟舉干戈。又云，法國要先與朝鮮講和，不等英美同行。又云，日本現有火輪軍艦八十餘艘，有興師往討朝鮮之志。又云，開春和暖之時，不但法國進兵，日本亦欲進兵等語。查朝鮮與法國構兵，能否轉圜，尚難豫料。今日本又欲發兵前往，朝鮮平日與日本有無往來，曾否結有嫌隙，中國無從得其詳細。且日本之於中國，既無朝貢，又不通商，與各國情形不同，無從探悉事之虚實，原未便據爲憑信。既經新聞紙中刊刻傳播，殊有關係，請由禮部密咨朝鮮國，訪查明確，訪患未萌。竝抄録新聞紙五條，知照』爲辭矣。」

中國禮部咨文。

己巳六年（清穆宗同治八年，一八六九）

八月二十五日，承文院啓：「即見中國禮部咨文：『鳳城邊門等地，遊民開墾九萬六千日耕，男婦十萬餘口，年前查邊大員與朝鮮官員面議酌辦，距江稍遠地，定限劃給。今又蓋屋墾田，去益積重云云。更令該將軍都興阿嚴查辦理，以期綏輯。且行文本國，該地情形，迅速議覆知照』爲辭矣。」

庚午七年（清穆宗同治九年，一八七〇）

閏十月初三日，承文院啓：「中國禮部來咨，俄界在逃之北關民物逐回事，厚春協領躬往俄國，詰問所由於總督，則答稱：朝鮮男婦子女，現在綏芬等地，耕作安業，已將此情通知本國云云。以此探報總理各國事務衙門。準此具奏。兩國互相推諉，難知其曰是曰否，更令咨照，確實酌辦爲辭矣。此事根由，屢陳中國，而俄官回稱之有所往復等説，節節錯誤，臚實仰覆，不容少緩。且因厚春慈禧皇太后四旬稱慶。

協領之文移，逃民領還事，定差官入送緣由，措辭還出，入送北京。何如？」允之。

甲戌十一年（清穆宗同治十三年，一八七四）

五月初五日，教曰：「節使之回，聞中國慈禧皇太后四旬稱慶，在今年云，宜有專價稱賀之舉，而咨通雖未出來，既多可援之例，使銓曹差出進賀使。」初六日，以李昇應爲進賀正使，尹滋承爲副使，姜贇爲書狀官。

六月二十四日，咨覆中國禮部文中等因件：二十三日因政府啓，命撰回咨文，二十九日發送。「總理各國事務衙門片：再准沈葆禎致臣等函稱：『據洋將日意格云，日本尚有五千兵長崎，臺灣退兵後，將從事高麗。法、美與高麗前隙未解，必以兵船助之。高麗不足以敵三國。若中國能令高麗與法、美立約通商，則日本勢孤，不敢動兵，高麗之民得保全。即使日本妄動，高麗力亦足支』等語。查日本覬覦朝鮮，匪伊朝夕，外國新聞紙屢言之，日意格所言，未必無因。若日本果欲逞志朝鮮，兼有法、美相助，勢難漠視。至與法、美立約同治皇帝崩逝。

嘉順皇后崩逝。

通商之説，從前各國屢有此意，歷經臣衙門婉轉阻止。今既有所聞，誼應從實告知。擬請旨飭下禮部，酌量密咨朝鮮國王，豫籌辦理。謹付片密陳，伏乞皇上聖鑑，謹奏。同治十三年五月三十日，奉朱批：『依議。』欽此。」咨覆略：「立約通貨，前後論辨，已所洞悉。懇祈交涉日本及法、美國，俾無紛紜。」

乙亥十二年（清德宗光緒元年，一八七五）

正月初四日，教曰：「俄見冬至使諺書狀啓，則中國皇帝崩逝，諸般措備，宜趁早講定也。」義州府尹黃鍾顯以去月初五日酉時中國皇帝崩逝啓。

三月十九日，義州府尹黃鍾顯以中國嘉順皇后去月二十日崩逝啓。

戊寅十五年（清德宗光緒四年，一八七八）

五月初四日，議政府啓：「即見中國都京禮部咨文，則準總理衙門具奏，李鴻章勸朝鮮與英德等通商以牽制日俄。

朝鮮拏禁法國教士理若望。據該國使臣白羅呢籲懇，奏請飭下朝鮮，查明因何拏禁，即行釋送中國牛莊海口或他處海口。俟其到時，即飭回國，以息事端云。而諭旨飛咨，酌核辦理爲辭矣。我國之於法國，非但區域之隔絶，初無聲氣之相及，而我國垂五百年所崇而所講者，即惟曰正學焉耳。若外此而趨異，則必嚴闢之，痛禁之，按法鋤治，斷不容貸者也。向日現執者，聞是法國人，而我國冒犯之類，築底查探，然後將擬處置矣。既因該國使臣之籲懇，今有禮部之飛咨，該教士理若望即爲放釋，領付灣府，入送鳳城，以爲次次轉致之意，令文任選出回咨，斯速騎撥下送。何如？」允之。

己卯十六年（清德宗光緒五年，一八七九）

七月初九日，中國北洋大臣李鴻章勸我國與英、德、法、美通商，欲爲牽制日本防止俄人窺伺，際此致書於領府事李裕元。其文曰：一月間接到客臘望日惠書，反覆於邦交一事，推究得失，剖晰情勢，忠謨碩劃，傾佩無涯！

日本廢琉球王，吞併琉球。

比諗頤養修齡，平章大政，保疆禦侮，措注咸宜，至爲頂頌。承示日本與貴國交涉各節，倭人性情，桀驁貪狡，爲得步進前之計，貴國隨時應時，正自不易。客歲駐倭公使何侍讀來書，屢稱倭人倩爲介紹，願與貴國誠心和好，兩無虞詐。鄙人且念自古交鄰之道，固應得其宜，則仇敵可爲外援；固應未得其宜，則外援可爲仇敵。倭人之言，雖未必由中，尚冀迎機善導，杜彼争端，永相輯睦，是以曾寄書奉勸，勿先示以猜嫌，致令藉爲口實也。近察日本行事乖謬，居止叵測，宜早爲之防，有不敢不密陳梗概者。日本比年以來，宗尚西法，營造百端，自謂已得富强之術。然因此庫藏空虚，國債累累，不得不有事四方，冀拓雄圖，以償所費。其疆宇相望之處，北則貴國，南則中國之臺灣，尤所注意。琉球亦數百年舊國，並未開罪於日本，今春忽發兵船，刼廢其王，吞其疆土。其於中國與貴國，難保將來不伺隙以逞。中國兵力餉力，十倍日本，自恃尚可勉支。唯當代貴國審度躊躇，似宜及此時密修武備，籌餉鍊兵，慎固封守，仍當不動聲色，善爲牢籠。凡交鄰事宜，恪守條約，勿予以可乘之端。一朝有事，則彼曲我直，勝負攸分。第思貴國向稱右文之邦，財力非甚充裕，即令迅圖整頓，非朝夕所能見功。現聞日本派鳳翔、日進兩艦，久住釜山浦外，操鍊巨礮，不知何意。設有反覆，中國宜竭力相助，而道里遼遠，終恐緩不及事。尤可慮者，日本廣聘西人，教鍊水陸兵法，其船礮之堅利，雖萬不逮西人，恐貴國尚難爲敵。況日本諂事泰西各國，未嘗不思藉其勢力，侵侮鄰邦。往歲西人欲往貴國通商，雖見拒而去，其意終未釋然。萬一日本陰結英、法、美諸邦，誘以開埠之利；抑或北與俄羅斯句合，導以拓土之謀，則貴國勢成孤注，隱憂方大。中國識時務者，僉議以爲與其緩救於事後，不如代籌於事前。夫論息事寧人之道，果能始終閉關自守，豈不甚善。無如西人恃其慓鋭，地球諸國，無不往來，實開闢以來未有之局面。自然之氣運，非人力所能禁遏。貴國既不得已而與日本立約，通商之事，已開其端。各國必將從以生心，日本轉若視爲奇貨。爲今之計，似宜以毒攻毒，以敵制敵之策，乘機次第亦與泰西各國立約，藉以牽制日本。彼日本恃其詐力，以鯨吞蠶食爲謀，廢滅琉球一事，顯露端倪，貴國固不可無以備之。然日本之所畏服者泰西也，以朝鮮之力制日本，或虞其不足，以統與泰西通商制日本，則綽乎有泰西通例：不得無故奪滅人國。與各國通商可制日、俄。

餘。泰西通例，不得無故奪滅人國。蓋各國互相通商，而公法行乎其間。去歲土耳其爲俄所伐，勢幾岌岌，英、奧諸國出而争論，俄始領兵而退。向使土國孤立無援，俄人已獨享其利。又歐洲之比利時、丹馬，皆極小之國。自與各國立約，遂無敢妄肆侵陵者。此皆强弱相維之明證也。且越人圖遠，古人所難，西洋英、德、法、美諸邦，距貴國數萬里，本無他求，其志不過欲通商耳，保護過境船隻耳。至俄國所踞之庫葉島、綏芬河、圖們江一帶，皆爲貴國接壤，形勢相逼，若貴國先與英、德、法、美交通，不但牽制日本，並可杜俄人窺伺，而俄亦必隨即講和通商矣。誠及此時，幡然改圖，量爲變通，不必别開口岸，但就日本通商之處，多來數國商人，其所分者，日本之貿易，於貴國無甚出入。若定其關税，則餉項不無少裨，熟其商情，則軍火不難購辦。更隨時派員，分往有約之國，通聘問，聯情誼。平時既休戚相關，倘遇一國有侵佔無禮之事，盡可邀集有約各國，公議其非，鳴鼓而攻之，庶日本不敢悍然無忌。貴國亦宜於交接遠人之道，逐事講求，務使剛柔得中，操縱悉協，則所以鈐制日本之術，莫善於此。即所以備禦倭人之策，亦莫善於此矣。近日各國公販賣鴉片、傳教内地懸爲厲禁。

使，在我總理衙門，屢以貴國商務爲言。因思貴國政教禁令，悉由自主。此等大事，豈我輩所可干預。惟是中國與貴國誼同一家，必爲我東三省屏蔽，奚啻唇齒相依？貴國之憂，即中國之憂也。所以不憚越俎代謀，直紓衷曲，望即轉呈貴國王，廣集廷臣，深思遠慮，密議可否。如鄙言不謬，希先示復大略，我總理衙門亦欲以此意相達，俟各國議及之時，或可相及措詞，徐示以轉圜之意。從前泰西各國，乘中國多故，併力要挾，立約之時，不以玉帛，而以兵戎。所以行之既久，掣肘頗多，想亦遠近所稔知。貴國若於無事時，許以立約，彼喜出望外，自不致格外要求，如販賣鴉片煙、傳教内地諸大弊，懸爲厲禁，彼必無詞。敝處如有所見，亦當隨時參酌一二，以陳忠告之義，總期於大局無所虧損。夫政貴因時，治期可久，知己知彼，利害宜謀，兵家所尚，惟執事實圖之。法國教士崔鎮勝，經貴國拿禁，該國使臣在京婉求我禮部行文轉請釋放，實爲調停息事起見，想已查照實行。緣迭奉來函，諄諄於交鄰之道，用敢不憚覼縷，密布腹心，候起居，書不盡意。」李裕元答書，其文曰：「李中堂文華殿大學士肅毅伯爵前：間因憲書啓官李容肅謹裁上函，屬遊太朝鮮與日本立約通商出于不得已。

守轉呈。即於十月念間，獲見李容肅手本，縱知書緘，似經勻鑑，未得其詳，下懷結轖。今於年貢使行，冒白衷曲，庸冀付達焉。本年七月九日，所賜下書，伏奉於八月晦間，拜手盥讀。伊後便使蹉違，至今謝忱未申，雖尋常奠儀，尚不宜逋慢如是，矧承諄複辭旨，啇爲鄙邦機密事布喻，而矇然若罔聞知者，不敏之咎，内訟曷已！猥兹進籲，所以愈急切於錫辰，庶蒙矜察否？邇年敝邦之與日本交好，立約通商，固出於萬不得已，而其接應之宜，實遵前後勻教勿示猜嫌之意，所以含容巽順，要挫其桀驁性氣，而惟彼言動，不無逕庭干請矣。在科外指開別港，無非重地，相持兩時，而後以元山津施許。仁川係是畿甸，竟不得副其求，則其去也，頗懷怏怏，而其諧際，幸不至相失。若其貪狡之志，專在於鯨吞蠶食。今春廢滅球國，近日操演礮艦等事，苟非此密諭開示，顧兹聾瞽，那由得知！我爵前之仁德庇護我小邦，厥惟久矣，而乃兹卹患于未危未亂，爲之代籌，何圖至此之極！今日西人之局面，實由自然之氣運，既是至訓，以防患之要，又有以毒攻毒，以敵制敵之策，縷縷下示者焉。雖以款啓昧晦，細細藴繹，詎無灑然而有省者乎？泰西各國，先與交通，則日遠交近攻、以敵制敵之策。

本自可牽制，日本既已牽制，則俄國窺伺亦無可憂，斯如匀教綱領，而以至定關税也，襲商情也，諸弊之禁厲也，又何其處分之詳密也。誠惶誠感，敢不聞命！而第自念敝邦僻在一隅，謹守規度，恬居文弱，自治方内，未暇外交，而况泰西之學，有異吾道，實乖民彝，則嘗畏之如烈火，避之如毒矢，敬而遠之如鬼神。近孥法國人潛踪者，雖奉咨解送，而鄙邦人染教者，罔或肆赦，推此庶有以洞諒。而販煙行教，即其羸豕之孚，恐非猜牙之攸制，亦庶可以燭照矣。古昔謀國者，有曰遠交而近攻，有曰以蠻而攻蠻，斯乃以敵制敵之術也。而目下局面，與昔頓異，雖武强自力者，朝幣夕弋，待於二境，將疲於奔命，我先取敗而已，豈文弱如鄙邦者，而可以效古昔乎？實不能也，非不爲也。神皇之嘗百草，遇毒而死，死而復起，非神皇效爲，則一遇毒而能起者鮮矣。今要制敵而我先受敵，要攻毒而我先中毒，竊恐一遇毒而不復起也，奚暇以制敵乎？惟我爵前威望震於陬澨，謨畫協於中外，以彼俄國之强禦，泰西之龐雜，日人之反覆，靡不折心焉，屈膝焉，則日人之眈視臺灣，無足爲害。而敝邦久沐仁覆，亦尚恃而不恐。且泰西公法，既不復無故奪滅人國，以俄之强，琉球國已滅，公法也難行。

三家之市，難容千里之商。

亦斂兵於大國，則敝邦之無辜，或遇吞噬之毒，亦庶幾諸國之所共禁乎！惟獨有懵懂懷疑而不釋然者：日人之廢琉王、吞其疆，即桀宋之行耳。歐洲別邦，似宜有齊桓興師遷刑封衛之舉，或義喻日本，俾護置許君，如鄭莊之所爲，而側耳無聞，何也？救土國於垂亡，則公法可仗，而興琉邦於已滅，則公法有難行歟？抑日人之桀黠，輕視各國，雖縱恣專制，而公法莫能行歟？利時、丹馬，以痣小之國，介於諸大國，賴以强弱相維。而琉王以累百年舊國，不能相維者，以其所處孤另，與各國隔絶，而公法有不及行而然歟？敝邦則崎嶇在乎地維盡處，其視土、琉、利、丹諸國，尤貧儉呰窳，距泰西又踔遠莫攀，兵戎頡頏，尚矣勿論，玉帛周旋，亦難自振。夫日人之慣於通商，巧於營造，盡得富强之道焉，尚致枵其藏、累其債之歎，則設令敝邦改圖，廣置港埠，畢通遐邇，悉學技巧，必於藉茅承筐，應酬之際，竟稛橐蕭然矣。奚翅藏枵債累，蹈日人之轍也。且況偏邦地産之蔑裂，貨物之沽惡，四方所稔聞耳。各國之遠來交貿，恐如三家之市，難容千里之商，不亦主客俱無利乎？其難於自振，實際然也。躄痿而思行遠，無寧粤交之坐守爲得歟！蓋上國規模，譬則天地之大也巨細咸宥，櫜鑰孅惡，畢就鈲梖，麟鳳蛇龍，無適無莫，時式制宜，而旋措泰盤，因萬方所歸極。而小邦遽欲則傚，不猶醢雜之學皐烏乎？我爵前心腹敷喻，務欲趨吉避害之念，惻恤肫摯，雖父兄之於子弟，曷以過此！而形格勢禁，末由奉承，大遇終身不靈，無乃謂是歟！然而私自依怙者，泰西與日本既無敢恣肆於爵前威鎮之下，則小邦永賴大德，機事輒荷提命，是所日夜祈祝之至情！窮辭不知攸裁，伏惟哀其愚而宥其罪焉。不備。匀下察。」

八月十六日，承文院啓：「即見中國都京禮部咨文，以爲准總理衙門據法國使臣信函具奏，該國教士崔鎮勝一名兀乭。在朝鮮囚禁，因何被拘，行文該國，即釋送至中國海口，以便回國。而且該教士之尚有幾人者，查明一竝令其出境，以免日後周折，以息釁端事知照矣。該國人被捉者，已爲具咨領付於鳳城，而尚有幾人云者，隨其現執，即爲押送之意回咨，措辭撰出，付送灣府，轉致北京。何如？」允之。

海外各國留住北京，爲通商事。

李元裕年前來京時曾與李鴻章交往。

庚辰十七年（清德宗光緒六年，一八八〇）

四月三十日，司譯院啓：「近日則海外諸國，舉皆留住燕京，非學也，乃通商也。」

七月二十八日議政府啓：「中國同治皇帝祔廟詔書，昨冬曆咨官回便順付出來矣，不可無賀謝之舉。今番節使使號，以進賀兼冬至謝恩使爲稱。何如？」允之。

辛巳十八年（清德宗光緒七年，一八八一）

閏七月初八日，奉朝賀李裕元疏略：「即伏見京畿儒生申欆等疏語，則舉臣之與李總督鴻章往覆事也。臣於年前燕行時，適與此人往復，忽於己卯秋，自柵庭一椷書來到，備言倭洋事，至云美國人借給於日本開港之傍同爲商販。臣與諸大臣同議，截嚴答送，據國法而拒之。後別咨官回，又有書，臣丁汝昌等赴朝鮮。

竟不答。此等事從此迄無相關。至若黄遵憲册子，金弘集之自倭出來也，轉因京褫得見，則所道者即美國事也。」

壬午十九年（清德宗光緒八年，一八八二）

三月十五日，統理機務衙門啓：「即見領選使金允植書報，則中國使臣丁汝昌、馬建忠，與美國使臣薛斐爾竝爲騎船將匪久到泊云矣。」

四月初八日，伴接官以清國使臣丁汝昌、馬建忠亦來入館所咨。初十日，御便殿，接見中國使臣丁汝昌、馬建忠。統理機務衙門啓：「中國使臣明日回歸時，不可無護送之節，伴接官趙準永使之除下，直下往，何如？」允之。

七月十三日，迎接官以中國提督吴長慶率官員七人、隨員八人、兵隊一百名，今日巳時量入來館所，午時與丁汝昌、馬建忠進宇雲峴宮，啓。大院君行次天津。今日午後，大院君回謝于丁、馬兩人所住屯地尾清陣，仍搭兵船入中國。欽命辦理朝鮮事宜馬建忠、吴長慶、丁汝昌、魏綸先曉諭文略：「朝鮮爲中朝藩服之邦，素秉禮義，比年以六月之變。

大兵二十營水陸齊進。

朝鮮全權大官來京。

來，權臣竊柄，政出私門，遂有今年六月之變。頃者變告上聞，命將遣師，先以國太公入朝，親問事狀，一俟罪人之得，更伸天討之威。殲渠釋從，明率典訓。今統領北洋水師丁軍門，暫與國太公航海詣闕，處人骨肉之間，全恩明義，我大皇帝自有權衡，不必於爾國太公有所深責。但舉動倉卒，恐爾上下臣民未諭斯意，妄生疑懼，以元代執高麗忠宣忠惠爲例，大負乎聖意之高深。此外，或前亂黨更造異謀，目前大兵水陸齊進，已有二十營。爾深鑑禍福，早自解散，幸勿執迷怙惡，自速誅夷。嗚呼！天朝與爾朝鮮臣主，誼猶一家。本軍門奉命而來，即體皇帝之至仁，爲軍中之律令，尚此信諒。切切特諭。」

十五日，教曰：「今番大院君行次時，吏曹參判趙秉鎬、右承旨趙宇熙竝護行使，副司果李建昌護行官下批，使之除下，直陪往。」議政府啓：「即見北洋衙門咨文出來者，則派員帶兵，駛赴朝鮮，滋事各犯，究明懲辦云矣。事係特例，宜有稱謝回咨，令文任措辭選送。何如？」允之。迎接官以中國副欽差魏綸先、中書袁世凱率跟役出去屯地尾，啓。

十一月初五日，召見全權大官趙寧夏、領選使金允植，復命也。教曰：「今番商辦，善爲措處，甚幸。」寧夏曰：「臣與前駐津德國領事穆麟德合同文券及北洋回咨，呈納政院，伏想下鑑矣。」教曰：「已覽之，而甚善甚善。今番出來之人幾許耶？」寧夏曰：「唐廷樞、陳樹棠、馬建常、穆麟德，隨員跟伴爲十余矣。」教曰：「今行往謁保定府耶？」寧夏、允植曰：「不得往謁矣。」教曰：「如此嚴冬，水土又異，大院君諸節泰平云耶？不勝憧憧！」寧夏曰：「臣發行之前日，問候官一行還到天津，得聞大院君諸節泰平云矣。」教曰：「領選使出來時，學徒工匠皆爲率來乎？」允植曰：「俱爲率來，而從事官金禎均與通詞一名，姑留東局矣。」去十月，趙寧夏賫咨往天津，請代聘關税外交事務練達之士。李鴻章乃薦前駐京德國領事穆麟德、中書馬建常，令與趙寧夏同來，隨事襄籌妥辦。領選使金允植因前派生徒在天津機器製造各局學習，先後遭病東還。所存無幾，因賫咨請撤回。別購小器，設局國中，自行製造計也。

乙酉二十二年（清德宗光緒十一年，一八八五）

三月初四日，時因本國所關重要事項，中國全權大臣李鴻章，日本國全權大使伊藤博文，締定中日條約於天津。中國北洋大臣李鴻章，以巨文島事在天津締定中日條約。

有來函，内開：「貴國濟州東北百餘里有巨磨島，即巨文島，孤峙海中，即西洋名曰哈米敦島也。近日英俄爲阿富汗界事將啓争端，我兵船聚泊海蔘威，英人恐其南下，侵擾香港，因往巨磨島屯駐師船，扼其來路。該島係朝鮮轄地，英使曾否向貴國商借爲停泊水師之所？若暫時借駐兵船，定期退出，或可酌予通融；如久假不歸，或購或租，斷不可輕易允許。歐羅巴人蠶食南洋，其始皆以重價賃地，後遂攘爲己有。巨磨聞係荒島，貴國或視爲不甚愛惜之地。然如香港一區，當英人未踞之先，不過蜑户數家，結茅其上。今則逐漸經營，屹成重鎮，已據南洋咽喉。况該島當東海之衝，與中國之威海、之罘，日本之對馬島，貴國之釜山，均相距甚近。英人雖以防俄爲詞，焉知其用意非別有所注？伊藤前與鴻章談及，謂英若久踞巨磨，於日本尤不利。如貴國借賃與英，必爲日人所詰責。俄即不興問罪之師，亦必就近割據別島。貴國將何以難之？是揖盜入門，而復開罪於近鄰，殊屬失策。且於大局甚有關礙。望殿下堅持定見，勿爲幣重言甘所惑。茲派丁提督隨帶兵輪前赴該島，察看情形，竝令與貴政府切實晤商，務希審慎辦理。爲要。」

七月十六日，承文院啓：「即見北京禮部咨文，則吉林與朝鮮互市，添派商務委員分設局卡事也。」

丙戌二十三年（清德宗光緒十二年，一八八六）

正月二十一日，承文院啓：「即見中國來咨，以爲使臣所帶蔉包，均照章程，量予免税，以示體恤云矣。徵税蠲減，係是特例，則宜有稱謝之舉。撰出回咨，以爲入送。何如？」允之。

七月二十九日，袁世凱作「朝鮮大局論」，送于政府。其論曰：「朝鮮僻處東隅，幅員不過三千里，丁口不及千萬，徵賦不及二百萬，兵不過數千人。萬國中最貧弱之國也。當兹强鄰逼處，人務偷安，量力比權，不惟孱弱徒形，不能自主，且無强國庇蔭斷難自存者，自然之理，天下所共知也。或者曰：富强之國，多在歐洲，是非引英法保護不可。曰：未也。英法亡人國家，利人土地，如引虎入室，必無噍類矣。況越國隔遠，力難兼顧，有鞭長莫及之

袁世凱作「朝鮮大局論」。

朝鮮不可依歐美日本而自存。

朝鮮依中國其利有六。

勢。或曰：英法或不可恃，德美何如？曰：德雖兵强，美雖國富，然不喜生事，不欲助人。自保有餘，遠志則未。未可與謀。或曰：然則求相與接壤之俄可乎？曰：是真開門揖盜，不知存亡之計也。夫俄人久欲亞洲，占據海口，比住水師，以遂其鯨吞之心。如不取諸於韓，將焉取之！不引即來，乃招之乎？此時之不即至者何耶？誠以西北一帶，布置猶未周察，海蔘威一口，冬來冰堅，無論阻滯，兼之國中內患未已，財政已絀。外而水師不及英吉利，英忌于西而牽制之；陸路宜防土耳其，土誠其後而襲躡之。興兵當須數月，一落人後，前功盡棄。俄之不敢輕動者勢也。然俄之終欲一逞者，亦情也。此則防之不及，尚何爲援之有！或曰：歐洲既無可以爲援，計惟有亞洲之日本乎？曰：此更下愈沈之論。日本疆域與鮮等，徒以致用西法，侈言功利，外强中乾，黨禍迭起，自謀不暇，何暇助人。且性狡黠，惟利是視，此可與連和，不可爲依賴也。或曰：若是乎朝鮮苟捨中國，抑將無以爲國也？曰：朝鮮本屬中國，今欲去而之他，是惟孺子自離其父母，而求他人之顧復也。且朝鮮而依中國，其利有六：中韓毗連，水陸相屬，天津、烟臺、旅順、吴淞之兵朝鮮不依中國其害有四。

輪，一二日可達各口。奉天、吉林、琿春之旌旗，十數日可抵漢城。朝發夕至，緩急能通，其勢可恃。此利一也。中國視天下爲一家，待藩封以一體。一有變亂，立予削平，命將出師，不愛兵費，不責供給，壬午、甲申已歷行之，前事俱在，其惠可恃。此利二也。中國以大字小，仁至義盡，不郡縣其國，不租税其地，但期脣齒相固，人民相安。外託附庸之名，内有土地之實。子子孫孫，永保無疆，其心可恃。此利三也。中國撫恤朝鮮，已數百年，上下依賴，臣民悦從。若率由舊章，誠心服事，則朝野安堵，政令易行，其澤可恃。此利四也。强鄰環伺，眈眈其欲，苟見中韓固結，無隙可乘，知韓惟依中，中必助韓，自消其虎視之氣，而泯其蠶食之心。其威可恃。此利五也。中信韓而不疑，韓恃中而爲固，内亂不作，外侮無恐。及是時修明政令，任用賢能，圖治勵精，富强徐致。其機可恃。此利六也。朝鮮背中國，其害有四：不思舊好而結新交，是親者漸疎，疎則必疑。疎者欲親，親而愈忌。疑忌互生，禍不旋踵。其害一也。背中國而自主，勢必引歐洲以爲援。歐洲殘忍成性，吞噬爲計，幣重言甘，百般欺誘。得間而入，必先奪其吾利之權，而後據其土地中國不肯窮兵黷武殺人，并非畏歐洲，中法之戰可鑒。

之要，其害二也。中國密近朝鮮，一朝爲他人有，必不甘心，水陸竝進，捷足先登，指顧之間，大兵壓境。縱歐洲有援救之師，而已迫不及待，朝鮮已亡，其害三也。朝鮮朋黨方興，内憂不解，倘一背華，則上下交疑，人心離畔，不待中國興師問罪，而内亂已作，其害四也。以利如彼，以害如此，不待智者決也。或曰：雖然，中國之强，不如歐洲。韓引歐洲自衛，中國必不敢問，不觀越、緬之已事乎？曰：否！否！越、緬僻處海荒，朝鮮近在肘腋。北則咫尺根本盛京之地，西則控扼津、烟咽喉之衝，無朝鮮是無東壁。王者不得已而用兵，故緬甸可容，越南可緩，而朝鮮斷不可失。韓如背華，華必飛師迅至，據而有之，以爲上策。即歐洲起而與争，勝負雖未可必，而客主之勢已形。以逸待勞，歐洲豈能悉兵東來，不顧其後哉？中國兵力雖不及歐洲，然精兵亦三十萬，戰船亦有百餘艘，歲入亦有六千萬，如有出偏師以有朝鮮，猶以石投卵。或哂然曰：如公所言，是朝鮮之畏中國實甚，中國尚畏歐洲，如朝鮮之畏中國，其何以待歐洲耶？曰：是又不然。中國土廣民衆，海内清平，不肯黷武窮兵，殺人盈野。此仁人之用心，欲安百姓，而非畏歐洲也。法郎西袁世凱上書朝鮮國王。

之役可鑑也。若朝鮮則畏中國，即可不畏歐洲，何也？朝鮮疾苦之區，西人即用全力以圖之，中國必有大兵相助，老師糜餉，得不償失，矧未必能得乎？朝鮮苟外交盡禮，内有中國之援，他人必不敢妄施欺凌。試觀連年之事，皆漢人之自引，豈他人强爲之哉？或曰：若然，則朝鮮終無自主之望矣。曰：是何言也！朝鮮自君其國，自子其民，與各國立約互稱，以爲自主，不過受轄於中國耳！如以不臣于人爲自主，是徒取文字之體面，而不顧宗社淪亡，貫虚名，受實禍。朝稱帝，夕已破滅。得失之計，判然可知矣。假使朝鮮民殷國富，精兵數十萬，稱强亞洲，欲圖自立，或可希冀。方今上下解體，國弱民貧，如求一至近至大至仁至公之國以庇蔭之，舍中國其誰與歸？謹依中國以圖自存，猶有他慮，况他國乎？或者聞言，恍然而悟曰：公言真發蒙振聵，藥石不如也。」又上書于主上殿下曰：「竊惟世凱于役韓邦，迄今五載。自壬午秋冬，已見殿下有心于勵精圖治，期趁富强。昕夕勤勞，意慮良苦。而至今上下解體，國弊民貧，變故迭生，危如累卵，於殿下求治之初心，實有大相逕庭者。如殿下自引其咎，則朝野竊有未安。廷臣自當其咎，則清議亦爲非是。求其所以然之故，蓋上有求治之心，而小人因以誤之也。如欲認真求治，則前數年已行無驗之謀，劃應悉改。如依前行之，恐求治無功，而變亂將起。查甲申之變，金玉均等侈陳自强之計，密獻自主之謀，蠱惑尊聽，無所不至。迨其稍有籍手，而誅戮大臣，脅迫殿下，幾至一傾不可收拾。試思其進言與居心行事，夫固大不相合矣。可知小人之辯亂君心，希圖權利，陽引外援以强國，實陰著外援以亂國政，其造謀非淺尠也。設使殿下於十月十七日以前，察其居心，揣其行事，而疑之防之，當不至於此。倘今日奸計遂生，變生不測，殿下千百年不白之冤，其將何以發明耶？幸而賊臣誅戮，轉危爲安。世凱以爲小人之陰謀，必不復熾；前日之傾覆，尚可引鑑，是亦朝鮮治亂之一大轉機也。迨世凱請假歸省，數月家居。去冬復來從事，而竊睹時勢，又將有不堪期想也。是以日夜呶呶，舌敝唇焦，勸戒諸臣，期重殿下，永固宗社，以保臣民。不謂力薄才疏，空言無補，卒有今年七月之事。夫小人者，無非地望疏微，處心卑汙，欲圖富貴而羡利權。疎微則必以利口動聽，而使殿下信之，卑污則必以諂諛爲聽，而令殿下親之。殆親信之既久，而後曲爲富謹陳論言四條。

强之説，創爲新奇之論以惑之。一入術中，不知救止。殿下亦爲因時變革，庶可自强，而不知小人特欲藉而改革朝政，誅戮大臣，爲一己富貴權利之計，而不恤亡國破家之禍。金玉均之古轍可思也。然而小人甘言詭計，最易察覺。伏願殿下將玉均輩素日所進之言，使人歷書于册，置之左右，以時觀覽，以爲炯鑑。如有小人陳説，與此符合者，則以玉均視之，繼察其居心行事，當不爽矣。此至近至易之明證也。爲殿下慮，莫先於此。如小人自謂可用，必有富國强兵之術，請因假以事權，鮮不至變亂朝政，誤人家國者。世凱從事於斯者五年，匡輔者數次，中懷頮頮，豈忍坐觀顛危，不思拯救？所望殿下時思良藥苦口之利，無令世凱徒勤涕泣之情，則幸甚矣。謹擬諭言四條，時事至務十款，乞採納焉。一曰立國如室，朝鮮與中國，東西比鄰也。東鄰之室傾覆，西鄰之庭堂，亦必易露於外。世凱西鄰人也，見東鄰之室將敧，每日叫呼東鄰之門前曰：家室宜急修理，不然必傾。其智者聞之，知其言之不謬，忻然應之。其愚者視之漠然，反以爲東鄰室敧，於西鄰何干？每日恬恬於斯，不惟不應，且甚愬愬。於是傷心者必從此閉門，聽其棟撓樑折，不相問時事至務十款。

一國如一身，治國先修内政。

聞。其多情者，仍復不辭勞怨，時時勤苦，惟恐鄰室之傾覆。況世凱代修數次，能不關心？二曰朝鮮如破舟，木已朽腐，篷已零落，必易木換篷，以求其固。縱觀者無力重修，亦當隨時查看漏處，設法彌縫。不謂同舟有小人，希圖舟中金幣，不惟不肯彌縫，且故意搖撞，使舟沈溺，而後可攜金幣而逃。世凱充如舟匠，以代修數次。殿下及諸臣民皆舟中人。如舟任其搖撞，倘舟匠一時疏忽，修理未及，舟中之人，不知漂没何所矣。世凱來此，去冬至今，不及十月，始有穆麟德事，繼以金玉均事，況又今年七月事，已撞其舟，將沈者三。世凱充當舟匠，豈不歎哉？三曰治國如醫病。朝鮮病入膏肓，善醫必送良藥。然良藥苦口，病者不知利於病，遂惡而絶之。於是有以甘美之味進者，病者喜其適口而食之。一食之病劇，再食之病革，其於不可救而後知進美味者之害，而實則已晚矣。四曰一國如一身，身雖華麗其服，而室如懸罄，無飲無食，何以能救？治國者宜先修内政，後務外規。譬今日果腹充腸，雖衣服簡陋，亦無所損。不然飢餓不堪，即日衣紋繡，何以生？此必然之理也。謹擬時事至務十款附呈。一曰任大臣。大臣者，皆受國恩與同休戚者也。

民爲邦本，民困已極。

其爵已顯，其禄已榮，所謀者無非安國家、保宗社，永遠之計。國家永遠，則其禄位永遠也。宗社永遠，則其勳名永遠也。况諸大臣中有閲歷多知大義，縱不能建奇功，亦不至僨大事。信而任之，民服國安。亦須用之必不疑，疑則必不用，方能有濟。二曰屏細臣。細臣急於一己之名利，不顧國家之安危，一得進幸，能以小忠小信固人之心，小善小惠悦人之意。始則甘言巧計，無所不至，甚者賣國求榮，何所不爲？其爲禍可勝道哉！夫小人者，非無小才之可用，然只可分隸各司，效其從長，而不可日親君側，不可與同國政。設使玉均、英植等初無親信之權，只奔走於各司之下，豈有甲申之禍？三曰用庶司。一人之聰明才力，斷難勝萬機之紛紜。故聖如堯舜，尚有叢脞之戒者。事無巨細，必斷於上，積久弊生，疏之則小人因以隱竊政柄。外若權歸於上，其實已移於下。此從古之弊，而萬國之所無也。將庶事分任於庶司，殿下綜核其大綱領，計其得失，明其賞罰，則不勞而自治，不擾而自成。四曰收民心。此時民心涣散，急須挽回。民心爲邦本，未有本動而枝葉能盛者。然所謂收民心者，非小恩小惠之謂也。連年水旱疾疫，民困已極，如除一二極弊之政，實力去之，再由各司大臣議舉賢守令，與民興利去害，而久任之，以課其殿最，則民無非黐然而化，如響斯應，如影隨形者也。五曰釋猜疑。爲殿下振靡起前者之上下交疑，人盡謀身，此事之所以日廢而不能振作也。猜疑之間，涣然衰，破疑乾斷，可疑者退之，可信者任之，使人各盡其所長。六曰節財用。量入爲冰釋。則臣下感奮，共濟時艱，政治無不烝烝日進也。近來庫儲支絀，國債積累，求諸事實，則所爲無一成效，皆急出，古今皆然。小人徒籍富强爲名，而自求利益，如典圜局、製藥局、機器局、於不急之務。然以朝鮮時勢論之，則不宜及此。宜先修内政，開財輪船等事，豈非善舉！國幣裕如，家給人足，然後次第舉行，爲之徐圖之源，而認其力行節用之事。如不量財賦之出入，而只務外規之侈大，將成效無而糜費日益，財用富强。失今不治，不可爲矣。七曰慎聽問。君人者一國之元首。竭而貧弱愈甚。每有不肖群小，希圖事變，幸灾樂禍，於中取利。臣下賢愚，皆賴君上採擇。欺罔之弊，百計叢生，揣摩上意，因以利誘之，或甘心悦耳，或聳辭危語，只冀恐動，此乃雜類輩可罪而不可近者也。聽言須先審其言之能否近理，繼察其外交要務，盡禮、示信，方可敦友誼、各相安。不可號令不一，見笑于各國，見疑于外人。

甲申之變。

言果否屬實，稍有欺罔，則屏棄遠方，以清進言之路。倘明知而姑用，是養癰而遺患，將讒言者日見其多，正言者日見其少，非國家之福也。引正去讒，湯武之所以興；引讒去正，桀紂之所以亡。殷鑑不遠，可不慎諸！八曰明賞罰。夫賞罰者，政令之本，而人心之所係也。賞必信，罰必行，而後可以治國。臣下或恐或罪，使有司論斷，一秉公正，嚴其黜陟，不存一毫私見。賞罰明而政令行，人心亦洽然歸明矣。九曰親所親。中東相依數百年矣。人心固結，亦非一日，朝發夕至，緩急可共。真能親密相依，則外人自不能間，訛謡亦自息，人心賴以奠安，宗社賴以永固。然所謂親密者，非外面之文具也。必推誠相與，兩國一心，彼此相信，無事不濟。况有中國之聲援，外侮不作，正可勵精圖治，力謀富强，亦何不利之有？十曰審外交。外交者，萬國之耳目所係，而亦爲國之要務也。宜責任外署，認真周旋。外則盡禮，内示以信，方可久敦友誼，各自相安。如號令不一，政出多門，不但取笑於各國，並將見疑於外人。且有不肖輩之居心叵測，藉端愚弄，以自逞其狡惡鯨吞之計，取亂之道也。如事無巨細，必由大臣公議處之，何至有陰謀，何至有隱害，何至有甲申之變？以上管見迂論，以下忱之所久蓄積，而皆諸臣之所能言也。今乃始陳於殿下者，如世凱言之，必有讒人議其後曰：袁某將干豫我內政，居心叵測，不可聽信。世凱明知其無益，故不必仰瀆聰聽也。前此諸臣言之，必有讒人議其後曰：此人只知保身，不明大計，構誣坑陷，以固奸謀，此諸臣明知其無益，而不敢出也。揣諸讒人之心，無非欲人盡解體，聽其敗亡，而以自取利，此與金玉均等何異？世凱每曰，不必於日本尋玉均，須防于朝鮮內生玉均，良以此也。近聞殿下聰明決斷，力去前非，故敢有昧陳其一二，素性戇直，語無顧忌，尚乞諒察是幸。」上賜答袁總理書曰：「昨接來函，忠告偲切，不以寡昧爲不足教，悉心規勉，字字藥石，薇讀之餘，不勝感佩！今敝邦服事天朝，二百餘年，頂踵毛髮，無非皇恩。近日時局一變，外交滋廣，敝邦閉門自守，寂若無聞，實賴天朝開導勸誨，講信修睦，俾得商立妥約，互相維持。此可以見天地覆幬，至公無私之心。繼以邦運不幸，有壬午甲申之變，宗社危如綴旒，人心陷於塗炭，輒賴天朝勞師費財，靖難扶危，或恐外人乘釁而動，輒救亂赴急，疾如影形，使我宗社再奠，人民安堵，封履如舊。且又恩庇勤育，不言所利之盛德大惠也。匹夫匹婦，雖受一飯之惠，尚思圖報，况前有服事之義，後蒙再造之恩，非一非再，浹骨淪肌，雖欲暫忘，其如天地何，如神明何！但自通外交以來，偏邦寡識，根本不固，年少輕淺之徒，或厭舊喜新，譸張爲幻，此寡昧之所疾痛者也。語云：泰山之高，決於垤壤。此輩雖不足畏，或恐因此而訛誤更多，嚴加防範，猶是謠言多岐，防不勝防，猶父母兄弟之間，人雖間言，内省慚慄，不知攸措。足下來東五載，甘苦與同，患難與共。不佞之肺腑肝膈，惟足下是悉；呼應緩急，惟足下是依。足下亦不憚夷險，不恤人言，斷斷爲保護藩邦，以紓宵旰東顧之憂。一片赤心，天日照臨。東方大小民人，孰不慕足下之義，而欽佩感誦哉！邇來敝邦政令，一不修舉，實緣寡昧不明，處置迷方，内外諸臣，媕婀不言。足下獨懇懇示誨，洞論時弊，至徹聖鑑。蓋欲玉成寡昧，修其自新之效也。敢不洗心滌意，圖惟新政，以副足下責望之苦心乎！惟願足下勿吝金石，時賜言箴，使谿蹊茅不常之塞焉。肅此備覆，順頌日祉。」

十二月十四日，承文院啓：「即見都京禮部咨文，皇帝親政，慶賀表式頒發事也。以承聆之意，撰出回咨入送。何如？」允之。

圖惟新政，以副苦心。

光緒皇帝親政。

袁世凱轉告朝鮮國王。

丁亥二十四年（清德宗光緒十三年，一八八七）

三月二十五日，中國允讓朝鮮自設釜山至漢城陸路電線，議定合同條約成。

己丑二十六年（清德宗光緒十五年，一八八九）

三月三十日，議政府啓：「即見北京禮部咨文，咨文中兼附查明朝鮮妄言摺奏一本内概：袁世凱電稱：朝鮮國王爲李應俊所愚，謂已行賄二萬餘金，禮部允免專使等語，一面轉電總理各國事務衙門，一面仍飭袁世凱認真察訪。今據覆稱：李應俊欺王騙財，本無行賄，實與四譯館司員書吏均不相涉。李應俊影射營私，本應根究，似不必因此深求，轉生枝節，已飭袁世凱知照該國政府，轉告國王，應即禁辦云云。」

附録

附録一 中朝歷史紀年對照表（一三五二—一九一二）

公元紀年	干支	中國		朝鮮	
1352	壬辰	【元】順帝	至正 12	【高丽】恭愍王	1
1353	癸巳		13		2
1354	甲午		14		3
1355	乙未		15		4
1356	丙申		16		5
1357	丁酉		17		6
1358	戊戌		18		7
1359	己亥		19		8
1360	庚子		20		9
1361	辛丑		21		10
1362	壬寅		22		11
1363	癸卯		23		12
1364	甲辰		24		13
1365	乙巳		25		14
1366	丙午		26		15
1367	丁未		27		16
1368	戊申	【明】太祖朱元璋	洪武 1		17
1369	己酉		2		18
1370	庚戌		3		19
1371	辛亥		4		20
1372	壬子		5		21
1373	癸丑		6		22
1374	甲寅		7		23
1375	乙卯		8	禑王	1
1376	丙辰		9		2
1377	丁巳		10		3
1378	戊午		11		4
1379	己未		12		5

公元紀年	干支	中國		朝鮮	
1380	庚申	【明】太祖 朱元璋	13	禑王	6
1381	辛酉		14		7
1382	壬戌		15		8
1383	癸亥		16		9
1384	甲子		17		10
1385	乙丑		18		11
1386	丙寅		19		12
1387	丁卯		20		13
1388	戊辰		21		14
1389	己巳		22	恭讓王	1
1390	庚午		23		2
1391	辛未		24		3
1392	壬申		25	【朝鮮】太祖（李成桂）	1
1393	癸酉		26		2
1394	甲戌		27		3
1395	乙亥		28		4
1396	丙子		29		5
1397	丁丑		30		6
1398	戊寅		31		7
1399	己卯	惠帝（朱允炆）	建文 1	定宗（李芳果）	1
1400	庚辰		2		2
1401	辛巳		3	太宗（李芳遠）	1
1402	壬午		4		2
1403	癸未	成祖（朱棣）	永樂 1		3
1404	甲申		2		4
1405	乙酉		3		5
1406	丙戌		4		6
1407	丁亥		5		7

公元紀年	干支	中國		朝鮮	
1408	戊子	成祖（朱棣）	6	太宗（李芳遠）	8
1409	己丑		7		9
1410	庚寅		8		10
1411	辛卯		9		11
1412	壬辰		10		12
1413	癸巳		11		13
1414	甲午		12		14
1415	乙未		13		15
1416	丙申		14		16
1417	丁酉		15		17
1418	戊戌		16		18
1419	己亥		17	世宗（李祹）	1
1420	庚子		18		2
1421	辛丑		19		3
1422	壬寅		20		4
1423	癸卯		21		5
1424	甲辰		22		6
1425	乙巳	仁宗（朱高熾）	洪熙 1		7
1426	丙午	宣宗（朱瞻基）	宣德 1		8
1427	丁未		2		9
1428	戊申		3		10
1429	己酉		4		11
1430	庚戌		5		12
1431	辛亥		6		13
1432	壬子		7		14
1433	癸丑		8		15
1434	甲寅		9		16
1435	乙卯		10		17

公元紀年	干支	中國		朝鮮	
1436	丙辰	英宗（朱祁鎮）	正統 1	世宗（李祹）	18
1437	丁巳		2		19
1438	戊午		3		20
1439	己未		4		21
1440	庚申		5		22
1441	辛酉		6		23
1442	壬戌		7		24
1443	癸亥		8		25
1444	甲子		9		26
1445	乙丑		10		27
1446	丙寅		11		28
1447	丁卯		12		29
1448	戊辰		13		30
1449	己巳		14		31
1450	庚午	景帝（朱祁鈺）	景泰 1		32
1451	辛未		2	文宗（李珦）	1
1452	壬申		3		2
1453	癸酉		4	端宗（李弘暐）	1
1454	甲戌		5		2
1455	乙亥		6		3 世祖（李瑈） 1
1456	丙子		7		2
1457	丁丑	英宗（朱祁鎮）	天順 1		3
1458	戊寅		2		4
1459	己卯		3		5
1460	庚辰		4		6
1461	辛巳		5		7
1462	壬午		6		8

公元紀年	干支	中國		朝鮮	
1463	癸未	英宗（朱祁鎮）	7	世祖（李瑈）	9
1464	甲申		8		10
1465	乙酉	憲宗（朱見深）	成化 1		11
1466	丙戌		2		12
1467	丁亥		3		13
1468	戊子		4		14
1469	己丑		5	睿宗（李晄）	1
1470	庚寅		6	成宗（李娎）	1
1471	辛卯		7		2
1472	壬辰		8		3
1473	癸巳		9		4
1474	甲午		10		5
1475	乙未		11		6
1476	丙申		12		7
1477	丁酉		13		8
1478	戊戌		14		9
1479	己亥		15		10
1480	庚子		16		11
1481	辛丑		17		12
1482	壬寅		18		13
148	癸卯		19		14
1484	甲辰		20		15
1485	乙巳		21		16
1486	丙午		22		17
1487	丁未		23		18
1488	戊申	孝宗（朱祐樘）	弘治 1		19
1489	己酉		2		20
1490	庚戌		3		21
1491	辛亥		4		22

公元紀年	干支	中國		朝鮮	
1492	壬子	孝宗（朱祐樘）	5	成宗（李娎）	23
1493	癸丑		6		24
1494	甲寅		7		25
1495	乙卯		8	燕山君（李㦕）	1
1496	丙辰		9		2
1497	丁巳		10		3
1498	戊午		11		4
1499	己未		12		5
1500	庚申		13		6
1501	辛酉		14		7
1502	壬戌		15		8
1503	癸亥		16		9
1504	甲子		17		10
1505	乙丑		18		11
1506	丙寅	武宗（朱厚照）	正德 1		12
				中宗（李懌）	1
1507	丁卯		2		2
1508	戊辰		3		3
1509	己巳		4		4
1510	庚午		5		5
1511	辛未		6		6
1512	壬申		7		7
1513	癸酉		8		8
1514	甲戌		9		9
1515	乙亥		10		10
1516	丙子		11		11
1517	丁丑		12		12
1518	戊寅		13		13

公元紀年	干支	中國		朝鮮	
1519	己卯	武宗（朱厚照）	14	中宗（李懌）	14
1520	庚辰		15		15
1521	辛巳		16		16
1522	壬午	世宗（朱厚熜）	嘉靖 1		17
1523	癸未		2		18
1524	甲申		3		19
1525	乙酉		4		20
1526	丙戌		5		21
1527	丁亥		6		22
1528	戊子		7		23
1529	己丑		8		24
1530	庚寅		9		25
1531	辛卯		10		26
1532	壬辰		11		27
1533	癸巳		12		28
1534	甲午		13		29
1535	乙未		14		30
1536	丙申		15		31
1537	丁酉		16		32
1538	戊戌		17		33
1539	己亥		18		34
1540	庚子		19		35
1541	辛丑		20		36
1542	壬寅		21		37
1543	癸卯		22		38
1544	甲辰		23		39
1545	乙巳		24	仁宗（李峼）	1
1546	丙午		25	明宗（李峘）	1
1547	丁未		26		2

公元紀年	干支	中國		朝鮮	
1548	戊申		27		3
1549	己酉		28		4
1550	庚戌		29		5
1551	辛亥		30		6
1552	壬子		31		7
1553	癸丑		32		8
1554	甲寅		33		9
1555	乙卯		34		10
1556	丙辰		35		11
1557	丁巳	世宗（朱厚熜）	36	明宗（李峘）	12
1558	戊午		37		13
1559	己未		38		14
1560	庚申		39		15
1561	辛酉		40		16
1562	壬戌		41		17
1563	癸亥		42		18
1564	甲子		43		19
1565	乙丑		44		20
1566	丙寅		45		21
1567	丁卯		隆慶 1		22
1568	戊辰		2		1
1569	己巳	穆宗（朱載垕）	3		2
1570	庚午		4		3
1571	辛未		5	宣祖（李昖）	4
1572	壬申		6		5
1573	癸酉		萬曆 1		6
1574	甲戌	神宗（朱翊鈞）	2		7
1575	乙亥		3		8

公元紀年	干支	中國		朝鮮	
1576	丙子	神宗（朱翊鈞）	4	宣祖（李昖）	9
1577	丁丑		5		10
1578	戊寅		6		11
1579	己卯		7		12
1580	庚辰		8		13
1581	辛巳		9		14
1582	壬午		10		15
1583	癸未		11		16
1584	甲申		12		17
1585	乙酉		13		18
1586	丙戌		14		19
1587	丁亥		15		20
1588	戊子		16		21
1589	己丑		17		22
1590	庚寅		18		23
1591	辛卯		19		24
1592	壬辰		20		25
1593	癸巳		21		26
1594	甲午		22		27
1595	乙未		23		28
1596	丙申		24		29
1597	丁酉		25		30
1598	戊戌		26		31
1599	己亥		27		32
1600	庚子		28		33
1601	辛丑		29		34
1602	壬寅		30		35
1603	癸卯		31		36
1604	甲辰		32		37

公元紀年	干支	中國				朝鮮	
1605	乙巳	神宗（朱翊鈞）	33			宣祖（李昖）	38
1606	丙午		34				39
1607	丁未		35				40
1608	戊申		36				41
1609	己酉		37			光海君（李琿）	1
1610	庚戌		38				2
1611	辛亥		39				3
1612	壬子		40				4
1613	癸丑		41				5
1614	甲寅		42				6
1615	乙卯		43				7
1616	丙辰		44	【清】太祖（愛新覺羅·努爾哈赤）	天命 1		8
1617	丁巳		45		2		9
1618	戊午		46		3		10
1619	己未		47		4		11
1620	庚申	光宗（朱常洛）	泰昌 1		5		12
1621	辛酉	熹宗（朱由校）	天啟 1		6		13
1622	壬戌		2		7		14
1623	癸亥		3		8		15
						仁祖（李倧）	1
1624	甲子		4		9		2
1625	乙丑		5		10		3
1626	丙寅		6		11		4
1627	丁卯		7	太宗（-皇太極）	天聰 1		5
1628	戊辰	思宗（朱由檢）	崇禎 1		2		6
1629	己巳		2		3		7
1630	庚午		3		4		8
1631	辛未		4		5		9

公元紀年	干支	中國				朝鮮	
1632	壬申	思宗（朱由檢）	5	太宗（~皇太極）	6	仁祖（李倧）	10
1633	癸酉		6		7		11
1634	甲戌		7		8		12
1635	乙亥		8		9		13
1636	丙子		9		崇德 1		14
1637	丁丑		10		2		15
1638	戊寅		11		3		16
1639	己卯		12		4		17
1640	庚辰		13		5		18
1641	辛巳		14		6		19
1642	壬午		15		7		20
1643	癸未		16		8		21
1644	甲申		17		順治 1		22
1645	乙酉	世祖（~福臨）			2		23
1646	丙戌				3		24
1647	丁亥				4		25
1648	戊子				5		26
1649	己丑				6		27
1650	庚寅				7	孝宗（李淏）	1
1651	辛卯				8		2
1652	壬辰				9		3
1653	癸巳				10		4
1654	甲午				11		5
1655	乙未				12		6
1656	丙申				13		7
1657	丁酉				14		8
1658	戊戌				15		9
1659	己亥				16		10

公元紀年	干支	中國		朝鮮	
1660	庚子	世祖（~福臨）	17	顯宗（李棩）	1
1661	辛丑		18		2
1662	壬寅	聖祖（~玄燁）	康熙 1		3
1663	癸卯		2		4
1664	甲辰		3		5
1665	乙巳		4		6
1666	丙午		5		7
1667	丁未		6		8
1668	戊申		7		9
1669	己酉		8		10
1670	庚戌		9		11
1671	辛亥		10		12
1672	壬子		11		13
1673	癸丑		12		14
1674	甲寅		13		15
1675	乙卯		14	肅宗（李焞）	1
1676	丙辰		15		2
1677	丁巳		16		3
1678	戊午		17		4
1679	己未		18		5
1680	庚申		19		6
1681	辛酉		20		7
1682	壬戌		21		8
1683	癸亥		22		9
1684	甲子		23		10
1685	乙丑		24		11
1686	丙寅		25		12
1687	丁卯		26		13

公元紀年	干支	中國		朝鮮	
1688	戊辰	聖祖（~玄燁）	27	肅宗（李焞）	14
1689	己巳		28		15
1690	庚午		29		16
1691	辛未		30		17
1692	壬申		31		18
1693	癸酉		32		19
1694	甲戌		33		20
1695	乙亥		34		21
1696	丙子		35		22
1697	丁丑		36		23
1698	戊寅		37		24
1699	己卯		38		25
1700	庚辰		39		26
1701	辛巳		40		27
1702	壬午		41		28
1703	癸未		42		29
1704	甲申		43		30
1705	乙酉		44		31
1706	丙戌		45		32
1707	丁亥		46		33
1708	戊子		47		34
1709	己丑		48		35
1710	庚寅		49		36
1711	辛卯		50		37
1712	壬辰		51		38
1713	癸巳		52		39
1714	甲午		53		40
1715	乙未		54		41
1716	丙申		55		42

公元紀年	干支	中國		朝鮮	
1717	丁酉	聖祖（～玄燁）	56	肅宗（李焞）	43
1718	戊戌		57		44
1719	己亥		58		45
1720	庚子		59		46
1721	辛丑		60	景宗（李昀）	1
1722	壬寅		61		2
1723	癸卯	世宗（～胤禛）	雍正 1		3
1724	甲辰		2		4
1725	乙巳		3	英祖（李昑）	1
1726	丙午		4		2
1727	丁未		5		3
1728	戊申		6		4
1729	己酉		7		5
1730	庚戌		8		6
1731	辛亥		9		7
1732	壬子		10		8
1733	癸丑		11		9
1734	甲寅		12		10
1735	乙卯		13		11
1736	丙辰	高宗（～弘曆）	乾隆 1		12
1737	丁巳		2		13
1738	戊午		3		14
1739	己未		4		15
1740	庚申		5		16
1741	辛酉		6		17
1742	壬戌		7		18
1743	癸亥		8		19
1744	甲子		9		20

公元紀年	干支	中國		朝鮮	
1745	乙丑	高宗（~弘曆）	10	英祖（李昑）	21
1746	丙寅		11		22
1747	丁卯		12		23
1748	戊辰		13		24
1749	己巳		14		25
1750	庚午		15		26
1751	辛未		16		27
1752	壬申		17		28
1753	癸酉		18		29
1754	甲戌		19		30
1755	乙亥		20		31
1756	丙子		21		32
1757	丁丑		22		33
1758	戊寅		23		34
1759	己卯		24		35
1760	庚辰		25		36
1761	辛巳		26		37
1762	壬午		27		38
1763	癸未		28		39
1764	甲申		29		40
1765	乙酉		30		41
1766	丙戌		31		42
1767	丁亥		32		43
1768	戊子		33		44
1769	己丑		34		45
1770	庚寅		35		46
1771	辛卯		36		47
1772	壬辰		37		48
1773	癸巳		38		49

公元紀年	干支	中國		朝鮮	
1774	甲午	高宗（~弘曆）	39	英祖（李昑）	50
1775	乙未		40		51
1776	丙申		41		52
1777	丁酉		42	正祖（李祘）	1
1778	戊戌		43		2
1779	己亥		44		3
1780	庚子		45		4
1781	辛丑		46		5
1782	壬寅		47		6
1783	癸卯		48		7
1784	甲辰		49		8
1785	乙巳		50		9
1786	丙午		51		10
1787	丁未		52		11
1788	戊申		53		12
1789	己酉		54		13
1790	庚戌		55		14
1791	辛亥		56		15
1792	壬子		57		16
1793	癸丑		58		17
1794	甲寅		59		18
1795	乙卯		60		19
1796	丙辰	仁宗（~顒琰）	嘉慶 1		20
1797	丁巳		2		21
1798	戊午		3		22
1799	己未		4		23
1800	庚申		5		24
1801	辛酉		6	純祖（李玜）	1

公元紀年	干支	中國		朝鮮	
1802	壬戌	仁宗（~顒琰）	7	純祖（李玜）	2
1803	癸亥		8		3
1804	甲子		9		4
1805	乙丑		10		5
1806	丙寅		11		6
1807	丁卯		12		7
1808	戊辰		13		8
1809	己巳		14		9
1810	庚午		15		10
1811	辛未		16		11
1812	壬申		17		12
1813	癸酉		18		13
1814	甲戌		19		14
1815	乙亥		20		15
1816	丙子		21		16
1817	丁丑		22		17
1818	戊寅		23		18
1819	己卯		24		19
1820	庚辰		25		20
1821	辛巳	宣宗（~旻寧）	道光 1		21
1822	壬午		2		22
1823	癸未		3		23
1824	甲申		4		24
1825	乙酉		5		25
1826	丙戌		6		26
1827	丁亥		7		27
1828	戊子		8		28
1829	己丑		9		29
1830	庚寅		10		30

公元紀年	干支	中國		朝鮮	
1831	辛卯	宣宗（~旻寧）	11	純祖（李玜）	31
1832	壬辰		12		32
1833	癸巳		13		33
1834	甲午		14		34
1835	乙未		15	憲宗（李奐）	1
1836	丙申		16		2
1837	丁酉		17		3
1838	戊戌		18		4
1839	己亥		19		5
1840	庚子		20		6
1841	辛丑		21		7
1842	壬寅		22		8
1843	癸卯		23		9
1844	甲辰		24		10
1845	乙巳		25		11
1846	丙午		26		12
1847	丁未		27		13
1848	戊申		28		14
1849	己酉		29		15
1850	庚戌		30	哲宗（李昪）	1
1851	辛亥	文宗（~奕詝）	咸豐 1		2
1852	壬子		2		3
1853	癸丑		3		4
1854	甲寅		4		5
1855	乙卯		5		6
1856	丙辰		6		7
1857	丁巳		7		8
1858	戊午		8		9

公元紀年	干支	中國		朝鮮	
1859	己未	文宗（~奕詝）	9	哲宗（李昪）	10
1860	庚申		10		11
1861	辛酉		11		12
1862	壬戌	穆宗（~載淳）	同治 1		13
1863	癸亥		2		14
1864	甲子		3	高宗（李熙）	1
1865	乙丑		4		2
1866	丙寅		5		3
1867	丁卯		6		4
1868	戊辰		7		5
1869	己巳		8		6
1870	庚午		9		7
1871	辛未		10		8
1872	壬申		11		9
1873	癸酉		12		10
1874	甲戌		13		11
1875	乙亥	德宗（~載湉）	光緒 1		12
1876	丙子		2		13
1877	丁丑		3		14
1878	戊寅		4		15
1879	己卯		5		16
1880	庚辰		6		17
1881	辛巳		7		18
1882	壬午		8		19
1883	癸未		9		20
1884	甲申		10		21
1885	乙酉		11		22
1886	丙戌		12		23
1887	丁亥		13		24

公元紀年	干支	中國		朝鮮	
1888	戊子	德宗（~載湉）	14	高宗（李熙）	25
1889	己丑		15		26
1890	庚寅		16		27
1891	辛卯		17		28
1892	壬辰		18		29
1893	癸巳		19		30
1894	甲午		20		31
1895	乙未		21		32
1896	丙申		22		33
1897	丁酉		23		34
1898	戊戌		24		35
1899	己亥		25		36
1900	庚子		26		37
1901	辛丑		27		38
1902	壬寅		28		39
1903	癸卯		29		40
1904	甲辰		30		41
1905	乙巳		31		42
1906	丙午		32		43
1907	丁未		33	純宗（李坧）	1
1908	戊申		34		2
1909	己酉	溥儀	宣統 1		3
1910	庚戌		2		4
1911	辛亥		3		

附録二 朝鮮王朝世系表

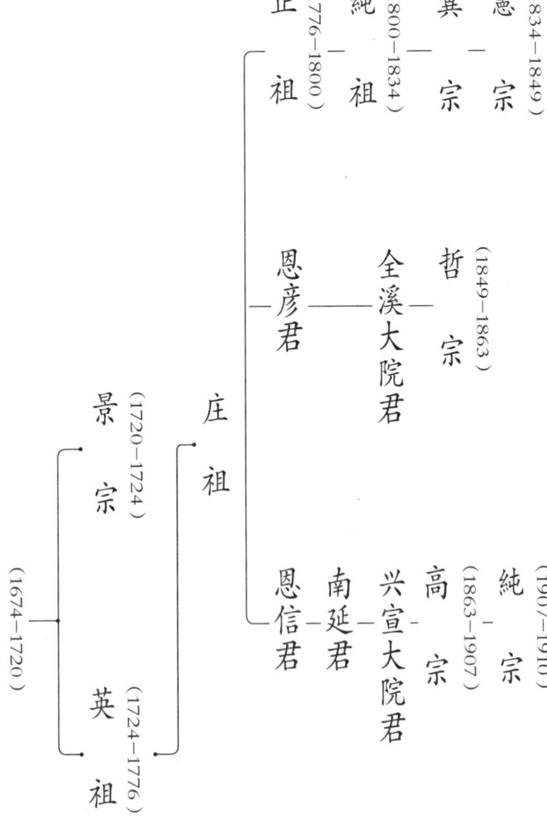

光海君（1608–1623）
元宗
仁祖（1623–1649）
孝宗（1649–1659）
顯宗（1659–1674）
肅宗（1674–1720）
景宗（1720–1724）
英祖（1724–1776）
庄祖
正祖（1776–1800）
純祖（1800–1834）
翼宗
憲宗（1834–1849）
恩彦君
全溪大院君
哲宗（1849–1863）
恩信君
南延君
兴宣大院君
高宗（1863–1907）
純宗（1907–1910）

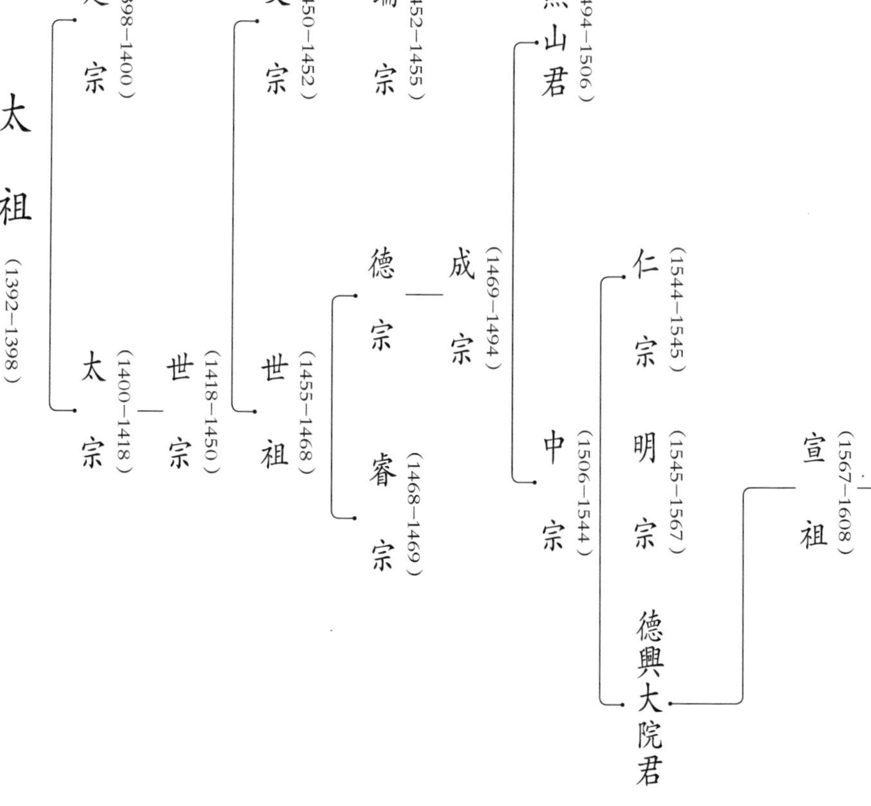
太祖（1392–1398）
定宗（1398–1400）
太宗（1400–1418）
世宗（1418–1450）
文宗（1450–1452）
世祖（1455–1468）
端宗（1452–1455）
德宗
睿宗（1468–1469）
成宗（1469–1494）
燕山君（1494–1506）
中宗（1506–1544）
仁宗（1544–1545）
明宗（1545–1567）
德興大院君
宣祖（1567–1608）